普通高等教育“十一五”國家級規劃教材

簡明漢語史

（修訂本）

下

向熹 著

商務印書館

2017年·北京

圖書在版編目(CIP)數據

簡明漢語史．下/向熹著．—修訂本．—北京：商務印書館，2010 (2017.11 重印)
ISBN 978-7-100-06488-0

I. 簡… II. 向… III. 漢語史 IV. H1-09

中國版本圖書館 CIP 數據核字(2008)第 208929 號

簡明漢語史
（修訂本）
下
向 熹 著

商務印書館出版
（北京王府井大街36號 郵政編碼 100710）
商務印書館發行
北京冠中印刷廠印刷
ISBN 978-7-100-06488-0

2010 年 5 月第 1 版　　開本 787×960 1/16
2017 年 11 月北京第 3 次印刷　　印張 52¾
定價：95.00 圓

目　　録

下編　漢語語法史

下编

漢語語法史

語法是語言三要素中最穩固的部分。語法的發展變化最能反映語言發展變化的本質特點。和印歐語不同，漢語語法的基本特點是主要採用虚詞和詞序來表現語法範疇、造句規則和句法變化。漢語語法的基本特點上古已經具備，而且古人早有認識。《春秋·僖公十六年》："十有六年，春，王正月，戊申朔，隕石于宋五。是月，六鷁（一作"鶂"）退飛，過宋都。"《穀梁傳》："先'隕'而後'石'，何也？隕而後石也。'于宋'，四境之内曰宋。後數，散辭也。耳治也。'是月'也，決不日而月也。'六鷁退飛過宋都'，先數，聚辭也。目治也。"晉范甯《集解》："隕石，記隕也，聞其磌然，視之則石，察之則五。六鷁退飛，記見也，視之則六，察之則鷁，徐而察之則退飛。"《春秋》這兩段話詞序井然，古人早有認識。句中"五"是謂語，隕石四散，故曰"散辭"。"六"是定語，六鷁聚集而飛，故曰"聚辭"。此實啓漢語句法分析的先河。自唐宋以至明清，我國學者在漢語語法尤其是虚詞研究上取得了不少成績。全面研究漢語語法，始於馬建忠的《馬氏文通》。現在我們把漢語詞類分爲名詞、代詞、動詞、形容詞、數詞、量詞、副詞、介詞、連詞、助詞、歎詞等類，把句子成分分爲主語、謂語、定語、狀語、賓語、補語等類，大都是繼承《馬氏文通》的做法。王力先生的《漢語史稿》開創了漢語語法史的系統研究。從商代到現在，漢語語法有了很大的發展變化，産生了許多新的語法形式和語法成分，一些舊的語法形式和語法成分逐漸消亡了。但是漢語語法的基本特點並没有改變。

本編將按上古、中古、近代三個時期就漢語各個詞類和句法結構的發展分别進行討論。

第一章　上古漢語語法的發展

第一節　從甲骨卜辭看商代語法

商代漢語有了比較成熟的文字和書面材料，研究漢語語法史一般從商代開始。大量出土的甲骨卜辭反映了商代語法的基本面貌，爲商代語法的研究提供了可靠的材料。甲骨卜辭在詞法和句法上都還不太複雜。

下面我們分詞類、句子成分、基本句型三個方面討論甲骨卜辭所反映的商代語法。

一、詞類

甲骨卜辭中的詞，按其意義和語法功能可以分爲名詞、動詞、形容詞、數詞、量詞、代詞、副詞、介詞、連詞、語氣助詞、歎詞十一類。各個詞類發展很不平衡，有的内容比較豐富，有的數量很少，僅具雛形而已。

1. 名詞

名詞是表示人或事物名稱的詞。甲骨卜辭裏名詞是最發達的一個詞類，數量最多，内容最豐富，幾乎佔整個詞滙的70%。有普通名詞，如“天、土、山、水、木、禾、人、女、豕、牛、衆、師”；有處所名詞，如“邑、或(國)、邦、鄙、方”；有方位名詞，如“東、南、西、北、上、下”；有時間名詞，如“春、秋、月、日、旦、夕、明、今、昱(將來之日)、旬、大食、小食、甲子、乙丑”；有抽象名詞，如“禍、害、災、尤、敗、事”；有專有名詞，包括人名、族名、地名，如“王亥、婦好、羌、大邑商”，等等。

有些動物名稱有表示性別的標誌。如公羊爲“羠”(《前》1.28.5)，母羊爲“羓”(《前》5.43.6)；公豬爲“豜”(《前》6.47.4)，母豬爲“豝”(《前》1.9.7)；公鹿爲“麆”(《前》7.17.4)，母鹿爲“麀”(《乙》1943)；母馬爲“馳”(《前》6.46.6)，母犬爲“犯”

(《後下》5.10),母虎爲“虝”(《拾》13.10)。公牛爲“牡”(《合》1142 正、6653 正),母牛爲“牝”(《合》6653 正、19972)。《説文・牛部》:“牡,畜父也。”“牝,畜母也。”當是引申的意義。瞿潤緡《殷虚卜辭考釋》説:“豝、牝、駝、犯、䴥、麀雖皆從匕,而種類各異,不必爲一字,今豝、駝、犯、䴥諸字不見於字書,然牝、麀尚異其音讀。”[①]丄(土)是表示陽性(雄性)的符號,𠤎(匕)是表示陰性(雌性)的符號。至少在書面上動物名稱是具有性別標誌的。

名詞在句中主要做主語、賓語、兼語和定語,時間詞常做狀語。如:

①王入。(《丙》32.5)

②𢀛方[②]亦侵我西鄙田。(《合》6057 正)

③我受黍年。(《合》10020)

④使人于河沈三羊……(《粹》36)

⑤壬戌卜,今日王省。(《合》32954)

例①⑤“王”,例②“𢀛方”做主語;例②“田”,例③“年”,例④“羊”做賓語;例②“西鄙”、例③“黍”做定語;例④“人”做兼語;“河”做介詞賓語;例⑤“壬戌”、“今日”做狀語。

甲骨文名詞一般不做謂語。只是意動用法和省略用法不受這一限制。如:

①貞:婦鼠娩,余弗其子?四月。(《合》14116)

②丁酉卜,古貞:大示五牛?九月。(《合》10111)

例①名詞“子”是意動用法,“以……爲子”的意思。例②“大示”是名詞性偏正詞組,省去了動詞。另外,有些詞既有名詞的用法,又有動詞的用法,它們是兼類詞,不是名詞做謂語。如:

① 轉引自楊樹達《積微居甲骨文説》卷上《釋麀豝犯䴥駝》。

② 丁山《商周史料考證》:“甲骨文所常見的𢀛方,近來頗多異釋。我認爲王國維嘗疑是‘吉’字,較爲近理……甲骨文所見𢀛方,決爲南燕故名。”

①
貞:我受黍年?我弗其受黍年?(《丙》8)
叀小臣令衆黍,一月。(《前》4.30)

②
癸丑卜,貞:今歲亡大水。(《金》377)
己亥卜,賓貞:王至于今水,燎于河三小牢,沈三牛,有雨。(《合》14380)

③
貞:我用羅俘?(《乙》6694)
五日戊申,方亦征,俘人十有六人,六月,在□。(《通》513)

④
甲辰卜,永貞:西土其有降熯?二月。(《續存》下155)
辛丑卜,貞:王西?辛丑卜,王勿西?(《合》5343)

例①"黍年"的"黍"是黍子,名詞;"衆黍"的"黍"是種黍子,動詞。例②"大水"的"水"是名詞,"于今水"的"水"是動詞,漲水。例③"羅俘"的"俘"是打仗時被捉住的人,名詞;"俘人"的"俘"是打仗時捉住(敵人),動詞。例④"西土"的"西"是西方,方位名詞;"王西"的"西"是向西、西行,動詞。

2. 動詞

動詞是表示行爲動作、存在、變化、心理活動的詞。可分不及物動詞、及物動詞和助動詞。甲骨卜辭裏的動詞約300個,幾乎都是單音詞,没有表示時體的附加成分,動作的時間靠時間狀語來表示。

甲骨卜辭中有助動詞"克"和"可"。"克"表示可能,"可"表示許可。常放在其他動詞前,和句中主要動詞組成合成謂語。如:

①貞:其克呼?(《合》4527)

②惠可用于宗父甲,王受祐?(《英》2267)

甲骨卜辭中動詞可以受副詞的修飾。如:

①今夕其亦雨。(《合》12716)

②丁酉卜,王貞:今夕雨至于戊戌雨?戊戌允夕雨,四月。(《合》24769)

③我不受年。(《合》9724)

④勿于祖丁御。(《乙》2329)

卜辭中動詞主要作謂語用,是句子中不可缺少的成分。有的動詞後面不帶賓語,是不及物動詞。如:

①癸酉卜,乙亥不風?乙亥其風?(《甲》2999)
②今夕雨?之夕允雨。(《合》12944)
③□巳卜,貞:今日雪?(《通》396)
④王弜漁,其狩。(《佚》656)
⑤甲戌貞:惠丙子麠?(《甲》3116)
⑥壬辰卜,争貞:其虣(虣)?獲,九月。(《合》5516)
⑦貞:帝于東囟(埋),㽞豕,燎三宰,卯黄牛。(《合》14313)

例①②③"風、雨、雪"是表示自然現象的詞,不涉及别的對象,後面不帶賓語。例④"漁"是捕魚,"狩"是打獵。例⑤"麠"是以陷阱捕麋。例⑥"虣(虣)"是以戈擊虎,即"暴虎馮河"之"暴"。例⑦"囟"是埋犬。最初,因爲字的本身已包含了動作行爲的對象,後面不再帶賓語。不久,這些詞也有帶賓語的,含義更清晰了。如:

⑧羌其麠麋于斿。(《合》5579)
⑨王往虣虎,允亡災。(《合》11450)
⑩辛巳卜,品貞:囟(埋)三犬,燎五犬,五豕,卯四牛。一月。(《合》16197)

敘述日常生活、田獵、戰争和表示存在的動詞,大都帶有賓語,是及物動詞。如:

①貞:我不其受年?(《粹》868)
②庚午卜,丙貞:王乍(作)邑,帝若?八月。(《丙》93)
③庚戌貞:惠王自征刀方?(《粹》1185)
④辛未卜,亙貞:往逐豕,隻(獲)?(《合》10229 正)

⑤癸未卜,争貞:旬亡禍？三日乙酉夕,月有食。(《合》11485)

例①“受”,例②“作”,例③“征”,例④“逐”,例⑤“亡”、“有”都帶有賓語,是及物動詞。某些動詞做謂語,可以是使動用法或爲動用法。如:

①貞:師般其來人？(《合》1036)

②戊辰卜,貞:翌己巳涉師？(《合》5812)

③丁丑卜,行貞:王賓父丁劦,亡尤。(《合》23120)

④戊申貞:惠雨禱于瞽？(《合》34271)

例①“來”、例②“涉”是使動用法。“師般其來人”,意思是師般會不會使人來;“翌己巳涉師”,意思是次日己巳可以不可以讓軍隊趟水過河。例③“賓”、例④“禱”是爲動用法。“王賓父丁劦”,意思是王爲父丁劦祭舉行儐禮;“惠雨禱于瞽”,意思是爲了雨水,向瞽神祈禱。

3.形容詞

形容詞是表示人或事物性質或狀態的詞。甲骨卜辭裏形容詞大約有30個。其中表示事物性質的有“吉、利、臧、嘉、魯(嘉美)、若、安、寧”;表示事物狀態的有“大、小、足、疾、弘、引、新、舊、啓(晵)、敏(晦)”;表示顔色的有“物(勿)、幽、黑、白、赤、黄”;表示數量的有“多、少”。值得注意的是,“敝、長、甘、狂、良、美、敏、明、吝、齊、聖、香、臭、易、衆”等詞,周秦以後都有形容詞的用法,它們在甲骨卜辭裏雖已出現,但不是形容詞。甲骨卜辭中形容詞可以受副詞修飾。如:

①王其往觀河,不若？(《合》5158乙)

②貞:今夕不其小雨？(《合》12712)

甲骨卜辭中形容詞的句法功能是做定語、謂語和狀語。如:

①王其田于晝,禽大豚。(《甲》3639)

②丙戌卜，惠新豊用，惠舊豊用？(《粹》232)

③丙午卜，賓貞：侑于祖乙，十白彘。(《前》7.29.2)

④己酉卜，黍年有足雨？(《通》437)

⑤己卯啓(晵)？允啓(晵)。(《通》392)

⑥癸巳卜，争貞：日若茲敏(晦)，唯年禍？三月。(《通》448)

⑦王田于雞，往來亡災？王佔曰：弘吉。(《佚》547)

⑧丁卯卜，王大隻(獲)魚？(《通》749)

例①至④中的形容詞“大”、“新”、“舊”、“白”、“足”做定語，例⑤⑥形容詞“啓”、“敏”做謂語。“啓”用作“晵”，天晴；“敏”用作“晦”，昏暗。例⑦⑧形容詞“弘”、“大”做狀語，“吉”、“隻(獲)”做謂語。

形容詞做謂語，也可以是意動用法或使動用法。如：

①己未卜，王貞：乞侑禱于祖乙，王吉茲卜。(《合》22913)

②□丑卜，貞：不雨，帝唯熯我？(《合》10164)

例①“吉”是意動用法，“王吉茲卜”意即大王認爲這次卜卦吉利；例②“熯”是使動用法。《説文·火部》：“熯，乾貌，《詩》曰：我孔熯矣。”“帝唯熯我”意即上帝使我們乾旱。

4. 數詞、量詞

數詞是表示數目的詞，量詞是表示事物或動作單位的詞，包括物量詞和動量詞。數詞和量詞合起來叫做數量詞。

甲骨卜辭裏有從“一”到“萬”的數位，最大的數目是三萬，如“癸卯卜……隻魚其……三萬不……”(《合》10471)。最小的數目是一。没有分數，也没有約數。基數和序數形式上没有區别。但基數可做定語和賓語，序數做定語和狀語。如：

①癸酉貞：帝五玉，其三小宰。(《通》468)

②隻(獲)兔七，隹卅。(《合》37365)

③周入十。(《乙》5452)

④其用四卜。(《粹》1256)

⑤今二月,帝不令雨。(《通》365)

⑥己未卜,王在。正月。(《甲》2247)

例①基數詞“五”“三”做定語,例②基數詞“七”“卅”做後置定語,例③是基數詞“十”做賓語,意即周向商王朝繳納十(貢品)。例④是序數詞“四”做狀語,指第四次卜卦。例⑤“二”是序數做定語,表日月。例⑥“正月”是一月的特稱。

商代以干支紀日,就是用“甲、乙、丙、丁、戊、己、庚、辛、壬、癸”十天干和“子、丑、寅、卯、辰、巳、午、未、申、酉、戌、亥”十二地支配合成“甲子、乙丑、丙寅、丁卯”等六十甲子,代替數位依次表示日期。“癸酉”即癸酉日,“己未”即己未日。單用天干或地支也可以表示日子的順序。單用天干表示日期的比較多,如:“翌甲”(《補》3169),“翌日乙”(《合》27041),“惟丙”(《合》8884),“翌日戊”(《合》28371),“至于庚”(《補》3538),“今日壬”(《合》28346),“今夕癸”(《合》667 反),“翌丁”(《合》102);單用地支表示日期的較少,如:“戌勿復”(《合》19358),“翌巳侑于丁”(《合》1934),“翌日卯”(《合》12570),“丑卜”(《補》411),“酉弗其氏”(《補》2412),“至于午先來”(《合》419 反)。單用天干還可以表示商代帝王的世系。如“乙未酒,系品上甲十,報乙三,報丙三,報丁三,示壬三,示癸三,大乙十,大丁十,大甲十,大庚十,小甲三,[大戊十,中丁十,戔甲三],祖乙[十,羌甲三]”(《合》32384)。按天干排列商代先公次序,王國維以爲是商代後人所定:“首甲、次乙、次丙、次丁而終於壬癸,與十日之次全同,疑商人以日爲名號,乃成湯以後之事。其先世諸公生卒之日,至湯有天下後定祀典名號時已不可知,乃即用十日之次序以追名之,故先公之次乃適與十日之次同,否則不應如此巧合也。”①

商代已有明確的十進位的觀念。兩位以上的數詞往往每進一位加連詞,也可以不加。數詞和名詞的結合,有以下幾種形式:

(1)名詞+整數+零數。如:

---

① 王國維《觀堂集林》卷九《殷卜辭中所見先公先王續考》。

①之日狩，允禽(擒)，隻(獲)虎一，鹿卌(四十)，狐一百六十四，麋一百五十九。(《合》10198正)

②隻(獲)鳥二百十二，龟一。(《合》41802)

(2)名詞+整數+連詞+零數。如：

①隻(獲)禽(擒)鹿五十又六。(《通》17)

②壬申允狩，禽(擒)，隻(獲)兕六，豕七十又六，麋一百又九十又九。(《乙》764)

(3)整數+名詞+連詞+零數。如：

①十牢又五。(《粹》579)

②甲寅允有來鼓(艱)。左告曰：又往芻自𡉈，十人又二。(《通》430)

(4)整數+名詞+連詞+零數+名詞。如：

①百鬯又十鬯。(《鐵》141.4)

(5)名詞+整數+連詞+零數+名詞。如：

①俘人十又五人，五日戊申，方亦征，俘人十又六人。(《通》513)

(6)整數+零數+名詞。如：

①八日辛亥，允戈伐二千六百五十六人。(《通》19)

“二千六百五十六”是甲骨卜辭所載最大的戰爭殺人數目。

“旬”是十天，商代表示日數時，一般以“旬”代“十日”。如：

①旬又七日庚申𫷷亏。(《乙》4130)

②甲申卜，㱿貞：婦好冥，不其嘉？三旬又一日甲寅冥，唯女。(《合》14002正)

例①“旬又七日”就是十七天，例②“三旬又一日”就是三十一天。“冥”，分娩，生孩子。《説文・子部》：“㝃，生孩免身也。”今字作“娩”。卜辭以生男爲“嘉”。

數詞做定語時，數詞和名詞之間不加量詞，却可以加入表示性質狀態的形容詞。如：

①丙午卜，賓貞：侑于祖乙，十白彘。(《前》7.29.2)

②貞：侑于王亥，惠三白牛。(《後》上28.1)

③貞：燎于土，三小宰。(《前》1.24.3)

甲骨卜辭中有物量詞，没有動量詞。可以肯定的有“朋”、“卣”、“丙”、“升”等幾個。“朋”是表集體的單位，兩串十枚爲一朋，用於貝的計量。商代以貝爲貨幣，也用作裝飾品。“升”、“卣”是表示容量的單位。“丙”是表示事物的單位，用於車馬。它們通常和數詞合起來放在名詞後面表示數量關係。不單用，也不放在名詞前面。如：

①惠貝十朋。(《甲》777)

②易(錫)貝二朋。(《南坊》3.81)

③其登新鬯二升一卣於□。(《合》30973)

④丁酉卜，貞：王賓文武丁，伐十人，卯六牢，鬯六卣，亡尤。(《合》35355)

⑤車二丙。(《合》36481)

⑥馬五十丙。(《合》11459)

此外卜辭中還有一個“𠃌”字，如：

⑦示十ꝯ又一。(《粹》1504)

例⑦的"ꝯ",董作賓釋爲"矛",郭沫若釋爲"包",于省吾釋爲"屯",陳夢家釋爲"弋",胡厚宣釋爲"匹"。因爲句中没有先行的名詞,它的詞性和意義很難確定。

5. 代詞

代詞是代替詞、詞組或句子的詞,可分爲人稱代詞、指示代詞、疑問代詞三類。甲骨卜辭裏有人稱代詞和指示代詞,没有疑問代詞。

甲骨卜辭裏人稱代詞有第一人稱代詞、第二人稱代詞和第三人稱代詞。第一人稱代詞有"我"、"余"、"朕"三個。

我　甲骨卜辭中出現最多,多用於複數,也可用於單數。可做主語、賓語和定語。如:

①庚申卜,貞:我受黍年。三月。(《通》440)
②己未卜,争貞:王亥殺我?(《乙》5403)
③舌方亦侵我西鄙田。(《合》6057 正)

余　用於單數,可做主語和賓語。如:

①乙丑卜,王貞:余伐猷。(《通》563)
②癸亥卜,王貞:余從侯專,八月。(《前》5.9.2)
③羌甲祟余。(《合》1803)
④……辰卜,王貞:妣唯作余禍。(《合》21295)

例①②"余"做主語,例③④"余"做賓語。

朕　用於單數,主要做定語,也做主語。如:

①甲戌卜,王,余令角婦協朕事。(《佚》15)

②庚申卜,王侯其立朕中人。(《京人》269)

③戊寅卜,朕出今夕?(《合》22478)

④甲午王卜,貞:作余酒,朕禱[①]酉,余步從侯喜征夷方……(《通》592)

例①②"朕"是定語,例③④"朕"是主語。陳夢家先生:"卜辭的第一人稱有'我'、'余',領格有'朕'。'余'和'朕'通常爲王的自稱,凡有此二代詞的卜辭通常(也有少數的例外)是王自卜的。'余'可以是主格、賓格而不能是領格,'我'則可以兼爲主、賓、領三格。如此,'余''我'同爲第一人稱的主格賓格,'朕''我'同爲第一人稱的領格,它們的分别何在?'余''朕'都是時王的自稱,所以是單數的。'朕'就是'我的'。卜辭'我受年'相當於'商受年';'我'是集合的名詞,主格賓格之'我'就是'我們'。卜辭的'受余又'和'受我又'是不同的,前者是受王佑,後者是受商佑。領格的'我'就是'我們的'。"[②]不過"我"亦可用於單數,如:

①{丙戌卜,王:我其逐鹿獲?允獲十。(《合》10950)
□亥卜,王貞:余……狩麋,不葡擒?七月。(《合》10377)

②{甲午卜,王貞:我有循于大乙酒,翌乙未。(《英》1867)
庚辰卜,王:余酒御于上甲,八月。(《合》19809)

③{王佔曰:丁巳我母其𢦏于來?(《合》6834正)
庚申卜,王貞:余伐不?三月。(同上)

以上三組卜辭中的行爲主體都是"王",代詞或用"余",或用"我"。喻遂生説:"從漢語史的發展情況看,商代'我'應該是可表單數的。因在周初金文中,'我'和'余'已經混用,並已出現了'我一人'。"[③]我認爲,説甲骨刻辭中的代詞有格和數的分别,並無確實根據。此外,有人認爲甲骨卜辭中"魚"也是第一人稱代詞。如"戊寅卜,貞:魚侑彡歲自母辛衣"(《前》1.30.4),文意不甚明瞭,茲存疑。

① "禱",郭沫若隶定为"𠦪",解釋説:"明係用爲祈祀之義"。見《卜辭通纂》第57片。

② 參看陳夢家《殷墟卜辭綜述》,95頁。

③ 參看喻遂生《甲金語言文字研究論集》,31頁。

第二人稱代詞有“女(汝)”、“乃”、“爾”三個。“女(汝)”可做主語、定語和賓語,“爾”可做定語和賓語,“乃”做定語。如:

①……入呼有司:“女克俘二人?”(《合》35362)

②貞:王曰:“侯豹,得女史叕?”(《合》3297)

③癸卯卜,貞:不女得?(《合》439)

④癸酉卜,殻貞:令多奠,依爾墉?(《合》6943)

⑤戊戌卜,□貞:王曰:侯豹往,余不爾其合,以乃史歸。(《合》3297)

例①“女”做主語,例②“女”做定語,例③“女”做前置賓語,例④“爾”做定語,例⑤“爾”做前置賓語,“乃”做定語。

第三人稱代詞有“之”。“之”在句中可做主語或賓語,可以譯作“他”或“他們”。如:

①貞:王夢,唯之孽?□王□孽?用佔曰:不〔唯〕之孽。(《合》17412 正)

②呼彡(肜)之,若?(《合》31232)

③登鬯,延父己父庚,王受祐?弜延于之,若?(《屯南》210)

例①“之”做主語,例②“之”做動詞賓語,例③“之”做介詞賓語。

指示代詞有“之”、“止”、“茲”三個。“之”做定語、賓語和謂語。如:

①貞:之日壬申其雨?之日允雨。(《乙》3414)

②余見它在之。(《前》7.33.1,《通》434)

③祖辛唯之,不若,王多祊于唐?祖辛不唯之,不若,王多祊于唐?(《合》1285 反)

例①“之”做定語,相當於“此”;例②“之”做賓語,相當於“這裏”;例③“之”做謂語,相當於“這樣”。

“止”可做定語和賓語。如：

①止夕允不雨。(《合》24684)

②己酉卜,貞,亞從止,有雪,三月。(《後》下 25.9)

例①“止”做定語,例②“止”做賓語。

“兹”可做主語、定語和賓語。如：

①其雨,兹御？翌日戊不雨,兹御。(《前》3.17.5)

②乙酉卜,大貞:及兹二月有大雨?(《通》386)

③兹用大吉。(《戩》32.1)

④在兹燎嶽,御事。(《摭續》19)

例①“兹”做主語,例②“兹”做定語,例③“兹”是前置賓語,例④“兹”是賓語。卜辭中没有疑問代詞,表明商代語言的代詞系統還没有發展到成熟的階段。

6. 副詞

副詞修飾動詞和形容詞,在句中充當狀語。卜辭中的副詞可以分爲情態副詞、否定副詞、語氣副詞、時間副詞、範圍副詞五類。

(1)情態副詞　卜辭中有情態副詞“又”、“亦”、“允”等 3 個。“又”表示情況的重復出現。“亦”表示人和人、事物和事物之間有同類關係。“允”表示事實確鑿無疑。如：

①庚辰貞,日又戠(熾),其告于父丁,用牛九?(《粹》55)

②日又戠(熾),夕告于上甲,九牛。(《甲》755)

③小臣由車馬硪馭王車,子央亦隊(墮)。(《合》10405 正)

④七日壬申雹,辛巳雨,壬午亦雨。(《通》422)

⑤旬丁酉,允雨。(《合》14138)

(2)否定副詞　卜辭中的否定副詞有“不、弗、亡、妹、勿、毋、弜、弜”等 8 個。

“不”表示對事實和可能性的否定。有關風、雨、陰、晴等自然現象的否定，一般只用“不”。如：

①之日大采雨，王不步。(《粹》1043)

②貞：不其受黍年？二月。(《通》443)

③辛巳卜，貞：今日不雨？(《後》上20.1)

“不”又放在句末，表示疑問的語氣。如：

④丙子卜，今日雨不？(《乙》435)

⑤丁未卜，扶有咸戊牛不？(《粹》425)

“弗” 表示對事物和可能性的否定。如：

①貞：弗其受酋(熟)年？二月。弗其受黍年？二月。(《通》442)

②□未卜，㱿貞：祖乙弗又王？(《佚》12)

③丁亥卜，□有疾，于今三月弗水。(《合》22098)

“亡”和“妹”表示對可能性的否定。如：

①唯茲邑，龍不若？燎于土，亡若。(《補》1573)

②婦其亡得子？(《合》8925正)

③辛酉卜，貞：今日不雨？妹雨？其雨？(《合》38137)

④乙亥卜，生四月妹有事？乙亥卜，有事？(《合》20348)

以上四詞，“不”的應用範圍最廣，頻率最高，“弗”次之。“亡”、“妹”用得比較少。

“勿”、“毋”表示對主觀意願的否定，可譯爲“不要”；也表示事實的否定，譯爲“不”。如：

①貞:王勿狩于乂?(《通》736)

②勿于祖丁御。(《乙》2329)

③丙申卜,□貞:翌丁酉其又于中丁?貞:毋又?(《合》22861)

④庚申卜,王貞:毋又于祖辛于母辛?(《戩》7.8)

“弜”和“弜”,音義都相近。但在商代五期甲骨卜辭中,“弜”主要出現在第一期,“弜”主要出現在後面四期。“弜”與“弜”爲古今字。古文“弜”或作“咈”,從“弗”得聲,借爲否定副詞,常用於商代晚期卜辭中。表示意義上的“不要”,與“勿”的用法大體相近。如:

①貞:王其舞,若?王叀舞?(《合》11006 正)

②貞:惠侯豹弜?貞:勿唯侯豹弜?(《合》10080)

③弜田,其遘大雨?(《屯南》42)

④王其射𥄳,亡災?弜射?(《合》28391)

(3)語氣副詞　卜辭中語氣副詞有“其”、“气”、“惠(叀)”、“唯”、“苜”、“異”等。“其”表示揣測或詢問語氣。如:

①貞:今夕其雨?貞:今夕不雨?(《甲》3404)

②戊戌卜,永貞:今日其夕風?貞:今日不夕風?(《合》13338)

“其”又和否定副詞“不”、“弗”、“毋”連用,成“不其”、“弗其”、“毋其”,以否定形式表示揣測的語氣。如:

③貞:不其受年?(《後》上 29.1)

④弗其及今十月雨?及今十月雨?(《甲》2845)

⑤貞:翌戊申毋其星(晴)?(《柏》12)

“气” 主要表示揣測語氣，也放在肯定句裏表示可能。如：

①庚辰卜，今日气雨？（《粹》711）

②王佔曰：疑兹气雨。（《合》12532 正）

例①表示揣測語氣，例②表示可能。“气”與“其”用法略近。但“其”的使用範圍廣，“气”的使用範圍窄；“其”可以用於肯定也可以用於否定句，“气”只用於肯定句。

“惠（叀）” 表示强調的語氣，放在主語、謂語、賓語、處所詞、時間詞前面，强調這些詞語所表示的内容。主要用於肯定句，用於否定句的極少。如：

①惠王往，勿唯王往。（《合》7352 正）

②庚午貞：惠歲于小祖乙？（《粹》75）

③惠黑羊用，有大雨。惠白羊，有大雨。（《合》30022）

④王其田惠盂湄，亡〔災〕？（《合》29086）

⑤王佔曰：丁雨，不惠辛。旬丁酉，允雨。（《合》14138）

⑥丙午卜、惠于甲子酒𣪊。（《合》32053）

例① “惠”在主語前，例② “惠”在謂語動詞前，例③ “惠”在前置賓語前，例④ “惠”在處所詞前，例⑤ “惠”在時間詞前，例⑥ “惠”在介詞結構前面。

“唯” 也是表示强調的語氣，可以放在主語、動詞謂語、賓語、時間詞前面，强調這些詞語所表示的内容。肯定句和否定句裏都很常用。如：

①庚寅卜，唯河害禾？庚申卜，唯夒害禾？（《合》33337）

②貞：有疾自（鼻），唯有它？貞：有疾自（鼻），不唯有它？（《合》11506 正）

③貞：乙丑其雨，唯我憂？（《丙》211）

④帝唯今二月令雷。（《丙》66）

例① “唯”在主語前，例② “唯”在謂語動詞前，例③ “唯”在前置賓語前，例④ “唯”

在時間詞前。

卜辭中“其”、“唯”兩字連用成“其唯”或“唯其”，表示强調揣測的語氣。如：

①唯其雨？（《通》259）

②王佔曰：其雨唯庚，其唯辛雨，弘吉。（《合》809反）

“唯”和否定詞“勿”“不”連用，是加强否定的語氣。如：

①王惠龍方伐？王勿唯龍方伐？（《丙》24）

②王目唯有害？貞：不唯有害？（《丙》333）

“異”　强調必要與可能，主要用於肯定句，個别用於否定句。如：

①甲子卜，狄貞：王異其田，亡災？（《合》30757）

②丙子卜，賓貞：父乙異唯敗王？（《合》2274正）

③父乙不異敗王。（《合》2274正）

“首”　强調必要，主要用於否定句，個别用於肯定句。如：

①貞：勿首先酒于父乙？（《合》712）

②貞：侑于父乙？勿首于父乙？（《合》14755正）

③首侑于祖辛。（《合》22962）

(4)時間副詞　卜辭中時間副詞有“既”、“鼎”、“延”、“乃”、“迺”等5個。如：

①既燎上甲于唐。（《合》1200）

②貞：鼎唯求酒？十三月。（《合》15267）

③辛丑卜，大貞：仲子歲，其延酒？（《合》23545）

④辛巳卜,今日告父丁一牛,乃令。(《屯》965)

⑤庚辰卜,王祝父辛羊豕,迺酒父。(《合》19921)

例①副詞“既”表示動作行爲已經發生;例②副詞“鼎”表示動作行爲正在發生;例③副詞“延”表示動作行爲繼續發生;例④“乃”、例⑤“迺”兩個副詞意義相近,表示幾個動作行爲相繼發生或在某一時刻才發生。

(5)範圍副詞　卜辭中範圍副詞有“率”、“咸”、“皆”三個。主要位於謂語動詞之前,表示統括。可指向主語,也可指向賓語。“率”字也可以位於名詞性短語之前,表示事物的數量範圍。如:

①丙子卜,𣪊貞:今來羌率用。(《合》248正)

②辛亥卜,貞:咸刈黍?(《合》9565)

③豚暨羊皆用。(《合》31182)

④其皆用舊臣貝,吉。(《合》29694)

例①“率”在動詞前,例②“咸”在動詞前,例③“皆”在動詞前,指向主語;例④“皆”在動詞前,指向賓語。

7.介詞

介詞把詞、短語介紹給動詞或形容詞,以表示某種語法和意義關係。卜辭中有介詞“于”、“乎”、“曰”、“在”、“以”、“自”、“由”、“從”、“及”、“暨”等十餘個,有的介詞可以有幾種用法。

(1)表示行爲對象的,有“于”、“乎”、“曰”、“在”、“以”、“自”、“自……至……”等。如:

①庚申卜,王貞:其又于母辛?十月。(《戩》7.8)

②貞:其作豊乎伊尹?(《粹》540)

③貞:王其侑曰多尹,若?(《合》5611正)

④其告在后祖丁,王受又?(《甲》722)

⑤丙申貞:其告高祖,禱以祖辛?(《鄴》三下45.6)

⑥己卯貞:禱自上甲六示?(《屯南》2129)

⑦乙丑□,禱自大乙至丁祖九示?(《合》14881)

(2)表示處所的,有“于”、“在”、“自”、“從”、“自……于……”、“自……至于……”等。如:

①翌日壬,王其遊于向,亡災?(《粹》1017)

②癸未卜,王曰貞:有兕在行,其左射,隻(獲)?(《合》24391)

③東雲,自南雨。(《通》376)

④之日王往于田,從東,允隻(獲)豕三,十月。(《林》2.22.11)

⑤壬辰卜,亙貞:王往出于敦。(《合》7941正)

⑥丁巳貞:王步自莧于轡,若?(《摭續》164)

⑦貞:自瀼至于膏,亡災?吉。貞:自瀼至于大,亡災?大吉。(《合》28188)

例①“于”、例②“在”,表示行爲發生的處所,例③“自”、例④“從”表示行爲發生的起點,例⑤“于”表示行爲到達的終點,例⑥⑦表示從某地到某地。

(3)表示時間的,有“于”、“在”、“及”、“至”、“至于”、“自”、“由”、“從”、“自……至(于)……”等。如:

①于之夕又大雨。(《後》下18.13)

②癸未卜,派貞:王旬亡禍?在正月。(《前》1.19.5)

③戊辰卜,及今夕雨?弗及今夕雨?(《合》33273)

④茲月至生月有大雨?〔茲〕月至〔生〕月亡大雨?(《合》29995)

⑤庚辰貞:今日庚不雨,至于辛其雨?(《屯南》985)

⑥貞:自今丁未侑?(《合》9527)

⑦乙酉卜,争貞:麇告曰:方由今春凡(犯),受有祐?(《合》4597)

⑧□從茲祐？（《合》31895）

⑨弜田，其遘大雨？自旦至食日不雨？食日至中日不雨？中日至昃不雨？（《屯南》42）

⑩自今癸巳至于丁酉，雨。（《前》3.20.1）

例①“于”、例②“在”表示在某一時間，例③“及”、例④“至”、例⑤“至于”表示到達某一時間，例⑥“自”、例⑦“由”、例⑧“從”表示從什麽時間開始，例⑨“自……至……”、例⑩“自……至于……”表示從某時到某時一段較長的時間。

（4）表示關係的，有“以”、“暨”、“于”等。如：

①丁未卜，争貞：勿令卓以衆伐𢀛？（《粹》1082）

②其禱年，河暨嶽酒，有大雨？勿暨酒？（《人》1943）

③己未〔卜〕，□貞：旨千若于帝，右？貞：旨千不若于帝，左？（《合》14199正）

例①“以衆伐𢀛”就是“率領衆人攻打𢀛方”；例②是卜問將要舉行年祭了，河神跟嶽神一起受酒祭是否會有大雨。“以”是“用……”的意思，“暨”是“和……一起”的意思。例③是被動句，介詞“于”引進行爲動作的發出者。“旨千若于帝”，意即旨千被天神所順從。“旨千不若于帝”即旨千不爲天神所順從。

8. 連詞

連詞連接詞、短語和句子。卜辭中的連詞有“于”、“暨”、“有”、“又”、“自”等。如：

①翌乙酉，烝于祖乙于后祖乙。（《通》41）

②癸未卜，㱿貞：告于妣己暨妣庚。（《乙》3297）

③丁卯卜，歸貞：我奭妣丁自父庚。（《乙》1787）

④有伐于上甲十又五，卯十宰又五。（《乙》3411）

⑤貞：羌十又五，卯五牢。（《粹》540）

例①至④都是連接兩個並列的名詞,例⑤是連接十位和個位的數詞。"于"、"自"、"暨"卜辭裏兼有介詞和連詞兩種詞性。

卜辭裏還没有表示選擇、遞進、轉折、因果、假設、讓步等關係的連詞。

9. 語氣助詞和歎詞

語氣指説話者對句子内容所持的態度。語氣助詞也叫語氣詞,是放在句子末尾表示某種語氣的虚詞。卜辭裏有"抑"、"執"兩個語氣助詞。"抑"用於是非問句,表示疑問,可譯爲"嗎"。"執"常和"抑"一起用在正反問句的兩個分句裏,形成"……執……抑"或"……抑……執"的句式,表示疑問,可譯爲"……呢……呢"。如:

①庚戌卜,今日狩,不其擒抑?(《合》20757)

②癸酉卜,王貞:自今癸酉至于乙酉,邑人其見方抑,不其見方執?(《合》799)

③辛酉卜,貞:有至今日執,亡抑?(《合》20377)

例③李學勤先生認爲這是"把正反兩句並於一辭之中,正問用助詞'抑',反問用助詞'執'(有時相反)。"①至於以下句子裏的"才"、"乎"、"不"等字,語言學家没有統一的意見。如:

①貞:乎伐舌,尸才?

貞:勿尸才?(《粹》1089)

②丁未卜,扶:侑咸戊、\u5b78戊乎?

丁未卜,扶:侑咸戊牛不?(《粹》425)

③丙辰卜,丁巳其陰不?允陰。(《合》19781)

例①二辭,郭沫若先生《殷契粹編》讀"才"爲"哉";例②二辭,郭沫若先生以爲"一綴

① 李學勤《關於師組卜辭的一些問題》,載《古文字研究》第三輯。

以乎，一綴以不，蓋均表示疑問之語詞。不者，否也。”裘錫圭先生認爲“乎”可能“指跟祭祀有關的某件事”；“才”應讀作“在”，後面可能有未刻出的字①。至於“不”本是否定副詞。上古把肯定和否定兩個詞語放在一起表示疑問時，否定部分的主要詞語省去，只留下否定副詞，這樣“不”就處於肯定部分的末尾。

歎詞表示感歎，獨立存在，不和其他句子成分發生關係。卜辭裏只有個别例子。如：

①癸酉卜，𣪊貞：旬亡禍？王二曰：丐！王佔曰：俞！有祟有夢。(《通》735)

②戊寅卜，王貞：厄？王佔曰：俞！不吉，在兹。(《合》16335 正反)

總之，甲骨卜辭已開始具備漢語的各個基本詞類。但是除名詞外，實詞並不發達，虚詞更顯貧乏。春秋以後，漢語各個詞類逐漸豐富和發展起來。

二、句子成分

構成句子的主要成分是主語、謂語和賓語。此外還有補語、定語和狀語。甲骨卜辭裏這些成分都已具備，但不十分發達。

1. 主語

主語是句子陳述的對象，大多數句子都有主語。主語一般由名詞、代詞、短語或句子形式充當。漢語主語一般在動詞前，卜辭已是這樣。如：

①鳳(風)止。(《鐵》55.3)

②貞：百牛至？貞：百牛毋其至？(《合》9214)

③乙丑卜，王貞：余伐𢦏。(《前》7.18.2)

④癸丑卜，王曰貞：翌甲寅气酒𠭯自上甲卒至于毓，余一人亡禍？(《英》1923)

① 參看裘錫圭《關於殷虚卜辭的命題是否問句的考察》，載《中國語文》1988 年，1 期。

⑤月一正日麥食。(《通》6)

例①“鳳(風)”是名詞,例②“百牛”是偏正短語,例③“余”是代詞,例④“余一人”是同位短語,例⑤“月一正”是句子形式。它們都在句中充當主語,位置在動詞前面。

卜辭裏也有少數主語放在動詞甚至賓語後面的,顯示了很大的靈活性。如:

①己巳卜,出貞:卬(御)王于上甲?十二月。(《粹》100)
比較:乙亥貞,其酌,王卬(御)于父丁,告。(《屯南》1104)
②辛卯卜,……受年商。(《乙》98)
比較:甲辰卜,商受年?(《前》3.30.6)
③己丑卜,貞:今出羌,亡禍?(《粹》1300)
比較:舌方出?(《京津》1231)

例①“王”是主語,置於動詞“御”之後;例②“商”是主語,置於賓語“年”之後;例③“羌”是主語,置於謂語“出”之後。

2. 謂語

謂語是陳述主語的句子成分。甲骨卜辭裏,動詞、形容詞、數詞、偏正短語可以做謂語,動詞謂語可以帶賓語和補語,也可以不帶。如:

①壬戌卜,今日王省。(《粹》610)
②王禽狐卅又七。(《合》28314)
③丁丑卜,貞:王今夕寧?(《前》3.25.4)
④白牛惠二?白牛惠三?(《合》29503)
⑤祖辛一牛,祖甲一牛,祖丁一牛。(《通》151)

例①謂語是動詞,例②謂語是動賓短語,例③謂語是形容詞,例④謂語是數詞,例⑤謂語是偏正短語。意義上,卜辭裏的動詞謂語句大部分是主動句,主語是動作行爲的發出者;一部分是被動句,主語是動作行爲的承受者。有的被動句形式上與主動句没有區别。如：

①豚暨羊皆用。(《合》31182)

②癸丑卜，㱿貞：五百寇用？旬壬戌㞢用寇百？貞：五百寇勿用？(《合》559)

有的被動句形式上有標誌，可分兩類：

甲、動詞前加“唯”，中間可以引入動作行爲的發出者，也可以不引入。如：

①亘其果唯執？(《合》6947 正)

②疾齒，唯父乙壱？(《合》13649)

乙、動詞後加“于”，引出動作行爲的發出者。如：

①貞：旨千不若于帝，左？(《合》14199 正)

②戊辰卜，王气以人狩，若于禹示？(《合》1023)

以上乙類被動句，周秦以後得到很大發展；甲類被動句則爲“爲”字句所代替。

3. 賓語

賓語是謂語動詞涉及的對象。只有一個賓語的叫單賓語，有兩個賓語的叫雙賓語，三個賓語的叫三賓語。

甲、單賓語　漢語賓語位置一般在動詞後。卜辭大部分例子是這樣。如：

①北方受禾，西方受禾？(《戩》26.4)

②祖辛害余？(《合》1740)

③己酉貞：山協王事？(《掇》1.431)

④甲辰卜，西土其有降熯，二月。(《續存》下，155)

例①賓語“禾”名詞；例②賓語“余”代詞，例③賓語“王事”偏正短語，例④賓語“降熯”動賓短語。

在否定句裏，如果賓語是代詞，通常放在動詞前面。如：

①河殺我，不我殺？(《牖》2415 正)

②己未卜，争貞：王亥殺我？貞：王亥不我殺？(《乙》5403)

③貞：勿唯土方征？(《粹》1106)

比較：勿征土方。(《粹》1102)

④勿唯多臣乎(呼)。(《鐵》160.4)

肯定句裏的名詞賓語也可以放在動詞前面，往往帶有强調的意思。如：

①王其兕隻(獲)。(《粹》937)

②戊戌卜，賓貞，河禱。(《戩》14)

③癸巳卜，貞：祖甲丁，其牢兹用。(《通》68)

④戊戌卜，旅貞：祖戊歲，惠羊。(《前》1.23.2)

例①“兕隻(獲)”即“隻(獲)兕”。例②“河禱”即“禱河”。例③“祖甲丁”即丁祭祖甲。例④“祖戊歲”即歲祭祖戊。“丁”“歲”都是祭名。有時前置賓語前面加語氣副詞“惠”或“唯”成爲“惠(唯)—賓—動”的格式。如：

①己酉卜，𣪊：王惠北羌伐？(《前》4.37.1)

②王惠人征。(《合》6583)

③唯父甲征，王受又。(《屯南》1061)

總之，商代語言裏，賓語位置帶有較大的靈活性。

乙、雙賓語[①]　雙賓語包括間接賓語和直接賓語，間接賓語指人，直接賓語指

① 參看管燮初《殷虛甲骨刻辭中的雙賓語問題》，載《中國語文》1986 年，5 期，374—376 頁。

物。位置上，商代卜辭跟周秦以後漢語有同有異，可分以下五種格式：

(1)動詞＋間接賓語＋直接賓語。如：

①戊申卜，争貞：帝其降我年？貞：帝不我降年？[①]（《合》10171）
②帝其作我孽？（《合》14184）
③庚寅卜，彭貞：其又妣辛一牛。（《甲》2698）

(2)動詞＋直接賓語＋間接賓語。如：

①甲午卜，賓貞：命周乞牛多子？（《合》4884）
②又伐五十，歲小牢上甲。（《佚》78）
③甲申卜，王用四牢大乙，翌乙酉用。（《粹》150）

(3)間接賓語＋動詞＋直接賓語。如：

①庚午貞：上甲燎三小牢？（《屯》4530）
②甲子卜，貞：武乙丁其牢。（《前》1.21.1）
③己丑卜，妣庚歲二牢。壬辰卜，母壬歲惠小牢。（《屯南》1011）

否定句裏，間接賓語是代詞時，以置於動詞之前爲常。如：

①帝不我其受又？（《乙》3787）
②帝不我降熯？（《丙》67）

(4)直接賓語＋動詞＋間接賓語。如：

---

① 字下面的符號：——主語；══謂語；≈≈≈間接賓語；～～～直接賓語；……補語。

①壬寅卜，𣪊貞：興方氏羌用自上甲至下乙。(《合》270 正)

“興方氏羌”即興方送來的羌人。這種雙賓語句很少見。

(5)間接賓語＋直接賓語＋動詞。如：

①辛卯酒，戊子妣庚祖甲三豕又伐？

辛卯匄，戊子祖庚豕又伐？每(悔)。(《乙》4810)

丙、三賓語　這類句子的動詞只限於“禱、告、侑、寧、酒”等祭祀動詞。其句式是“動詞＋直接賓語(一)＋ 間接賓語＋直接賓語(二)”。如：

①辛卯卜：甲午禱禾上甲三牛？用。(《合》33309)

②其告秋上甲二牛？(《合》28206)

③庚午卜，侑奚大乙卅。

己巳卜，禱又大丁卅。(《甲》2278)

④乙未酒，系(繫)品上甲十，報乙十，報丙十，報丁三……(《合》32384)

例①“禾”是直接賓語之一，指禱告的事情；“上甲”是間接賓語，指所禱的殷代先王；“三牛”是直接賓語之二，指禱告用的犧牲。例②“秋”是直接賓語之一，指告祭的事情；“上甲”是間接賓語，指告祭的殷代先王；“二牛”是直接賓語之二，指祭祀用的犧牲。例③ “大乙”是間接賓語，嵌於兩個直接賓語“奚、卅”之間。“大丁”是間接賓語，嵌於直接賓語“又、卅”之間。例④“上甲”、“報乙”、“報丙”、“報丁”，都是殷代先王名，間接賓語“上甲”、“報乙”、“報丙”分別嵌於兩個直接賓語“品、十”之間，間接賓語“報丁”嵌於兩個直接賓語“品、三”之間。

以上情況說明卜辭中雙賓語句式還不大固定。周秦以後，第一種雙賓語式最富有生命力，一直應用到現代漢語，第二種和第三種中的否定式，間有出現。如：

①請奉盆缻秦王，以相娛樂。(《史記・廉頗藺相如列傳》)

②彼若不吾假道，必不吾受也。（《吕氏春秋·權勳》）

其餘雙賓語和三賓語句都被淘汰，賓語句式漸趨統一。

4. 補語

補語放在動詞後面，補充説明謂語。卜辭裏的補語主要有三種情況：

第一，表示行爲對象，以介詞結構充當。如：

①侑于王亥，惠三白牛。（《後》上28.1）

②辛酉卜，賓貞：禱年于河。

貞：禱年于夒，九牛。（《合》10085正）

③禱于河年，有雨？（《合》28259）

例①補語緊接於動詞後面，例②補語在賓語後面，例③補語在賓語前面。表示行爲對象的介詞結構也可以放在動詞前面。如：

①于王亥禱年。（《後》上1.1）

②貞：勿于娥告。（《通》358）

③于唐告𢀛方。（《通》254）

比較：貞：告𢀛方于唐。（《通》255）

但是，位置變化，這類介詞結構的性質也就變成狀語而不是補語了。

第二，説明行爲發生的地方或處所。通常也以介詞短語充當。如：

①辛酉，王田于雞録（麓）。（《合》37848）

②貞：今七月，王入于商。（《通》752）

③八月庚戌，有各（格）雲自東，宦母昃，亦有出虹自北，飲于河。（《合》10405反）

例①"于雞録"表示行爲所在，例②"于商"表示行爲所至，例③"自東"、"自北"表示

行爲所從,“于河”表示行爲所在。這類處所補語也可以省去介詞“于”。如:

④戊辰卜,貞:今日王田率,不遘大雨?(《前》2.42.6)

比較:戊辰卜,貞:王田于率,往來亡災,隻(獲)狐七。(《前》2.43.4)

⑤壬戌卜,王田噩,往來亡災。(《前》2.41.6)

比較:辛丑卜,貞:王田于噩,往來亡災,弘吉。(《前》2.35.6)

第三,表示行爲發生的時間。如:

①辛巳卜,其燎于七月。(《合》33348)

②丙午卜,方其圍今日?(《合》20410)

③甲辰貞:其禱禾于丁未?(《合》33331)

例①介詞結構“于七月”是時間補語;例②省去介詞“于”,“今日”是時間補語;例③既有賓語“禾”,又有時間補語“于丁未”。

5. 定語、狀語

定語放在名詞或名詞性短語前面,起限制或修飾作用。卜辭裏充當定語的有名詞、代詞、數詞、形容詞、動詞、短語等。如:

①我受黍年。(《合》376 正)

②五十犬,五十羊,五十豚。(《前》3.23.6)

③丙午卜,賓貞:侑于祖乙,十白彘。(《前》7.29.2)

④辛未,又于出日,茲不用。(《粹》598)

⑤我多臣不辰。(《粹》1207)

⑥𢀛方亦侵我西鄙田。(《合》6057 正)

⑦貞:我家舊老臣亡害我?(《合》3522)

例①名詞“黍”,例②數詞“五十”,例③形容詞“白”,例④動詞“出”,例⑤代詞“我”,

例⑥偏正詞組“我西鄙”,例⑦偏正詞組“我家舊老臣”,都在句中充當定語。例①至③是單層定語,例④⑤⑥⑦是多層定語。

狀語修飾謂語,卜辭裏修飾動詞謂語的狀語有副詞、形容詞、時間名詞、代詞和介詞結構等。如:

①之日允雨。(《前》7.36.2)

②今日不雨。(《前》3.17.5)

③丁卯卜,王大隻(獲)魚。(《通》749)

④戊戌卜,永貞:今日其夕風?貞:今日不夕風?(《合》13338正)

⑤王自饗?勿自饗?(《合》6394)

⑥癸卯卜,今日雨,其自西來雨?其自東來雨?其自北來雨?其自南來雨?(《通》375)

例①情態副詞“允”,例②否定副詞“不”,例③形容詞“大”,例④時間名詞“夕”,例⑤代詞“自”,例⑥介詞結構“自西”、“自東”、“自北”、“自南”,都在句中充當狀語。

卜辭裏修飾形容詞的狀語只限於少數形容詞和副詞。如:

①弘吉。(《粹》806)

②大吉。(《前》1.42.2)

③唯我奚不足。(《通》484)

④下上弗若。(《乙》4065)

例①②狀語“弘”“大”是形容詞;例③④“不”“弗”是否定副詞。

三、句型

卜辭裏的句子大部分是簡單句,主語、謂語部分都較簡單;小部分是複雜句,主語、謂語部分比較複雜。主要可以分爲以下十四種句型:

1. 主＋謂 謂語可以是動詞,也可以是形容詞。如:

①鳳(風)止。(《鐵》55.3)

②己丑卜,𣪊貞:翌庚寅婦好娩?

貞:翌庚寅婦好不其娩?一月。(《簠》典禮116)

③帝若?(《丙》605)

④帝弗若。(《通》14)

例①②謂語是動詞。婦好是殷王武丁的法定配偶。"娩",生孩子。例③④謂語是形容詞。

2. 主＋謂＋賓 如:

①丁卯卜,王大隻(獲)魚。(《通》749)

②庚午卜,丙貞:王作邑。帝若?八月。(《丙》83)

③壬辰王其涉河。(《合》5225)

④三月乙酉夕,月有食。聞,八月。(《合》11485)

⑤王病首。(《林》2.16.4)

例①動詞"隻"帶受事賓語;例②動詞"作"帶結果賓語"邑";例③動詞"涉"帶處所賓語;例④動詞"有"帶存在賓語;例⑤動詞"病"帶主體賓語。

3. 主＋(其、惠、不)賓＋謂 如:

①畫鹿禽(擒)。(《粹》953)

②王其兕隻(獲)。(《粹》937)

③王惠北羌伐。(《前》4.37.1)

④帝不我熯。(《鐵》35.3)

4. 主＋動＋雙賓 例如：

①帝受(授)我右(祐)。(《合》6273)
②貞：大甲受(授)王又(祐)。(《合》1463 正甲)

雙賓語句有種種不同的變體，前面已經舉例談過，此不贅述。

5. 謂＋賓 如：

①……又(有)水？丁未卜，亡水？(《合》33357)
②壬戌卜，不霾衆？其霾衆？(《甲》381)
③其遘大鳳？不遘鳳？(《通》408)

6. (不、惠、其)賓＋謂 如：

①不我殺。(《乙》5406)
②其惠白麋逐。(《粹》958)
③乙酉卜，于丁令馬，暨令三族。惠族令。惠三族馬令。(《寧滬》1.506)

7. 謂＋補 如：

①貞：帝于王亥？(《合》14748)
②其燎于七月？(《合》33384)
③丁卯卜，出貞：其侑于惠室？今日夕酌。(《合》41112)

8. 謂＋賓＋補 如：

①其告疾于祖丁。(《合》13853)
②其罡庸鼓于既卯。(《合》30693)

③呼牛于北土。(《合》8783)

9. 謂＋補＋賓 如:

①侑于上甲一宰。(《合》1141 正)

②燎于丁五牛。(《合》4070 正)

③禱于河年,有雨?(《合》28259)

10. 謂(動詞、形容詞) 如:

①其鳳(風)。(《鐵》97.1)

②乙酉雨,辛亥亦雨。(《丙》369)

③雨雷,十月,在……(《後》下 1.12)

④己卯啓? 允啓。(《通》392)

11. 連動式 兩個動詞連用,時間上先後相承。如:

①辛卯卜,争貞:翌甲午,王涉 歸。(《前》5.29.1)

②貞:王往 獸。(《通》上野 4)

③甲午王往 逐兕。(《合》10405)

④丁酉卜,古貞;王往 省從西?(《合》5116)

12. 兼語式 前一動詞的賓語是後一動詞的主語。如:

①辛未,王令弜伐先,咸戌。(《佚》383)

②甲午貞:其令多尹作王寢。(《合》32980)

③有新大星並火。(《合》11503 反)

④戊子卜,㱿貞:帝及四月令 雨? 貞:帝弗其及今四月令 雨?(《合》

14138）

兼語式的第一個動詞有"令""有"等。有的兼語式可以省去兼語。如例④。還有兼語式和連動式套用的混合式。如：

①癸卯卜，㱿貞：呼弘往于隹比乘。（《合》667 正）
②乙酉卜，賓貞：使人于河，沈三羊𠕋二牛？三月。（《合》5522 正）

例①"弘"（人名）是兼語，"往"和"比"是連動式，"乘"（人名）是賓語。例②"人"是兼語，"沈"和"𠕋"是連動式。

13. 一層複句

甲骨卜辭中的複句可分一層和多層兩大類。一層複句由不同關係的兩個分句組成。大都採用意合法，分句之間不用連詞連接，用形合法構成的複句很少。如：

①癸未卜，貞：燎于土，禱于嶽。（《合》14399 正）
②于父己父庚既祐，迺酒。（《合》27416）
③己未卜：雀獲虎，弗獲？（《合》10202）
④之夕允雨，多。（《合》12945）
⑤甲子卜：乙丑雨？昃雨自北，少。（《合》20967）
⑥貞：邛方其來，王逆伐？（《英》555）
⑦貞：翌辛巳王勿往逐兕，弗其獲？（《合》40126）
⑧貞，疾齒，御于父乙？（《合》13652）
⑨辛巳卜，互貞祀嶽，禱來歲受年。（《乙》6881）

例①是聯合複句；例②是連貫複句，兩個分句用"既……迺……"連接；例③是正反選擇問句；例④是遞進複句；例⑤是轉折複句；例⑥是假設複句；例⑦是條件複句；例⑧是因果複句；例⑨是目的複句。以上除例②外，都是意合法複句。

14. 多層複句

甲骨卜辭中的多層複句大部分是二層複句，也有三層乃至四層的複句。分句之間包含不同的句法關係，大都採用意合法，極少數分句之間有連詞連接。如：

①我其祀賓，‖乍(則)帝降若；｜我勿祀賓，‖乍(則)帝降不若。(《通》367)
　　　　　假設　　　　　聯合　　　　假設

②王先狩，‖迺饗，｜擒有鹿，‖亡災？(《合》28333)
　　　　連貫　　假設　　　聯合

③其唯〔戊〕申娩，‖吉，‖|嘉；｜其唯甲寅娩，‖不吉，‖|退，‖|唯女。(《合》
　　　　　　假設　聯合 聯合　　　　　　假設　聯合 因果
14001 正)

例①是二層聯合複句，兩個分句又各是一個假設複句，用“乍(則)”連接；例②是二層假設複句，表假設的分句又是一個連貫複句，表結果的分句又是一個聯合複句；例③是四層聯合複句，前一分句又是二層假設複句，後一分句是三層假設複句。

上述句型在商代甲骨卜辭裏出現的情況並不平衡。管燮初先生曾經任意選擇了1000個單句進行分析，結果是：有主語的句子佔36%，没有主語的句子佔64%；有賓語的句子佔54%，没有賓語的句子佔46%；動詞謂語句佔90%以上，形容詞謂語句不到10%，繫詞句和名詞謂語句絕無僅有；單句佔絕大多數，複句不過百分之幾，而且絕大多數採用意合而不是形合的方式構成。這個統計結果可以説反映了商代句子結構的基本面貌。

卜辭的内容大都是向天神詢問各種事情和行爲吉凶，問句特別多，表示疑問的句法手段也比較豐富。例如詢問是否下雨的句式有下面七種：

①雨？(《續》4.12.1)——下雨吧？正面表示不定。

②不雨？(《續》4.11.2)——不下雨吧？反面表示不定。

③其雨？(《續》4.10.3)——會下雨嗎？正面表示疑問，加重語氣。

④不其雨？(《續》4.10.3)——不會下雨嗎？反面表示疑問，加重語氣。

⑤雨？不雨？(《粹》670)——下雨不下雨呢？用選擇句表示疑問。

⑥雨不？(《前》3.19.4)——下雨不下呢？正反問句的省略。

⑦其雨不？(《續》4.17.3)——到底下雨不下雨呢？用正反句表示疑問。

總起來看，商代甲骨卜辭所反映的語法顯然還處在漢語發展的早期階段。第一，虛詞是漢語語法的重要手段，卜辭裏還很不豐富。第二，詞序在漢語語法裏佔有非常重要的位置，主語在謂語前，賓語在動詞後，定語和狀語在中心語前。這些規律在卜辭裏已大體形成，但並不嚴格遵循，賓語在動詞前，主語在動詞後的情況常有發現。第三，卜辭裏的基本句型還比較簡單，複雜句和複合句不多。東周以後，社會經濟文化大大發展，社會交際對語言的要求日益提高，漢語語法手段也就逐漸豐富，語法結構逐漸複雜起來。

第二節　上古漢語名詞、動詞、形容詞、數詞、量詞的發展

一、上古漢語名詞、動詞、形容詞的發展

1.名詞的發展

周秦兩漢時期，名詞仍然是漢語最發達的詞類。名詞在句中主要做主語、賓語、定語。名詞做主語，可以表示各種意義類型。如：

①君子食無求飽，居無求安。(《論語・學而》)

②公傷股，門官殲焉。(《左傳・僖公二十二年》)

③義，人之正路也。(《孟子・離婁上》)

④鄒忌脩八尺有餘，身體昳麗。(《戰國策・齊策一》)

⑤聖人吾不得而見之矣。(《論語・述而》)

⑥庖有肥肉，廄有肥馬。(《孟子・梁惠王上》)

例①"君子"是施事主語;例②"公"、"門官"是受事主語;例③"義"是判斷句主語;例④"鄒忌"、"身體"是描寫句主語;例⑤"聖人"是對象主語;例⑥"庖"、"廐"是處所主語。

名詞做賓語,也可以表示多種意義類型。如:

①知者樂水,仁者樂山。(《論語·雍也》)

②孟子見梁惠王。(《孟子·梁惠王上》)

③晉欒盈出奔楚。(《春秋·襄公二十一年》)

④殺囚,衣之王服而流諸漢。(《左傳·昭公十三年》)

⑤興滅國,繼絶世。(《論語·堯曰》)

⑥投我以木瓜,報之以瓊琚。(《詩·衛風·木瓜》)

例①"水"、"山"是受事賓語;例②"梁惠王"是對象賓語;例③"楚"是處所賓語;例④"囚"是受事賓語,"王服"是工具賓語;例⑤"滅國"、"絶世"是使動賓語;例⑥"木瓜"、"瓊琚"是介詞賓語。

名詞做定語,多數表示領屬關係,少數表示修飾關係。如:

①朝飲木蘭之墜露兮,夕餐秋菊之落英。(《楚辭·離騷》)

②有狗彘之勇者,有賈盜之勇者,有小人之勇者,有士君子之勇者。(《荀子·榮辱》)

例①"木蘭"、"秋菊"做定語,表領屬關係;例②"狗彘"、"賈盜"、"小人"、"士君子"做定語,表修飾關係。

名詞也可以做謂語。如:

①思齊大任,文王之母。(《詩·大雅·思齊》)

②子曰:"觚不觚,觚哉觚哉!"(《論語·雍也》)

③魴魚赬尾,王室如燬。(《詩·周南·汝墳》)

④余不説初矣，余狐裘而羔袖。(《左傳・襄公十四年》)

例①"文王之母"是判斷謂語，《詩經》以四字句爲主，不需要加别的成分；例②句中有否定詞"不"，名詞"觚"是説明主語性質的謂語；例③"赬尾"是描寫性謂語，描述"魴魚"的狀貌；例④"狐裘"、"羔袖"是描寫人的服飾。有的名詞做謂語是使動用法或意動用法。如：

①君王之於越也，繄起死人而肉白骨也。(《國語・吴語》)
②齊威王欲將孫臏。(《史記・孫子吴起列傳》)
③夫子將有異志，不君君矣。(《左傳・昭公十七年》)
④外黄富人女甚美，庸奴其夫。(《史記・張耳陳餘列傳》)

例①②"肉白骨"是使白骨生肉；"將孫臏"是拜孫臏爲將；例③④"不君君"是不以君爲君；"庸奴其夫"是把其夫當作庸奴看待。

上古漢語名詞也可做狀語，表示多種語法意義。如：

①嫂蛇行匍伏，四拜自跪而謝。(《戰國策・秦策一》)
②今丘告我以大城衆民，是欲規我以利而恒民畜我也。(《莊子・盜跖》)
③優孟曰："請爲大王六畜葬之。" (《史記・滑稽列傳》)
④乃下相國廷尉，械繫之。(《史記・蕭相國世家》)
⑤失期，法皆斬。(《史記・陳涉世家》)
⑥若野賜之，是委君貺於草莽也。(《左傳・昭公元年》)
⑦北救趙而西却秦，此五霸之伐也。(《史記・魏公子列傳》)
⑧良庖歲更刀，割也；族庖月更刀，折也。(《莊子・養生主》)

例①"蛇"比喻行爲的特徵；例②"恒民"表示行爲的態度；例③"六畜"表示行爲的方式；例④"械"表示行爲的工具；例⑤"法"表示行爲的依據；例⑥"野"表示行爲的處所；例⑦"北"、"西"表示方位；例⑧"歲"、"月"表示行爲的時間經歷。

上古漢語裏有一個助詞"有",通常加在國名、部族名前面,成爲名詞性附加成分。如:

①能哲而惠,何憂乎驩兜,何遷乎有苗。(《書·皋陶謨》)

②有扈氏威侮五行,怠棄三正。(同上《甘誓》)

③乃大降顯休命于成湯,刑殄有夏。(同上《多方》)

④有周不顯,帝命不時。(《詩·大雅·文王》)

⑤有衆率怠弗協。(《書·湯誓》)

⑥取彼譖人,投畀豺虎。豺虎不食,投畀有北。有北不受,投畀有昊。(《詩·小雅·巷伯》)

⑦摽有梅,其實七兮。(《詩·召南·摽有梅》)

⑧孝乎惟孝,友於兄弟,施於有政。(《論語·爲政》)

附加成分"有",有的學者認爲已見於甲骨卜辭①。《尚書》裏出現較多,晚周作品裏已經少見,秦漢以後,除了朝代名稱以外,基本不用了。這類"有"字,有人認爲仍是動詞。"苗"就是"毛"。我國古代南方一個部族,族人毛髮衆多,故稱"有苗";"周"是肥美的土地,其部族擁有肥美的土地,故稱"有周"②。有人認爲"有"通"或"、"域",即"國"。"有夏"就是夏國,"有周"就是周國③。用這兩種説法來解釋"有×"式的所有名詞,都有未妥。把"有"看做名詞性附加成分是比較妥當的。"有"本是動詞,在單音名詞前逐漸虚化成爲名詞性附加成分是因爲它經常處於某種特定位置導致詞性轉化和詞義虚化的結果。

先秦時期,"子"開始虚化成名詞詞尾,可以放在表示人的名詞後面但是還帶有某種實義。如:

①若晉君朝以入,則婢子夕以死。(《左傳·僖公十五年》)

---

① 參看喻遂生《甲骨文語言文字研究論集·甲骨文的詞頭"有"》。

② 參看黄奇逸《古國、族名前的"有"字新解》,載《中國語文》1981年,1期,54—56頁。

③ 參看秦建明、張懋鎔《也談古國名前的"有"字》,載《中國語文》1985年,4期,286—287頁。

②播棄黎老,賊誅孩子。(《墨子·明鬼下》)

③今人乍見孺子將入於井,皆有怵惕惻隱之心。(《孟子·公孫丑上》)

④芄蘭之支,童子佩觿。(《詩·衛風·芄蘭》)

也可以表示小而圓的東西。如:

①存乎人者莫良於眸子。(《孟子·離婁上》)

②舜目蓋重瞳子,又聞項羽亦重瞳子。(《史記·項羽本紀》)

漢代"子"偶爾用於獸名後面。如《漢書·西域傳上》:"烏弋地暑熱莽平……而有桃拔、師子、犀牛。""師子"也作"獅子"。荀悦《漢紀·武帝紀三》:"烏弋國去長安萬五千三百里,出獅子、犀牛。"此外,甲骨文裏,抽象名詞還不多見。春秋以後,隨着社會生產經濟的發展,文化學術的繁榮,社會交際的頻繁,人們認識能力的提高,漢語詞滙中的抽象名詞大大豐富起來了。例如一些表示哲學和思想觀念方面的詞"道"、"德"、"名"(名家)、"法"、"理"、"性"、"忠"、"孝"、"仁"、"愛"、"信"、"恕"、"廉"、"恥"等,這也反映了上古漢語名詞的發展。

2. 動詞的發展

跟甲骨文一樣,上古漢語動詞的基本句法功能是做謂語。上古動詞沒有時體的區別,動作發生的時間由副詞、時間詞、語氣詞和上下文來表示。如:

①齊師伐我,公將戰。(《左傳·莊公十年》)

②〔小人〕既已得之,又恐失之。(《荀子·子道》)

③今日病矣,予助苗長矣。(《孟子·公孫丑上》)

上古漢語動詞也可以做狀語或定語,對動詞、名詞起修飾作用。如:

①生拘石乞而問白公之死焉。(《左傳·哀公十六年》)

②西門豹簪筆磬折,嚮河立待良久。(《史記·滑稽列傳》)

③漢有游女，不可求思。(《詩·周南·漢廣》)

④民有飢色，野有餓莩。(《孟子·梁惠王上》)

例①"生"，例②"立"是動詞做狀語；例③"游"，例④"飢"、"餓"是動詞做定語。

動詞做謂語，有的是使動用法或爲動用法。如：

①莊公寤生，驚姜氏。(《左傳·隱公元年》)

②遠人不服，則脩文德以來之。既來之，則安之。(《論語·季氏》)

③養備而動時，則天不能病。(《荀子·天論》)

④大叔完聚，繕甲兵，具卒乘，將襲鄭，夫人將啓之。(《左傳·隱公元年》)

⑤伯夷死名於首陽之下，盗跖死利於東陵之上。(《莊子·駢拇》)

⑥故墨子見岐道而哭之。(《吕氏春秋·疑似》)

例①"驚姜氏"是使姜氏受驚；例②"來之"是使他們前來，"安之"是使他們安定；例③"不能病"是不能使他們生病。以上是使動用法。例④"啓之"是爲他們打開城門；例⑤"死名"是爲名而死，"死利"是爲利而死；例⑥"哭之"是爲之痛哭。以上是爲動用法。

動詞不能做施事句、受事句的主語或賓語，但可做判斷句的主語以及當事句的主語和賓語。如：

①敬，民之主也。(《左傳·襄公二十八年》)

②寡人之生則不若死矣。(《公羊傳·莊公十三年》)

③子路曰：學亦有益乎？(漢劉向《説苑·建本》)

④管仲卒，五公子皆求立。(《左傳·僖公十七年》)

⑤今子修文武之道，掌天下之辯，以教後世。(《莊子·盗跖》)

⑥以士之招招庶人，庶人豈敢往哉？(《孟子·萬章下》)

例①"敬"，例②"生"，例③"學"是主語；例②"死"，例④"立"，例⑤"辯"是動詞賓語;例⑥前“招”字是介詞賓語。

周秦兩漢時期,除甲骨卜辭已經有助動詞“可”、“克”周秦仍然存在外,又産生了“能”、“堪”、“得”、“足”、“敢”、“願”、“欲”、“憖”、“肯”、“居”、“宜”、“當”、“見”、“爲”、“被”、“可以”、“足以”等新的助動詞,分别表示能够、可能、值得、敢於、願意、樂於、被動等意義。它們大都由動詞引申而來,其動詞義仍然保留。作爲助動詞,它們出現在主要動詞前面,和主要動詞構成合成謂語。如:

①故君子名之必可言也,言之必可行也。(《論語·子路》)
②靡不有初,鮮克有終。(《詩·大雅·蕩》)
③既不能强,又不能弱,所以斃也。(《左傳·僖公七年》)
④惟爾多方罔堪顧之。(《書·多方》)
⑤狡兔有三窟,僅得免其死耳。(《戰國策·齊策四》)
⑥百發失一,不足謂善射。(《荀子·勸學》)
⑦温故而知新,可以爲師矣。(《論語·爲政》)
⑧士而懷居,不足以爲士矣。(《論語·憲問》)
⑨不敢侮鰥寡。(《書·康誥》)
⑩宗廟之事,如會同、端章甫,願爲小相焉。(《論語·先進》)
⑪子之來也,非欲安身也,爲國家之利也。(《國語·魯語下》)
⑫不憖遺一老,俾守我王。(《詩·小雅·十月之交》)
⑬厥子乃弗肯播,矧肯穫?(《書·大誥》)
⑭鬒髮如雲,不屑髢也。(《詩·鄘風·君子偕老》)
⑮宜鑒于殷,駿命不易。(《詩·大雅·文王》)
⑯當斷不斷,反受其亂。(《史記·齊悼惠王世家》)

以上例①“可”、例②“克”、例③“能”、例④“堪”、例⑤“得”、例⑥“足”、例⑦“可以”都表示能够、可能;例⑧“足以”表示够得上;例⑨“敢”表示敢於、有膽量做某事;例⑩“願”、例⑫“憖”表示願意;例⑪“欲”表示意願;例⑬“肯”表示主觀上樂意;例⑭“屑”表示認爲值得;例⑮“宜”、例⑯“當”都表示應當。“見”“爲”“被”表示被動,第七節將全面討論,此不贅。

3. 形容詞的發展

周秦時期,漢語形容詞大大增加。形容詞的基本句法功能仍然是做定語、狀語和謂語。如:

①可使制梃以撻秦楚之堅甲利兵矣。(《孟子·梁惠王上》)

②是以十九年而刀刃若新發於硎。(《莊子·養生主》)

③故聞伯夷之風者,頑夫廉,懦夫有立志……聞柳下惠之風者,鄙夫寬,薄夫敦。(《孟子·萬章下》)

例①形容詞“堅”、“利”做定語;例②“新”做狀語;例③“廉”、“寬”、“敦”做謂語。形容詞做謂語,一般不帶賓語;有的是使動用法或意動用法,可以帶賓語。如:

①强本而節用,則天不能貧。(《荀子·天論》)

②凡大者小鄰國也。(《吕氏春秋·慎大》)

③孔子登東山而小魯,登太山而小天下。(《孟子·盡心上》)

④是以聖人不高山,不廣河。(《淮南子·脩務》)

例①②是使動用法。“不能貧”就是不能使之貧;“小鄰國”就是侵削鄰國使之弱小。例③④是意動用法。“小魯”、“小天下”是以魯國爲小,以天下爲小;“不高山,不廣河”是不以山爲高,不以黄河爲寬廣。

形容詞在一定條件下也可以做主語或賓語。如:

①儉,德之共也;侈,惡之大也。(《左傳·莊公二十四年》)

②寬以濟猛,猛以濟寬,政是以和。(《左傳·昭公二十年》)

③大直若屈,大巧若拙。(《老子》四十五章)

④故君子語大,天下莫能載焉;語小,天下莫能破焉。(《禮記·中庸》)

甲骨卜辭裏没有發現形容詞詞尾,周代産生了形容詞詞尾“然[ȵǐan]”、“焉

[ǐan]”、“如[ȵǐa] ”、“乎[ɣa]”、“若[ȵǐăk]”“而[ȵǐə]”“爾[ȵǐei]”等。如：

①終風且霾，惠然肯來。(《詩·邶風·終風》)

②屯如，邅如，乘馬班如。匪寇，婚媾。(《易·屯》)

③焕乎，其有文章。(《論語·泰伯》)

④桑之未落，其葉沃若。(《詩·衛風·氓》)

⑤未幾見兮，突而弁兮。(《詩·齊風·甫田》)

⑥我心憂傷，惄焉如擣。(《詩·小雅·小弁》)

⑦漁父莞爾而笑。(《楚辭·漁父》)

這些詞尾置於單音或複音的形容詞之後表示一種狀態。它們語音上有某种關係，在先秦典籍裏出現的情況各不相同，可能是同一個詞在不同方言裏的變體。也有人認爲來自外族語言。① 其中以“然”應用最廣泛，壽命也最長，直到現代，漢語還有“忽然”、“突然”等詞活在人們口語裏。

上古漢語裏的“有”字，也可以放在單音形容詞前面，構成複音的形容詞，帶有描寫的性質。主要在《詩經》裏出現，晚周作品裏就非常少見了。如：

①有瀰濟盈，有鷕雉鳴。(《詩·邶風·匏有苦葉》)

②子興視夜，明星有爛。(《詩·鄭風·女曰雞鳴》)

③隰桑有阿，其葉有難。(《詩·小雅·隰桑》)

此外，周秦漢語裏還産生了大量重言形容詞。《詩經》裏有 359 個之多，其他作品裏也不少見。如：

①無偏無党，王道蕩蕩；無党無偏，王道平平。(《書·洪範》)

① 參看楊建國《後綴“如”小考》：“先秦時期，北狄的‘如’字不僅在齊魯方國語中扎下根來，而且用得很廣泛。”載《語言學論叢》第七輯，82—85 頁。

②如有一介臣,斷斷猗無他技。(《書・秦誓》)

③桃之夭夭,其葉蓁蓁。(《詩・周南・桃夭》)

④皜皜乎不可尚已。(《孟子・滕文公上》)

⑤雲容容兮而在下,杳冥冥兮羌晝晦。(《楚辭・九歌・山鬼》)

4. 名詞、動詞、形容詞的關係

名詞代表事物的名稱,動詞代表人物的行爲,形容詞代表事物的性質,它們在詞性和語法功能上都有所不同。但在上古漢語裏,它們的關係非常密切。

第一,有一部分詞兼有兩類或三類詞的性質和特點。如:

①樂民之樂者,民亦樂其樂;憂民之憂者,民亦憂其憂。(《孟子・梁惠王下》)

②賢者以其昭昭,使人昭昭;今以其昏昏,使人昭昭。(《孟子・盡心下》)

例①"樂"和"憂"有動詞的功能,也有名詞的功能。例②"昭昭"、"昏昏"有名詞的功能,也有形容詞的功能。這類詞都是由詞義引申分化而形成的兼類詞,有多種不同的語義關係。如:

①爾牧來思,何蓑何笠。(《詩・小雅・無羊》)
　今有受人之牛羊而爲之牧之者。(《孟子・公孫丑下》)

②子有酒食,何不日鼓瑟?(《詩・唐風・山有樞》)
　碩鼠碩鼠,無食我黍。(《詩・魏風・碩鼠》)

③之子于狩,言韔其弓。(《詩・小雅・采綠》)
　赴車不載櫜韔。(《禮記・檀弓下》)

④重丘人閉門而詢之。(《左傳・襄公十七年》)
　諸侯之士門焉。(《左傳・襄公十年》)

⑤嘒彼小星,三五在東。(《詩・召南・小星》)
　秦師遂東。(《左傳・僖公三十二年》)

⑥ 靜女其姝，俟我於城隅。(《詩·邶風·靜女》)
土國城漕，我獨南行。(《詩·邶風·擊鼓》)

⑦ 師出以律，失律凶也。(《易·師》)
弘乃烈祖，律乃有民。(《書·微子之命》)

⑧ 甚囂，且塵上矣。(《左傳·成公十六年》)
無將大車，祇自塵兮。(《詩·小雅·無將大車》)

⑨ 手如柔荑，膚如凝脂。(《詩·衛風·碩人》)
爾之亟行，遑脂爾車。(《詩·小雅·何人斯》)

⑩ 知人則哲，能官人。(《書·皋陶謨》)
夫豈無辟王，賴前哲以免也。(《左傳·成公八年》)

⑪ 染於青則青，染於黄則黄，所入者變，其色亦變。(《墨子·所染》)
野夫黄冠，黄冠草服也。(《禮記·郊特牲》)

⑫ 予髮曲局，薄言歸沐。(《詩·小雅·采綠》)
在其板屋，亂我心曲。(《詩·秦風·小戎》)

例①"爾牧"的"牧"指牧人，名詞；"爲之牧"的"牧"是牧放牲畜，動詞。兩者語義上是動作與動作主體的關係。例②"酒食"的"食"是食物，吃的東西，名詞；"無食"的"食"是吃，動詞。兩者語義上是動作和動作對象的關係。例③"言韔"的"韔"是把弓裝進弓袋，動詞；"橐韔"的"韔"是弓袋，名詞。兩者語義上是動作和實現此一動作所用工具的關係。例④"閉門"的"門"指房屋的出入口，名詞；"門焉"的"門"是把守門户，動詞。兩者語義上是動作和處所的關係。例⑤"在東"的"東"指東方，名詞；"遂東"的"東"是向東、往東，動詞。兩者語義上是動作與方位的關係。例⑥"城隅"的"城"是城墻，名詞；"城漕"的"城"是築城，動詞。兩者語義上是動作及其結果的關係。例⑦"以律"、"失律"的"律"是法律、法令，名詞；"律乃有民"的"律"是依法治理，動詞。兩者語義上是動作及其依據的關係。例⑧"塵上"的"塵"是塵土，名詞；"自塵"的"塵"是沾上塵土，動詞。兩者語義上是動作及其原因的關係。例⑨"凝脂"的"脂"是油脂，名詞；"脂車"的"脂"是塗上油脂，動詞。兩者語義上是動作和完成此一動作所用材料的關係。例⑩"知人則哲"的"哲"是明智，形容詞；"前哲"的

"哲"是明智的人，名詞。兩者語義上是行爲主體及其性質的關係。例⑪"染於青"、"染於黄"的"青"和"黄"指兩種染料，名詞；"則青"、"則黄"的"青"和"黄"是變青和變黄，動詞。"黄冠"的"黄"是黄色，形容詞。三者語義上是原料、動作和顔色的關係。例⑫"曲局"的"曲"是彎曲，形容詞；"心曲"的"曲"是彎曲的地方，名詞。兩者語義上是事物及其形狀的關係。

第二，名詞、形容詞、動詞都可以用於使動式。就是名詞、形容詞及動詞都可以放在賓語前面，使賓語成爲什麽或使賓語怎麽樣。如：

①吾見申叔，夫子所謂生死而肉骨也。(《左傳·襄公二十二年》)

②奪之人者臣諸侯，奪之與者友諸侯，奪之地者敵諸侯。(《荀子·王制》)

③儒者在本朝則美政，在下位則美俗。(同上《儒效》)

④故天將降大任於是人也，必先苦其心志，勞其筋骨，餓其體膚，空乏其身，行拂亂其所爲。(《孟子·告子下》)

⑤乃生男子，載寢之床，載衣之裳，載弄之璋。(《詩·小雅·斯干》)

⑥小子鳴鼓而攻之可也。(《論語·先進》)

例①②是名詞用於使動式。"肉骨"是使骨頭長肉，"臣諸侯"是使諸侯成爲臣下，"友諸侯"是使諸侯成爲朋友，"敵諸侯"是使諸侯成爲敵人。例③④是形容詞用於使動式。"美政"是使政治變美，"美俗"是使風俗醇美。"苦其心志，勞其筋骨，餓其體膚，空乏其身"就是使他的心志辛苦，使他的筋骨勞累，使他的腸胃飢餓，使他的身子受窮困。例⑤⑥是動詞用於使動式。"寢之床"是讓他睡在床上，"弄之璋"是讓他玩着璋玉。"鳴鼓"是使鼓發出聲音。其中"衣之裳"是讓他穿上衣裳，名詞用於使動式。

第三，名詞、形容詞都可以用於意動式。就是名詞、形容詞都可以放在賓語前面，表示説話者主觀上認爲賓語是什麽或賓語怎麽樣。如：

①諸侯之寶三：土地，人民，政事。寶珠玉者，殃必及身。(《孟子·盡心上》)

②南海則有羽翮齒革曾青丹幹焉，然而中國得而財之。（《荀子・王制》）

③孔子登東山而小魯，登太山而小天下。（《孟子・盡心上》）

④甘其食，美其服，安其居，樂其俗。（《老子》八十章）

例①②是名詞用於意動。"寶珠玉"就是把珠玉當做珍寶，"財之"就是把它們當做財貨，例③④是形容詞用於意動。例③"小魯"就是認爲魯國很小，"小天下"就是認爲天下很小。例④"甘其食，美其服，安其居，樂其俗"就是認爲他們的飲食甘甜，認爲他們的衣服美麗，認爲他們的居室安逸，認爲他們的風俗快樂。只有動詞沒有意動的用法。

二、上古漢語數詞的發展

上古數詞的發展，主要表現在以下八個方面：

1. 大數的表示

甲骨卜辭中最大的數目單位是"萬"。周代出現了"億"以上的數詞。據東漢時期的《數術記遺》記載，我國古代億以上大數的表述有三種方式：一是萬萬爲億。萬、億、兆、京、垓、秭、穰、溝、澗、正、載，都以萬遞進。《詩・魏風・伐檀》："胡取禾三百億兮？"《毛傳》："萬萬曰億。"《孫子算經》卷上："凡大數之法，萬萬曰億，萬萬億曰兆，萬萬兆曰京，萬萬京曰垓，萬萬垓曰秭，萬萬秭曰穰，萬萬穰曰溝，萬萬溝曰澗，萬萬澗曰正，萬萬正曰載。"二是萬、億、兆、京、垓、秭，都以十遞進。《國語・楚語下》："官有十醜，爲億醜。"韋昭注："十萬曰億，古數也，今以萬萬爲億。"《詩・魏風・伐檀》鄭箋："十萬曰億，三百億，禾秉之數。"《書・泰誓上》："受有臣億萬，惟億萬心。"陸德明《釋文》："十萬曰億。"《禮記・内則》："降德于衆兆民。"孔穎達疏："算法，億之數有大小二法。其小數以十爲等，十萬爲億，十億爲兆也；其大數以萬爲等，萬至萬，是萬萬爲億。"三是百萬爲億。玄應《一切經音義》卷六"億載"引《算經》："下數十萬曰億，中數百萬曰億，上數萬萬曰億。"《逸周書・世俘》："馘魔億有十萬七千七百七十有九。""億"之下接"十萬"，則"億"爲百萬。

2. 多位數的表示

甲骨卜辭中，個位數和十位數之間，大多數要加連詞"有"或"又"。周秦漢語仍

然保存這種表數方式。《尚書》中十位數和個位數之間必須加"有",没有例外。如:

①朞三百有六旬有六日。(《書·堯典》)

②吾十有五,而志於學。(《論語·爲政》)

③是故先期旬有一日,宫宰宿夫人。(《禮記·祭統》)

④即去大梁百有二十里耳。(《荀子·彊國》)

不過兩位數之間加一個"有"字,頗不簡便。晚周作品中這種記數方式逐漸少用,到了兩漢,就基本上不用了。如:

①衡徑三十五萬七千里,周一百七萬一千里。(《周髀算經》卷上)

②凡百三十篇,五十二萬六千五百字,爲太史公書序。(《史記·太史公自序》)

③天有九野,九千九百九十九隅。(《淮南子·天文》)

④臣所將吏士馬牛月食用糧穀十九萬九千六百三十斛,鹽千六百九十三斛,茭藁二十五萬二百八十六石。(《漢書·趙充國傳》)

上古漢語多位數中間如有缺位,不用"○"表示,這是和中古以及近代漢語不同的。

3. 複數的表示

漢語的詞本身没有單數和複數的形態變化。複數一般用"諸"、"衆"、"群"等形容詞來表示。"諸"表示人的多數,"衆"和"群"既表示人的多數,也表示物的多數。這是商代卜辭所没有的。如:

①諸娣從之,祁祁如雲。(《詩·大雅·韓奕》)

②故諺曰:"衆心成城,衆口鑠金。"(《國語·周語下》)

③憂心悄悄,愠于群小。(《詩·邶風·柏舟》)

此外,上古漢語往往用"三"、"五"、"七"、"九"、"十二"、"三十"、"三十六"、

"百"、"千"、"萬"、"億"、"兆"等泛指多數,這也是甲骨卜辭所没有的。如:

①令尹子文,三仕爲令尹,無喜色;三已之,無慍色。(《論語・公冶長》)

②趙簡子爲大夫,專國事。簡子疾,五日不知人。(《史記・扁鵲列傳》)

③南榮趎贏糧,七日七夜,至老子之所。(《莊子・庚桑楚》)

④亦余心之所善兮,雖九死其猶未悔。(《楚辭・離騷》)

⑤屠牛坦一朝解十二牛。(《漢書・賈誼傳》)

⑥終三十里,亦服爾耕。(《詩・周頌・噫嘻》)

⑦西郊則有上囿禁苑,……離宫别館,三十六所。(班固《兩都賦》)

⑧率時農夫,播厥百穀。(《詩・周頌・噫嘻》)

⑨乃求千斯倉,乃求萬斯箱。(《詩・小雅・甫田》)

⑩百姓、千品、萬官,億醜、兆民、經入畡數以奉之。(《國語・楚語下》)

⑪先王……合十數以訓百體,出千品,具萬方,計億事,材兆物,收經入,行姟極。(《國語・鄭語》)

4. 約數的表示

甲骨卜辭中還没有約數的表示法。戰國以後,出現了"數"、"餘"、"所"、"許"、"左右"等表示約數的詞。"數"可以放在基數詞之前或後,"可"在基數詞之前,"餘"、"所"、"許"一般放在基數詞之後。如:

①天子殺殉,衆者數百,寡者數十;將軍大夫殺殉,衆者數十,寡者數人。(《墨子・節葬下》)

②其可以爲舟者旁十數。(《莊子・人間世》)

③遇剛武侯,奪其軍,可四千餘人。(《史記・高祖本紀》)

④地之相去也,千有餘里。(《孟子・離婁下》)

⑤十八日所而病瘉。(《史記・扁鵲列傳》)

⑥帝嘗幸其所府,留飲十許日。(《漢書・馮魴傳》)

⑦《説文・羊部》:"羠,羊未卒歲也。從羊兆聲。或曰夷羊百斤左右爲羠。

讀若《春秋》'盟于洮'。"段玉裁注:"劇羊易肥,故有重百斤左右者。"

⑧語稱上世之人,侗長佼好,堅强老壽,百歲左右。(《論衡·齊世》)

5. 不定數的表示

兩個數字連用,表示數目不定,這也是甲骨卜辭所没有的。如:

①(文王)用肇造我區夏,越我一二邦以修。(《書·康誥》)

②二三子何患於喪乎,天下之無道也久矣。天將以夫子爲木鐸。(《論語·八佾》)

③氣來卑而循車通者,不過三四日,去之五六里見。(《史記·天官書》)

④是以讒口之亂,不過三五。(《國語·晉語一》)

韋昭注:"少則三君,多則五君。""三五"即三五君。

⑤有兄弟四五人,皆在此,以告。(《國語·吴語》)

⑥冠者五六人,童子六七人。(《論語·先進》)

⑦淮南王有子四人,皆七八歲。(《史記·淮南衡山列傳》)

⑧親結其縭,九十其儀。(《詩·豳風·東山》)

⑨或相什百,或相千萬。(《孟子·滕文公上》)

⑩公其以予萬億年敬天之休。(《書·洛誥》)

⑪紂有億兆夷人,亦有離德。(《左傳·昭公二十四年》)

⑫以人民往觀之者三二千人。(《史記·滑稽列傳》)

⑬人民之衆兆億,侯盈厥澤陵。(《墨子·明鬼下》)

數字連用,通常是小數在前,大數在後,如例①至例⑪。也有大數在前,小數在後的,如⑫、⑬。

6. 分數的表示

甲骨卜辭中没有出現分數,分數是周秦才産生的。上古時期二分、三分、四分、十分有時分别寫作"兩"、"三"、"駟"、"什"。有以下十種格式。

(1)分母+分子。分母多半爲"十"。如:

①累三而不墜,則失者十一。(《莊子·達生》)

②請野九一而助,國中什一使自賦。(《孟子·滕文公上》)

③初是充國計者什三,中什五,最後什八。(《漢書·趙充國傳》)

(2)分母+分+之+分子。如:

①出門,使以三分之一行;半道,使以二乘。(《左傳·哀公八年》)

②殺士三分之一,而城不拔者,此攻之災也。(《孫子兵法·謀攻》)

③以蓄植果木,不若三土,以十分之二,謂之壤土。(《管子·地員》)

④其存人之國也,無萬分之一;而喪人之國也,一不成而萬有餘喪矣。(《莊子·在宥》)

⑤故關中之地,於天下三分之一。(《史記·貨殖列傳》)

這一分數表示法産生於春秋後期,中古以後發展成爲漢語分數表示的主要方式,直到現代。

(3)分母+分+分子。如:

①卒歲,十牛以上而三分一死。(《睡虎地秦墓竹簡·秦律十八種》)

②仲吕,長五寸九分三分二;徵,蕤賓,長五寸六分三分一。(《史記·律書》)

③有如萬分一,假令愚民取長陵一抔土,陛下且何以加其法乎?(《漢書·張釋之傳》)

(4)分母+之+分子。如:

①〔大都不過叁國之一〕中,五之一,小,九之一。(《左傳·隱公元年》)

②今行父雖未獲一吉人,去一凶矣,於舜之功,二十之一也,庶幾免於戾乎。(《左傳·文公十八年》)

③夫不待法合繩墨而無不正者，千萬之一也。（《商君書·定分》）

(5)分母＋分＋名詞＋之＋分子。如：

①凡八節二十四氣，氣損益九寸九分。六分分之一。（《周髀算經》卷下）

②得十二月十九分月之七，即一年之月也。（同上）

③方今大王之兵，不能十分吴楚之一。（《史記·淮南衡山列傳》）

④冬至，日在斗二十一度四分度之一。（《後漢書·律曆志中》）

(6)分母＋分＋量詞＋分子。如：

①大良造鞅爰積十六尊五分尊一爲升。（《商鞅量》）

②三不正，六分升一以上；升不正，廿分升一以上。（《睡虎地秦墓竹簡·效律》）

③醬駟（四）分升一。（同上《秦律十八種》）

(7)分母＋名詞＋之＋分子。此種分數表示法先秦極少見，漢以後完全被淘汰。如：

①大都不過參國之一。（《左傳·隱公元年》）

(8)分母＋動詞（取、有、無）＋ 分子。如：

①吾欲二十而取一，何如？（《孟子·告子下》）

②出生入死，生之徒十有三，死之徒十有三；人之生，動之死地亦十有三。（《老子》五十章）

③胡不赴秦俱死，且什有一二相全。（《漢書·張耳陳餘傳》）

④故當世之重位，主變勢而得固寵者，十無二三。（《韓非子·孤憤》）

(9)分母爲“十”時,可以只説出分子。這一分數表示法已見於西周金文,最爲早出,至秦漢仍然應用。如:

①公宕其三,女則宕其二;公宕其二,女則宕其一。(《召伯父簋》)

②二,吾猶不足,如之何其徹也?(《論語·顔淵》)

③栗腹以十萬之衆,五折於外。(《史記·魯仲連鄒陽列傳》)

④髡竊樂此,飲可八斗而醉二三。(《史記·滑稽列傳》)

(10)分子爲“一”時,可以只説出分母。如:

①居官府公食者,男子參,女子駟(四)。(《睡虎地秦墓竹簡·秦律十八種》)

②半斗不正,少半升以上,參不正,六分升一以上。(同上《效律》)

7. 倍數的表示

甲骨卜辭没有倍數的表示法,周代開始出現。兩倍單用“倍”,三倍以上則加數詞,五倍也叫“蓰”,十倍作“十”,也寫作“什”,百倍又寫作“佰”。如:

①墨辟疑赦,其罰百鍰……劓辟疑赦,其罰惟倍。(《書·吕刑》)

②此皆十倍其國之衆而未能食其地也。(《墨子·非攻下》)

也有數詞後面帶賓語“之”、“此”及名詞或介詞結構以表示倍數的。如:

①貪賈三之,廉賈五之。(《史記·貨殖列傳》)

②天子春秋鼎盛,行義未過,德澤有加焉,猶尚如是,況莫大諸侯,權力且十此者乎?(賈誼《陳政事疏》)

③大國地方百里,君十卿禄,卿禄四大夫。(《孟子·萬章下》)

④姓有徹品,十於王,謂之千品。(《國語·楚語下》)

例①“三之”就是得三倍的利益，“五之”就是得五倍的利益。也有人認爲是三分之一的利益或五分之一的利益。例②“十此”就是十倍於此。例③“君十卿禄，卿禄四大夫”就是君的俸禄爲卿的十倍，卿的俸禄爲大夫的四倍。例④“十於王，謂之千品”，意思是，對於王來説，十倍於百官叫做“千品”。

數詞後面不帶賓語也有表示倍數的。如：

①故用兵之法，十則圍之，五則攻之，倍則分之。（《孫子兵法·謀攻》）

②夫物之不齊，物之情也。或相倍蓰，或相什佰，或相千萬。（《孟子·滕文公上》）[①]

③軍不五不攻城，不十不圍。夫一周爲二十晉，君之所知也。（《史記·楚世家》）

例①“十則圍之，五則攻之，倍則分之”，就是我有十倍於敵的兵力就可以包圍他，有五倍於敵的兵力，就可以攻打他，有兩倍於敵的兵力就可分散敵人各個擊破。例②“蓰”是五倍，“什佰”是十倍百倍，“千萬”是千倍萬倍。例③“軍不五不攻城”，“不十不圍”就是没有五倍於敵人的軍隊不能攻城，没有十倍於敵人的軍隊不能圍城。

此外，秦漢以前，我國已經懂得“九九乘法口訣”的應用。如《管子·地員》：“五七三十五尺……四七二十八尺……三七二十一尺……二七十四尺……六七四十二尺……七七四十九尺……七八五十六尺……七九六十三尺。”不久以前湖南張家界古人堤漢代遺址出土的簡牘上還發現了完整的“九九乘法表”：“一九而九，二九十八，三九廿七……九九八十一。”離現在已經二千二百多年了，着實難能可貴。

8. 序數的表示

甲骨卜辭裏序數和基數的表示形式上没有區别。周秦仍基本上保持這種方式。如：

①五行：一曰水，二曰火，三曰木，四曰金，五曰土。（《書·洪範》）

---

①　“什佰”也有不表示倍數的。《老子》八十章：“小國寡民，使有什佰之器而不用。”朱謙之《老子校釋》：“十人百人所共之器也。”任繼愈《老子新譯》：“數目衆多，所以稱爲什器。”都不認爲“什佰”是倍數。

②我有三寶，持而保之。一曰慈，二曰儉，三曰不敢爲天下先。（《老子》六十七章）

跟甲骨卜辭不同的是，周秦有用"一、再、三……"、"……一也，……二也，……三也"、"初一、次二……"、"上、次、次……"、"上、次、下"、"伯、叔、季"等方式表示序數的。如：

①夫戰，勇氣也。一鼓作氣，再而衰，三而竭。（《左傳·莊公十年》）

②予之貨而獲其土，其利一也；邊鄙耕農不儆，其利二也；戎狄事晉，四鄰莫不震動，其利三也。（《國語·晉語七》）

③初一曰五行，次二曰敬用五事，次三曰農用八政，次四曰協用五紀，次五曰建用皇極，次六曰乂用三德，次七曰明用稽疑，次八曰念用庶徵，次九曰嚮用五福，威用六極。（《書·洪範》）

④大上有立德，其次有立功，其次有立言。（《左傳·襄公二十四年》）

⑤生而知之者，上也；學而知之者，次也；困而學之，又其次也；困而不學，民斯爲下矣。（《論語·季氏》）

⑥今郤伯之語犯，叔迂，季伐。（《國語·周語下》）

上述方式都含有"第一"、"第二"、"第三"的意思，但並不是序數詞。到了漢代，表示序數的"第"產生，漢語開始有了固定的序數形式。如：

①於是孝文帝乃以絳侯勃爲右丞相，位次第一；徙平爲左丞相，位次第二。（《史記·陳丞相世家》）

②我德如風，民應如草，國富刑清，登我漢道，述文紀第四。（《漢書·敘傳》）

③光武帝，建平元年十二月甲子，生於濟陽宫後殿第二内中。（漢王充《論衡·吉驗》）

總之，漢語序數形式產生於上古後期，應用逐漸擴大，中古以後，除年、月、日的序數形式不用“第”以外，基數和序數大都有了固定的不同表達形式。

9. 數詞語法功能

上古時期，漢語數詞可以在句中單獨充當主語、謂語、定語、狀語、賓語或補語。如：

①五行：一曰水，二曰火，三曰木，四曰金，五曰土。（《書·洪範》）

②天下之達道五，所以行之者三。（《禮記·中庸》）

③道生一，一生二，二生三，三生萬物。（《老子》四十二章）

④一日不見，如三秋兮。（《詩·王風·采葛》）

⑤桓公九合諸侯，不以兵車，管仲之力也。（《論語·憲問》）

⑥奪伯氏駢邑三百，飯疏食，没齒無怨言。（同上）

例①“一”、“二”、“三”、“四”、“五”是主語；例②“五”、“三”是謂語；例③“一”、“二”、“三”既是主語，又是賓語；例④“一”、“三”是定語；例⑤“九”是狀語，此爲泛稱，實際上春秋齊桓公會合諸侯共十一次；例⑥“三百”是補語。

上古漢語裏已産生大量量詞，數詞往往與量詞結合成數量詞組充當不同的成分，下面我們就會談到，這裏從略。

三、上古漢語量詞的發展

甲骨卜辭裏，只有“朋”、“丙”、“升”、“卣”等少數幾個量詞，到了周秦，量詞逐漸多起來了，大都由名詞或動詞轉化而成。可以分爲以下幾類：

1. 表長度單位的量詞

度量衡量詞是隨着周秦度量衡制度的訂立而産生的。其中表示長度單位的有“寸、尺、咫、丈、步、武、墨、尋、常、仞、里、舍、膚、扶、端、匹、引、純、圍（韋）、粟、穮（秒）、忽、絲、毫、厘、分、枚”等。如：

①匕入者三寸。（《左傳·昭公二十六年》）

②尺地莫非其有也，一民莫非其臣也。（《孟子·公孫丑上》）

③天威不違顏咫尺。(《左傳・僖公九年》)

④夫目之察度也,不過步武尺寸之間;其察色也,不過墨丈尋常之間。(《國語・周語下》)韋昭注:"六尺爲步,賈君以半步爲武。五尺爲墨,倍墨爲丈。八尺爲尋,倍尋爲常。"

⑤爲山九仞,功虧一簣。(僞《書・旅獒》)僞孔傳:"八尺曰仞。"

⑥邦畿千里,維民所止。(《詩・商頌・玄鳥》)

⑦晉楚治兵,遇于中原,其辟君三舍。(《左傳・僖公二十三年》)賈逵注:"三舍,九十里也。"

⑧觸石而出,膚寸而合。(《公羊傳・僖公三十一年》)

⑨籌,室中五扶,堂上七扶,庭中九扶。(《禮記・投壺》)

⑩倍丈謂之端。(《小爾雅・廣詁》)

⑪布帛廣二尺二寸爲幅,長四丈爲匹。(《漢書・食貨志上》)

⑫度者,分、寸、尺、丈、引也……十尺爲丈,十丈爲引。(同上)

⑬里間九純,純丈五尺。(《淮南子・地形》)

⑭匠石之齊,至於曲轅,見櫟社樹,其大蔽數千牛,絜之百圍。(《莊子・人間世》)

⑮是日大風,拔甘泉畤中大木十韋以上。(《漢書・成帝紀》)

⑯律之數十二,故十二蔈而當一粟,十二粟而當一寸。(《淮南子・天文》)

⑰夫寸生於稞,稞生於日,日生於形,形生於景,此度之本也。(《淮南子・主術》)高誘注:"十稞爲一分,十分爲一寸,十寸爲一尺,十尺爲一丈,故謂之本也。"

⑱度之所起,起於忽。欲知其名,蠶吐絲爲忽,十忽爲一絲,十絲爲一毫,十毫爲一厘,十厘爲一分,十分爲一寸,十寸爲一尺,十尺爲一丈,十丈爲一引,五十尺爲一端,四十尺爲一匹。(《孫子算經》卷上)

⑲十分寸之一謂之枚。部尊一枚,弓鑿廣四枚,鑿上二枚,鑿下四枚。(《周禮・考工記・輪人》)

例①十分之一尺爲"寸",例②十寸爲"尺"。《説文・尺部》:"尺,十寸也。人手卻十分動脈爲寸口。……周制寸、尺、咫、尋、常皆以人之體爲法。”例③八寸爲“咫”；例④六尺爲“步”，半步爲“武”，五尺爲“墨”，十尺爲“丈”；例⑤八尺爲“仞”；例⑥三百步爲“里”；例⑦三十里爲舍；例⑧四指寬的長度爲“膚”；例⑨“扶”同“膚”，四指寬的長度；例⑩長二丈爲“端”；例⑪長四丈爲“匹”；例⑫長十丈爲“引”；例⑬長一丈五爲“純”；例⑭兩臂合抱或兩手拇指和食指合圍的長度爲“圍”；例⑮“韋”同“圍”；例⑯“粟”長十二分之一寸；例⑰稞，稞(秒)的誤字。王念孫《讀書雜誌》十三：“引之曰：《說文》《玉篇》《廣韻》《集韻》皆無‘稞’字，‘稞’當爲‘標’，字之誤也。……與‘秒’同。”例⑱“忽”、“絲”、“毫”、“厘”都是很小的長度單位；例⑲鄭玄注：“枚，一分。”

2. 表面積單位的量詞

表示面積的量詞先秦已有“畝、成、圻、同、井、邑、丘、甸、甽、畹、畦、頃(傾)、板(版)、堵、雉、墢”等。漢代又有“處”。如：

①十畝之間兮，桑者閑閑兮。(《詩·魏風·十畝之間》)

②有田一成，有衆一旅。(《左傳·哀公元年》)

③且昔天子之地一圻，列國一同。(《左傳·襄公二十五年》)

④九夫爲井，四井爲邑，四邑爲丘。(《周禮·地官·小司徒》)

⑤四丘爲甸。(同上)鄭玄注：“甸之言乘也，讀如衷甸之甸。甸，方八里。”

⑥廣尺深尺曰甽，長終畝，一畝三甽，一夫三百甽，而播種於甽中。(《漢書·食貨志上》)

⑦余既滋蘭之九畹兮，又樹蕙之百畝。(《楚辭·離騷》)

⑧有械於此，一日浸百畦，用力甚寡而見功多，夫子不欲乎？(《莊子·天地》)

⑨稼已生後而雨，亦輒言雨多少，所利頃數。(《睡虎地秦墓竹簡·秦律十八種》)

⑩傾官旋室。(《淮南子·地形》)高誘注：“傾宫，宫滿一頃。”

⑪決晉水以灌晉陽，城不沈者三板耳。(《戰國策·秦策四》)

⑫築十版之墻，鑿八尺之牖。(《韓非子·外儲說左上》)

⑬之子于垣，百堵皆作。(《詩·小雅·鴻鴈》)

⑭都城過百雉，國之害也。（《左傳·隱公元年》）

⑮王耕一墢。（《國語·周語》）韋昭注："一墢，一耦之發也。……一耦之發，廣尺深尺。"

⑯嫗以稻田一處、桑田二處分與弱君，波田一處分與仙君。（李均明、何雙全編《散見簡牘合輯》）

例①周代以横一步縱一百步爲"畝"，秦代商鞅變法，以横一步縱二百四十步爲畝，漢武帝以前，兩種制度並行；例②方三十里爲"成"；例③方千里爲"圻"，方百里爲"同"；例④方一百里合九百畝之地爲"井"，方二里之地爲"邑"，方四里之地爲"丘"；例⑤方八里之地爲"甸"；例⑥一畝的三分之一爲"甽"；例⑦三十畝爲"畹"；例⑧五十畝爲"畦"；例⑨田一百畝爲"頃"；例⑩"傾"與"頃"同，田一百畝；例⑪墻長一丈高二尺爲"板"；例⑫"版"與"板"同；例⑬墻長與高各一丈爲"堵"；例⑭墻長三丈高一丈爲"雉"；例⑮寬深各一尺爲"墢"；例⑯"處"用於田地。

3. 表容量單位的量詞

表示容量單位的有"粟、圭、撮、抄、勺、合(gě)、龠、升、斗、豆、斛、區(ōu)、釜、鍾、庾、斛、秉、缶、籔(藪、逾)、匊(掬)、溢、握、抔(掊)、載"等。如：

①量之所起，起于粟。六粟爲一圭，十圭爲一撮，十撮爲一抄，十抄爲一勺。（《孫子算經》卷上）

②今夫地，一撮土之多，及其廣厚，載華嶽而不重，振河海而不洩，萬物載焉。（《禮記·中庸》）

③千二百黍爲一龠，十龠爲一合，十合爲一升，十升爲一斗。（劉向《説苑·辨物》）

④齊舊四量：豆，區，釜、鍾。四升爲豆，各自其四，以登於釜，釜十則鍾。（《左傳·昭公三年》）

⑤能貨子猶，爲高氏後，粟五千庾。（《左傳·昭公二十六年》）杜預注："庾，十六斗。"

⑥冉子與之粟五秉。（《論語·雍也》）

⑦關中大饑,米斛萬錢,人相食。(《漢書·高帝紀上》)

⑧其歲收,田一井出稯禾,秉芻,缶米,不是過也。(《國語·魯語下》)

⑨門外米三十車,車秉有五籔。(《儀禮·聘禮》)鄭玄注:"今文籔或爲逾。"

⑩釜二有半謂之藪。(《小爾雅·廣衡》)

⑪終朝采緑,不盈一匊。(《詩·小雅·采緑》)

⑫歠粥,朝一溢米,夕一溢米。(《儀禮·喪服》)

⑬視爾如荍,貽我握椒。(《詩·陳風·東門之枌》)

⑭假令愚民取長陵一抔土,陛下且何以加其法乎?(《漢書·張釋之傳》)

⑮如泰山失火,沃以一抔之水,河決千里,塞以一掊之土,能勝之乎?(王充《論衡·調時》)

例①"粟"、"圭"爲最少的容量單位,十萬分之一升爲"圭",百分之一升爲"勺",千分之一升爲"抄";例②三個手指撮取的容量爲"撮";例③百分之一升爲"龠",十分之一升爲"合",十分之一斗爲"升",十升爲一"斗";例④四升爲"豆",四豆爲"區(ōu)",四區爲"釜",四釜爲"鍾",合二十五斗六升;例⑤十六斗爲"庾";例⑥十六斛爲"秉";例⑦十斗爲"斛"(南宋末年改爲五斗爲一斛);例⑧四斛爲"缶";例⑨十六斗爲"籔",《小爾雅·廣量》爲"藪",鄭玄注爲"逾";例⑪兩手所盛的容量爲"匊",後來寫作"掬";例⑫一手所盛的容量爲"溢";例⑬一手所握的容量爲一"握";例⑭⑮"抔"和"掊",都是一手所握的容量。

4. 容器量詞

周代産生的容器量詞有"杯、車、簞、爵、壺、盆、篋、盂"等。和容量量詞不同,容器量詞大都借用某種器物名稱來充當,只表示某種物品的大約數量,没有絶對統一的標準。如:

①今之爲仁者,猶以一杯水救一車薪之火也。(《孟子·告子上》)

②金重於羽者,豈謂一鉤金與一輿羽之謂哉?(《孟子·告子下》)趙岐注:"金重於羽,謂多少同而言重耳,一帶鉤之金豈重一車羽邪?"

③一簞食,一瓢飲。(《論語・雍也》)

④臣侍君宴,過三爵,非禮也。(《左傳・宣公二年》)

⑤生丈夫,二壺酒,一犬;生女子,二壺酒,一豚。(《國語・越語上》)

⑥見道旁有禳田者,操一豚蹄,酒一盂。(《史記・滑稽列傳》)

⑦今是土之生五穀也,人善治之,則畝數盆,一歲而再獲之。(《荀子・富國》)

⑧衛人使屠伯饋叔向羹與一篋錦。(《左傳・昭公十三年》)

⑨食馬九百,羊牛三千,穄麥百載,天子使祭父受之。(《穆天子傳》卷二)“百載”即“百車”。

5.表示重量單位的量詞

表示重量單位的有“桼、絫、分、銖、兩、斤、鈞、鎰、石、鼓、鍰、鋝、率、衡、秤、儋、擔”等。如:

①權輕重者不失桼絫。(《漢書・律曆志上》)

②十二粟而當一分,十二分而當一銖,十二銖而當半兩,權有左右,故二十四銖爲一兩。(《淮南子・天文》)

③斤不正,三朱以上。(《睡虎地秦墓竹簡》70頁)

④夫今樊將軍,秦王購之金千斤,邑萬家。(《戰國策・燕策三》)

⑤黄金四十鎰。(《國語・晉語二》)韋昭注:“二十兩爲鎰。”

⑥吾力足以舉百鈞,而不足以舉一羽。(《孟子・梁惠王上》)

⑦關石和鈞,王府則有。(《書・五子之歌》)孔穎達疏:“三十斤爲鈞,四鈞爲石,是石爲稱之最重。”

⑧遂賦晉國一鼓鐵,以鑄刑鼎。(《左傳・昭公二十九年》)

⑨墨辟疑赦,其罰百鍰。(《書・吕刑》)

⑩〔戈〕重三鋝。(《周禮・考工記・冶氏》)鄭玄注:“三鋝爲一斤四兩。”

⑪黥辟疑赦,其罰百率,閲實其罪。(《史記・周本紀》)

⑫斤十謂之衡,衡有半謂之秤,秤二謂之鈞。(《小爾雅・廣衡》)

⑬守儋石之禄者，闕卿相之位。（《史記·淮陰侯列傳》）

⑭思有短褐之襲，擔石之蓄。（漢班彪《王命論》）

例①"黍"、"絫"是最小的重量單位。十分之一銖爲"絫"，百分之一銖爲"黍"。例②二十四分之一兩爲一銖，漢代一銖約爲0.65克；二十四銖爲一兩，漢代一兩約爲15.6克。例③"朱"與"銖"同。例④十六兩爲"斤"，漢代一斤約264克。例⑤二十兩爲"鎰"，漢代一鎰約312克。例⑥三十斤爲一"鈞"。例⑦一百二十斤爲一"石"，即四鈞爲石。例⑧四百八十斤爲一"鼓"。《小爾雅·廣衡》："鈞四謂之石，石四謂之鼓，然則鼓四百八十斤也。"例⑨六兩爲一鍰，約93.6克。例⑩、⑪"鋝"、"率"與"鍰"同，均重六兩。例⑫十斤爲一"衡"，十五斤爲一"秤"。例⑬一人所擔的重量爲"儋"。例⑭"擔"與"儋"同。

6. 個體量詞

個體量詞表示個體事物的單位。這些事物是可以一個一個地數的，所以也叫可數量詞。周代產生的個體量詞有"本、重、介、个（個）、箇、兩、匹、品、張、編、篇、枚、領、合、口、封、給、具、完、級、樹、所、行"等。如：

①然後瓜桃棗李，一本數以盆鼓，然後葷菜百疏以澤量。（《荀子·富國》）

②天子棺槨七重，諸侯五重，大夫三重，士再重。（《莊子·天下》）

③俎釋三个。（《儀禮·士虞禮》）鄭玄注："个猶枚也。今俗或名枚曰個，音相近。"

④如有一介臣，斷斷猗，無他技。（《書·秦誓》）陸德明《釋文》："介，字又作个，音工佐反。"

⑤大牢則以牛左肩臂臑折九箇，少牢則以羊左肩七箇，犆豕則以豕左肩五箇。（《禮記·少儀》）

⑥喪焉用幣，用幣必百兩，百兩必千人。（《左傳·昭公十年》）杜預注："載幣用車百兩。"

⑦用賚爾……馬四匹。（《書·文侯之命》）

⑧九獻，庭實旅百，加籩豆六品。（《左傳·僖公二十二年》）

⑨子產以幄幕九張行。（《左傳·昭公十三年》）

⑩或取一編菅焉,或取一秉秆焉。(《左傳·昭公二十七年》)

⑪昔者周公旦,朝讀書百篇,夕見漆(七)十士。(《墨子·貴義》)

⑫二步積石,石重中鈞以上者五百枚。(《墨子·備城門》)

⑬大古薄葬,棺厚三寸,衣衾三領。(《荀子·正論》)

⑭某里士五(伍)甲、乙縛詣丙、丁及新錢百一十錢,容二合。(《睡虎地秦墓竹簡·封診式》)

⑮丁亡,盜女子也,室在東方……其食者五口。(同上《日書乙種》)

⑯今鋈丙足,令吏徒將傳及恒書一封詣令史。(同上《封診式》)

⑰省殿,貲工師一甲,丞及曹長一盾,徒絡組二十給。(同上《秦律雜抄》)

⑱祠固用心腎及它支(肢)物,皆各爲一具。(同上《法律答問》)

⑲八月甲子,買赤白繒蓬一完。(《居延漢簡》卷三)

⑳欲歸爵二級以免親父母爲隸臣妾者一人。(《睡虎地秦墓竹簡·秦律十八種》)

㉑其官級一等,其墓樹,級一樹。(《商君書·境内》)

㉒男子丁壯,析(皙)色……其腹有久故瘢二所。(《睡虎地秦墓竹簡·封診式》)

㉓燕王聞之,泣數行而下。(《吕氏春秋·行論》)

例①量詞“本”用於草木;例②“重”用於重疊、堆積的東西;例③“個”用於竹木,又用於一般性事物;例④、⑤“介”、“箇”與“個”同;例⑥“兩”用於車;例⑦“匹”用於馬;例⑧“品”用於一般對象;例⑨“張”用於可以張開的東西;例⑩“編”用於席子之類;例⑪“篇”用於文章或書籍;例⑫“枚”的應用範圍甚廣,相當於“個”“支”“條”等;例⑬“領”用於衣被;例⑭“合”用於盒子一類的對象,後來寫作“盒”;例⑮“口”用於計算人口;例⑯“封”用於包裹或袋子裝着的對象;例⑰“給”用於繩索之類的對象;例⑱“具”用於完整的對象;例⑲“完”用於完整的事物,與“具”同義;例⑳“級”用於官爵級别;例㉑“樹”用於樹木;例㉒“所”用於地點位置;例㉓“行”表示成行的東西。

到了漢代,又産生了“把、栽、發、果、騎、間、件、塊、皮、片、榜(艘)、蹄、條、頭、章、枝、隻、膞、莖、卷、節、名、區、事、通、丸、製、足、純”等個體量詞。如：

①使在地之火，附一把炬。（《論衡·感虚》）

②狐皮三十五𢦏（裁）、狸皮二十五𢦏（裁）、犬皮十二𢦏（裁），偕出關，關並租廿五錢，問各出幾何？（《張家山漢墓竹簡·算術書》）

③弓一張，矢四發。（《漢書·匈奴傳》）

④乾薑二果，十沸，抒置甕中，貍（埋）席下。（《長沙馬王堆漢墓帛書·五十二痛方》）

⑤見馬跡入河，馬可二十餘騎。（《居延漢簡》卷一）

⑥羊韋五件，直六百，交錢六百。（《居延新簡》卷三）

⑦始作橋（閣）六百二十三間。（《漢鄐君開道碑》）

⑧猶爲一塊土下雨也，土亦不生之矣。（漢劉向《説苑·復恩》）

⑨屠牛羊彘千皮。……狐貂裘千皮。（《史記·貨殖列傳》）

⑩田家老母到市買數片餌。（漢應劭《風俗通義》卷九）

⑪謁者二人，發河南以東漕船五百㮴。（《漢書·溝洫志》）

⑫律令凡三百五十九章，大辟四百九條，千八百八十二事。（《漢書·刑法志》）

⑬陸地牧馬二百蹄，牛蹄角千，千足羊，澤中千足彘。（《史記·貨殖列傳》）

⑭唯橋姚已致馬千匹，牛倍之，羊萬頭。（同上）

⑮劾五通，凡九通，以篋封。（《居延漢簡》卷一）

⑯晝夜含三丸，消咽其汗，甚良。（《武威漢簡》卷四）

⑰安邑千樹棗，燕秦千樹栗，蜀漢江陵千樹橘……木千章。（《史記·貨殖列傳》）

⑱所作筆一枝。（《居延漢簡》893 頁）

⑲出百八十，買雞五隻。（《居延新簡》卷一）

⑳天子於是取玉三乘，玉器服物，於是載玉萬隻。（《穆天子傳》卷二）

㉑一膞炭熯，掇之則爛指。（《淮南子·説林》）許慎注：“一膞，一挺也。”

㉒面色赤者，加蔥九莖。(《傷寒論·通脈四逆湯方》)

㉓一卷之書，必立之師。(漢揚雄《法言·學行》)

㉔見象牙乃知其大於牛，見虎尾乃知其大於狸，一節見而百節可知也。(《淮南子·説林》)

㉕凡天文在圖籍昭昭可知者，經星常宿中外官凡百一十八名。(《漢書·天文志》)

㉖賜錢二百萬，公田二頃，宅一區。(《漢書·蘇武傳》)

㉗臣謹條不出兵留田便宜十二事。(《漢書·趙充國傳》)

㉘甯文子具紵絺三百製，將以送之。(漢劉向《説苑·復恩》)

㉙乃以文繡千純、婦女百人遺義渠君。(《史記·張儀列傳》)

例①"把"用於火炬之類；例②"裁"用於衣料；例③"發"用於箭；例④"果"用於小而圓或塊狀的東西，後寫作"顆"；例⑤"騎"，一人一馬；例⑥"件"用於皮革類的東西；例⑦"間"用於房屋橋閣；例⑧"塊"用於土塊之類；例⑨"皮"用於獸皮；例⑩"片"用於扁而薄的東西；例⑪"�"用於船隻，後寫作"艘"；例⑫"條"用於條狀或分工的事物；例⑬、⑭"蹄""足""頭"用於牛、馬、羊、豕等有蹄類動物；例⑮"通"用於書信；例⑯"丸"用於小而圓的東西；例⑰"章"用於樹木；例⑱"枝"用於筆類；例⑲⑳"隻"用於玉器等物品；例㉑"膞"用於長條形物；例㉒"莖"用於草類，相當於"根"；例㉓"卷"用於書籍；例㉔"節"用於事物的一段；例㉕"名"用於人；例㉖"區"用於住宅；例㉗"事"用於事物；例㉘"製"用於衣料；例㉙布帛一段爲一"純"。

7. 集體量詞

集體量詞表示事物集體的單位。周秦産生的集體量詞有"秉、稱、廣、户、家、瑴(玨)、軍、兩、旅、耦、群、乘、束、雙、駟、肆、伍、屯、輩、審、摶、縛、筥、稯、秅、皁、屬、紽、緎、總"等。如：

①或取一秉稈焉。(《左傳·昭公二十七年》)

②歸公乘馬，祭服五稱。(《左傳·閔公二年》)

③其君之戎，分爲二廣。(《左傳·宣公十二年》)

④人三百户,無眚。(《易・訟》)

⑤歸我衛貢五百家,吾舍諸晉陽。(《左傳・定公十三年》)

⑥皆賜玉五瑴,馬三匹。(《左傳・莊公十八年》)

⑦葛屨五兩,冠緌雙止。(《詩・齊風・南山》)

⑧凡制軍,萬有二千五百人爲軍,王六軍,大國三軍,次國二軍,小國一軍。(《周禮・夏官・司馬》)

⑨有田一成,有衆一旅。(《左傳・哀公元年》)

⑩射者三耦。(《左傳・襄公二十九年》)

⑪譬如群獸然,一個負矢,將百群皆奔。(《國語・吴語》)

⑫有馬百乘,死於牖下。(《左傳・哀公二年》)

⑬乘禽日九十雙。(《周禮・秋官・掌客》)

⑭生芻一束,其人如玉。(《詩・小雅・白駒》)

⑮繫馬千駟,弗視之。(《孟子・萬章上》)

⑯五乘爲三伍。(《左傳・昭公元年》)

⑰凡縣鍾磬,半爲堵,全爲肆。(《周禮・春官・小胥》)鄭玄注:"鍾一堵,磬一堵謂之肆。"

⑱諸使外國,一輩大者數百,少者百餘人。(《史記・大宛列傳》)

⑲三十騎爲屯,六十騎爲一輩。(《六韜・均兵》)

⑳凡受羽,十羽爲審,百羽爲摶,十摶爲縳。(《周禮・地官・羽人》)鄭玄注,"審、摶、縳,羽數束名也。"

㉑四秉曰筥,十筥曰稯,十稯曰秅,四百秉爲一秅。(《禮記・聘禮》)鄭玄注:"此秉謂刈禾盈手之秉也。一車之禾三秅,爲千二百秉,三百筥,三十稯也。"

㉒三乘爲皁。(《周禮・夏官・校人》)鄭玄注:"四匹爲乘。"

㉓犀甲七屬,兕甲六屬。(《周禮・考工記・函人》)鄭玄注:"屬,謂上旅下旅劄續之數也。"

㉔素絲五紽……素絲五緎……素絲五總。(《詩・召南・羔羊》)

例①"秉"用於禾把;例②"稱"用於成套的服裝;例③戰車三十輛爲"廣";例④⑤

“户”“家”用於人家；例⑥“瑴”用於玉，雙玉爲“瑴”，《説文》作“玨”；例⑦“兩”用於屨；例⑧“軍”用於軍隊；例⑨“旅”用於軍隊，五百人爲“旅”；例⑩兩人爲“耦”；例⑪“群”表示聚集在一起的人或動物；例⑫一車四馬爲“乘”；例⑬“雙”用於成對的東西；例⑭“束”用於成捆的東西；例⑮“駟”用於馬，四馬爲“駟”；例⑯“伍”用於隊列，五人爲“伍”；例⑰“肆”用於鍾磬，懸鍾十六爲“肆”；例⑱⑲“屯”、“輩”用於成群的人馬；例⑳“審”“摶”“縳”用於羽毛；例㉑“筥”“稯”“秅(chā)”用於禾稼；例㉒“皁”用於馬，十二匹爲“皁”；例㉓“屬”(zhǔ)用於成套的鎧甲；例㉔“紽”“緎”“總”用於絲，五絲爲“紽”，四紽爲“緎”，四緎爲“總”。

漢代又産生了“被、貫、襲、工、齊、絜、繆、䌰、升、紌、紀、緵、燧”等集體量詞。如：

①居無何，條侯子爲父買工官尚方甲楯五百被。(《史記·絳侯周勃世家》)

②子貸金錢千貫。(《史記·貨殖列傳》)

③衣被七十七襲。(《漢書·匈奴傳》)

④玄玉百工，大具百朋。(《淮南子·道應》)高誘注：“二玉爲一工也，五貝爲一朋也。”

⑤飲藥五齊，未愈。(《居延漢簡》卷一)

⑥出枲一絜，八月二日付掾繩席。(同上卷二)

⑦其三繆，付廄嗇夫章，治馬羈絆，一繆，治書繩。(同上卷三)

⑧五絲爲䌰，倍䌰爲升，倍升爲紌，倍紌爲紀，倍紀爲緵，倍緵爲燧。(漢鄒長清《遺公孫弘書》)

例①“被”用於甲楯；例②“貫”用於銅錢，一千文爲一貫；例③“襲”用於成套的衣服；例④“工”用於玉，二玉爲“工”；例⑤“齊”用於藥劑；例⑥“絜”用於麻，一絜即一束；例⑦麻十束爲一繆；例⑧“䌰”、“升”、“紌”、“紀”、“緵”、“燧”用於絲數。

8. 表示時間的量詞

漢語的時間單位大都借用時間名詞來表示。從古及今，莫不如此。周秦産生的有“日、旦、月、年、歲、祀、載、紀”，漢代産生的有“刻、元、統”等。如：

①五日爲期，六日不詹。（《詩·小雅·采緑》）

②人有賣駿馬者，比三旦立市，人莫之知。（《戰國策·燕策二》）

③子在齊聞《韶》，三月不知肉味。（《論語·憲問》）

④自我不見，於今三年。（《詩·豳風·東山》）

⑤惟十有三祀，王訪於箕子。（《書·洪範》）

⑥朕在位七十載。（《書·堯典》）

⑦楚之南有冥靈者，以五百歲爲春，五百歲爲秋。（《莊子·逍遥遊》）

⑧既歷三紀，世變風移。（《書·畢命》）孔安國傳："十二年爲紀。"

⑨夫天運三十歲爲一小變，百年中變，五百載大變，三大變一紀，三紀而大備。（《史記·天官書》）

⑩朕飭躬齊……燭耀齊官，十有餘刻。（《漢書·宣帝紀》）

⑪凡四千六百一十七歲，與一元終，經歲四千五百六十，災歲五十七。（《漢書·律曆志上》）

⑫千五百三十九歲爲一統。（漢王充《論衡·調時》）

例①“日”指一晝夜的時間；例②“旦”義同“日”，“三旦”即“三日”；例③“月”指一個月的時間，二十九日或三十日不等；例④“年”指太陽繞地球一周的時間；例⑤⑥⑦“祀”“載”“歲”義並與“年”同。《爾雅·釋天》："載，歲也。夏曰歲，商曰祀，周曰年，唐、虞曰載。"例⑧“紀”指十二年；例⑨“紀”指一千五百年；例⑩“刻”是一晝夜的百分之一；例⑪一“元”是四千六百一十七年；例⑫一“統”是一千五百三十九年。

9.上古量詞的應用

上古漢語量詞的應用有以下四種情況：

(1)數＋量。這類格式往往是省去了有關的名詞，以數量詞單獨充當句子成分。如：

①魯人買之，百兩一布。（《左傳·昭公二十六年》）

②臣侍君宴,過三爵,非禮也。(《左傳・宣公二年》)

(2)名+數+量。充當名詞的後置定語。如:

①歸公乘馬、祭服五稱……歸夫人魚軒、重錦三十兩。(《左傳・閔公二年》)

②鍼適晉,其車千乘。(《左傳・昭公元年》)

(3)數+量+名。充當名詞的定語。如:

①道千乘之國,敬事而信,節用而愛人,使民以時。(《論語・學而》)

②金重於羽者,豈謂一鉤金與一輿羽之謂哉?(《孟子・告子下》)

(4)量詞單用。這種格式很少,往往是承説前面的名詞或重復前面的量詞,省去了數詞"一"。如:

①其君之戎分爲二廣,廣有一卒,卒偏之兩。(《左傳・宣公十二年》)

②里而栽,廣丈、高倍。(《左傳・哀公元年》)

上古漢語裏,數量關係往往不用量詞表現,也有兩種形式:

(1)把數詞直接加於名詞前面,如:

①得一夫而失一國,與惡而棄好,非謀也。(《左傳・莊公十二年》)

②吾力足以舉百鈞而不足以舉一羽。(《孟子・梁惠王上》)

(2)把數詞放在名詞後面,如:

①原思爲之宰,與之粟九百。(《論語・雍也》)

②禮儀三百,威儀三千,待其人而後行。(《禮記·中庸》)

到了兩漢,量詞逐漸增多,數量詞一起加於名詞前或名詞後面這兩種格式逐漸多起來。

以上討論的是物量詞。至於動量詞,先秦還没有産生,動量關係的表現,完全不用量詞而是以數詞和動詞直接發生聯繫。有兩種方式:

(1)數詞置於動詞之前,如:

①吾日三省吾身。(《論語·學而》)

②五就湯。五就桀者,伊尹也。(《孟子·告子下》)

(2)數詞置於動詞之後,如:

①趙高治斯,榜掠千餘,不勝痛,自誣服。(《史記·李斯列傳》)

②春秋二百四十二年間,日蝕三十餘,地震五十六。(《漢書·孔光傳》)

上述兩種動量關係的表現方式,先秦以數詞置於動詞之前爲主,數詞置於動詞之後的只是少數。到了漢代,第二種方式普遍發展起來。與此同時,漢代動量詞開始産生,我們將在第二章第二節一起討論。

第三節 上古漢語代詞的發展

甲骨卜辭中代詞體系還不完備。到了春秋戰國,有了全面的充實和發展。人稱代詞和指示代詞大大豐富,並産生了一整套疑問代詞。

一、人稱代詞

1. 第一人稱代詞

甲骨卜辭第一人稱代詞有“我、余、朕”3 個,周代繼續使用;又産生了“吾、卬、台、予”4個。它們從語音上可以分作兩個系統：

[ŋ]系　我[ŋai]　吾[ŋa]　卬[ŋaŋ]

[d]系　余予[djĭa]　台[djĭə]　朕[dĭəm]

以上7個第一人稱代詞出現的頻率和範圍各有不同。

我　第一人稱代詞“我”商代甲骨卜辭常見，周秦兩漢典籍中應用亦極普遍，可以充當主語、賓語、定語等句子成分。如：

①我未見力不足者。(《論語·里仁》)

②父母之不我愛，於我何哉？(《孟子·萬章上》)

③我躬不閱，遑恤我後。(《詩·邶風·谷風》)

吾　第一人稱代詞“吾”，《左傳》出現603次，《論語》出現111次，《孟子》出現119次，《荀子》出現77次，應用都非常普遍。但不見於甲骨金文。《尚書》只出現2次。《詩經》雖有“吾”字，不作人稱代詞講[①]。金文裏有“盧(叡)”，作第一人稱代詞講。如：

④保盧兄弟。(《叔夷鐘》)

⑤盧以祈眉壽。(《欒書缶》)

⑥叡以匽以喜。(《沇兒鐘》)

《書·微子》：“吾家耄遜於荒。”敦煌寫本作“魚家”。《書·泰誓》：“吾有民有命。”日本古寫本作“魚有民有命”。“盧”、“叡”、“魚”大約即“吾”的前身。

“吾”和“我”不同，只用作主語和定語，只有在否定句裏才用於賓語，出現在動詞前面。如：

①如有復我者，則吾必在汶上矣。(《論語·雍也》)

---

① 《詩·商頌·長發》“韋顧既伐，昆吾夏桀。”鄭箋：“顧、昆吾，皆己姓也。”

②居則曰:"不吾知也。"如或知爾,則何以哉?(《論語・先進》)

③我食吾言,背天地也。(《左傳・僖公十五年》)

有些作品裏"我"和"吾"似乎還有某種語義區别。"我"有强調自身的意味,"吾"往往表示禮貌和自謙。《春秋》"我"字專指魯國,不用"吾"字。但在整個上古漢語裏這樣的差别没有普遍性。例如:

①信如君不君,臣不臣,父不父,子不子,雖有粟,吾得而食諸?(《論語・顏淵》)

②彼丈夫也,我丈夫也,吾何畏彼哉?(《孟子・滕文公上》)

句中的"吾"就没有自謙的意思。

上古"我"和"吾"形式上没有數的區别。前面的例子裏"我"和"吾"都表示單數,可分别譯作"我"、"我的"。下面例子中的"我"和"吾"表示複數,可分别譯作"我們"、"我們的"。如:

①夫子欲之,吾二臣者皆不欲也。(《論語・季氏》)

②吾不得志於漢東也,我則使然。我張吾三軍而被吾甲兵。(《左傳・桓公元年》)

③此非吾君也,何其聲之似我君也。(《孟子・盡心上》)

④無矢我陵,我陵我阿。無飲我泉,我泉我池。(《詩・大雅・皇矣》)

上古"吾"後面可以加"儕""曹""屬"表示複數,"我"没有這種形式。如:

①吾儕小人所謂取諸其懷而與之也。(《左傳・宣公十一年》)

②爲公者必利,不爲公者必害,吾曹何愛不爲公?(《韓非子・外儲説右上》)

③令公子裸而解髮,直出門,吾屬佯不見也。(《韓非子・内儲説下》)

“吾”和“我”音近(疑母雙聲,魚歌旁轉),可能同源。它們在上古並存,用法略有不同。漢代以後,“吾”和“我”在口語中逐漸合一,書面語裏“吾”用得少了。例如《孟子》裏“吾”字出現 119 次,東漢趙岐注只出現 23 次,許多原書用“吾”的地方注中都用“我”。

余、予 這兩個第一人稱代詞讀音和用法都没有區別。“余”已見於甲骨卜辭,“予”是後起的。它們大都用於單數,可以做主語、賓語、定語。如:

①予既烹而食之。(《孟子·萬章上》)

②嗟予子,行役夙夜無已。(《詩·魏風·陟岵》)

③民獻有十夫予翼。(《書·大誥》)

④余懼不獲其利而離其難。(《左傳·文公五年》)

⑤自始合,而矢貫余手及肘。(《左傳·成公二年》)

⑥皇覽揆余初度兮,肇錫余以嘉名。(《楚辭·離騷》)

“予一人”、“余一人”、“我一人”爲周天子專用的自稱之詞。如:

①其爾萬方有罪,在予一人,予一人有罪,不以爾萬方。(《書·湯誥》)

②勤戍五年,余一人無日忘之。(《左傳·昭公三十二年》)

③俾我一人無徵怨于百姓。(同上)

以上“予”、“余”可譯爲“我”或“我的”。少數有用於複數的,可釋爲“我們”或“我們的”。如:

①衛懿公好鶴,鶴有乘軒者。將戰,國人受甲者皆曰:“使鶴!鶴實有禄位,余焉能戰?”(《左傳·閔公二年》)

②淩余陣兮躐余行,左驂殪兮右刃傷!(《楚辭·九歌·國殤》)

金文、《左傳》、屈原賦多用“余”。金文用“余”60 次;《左傳》用“余”164 次,用

“予”僅3次；屈原賦《離騷》、《九章》、《九歌》、《天問》中用“余”91次，用“予”11次①。相反《尚書》用“予”231次，《詩經》用“予”90次，《論語》用“予”22次，《孟子》用“予”45次，都不用“余”②。大約最初只有“余”。到了周代，産生了同音的“予”，在許多作品裏取代了“余”的用法。《左傳》用“余”不用“予”，也許是史傳體的要求；屈原賦用“余”，也許是楚方言的特點。

朕　第一人稱代詞“朕”從商代卜辭到周秦兩漢，呈現出逐漸衰落的趨勢，多數用作定語，少數用作主語，個别用作兼語和賓語。如：

①帝高陽之苗裔兮，朕皇考曰伯庸。（《楚辭·離騷》）

②於乎悠哉，朕未有艾。（《詩·周頌·訪落》）

③汝曷弗告朕，而胥動以浮言。（《書·盤庚上》）

④爾謂朕曷震動萬民以遷。（同上《盤庚下》）

例①“朕”用作定語，例②用作主語，例③用作賓語，例④用作兼語。金文裏“朕”出現59次。《尚書》裏出現81次，其中定語50次，主語26次，兼語4次，賓語1次。《詩經》裏出現了4次，其中定語3次，主語1次。屈原賦中出現6次，都做定語。此外，《左傳》、《論語》裏各出現2次，《孟子·萬章》篇出現4次，都是在引用古書，稱述古事，模仿古人言語或周天子的詔令裏。可見春秋以後，“朕”在北方話裏已逐漸不用了，而在繼承殷文化的楚方言裏還保存着。“朕”在先秦本是一個通用的人稱代詞，“尊卑共之，貴賤不嫌”（蔡邕《獨斷》）。秦始皇二十六年制定“天子自稱爲‘朕’”（《史記·秦始皇本紀》），臣下不得使用，以後就一直作爲帝王的專用稱謂流傳下來。

台　《爾雅·釋詁上》：“台，我也。”第一人稱代詞“台”只見于《尚書》和東周銅器銘文裏。可做主語、賓語和定語。如：

①以台正于四方，惟恐德弗類，茲故弗言。（僞《書·説命》）

---

①　參看廖序東《論屈原賦中人稱代詞的用法》，載《中國語文》1964年，5期，360頁。

②　例外，《詩·邶風·谷風》：“伊余來塈。”《孟子·滕文公下》：“洚水警余。”趙岐注：“《尚書》逸篇之文。”

②非台小子敢行稱亂，有夏多罪，天命殛之。(《書・湯誓》)

金文作"的"、"辝"、"以"，都是"台"的或體。如：

①余目行的師，余目政的徒。(《余冉鐘》即《南疆鐘》)

②女敬共辝命。……余命女嗣辝釐。(《叔夷鐘》)

③悝拜稽首曰："對揚以辟之，勤大命。"施于烝彝鼎。(《禮記・祭統》孔悝鼎銘)郭沫若説："以辟者，台辟也，朕辟也。"

"台"的來源，周法高認爲可能是"余"和"之"的合音[①]，郭沫若認爲是"余"的音變。他説："凡用台、辝、的"等爲代名詞之銘文，均東遷以後之器。是則魚部之'余'、'吾'，轉爲之部之'台、辝、的、怡'者，乃春秋時代及其後之音變。後世所用之'己'字，亦同此音變。"[②]

卬 第一人稱代詞"卬"和"吾"陰陽對轉，可能是一個方言詞。只在《詩經》和《尚書》裏偶見(《詩》4 次，《書》2 次)，做主語和賓語。如：

①人涉卬否，卬須我友。(《詩・邶風・匏有苦葉》)《毛傳》："卬，我也。"

②卬盛于豆，于豆于登。(《詩・大雅・生民》)

③肆予沖人不卬自恤。(《書・大誥》)陸德明《釋文》："卬，我也。"

古人或以爲"卬"即"姎"的語轉。《爾雅・釋詁下》："卬，我也。"郭璞注："卬，猶姎也，語之轉耳。"邢昺疏："《説文》云：女人稱我曰姎。由其語轉，故曰卬。"

此外，周秦又以"孤"、"寡人"、"不穀"、"臣"、"不肖"、"仆"、"鄙"、"鄙臣"、"下臣"、"下走"、"走"作爲自己的謙稱。"孤"、"寡人"、"不穀"是國君的謙稱。《老子》四十二章"人之所惡，唯孤寡不穀，而王公以爲稱。""臣"、"仆""走"是臣下的謙稱。

---

① 參看周法高《中國古代語法・稱代編》，51 頁。

② 郭沫若《金文叢考・湯盤孔鼎之揚榷》。

它們都是甲骨卜辭所没有的。如：

①秦伯素服郊次，鄉師而哭曰："孤違蹇叔，以辱二三子，孤之罪也。"（《左傳·僖公三十三年》）

②公曰："吾不能早用子，今急而求子，是寡人之過也。"（《左傳·僖公三十年》）

③齊侯曰："豈不穀是爲？先君之好是繼，與不穀同好，如何？"（《左傳·僖公四年》）

④吕公曰："臣少好相人，相人多矣，無如季相。"（《史記·高祖本紀》）裴駰《集解》引張晏曰："古人相與語，多自稱臣，自卑下之道，若今人相與語皆自稱僕。"

⑤今齊王甚憎張儀，儀之所在，必舉兵而伐之。故儀願乞不肖身而之梁。（《戰國策·齊策二》）

⑥汗明欲復談，春申君曰："仆已知先生，先生大息矣。"（《戰國策·楚策四》）

⑦世尊又曰："卿姓字何乎？"長者跪對曰："鄙字須達，侍養孤老，供給衣食，國人稱我給孤獨氏。"（漢孟康祥《中本起經》）

⑧客曰："鄙臣不敢以死爲戲！"（《戰國策·齊策一》）

⑨使下臣致諸執事，以爲瑞節，要結好命。（《左傳·文公十二年》）

⑩若管晏而休，則下走將歸延陵之皐。（《漢書·蕭望之傳》）

⑪太史公牛馬走司馬遷再拜言。（司馬遷《報任安書》）

這些謙稱都是名詞而不是代詞，但它們在句中起稱代的作用。

2. 第二人稱代詞

上古漢語有六個第二人稱代詞。"女、乃、爾"是商代留傳下來的，"而、戎、若"是周代産生的。"汝"與"女"音義並同，是同詞異字。其中"乃"是泥母，其餘都是日母，語音上有雙聲關係。即：

爾 ȵĭei　　汝、女、如 ȵĭa　若 ȵĭăk

而 ȵǐə　　乃 nə　　　　戎 ȵǐuŋ

女、汝　第二人稱代詞"女"、"汝"主要做主語、賓語、定語，可用於單數或複數。如：

①女忘君之爲孺子牛而折其齒乎，而背之也？（《左傳·哀公六年》）

②子曰："由，誨女知之乎？"（《論語·爲政》）

③曩者使女狗白而往，黑而來，子豈能毋怪哉？（《韓非子·説林下》）

④汝不和吉言于百姓。（《書·盤庚上》）

⑤汝方將忘汝神氣，墮汝形骸，而庶幾乎？（《莊子·天地》）

⑥曾子曰："元，志之，吾語汝。"（《荀子·法行》）

⑦王如弗敢及天基命定命，予乃胤保大相東土。（《書·洛誥》）王國維《洛誥解》："如，而也；而，汝也。"

⑧鳳兮鳳兮，何如德之衰也。（《莊子·人間世》）聞一多校釋："如讀爲汝。漢石經《論語·微子篇》作'何而德之衰也'。而亦汝也。"

在先秦典籍裏，金文、《詩經》、《論語》、《左傳》用"女"，《尚書》用"汝"，《孟子》、《荀子》、《莊子》等書兩字並出。漢以後一般用"汝"不用"女"。大約因爲婦女的"女"是常用詞，爲求區别，故借用汝水的"汝"來代替，一直沿用到中古以後。"如"作第二人稱的非常少見，可能只是同音借用。

爾　第二人稱代詞"爾"已見於甲骨文和西周金文。《詩》、《書》及先秦其他典籍裏普遍應用。可做主語、定語、賓語，用於單數或複數。跟"女（汝）"不同的是，"爾"用作定語的情況要普遍一些。如：

①我無爾詐，爾無我虞。（《左傳·宣公十五年》）

②爾爲爾，我爲我。（《孟子·萬章下》）

③不狩不獵，胡瞻爾庭有縣貆兮？（《詩·魏風·伐檀》）

④百里子與蹇叔子從其子而哭之。秦伯怒曰："爾曷爲哭吾師？"（《公羊傳·僖公三十三年》）

若　第二人稱代詞"若"與"女"、"汝"日母雙聲，魚鐸對轉，可能有同源關係。不見於《詩》《書》《左傳》《論語》《孟子》等書。但《墨子》、《莊子》等書裏較常見，金文偶有出現。可做主語、賓語和定語。如：

①王曰："盂，若芍(敬)乃正，勿灋朕令(命)。"(《大盂鼎》)郭沫若《金文叢考》："若、乃第二人稱代詞，用爲主格。"

②既使我與若辯矣，若勝我，我不若勝，若果是也，我果非也邪？我勝若，若不吾勝，我果是也，而果非也邪？(《莊子·齊物論》)

③使予錫女壽，十年有九，使若國家蕃昌，子孫茂，毋失。(《墨子·明鬼下》)

"若"又用於第三人稱，做定語。可以譯作"他的"、"他們的"。如：

①若考作室，既底法，厥子乃弗肯堂，矧肯構？(《書·大誥》)

②今人處若家得罪，將猶有異家所以避逃之者矣……今人處若國得罪，將猶有異國所以避逃之者矣。(《墨子·天志下》)

③孔子生，不知其父，若母匿之。吹律，自知殷宋大夫子氏之世也。(《論衡·實知》)

而　第二人稱代詞"而"用作主語和定語，不做賓語。如：

①且而與其從辟人之士也，豈若從辟世之士哉？(《論語·微子》)

②嗟爾朋友，予豈不知而作？(《詩·大雅·桑柔》)《鄭箋》："而，猶女也。"

③汝弗能使有好於而家。(《書·洪範》)

④威王勃然怒曰："叱嗟，而母，婢也。"(《戰國策·趙策三》)

例①"而"做主語。例②"而作"是主謂詞組做賓語。"而"是詞組的主語。例③④"而"做定語。周法高疑心"而"是"汝之"的合音[1]。

---

① 參看周法高《中國古代語法·稱代編》，75頁。

乃 第二人稱代詞"乃"已見於商代卜辭,用作定語。周秦仍然如此,少數做主語。如:

①命我衆人,庤乃錢鎛,奄觀銍艾。(《詩·周頌·臣工》)
②古我先王暨乃祖乃父,胥及逸勤。(《書·盤庚上》)
③公曰:"嗚呼!君!惟乃知民德。"(《書·君奭》)
④今欲發之,乃能從我乎?(《漢書·翟義傳》)

例①②"乃"做定語,例③④"乃"做主語。容庚認爲"乃"相當於"汝之"。《金文編》卷五:"乃,汝之也。迺,於是也。經典多假乃爲之,金文絶不相混。"

戎 第二人稱代詞"戎"只見于《詩·大雅》(4見),可能是一個方言詞。用作主語和定語,不做賓語。如:

①戎雖小子,而式弘大。(《詩·大雅·民勞》)《鄭箋》:"戎,猶女也。"
②纘戎祖考,王躬是保。(《詩·大雅·烝民》)《鄭箋》:"戎,猶女也。"

現在我們談一談第二人稱的禮貌式。漢民族是一個講文明有禮貌的民族,在交談中直接稱呼對方姓名,固然顯得唐突,用一般的第二人稱代詞稱呼對方,也不够禮貌,除非是上級對下級,長輩對晚輩。《孟子·盡心下》:"人能充無受爾汝之實,無所往而不爲義也。"意思是要讓别人尊重自己,不以一般化的"爾汝"來稱呼自己。《世説新語·排調》:"晉武帝問孫皓:'聞南人好作《爾汝歌》,頗能爲不?'皓正飲酒,舉觴勸帝而言曰:'昔與汝爲鄰,今與汝爲臣,上汝一杯酒,令汝壽萬春。'帝悔之。"這也表明"爾"、"汝"是對人不太客氣的稱呼。於是,上古漢語出現了"大王"、"明主"、"公"、"子"、"君"、"君侯"、"夫子"、"吾子"、"先生"、"執事"、"足下"、"左右"等尊稱詞。"公"本是五等爵位中的第一位,"子"是五等爵位中的第四位,"君"是國君。借用來尊稱對方,相當於現代漢語的"您"。如:

①大王加惠,以大易小,甚善。(《戰國策·魏策四》)

②孔子對曰："明主之問臣，一人知之，一人不知也。"(《韓非子·內儲說上》)

③樂池曰："吾以公爲有智，而使公爲將行，今中道而亂，何也？"(同上)

④公等遇雨，皆已失期，失期當斬。(《史記·陳涉世家》)

⑤子惠思我，褰裳涉溱；子不我思，豈無他人。(《詩·鄭風·褰裳》)

⑥〔鄒忌〕窺鏡，謂其妻曰："我孰與城北徐公美？"其妻曰："君美甚，徐公何能及君也。"(《戰國策·齊策一》)

⑦少庶子甘羅曰："君侯何不快甚也？"(《戰國策·秦策五》)

⑧盆成括見殺，門人問曰："夫子何以知其將見殺？"(《孟子·盡心下》)

⑨景公曰："嗚乎，貺寡人者衆矣，非夫子，則吾終身不知孔丘之與白公同也。"(《墨子·非儒》)

⑩大國之憂也，吾儕何知焉？吾子其早圖之。(《左傳·昭公二十四年》)

⑪某有子某，將加布於其首。願吾子之教之也。(《儀禮·士冠禮》)

⑫王言曰："先生毋言矣，攻齊荆之事果利矣，一國盡以爲然。"(《韓非子·內儲說上》)

⑬寡君聞君親舉玉趾，將辱於敝邑，使下臣犒執事。(《左傳·僖公二十六年》)

⑭〔蘇代〕對曰："足下以爲足，則臣不事足下矣。"(《戰國策·燕策一》)

⑮臣不佞，不能奉承先王之教，以順左右之心。(《戰國策·燕策二》)

例①"大王"是安陵君稱秦王；例②"明主"是孔子稱魯哀公；例③"公"是中山相樂池稱門客；例④"公等"是陳勝吳廣稱囚徒；例⑤"子"是女子稱所戀的男子；例⑥"君"是妻子稱丈夫；例⑦"君侯"是甘羅稱秦相呂不韋；例⑧"夫子"是門人稱其老師孟子；例⑨"夫子"是齊景公稱墨子；例⑩"吾子"是鄭王太叔稱晉范獻子；例⑪"吾子"是主人稱客人；例⑫"先生"是魏王稱惠施；例⑬"執事"是魯展喜尊稱齊孝公。杜預注："言執事，不敢斥尊。"例⑭"足下"是蘇代尊稱燕昭王；例⑮"左右"是樂毅尊稱燕昭王。

3. 第三人稱代詞

語言交際中不可避免地要涉及第三者，語言也就需要第三人稱代詞。否則多次重復第三者的名字，不免過於累贅。商代卜辭中有一個“之”字已有第三人稱代詞的用法。周代也没有產生純粹的第三人稱代詞。而是借用“厥”、“其”、“之”、“彼”四個指示代詞作爲第三人稱代詞。“厥”主要做定語，“其”做定語或主謂詞組的主語，“之”做賓語。吕叔湘先生説：“嚴格説，文言没有第三身指稱詞，‘之’、‘其’、‘彼’三字都是從指示詞轉變過來的。這本是很合理的，可是這三個字没有一個是發育完全的，合起來仍然抵不了白話裏一個‘他’字，雖然另有勝過‘他’字的地方。”[1]

厥 甲骨文有“厥”字，用作表示擬測的語氣副詞，不作代詞講[2]。代詞“厥”見於金文（字作[illegible]，隸定作“氒”）、《尚書》（150 餘例）、《詩經》（限於《雅》《頌》）和《楚辭》等先秦典籍裏，主要用作定語，表領屬關係，少數用作主語，不做賓語。如：

①匡罪氒臣廿夫寇曶禾十秭。（《曶鼎》）
②羲和廢厥職，酒荒於厥邑。（僞《書・胤征》）
③薦伐吴國，滅厥民人。（《左傳・襄公十五年》）
④文王受命惟中身，厥享國五十年。（《書・無逸》）
⑤厥作祼將，常服黼冔。（《詩・大雅・文王》）

例①、②、③“厥”做定語，例④、⑤“厥”做主語。下面的句子裏“厥”是指示代詞，不是人稱代詞：

⑥厥土惟白壤。（《書・禹貢》）
⑦厥四月，哉生明。（僞《書・武成》）
⑧厥初生民，時維姜嫄。（《詩・大雅・生民》）
⑨率時農夫，播厥百穀。（《詩・周頌・噫嘻》）

春秋以後，除了《楚辭》等帶有濃厚方言色彩的作品，“厥”一般已爲“其”所

---

① 吕叔湘《中國文法要略》第十章，156 頁。
② 《説文・氏部》：“氒，木本，從氏。大於末。讀若厥。”

代替。

其　第三人稱代詞"其"有以下一些用法：

(1)做定語，表領屬關係。如：

①臣弑其君，子弑其父。(《易·肆·文言》)

②愛其母，施及莊公。(《左傳·隱公元年》)

③虜其人民，係其牛馬。(《莊子·則陽》)

(2)做句子形式的主語，相當於"名詞＋之"。如：

①其爲人也，發憤忘食，樂以忘憂，不知老之將至云爾。(《論語·述而》)

②孟子，吾見師之出而不見其入也。(《左傳·僖公三十二年》)

③彼衆我寡，及其未既濟也，請擊之。(《左傳·僖公二十二年》)

例①"其爲人也"爲句子的主語；例②"其入"動詞賓語。例③"其未既濟"做介詞"及"的賓語。

(3)做分句的主語。如：

①其未醉止，威儀抑抑。(《詩·小雅·賓之初筵》)

②役人曰："從其有皮，丹漆若何？"(《左傳·宣公二年》)

③其未得之也，患得之。(《論語·陽貨》)

(4)做兼語。如：

①蔡人不知其是陳君也……何以知其是陳君也。(《左傳·桓公六年》)

②夫吹萬不同，而使其自已也。(《莊子·齊物論》)

③吾聞之於叔向曰："君子不乘人於危，不厄人於險。"使脩其城然後攻之。(《韓詩外傳》卷六)劉向《新序·離事》作"使之城然後攻"。

以上用法中，一、二種常見，三、四種少見。

之 第三人稱代詞“之”不做主語，絶大多數做賓語。用於單數。也用於複數；可代人，也可代事物。譯作“他(們)”、“它(們)”。如：

①愛共叔段，欲立之。(《左傳·隱公元年》)

②吾視其轍亂，望其旗靡，故逐之。(《左傳·莊公十年》)

③吾聞之也，君子周急不繼富。(《論語·雍也》)

④博學之，審問之，慎思之，明辨之，篤行之。(《禮記·中庸》)

⑤言非禮義，謂之自暴也；吾身不能居仁由義，謂之自棄也。(《孟子·離婁上》)

例①“之”代共叔段，單數，已見於上文。例②“之”代齊師，複數，也見於上文。例③“之”代所聞之言，見於下文。例④“之”字泛指，不見於上下文。例⑤“之”指上文所舉的兩種行爲，是雙賓語中的間接賓語。

有的“之”字實際上不是表示第三人稱而是表示第一人稱和第二人稱，可譯作“我”或“你”。如：

①子見南子，子路不説。夫子矢之曰：“予所否者，天厭之，天厭之。”(《論語·述而》)

②固主上所戲弄，倡優畜之，流俗之所輕也。(司馬遷《報任安書》)

③諫而不入，則莫之繼也。(《左傳·宣公二年》)

④通説范陽令徐公曰：“臣，范陽百姓蒯通也。竊閔公之將死，故吊之。”(《漢書·蒯通傳》)

例①“天厭之”的“之”實指孔子自己，例②“倡優畜之”的“之”實指司馬遷自己，可以譯作“我”。例③“之”指對話人趙盾，例④“吊之”的“之”指對話人徐公，可以譯作“您”。

少數“之”做兼語。如：

①召彼仆夫，謂之載矣。(《詩・小雅・出車》)

②取瑟而歌，使之聞之。(《論語・陽貨》)

③吾兩君不相好，百姓何罪？令之還師，而佚晉寇。(《公羊傳・宣公十二年》)

"之"也可做定語，相當於"其"。如：

①求也，千室之邑，百乘之家，可使爲之宰也。(《論語・公冶長》)

比較：由也，千乘之國，可使治其賦也。(同上)

②州吁果殺其君而奪之政。(《韓非子・内儲說下》)

比較：皇喜遂殺宋君而奪其政。(同上)

③聽之經，明其請。(《荀子・成相》)楊倞注："請當爲情，聽獄之經，在明其情。"

這類"之"字，有的學者認爲是間接賓語[①]，有的認爲是定語[②]。我們認爲兩種情況都存在，不能根據一種情況來否定另一種情況。

有的"之"字可以做補語，表示動作涉及的處所和對象。如：

①茀厥豐草，種之黄茂。(《詩・大雅・生民》)

②項羽出逐義帝彭城，自都之。(《史記・高祖本紀》)

③蕭何第一，曹參次之。(《史記・蕭相國世家》)

例①"之"指種植黄茂的處所；例②"之"指彭城；例③"之"指蕭何。它們都是補語。

彼　代詞"彼"做主語、賓語、定語或謂語，可譯爲"他(們)"、"他(們)的"，"對

---

① 郭錫良認爲"之、兹"兩個指示代詞"既非遠指，也非近指，而是一種廣泛的指代，可以稱作'泛指'"。見《試論上古漢語指示代詞的體系》，載《語言文學學術論文集》，57—76頁.

② 參看何樂士《先秦"動・之・名"雙賓式中的"之"是否等於"其"》，載《中國語文》1980年，4期，283—291頁。頗景常《古漢語中的"爲之"結構》，載《中國語文》1980年，5期，394—395頁。

方”。如：

①彼，丈夫也，我，丈夫也。吾何畏彼哉？（《孟子·滕文公上》）

②知彼知己，百戰不殆。（《孫子兵法·謀攻》）

③孫子曰："今以君之下駟與彼上駟，取君上駟與彼中駟，取君中駟與彼下駟。"（《史記·孫子列傳》）

④魯子曰："我貳者，非彼然，我然也。"（《公羊傳·莊公二十三年》）

⑤問子西，〔子〕曰："彼哉！彼哉！"（《論語·憲問》）

例①"彼"做主語；例②"彼"做賓語；例③"彼"做定語；例④"彼"做主謂詞組的主語；例⑤"彼"做謂語，實際上是省略了後面想說的內容。

二、指示代詞

上古漢語指示代詞可以分爲近指、遠指、特指、虛指、無指、旁指等類。還有"者"和"所"兩個特殊的指示代詞。

1. 近指代詞

上古有近指代詞"之[ȶĭə]"、"茲[tsĭə]"，"時[ʑĭə]"、"此[ts'ĭe]"、"斯[sĭe]"、"是[ʑĭe]"、"寔[ʑĭěk]"、"實[dʑĭět]"、"伊[øĭei]"等九個。前八個都是舌齒音。"之"章母，是舌面音；"茲"精母，"此"清母，"斯"心母，"是""時""寔"禪母，"實"船母，都是齒音。又"之"、"茲"、"時"是之部疊韻，"此"、"斯"、"是"支部疊韻，"寔"錫部，"實"質部字，它們讀音相近，可能有同源關係。其中"之、茲"商代卜辭已經出現，時間最早[①]；"是、斯"見於西周金文，時間稍晚；"此、時"更晚一些。"伊"爲脂部影母字，使用不太普遍。

之 近指代詞"之"用在名詞前做定語，相當於"這"。如：

①之子于歸，宜其家人。（《詩·周南·桃夭》）

---

① 參看劉百順《也談"動·之·名"結構中的"之"》，載《中國語文》1981年，5期，354—388頁。

②之二蟲，又何知？（《莊子·逍遥遊》）

③異哉！之歌者非常人也。（《吕氏春秋·舉難》）

除了“之子”在《詩經》裏出現 18 次，“之”做定語的用法非常少見。《春秋》三《傳》裏“之”字出現 9000 餘次，没有一次做定語的。《論語》、《孟子》是反映先秦雅言的重要著作，“之”字也没有做定語的。先秦典籍中“之”又可放在動詞之前，複指前置賓語。如：

①云誰之思，西方美人。（《詩·邶風·簡兮》）

②寡君其罪之恐，敢與知魯國之難？（《左傳·昭公三十一年》）

③前世不同教，何古之法？帝王不相復，何禮之循？（《商君書·更法》）

例①“云誰之思”即“思誰”，例②“其罪之恐”即“恐其罪”，例③“何古之法”即“法何古”，“何禮之循”即“循何禮”。賓語提前有强調的作用。

茲、此、斯　近指代詞“茲、此、斯”都可做主語、賓語和定語，可譯爲“這”、“這個”、“這裏”。如：

①茲亦惟天若元德，永不忘在王家。（《書·酒誥》）

②茲可謂一勞而久逸，暫費而永寧也。（班固《封燕然山銘》）

③此宜無罪，汝反收之。（《詩·大雅·瞻卬》）

④此謂國不以利爲利，以義爲利也。（《禮記·大學》）

⑤因民之所利而利之，斯不亦惠而不費乎？（《論語·堯曰》）

⑥斯季孫之賜也。（《禮記·檀弓上》）

以上做主語。

⑦念茲在茲，釋茲在茲。（《書·大禹謨》）

⑧文王既没，文不在茲乎？（《論語·子罕》）

⑨王立於沼上,顧鴻雁麋鹿曰:"賢者亦樂此乎?" (《孟子·梁惠王上》)

⑩以爲雖文王之戰亦不過此也。(《公羊傳·僖公二十二年》)

⑪子在川上曰:"逝者如斯夫!不舍晝夜。" (《論語·子罕》)

⑫杜蕢入寢,歷階而升,酌曰:"曠飲斯!"又酌曰:"調飲斯!" (《禮記·檀弓下》)

以上做賓語。

⑬天其永我命于茲新邑。(《書·盤庚上》)

⑭惟茲佩之可貴兮,委厥美而歷茲。(《楚辭·離騷》)

⑮大任有身,生此文王。維此文王,小心翼翼。(《詩·大雅·大明》)

⑯有渝此盟,明神殛之。(《左傳·僖公二十八年》)

⑰斯言之玷,不可爲也。(《詩·大雅·抑》)

⑱斯人也而有斯疾也!斯人也而有斯疾也!(《論語·雍也》)

以上做定語。"此"做賓語時,可以置於動詞之前,用"之"複指。"斯"字偶然也有這種用法。如:

①子曰"《易》有聖人之道四焉"者,此之謂也。(《易·繫辭上》)

②《記》曰:"三王四代唯其師。"此之謂乎?(《禮記·學記》)

③不行之謂臨,有帥而不從,臨孰甚焉,此之謂矣。(《左傳·宣公十二年》)

④《詩》云:"如切如磋,如琢如磨。"其斯之謂與?(《論語·學而》)

值得注意的是,"茲"字没有這種用法。

"茲"和"此"、"斯"有時代的不同。"茲"在戰國以前廣泛應用。《尚書》出現 92 次,《詩經》15 次,《左傳》117 次。到了戰國時代,"茲"逐漸從口語中消失,諸子書中僅見而已。"此",《尚書》只出現 5 次,《詩經》以後廣泛應用,幾乎完全代替了"茲"

的用法。"此"與"斯"意義上略有差别,後者意義較輕,有的虚化成了連詞,如"我欲仁,斯仁至矣"(《論語·述而》);"如知其非義,斯速已矣,何待來年"(《孟子·滕文公下》)。這是"此"所没有的。至於《論語》用"斯"不用"此",則又顯示了魯方言的特點。

是　近指代詞"是"在句中常做主語、定語、賓語,譯作"這"、"這個"、"這裏"。如:

①子善視之,是能讀三墳五典八索九丘。(《左傳·昭公十二年》)

②是鳥也,海運則將徙于南冥。(《莊子·逍遥遊》)

③魏武子有嬖妾,無子。武子疾,命顆曰:"必嫁是。"(《左傳·宣公十五年》)

④君子無終食之間違仁,造次必於是,顛沛必於是。(《論語·里仁》)

⑤《詩》曰:"孝子不匱,永錫爾類。"其是之謂乎?(《左傳·隱公元年》)

有的判斷句主語過長,用"是"加以複指,成爲句中複指主語。如:

①知之爲知之,不知爲不知,是知也。(《論語·爲政》)

②王之不王,是折枝之類也。(《孟子·梁惠王上》)

"是"又可以用作判斷句的謂語,譯作"(就)是如此"。如:

①古人之有權者,祭仲之權是也。(《公羊傳·桓公十一年》)

②水由地中行,江淮河漢是也。(《孟子·滕文公下》)

③終而復始,日月是也。(《孫子兵法·勢》)

又可以放在動詞前,複指前置的賓語。如:

①秉國之均,四方是維。(《詩·小雅·節南山》)

②豈不穀是爲，先君之好是繼。（《左傳·僖公四年》）

③求，無乃爾是過與？（《論語·季氏》）

例①"四方是維"就是"維四方"；例②"豈不穀是爲"就是"豈爲不穀"，"先君之好是繼"就是"繼先君之好"；例③"爾是過"就是"過（責備）爾"。

"是"與"此"的區别，馬建忠有過説明："至'是''此'二字，確有不可互易之處。凡指前文事理，不必歷陳目前，而爲心中可意者，即以'是'字指之。前文事物有形可迹，且爲近而可指者，以'此'字指之。"[①]就大體情況而言，馬氏的説法是不錯的。

時 近指代詞"時"和"是"雙聲音近，它的應用範圍要小一些，可能時代較早而帶有方言的色彩。《左傳》《論語》《孟子》《荀子》等書裏，"時"字都没有指示代詞的用法。[②] 用作主語、賓語和定語，譯爲"這"、"這些"、"這裏"。如：

①禹曰："惟德動天，無遠弗居，滿招損，謙受益，時乃天道。"（僞《書·大禹謨》）

②率時農夫，播厥百穀。（《詩·周頌·噫嘻》）

③帝曰："我其試哉！女于時。"（《書·堯典》）

④惠于宗公，神罔時怨，神罔時恫。刑于寡妻，至於兄弟，以御於家邦。（《詩·大雅·思齊》）

例①"時"爲主語；例②"時"爲定語；例③"時"爲賓語，"女于時"，就是嫁女給這個人（指舜）；例④"時"爲前置賓語，言神於此無有怨恫也。

寔、實 近指代詞"寔"、"實"音近義通。《爾雅·釋詁下》："寔，是也。"邢昺疏："是，此也。"《正字通·宀部》："實，通作寔。"如：

①肅肅宵征，夙夜在公，寔命不同。（《詩·召南·小星》）《毛傳》："寔，是也。"

---

① 《馬氏文通》卷二《指名代字二之三》。

② 《左傳·宣公十二年》"遵養時晦"引自《詩·周頌·酌》；《孟子·梁惠王上》"時日曷喪"引自《書·湯誓》。句中"時"爲指示代詞，不在此例。

②趙穿攻公於桃園,逆公子黑臀而立之,寔爲成公。(《國語・晉語五》)

③有頍者弁,實維伊何?(《詩・小雅・頍弁》)《鄭箋》:"實,猶是也。"

伊　表示近指,相當於"此",可做主語和定語。如:

①不可畏也,伊可懷也。(《詩・豳風・東山》)《鄭箋》:"伊當作繄,繄猶是也。"

②我之懷矣,自詒伊阻。(《詩・邶風・雄雉》)

③《詩》曰:"我之懷矣,自詒伊慼。"(《左傳・宣公二年》)

④伊年暮春,將瘞後土。(《漢書・揚雄傳上》)顔師古注:"伊,是也。"

2. 遠指代詞

上古漢語遠指代詞有"其"、"彼"、"匪"、"夫"。

其　遠指代詞"其"用作定語,譯爲"那"、"那個"。如:

①作之屏之,其菑其翳。(《詩・大雅・皇矣》)

②其巫,老女子也,已年七十。(《史記・滑稽列傳》)

彼、匪　指示代詞"彼"不見於甲骨文和西周金文。《詩經》應用較多,《周易》、《尚書》偶見。用作定語、主語和賓語,有時也做謂語。譯作"那"、"那裏"。如:

①薄言采芑,于彼新田,于此菑畝。(《詩・小雅・采芑》)

②彼亦一是非,此亦一是非。(《莊子・齊物論》)

③所敬在此,所長在彼,果在外,非由内也。(《孟子・告子上》)

④或問子産。子曰:"惠人也。"問子西。曰:"彼哉,彼哉!"(《論語・憲問》)

指示代詞"匪"的用法同"彼",主要用作定語,只在《詩經》裏出現,譯作"那"。如:

①匪風發兮，匪車偈兮。(《詩・檜風・匪風》)

②匪鶉匪鳶，翰飛戾天；匪鱣匪鮪，潛逃于淵。(《詩・小雅・四月》)

夫 指示代詞“夫”不見於甲骨文、金文、《尚書》、《詩經》。《易經》裏只見于《文言》、《繫辭》。戰國時期的作品裏才廣泛用起來。“夫”在句中用作主語、定語或兼語。不用作賓語，相當於“彼”，但語意略輕。如：

①使夫往而學焉，夫亦愈知治矣。(《左傳・襄公三十一年》)

②此一是非，隅曲也；夫一是非，宇宙也。(《淮南子・齊俗》)

③此夫《老子》所謂“上德不德，是以有德”。(《史記・日者列傳》)

例①杜預注：“夫謂尹何。”例②“夫”與“此”對舉，做主語，可譯爲“那”；例③“夫”做定語。

“夫”在句首，指示的意義往往很輕，不必譯出。如：

④夫乾，確然示人易矣；夫坤，隤然示人簡矣。(《易・繫辭下》)

⑤夫達也者，質直而好義，察言而觀色，慮以下人，在邦必達，在家必達。(《論語・顏淵》)

⑥夫人必自侮，然後人侮之；家必自毀，而後人毀之；國必自伐，而後人伐之。(《孟子・離婁上》)

這類“夫”字，王引之稱爲“發聲”(《經傳釋詞》卷十)，楊樹達稱爲“提起連詞”(《詞詮》)。《馬氏文通》卷八：“總之，‘夫’字以冠句首者，皆以頂承上文，重立新義，故以‘夫’字特爲指明。是則‘夫’字仍爲指示代字，而非徒爲發語之虛字也。”

3. 泛指代詞

指示代詞“爾、若、然”不同於前面所舉的近指代詞和遠指代詞，它們既可近指，也可遠指，可以充當不同句子成分，分別譯成“這”、“那”、“如此”、“這樣”、“那樣”。我們管它們叫泛指代詞。

爾　在句中可做定語、賓語、謂語或狀語。如：

①帝命率育，無此疆爾界。(《詩·周頌·思文》)

②公會諸侯盟於薄，釋宋公。傳曰：執未有言釋之者，此其言釋之何？公與爲爾也。公與爲爾奈何？公與議爾也。(《公羊傳·僖公二十一年》)王引之《經傳釋詞》卷七："言公與爲此，公與議此也。"

③宦於大夫者之爲之服也，自管仲始也，有君命焉爾也。(《禮記·雜記》)王引之《經傳釋詞》卷七："爾，如此也。言有君命乃如此也。"

④富歲子弟多賴，凶歲子弟多暴，非天之降才爾殊也，其所以陷溺其心者然也。(《孟子·告子上》)

例①"爾"做定語，與"此"對用，譯爲"那"。例②"爾"做賓語，譯爲"此"、"這個"。例③"爾"做謂語，譯爲"如此"、"這樣"。例④"爾"做狀語，譯爲"如此"、"這麼"。

若　主要做定語或狀語。可譯爲"這"、"那"或"如此"。如：

①南宫适出，子曰："君子哉若人，尚德哉若人！"(《論語·憲問》)

②法若言，行若道，使王公大人行此，則必不能蚤朝。(《墨子·節葬》)

比較：法其言，用其謀，厚葬久喪，實可以富貧衆寡定危治亂乎？(同篇)

③以若所爲，求若所欲，猶緣木而求魚也。(《孟子·梁惠王上》)

④故人苟生之爲見，若者必死；苟利之爲見，若者必害。(《荀子·禮論》)

⑤王若曰："格汝衆，予告汝訓汝。"(《書·盤庚上》)周秉鈞《易解》："若，如此。"

⑥君若謹行，常在朕躬。(《史記·公孫弘列傳》)

例①②"若"做定語，譯爲"這"或"那"；例③④"若"做定語，例⑤⑥"若"做狀語，都可譯爲"如此"、"這樣"。

然　指示代詞"然"在句中做謂語或狀語，可譯爲"如此"、"這樣"。如：

①曰予不戕，禮則然矣。(《詩·小雅·十月之交》)

②物固莫不有長,莫不有短,人亦然。(《吕氏春秋·用衆》)

③故事半古之人,功必倍之,惟此時爲然。(《孟子·公孫丑上》)

④今兹之正,胡然厲矣。(《詩·小雅·正月》)

⑤天之方虐,無然謔謔。(《詩·大雅·板》)

例①②"然"做謂語;例③"然"做表語,極罕見;例④⑤ "然"做狀語,只見於《詩經》。它們都可譯作"如此"、"這樣"。

4. 虚指代詞

虚指代詞,也叫肯定性無定代詞,包括"某"、"或"兩字,意義有所不同。

某 代詞"某"指代一定的,但不能、不便或不必説出具體名字的人或事物。可做主語、賓語、同位語或定語。仍譯作"某人(物、事、地)"、"某"、"某個"。如:

①君使士射,不能,則辭以疾,言曰:"某有負薪之憂。"(《禮記·曲禮下》)

②從某至某,廣從六里。(《戰國策·秦策二》)

③夫人使饋之錦與馬,先之以玉,曰:"君之妾棄使某獻。"(《左傳·襄公二十六年》)

④於是使勇士某者往殺之。(《公羊傳·宣公六年》)何休注:"某者,本有姓字,記傳者失之。"

⑤以旦代某之身。(《書·金縢》)

⑥某時某喪,使公主某事,不能辦,以故不任公。(《漢書·項籍傳》)

例①"某"做主語,實指説話者自己;例②"某"做賓語,指某地;例③"某"做兼語,指某人;例④"某"做同位語,指人;例⑤ "某"做定語,指人;例⑥ "某時"、"某事"之"某"做定語,指一定的時間或事情("某喪"的"某"指人)。

或 代詞"或"泛指人或物,一般只做主語,不做賓語或定語,譯作"有人"或"有的"。如:

①或燕燕居息,或盡瘁事國,或息偃在床,或不已於行。(《詩·小雅·北山》)

②或安而行之,或利而行之,或勉强而行之,及其成功一也。(《禮記·中庸》)

③自時厥後,亦罔或克壽。或十年,或七八年,或五六年,或三四年。(《書·無逸》)

④客有説公子曰:"物有不可忘,或有不可不忘。"(《史記·魏公子列傳》)

例①、②"或"指人,没有先行詞,譯爲"有人";例③有先行詞,"或"譯爲"有的",指人;例④有先行詞,"或"譯爲"有的",指物。

5. 無指代詞

表示"没有人"或"没有東西"的代詞叫無指代詞,也叫否定性無定代詞。上古漢語有無指代詞"莫"、"無"兩個,産生於東周。如:

①君仁莫不仁,君義莫不義,君正莫不正。(《孟子·離婁上》)

②相人多矣,無如季相。(《史記·高祖本紀》)

③溥天之下,莫非王土。(《詩·小雅·北山》)

④晉國,天下莫强焉。(《孟子·梁惠王上》)

⑤如天之無不幬也,如地之無不載也。(《左傳·襄公二十九年》)

例①、②"莫"和"無"指人,可譯爲"没有人"。例③、④、⑤"莫"和"無"指物。例③可譯爲"没有什麽地方",例④可譯爲"没有什麽國家",例⑤可譯爲"没有什麽東西"。

6. 旁指代詞

旁指代詞也叫他指代詞。上古漢語有旁指代詞"他(它、佗)",産生於西周末年。先秦時用作定語、賓語和謂語。主要指物,譯爲"别的"、"其他的";少數也可以指人,譯爲"别人"。如:

①人知其一,莫知其他。(《詩·小雅·小旻》)

②且夫兄弟之怨,不徵於它,徵於它,利乃外矣。(《國語·周語中》)

③豈伊異人,兄弟匪他。(《詩·小雅·頍弁》)

④蕭同叔子非他，寡君之母也。（《左傳·成公二年》）

⑤願王博事秦，無有佗計。（《戰國策·宋衛策》）

⑥他國之賓凡異爵者拜諸其位。（《儀禮·士喪禮》）

例①“他”做賓語，指代物，譯作“别的東西”；例②“他”做介詞賓語，例③④“他”做謂語，都指代人，譯作“别人”；例⑤⑥“他”做定語，指代事物，譯作“别的”。“其他”連用，可做主語；到了漢代，“他”單用也可充當主語，仍作“别的”、“别人”講。如：

⑦其他不拜，坐祭立飲。（《儀禮·燕禮》）

⑧孟莊子之孝也，其他可能也，其不改父之臣與父之政，是難能也。（《論語·子張》）

⑨令故美人、才人得幸者十人從居，他可。（《史記·淮南衡山列傳》）

⑩請著功令，佗如律令。（《史記·儒林列傳》）

7. 特殊代詞“者”和“所”、“攸”

這三個特殊的代詞，不見於甲骨文和西周金文，《尚書》裏開始出現。它們可以代人、代事物，但不能獨立充當句子成分，必須和其他詞語組合成“者”字結構或“所（攸）”字結構，才能顯示它們的意義。

者 通常放在動詞、形容詞、數詞或詞組後面，成爲“者”字結構，在句中起名詞的作用，充當主語、賓語和定語。“者”可以譯作“……的人”、“……的事物”、“……的情况”等。如：

①後生可畏，焉知來者之不如今也？（《論語·子罕》）

②弱者吾威之，彊者吾避之。（《公羊傳·宣公十二年》）

③曰時五者來備，各以其敘，庶草蕃廡。（《書·洪範》）

④子貢問政，子曰：“足食，足兵，民信之矣。”子貢曰：“必不得已而去，於斯三者何先？”（《論語·顔淵》）

⑤彼竊鉤者誅，竊國者爲諸侯。（《莊子·胠篋》）

⑥馬不出者，助之鞭之。(《左傳·哀公二十七年》)

⑦其本亂而末治者否矣。(《禮記·大學》)

例①"者"指人，在動詞後；例②"者"指物，在形容詞後；例③④"者"指事，在數詞後；例⑤"者"指人，在詞組後；例⑥"者"指物，在主謂詞組後；例⑦"者"指事，在主謂詞組後，前面有"其"。"者"又和時間詞結合，表示"……的時候"。如：

①今者不樂，逝者其耋。(《詩·秦風·車鄰》)

②昔者吾友嘗從事於斯矣。(《論語·泰伯》)

③古者包犧氏之王天下也，仰則觀象於天，俯則觀法於地。(《易·繫辭下》)

④寡人夜者寢而不寐，其意也何？(《公羊傳·僖公二年》)

⑤曩者辱賜書，教以慎於接物，推賢進士爲務。(司馬遷《報任安書》)

"者"又和方位詞結合，表示"……的方面"的意思。如：

①是以東者越人夾削其壤地，西者齊人兼而有之。……雖南者陳蔡，其所以亡於吴越之間者，亦以攻戰。雖北者且一不著何，其所以亡於燕代胡貊之間者，亦以攻戰也。(《墨子·非攻中》)

②内者量吾謀臣，外者極吾兵力。(《韓非子·初見秦》)

③王上者孰與周文王……下者孰與齊桓公。(《戰國策·齊策六》)

"者"又用於名詞或名詞性詞組之後，複指前文，不必譯出。如：

①申生者，里克傅之。(《公羊傳·僖公十年》)

②大人者，言不必信，行不必果，惟義所在。(《孟子·離婁下》)

③有顔回者好學，不遷怒，不貳過，不幸短命死矣。(《論語·雍也》)

"者"又用於判斷句和特指問句的主語之後，也有複指的意思，但不必譯出。如：

①叔術者，賢大夫也。(《公羊傳・昭公三十一年》)

②禮者，人道之極也。(《荀子・禮論》)

③狄者何？長狄也。(《公羊傳・文公十一年》)

④楚丘者何？衛邑也。(《穀梁傳・僖公二年》)

例①②是判斷句，例③④是特指問句。句中"者"字複指意味很輕，有的書裏認爲是表提示的助詞。

"者"又用於複句中的前一分句，表示因果和假設的關係。如：

①井蛙不可以語於海者，拘於虛也；夏蟲不可以語於冰者，篤於時也；曲士不可以語於道者，束於教也。(《莊子・秋水》)

②攻而必取者，攻其所不守也。(《孫子兵法・虛實》)

③魯無君子者，斯焉取斯？(《論語・公冶長》)

④使其主有大失於上，臣有大罪於下，索國之不亡者，不可得也。(《韓非子・孤憤》)

例①②是因果複句，"者"可譯爲"……的原因"、"是因爲……"；例③④是假設複句，"者"可譯爲"如果……的話"。

"者"又用於疑問句末尾，與疑問代詞相呼應。如：

①誰爲大王爲此計者？(《史記・項羽本紀》)

②地者，先王之地，君亡在外，何以得擅許秦者？(《史記・晉世家》)

上古漢語"者"還有一些别的用法，這裏不詳談了。

所　《説文・斤部》："所，伐木聲也。"借爲名詞，作"處所、地方"講。如《詩・小雅・出車》："自天子所，謂我來矣。"代詞"所"是由名詞義轉化來的。它通常是放在動詞或動詞性詞組前面，成爲“所”字結構[①]。其中有的“所”字還保存“地方、處所”的意義。如：

①周道如砥，其直如矢。君子所履，小人所視。（《詩・小雅・大東》）

②賜我南鄙之田，狐狸所居，豺狼所嗥。（《左傳・襄公十四年》）

大多數“所”字結構中，“所”指代行爲所及的對象。“所”字結構帶有名詞性，在句中充當主語、賓語和定語，有時也充當謂語。如：

①所敬在此，所長在彼。（《孟子・告子上》）

②君子謂子重於是役也，所獲不如所亡。（《左傳・襄公三年》）

③若得視衛君之事君也，則固所願也。（《左傳・哀公十五年》）

例①“所敬”、“所長”做主語；例②“所獲”做主語，“所亡”做賓語；例③“所願”做判斷謂語。“所”字結構前面可以有名詞或代詞，性質上都是定語，意義上却是行爲動作的發動者。如：

④予弗知乃所訟。（《書・盤庚上》）

⑤視其所以，觀其所由，察其所安。（《論語・爲政》）

⑥曾子曰：“十目所視，十手所指，其嚴乎？”（《禮記・大學》）

⑦是聰耳之所不能聽也，明目之所不能見也，辯士之所不能言也。（《荀子・儒效》）

⑧夫天下也者，萬物之所一也。（《莊子・田子方》）

例④⑤“所”字結構前有代詞“乃”和“其”，例⑥“所”字結構前有“十目”、“十手”，例

---

① “所”的性質，諸家説各不同。《馬氏文通》卷二以爲“接讀代詞”，楊樹達《詞詮》卷六以爲“被動助動詞”，王力先生《中國語法理論》上册第三章以爲“動詞的前符號”，周法高《中國古代語法・稱代編》以爲“代詞性助詞”。

⑦⑧"所"字結構前的名詞後面有"之",定語的性質更明顯。"萬物之所一"即"萬物都帶有的同一性"。"所"字結構後面可以有名詞或代詞"者",這個名詞性質上是"所"字結構的被修飾語,意義上則是動作行爲的受動者。如:

①然則是所重者在乎色樂珠玉,所輕者在乎人民也。(秦李斯《諫逐客書》)

②鄉爲身死而不受,今爲所識窮乏者得我而受之。(《孟子·告子上》)

③由所殺蛇白帝子,殺者赤帝子。(《史記·高祖本紀》)

④請皆反其所取侵地。(《公羊傳·成公八年》)

例①"所重"、"所輕"後面有代詞"者",例②"所識"後面有詞組"窮乏者",例③"所殺"後面有名詞"蛇",例④"所取"前面有代詞"其",後面有偏正詞組"侵地"。有時"所"相當於"所以""所在""所自",可以看做一種省略的用法。如:

①大官大邑,身之所庇也。(《左傳·襄公三十一年》)

比較下文:大官大邑,所以庇身也。

②其北陵,文王之所辟風雨也。(《左傳·僖公三十二年》)

③夙興夜寐,毋忝爾所生。(《詩·小雅·小宛》)

例①"所庇"等於説"所以庇";例②"所"等於"所在","所辟風雨"就是躲避風雨之所在;例③"所"等於"所自","爾所生"即"爾之所自生"。

攸 "攸"字已見於商代甲骨刻辭,但不作代詞講。周代"攸"字的代詞用法略同於"所"。如:

①執訊連連,攸馘安安。(《詩·大雅·皇矣》)《毛傳》:"攸,所也。"

②乃非民攸訓,非天攸若,時人丕則有愆。(《書·無逸》)

③盤庚既遷,奠厥攸居。(《書·盤庚下》)

④豈弟君子,民之攸歸。(《詩·大雅·泂酌》)

⑤君子有攸往，先迷後得主，利。（《易·坤》）

⑥見金，夫不有躬，無攸利。（《易·蒙》）

⑦自古王若茲，監罔攸辟。（《書·梓材》）

⑧茲不穀震盪播越，竄在荊蠻，未有攸厎。（《左傳·昭公二十六年》）杜預注："厎，至也；攸，所也。"

例①"攸馘"做主語；例②"攸訓"、"攸若"前有名詞"民"；例③"攸居"前有代詞"厥"；例④"攸歸"前有名詞加助詞"民之"；例⑤⑥⑦⑧"攸往""攸利""攸辟""攸厎"前面分別有動詞"有""無""罔"等。"攸"又相當於"所以"。如：

⑨我不知其彝倫攸敘。（《書·洪範》）

⑩予惟往求朕攸濟。（《書·大誥》）

王引之《經傳釋詞》卷一："攸，猶所以也。"引此二例。"攸"字作"所"講，較多地出現在《易》《書》《詩》幾部書裏。戰國以後，除了引用古書和仿古，大都爲"所"字所代替了。

三、疑問代詞

商代卜辭和西周金文都沒有疑問代詞。上古漢語疑問代詞系統是周代産生的。大體上可以分爲三系：

(1)ʑ 系：　誰[ʑǐwəi]　孰[ʑǐuk]　疇[dǐu]

(2)ɣ 系：　何[ɣai]　曷[ɣăt]　害[ɣāt]　胡[ɣa]　奚[ɣie]　盍[ɣăp]

(3)Ø 系：　惡[a]　安[an]　焉[ĭan]

這三組疑問代詞之間語音不同，用法上也有差別。"誰"、"孰"、"疇"主要問人，"何"、"曷"、"害"、"胡"、"奚"主要問事物，"惡"、"安"、"焉"主要問處所。當然它們之間也有交叉的地方。

誰　疑問代詞"誰"，《尚書》1 見，《詩經》44 見，《左傳》109 見，《國語》64 見，諸子書中也都應用。可做主語、賓語、判斷謂語、定語。主要問人。[①] 如：

①誰敢不讓，敢不敬應？（《書・益稷》）

②吾誰欺？欺天乎？（《論語・子罕》）

③曰："有慟乎？非夫人之爲慟而誰爲？"（《論語・先進》）

④此誰也？（《戰國策・齊策四》）

⑤瞻烏爰止，于誰之屋？（《詩・小雅・正月》）

⑥凡人主必信，信而又信，誰人不親？（《吕氏春秋・貴信》）

例①"誰"做主語；例②"誰"做動詞賓語，置於動詞之前；例③"誰"做介詞賓語，置於介詞之前；例④"誰"做謂語；例⑤⑥"誰"做定語，中間往往加"之"字。

"誰"也指物，當是從指人的意義引申出來的。如：

⑦子墨子曰："我將上太行，駕驥與羊，子將誰驅？"耕柱子曰："將驅驥也。"（《墨子・耕柱》）

⑧予之不祥者誰也？則天也。（《墨子・天志》）

⑨夫是誰之故也？非惟舊怨乎？（《國語・楚語下》）

上古"誰"又與别的成分組合而成複音疑問詞語"伊誰"、"夫誰"、"誰何"、"何誰"、"誰其"、"其誰"、"誰者"等，意思與"誰"同，指人。如：

①伊誰云從？維暴之云。（《詩・小雅・何人斯》）

②彼苟有人意焉，夫誰能忿之？（《荀子・富國》）

③吾與之虚而委蛇，不知其誰何？（《莊子・應帝王》）

④吴王……笑而應曰："吾已爲東帝，尚何誰拜？"（《史記・吴王濞世家》）

⑤誰其尸之？有齊季女。（《詩・召南・采蘋》）

---

① 參看王海棻《先秦疑問代詞"誰"與"孰"的比較》，載《中國語文》1982年，1期，42—47頁。

⑥勤而無所，必有悖心。且行千里，其誰不知？（《左傳·僖公三十二年》）

⑦爲王而餓死兮，誰者憐之？（《史記·吕后本紀》）

例①"伊誰"是附加式複音疑問詞；例②"夫誰"、例③"誰何"、例④"何誰"、例⑤"誰其"、例⑥"其誰"都是聯合式複音疑問詞；例⑦"誰者"是附加式複音疑問詞。

孰　疑問代詞"孰"出現時間比"誰"晚些，《尚書》、《詩經》裏都没有。《左傳》18見，比"誰"少得多；但在《論語》《孟子》《荀子》《莊子》《楚辭》《戰國策》等書裏，"孰"出現的頻率比"誰"大。可做主語、賓語、定語、狀語。主要指人，又可以問事物、處所、原因、情狀、比較等。如：

①禍兮福之所倚，福兮禍之所伏，孰知其極？（《老子》五十八章）

②聖王有百，吾孰法焉？（《荀子·非相》）

③孰爲貴？孰爲知？曰天爲貴，天爲知而已矣。（《墨子·天志》）

④孰城？城衛也。（《公羊傳·僖公二年》）

⑤曾不知夏之爲丘兮，孰兩東門之可蕪？（《楚辭·九章·哀郢》）

⑥君雖不惠，臣敢不事君乎？孰王而可叛也？（《吕氏春秋·行論》）

⑦鬼神孰與聖人明智？（《墨子·耕柱》）

例①"孰"做主語，例②"孰"做動詞賓語，都是詢問人；例③"孰"問事物，譯爲"什麼"；例④"孰"問處所，譯爲"哪裏"、"何處"；例⑤"孰"問原因，譯爲"怎麼"、"爲什麼"；例⑥"孰"問情狀，譯爲"怎樣的"、"什麼樣的"；例⑦"孰"用於選擇，譯爲"哪個"。"孰"跟"誰"用法上有所不同。"誰"可做謂語而"孰"不能；相反，"孰"可做狀語而"誰"不能。表示選擇時，"孰"可以指人，也可以指物，"誰"只能指人。

上古"孰"與其他成分組合而成的複音疑問詞語有"夫孰"、"其孰"、"孰誰"等，意思與"孰"同，指人。如：

①夫齊桓公有天下之大節焉，夫孰能亡之？（《荀子·仲尼》）

②人能虚己以遊世，其孰能害之？（《莊子·山木》）

③秦王身問之:“子孰誰也?”(《戰國策·楚策一》)

例①“夫孰”、例②“其孰”、例③“孰誰”都是聯合式複合疑問詞。

疇 疑問代詞“疇”用於問人,做主語和賓語。先秦只在《尚書》裏出現,大約是一個古老的方言詞。但漢代以後的作品裏也有用的。如:

①疇咨若時?登庸。(《書·堯典》)

②萬姓仇予,予將疇依?(僞《書·五子之歌》)

③往來相接,間不可省,疇覺之哉?(《列子·天瑞》)

④罔若淑而不昌,疇逆失而能存?(《漢書·司馬相如傳下》)顔師古注:“疇,誰也。”

何 疑問代詞“何”不見於商代卜辭和西周金文。《詩》、《書》及其他先秦典籍中廣泛使用。主要問事物,可譯作“什麽”;也可以問人,譯作“誰”。在句中做判斷謂語或賓語。如:

①其殺維何?炰鼈鮮魚。其蔌維何?維筍及蒲。其贈維何?乘馬路車。(《詩·大雅·韓奕》)

②內省不疚,夫何憂何懼?(《論語·顔淵》)

③祭伯者何?天子之大夫也。(《公羊傳·隱公元年》)

④君王將何問者也?(《戰國策·楚策一》)

例①“何”做謂語,例②“何”做前置賓語,問事物,譯作“什麽”;例③“何”做謂語,例④“何”做前置賓語,問人,譯作“誰”。“何”又可以用來詢問情狀、時間、處所、方法、程度、方式、原因。如:

①以此攻城,何城不克?(《左傳·僖公四年》)

②文帝輦過,問唐曰:“父老自何爲郎?家安在?”(《史記·張釋之馮唐列傳》)

③靡所止疑，云徂何往？(《詩·大雅·桑柔》)

④問軍正曰："馳三軍，法何？"正曰："當斬。"(《史記·司馬穰苴列傳》)

⑤旄丘之葛兮，何誕之節兮？叔兮伯兮，何多日也？(《詩·邶風·旄丘》)

⑥君美甚，徐公何能及君也？(《戰國策·齊策一》)

⑦如知其非義，斯速已矣，何待來年？(《孟子·滕文公下》)

例①"何"問情狀，可譯作"什麽樣的"；例②"何"問時間，譯爲"何時"；例③"何"問處所，譯作"哪裏"；例④"何"問方法，可譯作"如何"；例⑤"何"問程度，可譯爲"多麽"；例⑥"何"問方式，可譯爲"怎麽"，這類句子大都含有反詰的意思；例⑦"何"問原因，可譯作"爲什麽"。上古"何"與其他成分組合而成的複音疑問詞語有"何等"、"何如"、"如何"、"何若"、"若何"、"何以"、"何用"、"何遽"、"何事"、"何爲"、"何其"、"何由"等。有的先秦已經出現，有的産生於漢代。

①王夫人曰："陛下在，妾又何等可言者。"(《史記·三王世家》)

②先告荀息曰："三怨將作，秦晉輔之，子將何如？"(《左傳·僖公九年》)

③司馬子反曰："子之國何如？"華元曰："憊矣！"(《公羊傳·宣公十五年》)

④伐柯如何？匪斧不克。取妻如何？匪媒不得。(《詩·豳風·伐柯》)

⑤齊侯曰："豈不穀是爲？先君之好是繼。與不穀同好，如何？"(《左傳·僖公四年》)

⑥今有人於此……舍其粱肉，鄰有糟糠而欲竊之，此爲何若人？(《墨子·公輸》)

⑦順天之意何若？曰：兼愛天下之人。(《墨子·天志下》)

⑧王曰："汝以爲何若？"對曰："王不如因以爲己善……"(《戰國策·齊策六》)

⑨文侯曰："中山之君長短若何矣？"(《韓詩外傳》卷八)

⑩景公問晏子曰："賢君之治國若何？"(《晏子春秋·内篇問上》)

⑪五日而地動……群臣皆恐，曰："請移之。"文王曰："若何其移之也？"(《吕氏春秋·制樂》)

⑫子以疾辭,若何?不然,將及。(《左傳·文公七年》)

⑬有年何以書?以喜書也。大有年何以書?亦以喜書也。(《公羊傳·桓公三年》)

⑭今王公大人欲王天下,正諸侯,夫無德義,將何以哉?(《墨子·尚賢中》)

⑮國既卒斬,何用不監?(《詩·小雅·節南山》)

⑯何用見其中也?失變而録其時則夜中矣。(《穀梁傳·莊公七年》)

⑰雖子不得福,吾言何遽不善?而鬼神何遽不明?(《墨子·公孟》)

⑱去!刑餘之人,何事乃敢乞飲長者?(《韓非子·内儲説下》)

⑲師行,百里子與蹇叔子隨其子而哭之,秦伯怒曰:"何爲哭吾師也?"(《穀梁傳·僖公三十三年》)

⑳何其處也?必有與也。何其久也?必有以也。(《詩·邶風·旄丘》)

㉑世與道交相喪也,道之人何由興乎世?世亦何由興乎道哉?(《莊子·繕性》)

例①"何等"是偏正式複合疑問詞,問事物;例②"何如"是動賓式複合疑問詞,問方法,譯爲"怎麽辦";例③"何如"是動賓式複合疑問詞,問情狀,譯爲"怎麽樣";例④"如何"是動賓式複合疑問詞,問方法,譯爲"怎麽樣"、"怎麽辦";例⑤"如何"表商榷,譯爲"怎麽樣";例⑥"何若"是動賓式複合疑問詞,問情狀,譯爲"怎麽樣";例⑦"何若"問方法,譯爲"怎麽辦";例⑧"何若"表商榷,譯爲"怎麽樣"、"行不行";例⑨"若何"是動賓式複合疑問詞,問長度,譯爲"怎麽樣";例⑩"若何"問情狀,譯爲"怎麽樣";例⑪"若何"問原因,譯爲"爲什麽"、"怎麽";例⑫"若何"表商榷,譯爲"怎麽樣";例⑬"何以"是介賓短語,問原因,譯爲"爲什麽";例⑭"何以"問方法,譯爲"怎麽辦";例⑮"何用"是介賓短語,問原因,譯爲"爲什麽";例⑯"何用"問方法,譯爲"怎麽";例⑰"何遽"是偏正式短語,表示反詰,譯爲"怎麽就";例⑱"何事"是偏正短語,問原因,譯爲"爲什麽";例⑲"何爲"是介賓短語,問原因,譯爲"爲什麽";例⑳"何其"是附加式複音疑問詞,問原因,譯爲"爲什麽";例㉑"何由"是介賓短語,問方法,譯爲"怎麽"。

曷 疑問代詞"曷",《詩》、《書》、《公羊傳》常見,《易》、《左傳》、《莊子》僅見,《論語》、《孟子》、《穀梁傳》不用,大約反映了方言的差别。主要問事物,也可問人。在句中做賓語或定語。譯作"何"、"什麽"。"曷"做狀語,詢問將來的時間、原因或表示反詰。如:

①雖聞,曷聞?雖見,曷見?雖知,曷知?(《吕氏春秋·審分》)

②懷哉懷哉,曷月予還歸哉?(《詩·王風·揚之水》)

③然則曷稱?稱諸父兄師友。(《公羊傳·隱公二年》)

④君子于役,不知其期,曷至哉?(《詩·王風·君子于役》)

⑤高后丕乃崇降罪疾,曰:"曷虐朕民?"(《書·盤庚中》)

⑥衆庶百姓,皆以貪利爭奪爲俗,曷若是而可以持國乎?(《荀子·彊國》)

例①"曷"做賓語,置於動詞之前,問事物,譯作"什麽";例②"曷"做定語,問時間,譯作"哪"、"何";例③"曷"做賓語,問人,譯作"誰";例④"曷"問將來的時間,譯爲"何時";例⑤"曷"問原因,譯爲"爲什麽";例⑥"曷"表示反詰,譯爲"怎麽"。

"曷"和其他成分構成的複音疑問詞語有"曷其"、"曷爲"、"曷若"、"曷以"、"曷常"、"曷嘗"等。如:

①天棐忱辭,其考我民,予曷其不于前寧人圖功攸終?(《書·大誥》)

②曷爲先言王而後言正月?王正月也。(《公羊傳·隱公元年》)

③景公問晏子曰:"君子常行曷若?"(《晏子春秋·内篇問上》)

④厥命曷以引養引恬?(《書·梓材》)

⑤夫以出乎衆爲心者,曷常出乎衆哉?(《莊子·在宥》)

⑥自古受命帝王,曷嘗不封禪?(《史記·封禪書》)

例①"曷其"是附加式複音疑問詞,問原因,譯爲"爲什麽";例②"曷爲"是介賓短語,問原因;例③"曷若"是動賓短語,問情狀,譯爲"怎麽樣";例④"曷以"是介賓短語,問方法,譯爲"怎麽"、"怎樣";例⑤⑥"曷常"、"曷嘗"是偏正短語,表示反問,譯爲

“何嘗”、“哪曾”。

害(割) 疑問代詞“害”見於西周金文和《詩》、《書》等少數作品裏。可用以詢問事物、時間或原因,也寫作“割”。如:

①害澣或否,歸寧父母。(《詩·周南·葛覃》)《毛傳》:“害,何也。”

②司余小子弗彶,邦將害吉?(郭沫若《兩周金文辭大系·毛公鼎》)

③越予小子考,翼不可征,王害不違卜?(《書·大誥》)

④在昔上帝割申勸寧王之德,其集大命於厥躬!(《書·君奭》)

例①“害”問事物,譯爲“什麽”、“哪些”;例②“害”問時間,譯爲“什麽時候”;例③“害”、例④“割”都問原因,譯爲“爲什麽”。

胡 疑問代詞“胡”不見於甲骨、金文、《尚書》、《周易》、《論語》、《孟子》,但《詩經》、《左傳》以及諸子書、《楚辭》裏都比較常見。大約是方言的差别。主要用作狀語,詢問原因或理由,譯作“爲什麽”、“怎麽”;也做賓語和定語,譯作“什麽”。如:

①人之爲言,胡得焉?(《詩·唐風·采苓》)

②不稼不穡,胡取禾三百廛兮?不狩不獵,胡瞻爾庭有縣貆兮?(《詩·魏風·伐檀》)

③嗚呼!弗慮胡獲,弗爲胡成?(僞《書·太甲下》)孔穎達《疏》:“胡之與何,方言之異耳。”

④我視謀猶,伊于胡底?(《詩·小雅·小旻》)

⑤然而田原不遇歲,事君不遇世,賓於鄉里,逐於州部,則胡罪乎?(《莊子·達生》)

⑥若於目觀則美,縮於財用則匱,是聚民利以自封而瘠民也,胡美之爲?(《國語·楚語上》)

例①“胡”做賓語,問事物,譯爲“什麽”;例②“胡”做狀語,問原因,譯爲“爲什麽”;例③“胡”做狀語,問方法,譯爲“怎麽”;例④“胡”做介詞賓語,問處所,譯爲“何處”、

“什麽地方”;例⑤“胡”做定語,問情狀,譯爲“什麽”、“什麽樣的”;例⑥“胡”做狀語,用於反詰,譯爲“哪裏”、“什麽”。

由“胡”和其他成分組成的複音疑問詞語有“胡其”、“胡爲”、“胡以”等。如:

①此非有國之耻也,公胡其不雪之以政?(《韓非子·難二》)

②客胡爲若此?寡人直與客論耳。(《戰國策·齊策四》)

③公曰:“國門則塞,百姓讙敖,胡以備之?(《管子·侈靡》)

例①“胡其”是附加式複音疑問詞,做狀語,問原因,譯爲“爲什麽”;例②“胡爲”是介賓短語,做狀語,問原因,譯爲“爲什麽”;例③“胡以”是介賓短語,做狀語,問方法,譯爲“怎麽”。

奚 疑問代詞“奚”不見於甲骨、金文、《周易》、《尚書》、《詩經》、《公羊傳》、《穀梁傳》等書。《左傳》、《論語》、《孟子》及諸子書中應用較廣。可做賓語和定語,詢問事物,譯作“什麽”;詢問處所,譯作“哪裏”。做賓語時常在動詞和介詞前面。如:

①“許子冠乎?”曰:“冠。”曰:“奚冠?”曰:“冠素。”(《孟子·滕文公上》)

②小知不及大知,小年不及大年。奚以知其然也?(《莊子·逍遥遊》)

③子路宿于石門,晨門曰:“奚自?”(《論語·憲問》)

④蝗螟,農夫得而殺之,奚故?爲其害稼也。(《吕氏春秋·不屈》)

⑤此亦妄人也已矣,如此,則與禽獸奚擇哉?(《孟子·離婁下》)

⑥齊攻魯,子貢見哀公,請求救于吴。公曰:“奚先君寶之用?”(漢劉向《説苑·奉使》)

⑦予嘗爲女妄言之,女亦妄聽之,奚?(《莊子·齊物論》)

⑧其一能鳴,其一不能鳴,請奚殺?(《莊子·山木》)

⑨爲主而無臣,奚國之有?(《韓非子·揚權》)

例①“奚”爲動詞賓語,問事物,譯爲“什麽”;例②“奚”爲介詞賓語,問依據,譯爲“什麽”;例③“奚”爲介詞賓語,問處所,譯爲“哪裏”、“什麽地方”;例④“奚”問原因,譯爲“爲什麽”;例⑤“奚”爲動詞賓語,問方法,譯爲“怎麽”、“怎樣”;例⑥“奚”問情狀,譯爲“什麽”、“什麽樣的”;例⑦“奚”做謂語,用於商榷,譯爲“如何”、“怎麽樣”;例⑧“奚”用爲賓語,表示選擇詢問,譯爲“哪一個”;例⑨“奚”用於反詰,譯爲“什麽”。

由“奚”和其他成分組合而成的複音疑問詞語有“奚當”、“奚其”、“奚説”、“奚爲”、“奚若”、“奚如”、“奚遽”、“奚啻”、“奚翅”等。如:

①哀公問子羔曰:“子之食奚當?”(《禮記·雜記下》)

②孔子曰:“仲叔圉治賓客,祝鮀治宗廟,王孫賈治軍旅,夫如是,奚其喪?”(《論語·憲問》)

③若知其不義也,夫奚説書其不義以遺後世哉?(《墨子·非攻上》)

④樂正子入見,曰:“君奚爲不見孟軻也?”(《孟子·梁惠王下》)

⑤桓公問管仲曰:“奚若?”管仲曰:“君有行之名,安得有其實?君其行也。”(《管子·大匡》)

⑥夫子以爲孟浪之言,而我以爲妙道之行也,吾子以爲奚若?(《莊子·齊物論》)

⑦魯穆公問於子思曰:“吾聞龐㵗氏之子不孝,其行奚如?”(《韓非子·難三》)

⑧文侯曰:“會夫爲人臣而忍其君者,其罪奚如?”(漢劉向《説苑·尊賢》)

⑨父母皆見愛而未必治也,雖厚愛矣,奚遽不亂?(《韓非子·五蠹》)

⑩臣以死奮筆,奚啻其聞之也!(《國語·魯語上》)

⑪取食之重者與禮之輕者而比之,奚翅食重?(《孟子·告子下》)

例①“奚當”是附加式複音疑問詞,做謂語,問時間,譯爲“什麽時候”。“食”,食禄,做官。例②“奚其”是附加式複音疑問詞,做狀語,問原因,譯爲“爲什麽”、“怎麽”。例③“奚説”是偏正短語,做狀語,問原因,譯爲“爲什麽”。例④“奚爲”是介賓短語,做狀語,問原因,譯爲“爲什麽”。例⑤“奚若”是介賓短語,問方法,譯爲“怎麽辦”。例⑥“奚若”表示商榷,譯爲“怎麽樣”、“如何”。例⑦“奚如”是介賓短語,問情狀,做謂語,譯爲“怎麽樣”。例⑧“奚如”做謂語,譯爲“怎麽辦”。例⑨“奚遽”是偏正短語，做狀語，表示反詰，譯爲“怎麽就”。例⑩“奚啻”、例⑪“奚翅”是偏正短語，表示反詰，譯爲“何只”、“哪裏只是”。

盍　疑問代詞“盍”也寫作“蓋”、“闔”。用作狀語，問原因，譯作“何不”、“爲什麽不”。如：

①顔淵季路侍。子曰：“盍各言爾志？”（《論語·公冶長》）

②子蓋言子之志於公乎？（《禮記·檀弓上》）鄭玄注：“蓋皆當爲盍，盍，何不也。”

③夫子闔行邪？無落吾事。（《莊子·天地》）

“盍”又等於“何”，問原因，譯爲“爲什麽”。如：

①謂山蓋卑，爲岡爲陵？（《詩·小雅·正月》）

②桓公、管仲、鮑叔牙、甯戚四人飲，飲酣。桓公謂鮑叔牙曰：“闔不起爲寡人壽乎？”（《管子·小稱》）

③盍不爲行？無行則不信，不信則不任，不任則不利。（《莊子·盜跖》）

惡　疑問代詞“惡”不見於甲骨、金文、《周易》、《尚書》、《詩經》，《左傳》、《論語》及諸子書中有之。可以指人、處所或表示反問。如：

①孟孫曰：“二三子以爲何如？惡賢而逆之。”（《左傳·哀公七年》）

②爲民父母行政，不免於率獸而食人，惡在其爲民父母也？（《孟子·梁惠王上》）

③不知事，惡能聽言？不知情，惡能當言？（《吕氏春秋·聽言》）

例①“惡”做主語，表示人，譯作“誰”；例②“惡”做前置賓語，指處所，譯爲“哪裏”；例③“惡”做狀語，表示反問，譯作“怎麽”。“惡”又和“乎”一起組成介賓短語“惡乎”，詢問方法、原因和處所。如：

①予惡乎知説生之非惑邪？予惡乎知惡死之非弱喪而不知歸者邪？（《莊子·齊物論》）

②曰："吾驚焉。"曰："惡乎驚？"（《莊子·列御寇》）

③學惡乎始？惡乎終？曰：其數則始乎誦經，終乎讀禮，其義則始乎爲士，終乎爲聖人。（《荀子·勸學》）

例①"惡乎"問方法，譯爲"怎麼"；例②"惡乎"問原因，譯爲"爲什麼"；例③"惡乎"問處所，譯爲"從哪裏"。

烏 疑問代詞"烏"，音義与"惡"同。多用作狀語，表示反問。如：

①故亂世之生，烏聞至樂？不聞至樂，其樂不樂。（《吕氏春秋·明理》）

②且夫齊楚之事又烏足道哉？（《漢書·司馬相如傳》）

例①"烏"可譯作"哪"、"怎麽"；例②"烏足"可譯作"哪裏值得"。

安 疑問代詞"安"不見於甲骨、金文、《尚書》。《左傳》、《莊子》等書應用廣泛。可做賓語、狀語，用於詢問人、事物、處所、方法或表示反問。如：

①驪姬曰："吾欲爲難，安始而可？"優施曰："必於申生……"是故先施讒於申生。（《國語·晉語一》）

②公曰："安信？"對曰："信名。"（《韓非子·外儲説左上》）

③皮之不存，毛將安傅？（《左傳·僖公十四年》）

④王必欲長王漢中，無所事信，必欲争天下，非信無可與計事者，顧王策安決？（《漢書·韓彭英盧吴傳》）

⑤久非其位，安得禽也？（《易·恒·九四象辭》）

⑥惠子曰："子非魚，安知魚之樂？"莊子曰："子非我，安知我不知魚之樂？"（《莊子·秋水》）

例①"安"做賓語，問人，譯作"誰"；例②"安"做賓語，問事物，譯作"什麽"；例③"安"

做賓語，問處所，譯作“哪裏”；例④“安”做狀語，問方法，譯作“怎麽”；例⑤⑥“安”表示反問，做狀語，譯爲“怎麽”。

焉 疑問代詞“焉”不見於甲骨、金文。《詩經》、《左傳》、《論語》、《孟子》及諸子作品裏有之。做賓語或狀語，用於詢問人、事物、處所或表示反問。如：

①莊公病，將死，謂季子曰：“寡人即不起此病，吾將焉致乎魯國？”（《公羊傳·莊公三十二年》）

②欲仁而得仁，又焉貪？（《論語·堯曰》）

③視其所以，觀其所由，察其所安，人焉廋哉？人焉廋哉？（《論語·爲政》）

④所謂伊人，於焉逍遥？（《詩·小雅·白駒》）

⑤未能事人，焉能事鬼？（《論語·先進》）

例①“焉”做賓語，用於問人，譯作“誰”；例②“焉”代物，譯作“什麽”；例③“焉”做動詞賓語，例④做介詞賓語，問處所，譯作“哪裏”；例⑤“焉”做狀語，表示反問，譯作“怎麽”。

從上面的敘述可以看出，上古漢語同一性質的代詞往往不止一個。有古今詞並存，也有方言詞並存。到了中古，大量新代詞産生，原有代詞有的逐漸消失，有的仍然保留，在新的漢語代詞系統中繼續發揮自己的作用。

第四節 上古漢語副詞、介詞的發展

一、上古漢語副詞的發展

從商代卜辭到周秦兩漢，漢語的副詞系統有了巨大的發展。産生了大量新的副詞，表達的語法意義遠比商代豐富，句法功能也有重要發展。可以分爲以下九類：

1. 程度副詞

程度副詞修飾形容詞和動詞，表示行爲變化、性質、狀態的程度。甲骨卜辭中没有程度副詞。周代産生的程度副詞有“更、極、絶、孔、彌、頗、淺、滋、甚、殊、太(泰)、微、已、益、愈(俞、逾)、至、滋(兹)、最”等。

甚 表示程度深,相當於現代漢語的“很”、“非常”。如:

①甚囂,且塵上矣。(《左傳·成公十六年》)
②齊人將築薛,吾甚恐。(《孟子·梁惠王下》)

孔 表示程度深,相當於現代漢語的“很”、“非常”。如:

①其新孔嘉,其舊如之何?(《詩·豳風·東山》)
②六府孔修。(《書·禹貢》)

殊 表示程度深,可譯爲“甚”、“很”、“特别”。如:

①彼其之子,美無度。美無度,殊異乎公路。(《詩·魏風·汾沮洳》)
②老臣今者殊不欲食。(《戰國策·趙策四》)

極 表示達到最高的程度。如:

①洪泉極深,何以填之?(《楚辭·天問》)
②且吾所爲者極難耳。(《史記·刺客列傳》)

“極”用於修飾動詞,也表示程度深,可譯作“十分”、“深刻”。如:

③孤極知燕小力少,不足以報。(《史記·燕召公世家》)
④夫子之極言禮也,可得而聞與?(《禮記·禮運》)

絶 表示達到最高的程度。相當於“極”、“最”。如:

①單于書絶悖。(《史記·匈奴列傳》)

②秦女絶美,王可自取,而更爲太子取婦。(《史記·伍子胥列傳》)

最　表示超過所有同類佔第一位。如:

①故農之用力最苦,而贏利少,不如商賈技巧之人。(《商君書·外内》)

②七十子之徒,賜最爲饒益。(《史記·貨殖列傳》)

至　表示達到最高的程度。如:

①湯武者,至天下之善禁令者也。(《荀子·正論》)

②卓王孫大怒曰:"女至不材!我不忍殺,不分一錢也。"(《史記·司馬相如列傳》)

深　表示程度深。可譯爲"很"、"甚"、"非常"。如:

①君薨,聽於塚宰,歠粥,面深墨,即位而哭。(《孟子·滕文公上》)

②然至其輔少主,守城深堅,招之不來,麾之不去。(《史記·汲鄭列傳》)

有的修飾動詞可以譯爲"深深地"、"深入地"。如:

③良賈深藏若虛。(《史記·老子韓非列傳》)

④願王請大夫種與深議,則霸王之術在矣。(漢趙曄《吴越春秋·勾踐陰謀外傳》)

頗　表示程度輕微。相當於"稍微、略微"。如:

①然戰國之權變,亦有可頗采者,何必上古。(《史記·六國年表》)

②魯周霸、孔安國、雒陽賈嘉，頗能言《尚書》事。(《史記·儒林列傳》)

“頗”也表示程度較深，可譯爲“很”、“甚”，這種用法産生於漢代。如：

③商爲外戚重臣輔政，擁佑太子，頗有力焉。(《漢書·王商傳》)

④雨頗留，湛之兆也；暘頗久，旱之漸也。(《論衡·明雩》)

淺 表示程度輕微，與“深”相對，可譯爲“略”、“略微”。如：

①駢猶淺言之也，博言之，豈獨齊國之政哉？(《吕氏春秋·執一》)

②文章爾雅，訓辭深厚，恩施甚美。小吏淺聞，不能究宣，無以明布諭下。(《史記·儒林列傳下》)

微 表示程度輕，可以譯爲“略微”、“稍微”。如：

①日三服，初服微煩，復服，汗出便愈。(《傷寒論·辨太陽病脈證並治下》)

②莽色厲而言方，欲有所爲，微見風采，黨與承其指意而顯奏之。(《漢書·王莽傳上》)

“微”又表示行爲方式。可譯爲“暗暗地”。如：

③〔侯生〕故久立，與其客語，微察公子。(《史記·魏公子列傳》)

④李牧不受命，趙使人微捕得李牧，斬之。(《史記·廉頗藺相如列傳》)

太(泰) 表示過度，即超出正常情况或超過某種標準。譯爲“過於”、“過分”。如：

①旱既太甚，則不可推。(《詩·大雅·雲漢》)

②今子既上無君侯有司之勢，而下無大臣職事之官，而擅飾禮樂，選人倫，以化齊民，不泰多事乎？（《莊子·漁父》）

已　表示過分，即超出正常情況或超過某種標準，譯爲"太"、"過分"。如：

①人而不仁，疾之已甚，亂也。（《論語·泰伯》）
②蓋以操之爲已蹙矣。（《公羊傳·莊公三十年》）

尤　表示程度更深。譯爲"尤其"、"更加"如：

①余並論次，擇其言尤雅者，故著爲本紀書首。（《史記·五帝本紀》）
②於故人子弟爲吏，及貧昆弟，調護之尤厚。（《史記·酷吏列傳》）

彌　表示程度加深。可譯爲"更加"、"越來越"等。如：

①仰之彌高，鑽之彌堅。（《論語·子罕》）
②其曲彌高，其和彌寡。（宋玉《對楚王問》）

愈（俞、逾）　表示程度加深。可譯爲"更加"、"越來越"。如：

①是故得地而權彌輕，兼人而兵俞弱。（《荀子·議兵》）
②境内皆言兵，藏孫、吴之書者家有之，而兵愈弱；言戰者多，被甲者少也。（《韓非子·五蠹》）
③不能爲君者，傷形費神，愁心勞意，然國逾危，身逾辱。（《墨子·所染》）

由"愈"和别的成分構成的複合程度副詞上古有"愈益"，可譯爲"更加"。如：

①少年聞之，愈益慕解之行。（《史記·遊俠列傳》）

益 表示程度加深,可譯爲"更加"。如:

①群臣輯睦,甲兵益多。(《左傳·僖公十五年》)

②如水益深,如火益熱。(《孟子·梁惠王下》)

滋(茲) 表示程度加深,可譯爲"愈益"、"更加"。如:

①積貨滋多,蓄怨滋厚,不亡何待?(《國語·楚語下》)

②以虧人愈多,其不仁茲甚,罪益厚。(《墨子·非攻上》)

更 表示程度上更進一層。可譯爲"更加"、"愈加"。如:

①與之,即無地以給之;不與,則棄前功,而後更受其禍。(《戰國策·韓策一》)

②修士不能以貨賂事人,恃其精潔而更不能以枉法爲治。(《韓非子·孤憤》)

"更"又表示動作行爲的重復,可譯爲"又"、"再"、"重新"等。如:

③虞不臘矣,在此行也,晉不更舉矣。(《左傳·僖公五年》)

④於是爲秦錢重難用,更令民鑄錢。(《史記·平準書》)

2. 範圍副詞

範圍副詞表示行爲或性質狀態的範圍,甲骨卜辭中没有範圍副詞。周秦大大發展,數目達20餘個之多,可以分爲兩大類。

表示全體範圍的有"備、畢、并、併、並、竝、大、凡、共、交、皆、盡、俱、具、舉、類、全、率、通、同、僉、悉、咸、偕、胥、徐、一、壹、雜、專"等。如:

備 表示最大範圍。可譯爲"盡"、"都"、"全部"。如:

①簫管備舉，喤喤厥聲。（《詩·周頌·有瞽》）

②險阻艱難，備嘗之矣，民之情僞，盡知之矣。（《左傳·僖公二十八年》）

畢　放在動詞、形容詞前，表示全部，可譯爲“盡”、“都”、“全都”。如：

①惟戊午，王次於河朔，群后以師畢會。（《書·泰誓中》）

②是月也，耕者少舍，乃修闔扇，寢廟畢備。（《禮記·月令》）

并（並、竝、併）　“并”也寫作“並”、“竝”、“併”，表示不同對象發出同一動作行爲，可譯作“皆”、“都”、“全部”。如：

①朕卜并吉。（《書·大誥》）

②既醉而出，並受其福。（《詩·小雅·賓之初筵》）

③好假道人而無所凝止之，則姦言竝至。（《荀子·王制》）

④高皇帝與諸公併起。（《漢書·賈誼傳》）

大　表示情況不太確定，可譯爲“大體上”。如：

①時已昏，漢匈奴相紛拏，殺傷大當。（《史記·衛將軍驃騎列傳》）

②上谷至遼東……大與趙、代俗相類。（《史記·貨殖列傳》）

“大”又表示程度高，可譯爲“大大地”、“十分”。如：

③古之人所以大過人者無他焉，善推其所爲而已矣。（《孟子·梁惠王上》）

④漢王大怒而駡，陳平躡漢王。（《史記·陳丞相世家》）

凡　表示人或事物的全體，可譯爲“皆”、“都”、“全都”。如：

①卿士師師非度，凡有辜罪，乃罔恒獲。(《書・微子》)

②獻公怒曰："黜我者，非甯氏與孫氏，凡在爾。"(《公羊傳・襄公二十七年》)

"凡"又表示動作次數的總和或動作延續的時間，可譯爲"總共"、"一共"。如：

①乾之策二百一十有六，坤之策百四十有四，凡三百有六十。(《易・繫辭上》)

②五年一朝，凡三朝。(《漢書・文三王傳》)

共 表示施事者共同的行爲，可譯爲"共同"、"一起"、"都"。如：

①凡我父兄、昆弟及國子姓，有能助寡人謀而退吴者，吾與之共知越國之政。(《國語・越語上》)

②天下共立義帝，北面事之。(《史記・高祖本紀》)

交 表示動作行爲由施事者共同發出，可譯爲"都"、"同時"。如：

①故天下兼相愛則治，〔交〕相惡則亂。(《墨子・兼愛上》)

②交被天和，食於地德。(《淮南子・俶真》)高誘注："交，俱也。"

"交"又表示動作行爲是幾個施動者互相發出的，可譯爲"相"、"相互"、"互相"。如：

③我入自外，室人交徧謫我。(《詩・邶風・北門》)

④鄭伯怨王，王曰："無之。"故周鄭交質。(《左傳・隱公三年》)

皆 表示人或事物的全體，可譯爲"都"、"全都"。如：

①百堵皆興，鼛鼓弗勝。(《詩・大雅・緜》)

②四海之内皆兄弟也，君子何患乎無兄弟也。（《論語・顔淵》）

③滔滔者天下皆是也，而誰以易之？（同上《微子》）

盡　表示某一範圍内的全部，可譯爲"全都"、"完全"。如：

①子謂《韶》："盡美矣，又盡善也。"（《論語・八佾》）

②盡信書，則不如無書。（《孟子・盡心下》）

俱　表示人或事物的全體。可譯爲"全"、"都"、"全都"。如：

①父母俱存，兄弟無故，一樂也。（《孟子・盡心上》）

②項王瞠目而叱之，赤泉侯人馬俱驚，辟易數里。（《史記・項羽本紀》）

具　表示人或事物的全體。可譯爲"都"、"皆"、"全"。如：

①民靡有黎，具禍以燼。（《詩・大雅・桑柔》）

②兩造具備，師聽五辭。（《史記・周本紀》）

舉　表示全部，没有例外，可譯爲"皆"、"全"、"都"。如：

①僖子不對而泣曰："君舉不信群臣乎？"（《左傳・哀公六年》）

②王如用予，則豈徒齊民安，天下之民舉安。（《孟子・公孫丑下》）

類　表示大體上的範圍，可譯爲"皆"、"大抵"。如：

①岩穴之士，趨舍有時若此，類名湮滅而不稱，悲夫！（《史記・伯夷列傳》）

②類常如翁歸言，無有遺脱。緩於小弱，急於豪强。（《漢書・尹翁歸傳》）

全 表示整個範圍，可譯爲“完全”、“都”。如：

①診病決死生，能全無失乎？（《史記·扁鵲倉公列傳》）

②足所不蹈，全活不傷。（王充《論衡·幸偶》）

率 表示整個範圍，可譯爲“皆”、“都”、“一概”。如：

①無禮義忠信，焉慮率用賞慶刑罰埶詐除阨其下，獲其功用而已矣。（《荀子·議兵》）

②故其（莊子）著書十餘萬言，大抵率寓言也。（《史記·老子韓非列傳》）

“率”又表示不能十分肯定的估計，可譯爲“大都”、“大抵”。如：

③率萬家而城方三里。（《墨子·雜守》）

④漢與匈奴和親，率不過數歲即復倍約。（《史記·韓長儒列傳》）

通 表示整個範圍，可譯爲“皆”、“都”、“共同”。如：

①是以富商大賈，周流天下，交易之物，莫不通得其所欲。（《史記·貨殖列傳》）

②上以賢難歸，詔令賢妻得通引籍殿中，止賢廬。（《漢書·董賢傳》）

同 表示動作行爲由施事者共同發出，可譯爲“一同”、“一起”。如：

①女心傷悲，殆及公子同歸。（《詩·豳風·七月》）

②婀荷甘與神農同學於老龍吉。（《莊子·知北遊》）

僉 表示動作行爲是大家共同進行的，可譯爲“皆”、“都”。如：

①帝曰："咨,四嶽,有能典朕三禮?"　僉曰："伯夷。"(《書·舜典》)

②僉曰"何憂",何不課而行之?(《楚辭·天問》)

悉　表示人或事物的全體,可譯爲"全"、"都"、"全部"。如:

①格爾衆庶,悉聽朕言。(《書·湯誓》)

②數日降,羽悉令男子年十五以上詣城東,欲阬之。(《漢書·項籍傳》)

咸、咸共　表示人或事物的全部。可譯爲"都"、"全部"。如:

①殷受命咸宜,百禄是荷。(《詩·商頌·玄鳥》)

②樹之詐慝以取其國家,外内咸服。(《左傳·襄公四年》)

③鴻漸衡門,群英雲集,咸共飲酌其流者,有踰三千。(漢《太尉楊震碑》)

偕　表示主體所共有的動作行爲或狀態。可譯爲"俱"、"遍"、"一起"。如:

①執子之手,與子偕老。(《詩·邶風·擊鼓》)《毛傳》:"偕,俱也。"

②今若使天下之人,偕若信鬼神之能賞賢而罰暴也。(《墨子·明鬼》)

胥　表示整個範圍,可譯爲"皆"、"都"。如:

①爾之遠矣,民胥然矣。(《詩·小雅·角弓》)

②饑者弗食,勞者弗息,睊睊胥讒,民乃作慝。(《孟子·梁惠王下》)

"胥"又表示行爲方式,可譯爲"互相"。如:

③古之人猶胥訓告,胥保惠,胥教誨,民無或胥譸張爲幻。(《書·無逸》)

④兄弟昏姻,無胥遠矣。(《詩·小雅·角弓》)

徐 表示人或事物的全體，可譯爲“皆”、“都”。如：

①魯人徐傷歸父之無後也。(《公羊傳·成公十五年》)何休注：“徐者，皆、共之辭也，關東語。”

一、壹 “一”也寫作“壹”，表示包括整個範圍。可譯爲“皆”、“都”、“盡”。如：

①王事敦我，政事一埤遺我。(《詩·邶風·北門》)

②物有輕重，然後天下之寶壹爲我用。(《管子·地數》)

“一”、“壹”又表示程度深，可譯爲“猛”、“甚”、“極”。如：

③固有無其實而得其名者乎？回壹怪之。(《莊子·大宗師》)

④寡人一樂之，是欲禄之以萬鍾，其足乎？(《晏子春秋·内篇諫上》)

“一”、“壹”又表示出乎意外，可譯爲“竟”、“竟然”。如：

⑤静郭君之於寡人，一至此乎？(《吕氏春秋·知士》)

⑥周威公曰：“士壹至如此乎？”(漢劉向《説苑·尊賢》)

雜 表示整個範圍，可譯爲“都”、“共同”。如：

①其事是以不成，雜受其刑。(《國語·越語下》)韋昭注：“雜，猶俱也。”

②非博士官所職，天下敢有藏《詩》、《書》、百家語者，悉詣守、尉雜燒之。(《史記·秦始皇本紀》)

專 表示整個範圍，可譯爲“全”、“都”。如：

①專聽其大臣者，危主也。(《管子·任法》)

②今王地方五千里，帶甲百萬，而專任之於昭奚恤也。（漢劉向《新序·雜事》）

“專”又表示主觀上專注於某事，可譯爲“專門”、“專心”。如：

③鄢氏費氏自以爲王，專禍楚國，弱寡王室。（《左傳·昭公二十七年》）
④專趨人之急，甚於己私。（《漢書·朱家傳》）

表示限定範圍的有“纔（裁、財）、啻、但、適、獨、僅、特、徒、唯、直、衹、止”等。如：

纔（裁、財）　表示範圍小，數量少。相當於“只”、“僅”。如：

①燕王曰：“寡人蠻夷僻處，雖大男子，裁如嬰兒。”（《戰國策·燕策一》）吴師道補注：“裁，《史》注音在，僅也。”
②身死纔數月耳，天下四面而攻之，宗廟滅絶矣。（《漢書·賈山傳》）
③比至郁城，士財有數千，皆饑罷。（《漢書·李廣傳》）

啻　表示範圍的限定，可譯爲“僅”、“只”，常用在否定詞和疑問詞後面。如：

①爾不克敬，爾不啻不有爾土，予亦致天之罰於爾躬。（《書·多士》）
②公執之曰：“違君命者，女亦聞之乎？”對曰：“臣以死奮筆，奚啻其聞之也。”（《國語·魯語上》）

但（亶）　又寫作“亶”，表示限定，可譯爲“只”、“僅”。如：

①匈奴匿其壯士肥牛馬，但見老弱及羸畜。（《史記·劉敬叔孫通列傳》）
②天下之勢方倒懸……非亶倒懸而已，又類辟，且病痱。（《漢書·賈誼傳》）

適 表示範圍的限定，可譯爲“只”、“僅”。如：

①飲食之人無有失也，則口腹豈適爲尺寸之膚哉？（《孟子·告子上》）

②疑臣者不適三人，臣恐王爲臣之投杼也。（《戰國策·秦策二》）

獨 “獨”表示範圍限定，可譯爲“只有”、“只是”、“僅僅”。如：

①是故所欲有甚於生者，所惡有甚於死者。非獨賢者有是心也，人皆有之，賢者能勿喪耳。（《孟子·告子上》）

②屈原曰：“舉世皆濁我獨清，衆人皆醉我獨醒，是以見放。”（《楚辭·漁父》）

又表示從多數中舉出一個，可譯爲“特”、“獨特”。如：

③大夫不均，我從事獨賢。（《詩·小雅·北山》）

④有獨見之明，獨聽之聰。（《論衡·實知》）

僅 表示限定在一定範圍之内，可譯爲“只”、“才”。如：

①以此遊僅至於魯司寇。（《吕氏春秋·遇合》）高誘注：“僅，猶裁也。”

②諸公幸者乃爲中涓，其次僅得舍人，材之不逮至遠矣。（賈誼《治安策》）

特 表示範圍狹窄或單一，可譯爲“只是”、“不過”、“僅僅”等。如：

①故人之所以爲人者，非特以其二足而無毛也，以其有辨也。（《荀子·非相》）

②妻止之曰：“特與嬰兒戲耳。”（《韓非子·外儲説左上》）

“特”又表示動作行爲爲某種專門目的而進行，可譯爲“特地”、“特意”。如：

③河東吾股肱郡，故特召君耳。(《史記·季布欒布列傳》)

④惠施日以其知與人之辯，特與天下之辯者爲怪。(《莊子·天下》)

"特"又表示程度深，可譯爲"非常"、"格外"。如：

⑤趨利之情，不肖特厚。(《尹文子·大道上》)

⑥今子大夫報寡人也特甚。(《越絶書·荆平正内傳》)

"特"又表示動作行爲不能取得成果，可譯爲"徒"、"空"、"白白地"。如：

⑦君不愛宋民，腹心不完，特爲義耳。(《韓非子·外儲説左上》)

⑧〔項伯〕夜馳見張良，具告其實，欲與俱去，毋特俱死。(《漢書·高帝紀》)

徒　表示限於某種範圍。可譯爲"只"、"僅僅"。如：

①助之長者，揠苗者也。非徒無益，而又害之。(《孟子·公孫丑上》)

②强秦之所以不敢加兵於趙者，徒以吾兩人在也。(《史記·廉頗藺相如列傳》)

"徒"又表示動作行爲不能取得成果，可譯爲"白白地"。如：

③因載而往，徒獻之。(《韓非子·内儲説上》)

④欲予秦，秦城恐不可得，徒見欺。(《史記·廉頗藺相如列傳》)

唯(惟、維)　也寫作"惟"、"維"，表示範圍的限定，可譯爲"只"、"僅"、"只有"、"只是"。如：

①芳與澤其雜糅兮，唯昭質其猶未虧。(《楚辭·離騷》)

②惟恐德弗類，茲故弗言。（《書·說命上》）

③將恐將懼，維予與女。（《詩·小雅·谷風》）

直 表示限定，可譯爲“僅”、“只”、“只是”。如：

①直不百步耳，是亦走也。（《孟子·梁惠王上》）

②安陵君受地於先王而守之，雖千里不敢易也，豈直五百里哉？（《戰國策·魏策四》）

“直”又表示動作行爲是故意的，可譯爲“特意”、“故意”。如：

③齊命使各有所主，其賢者使使賢王，不肖者使使不肖王。嬰最不肖，故直使楚矣。（《晏子春秋·内篇雜下》）

④有一老父，衣褐，至良所，直墮其履圯下。（《漢書·張良傳》）

祇 表示行爲的限定，可譯爲“只是”。如：

①無將大車，祇自塵兮。（《詩·小雅·無將大車》）

②天下事未可知，且爲天下者不顧家，雖殺之，無益，祇益禍耳。（《史記·項羽本紀》）

止 表示範圍的限定，可譯爲“只”、“僅”。如：

①仁義，先王之蘧廬也，止可以一宿，而不可久處。（《莊子·天運》）

3. 情態副詞

情態副詞表示行爲的不同情態。甲骨卜辭已有少數幾個情態副詞，周秦更產生了“暴、稍、卒（cù）、猝、遞、迭、果、固、互、間、荐（薦、洊）、空、歷、潛、竊、浸、擅、審、愼、私、妄、陽、佯、猶、猶自、乍”等大量情態副詞。

暴 表示動作行爲突然發生,可譯爲“突然”。如:

①景公使圉人養所愛馬,暴死。(《晏子春秋·内篇諫上》)

②自我爲汝家婦,未嘗聞汝先古之有貴者,今暴得大名,不祥。(《史記·項羽本紀》)

稍 表示動作行爲逐漸進行,可譯爲“漸漸”、“逐漸”。如:

①西伯滋大,紂由是稍失權重。(《史記·殷本紀》)

②自繆公以來,稍蠶食諸侯,竟成始皇。(《史記·秦始皇本紀》)

卒(cù)、猝 表示動作行爲急劇或突然發生,可譯爲“突然”。如:

①卒有寇難之事,又望百姓之爲己死,不可得也。(《荀子·王霸》)

②今若有猝報之事,韓不可信也。(《韓非子·存韓》)

遞 表示動作行爲交替進行,可譯爲“交替”、“互相”。如:

①四時遞來而卒歲兮,陰陽不可與儷偕。(《楚辭·九辯》)

②巧謀並進,詐術遞用。(《吕氏春秋·先己》)

迭 表示動作行爲的交替進行或連續進行,可譯爲“交替”、“屢次”。如:

①日居月諸,胡迭而微。(《詩·邶風·日月》)

②以處於晉,而迭聞晉事。(《吕氏春秋·知分》)

果 表示事態的結果真實或結果與設想一致,可譯爲“終於”、“果真”、“果然”。

如：

①晉侯在外十九年矣，而果得晉國。（《左傳・僖公二十八年》）

②王使人瞯夫子，果有以異於人乎？（《孟子・離婁下》）

固 表示本來如此，可譯爲“本來”、“當然”。如：

①王視晏子曰：“齊人固善盜乎？”（《晏子春秋・内篇雜下》）

②人固未易知，知人亦未易也。（《史記・范雎蔡澤列傳》）

互 表示動作行爲互相進行，可譯爲“互相”、“交相”。如：

①蛭、蜩、蠼猱、獑猢、豰、蛫棲息乎其間，長嘯哀鳴，翩幡互經。（漢司馬相如《上林賦》）

②胡笳互動，牧馬悲鳴。（漢李陵《答蘇武書》）

間(jiàn) 表示動作行爲秘密進行或間斷地進行，可譯爲“秘密地”或“間或”。如：

①魏王使客將軍辛垣衍間入邯鄲。（《戰國策・趙策三》）

②令初下，群臣進諫，門庭若市。數月之後，時時而間進。期年之後，雖欲言，無可進者。（《戰國策・齊策一》）

荐(薦、洊) 又寫作“薦”、“洊”，表示動作行爲重復發生，可譯爲“一再”、“屢次”、“接連地”。如：

①晉荐饑，使乞糴于秦。（《左傳・僖公十三年》）

②天降喪亂，饑饉薦臻。（《詩・大雅・雲漢》）

③象曰：水洊至，習坎。(《易·坎》)

空 表示動作行爲没有效果，可譯爲“白”、“白白地”。如：

①春平侯者，趙王之所甚愛也，而郎中甚妒之……今君留之，是空絶趙，而郎中之計中也。(《戰國策·趙策四》)

②光誡明友：“兵不空出。”(《漢書·匈奴傳》)

歷 表示動作行爲多次或普遍進行，可譯爲“多次”、“普遍”。如：

①虞舜側微，堯聞之聰明，將使嗣位，歷試諸艱。(《書·舜典》)

②大小之戰，歲十百合，而希有功。歷察其敗，無他故焉，皆將不明變勢，而士不勸於死敵也。(漢王符《潛夫論·勸將》)

潛 表示動作行爲暗中進行，可譯爲“暗暗地”、“秘密地”。如：

①匪鱣匪鮪，潛逃於淵。(《詩·小雅·四月》)

②臣請試潛行而出，見韓魏之君。(《韓非子·十過》)

竊 表示動作行爲暗中進行，可譯爲“偷偷地”、“暗暗地”。如：

①公子偃曰：“宋師不整，可敗也。宋敗，齊必還，請擊之。”公弗許。自雩門竊出，蒙臯比而先犯之。(《左傳·莊公十年》)

②臣竊觀君與蘇公談也，其辯過君。(《戰國策·趙策一》)

浸 表示動作行爲逐漸進行，可譯爲“漸漸”、“逐漸”。如：

①小利貞，浸而長也。(《易·遯》)

②形穆穆以浸遠兮，離人群而遁逸。(《楚辭·遠遊》)

擅 表示動作行爲是自作主張，可譯爲"擅自"、"任意"。如：

①諸吏卒民，非其部界而擅入他部界，輒牧。(《墨子·號令》)

②天下有明主，而諸侯不得擅厚者，何也。(《史記·范雎蔡澤列傳》)

審 表示動作行爲真實，可譯爲"確實"、"果真"。如：

①貫高喜曰："吾王審出乎?"(《史記·張耳陳餘列傳》)

②誰當審與龜鶴同居？君審知其年歲乎？(漢桓譚《新論·辨惑》)

慎 表示事情真實，可譯爲"確實"、"果真"；或與否定詞連用，表示禁戒，可譯爲"千萬"、"務必"。如：

①昊天已威，予慎無罪。(《詩·小雅·巧言》)

②若漢挑戰，慎勿與戰，無令得東而已。(《史記·高祖本紀》)

私 表示動作行爲是個人非公開進行的，可譯爲"獨"、"私自"。如：

①夫士也，亦無王命而私受之於子，則可乎？(《孟子·公孫丑下》)

②晉侯使士會平王室，定王享之，原襄公相禮，殽烝，武子私問其故。(《左傳·宣公十六年》)

妄 表示動作行爲是非不分而超越常規，可譯爲"胡亂"、"隨便地"。如：

①予嘗爲女妄言之，女以妄聽之。(《莊子·齊物論》)

②今大王事秦，秦王必喜，而趙不敢妄動矣。(《戰國策·燕策一》)

陽　表示動作行爲是假裝的，可譯爲"假裝"、"表面上"。如：

①所説陰爲厚利而顯爲名高者也，而説之以名高，則陽收其身，而實疏之。（《韓非子·説難》）

②儋陽爲縛其奴，從少年之廷，欲謁殺奴。（《漢書·田儋傳》）

佯　表示動作行爲是假裝的，可譯爲"假裝"、"表面上"。如：

①佯北勿從，鋭卒勿攻。（《孫子·軍爭》）

②利心無足，而佯無欲者也。（《荀子·非十二子》）

猶、猶自　表示某種情況持續不變。可譯爲"仍"、"仍然"。如：

①亦余心之所善兮，雖九死其猶未悔。（《楚辭·離騷》）

②古者嘗竭天下之資財以奉其上，猶自以爲不足也無異。（《史記·平準書》）

乍　表示動作行爲突然發生或情況突然變化，可譯爲"突然"、"忽而"。如：

①今人乍見孺子將入於井，皆有怵惕惻隱之心。（《孟子·公孫丑上》）

②軍乍利乍不利，終無離上心。（《史記·蒯成侯列傳》）

4. 時間副詞

時間副詞表示行爲發生的時間。甲骨卜辭中極少。周秦産生"便、曾、常、嘗、長、初、鼎、俄、方、甫、復、姑、恒、忽、既、將、竟、立、聊、臨、其、且、趣、時、始、適、倏（儵、翛）、素、隨、突、昔、向、鄉、行、旋、還（xuán）、雅、業、業已、已、正、終、卒"等大量時間副詞，可以分别表示動作行爲過去已經發生、正在或延續發生、將要發生、短時内發生或終於發生等不同的意義。

便 表示動作行爲緊接着發生，可譯爲“馬上”、“就”、“即”。如：

①若乃夫没人，則未嘗見舟便操之也。(《莊子·達生》)

②少年欲立嬰便爲王，異軍蒼頭特起。(《史記·項羽本紀》)

曾(céng) 表示動作行爲曾經發生過，可譯爲“嘗”、“曾經”。如：

①緩賢忘士而能以其國存者，未曾有也。(《墨子·親士》)

②莊公存之時，樂曾淫于宫中。(《公羊傳·閔公元年》)

常 表示時間的延續和一貫，可譯爲“常常”、“經常”。如：

①三患莫至，身常無殃，則何辱之有？(《莊子·天地》)

②信知漢王畏惡其能，常稱病不朝從。(《史記·淮陰侯列傳》)

③欲常常而見之，故源源而來。(《孟子·萬章上》)

“常”又通“嘗”，表示過去有過某種行爲和事，可譯爲“曾經”。如：

④夫日月之有蝕，風雨之不時，怪星之黨見，是無世而不常有之。(《荀子·天論》)

⑤主父常遊於此。(《韓非子·外儲説左上》)

嘗 表示動作行爲曾經發生過。可譯作“曾經”。如：

①且君嘗爲晉君賜矣。(《左傳·僖公三十年》)

②昭王嘗與天神博於此矣。(《韓非子·外儲説左上》)

長 表示時間的延續和一貫，可譯爲“常”、“經常”。如：

①吾長見笑於大方之家。(《莊子·秋水》)

②故兵出,糧給而財有餘;兵休,民作而畜長足。(《商君書·算地》)

初 放在句子開端,表示動作行爲發生在過去某個時候,可譯作"當初"、"從前"。如:

①初,鄭武公娶于申,曰武姜。(《左傳·隱公元年》)

②初,内蛇與外蛇鬥于鄭南門中,内蛇死,六年而厲公入。(《左傳·莊公十四年》)

鼎 表示正處於某種狀態。可譯爲"正"、"正要"。如:

①天子春秋鼎盛,行義未過,德澤有加焉,猶尚如是。(《漢書·賈誼傳》)

②無説《詩》,匡鼎來;匡説《詩》,解人頤。(《漢書·匡衡傳》)

俄 表示短暫的時間,可譯作"不久"、"隨即"。如:

①至乎地之與人則不然,俄而可以爲其有矣。(《公羊傳·桓公二年》)何休注:"俄者,謂須臾之間,制得之頃也。"

②俄又置一石赤菽東門之外,而令之曰:"有能徙此于西門之外者,賜之如初。"(《韓非子·内儲説上》)

方 表示動作行爲剛剛發生、正在發生或即將發生。可譯爲"纔"、"正"、"將"。如:

①方苞方體,維葉泥泥。(《詩·大雅·行葦》)

②如今人方爲刀俎,我爲魚肉,何辭爲?(《史記·項羽本紀》)

③方何爲期,胡然我念之。(《詩·秦風·小戎》)朱熹《集傳》:"方,將也。"

甫 表示動作行爲剛開始，可譯爲“方”、“纔”。如：

①卜葬兆，甫竁，亦如之。(《周禮·春官·小宗伯》)

②天下甫二世耳，然周公猶作詩書深戒成王。(《漢書·翼奉傳》)

復 表示動作行爲繼續或重復，可譯爲“再”、“又”。如：

①甚矣吾衰也，久矣吾不復夢見周公。(《論語·述而》)

②有頃，曰：“弟子何久也？復使一人趨之！” 復投一弟子河中。(《史記·滑稽列傳》)

姑 表示動作行爲是臨時性的、短時的，可譯爲“姑且”、“暫且”。如：

①勿庸殺之，姑惟教之。(《書·酒誥》)

②多行不義必自斃，子姑待之。(《左傳·隱公元年》)

恒 表示動作行爲經常發生，可譯爲“常常”、“經常”。如：

①敢有恒舞於宫，酣歌於室，時謂巫風。(《書·伊訓》)

②愛人者，人恒愛之；敬人者，人恒敬之。(《孟子·離婁下》)

忽 表示時間極短，動作行爲突然發生，可譯爲“忽然”、“突然”。如：

①瞻之在前，忽焉在後。(《論語·子罕》)

②荷衣兮蕙帶，儵而來兮忽而逝。(《楚辭·九歌·少司命》)

既 表示動作行爲已經發生，可譯爲“已”、“已經”。如：

①雞既鳴矣,朝既盈矣。(《詩·齊風·雞鳴》)

②譬如蓑笠,時雨既至,必求之。(《國語·越語上》)

將　表示動作行爲將要發生,可譯爲"將要"、"就要"、"快要"。如:

①孔子曰:"諾,吾將仕矣。"(《論語·陽貨》)

②將欲奪之,必固與之。(《老子》三十六章)

竟　表示動作行爲終於發生,可譯爲"終於"、"終究"。如:

①陳勝雖已死,其所置遣侯王將相竟亡秦,由涉首事也。(《史記·陳涉世家》)

②主父偃盛言其便,上竟用主父計,立朔方郡。(《史記·平津侯主父列傳》)

立　表示動作行爲馬上發生,可譯爲"立即"、"立刻"。如:

①室家立殘,親戚不免乎刑戮。(《荀子·榮辱》)

②故我有善則立譽我,我有過則立毁我。(《管子·小稱》)

聊　表示動作行爲是臨時性的,可譯爲"姑且"、"暫且"。如:

①我心傷悲兮,聊與子同歸兮。(《詩·檜風·素冠》)

②優哉遊哉,聊以卒歲。(《左傳·襄公二十一年》)

臨　表示動作行爲將要發生。如:

①臨死謂其父昆莫曰:"必以岑娶爲太子,無令他人代之。"(《史記·大宛

列傳》)

②臨秋收斂,猶有乏者。(《漢書·魏相傳》)

其 表示動作行爲將要發生,可譯爲"將"、"就要"、"快要"。如:

①今我不樂,日月其除。(《詩·唐風·蟋蟀》)

②若以君之靈,得反晉國,晉楚治兵,遇于中原,其辟君三舍。(《左傳·僖公二十三年》)

且 表示動作行爲將要發生,可譯爲"將要"、"就要"、"快要"。如:

①不反列,且行法。(《韓非子·外儲説左上》)

②大王且何以報魏?(《戰國策·魏策三》)

"且"又表示時間短暫,可譯爲"暫且"、"姑且"。如:

③且以喜樂,且以永日。(《詩·唐風·山有樞》)

④民勞,未可,且待之。(《史記·伍子胥列傳》)

趣(cù) 表示動作行爲迅速、急迫,可譯爲"快"、"趕快"、"急忙"。如:

①大雨,各葆其所,可治者趣治,以徒隸給。(《管子·度地》)

②吴王從臺上觀,見且斬愛姬,大駭,趣使使下令曰:"寡人已知將軍能用兵矣。"(《史記·孫子吴起列傳》)

時 表示動作行爲按時、有時或經常進行,可譯爲"按時"、"有時"或"常常"。如:

①學而時習之,不亦説乎?(《論語·學而》)

②胥靡有免，死罪時活。（《韓非子・解老》）

③常從王媪、武負貰酒，時飲醉卧，武負、王媪見其上常有怪。（《漢書・高帝紀》）

始　表示動作行爲開始的一段時間或正當某一時候，可譯爲"當初"、"開始"、"剛剛"。如：

①始吾於人也，聽其言而信其行；今吾於人也，聽其言而觀其行。（《論語・公冶長》）

②凡有四端於我者，知皆擴而充之矣，若火之始燃，泉之始達。（《孟子・公孫丑上》）

適　表示動作行爲正在或剛剛發生，可譯爲"正"、"正好"、"剛才"。如：

①我高祖少皞摯之立也，鳳鳥適至。（《左傳・昭公十七年》）

②陛下之臣雖有悍如馮敬者，適啓其口，匕首已陷其匈矣。（《漢書・賈誼傳》）

倏（儵、翛）　也寫作"儵"、"翛"，表示時間極短，動作行爲極其迅速，可譯爲"忽然"、"突然"。如：

①荷衣兮蕙帶，儵而來兮忽而逝。（《楚辭・九歌・少司命》）王逸注："儵，一作倏。"

②翛然而往，翛然而來而已矣。（《莊子・大宗師》）陸德明《釋文》："翛然，本又作儵。"

素　表示動作行爲或事態一向如此，可譯爲"向來"、"平素"。如：

①其衆素飽，不可謂老。（《左傳・僖公二十八年》）

②吴廣素愛人，士卒多爲用者。（《史記・陳涉世家》）

“素”又表示行爲没有效果，可譯爲“空”、“白”、“白白地”。如：

③彼君子兮，不素餐兮。（《詩・魏風・伐檀》）

④與其素厲，寧爲無勇。（《左傳・定公十二年》）

隨 副詞“隨”表示動作行爲跟着發生，可譯爲“隨即”。如：

①良業爲取履，因長跪履之，父以足受，笑而去，良殊大驚，隨目之。（《史記・留侯世家》）

②長公主賜鄧通，吏輒隨没入之。（《漢書・佞幸傳・鄧通》）

突 表示時間極短，動作行爲驟然發生，可譯爲“突然”。如：

①突如其來如。（《易・離》）

②有似勇壯之卒，突怒而無畏。（枚乘《七發》）

昔 表示動作行爲發生在過去某個時候，可譯作“從前”、“過去”。如：

①昔我往矣，楊柳依依；今我來思，雨雪霏霏。（《詩・小雅・采薇》）

②昔文公與秦伐鄭，秦人竊與鄭盟而舍戍焉。（《左傳・襄公十四年》）

向、鄉 表示過去的時間，可譯作“從前”、“先前”。如：

①向吾見若眉睫之間，吾因以得汝矣。（《莊子・庚桑楚》）

②鄉也吾見於夫子而問知。（《論語・顔淵》）

行　表示動作行爲將要或即將發生，可譯爲“將”或“正”。如：

①十畝之間兮，桑者閑閑兮，行與子還兮。（《詩・魏風・十畝之間》）

②春風東北起，花葉正低昂，不知誰家子，提籠行采桑。（漢宋子然《董嬌嬈》詩）

旋　表示時間短暫，可譯爲“立即”、“隨即”。如：

①请刻之罘，旋遂之琅邪，道上黨入。（《史記・秦始皇本紀》）

②會虞卿以齊魏之事棄侯捐相而歸，不用，趙旋亡。（漢劉向《新序・善謀》）

還(xuán)　副詞“還”表示動作行爲立即發生，可譯爲“迅速”、“立即”。如：

①失君則不然，法立而還廢之，令出而後反之，枉法而從私，毀令而不全。（《管子・任法》）

②如是則禹舜還至，王業還起。（《荀子・王霸》）

雅　表示動作行爲或事物狀態向來如此，可譯爲“向來”、“一向”。如：

①甲乙雅不相智(知)。（《睡虎地秦墓竹簡・法律答問》）

②雍齒雅不欲屬沛公，及魏招之，即反爲魏守豐。（《史記・高祖本紀》）

業　表示動作行爲已經完成，可譯爲“已”、“已經”。如：

①良業爲取履，因長跪履之。（《史記・留侯世家》）

②天子業出兵誅宛，宛小國而不能下，則大夏之屬漸輕漢。（《漢書・李廣利傳》）

業已 表示動作行爲已經發生，可譯爲“已經”。如：

①田常曰：“善，雖然，吾兵業已加魯矣。”（《史記・仲尼弟子列傳》）

②使者業已受命，可至皮山而還。（《漢書・西域傳上》）

已 表示動作行爲已經發生，可譯爲“已經”。如：

①道之不行，已知之矣。（《論語・微子》）

②老父已去，高祖適從旁舍來。（《史記・高祖本紀》）

正 表示動作行爲正在發生或處於持續狀態，可譯爲“正在”。如：

①我思舜，正鬱陶。（《史記・五帝本紀》）

②禹夢車騎聲正讙，來捕禹，舉家憂愁。（《漢書・霍光傳》）

終 表示動作行爲終於發生，可譯爲“終於”、“最後”。如：

①不矜細行，終累大德。（《書・旅獒》）

②今足下雖自以與漢王爲厚交，爲之盡力用兵，終爲之所禽矣。（《史記・淮陰侯列傳》）

“終”又表示時間久，可譯爲“常”、“久”。如：

③故官無常貴，而民無終賤。（《墨子・尚賢上》）

卒(zú) 表示動作行爲終於發生，可譯爲“終於”、“最後”。如：

①五年，卒亡其國，身死東城，尚不覺寤，而不自責，過矣。（《史記・項羽

本紀》)

②大夫種輔翼越王,爲之深謀,卒擒强吴,據有東夷。(漢桓寬《鹽鐵論·非鞅》)

5. 否定副詞

甲骨卜辭中有否定副詞"不、弗、毋、勿",周秦以後仍然廣泛使用。"弜、引"已經消失。另外産生了"非、匪、靡、微、無、亡、蔑、末、未、莫"等新的否定副詞。

不、弗 表示一般的否定。"不"應用極廣泛;"弗"字往往用在動詞不帶賓語的句子裏[①]。如:

①不患人之不已知,患不知人也。(《論語·學而》)

②富貴不能淫,貧賤不能移,威武不能屈。(《孟子·滕文公下》)

③子有車馬,弗馳弗驅。(《詩·唐風·山有樞》)

④雖累凶年,民弗病也。(《穀梁傳·莊公二十八年》)

甲骨金文裏,"弗"後動詞帶賓語是常例。先秦典籍中如《尚書》、《左傳》、《睡虎地秦墓竹簡》裏"弗"字後面的動詞都有帶直接賓語的。如:

⑤予弗知乃所訟。(《書·盤庚上》)

⑥始吾敬子,今子魯囚也,吾弗敬子矣。(《左傳·莊公十一年》)

⑦過二月弗置嗇夫,令、丞爲不從令。(《睡虎地秦墓竹簡·秦律十八種》)

毋、勿 表示禁止,可譯爲"不要"。《論衡·譴告》:"毋者,禁之也。"《詩·小雅·節南山》"勿罔君子"孔疏:"勿者,禁人之辭。"它們的差别是"勿"字大都用在没有賓語的句子裏,[②]而"毋"没有這個限制。如:

---

① 參看丁聲樹《釋否定詞"弗""不"》,載《慶祝蔡元培先生六十五歲論文集》,967—996頁。

② 周法高先生認爲"弗"和"勿"的上述分别在"甲骨文、金文、《書經》、《易經》中不能成立。同時在先秦其他文獻中,用法也不如'弗'的嚴格。"見《中國古代語法·稱代編》,46頁。

①毋逝我梁,毋發我笱。(《詩・邶風・谷風》)
②臨財毋苟得,臨難毋苟免。(《禮記・曲禮上》)
③無作怨,勿用非謀非彝。(《書・康誥》)
④左右皆曰不可,勿聽;諸大夫皆曰不可,勿聽。(《孟子・梁惠王下》)

"毋"和"勿"也用於對一般動作行爲的否定,可譯爲"不"。如:

⑤以我爲君子也,君子安可毋敬也?(《韓非子・説林下》)
⑥燕趙城可毋戰而降也。(《史記・張耳陳餘列傳》)
⑦宋人請猛獲于衛,衛人欲勿與。(《左傳・莊公十二年》)
⑧愛之,能勿勞乎?忠焉,能勿誨乎?(《論語・憲問》)

罔 放在動詞謂語前,表示否定或禁戒,可譯爲"不"、"没有"或"不要"。如:

①罔罪爾衆,爾無共怒,協比讒言予一人。(《書・盤庚下》)
②二十有六年,初並天下,罔不賓服。(《史記・秦始皇本紀》)
③罔失法度,罔遊于逸,罔淫于樂。(《書・大禹謨》)

非、匪 用於否定名詞謂語。上古漢語判斷句一般不用繫詞,"非"直接加在名詞謂語前面,加以否定。譯成現代漢語等於"不是"。"非"、"匪"又用於否定動詞或形容詞謂語,可譯爲"不"。"匪"與"非"音義並同。如:

①子非魚,安知魚之樂?(《莊子・秋水》)
②我心匪石,不可轉也。(《詩・邶風・柏舟》)
③予小子旦非克有正,迪惟前人光施於我冲子。(《書・君奭》)
④天非虐,惟民自速辜。(《書・酒誥》)
⑤夙夜匪解,以事一人。(《詩・大雅・烝民》)
⑥上天降災,使我兩君匪以玉帛相見而以興戎。(《左傳・僖公十五年》)

“非”又和其他副詞連用成“非徒”、“非特”、“非直”、“非但”等複合詞，可譯成“不僅”、“不只是”。如：

⑦非徒無益，而又害之。（《孟子·公孫丑上》）

⑧此非特無術也，又乃無行。（《韓非子·六反》）

⑨今吾國雖小，然而勝兵者可得十餘萬，非直適戍之衆，鐖鑿棘矜也。（《史記·淮南衡山列傳》）

⑩此下情所以不上通，非但君臣，而凡言百姓亦如之。（荀悦《漢紀·哀帝紀下》）

靡　放在動詞謂語前，表示否定，可譯爲“没”、“不”。如：

①夙興夜寐，靡有朝矣。（《詩·衛風·氓》）

②秦以前尚略矣，其詳靡得而記焉。（《史記·外戚世家》）

微　表示不存在某種事實或不施行某種動作行爲，可譯爲“不”、“不是”。如：

①微我無酒，以敖以遊。（《詩·邶風·柏舟》）

②微與之期，踐墨隨敵，以決戰事。（《孫子·九地》）

“微”又置於句首，表示一種否定的假設或條件，可譯爲“如果没有”、“如果不是”。如：

③微管仲，吾其被髮左衽矣。（《論語·憲問》）

④是日，微樊噲奔入營誚讓項羽，沛公事幾殆。（《史記·樊噲列傳》）

無、亡(wú)、蔑、末　“無、亡、蔑”本是否定動詞，作“没有”講。如：

①人而無信，不知其可也。（《論語·爲政》）

②有顏回者好學……不幸短命死矣，今也則亡。（《論語·雍也》）

③臣出晉君，君納重耳，蔑不濟矣。（《左傳·僖公十年》）

"無、亡、蔑、末"又是副詞，與"莫"、"不"字意義略同。如：

④敬天之怒，無敢戲豫。敬天之渝，無敢馳驅。（《詩·大雅·板》）

⑤趨利如水走下，四方亡擇也。（《漢書·食貨志上》）

⑥吾有死而已，吾蔑從之矣。（《國語·晉語二》）

⑦不忍一日，末有所歸也。（《禮記·檀弓下》）

未 否定動作行爲已經發生，可譯爲"没"、"没有"。如：

①陶復陶穴，未有家室。（《詩·大雅·綿》）

②少之時，血氣未定，戒之在色。（《論語·季氏》）

"未"又表示一般的否定，可譯爲"不"，有時和"嘗"、"必"、"足"等字連用。如：

③人固未易知，知人亦未易也。（《史記·范雎蔡澤列傳》）

④能行之者未必能言，能言之者未必能行。（《史記·孫子吴起列傳》）

⑤士志於道，而恥惡衣惡食者，未足與議也。（《論語·里仁》）

⑥問其與飲食者，盡富貴也，而未嘗有顯者來。（《孟子·離婁下》）

莫 表示禁止，可譯爲"不要"；也用於一般的否定，可譯爲"不"。如：

①斬有罪者以殉，曰："莫如此不用王命！"（《國語·吴語》）

②秦惠王車裂商君以徇，曰："莫如商鞅反者！"（《史記·商君列傳》）

③小子何莫學夫《詩》。（《論語·陽貨》）

④諸將皆莫信，詳應曰："諾。"（《史記·淮陰侯列傳》）

例①②“莫”表示禁止，例③④表示一般的否定。

6. 語氣副詞

周秦兩漢漢語裏，語氣副詞數量甚多，其中有的是商代保存下來的，有的是新產生的。表示肯定語氣的有“必、誠(成)、定、斷、洵(詢)、慎、務、允”等。

必　表示肯定，可譯爲“必定”、“一定”。如：

①君子無終食之間違仁，造次必於是，顛沛必於是。(《論語・里仁》)

②五百年必有王者興，其間必有名世者。(《孟子・公孫丑下》)

誠(成)　表示肯定，也寫作“成”，可譯爲“誠然”、“真的”、“確實”。如：

①挾太山以超北海，語人曰：“我不能。”是誠不能也。(《孟子・梁惠王上》)

②良曰：“沛公誠欲背項羽邪？”(《史記・留侯世家》)

③子之言則成善矣。(《墨子・貴義》)

定　表示肯定，可譯爲“的確”。如：

①主父定死，乃發喪赴諸侯。(《史記・趙世家》)

②聞陳勝定死，召諸別將會薛計事。(《漢書・陳勝項籍傳》)

斷　表示事實確定無疑，可譯爲“一定”、“絶對”。如：

①介如石焉，寧用終日，斷可識矣。(《易・繫辭下》)

②王曰：“爲我悔也，寧亡三城而悔，無危乃悔，寡人斷講矣。”(《韓非子・内儲説上》)

洵(詢)　語氣副詞“洵”表示肯定，也寫作“詢”。可譯爲“誠然”、“確定”。如：

①自牧歸荑，洵美且異。(《詩・邶風・静女》)

②樂丁曰："《詩》曰：'爰始爰謀，爰契我龜。'謀協，以故兆詢可也。"(《左傳・哀公二年》)

慎 加强肯定事情的真實性，可譯爲"確實"。又與"勿"、"毋"等連用以强調對動作行爲的否定，可譯爲"千萬"、"務必"。如：

①昊天已威，予慎無罪。(《詩・小雅・巧言》)

②若漢挑戰，慎勿與戰，無令得東而已。(《史記・高祖本紀》)

③慎毋送喪，毋爲人所制。(《史記・吕太后本紀》)

務 强調動作行爲的必要性，可譯爲"必須"、"一定"。如：

①樹德務滋，除惡務本。(《書・泰誓下》)

②君子之事君也，務引其君以當道，志於仁而已。(《孟子・告子下》)

允 表示事實確鑿無疑，可譯爲"一定"、"確實"。如：

①以公滅私，民其允懷。(《書・周官》)

②大哉體乎，允非小人之所能及也。(漢揚雄《長楊賦》)

表示祈使、反詰、揣測、疑問等語氣的有"其、尚、上、豈、詎(巨、渠、鉅、距)、獨、寧、庸、竟、殆、蓋、盍、慮、無乃、毋乃、得微、得無、得亡"等。有的詞可以兼表幾種不同的語氣。

其 甲骨卜辭裏表示揣測或詢問語氣。到了周秦，用法擴大，又可表示祈使、反詰等語氣。如：

①知進退存亡而不失其正者，其唯聖人乎？(《易・乾・文言》)

②一之爲甚，其可再乎？(《左傳·僖公五年》)

③吾子其無廢先君之功。(《左傳·隱公三年》)

例①"其"表示揣測語氣，可譯爲"大概"、"也許"，"可能"；例②表示反詰語氣，可譯爲"難道"；例③表示祈使語氣，可譯爲"要"或"應當"。

尚、上　用在謂語前，表示命令或希望，可譯作"希望"或不譯出。如：

①勖哉夫子！尚桓桓，如虎如貔，如熊如羆！(《書·牧誓》)

②靈王卜曰："余尚得天下。"(《左傳·昭公十三年》)

③上慎旃哉，猶來無止。(《詩·魏風·陟岵》)漢石經作"尚慎旃哉"。

豈　用在動詞前表示反詰語氣，也表示揣測、詢問或祈使語氣。如：

①子惠思我，褰裳涉溱；子不我思，豈無他人？(《詩·鄭風·褰裳》)

②吾豈匏瓜也哉，焉能繫而不食？(《論語·陽貨》)

③我東海之波臣也，君豈有斗升之水而活我哉？(《莊子·外物》)

④家豈有冤，欲言事乎？(《漢書·卜式傳》)

⑤天王豈辱裁之。(《國語·吴語》)

⑥願將軍詳大義，參以蓍龜，豈宜褒顯，先使入侍。(《漢書·丙吉傳》)

例①②"豈"表示反詰語氣，可譯爲"難道"；例③④"豈"表示揣測詢問的語氣，可譯爲"也許"、"是否"；例⑤⑥"豈"表示祈使語氣，可譯爲"要"或"應當"。

詎、巨、渠、鉅、距　這幾個字音義並同，可能是同一個詞的不同書寫形式。用在謂語前面表示反詰語氣，可譯爲"難道"、"怎麽"。如：

①庸詎知吾所謂不知之非知邪？(《莊子·齊物論》)

②沛公不先破關中，公巨能入乎？(《漢書·高帝紀》)

③則是國未能獨立也，豈渠得免夫累乎？(《荀子·王制》)

④今王以用之於越矣，而忘之於秦，臣以爲王鉅速忘矣？（《戰國策・楚策一》）

⑤燕噲雖舉所賢而同於用所愛，衛奚距然哉？（《韓非子・難四》）"奚距"，同義複詞。

獨 用於謂語前表示反詰，可譯爲"難道"。如：

①且汝獨未聞牧野之語乎？（《禮記・樂記》）

②君獨不觀夫博者乎？（《史記・范雎蔡澤列傳》）

寧 用於謂語前，表示反詰，可譯爲"豈"、"難道"。如：

①縱我不往，子寧不嗣音？（《詩・鄭風・子衿》）

②王侯將相，寧有種乎？（《史記・陳涉世家》）

庸 表示反詰，可譯爲"豈"、"難道"。又表示推斷，可譯爲"大概"、"或許"。如：

①子儀在位十四年矣，而謀召君者，庸非貳乎？（《左傳・莊公十四年》）

②彗星之出，庸可懼乎？（《晏子春秋・外篇第七》）

③且吾聞唐叔之封也，箕子曰："其後必大。"晉其庸可冀乎？（《左傳・僖公十五年》）

竟 表示出乎意料，可譯爲"竟然"。如：

①及呂后時，事故多矣，然平竟自脱，定宗廟，以榮名終，稱賢相。（《史記・陳丞相世家》）

②夫人置兒絝中，祝曰："趙宗滅乎，若號；即不滅，若無聲。"及索，兒竟無聲。（《史記・趙世家》）

殆　表示推測，可譯爲“大概”、“可能”（例①②）。又表示肯定，可譯爲“當然”、“必然”（例③④）。如：

①離外之患，而天下不靖晉國，殆將啓之。（《左傳·僖公二十三年》）

②汝殆其然哉！吾奏之以人，徵之以天，行之以禮義，建之以大清。（《莊子·天運》）

③君亟定變法之慮，殆無顧天下之議之也。（《商君書·更法》）

④臣聞忠臣畢其忠，而不敢遠其死，座殆尚在於門。翟黄往視之，任座在於門。（《吕氏春秋·自知》）

蓋　表示推測和估量，可譯爲“大概”、“恐怕”（例①②）。又通“盍”，表示反問或疑問，可譯爲“何不”（例③④）。如：

①有能一日用其力於仁矣乎？我未見力不足者，蓋有之矣，我未之見也。（《論語·里仁》）

②諸子中勝最賢，喜賓客，賓客蓋至者數千人。（《史記·平原君虞卿列傳》）

③公子重耳謂之曰：“子蓋言子之志於公乎？”（《禮記·檀弓上》）

④子貢曰：“夫子之道至大也，故天下莫能容夫子，夫子蓋少貶焉？”（《史記·孔子世家》）

盍　表示反問或疑問，可譯爲“何不”。如：

①王吏不討，恤所無也。今大夫曰：“汝盍從舊？”舊有豐有省，不知所從。（《左傳·昭公三十年》）杜預注：“盍，何不也。”

②顔淵季路侍。子曰：“盍各言爾志？”（《論語·公冶長》）

慮　表示估計或大體上的判斷，可譯爲“大都”、“大概”。如：

①知强大者，不務强也，慮以王命全其力，凝其德。(《荀子·王制》)

②若此諸王，雖名爲臣，實皆有布衣昆弟之心，慮亡不帝制而天子自爲者。(《漢書·賈誼傳》)

無乃、毋乃 表示估量。相当於“莫非”、“恐怕”。如：

①居簡而行簡，無乃大簡乎？(《論語·雍也》)

②君反其國而有私也，毋乃不可乎！(《禮記·檀弓下》)

得微、得無、得亡 都表示揣測，相當於“莫非”、“該不會”。如：

①今者闕然數日不見，車馬有行色，得微往見跖邪？(《莊子·盜跖》)

②日食飲得無衰乎？(《戰國策·趙策四》)

③我告漢軍先零所在，兵不往擊，久留，得亡效五年時不分别人而並擊我？(《漢書·趙充國傳》)

7. 謙敬副詞

謙敬副詞用在謂語前面，自己表示謙卑，對對方表示恭敬。上古漢語中有謙敬副詞“伏、敢、惠、謹、敬、請、竊、辱、幸”等。

伏 敬詞。表示下級對上級的陳述，不必譯出。如：

①臣青翟、臣湯、博士臣將行等伏聞康叔親屬有十。(《史記·三王世家》)

②臣伏計之，大王奉高祖宗廟最宜稱。(《漢書·文帝紀》)

敢 謙詞。表示冒昧。如：

①敢問何謂浩然之氣？(《孟子·公孫丑上》)

②敢用絜牲剛鬣。(《儀禮·士虞禮》)鄭玄注：“敢，冒昧之辭。”

惠　敬詞。表示動作行爲是對方的恩賜，不必譯出。如：

①君若惠顧諸侯，矜哀寡人而賜之盟，則寡人之願也。(《左傳·成公十三年》)

②公子重耳出見使者曰："子惠顧亡人重耳。"(《國語·晉語二》)

謹　謙詞。表示自己小心地做某事。如：

①〔沛公〕曰："我持白璧一雙，欲獻項王，玉斗一雙，欲與亞父，會其怒，不敢獻，公爲我獻之。"張良曰："謹諾。"(《史記·項羽本紀》)

②騶忌子曰："謹受令，請謹勿離前！"(《史記·田敬仲完世家》)

敬　敬詞。用在謂語前，對人表示恭敬。如：

①孔子下車而前，見謁者曰："魯人孔丘，聞將軍高義，敬再拜謁者。"(《莊子·盗跖》)

②徒屬皆曰："敬受命！"(《史記·陳涉世家》)

請　敬詞。表示請求對方讓自己做某事。如：

①楚王曰："善哉，吾請無攻宋矣！"(《墨子·公輸》)

②城入趙而璧留秦；城不入，臣請完璧歸趙。(《史記·廉頗藺相如列傳》)

竊　謙詞。表示只是個人意見，不必譯出。如：

①老臣竊以爲媪之愛燕后賢于長安君。(《戰國策·趙策四》)

②陛下又不自憂，竊爲陛下惜之。(《漢書·賈誼傳》)

辱　謙詞。表示"承蒙"的意思。如：

①君惠徼福於敝邑之社稷,辱收寡君,寡君之願也。(《左傳·僖公四年》)

②曩者辱賜書,教以慎於接物。(漢司馬遷《報任安書》)

幸 敬詞。表示對方的行爲使自己感到幸運。如:

①臣竊願陛下幸熟圖之。(《韓非子·存韓》)

②諸侯王幸以爲便於天下之民則可矣。(《漢書·高帝紀》)

8. 指代性副詞

這種副詞帶有指代的性質。但它只能放在動詞前面修飾動詞,不能充當主語、賓語或定語,所以不是代詞。

相 副詞"相"有兩種用法。一是表示雙方彼此發生作用,可譯爲"互相"、"相互"。如:

①兄及弟矣,式相好矣,無相猶矣。(《詩·小雅·斯干》)

②鄰國相望,雞犬之聲相聞,民至老死不相往來。(《老子》八十章)

③安危相易,禍福相生。(《莊子·則陽》)

二是在雙方對待關係中,表示一方對另一方發生作用。如:

①乃如之人兮,逝不相好。(《詩·邶風·日月》)

②從許子之道,相率而爲僞者也,惡能治國家?(《孟子·滕文公上》)

③天下者,高祖天下;父子相傳,此漢之約也。(《史記·魏其武安侯列傳》)

"相"的上述兩種用法,一直保存到現代漢語。

9. 應對副詞

應對副詞在對話中用來回答對方的話,一般單獨使用,不和別的詞語發生聯繫。應對副詞可以分爲兩類：表示肯定回答的有“諾、然、唯、俞”等；表示否定回答的有“否”。其中“俞”只見于《尚書》。如：

①師錫帝曰：“有鰥在下，曰虞舜。”帝曰：“俞，予聞，如何？”(《書・堯典》)

②孔子曰：“諾，吾將仕矣。”(《論語・陽貨》)

③子曰：“參乎，吾道一以貫之。”曾子曰：“唯！”(《論語・里仁》)

④孟子曰：“否，不然也。”(《孟子・萬章上》)

上古漢語裏的副詞，許多是從其他實詞變來的，仍然保存着兩種或幾種詞類用法。副詞的句法功能是做狀語，修飾動詞和形容詞謂語。形容詞和某些名詞、動詞也可以做狀語，但名詞、動詞、形容詞都各有自己主要的句法功能。跟甲骨卜辭相比，周秦兩漢時期不僅副詞的數量增多，句法功能也有發展，可以兩個副詞連用，在複句中起連接分句的作用。如：

⑤喪亂既平，既安且寧。(《詩・小雅・常棣》)

⑥非徒無益，而又害之。(《孟子・公孫丑上》)

總之，到了上古中、後期，漢語副詞系統已經形成，有關行爲、性質的程度、範圍、時間、情態、語氣等都有適當的副詞可以表達，漢語語法已向着完備精確方向邁進了一大步！

二、上古漢語介詞的發展

甲骨卜辭中的介詞“于、乎、在、自、從、以、及”等周秦兩漢繼續存在；又産生了大量新的介詞，如《左傳》裏有介詞 20 多個，《史記》裏的介詞在 50 個以上。它們大都是從動詞虚化來的。介詞及其賓語一起組成介詞結構，分別表示不同的意義。根據介詞結構所表示的意義，介詞可以分爲以下 9 類：

1. 時間介詞

有“比、從、迨、到、當、逮(dài)、方、乎、會、及、訖(迄)、投、爲、以、由、于、於、在、

至、遲(zhì)、自、自從”等,分别表示行爲發生的時候、時段、起點或終點。如:

比 表示動作行爲到某一時候發生,可譯爲“及”、“等到”。如:

①比其反也,則凍餒其妻子,則如之何?(《孟子·梁惠王下》)

②比九世,亂,於是諸侯莫朝帝。(《史記·殷本紀》)

從 表示動作行爲的起點,可譯爲“自”、“從”。如:

①公等皆去,吾亦從此逝矣。(《史記·高祖本紀》)

②唐舉曰:“先生之壽,從今以往者四十三歲。”(《史記·范雎蔡澤列傳》)

迨 表示要趕在某一時候,可譯爲“趁……的時候”。如:

①士如歸妻,迨冰未泮。(《詩·邶風·匏有苦葉》)

②宋公與楚人期戰於泓之陽,楚人濟泓而來,有司復曰:“請迨其未畢濟而擊之。”宋公曰:“不可。”(《公羊傳·僖公二十二年》)

到 表示動作行爲延續到某一時候。此一用法一直沿用至今。如:

①甲子到乙亥是右〔君〕也,利以臨官立政,是胃(謂)貴勝賤。(《睡虎地秦墓竹簡·日書乙種》)

②漢家常以正月上辛祠太一甘泉,以昏時夜祠,到明而終。(《史記·樂書》)

當 表示動作行爲發生的時候,可譯爲“在”、“正當”。如:

①當在宋也,予將有遠行。(《孟子·公孫丑下》)

②當此之時,秦最富强。(《漢書·晁錯傳》)

逮(dài) 表示要趕在某一時候。可譯爲"趁"。如:

①逮吴之未定,君其取分焉。(《左傳·定公四年》)

②願君逮楚、趙之兵未至於梁,亟以少割收魏。(《史記·穰侯列傳》)

方 表示動作行爲發生的時候,多用於句首,可譯爲"在"、"當"。如:

①方此時也,堯安在?(《韓非子·難一》)

②士方其危苦之時,易德耳。(《史記·平原君列傳》)

乎 表示動作行爲發生的時候,可譯爲"於"、"在"。如:

①奮乎百世之上,百世之下聞者莫不興起也。(《孟子·盡心上》)

會 表示正當動作行爲發生的時候,可譯爲"當"、"正當"。如:

①後會五銖錢白金起,民爲奸,京師尤甚,乃以縱爲右内史。(《史記·酷吏列傳》)

②會暮,大風起,漢兵縱左右翼圍單于。(《史記·匈奴列傳》)

及 表示動作行爲到某一時候發生,可譯爲"趁"(例①②)。又表示到達某一時候,可譯爲"到"、"直到"(例③④)。如:

①及其未既濟也,請擊之。(《左傳·僖公二十二年》)

②及周之衰也,分而爲兩,天下莫朝,周不能制也。(《史記·劉敬叔孫通列傳》)

③及文公反國，披求見。(《韓非子・難三》)

④及二世之時，邪臣擅斷，公道不行，諸侯叛馳，宗廟隳亡。(《鹽鐵論・非鞅》)

訖(迄) 表示動作行爲延續到某一時候，可譯爲"至"。如：

①數敕有司，務行寬大，而禁苛暴，訖今不改。(《漢書・成帝紀》)

②昭帝既冠，遂委任光，訖十三年，百姓充實，四夷賓服。(《漢書・霍光傳》)

投 表示到達某一時候，可譯爲"到……的時候"。如：

①涉單車敺上茂陵，投暮入其里宅，因自匿不見人。(《漢書・原涉傳》)

爲 表示動作行爲發生的時候，可譯爲"於"、"當"。如：

①爲其來也，臣請縛一人過王而行。(《晏子春秋・内篇雜下》)

以 表示動作行爲發生的時候，可譯爲"於"、"在"。如：

①賞以春夏，刑以秋冬。(《左傳・襄公二十六年》)

②齊以甲戌饗之。(《史記・齊太公世家》)

由 表示動作行爲的起點，可譯爲"自"、"由"。如：

①天之道也，由是始之。(《國語・晉語四》)韋昭注："由，從也。"

②由湯至於武丁，賢聖之君六七作。(《孟子・公孫丑上》)

于 表示動作行爲發生在何時，始於何時，到何時，可譯爲"在"、"從"、"到"。如：

①愼今于始。(《書・太甲下》)

②自我不見,于今三年。(《詩・豳風・東山》)

於　表示動作行爲發生於何時,到何時,可譯爲"在"、"到"。如:

①於威、宣之際,孟子、荀卿之列,咸遵夫子之業而潤色之,以學顯於當世。(《史記・儒林列傳》)

②子於是日哭,則不歌。(《論語・述而》)

③今臣生十二歲於兹矣。(《史記・樗里子甘茂列傳》)

在　表示動作行爲發生的時候。如:

①在今爾安百姓,何擇,非人?(《書・吕刑》)

②齊晉秦楚,其在成周微甚。(《史記・十二諸侯年表》)

至　表示動作行爲延續到某一時候,可譯爲"到……時候"。如:

①至春,果病;至四月,泄血死。(《史記・扁鵲倉公列傳》)

②至其時,西門豹往會之河上。(《史記・滑稽列傳》)

遲(zhì)　表示動作行爲延續到某一時候,可譯爲"比及"、"等到"。如:

①遲其至也,宿瘤駭,宫中諸夫人皆掩口而笑。(劉向《列女傳・齊宿瘤女》)

②遲旦,城中皆降伏波。(《漢書・南粤傳》)

自、自從　表示動作行爲的起點,可譯爲"從"。如:

①自今以往,兵其少弭矣。(《左傳・襄公二十五年》)

②自十月不雨至於五月,不曰旱,不爲災也。(《左傳·僖公三年》)

③自從先君文王以至不穀之身,亦有不爲爵勸,不爲禄免,以憂社稷者乎?(《戰國策·楚策一》)

2. 處所介詞

有"旁(bàng)、並、從、當、道(dǎo)、乎、即、披(陂、波)、爲、向(鄉、嚮)、循、以、由、繇、于、於、爰、在、至、諸、自"等,分别表示行爲發生的處所、範圍、起點、終點、面對的方向、經歷的途徑。其中有的可以表示多種語法意義。

旁(bàng) 表示動作行爲接近於某處,可譯爲"沿着"、"靠"。如:

①引渭穿渠,起長安,旁南山下至河三百餘里。(《漢書·溝渠志》)

②遂旁海西至平原津而病,到沙邱而崩。(漢王充《論衡·紀妖》)

並 表示動作行爲所依傍的地方,可譯爲"傍着"、"靠着"。如:

①還過吴,從江乘渡,並海上,北至琅邪。(《史記·秦始皇本紀》)

②有懸水三十仞,圜流九十里……有一丈夫方將厲之,孔子使人並涯止之。(《列子·説符》)

從 表示動作行爲的起點,可譯爲"自"、"由"。如:

①晉靈公不君,厚斂以雕墻,從臺上彈人,而觀其辟丸也。(《左傳·宣公二年》)

②蝗蟲從東方來,蔽天。(《史記·秦始皇本紀》)

當 表示動作行爲所向,相當於"對着"。如:

①當壁而拜者,神所立也。(《左傳·昭公十三年》)

②當道掣頓人車馬,奪人衣服。(《史記·滑稽列傳》)

道(dǎo) 表示動作行爲的起點,可譯爲"從"、"自"、"由"。如:

①師曠不得已,援琴而鼓。一奏之,有玄鶴二八,道南方來,集于郎門之垝。(《韓非子·十過》)

②諸使者道長安來。(《漢書·淮南王安傳》)

乎 引進處所補語,表示動作行爲發生的處所,可譯爲"在"、"於"。如:

①擢之乎賓客之中,而立之乎群臣之上。(《戰國策·燕策二》)

②楚人生乎楚,長乎楚,而楚言,不知其所受之。(《吕氏春秋·用衆》)

即 表示動作行爲就發生在某地,可譯爲"就在"。如:

①項羽晨朝上將軍宋義,即其帳中斬宋義頭。(《史記·項羽本紀》)

②乃益驕溢,即山鑄錢,煮海水爲鹽。(《史記·吴王濞列傳》)

披(陂、波) 表示動作行爲發生的處所,可譯爲"沿……"、"在……旁"。如:

①披山通道,未嘗寧居。(《史記·五帝本紀》)裴駰《集解》引徐廣曰:"披,他本亦作陂字……陂者,旁其邊之謂也。"

②從鄯善傍南山北,波河西行至莎車,爲南道。(《漢書·西域傳》)

爲 表示動作行爲發生的處所,可譯爲"在"。如:

①適當世明主之意,則有直任布衣之士,立爲卿相之處。(《韓非子·奸劫

弑臣》)

②今之時人,辭官而隱處爲鄉邑之下,豈可同哉?(《淮南子·汜論》)

向(鄉、嚮) 表示動作行爲的方向,可譯爲"向着"、"對着"。如:

①今有滿堂飲酒者,有一人獨索然向隅而泣,則一堂之人皆不樂。(漢劉向《説苑·貴德》)

②秦伯素服郊次,鄉師而哭曰……。(《左傳·僖公三十三年》)

③西門豹簪筆磬折,嚮河立待良久。(《史記·滑稽列傳》)

循 表示動作行爲所經的途徑,可譯爲"沿"、"順着"。如:

①若出於東方,觀兵於東夷,循海而歸,其可也。(《左傳·僖公四年》)

②循墻而走,亦莫余敢侮。(《左傳·昭公七年》)

以 表示動作行爲發生的地點或起點,可分別譯爲"在"或"從"。如:

①維彼不順,征以中垢。(《詩·大雅·桑柔》)胡承珙《後箋》:"謂不順之人,其行如在垢中。"

②敵以東方來,迎之東壇。(《墨子·迎敵祠》)

由 表示動作行爲的起點,可譯爲"從"、"自"。如:

①他日由鄒之任,見季子;由平陸之齊,不見儲子。(《孟子·告子下》)

②志意脩,德行厚,知慮明,是榮之由中出者也。(《荀子·正論》)

繇 通"由"。表示動作行爲的起點或經歷,可譯爲"從"、"自"。如:

①繇膝以下爲揭,繇膝以上爲涉。(《爾雅·釋水》)

②及至孝宣，繇仄陋而登至尊。（《漢書·循吏傳序》）

于　表示動作行爲發生的地點、起點、終點、方向或範圍，可分别譯爲"在"、"從"、"到"、"向"、"在……之中"。如：

①葛之覃兮，施于中谷。（《詩·周南·葛覃》）

②召莊公于鄭而立之，以親鄭。（《左傳·桓公二年》）

③厘降二女于嬀汭。（《書·堯典》）

④江漢朝宗于海，九江孔殷。（《書·禹貢》）

⑤儒者所謂中國者，于天下乃八十一分居其一分耳。（《史記·孟子荀卿列傳》）

於　表示動作行爲發生的地點、起始、終點、方向或範圍，可分别譯爲"在"、"從"、"到"、"向"、"在……之中"等。"於"與"于"用法相同，産生的時間稍晚。如：

①八佾舞於庭，是可忍也，孰不可忍也？（《論語·八佾》）

②千里之行，始於足下。（《老子》六十四章）

③今楚多淫刑，其大夫逃死於四方而爲之謀主，以害楚國。（《左傳·襄公二十六年》）

④晉侯復假道於虞以伐虢。（《左傳·僖公五年》）

⑤於齊國之士，吾必以仲子爲巨擘焉。（《孟子·滕文公下》）

爰　引進動作行爲的起點或對象。如：

①爰兹發迹，斷蛇奮旅。（《漢書·敘傳》）

②乃正厥位，綏爰有衆。（《書·盤庚下》）

在　表示動作行爲發生的地點、處所，仍譯爲"在"。如：

①子在齊聞韶,三月不知肉味。(《論語·述而》)
②是時桓楚亡在澤中。(《史記·項羽本紀》)

至 表示動作行爲的終點,可譯爲“到”。如:

①引錐自刺其股,血流至足。(《戰國策·秦策一》)
②至藍田,大戰,楚大敗。(《史記·張儀列傳》)

諸 表示動作行爲的起點或終點,可譯爲“從”、“到”,與“於”相當。如:

①孝弟發諸朝廷,行乎道路。(《禮記·祭義》)
②宋人資章甫而適諸越。(《莊子·逍遥遊》)

自 表示動作行爲的起點,可譯爲“從”、“由”。如:

①冬,王歸自虢。(《左傳·莊公二十一年》)
②君將食,驪姬跪曰:“食自外來者不可不試也。”(《穀梁傳·僖公十年》)

3. 表示工具、手段或方法的介詞

有“以、用、於、將”等。如:

以 可以譯爲“拿”、“用”。如:

①百工爲方以矩,爲圓以規,直以繩,正以縣。(《墨子·法儀》)
②殺人以梃與刃,有以異乎?(《孟子·梁惠王上》)

用 可以譯爲“拿”、“以”。如:

①無有遠邇,用罪伐厥死,用德彰厥善。(《書·盤庚上》)

②子乃規規然而求之以察，索之以辯，是直用管窺天，用錐指地也。（《莊子·秋水》）

於 可以譯爲“用”、“以”。如：

①鑒於水者見面之容，鑒於人者知吉與凶。（《史記·范雎蔡澤列傳》）
②居則習民於射法，出則教民於應敵。（《漢書·晁錯傳》）

將 可譯爲“拿”、“用”。如：

①蘇秦始將連横説秦惠王。（《戰國策·秦策一》）
②新人工織縑，故人工織素，織縑日一匹，織素五丈餘，將縑來比素，新人不如故。（漢古詩《上山採蘼蕪》）

4. 表示行爲依據憑藉的介詞

有“按(案)、依、以、因、於、由、用、緣”等。

按(案) 可譯爲“依照”、“按照”。如：

①人臣循令而從事，案法而治官。（《韓非子·孤憤》）
②〔程〕偉按枕中《鴻寶》作金，不成。（桓譚《新論·辨惑》）

依 由“依靠”義虚化爲介詞，可譯爲“依照”、“按照”。如：

①依前聖以節中兮，喟憑心而歷兹。（《楚辭·離騷》）
②依老子、嚴周之指著書十萬餘言。（《漢書·王吉傳》）

以 可譯爲“依據”、“憑藉”、“就……”。如：

①君子不以言舉人，不以人廢言。（《論語·衛靈公》）

②彼以其富，我以吾仁，彼以其爵，我以吾義，吾何慊乎哉？（《孟子・公孫丑下》）

③以賢，則去疾不足；以順，則公子堅長。（《左傳・宣公四年》）

因 可譯爲"依照"、"憑藉"。如：

①善戰者因其勢而利導之。（《史記・孫子列傳》）

②商賈……因其富厚交通王侯，力過吏勢。（漢晁錯《論貴粟疏》）

於 可譯爲"根據"、"按照"。如：

①於諸侯之約，大王當王關中，關中民咸知之。（《史記・淮陰侯列傳》）

②今吴王有太子之隙，詐稱病不朝，於古法當誅。（《漢書・吴王劉濞傳》）

由 可譯爲"按照"、"從"。如：

①何由知吾可也？（《孟子・梁惠王上》）

②由是則生，而有不用也；由是則可以辟患；而有不爲也。（《孟子・告子上》）

用 可譯爲"按照"、"依照"。如：

①吾聞用夏變夷者，未聞變於夷者也。（《孟子・滕文公上》）

②衛青、霍去病亦以外戚貴幸，然頗用材能自進。（《史記・佞幸列傳》）

緣 可譯爲"依"、"按照"。如：

①明主之治天下也，緣法而治，按功而賞。（《商君書・君臣》）

②余至大行禮官，觀三代損益，乃知緣人情而制禮，依人性而作儀，其所由來尚矣。（《史記·禮書》）

5. 表示原因、結果或目的的介詞

有"從、以、因、爲(wèi)、由、用、於、坐"等。

從　表示原因，可譯爲"因"、"由於"。如：

①若從君惠而免之，三年將拜君賜。（《左傳·僖公三十三年》）

②昔者紂之亡，周之卑，皆從諸侯之博大也。（《韓非子·愛臣》）

以　表示原因，可以譯爲"因爲"。如：

①〔子産〕使吏數之，曰："伯有之亂，以大國之事而未爾討也。"（《左傳·昭公二年》）

②千丈之堤以螻蟻之穴潰。（《韓非子·喻老》）

因　表示原因，可以譯爲"因爲"。如：

①〔張騫〕導軍，知善水草處，軍得以無饑渴，因前使絶國功，封騫博望侯。（《史記·衛將軍驃騎列傳》）

②始皇二十六年，蒙恬因家世得爲秦將。（《史記·蒙恬列傳》）

爲(wèi)　表示原因、目的或結果，可分别譯爲"因爲"、"爲了"、"因此"。如：

①天行有常，不爲堯存，不爲桀亡。（《荀子·天論》）

②天下熙熙，皆爲利來；天下攘攘，皆爲利往。（《史記·貨殖列傳》）

③大破漢軍，多殺士卒，睢水爲之不流。（《史記·高祖本紀》）

由 表示原因，可譯爲“因爲”、“由於”。如：

①國家之敗，由官邪也。(《左傳・桓公二年》)

②幟皆赤，由所殺蛇白帝子，殺者赤帝子，故尚赤。(《史記・高祖本紀》)

用 表示原因，可譯爲“因”、“因爲”。如：

①不忮不求，何用不臧？(《詩・邶風・雄雉》)

②大道既隱，天下爲家……故謀用是作，而兵由此起。(《禮記・禮運》)

於 表示原因或目的，置於動詞之後，可譯爲“由於”或“爲了”。如：

①余必使爾罷於奔命以死。(《左傳・成公七年》)

②齊使管仲平戎於周。(《史記・齊太公世家》)

坐 表示原因，可譯爲“因……犯法”。如：

①後數歲，叔坐法失官。(《史記・田叔列傳》)

②會李竟坐與諸侯王交通，辭語及霍氏，有詔云：山不宜宿衛，免，就第。(《漢書・霍光傳》)

6. 引進動作行爲所及的對象的介詞

有“于、於、乎、以、用、畀、與”等。它們的作用是把直接賓語或間接賓語變成介詞結構，以狀語或補語的身份出現。

于 引進動作行爲直接對象或間接對象，可譯爲“把”或“向”。如：

①今予其敷心腹腎腸，歷告爾百姓于朕志。(《書・盤庚下》)

②吴人告敗于王。(《左傳・哀公十三年》)

於　引進動作行爲的直接對象或間接對象，前者不必譯出，後者可譯爲“向”或“給”。如：

①殷因於夏禮，所損益，可知也；周因於殷禮，所損益，可知也。（《論語·爲政》）

②宣子問其罪於叔向。（《左傳·昭公十四年》）

③己所不欲，勿施於人。（《論語·衛靈公》）

乎　引進動作行爲所及的直接對象或間接對象，可不譯，或可譯成“給”。如：

①良劍期乎斷，不期乎鏌鋣。（《吕氏春秋·察今》）

②孔子曰：“魯今且郊，如致膰乎大夫，則吾猶可以止。”（《史記·孔子世家》）

以　引進動作行爲所及的直接對象，可譯爲“把”或可不譯。如：

①伯楚以吕郤之謀告公。（《國語·晉語四》）

②大子使牽以退，數之以三罪而殺之。（《左傳·哀公十七年》）

用　引進動作行爲所及的直接對象，可譯爲“將”、“把”。如：

①迺車駕至禹第，辟左右，親問禹以天變，因用吏民所言王氏事示禹。（《漢書·張禹傳》）

②單于既得翕侯，以爲自次王，用其姊妻之。（《史記·匈奴列傳》）

畀　引進動作行爲所及的對象，相當於“與”、“給”。如：

①取彼譖人，投畀豺虎；豺虎不食，投畀有北；有北不受，投畀有昊。（《詩·

小雅・巷伯》)

②爲酒爲醴,烝畀祖妣。(《詩・周頌・載芟》)

與 引進動作行爲所及的對象,相當於"給"。如:

①明年,秦割漢中地與楚以和。(《史記・屈原賈生列傳》)

②我有禁方,年老,欲傳與公,公毋泄。(同上《扁鵲倉公列傳》)

7. 引進比較對象的介詞

有"于、於、乎(虖)、如"等,用來比較事物的高低異同。如:

于 置於謂語後,可譯爲"比"、"比作"。如:

①火炎崐岡,玉石俱焚,天吏逸德,烈于猛火。(《書・胤征》)

②既生既育,比予于毒。(《詩・邶風・谷風》)

於 置於形容詞謂語後,可譯爲"比"或"跟"。如:

①夫子曰:"小子識之,苛政猛於虎也。"(《禮記・檀弓下》)

②我則異於是,無可無不可。(《論語・微子》)

乎(虖) 用法同"於",可譯爲"比"或"跟"。如:

①故人莫貴乎生,莫樂乎安,所以養生安樂者莫大乎禮義。(《荀子・彊國》)

②使麒麟可得羈而係兮,又何以異虖犬羊。(《楚辭・惜誓》)

如 置於形容詞謂語後表示比較,可譯爲"比"。王引之《經傳釋詞》卷七:"如,猶於也。"如:

①人之困窮，甚如飢寒，故賢主必憐人之困也，必哀人之窮也。(《吕氏春秋·愛士》)

8. 表示關係的介詞

有"比、從、對、及、爲、由、于、於、與"等，如：

比　表示動作行爲所旁及的人物，可譯爲"爲"、"替"。楊樹達《詞詮》："比，義同爲。"如：

①寡人恥之，願比死者壹灑之，如之何則可？(《孟子·梁惠王上》)

②且比化者，無使土親膚，於人心獨無恔乎？(《孟子·公孫丑下》)

從　表示動作行爲旁及的人物，可譯爲"向"、"跟"。如：

①從昆弟假貸，猶足爲生，何至自苦如此？(《史記·司馬相如列傳》)

②陳餘亦怨羽獨不王己，從田榮借助兵，以擊常山王張耳。(《漢書·高帝紀》)

對　表示動作行爲所面向的人或物，可譯爲"向着"。如：

①子孫有過失，不譙讓，爲便坐，對案不食。(《史記·萬石君列傳》)

②還至主人，對賓客歎息曰："人親卧地不收，涉何心鄉此，願徹去酒食。"(《漢書·遊俠傳·原涉》)

及　表示參與動作行爲的人物，可譯爲"跟"、"同"。如：

①汝則有大疑，謀及乃心，謀及卿士，謀及庶人，謀及卜筮。(《書·洪範》)

②德音莫違，及爾同死。(《詩·邶風·谷風》)

爲　表示動作行爲所旁及的人物，可譯爲"給"、"替"、"對"。如：

①夫乘不肖人於勢，是爲虎傅翼也。(《韓非子·難勢》)
②非好學深思，心知其意，固難爲淺見寡聞道也。(《史記·五帝本紀》)

由 表示動作行爲旁及的人物，可譯爲"向"、"對於"。如：

①別求聞由古先哲王，用康保民。(《書·康誥》)
②無易由言，無曰苟矣。(《詩·大雅·抑》)

于 表示與動作行爲有關的人物，可譯爲"對於"。如：

①汝弗能使有好于而家，時人斯其辜。(《書·堯典》)
②惟茲臣庶，汝其于予治。(《孟子·萬章上》)

於 表示與動作行爲有關的人物，可譯爲"對於"。如：

①始吾於人也，聽其言而信其行；今吾於人也，聽其言而觀其行。(《論語·公冶長》)
②湯之於伊尹，桓公之於管仲，則不敢召。(《孟子·公孫丑下》)

與 表示動作行爲所涉及的人物，可譯爲"跟"、"爲"。如：

①諸君子皆與驩言，孟子獨不與驩言，是簡驩也。(《孟子·離婁下》)
②今子與我取之，而不與我治之；與我置之，而不與我祀之，焉可？(《韓非子·外儲説左上》)

9. 在被動句中引進動作行爲施動者的介詞

有"于、於、乎、爲"，可譯作"被"。

于、於、乎 引進代表施動者的名詞，置於動詞後。如：

①憂心悄悄，慍于群小。(《詩·邶風·柏舟》)

②初王姚嬖于莊王，生子頹。(《左傳·莊公十九年》)

③郤克傷於矢，流血及屨，未絶鼓音。(《左傳·成公二年》)

④勞心者治人，勞力者治於人；治於人者食人，治人者食於人。(《孟子·滕文公上》)

⑤公子翬恐若其言聞乎桓。(《公羊傳·隱公四年》)

爲　引進代表施動者的名詞，置於動詞前，有時可以省去名詞。如：

①一夫作難而七廟墮，身死人手，爲天下笑者，何也？仁義不施，而攻守之勢異也。(賈誼《過秦論》)

②貴爲天子，富有天下，而身爲禽者，其救敗非也。(《史記·秦始皇本紀》)

上古漢語常用介詞往往有多種用法。舉"于"、"於"、"乎"、"以"、"爲"、"與"爲例：

"于"、"於"、"乎"　這三個介詞上古讀音接近，用法上也有一致的地方。"于"、"乎"魚部匣母，"於"魚部影母。甲骨文和西周金文、《易》爻辭、《春秋》都只用"于"，不用"於"。《尚書》、《詩經》絶大多數用"于"，少數地方用"於"[①]。春秋以後，"於"逐漸代替了"于"，用法也擴大了。《左傳》裏"于"、"於"兩字應用都很普遍[②]。《論語》《孟子》《莊子》《墨子》《管子》《韓非子》《戰國策》都主要用"於"，極少數地方用"于"[③]。

"於"有引進動作行爲發生的時間、處所、範圍、對象、行爲涉及的人物、工具、根

---

① 《尚書》用介詞"于"382次，"於"6次；《詩經》用介詞"于"231次，"於"14次。

② 《左傳》用介詞"于"1474次，用"於"1764次，出現比率爲44∶55。

③ 《論語》用"於"200次，"于"8次；《孟子》用"於"588次，"于"40次；《荀子》用"於"610次，"于"19次；《莊子》用"於"917次，"于"2次；《墨子》用"於"725次，"于"43次；《管子》用"於"1469次，"于"102次；《韓非子》用"於"1385次，"于"14次；《戰國策》用"於"1909次，"于"5次。參看何樂士《〈左傳〉前八公與後四公的語法差異》，見《古漢語研究》1988年1期，56頁。

據、比較對象等多種用法。如：

①繁啓蕃長於春夏，畜積收藏於秋冬，是又禹桀之所同也。(《荀子·天論》)

②管叔及其群弟乃流言於國。(《書·金縢》)

③千里之行，始於足下。(《老子》六十四章)

④是鳥也，海運則將徙於南冥。(《莊子·逍遥遊》)

⑤吴人曰："於周室，我爲長。"晉人曰："於姬姓，我爲伯。"(《左傳·哀公十三年》)

⑥子夏之門人問交於子張。(《論語·子張》)

⑦薊丘之植，植於汶篁。(《史記·樂毅列傳》)

⑧口之於味也，目之於色也，耳之於聲也，鼻之於臭也，四肢之於安佚也，性也。(《孟子·盡心下》)

⑨慈，於〔之〕戰則勝，以〔之〕守則固。(《韓非子·解老》)

⑩詐稱病不朝，於古法當誅。(《史記·吴王濞列傳》)

⑪王如知此，則無望民之多於鄰國也。(《孟子·梁惠王上》)

⑫然而兵破於陳涉，地奪於劉氏。(《漢書·賈誼傳》)

例①"於"表示動作行爲發生的時間，譯爲"在"；例②表示動作行爲發生的處所，譯爲"在"；例③表示動作行爲發生的起點，譯爲"從"；例④表示動作行爲的方向，譯爲"到、往"；例⑤表示在某一範圍之中，譯爲"在……中"；例⑥"於"引進動作行爲間接的對象；譯爲"向"；例⑦引進動作行爲的直接對象，譯爲"以"，也可以不譯出；例⑧引進動作行爲旁及的事物，可譯爲"對於"；例⑨表示動作行爲所用的工具，可譯爲"用"；例⑩表示動作行爲的依據，可譯爲"按照、依"；例⑪引進比較的對象，譯作"比"；例⑫在被動句中引進行爲的主動者，譯作"被"。

"乎"在《論語》《孟子》《莊子》《韓非子》等書中用得比較普遍，但《左傳》裏只有一個例子。用法和"於"基本相同。只是"於"及其賓語可以置於動詞之後，也可置於動詞之前，而"乎"及其賓語一般只在動詞之後。如：

①微君之故，胡爲乎中露？（《詩・邶風・式微》）

②雞鳴狗吠相聞，而達乎四境。（《孟子・公孫丑上》）

③傳曰："治生乎君子，亂生乎小人。"（《荀子・王制》）

④生乎今之世而志乎古之道。（《荀子・君道》）

⑤何憂乎驩兜，何遷乎有苗，何畏乎巧言令色孔壬。（《書・皋陶謨》）

⑥威，彊乎湯武；廣，大乎舜禹。（《荀子・彊國》）

例①"乎"表示行爲發生的處所，可譯爲"在"；例②表示行爲的歸趨，可譯爲"到"；例③表示行爲的起點，可譯爲"從"；例④表示行爲發生的時間，可譯爲"在"；例⑤引進行爲的直接對象，不必譯出，也可譯爲"對於"；例⑥引進形容詞的比較對象，可譯爲"比"。疑問代詞作"乎"的賓語只限於"惡"，位置在"乎"的前面，整個介詞結構也必須在動詞的前面。如：

⑦君子去仁，惡乎成名？（《論語・里仁》）

⑧學惡乎始，惡乎終？（《荀子・勸學》）

"惡乎"的意義等於"於何"，但這裏不能説成"惡於"，就是"於何"也很少見。

以　介詞"以"有引進動作行爲的對象、工具、手段、標準、憑藉原因、時間、處所等多種用法。如：

①天子不能以天下與人。（《孟子・萬章上》）

②滔滔者天下皆是也，而誰以易之？（《論語・微子》）

③許子以釜甑爨，以鐵耕乎？（《孟子・滕文公上》）

④方今之時，臣以神遇而不以目視。（《莊子・養生主》）

⑤立適以長不以賢，立子以貴不以長。（《公羊傳・隱公元年》）

⑥臧武仲以防求爲後于魯。（《論語・憲問》）

⑦乃欲以一笑之故殺吾美人，不亦甚乎？（《史記・平原君列傳》）

⑧文以五月五日生。（《史記・孟嘗君列傳》）

⑨今以長沙豫章往,水道多,絶難行。(《漢書·西南夷傳》)

例①"以"引進動作行爲的直接對象,可譯爲"把";例②表示施動者在發出動作時所涉及的對方,可譯爲"與";例③表示動作行爲的工具,可譯爲"用";例④表示動作行爲的手段,可譯爲"用";例⑤表示動作行爲的標準,可譯爲"依"、"按照";例⑥表示憑藉,可譯爲"憑藉";例⑦表示原因,可譯爲"因"、"因爲";例⑧表示時間,可譯爲"在";例⑨表示處所,可譯爲"從"。

爲 周以後發展爲介詞,有引進行爲對象、行爲的主動者、原因、目的、處所、時間等多種用法。如:

①故爲淵驅魚者,獺也;爲叢驅爵者,鸇也;爲湯武驅民者,桀與紂也。(《孟子·離婁上》)

②此於其親戚兄弟若此,況於仇讎之敵國也。(《戰國策·魏策》)

③非好學深思,心知其意,固難爲淺見寡聞者道也。(《史記·五帝本紀贊》)

④今有搆木鑽燧于夏后氏之世者,必爲鯀禹笑矣。(《韓非子·五蠹》)

⑤天行有常,不爲堯存,不爲桀亡。(《荀子·天論》)

⑥今子弟遠勞於外,人主爲之夙夜不寧。(《鹽鐵論·憂邊》)

⑦西宫災,謂之新宫,則近爲禰宫。(《穀梁傳·僖公二十年》)

⑧爲其來也,臣請縛一人過王而行。(《晏子春秋·内篇雜下》)

例①"爲"引進動作行爲受益的對象,可譯爲"替";例②相當於"於",引進動作行爲旁及的對象,可譯爲"對於";例③相當於"與",表示動作行爲所涉及的對象,可譯爲"和"、"同"、"跟";例④在被動句中引進動作行爲的主動者,可譯爲"被";例⑤表示動作行爲原因,可譯爲"因"、"因爲";例⑥表示動作行爲的目的,可譯爲"爲了";例⑦引進動作行爲處所,王引之《經傳釋詞》卷二:"言近于禰宫也。"例⑧引進動作行爲的時間,可譯爲"當"、"在"。

與 介詞"與"有引進動作行爲所向的人物、動作行爲涉及的對象、行爲受益的對象、比較的對象、動作行爲的施動者等用法。如：

①齊人無以仁義與王言者，豈以仁義爲不美也？（《孟子·公孫丑下》）

②庶見素衣兮，我心傷悲兮，聊與子同歸兮。（《詩·檜風·素冠》）

③所欲，與之聚之；所惡，勿施爾也。（《孟子·離婁上》）

④秦之與魏，譬若人之有腹心疾。（《史記·商君列傳》）

⑤吴王夫差棲越於會稽，勝齊於艾陵，爲黄池之遇，無禮於宋，遂與勾踐禽，死於干隧。（《戰國策·秦策五》）

例①"與"引進動作行爲所向的人物，可譯爲"向"、"對"；例②"與"引進動作行爲所涉及的對象，可譯爲"和、跟"；例③"與"相當於"爲"，引進動作行爲受益的對象，可譯爲"爲、替"；例④"與"相當於"於"，引進比較的對象，可譯爲"……跟……相比"；例⑤"與"相當於"爲"，引進動作行爲的主動者，可譯爲"被"。

第五節 上古漢語連詞、助詞的發展

一、上古漢語連詞的發展

甲骨文只有少數連詞，應用範圍比較窄。到了周秦，連詞的數量大大增加，應用範圍也大大廣泛了。根據連詞的性質，可以分爲以下 8 類：

1. 並列連詞

並列連詞連接兩個並列的詞或詞組，甲骨刻辭已有的並列連詞"于、暨"繼續使用，周代又産生了"及、越、而、且、以、與、兼、則"等並列連詞。其中"與、及、暨、越、兼、以"連接名詞及名詞性詞組，可譯爲"和"、"跟"。如：

①子罕言利與命與仁。（《論語·子罕》）

②時日曷喪，予及汝皆亡。（《書·湯誓》）

③禹拜稽首，讓于稷契暨皋陶。（《書·舜典》）

④王若曰："猷，大誥爾多邦越爾御事。" (《書·大誥》)

⑤賓稱奉圭兼幣。(《書·康王之誥》)

⑥季武子……賦《常棣》之七章以卒。(《左傳·襄公二十年》)

"與"、"及"也可以連接充當主語、賓語或定語的動詞性詞組。如：

⑦然則能不能之與可不可，其不同遠矣。(《荀子·性惡》)

⑧傳曰："天下有二：非察是，是察非。"謂合王制與不合王制也。(《荀子·解蔽》)

⑨如意立爲趙王後，幾代太子者數矣，賴大臣爭之及留侯策，太子得毋廢。(《史記·呂太后本紀》)

⑩諸行賞罰及有治者必出於公。(《墨子·號令》)

例⑦聯合詞組"能不能之與可不可"做主語；例⑧聯合詞組"合王制與不合王制"做動詞"謂"的賓語；例⑨聯合詞組"大臣爭之及留侯策"做動詞"賴"的賓語；例⑩聯合詞組"諸行賞罰及有治"做代詞"者"的定語。

連接動詞、形容詞和謂詞性詞組的有"以、於、而、乃、且"等，表示兩種情況並存。譯爲"和"、"又"，或不譯出。如：

①天大雷電以風。(《書·金縢》)

②不克敬於和，則無我怨。(《書·多方》)王引之《經義述聞》卷一："于，與也，連及之詞。"

③故君爲社稷死，則死之；爲社稷亡，則亡之。若爲己死而爲己亡，非其私暱，誰敢任之？(《左傳·襄公二十五年》)

④物乃歲俱生於東，以順四時，卒於冬。(《大戴禮記·誥志》)

⑤華而晥，大夫之簀與。(《禮記·檀弓上》)

⑥邦有道，貧且賤焉，恥也；邦無道，富且貴焉，恥也。(《論語·泰伯》)

2. 承接連詞

承接連詞連接的詞、詞組或句子時間上有先後之分。周代産生的承接連詞有“則、而、斯、即、安、案、故、乃、肆、焉、以、抑、因、是、咫、則”等。甲骨文中的“乍”，西周金文間有出現，東周以後爲“則”所代替。如：

①與楚則漢破，與漢而楚破。（《史記・季布欒布列傳》）

②我欲仁，斯仁至矣。（《論語・述而》）

③三十四十之間無藝，即無藝矣。（《大戴禮記・曾子立事》）

④因久坐，安從容談三國之相怨。（《戰國策・魏策一》）王引之《經傳釋詞》卷二：“安，猶於是也，乃也，則也。”

⑤故大道廢，案有仁義；知慧出，案有大僞；六親不和，案有孝慈。（《老子》十八章）

⑥女娃遊於東海，溺而不返，故爲精衛，常銜西山之木石，以堙于東海。（《山海經・北山經》）

⑦守丞死，乃入據陳。（《史記・陳涉世家》）

⑧望秩於山川，肆覲東后。（《書・舜典》）

⑨君爲政，焉勿鹵莽；治民，焉勿滅裂。（《莊子・則陽》）

⑩瞻望弗及，佇立以泣。（《詩・邶風・燕燕》）

⑪若盟而棄魯侯，信抑闕矣。（《國語・魯語下》）

⑫宋人有耕田者，田中有株，兔走觸株，折頸而死，因釋其耒而守株，冀復得兔。（《韓非子・五蠹》）

⑬桑土既蠶，是降丘宅土。（《書・禹貢》）王引之《經義述聞》卷九：“是，猶於是也。”

⑭然而淮南王，天子之法咫蹂促而弗用也，皇帝之令，咫批傾而不行。（賈誼《新書・淮難》）王引之《經義述聞》卷九：“咫，詞之則也。”

⑮思則得之，不思則不得也。（《孟子・告子上》）

⑯鄭穆公使視客館，則束載、厲兵、秣馬矣。（《左傳・僖公三十三年》）

例①“而”、“則”，例②“斯”，例③“即”，例④“安”，例⑤“案”，例⑥“故”，例⑦“乃”，例⑧“肆”，例⑨“焉”，例⑩“以”，例⑪“抑”，例⑫“因”，例⑬“是”，例⑭“思”，例⑮“則”都表示順承，可譯爲“就”、“於是”；例⑯“則”表示逆承，後一分句所敘的動作行爲其實發生在前，可譯爲“原來已經”。

3. 選擇連詞

選擇連詞把並列的幾件事連接起來，從中選擇某一件。周代産生的選擇連詞有“若、如、及、抑、意、意亦、且、將、乃、其、亡其、妄其、亡將、甯、寧其”等。其中“若、如、及”用於敘述的選擇，“將、其、其諸、且、乃、亡其、妄其、忘其、亡將、抑、意、意亦、寧、寧其”表示疑問的選擇。如：

①孟氏使半爲臣，若子若弟。（《左傳・襄公十一年》）

②安見方六七十如五六十而非邦也者？（《論語・先進》）

③於是微子度紂終不可諫，欲死之及去，未能自決。（《史記・宋微子世家》）

④子能順杞柳之性而以爲桮棬乎？將戕賊杞柳而後以爲桮棬也？（《孟子・告子上》）

⑤子以秦爲將救韓乎？其不乎？（《戰國策・韓策》）

⑥寢不安與？其諸侍御有不在側者與？（《公羊傳・僖公二年》）

⑦王以天下爲尊秦乎？且尊齊乎？（《戰國策・齊策四》）

⑧意者朕之政有所失而行有過與？乃天道有不順，地利或不得，人事多失和，鬼神廢不享與？（《漢書・文帝紀》）

⑨君將攫之乎？亡其不與？（《吕氏春秋・審爲》）

⑩道固然乎？妄其欺不穀邪？（《國語・越語下》）

⑪不識三國之憎秦而愛懷邪，忘其憎懷而愛秦邪？（《戰國策・趙策二》）

⑫不知壽王不得治東郡之術邪？亡將東郡適當復亂，而壽王之治偶逢其時也。（《論衡・定賢》）

⑬夫子至於是邦也，必聞其政，求之與？抑與之與？（《論語・學而》）

⑭子之義將匿耶？意將以告人乎？（《墨子・耕柱》）

⑮故使人問之曰:“誠病乎,意亦思乎?”(《戰國策·秦策二》)

⑯吾寧悃悃欵欵朴以忠乎?將送往勞來斯無窮乎?(《楚辭·卜居》)

⑰此龜者,寧其死爲留骨而貴者?寧其生而曳尾於塗中乎?(《莊子·秋水》)

例①“若”、例②“如”、例③“及”都可譯爲“或”;例④“將”、例⑤“其”、例⑥“其諸”、例⑦“且”、例⑧“乃”、例⑨“亡其”、例⑩“妄其”、例⑪“忘其”、例⑫“亡將”、例⑬“抑”、例⑭“意”、例⑮“意亦”、例⑯“寧”、例⑰“寧其”都可譯爲“還是”。

4. 遞進連詞

遞進連詞連接兩個有遞進或逼進關係的分句。周代產生的遞進連詞有“並、竝、且、而且、非獨……乃……、不惟(唯)……亦……、則、兼、且夫、不啻……亦……、非特……又乃……、非徒……而又……、非唯……又……、矧、皇、況、而況、何況、又況、況乎”等。如:

①昔下宫之難,屠岸賈爲之。矯以君命,並命群臣。非然,孰敢作難?(《史記·趙世家》)

②大夫何罪?且吾不以一眚掩大德。(《左傳·僖公三十三年》)

③故知節用裕民,則必有仁義聖良之名,而且有富厚丘山之積矣。(《荀子·富國》)

④非獨〔聶〕政之能,乃其姊者,亦列女也。(《戰國策·韓策二》)

⑤罔敢湎於酒,不惟不敢,亦不暇。(《書·酒誥》)

⑥寡人之使吾子處此,不唯許國之爲,亦聊以固吾圉也。(《左傳·隱公十一年》)

⑦人主不能不有遊觀安燕之時,則不得不有疾病物故之變焉。(《荀子·君道》)

⑧鄭棄其師,惡其長也,兼不反其衆,則是棄其師也。(《穀梁傳·閔公二年》)

⑨且夫賤妨貴,少陵長,遠間親,新間舊,小加大,淫破義,所謂六逆也。

(《左傳·隱公三年》)

⑩爾不克敬,爾不啻不有爾土,予亦致天之罰於爾躬。(《書·多士》)

⑪此非特無術也,又乃無行。(《韓非子·六反》)

⑫助之長者,揠苗者也,非徒無益,而又害之。(《孟子·公孫丑上》)

⑬非唯雨之,又潤澤之。(漢司馬相如《封禪文》)

⑭神之格思,不可度思,矧可射思?(《詩·大雅·抑》)

⑮君子之於人也,有其語也,無不聽者,皇於聽獄乎?(《尚書大傳·甫刑》)

⑯吾未聞枉己以正人者也,況辱己以正天下者乎?(《孟子·萬章上》)

⑰管仲且猶不可召,而況不爲管仲者乎?(《孟子·公孫丑下》)

⑱小民正月朔日尚恐毁敗器物,何況於日虧乎?(《漢書·鮑宣傳》)

⑲夫畜池魚者,必去猵獺;養禽獸者,必去豺狼,又況治人乎?(《淮南子·兵略》)

⑳以士之招招庶人,庶人豈敢往哉?況乎以不賢人之招招賢人乎?(《孟子·萬章下》)

例①"並"、例②"且"、例③"而且"、例④"非獨……乃……"、例⑤"不惟……亦……"、例⑥"不唯……亦……"、例⑦"則"、例⑧"兼"、例⑨"且夫"、例⑩"不啻……亦……"、例⑪"非特……又乃……"、例⑫"非徒……而又……"、例⑬"非唯……又……"表示遞進,可譯爲"而且";例⑭"矧"、例⑮"皇"、例⑯"況"、例⑰"而況"、例⑱"何況"、例⑲"又況"、例⑳"況乎",用於反問句,表示逼進,可譯爲"何況"。

5. 轉折連詞

轉折連詞連接兩件不同或相反的事情,周代産生的轉折連詞有"而、乃、则、顧、然、抑、然而、然且"等。如:

①直而温,寬而栗,剛而無虐,簡而無傲。(《書·舜典》)

②不見子都,乃見狂且。(《詩·鄭風·山有扶蘇》)

③求牛則名馬,求馬則名牛,所求必不得矣。(《吕氏春秋·審分》)

④於期每念之常痛於骨髓，顧計不知所出耳。（《史記·刺客列傳》）

⑤公曰："吾不能早用子，今急而求子，是寡人之過也。然鄭亡，子亦有不利焉。"（《左傳·僖公三十年》）

⑥若聖與仁，則吾豈敢，抑爲之不厭，誨人不倦，則可謂云爾已矣。（《論語·述而》）

⑦鞅復見孝公，益愈，然而未中旨。（《史記·商君列傳》）

⑧其不可行明矣，然且語而不舍，非愚則誣也。（《莊子·秋水》）

例①"而"、例②"乃"、例③"則"可譯爲"却"；例④"顧"、例⑤"然"、例⑥"抑"可譯爲"但是"、"可是"；例⑦⑧"然而"、"然且"本是指示代詞"然"加連詞"而"或"且"，意思是"如此，而"、"如此，且"，連用既久，凝固成複合的轉折連詞，也譯爲"可是"、"但是"。

6. 因果連詞

因果連詞用在因果複句裏，表示因果關係。有兩種情況：一種是放在前一分句句首表示原因，有"以、爲、因、由"等。如：

①以伯舅耋老，加勞，賜一級，無下拜。（《左傳·僖公九年》）

②高帝已定天下，爲中國勞苦，故釋佗弗誅。（《史記·南越列傳》）

③因不忍見也，故於是復請至于陳，而葬原仲也。（《公羊傳·莊公二十七年》）

④由所殺蛇白帝子，殺者赤帝子，故上赤。（《史記·高祖本紀》）

例①"以"、例②"爲"、例③"因"、例④"由"都可以譯爲"因爲"、"由於"。它們本是介詞，上古同時用爲因果連詞。兩者的區别是，介詞置於體詞和體詞性詞組前面，連詞置於分句前面。

另一種是放在後一分句句首，表示下文是上文的結果，有"故、肆、用、因、是、則、是故、是以、是用、以故、以是、用是"等。如：

⑤求也退，故進之；由也兼人，故退之。（《論語·先進》）

⑥作其即位，爰知小人之依，能保惠于庶民，不敢侮鰥寡，肆祖甲之享國三十有三年。(《書·無逸》)

⑦有扈氏威侮五行，怠棄三正，天用勦絶其命。(《書·甘誓》)

⑧若民，則無恒產，因無恒心。(《孟子·梁惠王上》)

⑨刑罰罕用，罪人是希。(《史記·吕太后本紀論》)

⑩水懦弱，民狎而翫之，則多死焉。(《左傳·昭公二十年》)

⑪貨惡其棄於地也，不必藏於己；力惡其不出於身也，不必爲己，是故謀閉而不興，盜竊亂賊而不作。(《禮記·禮運》)

⑫功成而弗居，夫惟弗居，是以弗去。(《老子》二章)

⑬如匪行邁謀，是用不得于道。(《詩·小雅·小旻》)

⑭左，乃陷大澤中，以故漢追及之。(《史記·項羽本紀》)

⑮天之生是使獨也，人之貌有與也，以是知其天也，非人也。(《莊子·養生主》)

⑯王前欲伐齊，員彊諫。已而有功，用是反怨王。(《史記·越王勾踐世家》)

例⑤"故"、例⑥"肆"、例⑦"用"、例⑧"因"、例⑨"是"、例⑩"則"、例⑪"是故"、例⑫"是以"、例⑬"是用"、例⑭"以故"、例⑮"以是"、例⑯"用是"都可以譯爲"因此"、"所以"。複音連詞"是故"由"是"、"故"兩個單音的因果連詞凝固而成，"是以"、"是用"、"以故"、"以是"、"用是"由介賓短語轉化而成，這一語法化過程在上古時期即已完成。

7. 假設連詞

假設連詞連接兩個有假設關係的詞組或分句。甲骨文中還没有假設連詞。到了周秦，假設連詞大量産生，單音詞有"必、便、當、儻、第、而、苟、即、借、藉、詎(距)、令、其、且、如、若、尚、設、使、所、脱、爲、鄉、亦、與、則、自、微"等。如：

①必求之，吾助子請。(《左傳·昭公十五年》)

②便日出是扶桑木上之日，禹益見之，不能知其爲日也。(漢王充《論衡·

說曰》)

③先祖當賢,後子孫必顯行。(《荀子·君子》)

④儻所謂天道,是邪非邪?(《史記·伯夷列傳》)

⑤楚國第我死,令尹、司馬非勝而誰?(《左傳·哀公十六年》)

⑥我有子弟,子産誨之;我有田疇,子産殖之。子産而死,誰其嗣之?(《左傳·襄公三十年》)《吕氏春秋·樂成》作"子産若死"。

⑦苟能充之,足以保四海;苟不充之,不足以事父母。(《孟子·公孫丑上》)

⑧子即反國,何以報寡人?(《史記·晉世家》)

⑨借曰未知,亦既抱子。(《詩·大雅·抑》)

⑩藉臧也死而天下害,吾特養臧也萬倍。(《墨子·大取》)

⑪詎(一作"距")非聖人,不有外患,必有内憂。(《國語·晉語六》)

⑫嗟乎!令冬月益展一月,足吾事矣。(《史記·酷吏列傳》)

⑬其濟,君之靈也;不濟,則以死繼之。(《左傳·僖公九年》)

⑭且静郭君聽辨而爲之也,必無今日之患也。(《吕氏春秋·知士》)

⑮如有用我者,吾其爲東周乎?(《論語·陽貨》)

⑯王若隱其無罪而就死地,則牛羊何擇焉?(《孟子·梁惠王上》)

⑰尚欲祖述堯舜禹湯之道,將不可不以尚賢。(《墨子·尚賢》)

⑱此特帝在即録録,設百歲後,是屬寧有可信者乎?(《史記·魏其武安侯列傳》)

⑲使治亂存亡若高山之與深溪,若白堊之與黑漆,則無所用智,雖愚猶可矣。(《吕氏春秋·察微》)

⑳所有玉帛之使者則告;不然,則否。(《左傳·宣公十年》)

㉑脱其不勝,取笑於諸侯,失權於天下矣。(《吴子·勵士》)

㉒王甚喜人之掩口也,爲近王,必掩口。(《韓非子·内儲説下》)

㉓鄉亡桓公,星遂至地,中國其良絶矣。(《漢書·五行志下》)

㉔此五人者,亦有獻子之家,則不與之友矣。(《孟子·萬章下》)

㉕漢興,魯申公爲《詩》訓故,而齊轅固、燕韓生皆爲之傳,或取《春秋》,采

雜説,咸非其本義。與不得已,魯最爲近之。(《漢書·藝文志》)

㉖子則自以爲有罪,寡人亦有罪邪?(《史記·循吏列傳》)

㉗自非聖人,外寧必有内憂。(《左傳·成公六年》)

㉘微夫子之發吾覆也,吾不知天地之大全也。(《庄子·田子方》)

例①“必”、例②“便”、例③“當”、例④“儻”、例⑤“第”、例⑥“而”、例⑦“苟”、例⑧“即”、例⑨“借”、例⑩“藉”、例⑪“詎”、例⑫“令”、例⑬“其”、例⑭“且”、例⑮“如”、例⑯“若”、例⑰“尚”、例⑱“設”、例⑲“使”、例⑳“所”、例㉑“脱”、例㉒“爲”、例㉓“鄉”、例㉔“亦”、例㉕“與”、例㉖“則”、例㉗“自”、例㉘“微”都可以譯爲“如果”。這些假設連詞有的從動詞虚化而來,有的從介詞變來,有的從代詞變來。從語音上看,“而、若、如”音近,“苟、假”音近,“借、藉、即、自”音近,“當、儻、尚”音近,“其、詎”音近,這些詞之間可能各有同源關係①。此外,上古還出現了大量複音的假設連詞。如:

①故向萬物之美而不能嗛(qiè 滿足)也,假而得問而嗛之,則不能離也。(《荀子·正名》)

②假令仆伏法受誅,若九牛亡一毛,與螻蟻何以異?(司馬遷《報任安書》)

③假如單于初立,欲委身中國,未知厲害,使人詐降,以卜吉凶,如受之,虧德沮善。(漢荀悦《漢紀·成帝紀一》)

④假設陛下居齊桓之處,將不合諸侯而匡天下乎?(漢賈誼《治安策》)

⑤假使臣得同行于箕子,可以有補於所賢之主,是臣之大榮也,臣有何恥?(《史記·范雎蔡澤列傳》)

⑥假之得幸,庸必爲我用乎?(《戰國策·魏策四》)

⑦借如夢吉事而己意大喜樂,發於心精,則真吉矣。(王符《潛夫論·夢列》)

⑧借使秦王計上世之事,並殷周之迹以制御其政,後雖有淫驕之主,猶未有傾危之患也。(漢賈誼《過秦論下》)

⑨如或一言可采,此亦芻蕘狂夫之議也。(《漢書·藝文志》)

① 參看韓陳其《古漢語單音假設連詞之間的語音關係》,載《中國語文》1986年,5期,383—385頁。

⑩如令處於當今,因此制度,必不能成功名。(《漢書·翼奉傳》)

⑪如使予欲富,辭十萬而受萬,是爲欲富乎?(《孟子·公孫丑下》)

⑫若使鬼神請(誠)有,是得其父母姒兄而飲食之也,豈非厚利哉?若使鬼神請(誠)亡,是乃費其所爲酒醴粢盛之財耳。(《墨子·明鬼下》)

⑬設如家人有五子十孫,父母不察精愞,則懃力者懈弛,而惰慢者遂非也,耗業破家之道也。(王符《潛夫論·考績》)

⑭設令發於餘竅,子亦將承之?(《列子·仲尼》)

⑮設使知之,其知之者屈己知之矣,若其弗知者,雖師而説尚不曉也。(《鶡冠子·天權》)

⑯向使四君却客而不内,疏士而不用,是使國無富利之實而秦無强大之名也。(秦李斯《諫逐客書》)

⑰鄉使宋人不聞孔子之言,則年穀未豐,而國家未寧。(《韓詩外傳》卷三)

⑱嚮使秦緩其刑罰,薄賦斂省繇役……則世世必安矣。(《史記·平津侯主父列傳》)

⑲苟或知之,雖憂何害?(《左傳·昭公五年》)

⑳括母因曰:"王終遣之,即有如不稱,妾得無隨坐乎?"(《史記·廉頗藺相如列傳》)

㉑若設令惠王之問未知何趣,孟子徑答以貨財之利……失對上之指,違道理之實也。(《論衡·刺孟》)

例①"假而"、例②"假令"、例③"假如"、例④"假設"、例⑤"假使"、例⑥"假之"、例⑦"借如"、例⑧"借使"、例⑨"如或"、例⑩"如令"、例⑪"如使"、例⑫"若使"、例⑬"設如"、例⑭"設令"、例⑮"設使"、例⑯"向使"、例⑰"鄉使"、例⑱"嚮使"、例⑲"苟或"、例⑳"即有如"、例㉑"若設令"都是複合的假設連詞,可以譯爲"如果"。

8. 讓步連詞

讓步連詞連接兩個有讓步關係的詞組或分句。有的書裏叫推拓連詞或讓轉連詞。甲骨文没有讓步連詞,周秦產生的讓步連詞有"每、雖、唯、抑、自、從(zònɡ)、縱、則、設令、雖使、雖則"等。如:

①每有良朋，況也永歎。（《詩・小雅・常棣》）

②失火而取水於海，海水雖多，火必不滅矣，遠水不救近火也。（《韓非子・說林上》）

③唯欲毋與我同，將不可得也。（《墨子・尚同下》）

④抑爲之者窮，而是子猶爲之，而無是須臾怠焉。（《韓詩外傳》卷五）

⑤自天子不能具鈞駟，而將相或乘牛車。（《漢書・高帝紀》）

⑥從其有皮，丹漆若何？（《左傳・宣公二年》）

⑦縱江東父兄憐而王我，我何面目見之？（《史記・項羽本紀》）

⑧操事則苦，不知高下，民乃逾處。（《吕氏春秋・任地》）

⑨設令時命不成，死國埋名，猶可以不慙於先帝。（《漢書・翟方進傳》）

⑩厚葬久喪，雖使不可以富貧衆寡，定危治亂，然此聖王之道也。（《墨子・節葬下》）

⑪雖則云然，尚猷詢茲黄髮，則罔所愆。（《書・秦誓》）

例①"每"、例②"雖"、例③"唯"、例④"抑"、例⑤"自"、例⑥"從"、例⑦"縱"、例⑧"則"、例⑨"設令"、例⑩"雖使"、例⑪"雖則"都可以譯爲"即使"。

上面討論的各類連詞可以單用，也可以兩個連詞或連詞和副詞合用。如：

當……則…… 當使虎豹失其爪牙，則人必制之矣。（《韓非子・人主》）

非……則…… 故明據先王，必定堯舜者，非愚則誣也。（《韓非子・顯學》）

不……則…… 釋斤斧之用，而欲嬰以芒刃，臣以爲不缺則折。（漢賈誼《治安策》）

非徒……而又…… 助之長者，揠苗者也，非徒無益，而又害之。（《孟子・公孫丑上》）

非但……且…… 此非但攻梁也，且劫王以多割也。（《戰國策・魏策三》）

非……即…… 非魏併秦，秦即併魏。（《史記・商君列傳》）

既……則……　既來之，則安之。（《論語·季氏》）

既……且……　三軍既惑且疑，則諸侯之難至矣。是謂亂軍引勝。（《孫子兵法·謀攻》）

既……又……　紛吾既有此内美兮，又重之以脩能。（《楚辭·離騷》）

即……故……　即不忍其觳觫，若無罪而就死地，故以羊易之也。（《孟子·梁惠王上》

寧……將……　吾寧悃悃款款朴以忠乎？將送往勞來斯無窮乎？（《楚辭·卜居》）

寧……寧……　此龜者，寧其死爲留骨而貴乎？寧其生而曳尾于塗中乎？（《莊子·秋水》）

寧……無……　寧我薄人，無人薄我。（《左傳·宣公十二年》）

豈……則……　豈人主之子孫則必不善哉？（《戰國策·趙策四》）

雖……而（然而）……　楚雖有富大之名而實空虛，其卒雖多，然而輕走易北。（《史記·張儀列傳》）

如……則……　王如知此，則無望民之多於鄰國也。（《孟子·梁惠王上》）

若……則……　王若隱其無罪而就死地，則牛羊何擇焉？（同上）

雖……豈……　雖有臺池鳥獸，豈能獨樂哉？（同上）

雖……然……　灌嬰雖少，然數力戰。（《史記·樊酈滕灌列傳》

雖……亦……　及其至也，雖聖人亦有所不能焉。（《禮記·中庸》）

且……況……　且庸人尚羞之，況於將相乎？（《史記·廉頗藺相如列傳》）

且……且……　越時居梁地，中立，且爲漢，且爲楚。（《漢書·田儋傳》）

尚……而況……　天地尚不能久，而況於人乎？（《老子》三十二章）

尚猶……而況……　夫千乘之王，萬家之侯，百室之君，尚猶患貧，而況匹夫編户之民乎？（《史記·貨殖列傳》）

尚猶……又況……　世樂志平，見鄰國人之溺尚猶哀之，又況親戚乎？（《淮南子·齊俗》）

猶……豈…… 今楚國雖小,絶長續短,猶以數千里,豈特百里哉?(《戰國策·楚策四》)

猶……況…… 蔓草猶不可除,況君之寵弟乎?(《左傳·隱公元年》)

與……不如…… 與吾得革車千乘,不如聞行人燭過之一言也。(《韓非子·難二》)

與……寧…… 吾與富貴而詘於人,寧貧賤而輕世肆志焉?(《史記·魯仲連列傳》)

與其……豈若…… 與其從辟人之士也,豈若從辟世之士哉?(《論語·微子》)

與其……不如…… 與其戍周,不如城之。(《左傳·昭公三十二年》)

與其……不若…… 喪禮,與其哀不足而禮有餘也,不若禮不足而哀有餘也。(《禮記·檀弓上》)

與其……寧…… 與其媚于奥,寧媚於竈。(《論語·八佾》)

縱……獨…… 且公子縱輕勝,棄之降秦,獨不憐公子姊邪?(《史記·魏公子列傳》)

兩個連詞或連詞與副詞合用,能够使句子結構嚴密化,表示的意思更明確,這也表明上古漢語語法已發展到了相當高的程度。

上古漢語裏一些常用的連詞往往不只一種用法。下面就"而、且、以、則"略加討論。

而 上古漢語連詞"而"用法極爲靈活,可以連接並列、承接、轉折、偏正、假設等不同關係的詞語或分句。如:

①聞善而不善,皆以告其上。(《墨子·尚同上》)

②孟子曰:"王者之迹熄而詩亡,詩亡然後《春秋》作。"(《孟子·離婁下》)

③今夫顓臾,固而近於費。(《論語·季氏》)

④夫子焉不學,而亦何常師之有?(《論語·子張》)

⑤夫子莞爾而笑曰:"割雞焉用牛刀?"(《論語·陽貨》)

⑥吾嘗終日而思矣，不如須臾之所學也。（《荀子·勸學》）

⑦王曰："秦之攻我也，不遺餘力矣，必以倦而歸也。"（《戰國策·趙策三》）

⑧虎求百獸而食之。（《戰國策·楚策一》）

⑨管氏而知禮，孰不知禮？（《論語·八佾》）

例①是並列關係；例②是承接關係；例③是遞進關係；例④是轉折關係；例⑤⑥是偏正關係，連接狀語和中心詞；例⑦是因果關係；例⑧是目的關係；例⑨是假設關係。

且　上古漢語連詞"且"可以連接並列、遞進、選擇、假設、讓步、轉折等關係的詞語和句子。如：

①君子有酒，旨且多。（《詩·小雅·魚麗》）

②百工之事，固不可耕且爲也。（《孟子·滕文公上》）

③公等遇雨，皆已失期，失期當斬，藉第令毋斬，而戍死者固十六七。且壯士不死即已，死即舉大名耳。（《史記·陳涉世家》）

④二世怒曰："吾方燕私，丞相輒來請事，丞相豈少我哉？且固我哉？"（《史記·李斯列傳》

⑤且使子而可逐，則先君其逐臣矣。（《公羊傳·隱公三年》）

⑥忠且見棄，吾不之楚何適？（《戰國策·秦策一》）

例①②表示兩種情況並存；例③表示遞進；例④表示選擇；例⑤表示假設；例⑥表示讓步。

以　上古漢語連詞"以"可以連接有並列、承接、目的、因果、偏正、補充等關係的詞語。如：

①得妾以其子，無咎。（《易·鼎》）

②其愛心感者，其聲和以柔。（《禮記·樂記》）

③回也聞一以知十，賜也聞一以知二。（《論語·公冶長》）

④升彼虛矣，以望楚矣。（《詩·鄘風·定之方中》）

⑤孝公得商君,地以廣,兵以强。(《韓非子·姦劫弑臣》)

⑥五國以破齊,秦必南圖楚。(《戰國策·楚策一》)

⑦堯無百户之郭,舜無置錐之地,以有天下。(《淮南子·氾論》)

⑧絺兮綌兮,淒其以風。(《詩·邶風·緑衣》)

⑨子曰:"中人以上,可以語上也;中人以下,不可以語上也。"(《論語·雍也》)

例①連接兩個並列的名詞,可譯爲"與"、"和";例②連接兩個並列的形容詞,可譯爲"而";例③表示承接,可譯爲"就";例④連接目的分句;例⑤連接結果分句,可譯爲"因此";例⑥表示假設,可譯爲"如果";例⑦表示轉折,可譯爲"却";例⑧連接狀語和中心語,可譯爲"地";例⑨與方位詞"上"、"下"結合,表示範圍或時間。

則 上古漢語連詞"則"可以表示承接、轉折、對舉、因果、申説、讓步、假設等關係。如:

①今有一人,入人園圃,竊其桃李,衆聞則非之,上爲政者得則罰之。(《墨子·非攻上》)

②公使陽處父追之,及諸河,則在舟中矣。(《左傳·僖公三十三年》)

③欲速,則不達。(《論語·子路》)

④穀則異室,死則同穴。(《詩·王風·大車》)

⑤聖人以順動,則刑罰清而民服。(《易·豫》)

⑥東道之不通,則是康公絶我好也。(《左傳·成公十三年》)

⑦大寇則至,使之持危城,則必畔。(《荀子·議兵》)

⑧多則多矣,抑君似鼠。夫鼠,晝伏夜動。(《左傳·襄公二十三年》)

例①"則"連接的兩事時間上先後相承,可譯爲"就(會)";例② "則"所連接的是一種出乎意料的事實,可譯爲"却";例③表示一種轉折,可譯爲"却";例④表示兩事對舉,譯爲"就……就……";例⑤表示因果,前一分句是因,後一分句是果,可以譯爲"所以"、"因此";例⑥後一部分是對前一部分的申説,可譯爲"就是因爲";例⑦所連接的是一種假設的事實,可譯爲"如果";例⑧表示一種讓步,先承認某一事實,然後轉到别的意思上去。

二、上古漢語助詞的發展

助詞可以分爲結構助詞和語氣助詞兩類。語氣助詞也叫語氣詞。它們絶大多數是周代特别是東周以後發展起來的。

1. 結構助詞的發展

結構助詞可以在句中表示一定的語法關係，構成一定的句式。[①] 上古漢語結構助詞主要有一個"之"字。王引之《經傳釋詞》卷九："之，言之間也。"此外，"者、則、來、於、焉"等字也有結構助詞的用法。

"之"作爲結構助詞，用法有七：

(1)放在定語和中心語之間，表示偏正關係，相當於現代漢語的"的"。如：

①帝高陽之苗裔兮，朕皇考曰伯庸。(《楚辭·離騷》)

②無惛惛之事者，無赫赫之功。(《荀子·勸學》)

③先王之制，大都不過參國之一。(《左傳·隱公元年》)

④公輸盤爲楚造雲梯之械。(《墨子·公輸》)

⑤哀我人斯，亦孔之將。(《詩·豳風·破斧》)

⑥壹者之來，云何其盱。(《詩·小雅·何人斯》)

例①"之"表示領屬關係；例②表示修飾關係；例③表示分母與分子的關係；例④表示同一關係；例⑤⑥用在狀語和中心語之間表示修飾關係。

(2)放在主語和謂語之間，取消句子的獨立性，使之成爲句子成分或複句中的分句。如：

①夫子之言性與天道，不可得而聞也。(《論語·公冶長》)

---

① 《馬氏文通》卷七管"之"叫做介字，楊樹達《詞詮》卷五叫做連詞。又，有的語法書認爲上古漢語裹的結構助詞還有"是"、"寔(實)"、"焉"、"所"、"攸"、"者"。

②不識王之不可以爲湯武,則是不明也。(《孟子·公孫丑下》)

③臣之壯也,猶不如人;今老矣,無能爲也已。(《左傳·僖公三十年》)

④雖鞭之長,不及馬腹。(《左傳·宣公十五年》)

⑤涇流之大,兩涘渚崖之間,不辨牛馬。(《莊子·秋水》)

⑥父母之愛子,則爲之計深遠。(《戰國策·趙策四》)

例①"夫子之言性與天道"在句中做主語;例②"王之不可以爲湯武"在句中做動詞"識"的賓語;例③"臣之壯也"在句中做狀語。例④是個讓步複句,例⑤是個因果複句,例⑥是個假設複句,"雖鞭之長"、"涇流之大"、"父母之愛子",都是"之"加於分句的主語和謂語之間。

(3)用在介賓短語前面,有强調和提示的作用。如:

①民之於仁也,甚於水火。(《論語·衛靈公》)

②君子之于禽獸也,見其生,不忍見其死;聞其聲,不忍食其肉。(《孟子·梁惠王上》)

③今秦之與齊也,猶齊之與魯也。(《史記·張儀列傳》)

這類"之"字,現代漢語中没有相對應的詞,不必譯出。

(4)放在中心詞和後置定語中間,形成偏正關係。如:

①孟子曰:"伯夷,聖之清者也;伊尹,聖之任者也;柳下惠,聖之和者也;孔子,聖之時者也。"(《孟子·萬章下》)

②螾無爪牙之利,筋骨之强,上食埃土,下飲黄泉,用心一也。(《荀子·勸學》)

(5)用在謂語和補語中間,表示偏正關係,可以譯作"得"。

①闔廬曰:"大之甚,勇之甚。"(《穀梁傳·定公四年》)

②相守數年,以争一日之勝,而愛爵禄百金,不知敵之情者,不仁之至也。

(《孫子兵法・用間》)

③天下之刖者多矣,子奚哭之悲也?(《韓非子・和氏》)

④先生其有遺行與?何士民衆庶不譽之甚也。(《宋玉對楚王問》)

(6)放在補語後面,湊足一個音節,没有實際意義。如:

①居久之,孝景崩,武帝立。(《史記・李將軍列傳》)

②居頃之,拜賈生爲梁懷王太傅。(《史記・屈原賈生列傳》)

(7)放在賓語和動詞之間,作爲賓語前置的標誌。如:

①姜氏何厭之有?(《左傳・隱公元年》)

②前世不同教,何古之法?帝王不相復,何禮之循?(《商君書・更法》)

"者"、"則"作結構助詞,主要放在定語和中心語之間,表示偏正關係,可譯爲"的"。如:

①皇皇者華,于彼原隰。(《詩・小雅・皇皇者華》)

②匪東方則明,月出之光。(《詩・齊風・雞鳴》)

"來"、"於"、"焉"作結構助詞,是將賓語提到動詞前面,改變句子的結構形式。如:

①不念昔者,伊余來塈。(《詩・小雅・谷風》)

②赫赫南仲,玁狁于襄。(《詩・小雅・出車》)

③今王播棄黎老,而孩童焉比謀。(《國語・吴語》)

④安定國家,必大焉先。(《左傳・襄公三十年》)

2. 語氣助詞(語氣詞)的發展

語氣助詞(語氣詞)不充當句子成分,不影響句子結構,不能獨立使用。但它可以幫助句子調節語音,表示不同的語氣和感情色彩,有着重要的意義。根據句中出現的位置,語氣助詞又可分爲句首語氣助詞、句中語氣助詞、句末語氣助詞三類。有的語氣助詞可以兼有其中兩類或三類用法。

甲骨卜辭只有個别的語氣助詞。西周金文中語氣助詞"哉"開始出現(一次寫作"𢦏",三次寫作"才")。春秋以後語氣助詞蓬蓬勃勃地發展起來,成爲漢語中一個很活躍的詞類。比較常見的有"也、矣、已、耳、爾、焉、乎(虖)、與(歟)、邪(耶)、哉、夫、兮、猗、侯、謇、其、羌、且、式、逝(噬)、思、斯、爲、唯(維、惟)、伊、聿(遹)、曰、越、粤、云(員)、止、只(軹)、殹"等,其中"殹"主要見於秦漢簡帛文書。

意義上,《馬氏文通》把古代漢語的語氣助詞分爲傳信、傳疑兩大類。實際上句子的語氣多種多樣,語氣詞也可以細分爲更多的類别,如判斷、肯定、已然、限制、提示、感歎、疑問等。一個語氣助詞有某種基本的用法,同時可以帶有不同的次要用法。下面分别討論:

也 句中、句末語氣助詞。不見於甲骨文、西周金文和《尚書》。《詩經》、《左傳》及其他上古典籍中常見。主要用在判斷句末尾表示判斷語氣,在敘述句末尾表示肯定語氣。如:

①展如之人兮,邦之媛也。(《詩·鄘風·君子偕老》)

②仁者,人也;義者,宜也。(《禮記·中庸》)

③夫子之文章,可得而聞也;夫子之言性與天道,不可得而聞也。(《論語·公冶長》)

④螾無爪牙之利,筋骨之强,上食埃土,下飲黄泉,用心一也。(《荀子·勸學》)

例①②"也"在判斷句裏表示判斷,可以和"者"連用,也可以單用;例③"也"在敘述句裏加强肯定語氣;例④用於解釋原因,也是一種肯定的語氣。此外,"也"還有以下三種用法:

(1)用於句末表示疑問語氣。句中往往有别的疑問詞,也可以不用别的疑問詞。如：

①叔兮伯兮，何多日也？（《詩·邶風·旄丘》）

②子張問："十世可知也？"（《論語·爲政》）

③敢問天道乎？抑人故也？（《國語·周語下》）

④此於其親戚兄弟若此，而況於仇讎之敵國也？（《戰國策·魏策三》）

例①句中有疑問詞相呼應，譯作"呢"；例②句中没有疑問詞相呼應，譯作"嗎"；例③是選擇問句，譯作"呢"；例④用於反問句中，也可譯作"呢"。

（2）用於連舉事實。如：

①天地之道，博也，厚也，高也，明也，悠也，久也。（《禮記·中庸》）

②故奉牲以告曰"博碩肥腯"，謂民力之普存也，謂其畜之碩大蕃滋也，謂其不疾瘯蠡也，謂其備腯咸有也。（《左傳·桓公六年》）

③今鄭失次犯令，而罪一也；鄭擅進退，而罪二也；女誤梁由靡，使失秦公，而罪三也；君親止，女不面夷，而罪四也。（《國語·晉語三》）

（3）用於句中或分句之後，表示停頓、提示或强調。如：

①女也不爽，士貳其行。士也罔極，二三其德。（《詩·衛風·氓》）

②古也有志："克己復禮，仁也。"（《左傳·昭公十二年》）

③孔子時其亡也，而往拜之。（《論語·陽貨》）

④子曰："君子謀道不謀食。耕也，餒在其中矣；學也，禄在其中矣。君子憂道不憂貧。"（《論語·衛靈公》）

⑤昭公立，懼其殺己也，辛卯弑昭公，而立公子亹。（《左傳·桓公十七年》）

⑥夫禍之來也，人自生之；福之來也，人自成之。（《淮南子·人間》）

⑦南孺子之子，男也，則以告而立之；女也，則肥也可。（《左傳·哀公三年》）

例①“也”在名詞主語後,例②“也”在時間狀語後,都表示强調;例③ “也”在時間分句後,例④“也”在條件分句後,例⑤“也”在原因分句後,例⑥“也”在申説複句的前一分句後,例⑦“也”在假設分句後,都有表示停頓和提示下文的作用。

矣 句中、句末語氣助詞。不見於甲骨文和西周金文。先秦典籍裏常見。主要表示事實已經發生或將要發生。“矣”和“也”不同。馬建忠説:“‘也’字所以助論斷之辭氣;‘矣’字惟以助敘説之辭氣。故凡句意之爲當然者,‘也’字結之;已然者,‘矣’字結之。所謂當然者,決是非,斷可否耳。所謂已然者,陳其事,必其效而已。”(《馬氏文通》卷九)“也”表示事實的静態,不着眼於時間的因素;“矣”則表示事實的既成狀態,着眼於時間變化的過程。過去的事實,已經歷了時間變化的過程,固然可以用“矣”來表示,雖未發生,但將要實現或理論上必然實現的事實,也可用“矣”來表示。如:

①乃敢告教厥后曰:“拜手稽首,后矣。”(《書・立政》)

②險阻艱難,備嘗之矣;民之情僞,盡知之矣。(《左傳・僖公二十八年》)

③孔子曰:“諾,吾將仕矣。”(《論語・陽貨》)

④子曰:“仁遠乎哉? 我欲仁,斯仁至矣。”(《論語・述而》)

⑤上下交征利,而國危矣。(《孟子・梁惠王上》)

例①②“矣”表示已經實現的事實;例③表示將要實現的事實;例④表示理論上必然實現的事實;例⑤是描寫句,“矣”表示必然出現某種情況。它們都可以譯爲“了”。

此外,“矣”還有以下四種用法:

(1)用於祈使句句末表示請求、禁止、勸勉、命令等語氣。如:

①莊子曰:“……子豈治其痔邪? 何得車之多也? 子行矣!”(《莊子・列御寇》)

②孟嘗君不説,曰:“諾,先生休矣!”(《戰國策・齊策四》)

(2)用在有疑問詞的疑問句句末,表示疑問語氣。如:

①侯誰在矣? 張仲孝友。(《詩・小雅・六月》)

②危而不持,顛而不扶,則將焉用彼相矣?(《論語·季氏》)

(3)用在感歎句裏,有加强感歎的作用,謂語往往提到主語前面。如:

①盆成括仕于齊,孟子曰:"死矣盆成括!"(《孟子·盡心下》)
②美哉禹功!明德遠矣。(《左傳·昭公元年》)

(4)用在詞語或分句中間,表示提起下文。例如:

①兄及弟矣,式相好矣,無相猶矣。(《詩·小雅·斯干》)
②漢之廣矣,不可泳思!江之永矣,不可方思!(《詩·周南·漢廣》)

已 句末語氣助詞。不見於西周金文和《詩經》。《尚書》一見,諸子書中使用頻率不高。表示決定、肯定或疑問語氣。如:

①公定,予往已。(《書·洛誥》)
②若有他樂,吾不敢請已。(《左傳·襄公二十九年》)
③苟無恒心,放辟邪侈,無不爲已。(《孟子·梁惠王上》)
④若是,則汝何爲驚已?(《莊子·列御寇》)

例①②"已"表示意念上的決定,例③"已"表示事實上的肯定,都可以譯作"了"。例④"已"表示疑問語氣,可譯作"呢"。

耳 句末語氣助詞。出現較晚,不見於金文、《尚書》、《詩經》、《左傳》。表示限制語氣,爲"而已"的合音,可譯爲"而已"或"罷了"。如:

①子曰:"二三子!偃之言是也,前言戲之耳。"(《論語·陽貨》)
②直不百步耳,是亦走也。(《孟子·梁惠王上》)
③馮諼曰:"狡兔有三窟,僅得免其死耳。"(《戰國策·齊策四》)

④儒者所謂中國者，於天下乃八十一分居其一分耳。(《史記・孟子荀卿列傳》)

爾 本是指示代詞，轉化爲句末語氣助詞。金文、《尚書》裏尚未出現，《詩經》、《左傳》裏也只是僅見。"爾"可以表示肯定、限制、疑問等不同的語氣。[①] 如：

①盡此不勝，將去而歸爾。(《公羊傳・宣公十五年》)
②司馬子反曰："然則君請處于此，臣請歸爾。"(同上)
③不崇朝而徧雨乎天下者，唯泰山爾。(《公羊傳・僖公三十一年》)
④秦王曰："布衣之怒，亦免冠徒跣，以頭搶地爾。"(《戰國策・魏策四》)
⑤何異爾？不時也。(《公羊傳・隱公九年》)
⑥常事不書，此何以書？譏。何譏爾？遠也。(《公羊傳・桓公四年》)

例①②"爾"表示肯定，可譯爲"了"；例③④"爾"表示限制，可譯爲"而已"；例⑤⑥"爾"用於有疑問詞的問句中，可譯爲"呢"，仍然含有"於此"的意思。

焉 一些語法書叫做兼詞，因爲它兼有指示代詞和語氣助詞兩種性質。有的句子裏指代作用比較明顯，有的句子裏指代作用不那麼明顯，所以《馬氏文通》分別歸入指名代詞和助詞兩類。"焉"在句末，主要表示提示和强調的語氣，仍然帶有指示的意思。正如《馬氏文通》所説："'焉'，代字也，及爲助字，概寓代字本意。"(卷九)如：

①長沮、桀溺耦而耕，孔子過之，使子路問津焉。(《論語・微子》)
②我二十五年矣，又如是而嫁，則就木焉。(《左傳・僖公二十三年》)
③致中和，天地位焉，萬物育焉。(《禮記・中庸》)

"焉"在疑問句中，和疑問詞相呼應，可以幫助表示疑問語氣。如：

---

① 《詩・周頌・噫嘻》："噫嘻成王，既昭假爾。"《鄭箋》："噫嘻乎能成周王之功，其德已著至矣。"程俊英《注析》："爾，語氣詞。"但朱熹《詩集傳》："爾，田官也。"作代詞"你們"講。

①嗟行之人，胡不比焉？人無兄弟，胡不佽焉？（《詩・唐風・杕杜》）

②故誠信而喜之，奚僞焉？（《孟子・萬章上》）

③我則悍矣，彼何罪焉？（《莊子・大宗師》）

"焉"用在句中，表示語意未完，有引起下文的作用。如：

①四十五十而無聞焉，斯亦不足畏也已。（《論語・子罕》）

②於其出焉，使公子彭生送之。（《公羊傳・莊公元年》）

③民之服焉，不亦宜乎！（《左傳・昭公三十二年》）

例①"焉"用在假設分句之後；例②"焉"用在時間分句之後；例③"焉"用在主語部分之後，都有表示停頓和引起下文的作用。

乎(虖)　句中、句末語氣助詞。不見於西周金文，《尚書》、《詩經》中有少數用例，先秦其他典籍中應用極多。可以表示疑問、反詰、選擇、感歎等語氣。

(1)在是非問句中表示詢問，可譯爲"嗎"。這是"乎"的基本用法。如：

①曾子曰："吾日三省吾身：爲人謀而不忠乎？與朋友交而不信乎？傳不習乎？（《論語・學而》）

②王曰："叟！不遠千里而來，亦將有以利吾國乎？"（《孟子・梁惠王上》）

(2)表示反詰語氣。這種句子形式上是疑問句，實際上意思十分肯定，可譯爲"嗎"或"呢"。如：

①三過其門而不入，雖欲耕，得乎？（《孟子・滕文公上》）

②臣以爲布衣之交尚不相欺，況大國乎？（《史記・廉頗藺相如列傳》）

③《詩》不云虖？"民亦勞止，迄可小康，惠此中國，以綏四方。"（《漢書・元帝紀》）

(3)在選擇問句中，表示選擇語氣。可譯作“呢”。如：

①滕小國也，間於齊楚，事齊乎？事楚乎？(《孟子·梁惠王下》)

②此龜者，寧其死爲留骨而貴乎？寧其生而曳尾於塗中乎？(《莊子·秋水》)

(4)表示感歎語氣，可譯爲“啊”。如：

①越十年生聚，而十年教訓，二十年之外，吴其爲沼乎！(《左傳·哀公元年》)

②故言有召禍也，行有招辱也，君子慎其所立乎！(《荀子·勸學》)

(5)用在名詞、形容詞之後，表示呼唤、感歎或贊美的語氣。如：

①參乎，吾道一以貫之！(《論語·里仁》)

②夫功者難成而易敗，時者難得而易失也。時乎時，不再來。(《史記·淮陰侯列傳》)

③伯牙鼓琴鍾子期聽之。方鼓琴而志在太山。鍾子期曰：“善哉乎鼓琴，巍巍乎若太山。”(《吕氏春秋·本味》)

(6)表示揣測語氣，相當於“吧”。如：

①吾聞聖人不相，殆先生乎？(《史記·范雎蔡澤列傳》)

②今少卿乃教以推賢進士，無乃與僕私心剌謬乎？(漢司馬遷《報任安書》)

與(歟)、邪(耶)　句末語氣助詞。出現較晚，不見於金文、《尚書》、《周易》、《左傳》、《論語》。《孟子》有“與(歟)”無“邪”，而《莊子》裏“邪”字應用特多(156次)，可能反映了方言的區别。這兩個語氣詞可以表示疑問、反詰、揣度、感歎等語氣。

(1)表示疑問語氣。如：

①沈同以其私問曰:"燕可伐與?"(《孟子·公孫丑下》)

②治亂,天邪?(《荀子·天論》)

③子禽問于子貢曰:"夫子至於是邦也,必聞其政,求之與?抑與之與?"(《論語·學而》)

④天之蒼蒼,其正色邪?其遠而無所至極邪?(《莊子·逍遥遊》)

⑤伯魚之母死,期而猶哭。夫子聞之,曰:"誰與,哭者?"(《禮記·檀弓上》)

⑥君何不從容爲上言邪?(《史記·季布欒布列傳》)

例①②"與(歟)"、"邪"用於是非問句,譯作"嗎";例③④用於選擇問句,譯作"呢";例⑤⑥用於特指問句,也譯作"呢"。

(2)表示反詰語氣,可譯爲"嗎"。如：

①一朝之忿,忘其身,以及其親,非惑與?(《論語·顔淵》)

②文帝曰:"吏不當若是邪?尉無賴!"(《史記·張釋之列傳》)

(3)表示揣度語氣。常與"其、無乃、得無"相呼應,可譯爲"吧"。例如：

①子曰:"語之而不惰者,其回也與?"(《論語·子罕》)

②孔子曰:"求!無乃爾是過與?(《論語·季氏》)

③今民生長於齊不盜,入楚則盜,得無楚之水土使民善盜耶?(《晏子春秋·内篇·雜下》)

(4)表示感歎語氣,可譯爲"吧"或"啊"。如：

①子在陳曰:"歸與!歸與!"(《論語·公冶長》)

②子曰:"乾坤其《易》之門邪!"(《易・繫辭下》)

(5)表示肯定語氣,相當於"也"。

①古者羿作弓,伃作甲,奚仲作車,巧垂作舟。然則今之鮑函車匠,皆君子也;而羿、伃、奚仲、巧垂,皆小人邪。(《墨子・非儒下》)孫詒讓《閒詁》:"也、邪古通。"

②〔我〕適先生之所,則廢然而反,不知先生之洗我以善邪。(《莊子・德充符》)

哉 句末語氣助詞。已見於西周金文,《尚書》中"哉"是用得很多的唯一語氣詞(80次)。先秦其他典籍中也都常見。主要表示感歎語氣,也表示疑問、反詰等語氣。

(1)表示感歎語氣,可譯爲"啊"。如:

①欽哉欽哉,惟刑之恤哉。(《書・舜典》)

②振振君子,歸哉歸哉!(《詩・召南・殷其雷》)

(2)表示疑問語氣,可譯爲"呢"或"嗎"。如:

①悠悠蒼天,此何人哉?(《詩・王風・黍離》)

②子曰:"視其所以,觀其所由,察其所安,人焉廋哉?人焉廋哉?"(《論語・爲政》)

③孔子曰:"於斯時也,天下殆哉岌岌乎!"不識此語誠然乎哉?(《孟子・萬章上》)

(3)表示反問語氣,可譯爲"嗎"。如:

①晉,吾宗也,豈害我哉?(《左傳・僖公五年》)

②乃引“天亡我,非用兵之罪也”,豈不謬哉?(《史記·項羽本紀》)

夫　句首、句中、句末語氣助詞。“夫”不見於西周金文、《尚書》、《詩經》,產生較晚。“夫”的基本用法是表示感歎語氣,可譯爲“啊”。如:

①子謂顔淵曰:“用之則行,舍之則藏,唯我與爾有是夫!”(《論語·述而》)

②率天下之人而禍仁義者,必子之言夫!(《孟子·告子下》)

③悲夫!悲夫!事未易一二爲俗人言也。(漢司馬遷《報任安書》)

“夫”也可以表示疑問語氣,可譯爲“嗎”。如:

④孔子曰:“吾歌,可夫?”(《史記·孔子世家》)

⑤仁人亦樂是夫?(漢刘向《新序·刺奢》)

“夫”用於句首、句中起提示下文的作用。如:

⑥夫戰,勇氣也。一鼓作氣,再而衰,三而竭。(《左傳·莊公十年》)

⑦掌以夫遂(燧)取明火於日,以鑒取明水於月。(《周禮·秋官·司烜氏》)

“夫”與“且、故、若”結合成“且夫、故夫、若夫”,置於句首。“夫”的意義虚化,“且夫”相當於“且”,“故夫”相當於“故”,“若夫”相當於“若”。如:

①且夫水之積也不厚,則其負大舟也無力。(《莊子·逍遥遊》)

②故夫作法術之人,立取舍之行,别辭争之論,而莫爲之正。(《韓非子·問辯》)

③血氣筋力則有衰,若夫智慮取舍則無衰。(《荀子·正論》)

兮　句中、句末語氣助詞。主要用在《詩經》、《楚辭》等韻文裹。在句末表示詠

歎語氣,可譯爲“啊”或“呀”。如:

①十畝之間兮,桑者閑閑兮,行與子還兮。(《詩·魏風·十畝之間》)

②滄浪之水清兮,可以濯我纓;滄浪之水濁兮,可以濯我足。(《孟子·離婁上》)

“兮”在句子中間表示一種舒緩的語氣。如:

③禍兮福之所倚,福兮禍之所伏。(《老子》五十八章)一本無“兮”字。

④若有人兮山之阿,被薜荔兮帶女羅。(《楚辭·九歌·山鬼》)

猗 句中、句末語氣助詞。表示感歎語氣,相當於“兮”,可譯爲“啊”。王引之《經傳釋詞》卷四:“猗,兮也。”先秦典籍中只有少數例子。如:

①坎坎伐檀兮,寘之河之干兮,河水清且漣猗。(《詩·魏風·伐檀》)

②如有一介臣,斷斷猗無他技。(《書·秦誓》)《禮記·大學》引作“兮”。

③而已反其真,而我猶爲人猗。(《莊子·大宗師》)

侯 句首、句中語氣助詞。無實義,有調節語音的作用。如:

①擇三有事,亶侯多藏。(《詩·小雅·十月之交》)

②侯中木之區别兮,苟能實而必榮。(《漢書·敘傳上》)顔師古注:“侯,發語辭也。”

謇 句首語氣助詞。無實義,多見於《楚辭》中。如:

①謇吾法乎前修兮,非世俗之所服。(《楚辭·離騷》)

②君不行兮夷猶,謇誰留兮中洲?(《楚辭·九歌·湘君》)

其　句中、句末語氣助詞。主要用法是附於形容詞的前面或後面，加强詞的描寫性。如：

①我來自東，零雨其濛。(《詩·豳風·東山》)

②佩繽紛其繁飾兮，芳菲菲其彌章。(《楚辭·離騷》)

"其"(音 jī)又爲句末語氣助詞，表示疑問語氣。如：

①今爾無指告予，顛隮，若之何其？(《書·微子》)王引之《經傳釋詞》卷五："其，問辭之助也。"

②彼人是哉？子曰何其？(《詩·魏風·園有桃》)

羌　句首、句中語氣助詞。無實義。如：

①羌内恕己以量人兮，各興心而嫉妬。(《楚辭·離騷》)王逸注："羌，楚人語詞也。"

②杳冥冥兮羌晝晦，東風飄兮神靈雨。(《楚辭·九歌·山鬼》)

且　句中、句末語氣助詞。句中的"且"用於調節語音；句末的"且"音 jū，可譯爲"啊"。如：

①夫雖不得行其知，豈且不有焉乎？(《管子·大匡》)

②悠悠昊天，曰父母且。(《詩·小雅·巧言》)

式　句首語氣助詞。無實義，表示强調。如：

①式微式微，胡不歸？(《詩·邶風·式微》)《鄭箋》："式，發聲也。"

②兄及弟矣，式相好矣，無相猶矣。(《詩·小雅·斯干》)

逝(噬) 句首語氣助詞。無實義。如：

①誰能執熱，逝不以濯？(《詩·大雅·桑柔》)王引之《經傳釋詞》卷九："逝，發聲也。"

②彼君子兮，噬肯適我？(《詩·唐風·有杕之杜》)朱熹《集傳》："噬，發語詞也。"

思 句首、句中、句末語氣助詞。無實義，起調節語音的作用。如：

①思皇多士，生此王國。(《詩·大雅·文王》)《毛傳》："思，辭也。"

②自西自東，自南自北，無思不服。(《詩·大雅·文王有聲》)王引之《經傳釋詞》卷八："思，句中語助也。"

③漢之廣矣，不可泳思。江之永矣，不可方思。(《詩·周南·漢廣》)

斯 句中、句末語氣助詞。無實義，有調節語音或表示感歎的作用。如：

①乃求千斯倉，乃求萬斯箱。(《詩·小雅·甫田》)

②恩斯勤斯，鬻子之閔斯。(《詩·豳風·鴟鴞》)孔穎達《正義》："'斯'字，《箋》《傳》皆以爲辭耳。"

爲 句末語氣助詞，表疑問。如：

①蜩與鷽鳩笑之曰："我決起而飛，搶榆枋，時則不至，而控於地而已矣，奚以之九萬里而南爲？(《莊子·逍遥遊》)

②何故深思高舉，自令放爲？(《楚辭·漁父》)

唯(維、惟) 句首、句中語氣助詞，無實義。如：

①互鄉難與言，童子見，門人惑。子曰："與其進也，不與其退也，唯何甚！"

(《論語·述而》)

②風雨所漂摇,予維音嘵嘵。(《詩·豳風·東山》)

又表示强調,在判斷句中幫助表示判斷。如:

③黍稷非馨,明德惟馨。(《左傳·僖公五年》)

④民惟邦本,本固邦寧。(《書·五子之歌》)

伊　句首、句中語氣助詞。無實義。如:

①維士與女,伊其相謔,贈之以勺藥。(《詩·鄭風·溱洧》)

②惟祖惟父,其伊恤朕躬。(《書·文侯之命》)

聿(遹)　句首、句中語氣助詞。無實義,有調節語音的作用。"聿"又作"遹"。如:

①聿求元聖,與之勠力。(《書·湯誥》)

②曷云其還,歲聿云莫。(《詩·小雅·小明》)

③遹駿有聲,遹求厥寧,遹觀厥成。(《詩·大雅·文王有聲》)

曰　句首、句中語氣助詞。無實義。起調節語音的作用。如:

①我送舅氏,曰至渭陽。(《詩·秦風·渭陽》)

②我東曰歸,我心西悲。(《詩·豳風·東山》)

越　句首語氣助詞,無實義,有提示下文的作用。如:

①越予小子考翼,不可征,王曷不違卜?(《書·大誥》)周秉鈞注:"考翼,考慮。"

②越若翊辛丑，諸生、庶民大和會。(《漢書・王莽傳上》)

粵 句首、句中語氣助詞。無實義，有調節語音的作用。如：

①我南望三塗，北望嶽鄙，顧詹有河，粵詹雒邑，毋遠天室。(《史記・周本紀》)

②尚粵其幾，淪神域兮。(《漢書・敘傳上》)

云(員) 句首、句中、句末語氣助詞。無實義，有調節語音的作用。如：

①子之不淑，云如之何。(《詩・鄘風・君子偕老》)

②日云莫矣，寡君須矣，吾子其入也。(《左傳・成公十年》)

③我心之憂，日月逾邁，若弗員來。(《書・秦誓》)

④縞衣綦巾，聊樂我員。(《詩・鄭風・出其東門》)孔穎達《正義》："云、員古今字，助句辭也。"

止 句末語氣助詞，相當於"矣"。如：

①日月陽止，女心傷止，征夫遑止。(《詩・小雅・杕杜》)

②魯道有蕩，齊子庸止。既曰庸止，曷又從止。(《詩・齊風・南山》)

只(軹) 句中、句末語氣助詞。可以表示不同的語氣。如：

①樂只君子，福履綏之。(《詩・周南・樛木》)

②母也天只，不諒人只。(《詩・鄘風・柏舟》)

③代水不可涉，深不可測只。(《楚辭・大招》)

④諸侯歸晉之德只，非歸其尸盟也。(《左傳・襄公二十七年》)

⑤許由曰："而奚來爲軹？"(《莊子・大宗師》)成玄英疏："軹，語助也。"王

夫之解:"軹,語詞,只通。"

例①"只"在句中,用於調整音節;例②"只"表示感歎語氣;例③"只"表示敘事終結的語氣;例④"只"表示限止語氣。王引之《經傳釋詞》卷七:"只,猶耳也。"例⑤"軹"表示疑問語氣。

殹　句末語氣助詞。表示多種不同的語氣,相當於"也"。多見於出土的秦漢簡帛文書。如:

①法者,引得失以繩而明曲直者殹。(《馬王堆漢墓帛書·經法·道法》)

②凡法律令者,以教道民,去其淫避(僻),除其惡俗,而使之於爲善殹。(《睡虎地秦墓竹簡·語書》)

③司寇勿以爲仆養,守官府及除有爲殹。(《睡虎地秦墓竹簡·秦律十八種》)

④有實官高其垣墻……令人勿紤(近)舍。非其官人殹,毋敢舍焉。(同上)

⑤甲盜錢以買絲,寄乙,乙受,弗智(知)盜,乙論可(何)殹?(《睡虎地秦墓竹簡·法律答問》)

例①"殹"表示判斷語氣;例②"殹"表示肯定語氣;例③"殹"表示申説語氣;例④"殹"用於分句中,表示提示下文;例⑤"殹"用於特指問句,表示疑問語氣。它們的用法都與"也"一致。按《説文·殳部》:"殹,擊中聲也。"段玉裁注:"秦人借爲語詞。《詛楚文》:'禮,使介老將之以自救殹。'薛尚功所見《秦權銘》:'其於久遠殹。'《石鼓文》:'汧殹沔沔。'《權銘》'殹'字,琅邪台刻石及他秦權、秦斤皆作'乜'。然則周秦人以'殹'爲'也'可信。《詩》之'兮'字,稱《詩》者或用'也'爲之,三字通用也。""殹"是秦地方言詞。秦時"書同文",官方文書用"殹",民間雜書多用"也"。漢代官方文書都改用"也",而民間雜書仍有用"殹"者。[①]

現在我們談談語氣詞的連用問題。

---

① 參看吉仕梅《睡虎地秦墓竹簡語料的利用與漢語詞滙語法之研究》,載四川大學《漢語史研究集刊》第一輯,113—131頁。

除《尚書》以外，先秦典籍裏都有語氣詞連用的情況。語氣詞連用就是指兩個甚至三個句末語氣詞同在一個句子裏出現。連用時保持每一個語氣詞的意義，但語氣重點在最後一個語氣詞上。語氣詞連用可以使整個句子的語氣表達得更加細緻生動①。有兩個語氣詞連用的，如：

耳也：景公問晏子曰："寡人持不仁，其無義耳也。"（《晏子春秋·問上》）

王引之《經傳·釋詞》卷七："耳也者，'而已也'也。"

耳矣：代翕代張，代存代亡，相爲雌雄耳矣。（《荀子·議兵》）

耳哉：故先王明之，豈特玄之耳哉？（《荀子·正論》）

乎而：俟我於著乎而，充耳以素乎而，尚之以瓊華乎而。（《詩·齊風·著》）

乎爾：二三子以我爲隱乎？吾無隱乎爾。（《論語·述而》）

乎來：孔子在陳，曰："盍歸乎來？"（《孟子·盡心下》）

乎哉：若寡人者，可以保民乎哉？（《孟子·梁惠王上》）

哉乎：美哉乎山河之固，此魏國之寶也。（《史記·吴起列傳》）

焉耳：嗜酤酒，好謳歌，巷遊而鄉居者乎？吾無望焉耳。（《大戴禮·曾子立事》）

焉爾：秋，齊人狄人盟於邢，邢爲主焉爾。（《穀梁傳·僖公二十年》）

焉乎：夫雖不得行其知，豈且不有焉乎？（《管子·大匡》）

焉矣：戰而勝，則無加焉矣。（《戰國策·東周策》）

焉哉：已焉哉，天實爲之，謂之何哉！（《詩·邶風·北門》）

也夫：子臧之服，不稱也夫！（《左傳·僖公二十四年》）

也乎：武子曰："燮乎，女亦知吾望爾也乎？"（《國語·晉語五》）

也且：子不我思，豈無他人。狂童之狂也且！（《詩·鄭風·褰裳》）

也邪：我勝若，若不吾勝，我果是也，而果非也邪？（《莊子·齊物論》）

也已：子曰："君子食無求飽，居無求安。敏於事而慎於言，就有道而正焉，

① 語氣詞連用，《馬氏文通》叫"合助助字"："合助助字者，或兩字叠助一句，則謂之'雙合字'；或叠三字，則謂之'叁合字'。古人謹爾話言，往往意在言外，記者追憶其言而筆之，筆之或不足以擬其辭，故助以聲。一之不足，而再焉，而叁焉，至辭氣畢達而止。"（卷九）

可謂好學也已。"(《論語・學而》)

也矣:官爵可買,則商工不卑也矣。(《韓非子・五蠹》)

也與:子曰:"色厲而内荏,譬諸小人,其猶穿窬之盜也與?"(《論語・陽貨》)

也哉:我實不德,而要人以盟,豈禮也哉?(《左傳・襄公九年》)

也者:安見方六七十,如五六十,而非邦也者?(《論語・先進》)

已夫:輪扁……問桓公曰:"敢問公之所讀爲何言邪?"公曰:"聖人之言也。"曰:"聖人在乎?"公曰:"已死矣。"曰:"然則君之所讀者,古人之糟粕已夫!"(《莊子・天道》)

已乎:人羨久生,將以學也,可謂好學已乎?(《法言・學行》)

已矣:子曰:"賜也,始可與言詩已矣,告諸往而知來者。"(《論語・八佾》)

矣夫:苗而不秀者有矣夫!秀而不實者有矣夫!(《論語・子罕》)

矣乎:子謂伯魚曰:"女爲《周南》、《召南》矣乎?"(《論語・陽貨》)

矣哉:子曰:"飽食終日,無所用心,難矣哉!"(《論語・陽貨》)

只且:惠而好我,攜手同行。其虛其邪,既亟只且。(《詩・邶風・北風》)

孔穎達《正義》:"只且,語助也。"

有三個語氣詞連用的。如:

而已矣:君子於其言,無所苟而已矣。(《論語・子路》)

而已乎:子路問君子。子曰:"修己以敬。"曰:"如斯而已乎?"(《論語・憲問》)

焉耳乎:子游爲武城宰。子曰:"女得人焉耳乎?"(《論語・雍也》)

焉耳矣:寡人之于國也,盡心焉耳矣。(《孟子・梁惠王上》)

也乎哉:晏子立于崔氏之門外,其人曰:"死乎?"曰:"獨吾君也乎哉?吾死也!"曰:"行乎?"曰:"吾罪也乎哉?吾亡也!"(《左傳・襄公二十五年》)

也已矣:此亦妄人也已矣。(《孟子・離婁下》)

也與哉:子曰:"鄙夫可與事君也與哉?"(《論語・陽貨》)

上古漢語的語氣詞在中古以後的文言作品中大都一直沿用着,口語裏却逐漸消失了。

第六節　上古漢語句法的發展(一)

從商代到周秦兩漢,漢語主語、謂語、賓語、補語、定語、狀語等句子成分都有所發展,下面分別討論。

一、上古漢語主語的發展

甲骨文大多數句子的主語是單詞,只有極少數詞組主語。到了周秦兩漢,主語應用的範圍已十分廣泛,語義上大體可分爲以下十類:

1. 施事主語

表示動作行爲的發動者。如:

①衛莊公娶于齊東宫得臣之妹,曰莊姜。(《左傳·隱公三年》)
②東風解凍,蟄蟲始振。(《禮記·月令》)

2. 受事主語

表示動作行爲的接受者。如:

①朽木不可雕也,糞土之墻不可杇也。(《論語·公冶長》)
②寡人讀書,輪人安得議乎!(《莊子·天道》)

3. 判斷主語

表示判斷的主體。謂語大都以名詞性詞語充當。如:

①孔子,聖之時者也。(《孟子·萬章下》)
②樂者,天地之和也;禮者,天地之序也。(《禮記·樂記》)

4. 描寫主語

表示謂語所描寫的事物。謂語大都以形容詞性詞語充當。如：

①君子泰而不驕，小人驕而不泰。（《論語·子路》）
②桃之夭夭，其葉蓁蓁。（《詩·周南·桃夭》）

5. 陳述主語

表示謂語所陳述的人物。如：

①山有扶蘇，隰有荷華。（《詩·鄭風·山有扶蘇》）
②項羽兵四十萬，在新豐鴻門。（《史記·項羽本紀》）

6. 比較主語

表示兩相比較的主體。如：

①乃元孫不若旦多材多藝。（《書·金縢》）
②知之者不如好之者，好之者不如樂之者。（《論語·雍也》）

7. 時間主語

以時間名詞充當。如：

①春爲青陽，夏爲朱明，秋爲白藏，冬爲玄英。（《爾雅·釋天》）
②春秋無義戰。（《孟子·盡心下》）

8. 方位主語

以方位詞充當。如：

①東有啓明，西有長庚。（《詩·小雅·大東》）
②東方曰夷……南方曰蠻……西方曰戎……北方曰狄。（《禮記·王制》）

9. 數量主語

以數量詞充當。如：

①八十、九十曰耄。(《禮記·曲禮上》)

②四升爲豆。(《左傳·昭公三年》)

10. 複指主語

以代詞"是"、"此"、"斯"複指前文，充當句中的主語。如：

①虎兕出於柙，龜玉毀於櫝中，是誰之過與？(《論語·季氏》)

②庖有肥肉，廄有肥馬，民有飢色，野有餓莩，此率獸而食人也。(《孟子·梁惠王上》)

③啜菽飲水，盡其歡，斯之謂孝。(《禮記·檀弓下》)

主語的結構形式也複雜多樣起來。如：

①子路、曾皙、冉有、公西華侍坐。(《論語·先進》)

②不爲者與不能者之形何以異？(《孟子·梁惠王上》)

③彼竊鉤者誅，竊國者爲諸侯。(《莊子·胠篋》)

④故彼人者，寡不死其所長。(《墨子·親士》)

⑤宋人有閔其苗之不長而揠之者，芒芒然歸。(《孟子·公孫丑上》)

⑥知其説者之於天下也，其如示諸斯乎？(《論語·八佾》)

⑦麒麟之於走獸，鳳凰之於飛鳥，泰山之於丘垤，河海之於行潦，類也。(《孟子·公孫丑上》)

⑧諸所與交通，無非豪傑大猾。(《史記·魏其武安侯列傳》)

⑨所謂治國必先齊其家者，其家不可教而能教人者無之。(《禮記·大學》)

⑩以指喻指之非指，不若以非指喻指之非指也。(《莊子·齊物論》)

例①主語"子路、曾皙、冉有、公西華"是聯合詞組；例②主語"不爲者與不能者之形"

是偏正詞組；例③主語"彼竊鉤者"、"竊國者"是"者"字結構；例④主語"彼人者"是"指示代詞＋名詞＋者"結構；例⑤主語"宋人有閔其苗之不長而揠之者"是同位詞組；例⑥主語"知其説者之於天下"是名詞加"之"加介賓詞組；例⑦主語"麒麟之於走獸，鳳凰之於飛鳥，泰山之於丘垤，河海之於行潦"是並列的四個名詞加"之"加介賓短語；例⑧主語"諸所與交通"是"所"字結構；例⑨主語"所謂治國必先齊其家者"是"所……者"結構；例⑩主語"以指喻指之非指"是一個有介賓短語爲修飾語的動賓詞組，而這個詞組的賓語"指之非指"是一個以"之"字取消了獨立性的句子形式。

甲骨文只有個別句子形式做主語，到了周秦，這類主語大量增加。通常在它的主語和謂語之間加上助詞"之"以取消它的獨立性，使之成爲整個句子的一個成分，有時在句子形式後面加語氣助詞"也"，以表示停頓和舒緩。如：

①天下之無道也久矣。(《論語・八佾》)

②吾之不遇魯侯，天也。(《孟子・梁惠王下》)

③古者百王之一天下、臣諸侯也，未有過封内千里者也。(《荀子・彊國》)

④人之視己，如見其肺肝然。(《禮記・大學》)

句子形式比詞組具有更大的容量，這類主語大量增加，表明漢語句子能够容納更多的内容，表達更爲複雜的思想。

上古漢語中，主語常常可以省略。有泛指省略、承上省略、探下省略等不同情況。如：

①〔　〕彊本而節用，則天不能貧。(《荀子・天論》)

②士見危致命，〔　〕見得思义，〔　〕祭思敬，〔　〕喪思哀，其可已矣。(《論語・子張》)

③七月〔　〕在野，八月〔　〕在宇，九月〔　〕在户，十月蟋蟀入我牀下。(《詩・豳風・七月》)

例①省略了泛指主語"人們"，例②三個分句承上省略了主語"士"，例③前三個分句探下省略了主語“蟋蟀”。

二、上古漢語謂語的發展

上古漢語謂語發展的表現之一是複雜謂語普遍應用起來。有聯合謂語、連動式、兼語式、主謂謂語等。

1. 聯合謂語

聯合謂語由兩個或兩個以上的詞、詞組組成，詞組之間可以是並列關係，也可以是對立關係；有的用連詞“而”、“以”連接，有的不用連詞。商代卜辭極少這種用法。如：

①父母凍餓，兄弟妻子離散。(《孟子·梁惠王上》)

②高祖爲人，隆準而龍顔。(《史記·高祖本紀》)

③夫達也者，質直而好義，察言而觀色。(《論語·顔淵》)

④所貴於天下之士者，爲人排患、釋難、解紛亂而無所取也。(《戰國策·趙策三》)

例①謂語“凍餓”、“離散”分别由兩個並列的單音詞構成。例②謂語“隆準而龍顔”由兩個偏正詞組構成。例③謂語“質直而好義”由聯合詞組“質直”和動賓詞組“好義”構成；“察言而觀色”由兩個動賓詞組構成。例④謂語是由意義相對的兩部分組成的聯合謂語，前一部分“排患、釋難、解紛亂”又是三個動賓詞組構成的並列短語；後一部分是動賓詞組，動賓詞組的賓語又是“所”字結構。聯合謂語的兩個部分用“而”連接。

2. 連動式和兼語式

甲骨卜辭已有連動式和兼語式，但比較簡單，通常是兩個動詞連用。西周金文有一些多重連動式，春秋以後，數量大增，形式也複雜化了。

(1)連動式　兩個動詞可以各帶賓語，可以不用連詞或用連詞連接。如：

①子入而問其賢良之士而師事之。(《戰國策·魏策一》)

②廉頗聞之，肉袒負荊，因賓客至藺相如門謝罪。(《史記·廉頗藺相如列傳》)

例①"入而問其賢良之士而師事之"由一個動詞和兩個動賓詞組構成連動式，中間用連詞連接。例②謂語"因賓客至相如門謝罪"由兩個動賓詞組構成連動式，中間不用連詞連接。

(2)兼語式　周秦以後，兼語式可以包含多種內容。有表示使令的，第一個動詞用"使、令、俾"等；禁止是一種否定的使令，也屬這一類。如：

①維子之故，使我不能餐兮。(《詩·鄭風·狡童》)
②俾爾熾而昌，俾爾壽而臧。(《詩·魯頌·閟宫》)
③吾令鳳鳥飛騰兮，繼之以日夜。(《楚辭·離騷》)
④禁牛馬入人田中，固有令。(《韓非子·內儲説上·七術》)

有表示勸誡的。如：

①亞父勸項羽擊沛公。(《史記·高祖本紀》)
②梁乃出，誡籍持劍居外待。(《史記·項羽本紀》)

有表示封拜任免的。第一個動詞用"封"、"拜"、"立"、"尊"、"遷"、"徙"等。第二個動詞爲"爲"，也有省去"爲"的。如：

①拜相如爲上大夫。(《史記·廉頗藺相如列傳》)
②乃封張良爲留侯。(《史記·留侯世家》)
③漢王許之，乃立張耳爲趙王。(《史記·淮陰侯列傳》)

有表示稱謂的，第一個動詞用"謂"、"名"等。如：

①天下何故不謂子爲盜丘，而乃謂我爲盜跖。(《莊子·盜跖》)

②名余曰正則兮，字余曰靈均。(《楚辭·離騷》)

有表示願望的，第一個動詞用"將(qiāng)、願、望"等。如：

①將子無怒，秋以爲期。(《詩·衛風·氓》)
②願夫子輔吾志，明以教我。(《孟子·梁惠王上》)
③日夜望將軍至，豈敢反乎？(《史記·項羽本紀》)

有表示有無的，第一個動詞用"有、無"等。如：

①有朋自遠方來，不亦樂乎？(《論語·學而》)
②勇士入其大門，則無人門焉者。(《公羊傳·宣公六年》)

兼語有時可以省去。如：

①有司逆命，公之使〔 〕速殺之。(《左傳·昭公二十五年》)
②由也爲之，比及三年，可使〔 〕有勇，且知方也。(《論語·先進》)

(3)多重兼語式、兼語連動混合式　多重兼語式指兩個兼語式套在一起使用，兼語連動混合式指兼語式和連動式套在一起使用。西周金文中已有這種例子，春秋以後典籍中應用更多。如：

①王命尹氏及王子虎、内史叔興父策命晉侯爲侯伯。(《左傳·僖公二十八年》)
②魏王使將軍辛垣衍令趙帝秦。(《戰國策·趙策三》)
③宋人使門尹般如晉師告急。(《左傳·僖公二十八年》)
④彼又將使其子女讒妾爲諸侯妃姬，處梁之宫。(《戰國策·趙策三》)
⑤趙高教其女壻咸陽令閻樂劾不知何人賊殺人移上林。(《史記·李斯列傳》)

例①②是多重兼語式，例③④⑤是兼語式連動式套在一起的混合式。

下面談一談"以……爲……"式。有兩種情況。一是表示人們的主觀看法，可以譯作"認爲……是……"。如：

①小人以小善爲無益而弗爲也，以小惡爲無傷而弗去也。(《易・繫辭下》)

②於是焉河伯欣然自喜，以天下之美爲盡在己。(《莊子・秋水》)

③故君雖尊，以白爲黑，臣不能聽；父雖親，以黑爲白，子不能從。(《吕氏春秋・名類》)

一是表示某種實際做法。可以譯爲"把……作爲……"或"用……作爲……"。如：

①以民爲土芥，是其禍也。(《左傳・哀公元年》)

②天下之無道也久矣，天將以夫子爲木鐸。(《論語・八佾》)

③必以長安君爲質，兵乃出。(《戰國策・趙策四》)

上述兩種句式，都可以看做兼語結構。有時兼語部分省去，"以爲"連用，在不同的句子裏有不同的意思。如：

①〔公孫青〕以其良馬見……衛侯以爲乘馬。(《左傳・昭公二十年》)

②城郭溝池以爲固，禮義以爲紀。(《禮記・禮運》)

③非其道，則一簞食不可受於人，如其道，則舜受堯之天下不以爲泰，子以爲泰乎？(《孟子・滕文公下》)

④文王曰："女以爲何也？"(《禮記・文王世子》)

⑤僕以爲戴盆何以望天。(司馬遷《報任安書》)

例①"以爲乘馬"意思是把公孫青饋送的馬作爲駕車的馬，"以"的賓語"良馬"已見於上文，所以省去；例②意思是"用修建城郭、護城河以鞏固國防，用禮儀來建立綱紀"，賓語"城郭溝池"、"禮義"在"以"的前面，所以"以爲"連用；例③"不以爲泰"意思是不認爲舜接受堯的天下是過分,“以”的賓語承上文省略;例④“以”字後省去什麽成分不清楚,“以爲”可以看做複音詞,譯爲“認爲”。例⑤“以爲”也是“認爲”的意思。

3. 主謂謂語

主謂謂語就是以句子形式做謂語,不見於甲骨卜辭,周秦開始發展起來。如:

①伯夷,目不視惡色,耳不聽惡聲。(《孟子·萬章下》)

②梓匠輪輿,其志將以求食也。(《孟子·滕文公下》)

③朝廷之臣莫不畏王。(《戰國策·齊策一》)

④鳥,吾知其能飛;魚,吾知其能游;獸,吾知其能走。(《史記·老子韓非列傳》)

三、上古漢語賓語的發展

從商代甲骨文到周秦,漢語賓語的發展主要表現在三個方面:

1. 動詞賓語的範圍更爲廣泛

從語義上看,單賓語有以下10種情況:

(1)受事賓語　賓語表示動作行爲所及的對象。如:

①唯仁者能好人,能惡人。(《論語·里仁》)

②桂可食,故伐之;漆可用,故割之。(《莊子·人間世》)

③於是太子預求天下之利匕首。(《戰國策·燕策三》)

(2)主體賓語　賓語表示動作行爲的主體。如:

①雲從龍,風從虎,聖人作而萬物睹。(《周易·乾·文言》)

②項王東擊破之,走彭越。(《史記·項羽本紀》)

③〔光〕疏眉目,美須頿(髯)。(《漢書·霍光傳》)

例①賓語“龍”、“虎”是“從”的主體;例②賓語“彭越”是“走”的主體。例③“眉目”、

“須頰”是“疏”、“美”的主體。

(3)存在賓語　賓語表示存在的事物，動詞爲“有”、“無”等。如：

①山有扶蘇，隰有荷華。(《詩·鄭風·山有扶蘇》)

②夫禽獸有父子而無父子之親，有牝牡而無男女之别。(《荀子·非相》)

③萬物變化，固亡休息。(《漢書·賈誼傳》)

(4)使動賓語　動詞、形容詞、名詞用於使動時所帶的賓語。如：

①莊公寤生，驚姜氏。(《左傳·隱公元年》)

②正顔色，斯近信矣。(《論語·泰伯》)

③故天將降大任於是人也，必先苦其心志，勞其筋骨，餓其體膚。(《孟子·告子下》)

④齊威王欲將孫臏。(《史記·孫子吴起列傳》)

(5)意動賓語　名詞、形容詞用於意動時所帶的賓語。如：

①甘其食，美其服，安其居，樂其俗。(《老子》八十章)

②孔子登東山而小魯，登泰山而小天下。(《孟子·盡心上》)

③不如吾聞而藥之也。(《左傳·襄公三十一年》)

(6)爲動賓語　動作行爲是爲賓語而發生的。如：

①秦不哀吾喪而伐吾同姓。(《左傳·僖公三十三年》)

②管仲不死其君而歸桓公。(《韓非子·難二》)

③父曰：“履我。”(《史記·留侯世家》)

例①“不哀吾喪”就是不爲我們有國喪而哀傷；例②“不死其君”就是不爲他的君死

難;例③“履我”就是爲我穿鞋。

(7)比較賓語　賓語表示用來比較的事物。如:

①如月之恒,如日之升。如南山之壽,不騫不崩。(《詩・小雅・天保》)

②文猶質也,質猶文也,虎豹之鞹猶犬羊之鞹。(《論語・顔淵》)

③武安由此滋驕,治宅甲諸第。(《史記・魏其武安侯列傳》)

(8)結果賓語　賓語是動作行爲變化的結果。如:

①高岸爲谷,深谷爲陵。(《詩・小雅・十月之交》)

②玉不琢,不成器。(《禮記・學記》)

③臭腐復化爲神奇,神奇復化爲臭腐。(《莊子・知北遊》)

(9)處所賓語　賓語表示動作行爲出發、到達、經歷的地方。如:

①出其東門,有女如雲。(《詩・鄭風・出其東門》)

②子入太廟,每事問。(《論語・鄉黨》)

③禹八年於外,三過其門而不入。(《孟子・滕文公上》)

(10)數量賓語　賓語部分表示事物的數量,由數詞或數量詞充當。如:

①臣侍君宴,過三爵,非禮也。(《左傳・宣公二年》)

②吾力足以舉百鈞,而不足以舉一羽。(《孟子・梁惠王上》)

2. 句子形式做賓語普遍應用

這類賓語本身有的比較複雜,整個句子結構也就複雜起來,有關感官和心理活動的動詞所帶的賓語尤其如此。如:

①夫夷子信以爲人之親其兄之子爲若親其鄰之赤子乎?(《孟子・滕文公上》)

②臣恐侍御者之不察先王之所以畜幸臣之理,而又不白於臣之所以事先王之心,故敢以書對。(《戰國策・燕策二》)

③吾乃今然後知君非天下之賢公子也。(《戰國策・趙策三》)

④然竊恨足下不深惟其終始,而猥隨俗之毁譽也。(漢楊惲《報孫會宗書》)

例①賓語"人之親其兄……"是一個複雜的句子形式,其主語、謂語之間加"之"。例②賓語"侍御者之不察……"是一個並列句形式,其兩個句子形式的主語、謂語之間也都加"之"。例③賓語部分是一個否定的判斷句。例④賓語部分是一個複句形式。這個複句形式的主語是"足下",謂語由表示轉折的兩個部分組成。

3. 雙賓語的位置調整

甲骨卜辭中雙賓語的位置不太固定。到了周秦,逐漸統一起來。通常是間接賓語在前,直接賓語在後。如:

①或肆之筵,或授之几。(《詩・大雅・行葦》)

②仲父不當盡語我昔者有道之君乎?(《管子・四稱》)

③上問上林尉諸禽獸簿。(《史記・張釋之列傳》)

例①代詞"之"是間接賓語,指人;"筵"、"几"是直接賓語,指事物。例②代詞"我"是間接賓語,指人;"昔者有道之君"是直接賓語,指有道之君的事情。例③名詞"上林尉"是間接賓語,指人;"諸禽獸簿"是直接賓語,指事。這種詞序跟現代漢語是一致的。

直接賓語如果是代詞"之",間接賓語得放在直接賓語之後。如:

①越人飾美女八人,納之太宰嚭。(《國語・越語上》)

②今王之地方五千里,帶甲百萬,而專屬之昭奚恤。(《戰國策・楚策一》)

例①"之"是直接賓語,指美女八人,在前;"太宰嚭"是間接賓語,在後。例②"之"是直接賓語,指百萬甲兵,在前;“昭奚恤”是間接賓語,在後。

還有一種情況是,代詞“之”處於動詞和直接賓語之間,並不指人。如:

①藝之荏菽,荏菽旆旆。(《詩·大雅·生民》)

②茀厥豐草,種之黄茂。(同上)

③求也,千室之邑,百乘之家,可使爲之宰也。(《論語·公冶長》)

例①②③中的“之”處於間接賓語的位置,都是行爲發生的處所,當是補語。這種形式在上古漢語裏極爲少見。

此外,上古漢語有時還可以省去雙賓語句中的動詞,把直接賓語放在動詞的位置,造成一種特殊的句式。如:

①宋百牢我,魯不可以後宋。(《左傳·哀公七年》)

②牛羊父母,倉廩父母,干戈朕,琴朕,弤朕。(《孟子·萬章上》)

例①“宋百牢我”意思是“宋國宴享我們牛、羊、豬各一百頭”;例②意思是“把牛羊分給父母,把倉廩分給父母,把干戈分給我,把琴分給我,把漆成紅色的畫弓分給我”。中古以後,這種句式逐漸被淘汰了。

四、上古漢語補語的發展

商代卜辭的補語主要是介詞結構,表示處所或對象。到了周秦,補語的範圍廣泛了,形式也多樣化了。可以分爲以下11類:

1. 結果補語

通常以動詞充當,位置在動詞之後,表示動作行爲的結果。甲骨卜辭没有結果補語,先秦典籍中開始出現。如:

①若火之燎于原,不可嚮邇,其猶可撲滅?(《書·盤庚上》)

②齊侯伐衛,戰敗衛師。(《左傳·莊公二十八年》)

③其名曰牛，卒以餒死。(《左傳·昭公五年》)

④必有事焉而勿正，必勿忘，勿助長也。(《孟子·公孫丑上》)

例①“滅”，例②“敗”，例③“死”，例④“長”都是動詞做補語，表示動作行爲的結果。

漢代開始出現形容詞做動補結構中的補語。如：

①故國削弱至於亡。(《史記·魏世家》)

②漢氏減輕田租。(《漢書·王莽傳中》)

③已耕者曰田。田，填也，五稼填滿其中也。(《釋名·釋地》)

④臣端所見，其書節印圖及他逆無道事驗明白，甚大逆無道，當伏其法。(《史記·淮南衡山列傳》)

⑤虎圈嗇夫從旁代尉對上所問禽獸簿甚悉。(《史記·張釋之列傳》)

例①②③單音形容詞“弱”、“輕”、“滿”做動詞補語；例④雙音形容詞“明白”做動詞補語；例⑤“甚悉”是形容詞加狀語做動詞補語。

2. 趨向補語

甲骨卜辭、西周金文都没有趨向補語。春秋開始出現，兩漢漸多，表示行爲的方向。充當趨向補語的動詞有“來、去、上、下、起、過、出、入”等。如：

①日之夕矣，羊牛下來。(《詩·王風·君子于役》)

②後緡方娠，逃出自竇，歸於有仍。(《左傳·哀公元年》)

③樓緩聞之，逃去。(《戰國策·趙策三》)

④攻下睢陽外黄十七城。(《漢書·高帝紀》)

有的動詞後面帶賓語，趨向補語在賓語之後。這種格式漢代開始出現，只限於趨向動詞“來”。如：

①毛遂謂楚王之左右曰：“取雞狗馬之血來。”(《史記·平原君虞卿列傳》)

②王使人疾持其頭來。(《史記·范睢蔡澤列傳》)

複合趨向補語漢代也開始出現。如:

①漢王四年,楚圍漢王,滎陽急,漢王遁出去,而使周苛守滎陽城。(《史記·張丞相列傳》)

②征和二年春,涿郡鐵官鑄鐵,鐵銷,皆飛上去,此火爲變使之然也。(《漢書·五行志上》)

例①"出去",例②"上去"都是複合的趨向補語,漢代還只有少數例子。

3. 程度補語

程度補語放在動詞或形容詞後面,補充説明行爲或狀況的程度。一般以形容詞或副詞充當。程度補語春秋時期開始出現,至兩漢有了很大的發展。如:

①楚師至,吾又從之,則晉怒甚矣。(《左傳·襄公十一年》)

②父母之愛子,則爲之計深遠。(《戰國策·趙策四》)

③闔廬曰:"大之甚,勇之甚。"(《穀梁傳·定公四年》)

④君美甚,徐公何能及君也?(《戰國策·齊策一》)

例①②"甚"、"深遠"是程度補語,中心詞是動詞;例③④"甚"是程度補語,中心詞是形容詞。

4. 處所補語

處所補語表示行爲發生的處所,用名詞、代詞或介賓詞組充當。如:

①請京,使居之。(《左傳·隱公元年》)

②坎坎伐檀兮,寘之河之干兮。(《詩·魏風·伐檀》)

③期我乎桑中,要我乎上宫,送我乎淇之上矣。(《詩·鄘風·桑中》)

④齊攻宋,宋使臧子索救于荆。(《戰國策·宋衛策》)

例①代詞"之",例②名詞詞組"河之干"做處所補語;例③④介詞結構做處所補語。

5. 時間補語

時間詞或介詞結構置於動詞後面,表示行爲發生的時間。如:

①築室於場,獨居三年。(《孟子·滕文公上》)

②鄭君死孝文時。(《史記·汲鄭列傳》)

③攝提貞于孟陬兮,惟庚寅吾以降。(《楚辭·離騷》)

例①②"三年"、"孝文時"做補語,表示時段;例③介詞結構"于孟陬"做補語,表示時间。"孟陬",農曆正月。上古漢語用介詞結構作時間補語的尚不多見。

6. 數量補語

表示行爲發生的數量,不見於甲骨卜辭,周秦開始出現,秦漢廣泛使用。主要以數詞充當。如:

①諜曰:"齊人遁。"冉有請從之三,季孫弗許。(《左傳·哀公十一年》)

②距躍三百,曲踴三百。(《左傳·僖公二十八年》)

③趙高治斯,榜掠千餘,不勝痛,自誣服。(《史記·李斯列傳》)

漢代開始産生動量詞,數量補語用動量詞充當。如:

④太子擊前,誦恭王之言,誦三遍而請習之。(漢刘向《説苑·敬慎》)

⑤太傅汝南陳蕃仲舉去光禄勳,還到臨潁巨陵亭,從者擊亭卒數下。(《風俗通義·窮通》)

7. 受事補語

置於及物動詞後表示行爲所及的對象。通常以介賓詞組充當。如:

①舜明於庶物,察於人倫。(《孟子·離婁下》)

②沛公居山東時，貪於財貨，好美姬。（《史記・項羽本紀》）

③今君逐君之二子而將致國乎與夷，此非先君之意也。（《公羊傳・隱公三年》）

例①②介詞結構做補語，表示行爲的直接對象；例③介詞結構表示行爲的間接對象。表示行爲對象的補語和賓語往往可以互相轉换。例如：

①{然友之鄒，問於孟子。（《孟子・滕文公上》）
然友復之鄒，問孟子。（同上）

②{南宫适問於孔子曰……（《論語・憲問》）
南宫适問孔子曰……（《史記・仲尼弟子列傳》）

每一組例子的意思一樣，結構不同。"問於孟子"、"問於孔子"是動補結構；"問孟子"、"問孔子"是動賓結構。

8. 施事補語

大都以介詞引進行爲的主動者。如：

①憂心悄悄，愠于群小。（《詩・邶風・柏舟》）

②吾非至於子之門則殆矣，吾長見笑於大方之家。（《莊子・秋水》）

③有備則制人，無備則制於人。（漢桓寬《鹽鐵論・險固》）

例①"群小"是"愠"的主動者。例②"大方之家"是"笑"的主動者。例③"制人"的"人"是行爲的對象賓語；"制於人"的"人"是行爲主動者，介賓詞組"於人"充當補語。

9. 關係補語

表示跟行爲有關的人物。如：

①不愧于人，不畏于天。（《詩・小雅・何人斯》）

②二三子何患於喪乎？(《論語・八佾》)

③而胡降者皆衣食縣官。(《史記・平準書》)

④臣願居前先死單于。(《史記・李將軍列傳》)

例①②介詞結構"於(于)……"做補語表示行爲涉及的對象，可以譯爲"對於"；例③"衣食縣官"意思是由縣官(指朝廷)供給衣食；例④"先死單于"意思是先被單于殺死，句中"單于"是行爲的施動者，是補語而不是賓語。

10. 比較補語

以介詞結構或名詞充當，表示比較的對象。如：

①人固有一死，或重於泰山，或輕於鴻毛。(司馬遷《報任安書》)

②我獨異於人。(《老子》二十章)

③是亡國之兵也，兵莫弱是矣。(《荀子・議兵》)

④所斬捕功已多大將軍。(《史記・衛將軍列傳》)

例①②比較補語由介詞結構充當；例③④省去介詞"於"，比較補語由名詞或代詞充當。

11. 工具補語

通常以介賓結構充當，表示行爲的工具或借助的事物。如：

①殺人以梃與刃，有以異乎？(《孟子・梁惠王上》)

②倒置干戈，覆以虎皮，以示天下不復用兵。(《史記・留侯世家》)

③故上兵伐謀，其次伐交，其次伐兵。(《孫子・謀攻》)

例①②介詞結構"以……"做補語表示行爲的工具。例③省去介詞"以"，"謀、交、兵"處於動詞後，表示行爲的方式，也是補語。

總的看來，上古補語結構有了很大的發展。數量多，範圍廣。但是到了漢代，介賓結構做補語的情況有所調整。一是介詞"于(於)"所引起的對象、處所等往往

直接與動詞連接,不用介詞。例如:

① 衛侯欲與楚,國人不欲,故出其君以説于晉。(《左傳·僖公二十八年》)
衛侯欲與楚,國人不欲,故出其君以説晉。(《史記·晉世家》)

② 韓宣子問於叔向曰……(《左傳·昭公十三年》)
韓宣子問叔向曰……(《史記·楚世家》)

③ 賜我先君履,東至于海,西至于河,南至于穆陵,北至于無棣。(《左傳·僖公四年》)
賜我先君履,東至海,西至河,南至穆陵,北至無棣。(《史記·齊太公世家》)

④ 投其璧于河。(《左傳·僖公二十四年》)
乃投璧河中。(《史記·晉世家》)

上列例子中,《左傳》"于晉"、"於叔向"、"于海、于河、于穆陵、于無棣"、"于河"是介詞結構做補語,《史記》中不用介詞"于(於)",名詞"晉"、"叔向"、"海、河、穆陵、無棣"、"河中"直接與動詞連接。

二是一些介詞結構由動詞後面移到前面,由補語變成了狀語。例如:

① 將行,謀於桑下。(《左傳·僖公二十三年》)
趙衰,咎犯乃於桑下謀行。(《史記·晉世家》)

② 出於五鹿,乞食於野人。(《左傳·僖公二十三年》)
過五鹿,飢而從野人乞食。(《史記·晉世家》)

《左傳》中介詞結構"於桑下"、"於野人"、"於五鹿"是補語,《史記》"於桑下"、"從野人"移到動詞前做狀語。"出於五鹿"改爲"過五鹿",是動賓結構。

五、上古漢語定語的發展

甲骨文中定語大都是單音詞,只有少數詞組。到了周秦尤其到了兩漢,定語有很大的發展。形容詞、名詞、數量詞、動詞及其詞組都可充當定語，還出現了多定語和各種詞組或句子形式的複雜定語。

1. 形容詞做定語

形容詞做定語已見於甲骨卜辭，周秦應用更廣。可以分別表示事物的顔色、性質或狀態。如：

①綠兮衣兮，綠衣黄裳。(《詩·邶風·綠衣》)

②欲速則不達，見小利則大事不成。(《論語·子路》)

③參差荇菜，左右流之。(《詩·周南·關雎》)

④滔滔孟夏兮，草木莽莽。(《楚辭·九章·懷沙》)

例①②"綠""黄""小""大"做定語，分别表示事物的顔色性質；例③④"參差"、"滔滔"做定語，形容事物的狀態。

2. 名詞做定語

名詞做定語可以分别表示事物的性質、狀態、身份、職業、領屬關係、時間、處所等。如：

①我姑酌彼兕觥，維以不永傷。(《詩·周南·卷耳》)

②是子也，熊虎之狀而豺狼之聲。(《左傳·宣公四年》)

③子謂子夏曰："女爲君子儒，無爲小人儒。"(《論語·雍也》)

④倏忽之間，墜于公子之手。(《戰國策·楚策四》)

⑤三代之令王，皆數百年保天之禄。(《左傳·成公八年》)

⑥堯治天下之民，平海内之政。(《莊子·逍遥遊》)

例①定語"兕"表示事物的性質質料；例②"熊虎"、"豺狼"表示事物的狀態；例③"君子"、"小人"表示人的身份品德；例④定語"公子"表示事物的所有者；例⑤定語"三代"表示時間；例⑥定語"天下"、"海内"表示範圍處所。

有的名詞定語和中心詞表示同一事物。中間加"之"表示偏正關係。如：

①我諸戎飲食衣服不與華同。(《左傳・襄公十四年》)

②公輸盤爲楚造雲梯之械。(《墨子・公輸》)

③今陛下致崑山之玉,有隋和之寶。(秦李斯《諫逐客書》)

例①"我"就是"諸戎";例②"雲梯之械"就是"雲梯這樣的器械";例③"隋和之寶"就是"隋侯珠"、"和氏璧"這樣的寶物。

3. 代詞做定語

如:

①之子于歸,宜其家人。(《詩・周南・桃夭》)

②吾王庶幾其無疾病與。(《孟子・梁惠王下》)

③斯人也,而有斯疾也。(《論語・雍也》)

④凡人主必信,信而又信,誰人不親?(《吕氏春秋・貴信》)

以上例①的"其",例②的"吾"是人稱代詞做定語;例①的"之",例③的"斯"是指示代詞做定語;例④的"誰",是疑問代詞做定語。

4. 數量詞做定語

數量詞做定語已見於甲骨文,周秦發展更多。隨着量詞的發展,數量詞做定語也産生了。分别表示數量多少、長短、輕重、時間等。如:

①君有楚命,亦不使一介行李告于寡君。(《左傳・襄公八年》)

②齊魯千畝桑麻,渭川千畝竹。(《史記・貨殖列傳》)

③三年之喪稱情而立文。(《荀子・禮論》)

例①定語"一介"表示數量多少;例②定語"千畝"表示數量;例③"三年"表示時間。

5. 動詞做定語

動詞用作定語時不是表示人的行爲而是表示事物的性質或狀態。

①爾用先人之治命，余是以報。(《左傳·宣公十五年》)

②案劍嗔目，聲如乳虎。(《莊子·盜跖》)

③有爲者辟若掘井，掘井九軔而不及泉，猶爲棄井也。(《孟子·盡心上》)

④故一器成，往夫具，而天下無戰心。(《管子·參患》)

⑤北海則有走馬吠犬焉，然而中國得而畜使之。(《荀子·王制》)

⑥老子曰："爲禮者雕琢人性，矯拂其情……外束其形，內愁其德，鉗陰陽之和，而迫性命之情，故終身爲哀人。"(《文子·上禮》)

⑦害政養賊，背主人愆，跛行不安，國危爲患。(《易林·家人·節》)

例①"治命"，神志清醒時的命令；例②"乳虎"，哺乳期的母虎；例③"棄井"，被廢棄的水井；例④"往夫"，一往無前的戰士；例⑤"走馬"，善於奔跑的馬，"吠犬"，善於叫的狗；例⑥"哀人"，憂鬱哀傷的人；例⑦"害政"，有害於國家人民的政令。以上句中的"治"、"乳"、"棄"、"往"、"走"、"吠"、"哀"、"害"都是動詞做定語。

6. 詞組做定語

甲骨文裏有少數偏正詞組做定語。到了周秦，定語大大複雜化了，各種詞組和句子形式都可以充當定語。例如：

①秦之所殺三晉之民數百萬，今其生者，皆死秦之孤也。(《戰國策·燕策二》)

②臣請遂道王者諸侯强弱存亡之效。(《荀子·議兵》)

③凡説之難，非吾知之有以説之之難也……(《韓非子·説難》)

例①"秦之所殺"是"所"字結構，而中心部分"三晉之民"又是一個偏正結構；例②定語"王者諸侯强弱存亡"是一個單句形式；例③定語"吾知之有以説之"是一個遞進的複句形式。名詞、形容詞或動詞做定語時，可以不加助詞"之"。上述定語本身複雜，"之"字一般不能省去，否則定語和中心語的關係不容易表述清楚。

六、上古漢語狀語的發展

甲骨卜辭裏，副詞、形容詞、介詞結構已用作狀語。到周秦兩漢，狀語數量大大增加,範圍也大爲廣泛了。

1. 副詞做狀語

上古漢語副詞總數在150個以上,都可以充當狀語,分别表示程度、時間、範圍、情態、方式、狀貌、否定、語氣、謙敬、應對等意義。如:

①君之病在腸胃,不治將益深。(《韓非子·喻老》)

②其爲人也,發憤忘食,樂以忘憂,不知老之將至云爾。(《論語·述而》)

③群黎百姓,徧爲爾德。(《詩·小雅·天保》)

④巧謀並行,詐術遞用。(《吕氏春秋·先已》)

⑤程嬰出,謬謂諸將曰:"嬰不肖,不能立趙孤。"(《史記·趙世家》)

⑥故君子有不戰,戰必勝矣。(《孟子·公孫丑下》)

⑦問其與飲食者,盡富貴也,而未嘗有顯者來。(《孟子·離婁下》)

⑧其雨其雨,杲杲出日。(《詩·衛風·伯兮》)

⑨騶忌子曰:"謹受令,請謹毋離前。"(《史記·田敬仲完世家》)

例①"益"表程度,例②"將"表時間,例③"徧"表範圍,例④"遞"表行爲方式,例⑤"謬"表狀貌,"不"表否定,例⑥"必"表情態,例⑦"未嘗"表否定,例⑧"其"表語氣,例⑨"謹"表謙敬。

2. 形容詞和數詞做狀語

形容詞做狀語表示行爲或狀態特徵。數詞做狀語表示行爲的次數。如:

①博學之,審問之,慎思之,明辨之,篤行之。(《禮記·中庸》)

②湯湯洪水方割,蕩蕩懷山襄陵。(《書·堯典》)

③若衛叛晉,晉五伐我,病何如矣。(《左傳·定公八年》)

④禹八年於外,三過其門而不入。(《孟子·滕文公上》)

例①"博"、"審"、"慎"、"明"、"篤",例②"蕩蕩"都是形容詞用作狀語,意思和用作定語時没有什麽不同;例③"五"表示五次,例④"三"表示三次,是數詞做狀語。

3. 名詞做狀語

名詞做狀語表示行爲的狀態特徵、工具、憑據、態度、時間、處所或方位。如：

①天下之士雲合霧集，魚鱗雜遝，熛至風起。（《史記·淮陰侯列傳》）

②是其爲人也，上不臣于王，下不治其家，中不索交諸侯。（《戰國策·齊策四》）

③夫山居而谷汲者，膢臘而相遺以水。（《韓非子·五蠹》）

④身客死於秦，爲天下笑。（《史記·屈原賈生列傳》）

⑤會天大雨，道不通，度已失期。失期，法皆斬。（《史記·陳涉世家》）

⑥今而後知君之犬馬畜伋。（《孟子·萬章下》）

例①"雲"、"霧"、"熛"、"風"比喻行爲的特徵；例②"上"、"下"、"中"表示行爲的方位；例③"山"、"谷"，表示行爲的處所；例④"客"表示行爲身份；例⑤"法"表示行爲的依據；例⑥"犬馬"表示行爲的態度。

4. 動詞做狀語

上古漢語有少數動詞做狀語。如：

①陰爲約誓，相與密謀，夜出窮寇死戰。（《六韜·略地》）

②而廣身自射彼三人者，殺其二人，生得一人。（《史記·李將軍列傳》）

③足下必欲誅無道秦，不宜踞見長者。（《史記·高祖本紀》）

④歌數闋，戚夫人噓唏流涕，上起去，罷酒。（《史記·留侯世家》）

例①"死"，例②"生"，例③"踞"，例④"噓唏"都是表示行爲的狀態或方式。

5. 詞組做狀語

春秋以至秦漢開始出現，有聯合詞組、偏正詞組、主謂詞組、多層次的複雜詞組。如：

①且丈夫生不五鼎食，死即五鼎烹耳。（《史記·平津侯主父列傳》）

②晏子仰天歎曰："嬰所不唯忠於君、利社稷者是與，有如上帝。"(《左傳·襄公二十五年》)

③僕以口語遇遭此禍，重爲鄉里所戮笑，以污辱先人，亦何面目復上父母之丘墓乎？(漢司馬遷《報任安書》)

④項伯許諾，謂沛公曰："旦日不可不蚤自來謝項王。"(《史記·項羽本紀》)

例①狀語"五鼎"是偏正詞組；例②狀語"仰天"是動賓詞組；例③"亦|何|||面目||復|||上父母之丘墓"狀語是三個層次；例④"旦日|不可||不|||蚤||||自|||||來謝項王"狀語是五個層次。

中心語是形容詞，也可以用動賓詞組做狀語。如：

①齊王何若是之賢也。(《韓非子·外儲説右下》)

②耳目之明如是其狹也，人主之守司如是其廣也。(《荀子·君道》)

③其意非盡吞天下者不休，其不知厭足如是甚也。(《史記·淮陰侯列傳》)

例①"若是"，例②③"如是"在句中做形容詞的狀語。中間或加"之"，或加"其"，或者不加，主要起協調音節的作用，與文義無涉。

6. 介詞結構做狀語

介詞結構做狀語已見於甲骨卜辭。周秦兩漢，例子大大豐富，可以分别表示行爲的時間、處所、範圍、涉及的人物、方法、工具、依據、原因等。如：

①於威宣之際，孟子荀卿之列咸遵夫子之業而潤色之，以學顯於當世。(《史記·儒林列傳》)

②宰相不親小事，非所當於道路問也。(《漢書·丙吉傳》)

③自天子以至於庶人，壹是皆以修身爲本。(《禮記·大學》)

④去病大爲中孺買田宅奴婢而去。(《漢書·霍光傳》)

⑤吕不韋乃以五百金與子楚……(《史記·吕不韋列傳》)

⑥許子以釜甑爨，以鐵耕乎？(《孟子·滕文公上》)

⑦儒以文亂法,俠以武犯禁。(《韓非子·五蠹》)

⑧因前使絶國功,封騫博望侯。(《史記·衛將軍驃騎列傳》)

⑨免不可復得,而身爲宋國笑。(《韓非子·五蠹》)

例①“於威宣之際”表時間,例②“於道路”表處所,例③“自天子以至於庶人”表範圍,例④“爲中儒”表與行爲有關的人物,例⑤“以五百金”表行爲的對象,例⑥“以釜甑”、“以鐵”表工具,例⑦“以文”、“以武”表憑藉,例⑧“因前使絶國功”表原因,例⑨“爲宋國”表行爲的主動者。

第七節 上古漢語句法的發展(二)

一、上古漢語判斷句和名詞謂語句的發展

判斷句表示某種事物是什麼東西或不是什麼東西,某種事物屬於某一類或不屬於某一類,歸某人所有或不歸某人所有。漢語判斷句大都用名詞做謂語,但判斷謂語不限於名詞;名詞做謂語大都表示判斷,但不一定全都表示判斷。甲骨卜辭很少判斷句和名詞謂語句。判斷句從西周開始發展起來,春秋戰國更顯得紛繁複雜。

上古漢語判斷句有以下10種形式:

1.“A+惟(維)+B”式[①]

這種句式已見於西周金文,《尚書》、《詩經》裏用得很多,以後逐漸用得少了。“惟(隹、維)”本是表示强調的語氣副詞,在判斷句裏起繫詞的作用。《玉篇·心部》:“惟,爲也。”如:

①女有隹小子,余令女死我家。(《師毀簋》)

②价人維藩,大師維垣,大邦維屏,大宗維翰。(《詩·大雅·板》)

③厥土惟白壤,厥賦惟上上錯,厥田惟中中。(《書·禹貢》)

---

① A,判斷句的主語;B,判斷句的謂語。

④非我一人奉德不康寧,時惟天命。(《書・多士》)

2."A+B+也"式

這類句式不見於西周金文和《尚書》,《詩經》有個别例子。春秋以後的作品裏普遍應用。如:

①鄉原,德之賊也。(《論語・陽貨》)

②晏嬰,齊之習辭者也。(《晏子春秋・内篇雜下》)

③鄭衛之音,亂世之音也。(《禮記・樂記》)

④和氏璧,天下所共傳寶也。(《史記・廉頗藺相如列傳》)

3."A+者+B+也"式

這是上古漢語判斷句的主要形式。如:

①爲湯武驅民者,桀與紂也。(《孟子・離婁上》)

②國者,天下之大器也。(《荀子・王霸》)

③夫將者,國之輔也。(《孫子・謀攻》)

④此十數人者,皆世之仁賢忠良有道術之士也。(《韓非子・難言》)

4."A+者+B"式

這類判斷句句尾没有語氣詞"也",出現次數少。如:

①兵者,不祥之器。(《老子》三十一章)

②虎者,戾蟲;人者,甘餌也。(《戰國策・秦策二》)

③地者,先君之地。(《史記・晉世家》)

④天下者,高祖天下。(《史記・魏其武安侯列傳》)

5."A+B"式

這類判斷句没有"者"和"也",不多見。如:

①窈窕淑女，君子好逑。(《詩·周南·關雎》)

②子之所慎：齊、戰、疾。(《論語·述而》)

③此人力士。(《史記·魏公子列傳》)

④農，天下之本。(《漢書·文帝紀》)

6."A＋爲＋B"式

這種判斷句已見於《尚書》、《詩經》及先秦其他典籍。"爲"本是動詞，本義是"做"，引申出繫詞的用法。如：

①夫執輿者爲誰？(《論語·微子》)

②余爲伯鯈，余而祖也。(《左傳·宣公三年》)

③爾爲爾，我爲我。(《孟子·公孫丑上》)

④鈞是人也，或爲大人，或爲小人，何也？(《孟子·告子上》)

7."B＋A＋是也"式

這類判斷句裏，"是"是謂語，代詞，作"是這樣"講。[①] 如：

①水由地中行，江淮河漢是也。(《孟子·滕文公下》)

②故爲不善以得禍者，桀紂幽厲是也；愛人利人以得福者，禹湯文武是也。(《墨子·法儀》)

③古之有權者，祭仲之權是也。(《公羊傳·桓公十一年》)

④彼國者亦有砥礪，禮義節奏是也。(《荀子·彊國》)

例①"江淮河漢"是主語，"是"複指"水由地中行"，其餘類推。

8."A＋是＋B"式

用繫詞"是"構成判斷句，先秦開始出現，漢代逐漸多了起來。如：

---

① 有些"是"做謂語的句子是描寫句，"是"作"對、正確"講。如《荀子·王制》："孔子曰：'大節是也，小節是也，上君也；大節是也，小節一出焉，一入焉，中君也；大節非也，小節雖是也，吾無觀其餘矣。'"《論語·陽貨》："子曰：'二三子，偃之言是也，前言戲之耳。'"

①謂彼是是也,不可。(《墨子·經説下》)
②此是何種也?(《韓非子·外儲説左上》)
③此是欲皆在爲王,而憂在負海。(《戰國策·中山策》)
④固曰:"此是家人言耳。"(《史記·儒林列傳》)
⑤巫嫗弟子是女子也。(《史記·滑稽列傳》)
⑥问其御曰:"此何蟲也?"御曰:"此是螳蜋也。"(《韓詩外傳》卷八)

9."A+乃、即+B"式

"乃"、"即"都是副詞,春秋以後,用在判斷句裏加强判斷語氣,表示事實正是如此。王引之《經傳釋詞》卷八"即,猶今人言即是也。"如:

①是乃狼也,其可畜乎?(《左傳·宣公四年》)
②臣非知君,知君乃蘇君。(《史記·張儀列傳》)
③民死亡者,非其父兄,即其子弟。(《左傳·襄公八年》)
④梁父即楚將項燕。(《史記·項羽本紀》)

10."A+非(匪)+B"式

這是判斷句的否定形式,在謂語前加否定副詞"非(匪)"。如:

①我心匪石,不可轉也。我心匪席,不可卷也。(《詩·邶風·柏舟》)
②管仲非仁者與?(《論語·憲問》)
③道者,非天之道,非地之道。(《荀子·儒效》)
④是非君子之言也。(《禮記·檀弓上》)

上古十種判斷句形式,以2、3、10三種最爲典型。到了中古,判斷句"是"普遍應用,情況才發生根本變化。

判斷句的作用是判斷事物的性質和類别。判斷句的主語和謂語可以是名詞,也可以不是名詞,還可以是詞組或句子形式。如:

①庠者,養也;校者,教也。(《孟子·滕文公上》)
②勇怯,勢也;强弱,形也。(司馬遷《報任安書》)
③今有時,斂也無時,暴也。(《荀子·宥坐》)
④好惡在所見,臣下飾奸物以愚其君,必也。(《韓非子·難三》)
⑤城郭不完,兵甲不多,非國之災也。(《孟子·離婁上》)

例①至⑤主語是詞、詞組或句子形式,判斷謂語是動詞、形容詞或偏正詞組。

⑥良人者,所仰望而終身也。(《孟子·離婁下》)
⑦夫王奢、樊於期,非新于齊秦而故于燕魏也。(漢鄒陽《獄中上梁王書》)

例⑥和⑦主語是名詞或名詞性詞組,判斷謂語是"所"字結構或複雜的聯合詞組。

⑧殺盜,非殺人也。(《荀子·正名》)
⑨君子之所謂賢者,非能遍能人之所能之謂也。(《荀子·儒效》)

例⑧主語、判斷謂語都是動賓詞組;例⑨主語是"所……者"結構,謂語是倒裝的動賓詞組。

從意義上看,判斷句還有五種常見的引申用法。一是説明原因。這類句子的謂語可以是名詞、動詞或帶有"所以"、"故"、"爲"、"以"、"爲……故"、"以……故"等字的詞組。如:

①田成子所以遂有齊國者,顔涿聚之力也。(《韓非子·十過》)
②良庖歲更刀,割也;族庖月更刀,折也。(《莊子·養生主》)
③萬物本乎天,人本乎祖,此所以配上帝也。(《禮記·郊特牲》)
④秦人、白狄伐晉,諸侯貳故也。(《左傳·成公九年》)
⑤天生民而樹之君,以利之也。(《左傳·文公十三年》)
⑥衛侯伐鄭,至於鳴雁,爲晉故也。(《左傳·成公十六年》)

⑦秦所以尤追燕急者，以太子丹故也。(《史記·刺客列傳》)

二是表示目的。謂語可以是一般的謂語性短語，也可以是帶“爲”或“所以”的詞組。如：

①叔弓聘于晉，報宣子也。(《左傳·昭公二年》)

②冬季文子如晉，賀遷也。(《左傳·成公六年》)

③叔仲曰：“子之來也，非欲安身也，爲國家之利也。”(《國語·魯語下》)

④曷爲不言捷乎宋？爲襄公諱也。(《公羊傳·僖公十八年》)

⑤古者國有凶荒，則殺禮而多昏會男女之無夫家者，所以育人民也。(《詩·衛風·有狐序》)

⑥大學之禮，雖詔于天子，無北面，所以尊師也。(《禮記·學記》)

例①②謂語動賓詞組；例③④謂語是帶“爲”的介賓詞組，例⑤⑥謂語是帶“所以”的詞組。

三是評説事物。就是對句中涉及的人物、事實、言論、行爲進行評説，往往帶有説話者的某種感情色彩。如：

①聖也者，盡倫者也；王也者，盡制者也。(《荀子·解蔽》)

②夫不出于尊俎之間，而知千里之外，其晏子之謂也。(《晏子春秋·内篇雜上》)

③邦有道，貧且賤焉，恥也；邦無道，富且貴焉，恥也。(《論語·爲政》)

④《詩》曰：“行歸於周，萬民所望”，忠也。(《左傳·襄公十四年》)

⑤故新浴者振其衣，新沐者彈其冠，人之情也。(《荀子·不苟》)

⑥今人有大功而擊之，不義也。(《史記·項羽本紀》)

例①②是評説人物，例③是評説事實，例④是評説言論，例⑤⑥是評説行爲。

四是解釋語義。跟前一種不同，這類句子只對詞語進行客觀解釋，不帶感情色彩。如：

①洚水者，洪水也。(《孟子·滕文公下》)
②始冠，緇布冠也。(《禮記·士冠禮》)
③禮者，法之大分，群類之綱紀也。(《荀子·勸學》)
④樂者，音之所由生也。(《禮記·樂記》)
⑤詩者，志之所之也。(《毛詩序》)
⑥所謂誠其意者，毋自欺也。(《禮記·大學》)

五是進行比喻。如：

①趙衰，冬日之日也；趙盾，夏日之日也。(《左傳·文公九年》)
②君者，舟也；庶人者，水也。(《荀子·王制》)
③子曰："女，器也。"曰："何器也？"曰："瑚璉也。"(《論語·公冶長》)
④夫義，路也；禮，門也。惟君子能由是路出入是門也。(《孟子·萬章下》)

名詞作爲謂語，也有不表示判斷的。如：

①王麻冕黼裳，由賓階隮。(《書·顧命》)
②魴魚赬尾，王室如燬。(《詩·周南·汝墳》)
③牂羊墳首，三星在罶。(《詩·小雅·苕之華》)

例①"麻冕黼裳"，例②"赬尾"，例③"墳首"都是體詞性詞組充當謂語，描寫主語所表事物的狀貌或特點。這類句子在上古漢語裏不多見。

現在談一談繫詞"是"的來源問題。我國第一個對漢語繫詞"是"進行歷時研究的學者是王力先生，他認爲繫詞"是"是由複指前文的指示代詞演變來的[①]。20世

---

① 參看王力《中國文法中的繫詞》，見《龍蟲並雕齋文集》第一册。

紀60年代洪心衡先生認爲繫詞“是”是由表示“確認”意義的副詞“是”變來的，與複指代詞“是”没有關係①。80年代洪誠玉先生認爲繫詞（判斷詞）是從形容詞“是”發展來的，形容詞“是”對事物表示肯定，相當於現代漢語的“正確，對”②。還有一種説法認爲，“是”一開始就是繫詞，不存在産生、發展的過程。“三千年以來，判斷詞‘是’都没有發生重大變化。”③我們認爲，漢語繫詞“是”是由複指前文的指示代詞“是”演變來的。與此同時，這種演變與“是”本身具有强調肯定的意義也有密切關係。判斷句的主語如果過長，中間有所停頓，上古往往用代詞“是”或“此”複指，充當形式上的主語。如：

①知之爲知之，不知爲不知，是知也。（《論語·爲政》）

②居楚而楚，居越而越，居夏而夏，是非天性也。（《荀子·儒效》）

③今人之性，飢而欲飽，寒而欲煖，勞而欲休，此人之情性也。（《荀子·性惡》）

④君子不以親親害尊尊，此《春秋》之義也。（《穀梁傳·文公二年》）

有時主語不長，也可以用“是”或“此”複指。如：

①蒙彼縐絺，是紲袢也。（《詩·鄘風·君子偕老》）

②富與貴，是人之所欲也。（《論語·里仁》）

③日月星辰瑞曆，是禹桀之所同也。（《荀子·天論》）

④公卿大夫，此人爵也。（《孟子·告子上》）

⑤攻皮氏，此王之首事也。（《戰國策·魏策三》）

⑥夫行數千里而救人者，此國之利也。（同上）

例①“是”複指“縐絺”，例②“是”複指“富與貴”，例③“是”複指“日月星辰瑞曆”，例

---

① 參看洪心衡《〈孟子〉裏的“是”字研究》，載《中國語文》，1964年，4期。

② 參看洪誠玉《判斷詞“是”的來源》，載《河北師範學院學報》，1980年，1期。

③ 參看任學良《判斷詞“是”見於先秦説》，載《杭州師範學院學報》，1980年，2期。

④“此”複指“公卿大夫”。所複指的都是名詞或名詞性詞組。例⑤“攻皮氏”是動賓詞組,例⑥“行數千里而救人者”是“者”字結構。這類主語其實中間不必有停頓,“是”、“此”的複指作用逐漸弱化。它們在句中所處位置相同,都具有演變成繫詞的可能性。但詞義變化和詞性轉化往往還取決於詞的内部要素,即詞的原有意義。“是”本身有强調肯定或確認的作用,於是自然地逐漸演變成爲表示判斷的繫詞。“此”與“彼”相對,指示性較强,没有强調肯定或確認的意思,所以没有演變成繫詞而仍然作爲指示代詞保存下來。

二、上古漢語被動句的發展

上古漢語,被動關係可以用一般句式來表示。如:

①彼竊鈎者誅,竊國者爲諸侯。(《莊子·胠篋》)

②故知者作法,而愚者制焉。(《商君書·更法》)

③居無何,二世殺死,優旃歸漢,數年而卒。(《史記·滑稽列傳》)

例①“誅”指被誅殺,例②“制”指被約束控制,例③“二世殺死”指二世被殺死,這都是以一般句式表示被動意義。

有時被動句的行爲施動者位於動詞後,以賓語形式出現。如:

①夫物之感人無窮,而人之好惡無節,則是物至而人化物也。人化物也者,滅天理而窮盡人欲者也。(《禮記·樂記》)

②臣願居前,先死單于。(《史記·李將軍列傳》)

例①“人化物”意即人被外物所同化;例②“先死單于”意即先被單于殺死。

甲骨卜辭開始出現用介詞“于”引進施動者的被動句,西周金文也有這種句式[1]。

---

① 參看管燮初《西周金文語法研究》,60—64頁;唐鈺明、周錫復《論先秦漢語被動式的發展》,載《中國語文》,1985年,4期,281—285頁。

如：

①隹九月既死霸丁丑，乍册矢令尊宜于王姜。(《令簋》)——史官矢令受到王姜的隆重宴饗。

②厌(侯)乍册麥易金于辟厌。(《麥尊》)——君侯的史官麥被君侯賞賜以銅。

從春秋到秦漢，被動句大量出現，有以下11種形式：

1."於(于)"字式

這一被動句式出現最早，應用也最廣泛。用"於(于)"引出行爲的施動者，置於動詞之後，以補語的形式出現。如：

①后胥感鮮，以不浮于天時。(《書·盤庚中》)周秉鈞注："后胥戚鮮，言君后清楚，貴戚明白。"《小爾雅·廣言》："浮，罰也。"

②憂心悄悄，愠于群小。(《詩·邶風·柏舟》)

③禦人以口給，屢憎於人。(《論語·公冶長》)

④傳曰："君子役物，小人役於物。"此之謂矣。(《荀子·修身》)

2."爲"字式

這一被動句式出現於春秋戰國之際。"爲"字引出施動者。也可以不出現施動者，"爲"置於動詞之前。如：

①出則事公卿，入則事父兄，喪事不敢不勉，不爲酒困，何有於我哉？(《論語·子罕》)

比較："困於酒食。"(《易·困·九二》)

②失禮違命，宜其爲禽也。(《左傳·宣公二年》)

③夫堯畜畜然仁，吾恐其爲天下笑。(《莊子·徐無鬼》)

④今有搆木鑽燧於夏后氏之世者，必爲鯀禹笑矣。(《韓非子·五蠹》)

3.“見”字式

這一被動句式出現於春秋戰國之際[①]。它的特點是“見”置於動詞之前，不能插入施動者。如：

①隨之見伐，不量力也；量力而動，其過鮮矣。(《左傳·僖公二十年》)

②子曰：“年四十而見惡焉，其終也已。”(《論語·陽貨》)

③直立而不見知者勝也，廉而不見貴者劌也，勇而不見憚者貪也，信而不見敬者好剸行也。(《荀子·榮辱》)

④代君死而見僇，後人臣無忠其君者矣。(《史記·齊太公世家》)

4.“爲……於(于)……”式

這一被動句式出現于戰國初，“爲”在動詞之前，“於”在動詞之後引出施動者。如：

①暴王桀紂幽厲……使遂失其國家，身死爲僇於天下。(《墨子·法儀》)

②秦少出兵，則晉楚不信，多出兵則晉楚爲制於秦。(《戰國策·秦策二》)

③故繞朝之言當矣，其爲聖人於晉而爲戮於秦也，此不可不察。(《韓非子·説難》)

④胥之父兄爲僇於楚，欲自報其仇耳。(《史記·吴太伯世家》)

總的來説，這類被動句不多見。

5.“見……於(于)……”式

這一被動句式西周金文裏出現過一個例子，《沈子簋》：“乃沈子妹克蔑，見厭于公。”[②]《尚書》、《詩經》、《左傳》裏都没有。戰國後期逐漸多起來。如：

---

① 有人認爲甲骨卜辭“餘見㞢”(《前》7.33.1)，“今日王其步，見雨，亡災”(《合》16500)是被動句，不一定可靠，句中“見”字可作“遇見”講。待研究。

② “見厭于公”中的“厭”字，諸家解釋各異，吴闓生釋爲“合”(見《吉金文録》)，于省吾同(見《雙劍誃吉金文選》)，郭沫若釋爲“厭足”(見《兩周金文辭大系》)。

①吾長見笑於大方之家。(《莊子·秋水》)

②使文王所以見惡於紂者,以其不得人心耶?則雖索人心以解惡可也。(《韓非子·難二》)

③吾嘗三仕三見逐于君,鮑叔不以我爲不肖,知我不遭時也。(《史記·管晏列傳》)

④且夫臣人與見臣於人,制人與見制於人,豈可同日道哉?(《史記·李斯列傳》)

6."爲……所……"式

這一被動句式産生于戰國後期。"爲"字引進施動者,"所"字加强被動語氣,並在結構上起聯接和標誌的作用,在應用中逐漸取得優勢,成爲漢語被動式的主要格式之一。如:

①方術不用,爲人所疑。(《荀子·堯問》)

②申徒狄諫而不聽,負石自投於河,爲魚鼈所食。(《莊子·盜跖》)

③夫直議者不爲人所容,無所容則危身,非徒危身,又將危父。(《韓非子·外儲説左下》)

④楚遂削弱,爲秦所輕,於是白起又將兵來伐。(《戰國策·秦策四》)

⑤吾聞先即制人,後則爲人所制。(《史記·項羽本紀》)

這類被動句省去施動者,"爲"、"所"相連成"……爲所……"的形式,同樣表示被動。如:

①不者,若屬皆且爲所虜。(《史記·項羽本紀》)

②度不中不發,發即應弦而倒,用此,其將兵數困辱,其射猛獸亦爲所傷云。(《史記·李將軍列傳》)

7."被"字式

這類被動句式,開始出現于戰國後期,漢代用得多些。這類句子大都用於不愉

快的事情。"被"字直接附於動詞之前,不能引出施動者,這是上古時期"被"字句的特點。如:

①國一日被攻,雖欲事秦,不可得也。(《戰國策·齊策一》)

②今兄弟被侵,必攻者廉也;知友被辱,隨仇者貞也。(《韓非子·五蠹》)

③信而見疑,忠而被謗,能無怨乎?(《史記·屈原賈生列傳》)

④昆弟諸子欲厚葬湯。湯母曰:"湯爲天子大臣,被汙惡言而死,何厚葬乎?"(《史記·酷吏列傳》)

8."爲……之……"式

這種被動式産生于戰國初期。如:

①員不忍稱疾辟易,以見王之親爲越之禽也。(《國語·吴語》)

②晉文公爲驪姬之譖,出亡十九年。(《尹文子·大道上》)

③南陽之宰,而爲越王之擒。(汉趙曄《吴越春秋·勾踐伐吴外傳》)

④〔紂〕遇周武王,遂爲周氏之禽。(《管子·七臣七主》)

9."爲……之所……"式

這種被動式産生于戰國末期,兩漢以及魏晉南北朝都有應用。[①] 如:

①有制人者,有爲人之所制者。(《管子·樞言》)

②神龍失水而陸居兮,爲螻蟻之所裁。(賈誼《惜誓》)

③父母之於子也,豈可坐觀其爲寇賊之所屠剥,立視其爲狗豕之所噉食乎?(《潛夫論·邊議》)

10."爲……見……"式

這是"爲"字式和"見"字式的結合。如:

---

① 《墨子·天志》:"然則率天下之百姓以從事於義,則我乃爲天之所欲也;我爲天之所欲,天亦爲我所欲。"這裏的"爲"是動詞,不是被動式。

①烈士爲天下見善矣，未足以活身。(《莊子·至樂》)

②今己酉之家，無過於月歲，子寅起宅，空爲見食，此則歲冤無罪也。(漢王充《論衡·調時》)

③臣誠恐卒爲豺狼横見噬食，故冒死欲詣闕，披肝膽，布腹心。(《後漢書·鄧寇傳》)

11.“爲……所見……”式

這是“爲……所……”式與“見”字式的結合使用，産生于東漢。如：

①而臣兄弟獨以無辜爲專權之臣所見批抵，青蠅之人所共構會。(漢寇榮《上桓帝書》)

②適複念欲閉口不語，而當爲王所見生埋……故復語耳。(漢安世高譯《佛説太子慕魄經》)

③其後命終，墮餓鬼中，常爲飢渴所見逼切。(漢支謙譯《撰集百緣經》)

綜上所述，漢語被動句式商代甲骨卜辭中已開始出現，春秋戰國先後産生了多種被動句式。其中“於(于)”字句先秦應用最廣，漢以後“爲……所……”式，“被”字式逐漸發展，成爲漢語被動句的主要形式。

三、上古漢語賓語前置句型的發展

動詞在前，賓語在後，這是漢語一般的詞序，古今一致。甲骨卜辭裏賓語位置有很大的靈活性，賓語往往可以放到動詞前面。周秦漢語在一定程度上繼承了這個特點，同時産生了一些賓語前置的句型。可分以下 7 種：

1. O＋V①

這一句型是從甲骨卜辭中繼承下來的。又有兩種情況：

(1)肯定句賓語放在動詞前面，往往帶有强調的意思。如：

① O＝賓語，V＝動詞，O_1＝間接賓語，O_2＝直接賓語。

①民獻有十夫予翼，以于敉寧武圖功。(《書·大誥》)僞《孔傳》："賢者有十夫來翼佐我周，用安撫武事謀立其功。"

②天明畏，弼我丕丕基。(同上)——庶邦當畏天命，以輔我偉大之事業。

③赫赫師尹，民具爾瞻。(《詩·小雅·節南山》)

④爾貢苞茅不入，王祭不共，無以縮酒，寡人是徵；昭王南征而不復，寡人是問。(《左傳·僖公四年》)

周代典籍中這類句子出現不太多，漢代以後更爲少見。

(2)疑問代詞做賓語時，一般放在動詞前。如：

①無父何怙，無母何恃？(《詩·小雅·蓼莪》)

②吾誰欺？欺天乎？(《論語·子罕》)

③聖王有百，吾孰法焉？(《荀子·非相》)

④皮之不存，毛將安傅？(《左傳·僖公十四年》)

⑤天下之父歸之，其子焉往？(《孟子·離婁上》)

⑥問臧奚事，則挾筴讀書，問穀奚事，則博塞以遊。(《莊子·駢拇》)

⑦雖聞，曷聞？雖見，曷見？雖知，曷知？(《吕氏春秋·審分》)

這種句式是從甲骨卜辭繼承來的。在先秦典籍裏，例外不多。句中疑問詞所在，大約也是全句强調的重點。到了漢代，疑問代詞做賓語有逐漸移到動詞後面的趨勢。如：

⑧涉江采芙蓉，蘭澤多芳草，采之欲遺誰？所思在遠道。(漢樂府《涉江采芙蓉》)

⑨武帝問："言何？"(《漢書·酷吏傳》)

但在文言文裏，疑問代詞賓語前置的句法結構一直保存下來。疑問代詞做介詞賓語，同樣也要放在介詞前面。如：

①夏諺曰:“吾王不遊,吾何以休,吾王不豫,吾何以助?”(《孟子· 梁惠王下》)

②貴有德何爲也? 爲其近於道也。(《禮記·祭義》)

③世與道交相喪也,道之人何由興乎世,世亦何由興乎道哉?(《莊子·繕性》)

④不忮不求,何用不臧?(《詩·邶風·雄雉》)

⑤莊王怒曰:“吾使子往視之,子曷爲告之?”(《公羊傳·宣公十五年》)

⑥南面而征北狄怨,曰:“奚爲後我?”(《孟子·梁惠王下》)

⑦今臣生十二歲於兹矣,君其試臣,奚以遽言叱也?(《戰國策·秦策五》)

⑧雖有賢者,而無禮以接之,賢奚由盡忠?(《吕氏春秋·本味》)

⑨子路宿於石門,晨門曰:“奚自?”(《論語·憲問》)

⑩學惡乎始? 惡乎終?(《荀子·勸學》)

⑪他日歸,則有饋其兄生鵝者,已頻顣曰:“惡用是鶂鶂者爲哉?(《孟子·滕文公下》)

⑫是皆率民而出於孝情者也,胡爲至今不朝也?(《戰國策·齊策四》)

⑬胡以仁義禮節爲? 家富而出官耳。(賈誼《新書·時變》)

⑭焉用亡鄭以陪鄰? 鄰之厚,君之薄也。(《左傳·僖公三十年》)

⑮今穀嗛未報,鼎焉爲出哉?(《漢書·郊祀志》)

⑯誰爲爲之? 孰令聽之?(司馬遷《報任安書》)

肯定句的介詞賓語也有放在介詞前面的。如:

①日居月諸,東方自出。(《詩·邶風·日月》)

②楚國方城以爲城,漢水以爲池。(《左傳·僖公四年》)

③江漢以濯之,秋陽以暴之。(《孟子·滕文公上》)

④啓乃淫溢康樂,野于飲食。(《墨子·非樂上》)

2. 否定詞+O+V

這一句型也是從甲骨卜辭繼承下來的。在否定句裏,賓語是代詞時大部分置於動詞前面。否定詞包括無指代詞"莫"和否定副詞"不、未、無、毋、勿、亡、罔"等。如：

①三歲貫女，莫我肯顧。(《詩・魏風・碩鼠》)

②告爾殷多士，今予惟不爾殺，予惟時命有申。(《書・多士》)

③晉國之命，未是有也。(《左傳・襄公十四年》)

④神罔時怨，神罔時恫。(《詩・大雅・思齊》)

⑤我無爾詐，爾無我虞。(《左傳・宣公十五年》)

⑥三月而葬，凡附於棺者，必誠必信，勿之有悔焉耳矣。喪三年以爲極，亡，則弗之忘矣。(《禮記・檀弓上》)

⑦以吾一日長乎爾，毋吾以也。(《論語・先進》)

⑧自古及今，未嘗之有也。(《墨子・節葬下》)

也有相當大一部分否定句的代詞賓語放在動詞後面。如：

⑨爾不許我，我乃屏璧與珪。(《書・金縢》)

⑩無友不如己者，過則勿憚改。(《論語・學而》)

⑪雖與之俱學，弗若之矣。(《孟子・告子上》)

⑫以天下之民莫欲之也。(《荀子・君道》)

到了漢代，除了"未之"、"莫之"以外，其他否定副詞後的代詞賓語大都置於動詞之後。魏晉以後，口語裏的否定代詞賓語幾乎全都移到動詞後面去了。至於否定句的名詞賓語，一般在動詞後面，古今如此。如：

①世選爾勞，予不掩爾善。(《書・盤庚上》)

②其竭力致死，無有二心。(《左傳・成公二年》)

③未知生，焉知死？(《論語・先進》)

④《傳》曰："亡懷土。"何必思故鄉？(《漢書・貢禹傳》)

也有少數放在動詞前面的。往往是爲了意義强調、結構整齊或音節和諧。如：

⑤如何昊天，辟言不信。(《詩·小雅·雨無正》)

⑥帝命不違，至于湯齊。(《詩·商頌·長發》)

⑦臣死且不避，卮酒安足辭？(《史記·項羽本紀》)

⑧德澤亡一有，而怨毒盈於世。(《漢書·賈誼傳》)

例⑤"辟言不信"即是"不信辟言"，例⑥"帝命不違"即"不違帝命"，例⑦"死且不避"即"不避死"，例⑧"德澤亡一有"即"德澤亡有一。"

3. 惟＋O＋V

這一句型是將賓語置於動詞之前，用助詞"惟"加以强調。甲骨卜辭中比較常見。如："利令，其隹(惟)太史寮令。"(《前》5.39.8)可以説源遠流長。先秦典籍中有少數幾個例子，如：

①肆王惟德用和懌先後迷民。(《書·梓材》)——今王亦想用仁德來和悦教導此迷惑之民。

②惟我下民秉爲，惟天明畏。(《書·多士》)——我下民之所作爲，當敬畏天命。

③女雖(惟)湛樂從，弗念厥紹。(《詩·大雅·抑》)——你縱情歡樂，不念自己先代的傳統。

可以説，春秋以後這已是一種逐漸消亡的句型。

4. O＋是(之、斯、實、焉、於、來)＋V

這一句型用代詞"是、之、斯"等複指前置賓語，不見於甲骨文和西周金文。《尚書》、《詩經》、《左傳》等先秦典籍中都較常見。大約産生於西周後期，春秋戰國比較普遍地應用起來。用"是"複指前置賓語的，如：

①凡厥庶民，極之敷言，是訓是行。(《書·洪範》)

②日居月諸，下土是冒。(《詩・邶風・日月》)

③匪先民是程，匪大猶是經。(《詩・小雅・小旻》)

④君亡之不恤而群臣是憂，惠之至也。(《左傳・僖公十五年》)

⑤吾不免是懼，何敢告子？(《左傳・襄公二十二年》)

用"之"複指前置賓語的，如：

①王其德之用，祈天永命。(《書・召誥》)

②魚網之設，鴻則離之。燕婉之求，得此戚施。(《詩・邶風・新臺》)

③諺所謂"輔車相依，唇亡齒寒"者，其虞虢之謂也。(《左傳・僖公五年》)

④夫子焉不學，而亦何常師之有？(《論語・子張》)

⑤宋何罪之有？(《墨子・公輸》)

用"斯、實、焉、於、來"複指前置賓語的，如：

①周公居東二年，則罪人斯得。(《書・金縢》)

②朋酒斯饗，曰殺羔羊。(《詩・豳風・七月》)

③大侯既抗，弓矢斯張。(《詩・小雅・賓之初筵》)

④鬼神非人實親，惟德是依。(《左傳・僖公五年》)

⑤我周之東遷，晉鄭焉依。(《左傳・隱公六年》)

⑥赫赫南仲，玁狁于襄。(《詩・小雅・出車》)

⑦是用作歌，將母來諗。(《詩・小雅・四牡》)

代詞賓語也可以用"之"複指，但不能用"是"、"斯"、"實"、"於"、"來"等字。如：

①《詩》曰："孝子不匱，永錫爾類。"其是之謂乎？(《左傳・隱公元年》)

②語曰："唇亡則齒寒。"其斯之謂與？(《穀梁傳・僖公二年》)

③《詩》曰："匪交匪舒，天子所予。"此之謂也。（《荀子·勸學》）

④野語有之曰："聞道百，以爲莫己若者。"我之謂也。（《莊子·秋水》）

⑤舍彼有罪，予之佗矣。（《詩·小雅·小弁》）

開頭以"是"、"之"等複指前置賓語大約只是對賓語起强調作用。後來"O＋之(是)＋V"成爲一種固定的形式。"之"、"是"的複指性弱化，成爲賓語前置結構的一種標誌，並在一定程度上起着協調音節的作用。"是"、"之"在複指前置賓語時，基本作用相同。但"是"只用於語氣肯定的句子；"之"字既用於語氣肯定的句子，也用於疑問和反詰語氣的句子，範圍較廣；"斯"用於複指，只在《尚書》、《詩經》等書裏出現；"實、焉、於、來"用於複指只有個别的例子。

5. 惟(維、唯)＋O＋是(之)＋V

這一句型既用代詞複指前置賓語，又用語氣副詞"惟(維、唯)"放在賓語之前表示强調，可以説是前述三、四種句型的綜合，出現時間亦相差無幾。《尚書》、《詩經》、《國語》、《論語》等書裏用得比較普遍。"惟"、"維"、"唯"是同詞異形。《尚書》用"惟"，《詩經》用"維"（偶爾用"唯"），《左傳》用"唯"。用"是"複指前置賓語的，如：

①無若丹朱傲，惟慢遊是好，傲虐是作。（《書·臯陶謨》）

②皇天無親，惟德是輔。（《書·蔡仲之命》）

③維邇言是聽，維邇言是争。（《詩·小雅·小旻》）

④故進不求名，退不避罪，惟民是保，而利于主，國之寶也。（《孫子兵法·地形》）

⑤荀偃令曰："雞鳴而駕，塞井夷竈，唯余馬首是瞻。"（《左傳·襄公十四年》）

⑥余雖與晉出入，余唯利是視。（《左傳·成公十三年》）

⑦除君之惡，唯力是視。（《左傳·僖公二十四年》）

⑧某既前受命矣，唯命是聽。（《儀禮·士昏禮》）

用"之"複指前置賓語的，如：

①不知稼穡之艱難，不聞小人之勞，惟耽樂之從。(《書·無逸》)

②欽哉欽哉，惟刑之恤哉！(《書·舜典》)

③豈無他人，維子之好？(《詩·唐風·羔裘》)

④乃及王季，維德之行。(《詩·大雅·大明》)

⑤父母唯其疾之憂。(《論語·爲政》)

⑥此子也才，吾受子之賜；不才，吾唯子之怨。(《左傳·文公七年》)

比較："此子材，吾受其賜；不材，吾怨子。"(《史記·晉世家》)

⑦人有言曰："唯亂門之無過。"(《左傳·昭公二十二年》)

比較："諺曰：'無過亂門。'"(《左傳·昭公十九年》)

6. O＋之爲＋V

這一句型出現較晚，見於戰國時期的作品裏。"之爲"的作用與"之"同[①]。如：

①知者無不知也，當務之爲急。(《孟子·盡心上》)

②故人苟生之爲見，若者必死；苟利之爲見，若者必害。(《荀子·禮論》)

③擁腫之與居，鞅掌之爲使。(《莊子·庚桑楚》)

例①"當務之爲急"即"急於當務"；例②"生之爲見"、"利之爲見"，即"惟見生"、"惟見利"；例③"鞅掌之爲使"即"使鞅掌(役使勞苦奔走之人)"。

7. 惟(唯)＋O＋之爲＋V

這一句型産生時代與上一式相同。如：

①其一人專心致志，惟奕秋之爲聽。(《孟子·告子上》)

②唯仁之爲守，唯義之爲行。(《荀子·不苟》)

③今使人生而未嘗睹芻豢稻粱也，惟菽藿糟糠之爲睹，則以至足爲在此

---

① 《論語·先進》："非夫人之爲慟而誰爲？"句中"非夫人之爲慟"是"非爲夫人慟"的倒裝，"爲"是介詞，介詞賓語前置，以"之"複指。與這一句型中的"之爲"不同。

也。(《荀子・榮辱》)

例①"惟奕秋之爲聽"即"惟聽奕秋";例②"唯仁之爲守,唯義之爲行"即"唯守仁,唯行義";例③"惟菽藿糟糠之爲睹"即"惟睹菽藿糟糠"。"之爲"也可以省作"爲",如《漢書・蘇武傳》"〔汝〕爲降虜於蠻夷,何以女爲見。""何以女爲見"即"何用見女"的倒裝。①

上述各種賓語前置的句型,到漢代逐漸消亡,賓語大都移到了動詞後面。以《詩經》爲例,代詞賓語前置的否定句 68 例,疑問代詞賓語前置的 19 例,用"是"、"之"、"斯"複指的前置賓語句 76 例,除"誰"、"何"、"安"以外,在《毛傳》、《鄭箋》中没有一例保存賓語前置的結構。如:

①豈不爾思,子不我即。(《詩・鄭風・東門之墠》)鄭箋:"我豈不思望女乎? 女不就迎我而俱去耳。"

②三歲貫女,莫我肯勞。(《詩・魏風・碩鼠》)鄭箋:"不肯勞來我。"

③大夫君子,無我有尤。(《詩・鄘風・載馳》)鄭箋:"無我有尤,無過我也。"

④有皇上帝,伊誰云憎? (《詩・小雅・正月》)鄭箋:"使王暴虐如是,是憎惡誰乎?"

⑤四方是維,天子是毗。(《詩・小雅・節南山》)鄭箋:"毗,輔也。……維制四方,上輔天子。"

⑥舍彼有罪,予之佗矣。(《詩・小雅・小弁》)鄭箋:"予,我也。舍褒姒讒言之罪,而妄加我大子。"

⑦無非無儀,唯酒食是議。(《詩・小雅・斯干》)鄭箋:"婦人之事,惟議酒食爾。"

後世文言文也有應用這種賓語前置的句型的。馬建忠説:"此種句法,《左傳》、

---

① 《春秋・文公八年》:"公孫敖如京師,不至而復。丙戌,奔莒。"《穀梁傳》云:"其如,非如也;其復,非復也。唯奔莒之爲信,故謹而日之也。"後兩句意思是:只有逃到莒國是真實可信的,所以鄭重地記下日子。"唯莒之爲信",不是賓語前置句。

《論語》最所習見。後則韓〔愈〕文襲用者最多。"(《馬氏文通》卷七)如:"不求其端,惟怪之欲聞"(《原道》);"起居無時,惟適之安"(《送李愿歸盤谷序》)。但這只是文人的仿古,並不反映漢語發展的實際。就口語而論,只有"唯×是問"、"唯利是圖"等成語一直保存到現在。

四、上古漢語複句的發展

簡單的意思用一個單句就可以表達,比較複雜的意思却要有幾個分句在一起才能表達出來。由兩個或幾個分句組成的句子就叫做複句。複句中分句和分句的關係,有的用意合法來表達,就是根據意義來確定分句之間的關係,不必用連詞連接;有的則用形合法來表達,就是用一定的連詞來連接。在甲骨文裏,複句不多,用來表達複句的語法手段——連詞也很少。到了春秋戰國以至兩漢,情況有了很大的變化。一方面,複句大大增加了,另一方面,產生了不少形合的複句,尤其是多重形合複句表現了漢語複句由意合法向形合法轉變的進程。漢語中表示各種關係的複句形式,在先秦基本上都已具備了。

根據分句和分句的關係,複句可以分爲聯合複句和主從複句兩大類。根據句法層次,複句又可分爲一重複句和多重複句。每一大類裏又可分成若干小類。

1. 聯合複句

聯合複句中分句與分句的地位是平等的,並不彼此互相依賴。聯合複句又可根據分句之間的不同關係分爲並列式、連貫式、轉折式、遞進式、選擇式、比較式等六類。聯合複句的分句有相對的獨立性,比較自由。而且像連貫式複句的排列順序與客觀事物的順序往往是一致的,不用連詞連接,意義也不至於發生分歧或者費解。因此一般地説,用意合法構成的聯合複句要比主從複句多些。

(1)並列複句　分句和分句的意義是平等的。一般不用連詞而用排比的方式構成。如:

①鸛鳴于垤,婦歎于室。(《詩·豳風·東山》)

②恭者不侮人,儉者不奪人。(《孟子·離婁上》)

③柴也愚,參也魯,師也辟,由也喭。(《論語·先進》)

④學而不思則罔,思而不學則殆。(《論語・爲政》)

⑤爲之於未有,治之於未亂。(《老子》六十四章)

(2)連貫複句　分句之間的意義是連貫的,次序上有先後之分,不能顛倒,可以不用連詞,也可以用"而"、"則"連接。如:

①克明俊德,以親九族;九族既睦,平章百姓;百姓昭明,協和萬邦;黎民於變時雍。(《書・堯典》)

②肉食者鄙,未能遠謀。(《左傳・莊公十年》)

③勇士入其大門,則無人門焉者。(《公羊傳・宣公六年》)

④孔子時其亡也,而往拜之。(《論語・陽貨》)

⑤孟子自齊葬於魯,反於齊,止於嬴。(《孟子・公孫丑下》)

(3)轉折複句　前後兩個分句意義是相反的,常用"乃"、"而"、"然"、"然而"、"抑"、"顧"、"則"等連接。語意重點通常在後一個分句裏。如:

①不見子都,乃見狂且。(《詩・鄭風・山有扶蘇》)

②問其與飲食者,盡富貴也,而未嘗有顯者來。(《孟子・離婁下》)

③周勃厚重少文,然安劉氏者必勃也,可令爲太尉。(《史記・高祖本紀》)

④昔秦法繁於秋荼,而網密於凝脂,然而上下相遁,奸僞萌生。(漢桓寬《鹽鐵論・刑德》)

⑤言必信,行必果,硜硜然小人哉,抑亦可以爲次矣。(《論語・子路》)

⑥吾每念常痛於骨髓,顧計不知所出耳。(《戰國策・燕策三》)

⑦寡人願事君朝夕不倦,將奉質幣以無失時。則國家多難,是以不獲。(《左傳・昭公三年》)

(4)遞進複句　前後兩個分句的意義一層比一層加强。這類句子上古用"矧"、"況"、"皇"、"且"、"尚"、"猶尚"等來連接,"矧"只見於《詩》、《書》。是一個早期的遞

進連詞,春秋以後的作品中就不大用了。“況”、“皇”上古同屬陽部,聲母部位也相同,可能是一個詞的變體。如:

①神之格思,不可度思,矧可射思。(《詩·大雅·抑》)

②思其人猶愛其樹,況用其道而不恤其人乎?(《左傳·定公九年》)

③天且弗違,而況於人乎? 況於鬼神乎?(《易·乾·文言》)

④君子之於人也,有其語也,無不聽者,皇於聽獄乎?(《尚書大傳·卷四·甫刑》)

⑤天下事未可知,且爲天下者不顧家,雖殺之無益,祇益禍耳。(《史記·項羽本紀》)

⑥民不樂生,尚不避死,安能避罪?(《漢書·董仲舒傳》)

⑦天子春秋鼎盛,行義未過,德澤有加焉,猶尚如是,況莫大諸侯權力且十此者乎?(《漢書·賈誼傳》)

(5)正反複句　兩個分句一正一反形成對比。如:

①匪寇,婚媾。(《易·屯》)

②匪來貿絲,來即我謀。(《詩·衛風·氓》)

③非知之艱,行之惟艱。(《書·説命中》)

④非不能也,不信子也。(《左傳·襄公十一年》)

⑤非我也,夫二三子也。(《論語·先進》)

⑥此天之亡我,非戰之罪也。(《史記·項羽本紀》)

(6)選擇複句　兩個分句提出了不同的判斷或敘述,讓人們從中去選擇一個。選擇式複句多是問句,用“寧”、“其”、“且”、“亡”、“妄、“意”、“將”、“抑””等連詞來連接。如:

①吾寧悃悃欵欵朴以忠乎? 將送往勞來斯無窮乎?(《楚辭·卜居》)

②人之情寧朝人乎？寧朝於人也？（《戰國策·趙策四》）

③此龜者，寧其死爲留骨而貴乎？寧其生而曳尾於塗中乎？（《莊子·秋水》）

④不識今之言者，其覺者乎？其夢者乎？（《莊子·大宗師》）

⑤富貴者驕人乎？且貧賤者驕人乎？（《史記·魏世家》）

⑥秦之攻趙也，倦而歸乎？亡其力尚能進，愛王而不攻乎？（《戰國策·趙策三》）

⑦道固然乎，妄其欺不穀邪？（《國語·越語下》）

⑧子之義將匿邪？意將以告人乎？（《墨子·耕柱》）

⑨夫不忍一世之傷而驁萬世之患，抑固窶邪，亡其略弗及邪？（《莊子·外物》）

⑩求牧與芻而不得，則反諸其人乎？抑亦立而視其死與？（《孟子·公孫丑下》）

（7）比較複句　比較兩件事實，選取其中的一種，放棄另外一種，實際上這也是一種選擇。常用“與其……寧（不若、不如）……”、“與……寧（豈若、不如）……”、“……孰與……”來連接。意思重點在後一句。如：

①與其殺不辜，寧失不經。（僞《書·大禹謨》）

②喪禮，與其哀不足而禮有餘也，不若禮不足而哀有餘也。（《禮記·檀弓上》）

③與其生而無義，固不如烹。（《史記·田單列傳》）

④吾與富貴而詘于人，寧貧賤而輕世肆志焉。（《史記·魯仲連鄒陽列傳》）

⑤與我處畎畝之中，由是以樂堯舜之道，吾豈若使是君爲堯舜之君哉？（《孟子·萬章上》）

⑥與吾得革車千乘也，不如聞行人燭過之一言。（《吕氏春秋·貴直》）

⑦從天而頌之，孰與制天命而用之。（《荀子·天論》）

2. 主從複句

主從複句中，一個分句是主要的，另一個分句是從屬的。主從複句的分句與分句之間表現了種種不同的關係，往往需用一定的連詞加以連接才能表明。因此用形合法構成的主從複句比聯合複句要多。在上古漢語裏，由意合法構成的主從複句仍然不少，表明上古漢語語法還處在逐漸發展的階段。主從複句可以分爲因果式、申説式、假設式、讓步式、分合式等五類。它們大都用不同的語法手段來連接。

(1)因果複句　主句和從句之間有因果關係，通常是從句表示原因，主句表示結果。連接因果複句的語法手段有兩類："以"、"緣"、"用"、"惟"置於從句前面，"肆"、"故"、"是故"、"是用"、"唯是"置於主句前面，還有"唯……故……"、"惟……是以……"、"以……故……"、"由……故……"、"爲……故……"連用的。如：

①以吾從大夫之後，不可徒行也。(《論語·先進》)

②趙穿緣民衆不説，起弑靈公。(《公羊傳·宣公六年》)

③用善騎射，殺首虜多，爲漢中郎。(《史記·李將軍列傳》)

④闔廬惟能用其，民以敗我於柏舉。(《左傳·哀公元年》)

⑤昔在殷王中宗，嚴恭寅畏，天命自度，治民祗懼，不敢荒寧，肆中宗之享國，七十有五年。(《書·無逸》)

⑥求也退，故進之；由也兼人，故退之。(《論語·先進》)

⑦其言不讓，是故哂之。(《論語·先進》)

⑧如彼築室于道謀，是用不潰于成。(《詩·小雅·小旻》)

⑨吾子淹久於敝邑，唯是脯資餼牽竭矣。(《左傳·僖公三十三年》)

⑩夫唯不可識，故强爲之容。(《老子》十五章)

⑪功成而弗居。夫惟弗居，是以不去。(《老子》二章)

⑫以不聽子，故至於此，爲之奈何？(《史記·越王勾踐世家》)

⑬由所殺蛇白帝子，殺者赤帝子，故上赤。(《史記·高祖本紀》)

⑭高帝已定天下，爲中國勞苦，故釋佗不誅。(《前漢書·南粵傳》)

(2)申説複句　前一分句提出事實或判斷，後一分句加以解釋，這類句子用"以"、"蓋"或"所以"來連接。如：

①晉侯秦伯圍鄭,以其無禮於晉,且貳於楚也。(《左傳·僖公三十年》)

②孔子罕稱命,蓋難言之也。(《史記·外戚世家》)

③古之人所以大過人者,無他焉,善推其所爲而已矣。(《孟子·梁惠王上》)

④所以貴無爲,無思爲虛者,謂其意無所制也。(《韓非子·解老》)

申説式也可以不用特定的詞語連接。如:

①晉師侵衛,衛不服也。(《左傳·哀公七年》)——晉國軍隊侵襲衛國,是因爲衛國不順服它。

②良庖歲更刀,割也;族庖月更刀,折也。(《莊子·養生主》)

③葬者曷爲或日或不日?不及時而日,渴葬也。(《公羊傳·隱公三年》)——後一句意思是:不到下葬的時候下葬記日子,是因爲急着下葬。

(3)假設複句 前一分句假設某種條件,後一分句表示在這種條件下産生的結果。假設式複句通常用"苟"、"令"、"如"、"若"、"詎"、"尚"、"使"、"爲"、"微"、"則"、"假令"、"假而"、"假使"、"若苟"、"若其"、"若使"等詞來連接。它們都置於從句句首或從句謂語前面。如:

①苟有其備,何故不可?(《左傳·昭公五年》)

②令冬月益展一月,足吾事也。(《史記·酷吏列傳》)

③如有用我者,吾其爲東周乎!(《論語·陽貨》)

④公子若反晉國,則何以報不穀?(《左傳·僖公二十三年》)

⑤詎非聖人,不有外患,必有内憂。(《國語·晉語六》)

⑥尚欲祖述堯舜禹湯之道,將不可不以尚賢。(《墨子·尚賢上》)

⑦使死者無知,則已矣;若其有知,吾何面目以見員也。(《國語·吴語》)

⑧爲此行也,荆敗我,諸侯必叛之。(《國語·晉語八》)

⑨微夫子之發吾覆也,吾不知天地之大全也。(《莊子·田子方》)

⑩德則不競，尋盟何爲？（《左傳・成公九年》）

⑪假令晏子而在，余雖爲之執鞭，所忻慕焉。（《史記・管晏列傳》）

⑫故嚮萬物之美而不能嗛也，假而得問而嗛之，則不能離也。（《荀子・正名》）嗛：通"慊"，滿足。

⑬假使臣得同行於箕子，可以有補於所賢之主，是臣之大榮也，臣又何恥？（《史記・范雎蔡澤列傳》）

⑭若苟有以籍口而復於寡君，君之惠也。（《左傳・成公二年》）

⑮戰而捷，必得諸侯；若其不捷，表裏山河，必無害也。（《左傳・僖公二十八年》）

⑯若使古之王者毋知有死，自昔先君太公至今尚在，而君亦安得此國而哀之？（《晏子春秋・外篇上二》）

（4）讓步複句　兩個分句有讓步的關係，即前一分句退讓一步説，後一分句才説出正意。用"每"、"雖"、"雖則"、"雖使"、"縱（從）"、"自"、"正"、"則"、"雖……然……"、"雖……而（然而）……"等連接。其中"每"僅見於《詩經》和《莊子》，"從"當是"縱"的別體。如：

①每有良朋，況也永歎。（《詩・小雅・常棣》）

②雖有君命，寡人弗敢與聞。（《左傳・隱公十一年》）

③雖有臺池鳥獸，豈能獨樂哉？（《孟子・梁惠王上》）

④楚雖有富大之名，而實空虛。（《史記・張儀列傳》）

⑤魴魚赬尾，王室如燬。雖則如燬，父母孔邇。（《詩・周南・汝墳》）

⑥厚葬久喪，雖使不可以富貧衆寡定危治亂，然此聖王之道也。（《墨子・節葬下》）

⑦縱我不往，子寧不嗣音？（《詩・鄭風・子衿》）

⑧從其有皮，丹漆若何？（《左傳・宣公二年》）

⑨自是有德者以不知也，而況有道者乎？（《莊子・列御寇》）

⑩正頗重聽，何傷？（《漢書・王霸傳》）

⑪操事則苦,不知高下,民乃逾處。(《吕氏春秋·任地》)

(5)分合複句　分合式複句多由三個以上的分句組成,其中一個分句總説,其他分句分説。總説的分句可以在前,也可以在後,一般不用連詞。如:

①《易》有聖人之道四焉:以言者尚其辭,以動者尚其變,以制器者尚其象,以卜筮者尚其佔。(《易·繫辭上》)

②君子有三變:望之儼然,即之也温,聽其言也厲。(《論語·子張》)

③子絶四:毋意、毋必、毋固、毋我。(《論語·子罕》)

④富貴不能淫,貧賤不能移,威武不能屈,此之謂大丈夫。(《孟子·滕文公下》)

⑤析言破律,亂名改作,執左道以亂政,殺。(《禮記·王制》)

⑥不學問,無正義,以富利爲隆,是俗人者也。(《荀子·儒效》)

例①②③是先合後分,例④⑤⑥是先分後合。

3. 多重複句

(1)二重複句　其一個或兩個分句又是複句。如:

①不自見,‖故明;|不自是,‖故彰。(《老子·二十二章》)

②有言逆于汝心,‖必求諸道;|有言遜于汝志,‖必求諸非道。(《書·太甲下》)

③今人而無禮,|雖能言,‖不亦禽獸之心乎?(《禮·曲禮上》)

④樂其道而忘人之勢,|故王公不致敬盡禮,‖則不得亟見之。(《孟子·盡心上》)

⑤其(指楚國)卒雖多,|然而輕走易北,‖不能堅戰。(《史記·張儀列傳》)

例①是一個二重聯合複句,其兩個分句都由因果複句構成;例②也是二重聯合複句,其兩個分句都由假設複句構成;例③是一個二重假設複句,其主句由讓步複句構成;例④是一個二重因果複句,其原因分句由轉折複句構成,結果分句由假設複句構成;例⑤是一個二重讓步複句,其主句由連貫複句構成。

(2)三重以上的複句 其分句又是多重複句,如:

①樂歲粒米狼戾,|||多取之而不爲虐,||則寡取之;|凶年糞其田而不足,||則必取盈焉。(《孟子·滕文公上》)

②藉使子嬰有庸主之材,||僅得中佐,|山東雖亂,||秦之地可全而有,|||宗廟之祀未當絶也。(《史記·秦始皇本紀》)

③所説陰爲厚利,||而顯爲名高者也,|而説之以名高,|||則陽收其身,||||而實疏之,||説之以厚利,|||則陰用其言,||||顯棄其身矣。(《韓非子·顯學》)

例①是一個表示對比關係的三重複句,前後兩個分句都由轉折複句構成,用"則"連接。前一分句的分句"樂歲……不爲虐"又是一個意合的因果複句。例②是一個表示假設關係的三重主從複句,其中從句"子嬰……中佐"是一個聯合複句,主句"山東雖亂……"由一個二重的讓步複句構成,這個讓步複句的主句又是一個聯合複句。例③是一個四重轉折複句,用"而"連接。前一分句"所説……爲名高者也"又是一個轉折複句,用"而"連接。後一分句"説之以名高……顯棄其身矣"則是一個三重聯合複句。分句"説之以名高……"、"説之以厚利……"又是兩個二重假設複句,用"則"連接;其主句部分"陽收其身,而實疏之"、"陰用其言,顯棄其身矣"又是轉折複句。

從以上的敘述可以看出,早在上古時期,漢語句法結構已經逐漸發達。複句由意合向形合跨進了一大步,而且産生了各種多重複句,可以表達相當複雜的思想内容。上古漢語已成爲當時華夏人民進行交際和交流思想的有力工具。

第二章　中古漢語語法的發展

中古漢語産生了大量新的語法成分。其中有的在上古中晚期已開始出現，到中古普遍發展起來。也有不少舊的語法成分中古以後逐漸從口語中消失。

第一節　中古漢語名詞、動詞、形容詞的發展

一、中古漢語名詞的發展

中古漢語名詞的句法功能和上古基本相同，在句中主要充當主語、賓語和定語。只是由於繫詞“是”的廣泛運用，名詞直接用作謂語的範圍小了一些。名詞的發展主要表現在詞頭詞尾上。詞尾“子”産生於先秦，詞頭“阿”、“老”産生於漢代，中古應用範圍擴大；六朝以後産生了新的詞頭“老”、新的詞尾“兒”和“頭”。

阿　名詞詞頭“阿”，最早出現在西漢。如《史記・扁鵲倉公列傳》：“故濟北王阿母自言足熱而懣。”張守節《正義》引服虔曰：“乳母也。”又漢武帝陳皇后小名“阿嬌”，後世“阿嬌”成爲年輕美女的代稱。① 但詞頭“阿”的大量出現在東漢以後。如曹操小名“阿瞞”，劉禪小名“阿斗”。顧炎武《日知録》卷三十二説：“《隸釋》漢《殺阬碑》陰云：‘其間四十人，皆字其名而繫以阿字，如劉興阿興、潘京阿京之類。……成陽《靈臺碑》陰有主吏仲東阿東。’”名詞詞頭“阿”可能來源於上古的“伊”。《詩・小雅・正月》：“有皇上帝，伊誰云憎？”《小雅・頍弁》：“有頍者弁，實維伊何？”這個“伊”也可看作詞頭。“伊”、“阿”影母雙聲，脂、歌韻近，爲一聲之轉。魏晉以後，詞

① 《漢武故事》（舊題班固撰，實爲魏晉人僞託）：“〔武帝〕年四歲，封爲膠東王。數歲，長公主抱置膝上，問曰：‘兒欲得婦不？’膠東王曰：‘欲得婦。’長公主指左右長御百餘人，皆云：‘不用。’末指其女問曰：‘阿嬌好不？’於是乃笑對曰：‘好，若得阿嬌作婦，當作金屋貯之也。’”唐宋以後用作青年婦女的美稱。宋洪邁《夷堅三志辛》卷二：“昨宵虛過了，俄爾是今朝。空有青春貌，誰能伴阿嬌。”

頭"阿"的廣泛應用,也可能受佛經翻譯的影響。梵語中有許多詞以"a"開頭,譯成漢語爲"阿"。如"阿羅漢"(Arhat,斷絶嗜欲,解脱煩惱,修得小乘果的人)、"阿彌陀佛"(Amitābha,無量壽佛)、"阿闍梨"(Acārya,聖者、高僧)、"阿修羅"(Asura,非天、無善神)、"阿鼻地獄"(Avīci,無限痛苦的地獄)等等。漢語中名詞詞頭"阿"的應用範圍大大擴大。主要有以下5種情況:

1. 在人的名、字或小名、小字中取一字,冠以"阿"字,表示一種親密的稱呼。如:

①〔魯〕肅拊蒙背曰:"吾謂大弟但有武略耳,至於今者,學識英博,非復吴下阿蒙!"(《三國志・吴書・吕蒙傳》裴注引《江表傳》)

②雖有五男兒,總不好紙筆。阿舒已二八,懶惰故無匹。阿宣行志學,而不愛文術。(晉陶潛《責子》詩)

③鍾士季目王安豐:"阿戎了了解人意。"(南朝宋劉義慶《世説新語・賞譽》)

④桓公語嘉賓:"阿源有德有言……"(同上)

⑤謝太傅語真長:"阿齡於此事故欲太厲。"(同上)

⑥人有問太傅:"子敬可是先輩誰比?"謝曰:"阿敬近撮王、劉之標。"(南朝宋劉義慶《世説新語・品藻》)

⑦王丞相拜司空,桓廷尉……歎曰:"人言阿龍超,阿龍故自超!"(同上《企羡》)

⑧卿語阿黑,何敢不遜?(同上《豪爽》)

⑨阿連才悟如此,而尊作常兒遇之。(《宋書・謝靈運傳》)

⑩永樂弟長弼,小名阿伽,性粗武,出入城市,好毆擊行路,時人皆呼爲阿伽郎君。(《北齊書・陽州公永樂傳》)

⑪小侄名阿宜,未得三尺長。(唐杜牧《冬至日寄小侄阿宜》詩)

⑫有時或排擯高秃,以如意注林公云:"阿柱,汝憶摇櫓時不?"阿柱乃林公小名。(《北堂書鈔》一三五引《語林》)

⑬蘊問其故,恭曰:"與阿太語,蟬連不得歸。"蘊曰:"恐阿太非爾之友。"(《晉書・王蘊傳》)

例①“阿蒙”即東吴吕蒙。例②“舒”、“宣”均陶潛的兒子。例③“阿戎”即王戎。例④“阿源”,殷浩字阿源。例⑤“阿齡”指王胡之,胡之字脩齡。例⑥“阿敬”指王獻之,獻之字子敬。例⑦“阿龍”,王導小字。例⑧“阿黑”,劉孝標注:“〔王〕敦小字也。”例⑨“阿連”即謝靈運的堂弟謝惠連,有才思,後人借用作子弟的美稱。如白居易《將歸渭村先寄舍弟》:“爲報阿連寒食下,與吾釀酒掃柴扉。”例⑩“阿伽”,北齊高長弼小名。例⑪“阿宜”,本杜牧侄兒小名,後爲侄兒的代稱。宋胡繼親《書言故事·宗族》:“侄曰阿宜。”例⑫“阿柱”爲支道林小名。例⑬“阿太”,王悦小字。宋王楙《野客叢書》指出:“《世説》云:‘謝太傅語真長:阿齡於此事故欲太厲。’注:‘阿齡,王胡之小字。’仆謂胡之本字脩齡,呼阿齡者,即其字耳。……顧所施用,有綴以姓,有綴以名者,有綴以字者,有綴以第行者。綴以姓,如阿阮;綴以名,如阿戎;綴以字,如阿平;綴以第行,如阿大。詎可因其稱‘阿’遂以爲小字乎?”(卷十八)又云:“晉、宋人多稱‘阿’,如云阿戎,阿連之類。或謂此語起於曹操稱阿瞞,仆謂不然。觀漢武帝呼陳后爲阿嬌,知此語尚矣。設謂此婦人之稱,則間以男子者,如漢殽阬碑陰有阿奉、阿美、阿興等名。”(卷十三)

“阿”字置於婦女姓前。例如:

①陳郡袁真在豫州送妓女阿薛、阿郭、阿馬三人與桓宣武。(南朝宋劉義慶《幽明録》)①

②〔韋〕英早卒,其妻梁氏,不治喪而嫁……英聞梁氏嫁,白日來歸,乘馬將數人至於庭前,呼曰:“阿梁,卿忘我也?”(北魏楊衒之《洛陽伽藍記》卷四)

③至高宗欲立太宗才人阿武爲后,褚遂良、郝處信等死爭不可。(宋邵博《聞見後録》卷十)“阿武”一作“武氏”,即武則天。

六朝以至唐宋,婦女姓前用“阿”,前輩學者也已經論及。宋趙彦衛《雲麓漫鈔》卷十:“唐人號武后爲阿武婆。婦人無名,第以姓加阿字,今之官府婦人供狀,皆云阿王阿張,蓋是承襲之舊云。”清錢大昕説:“六朝〔婦女〕多以阿繫姓,如《晉書》中,

① 此條又見《搜神後記》卷三,文字稍異。

晉室中興，乳母阿蘇有保元帝之功，賜號保聖君。《舊唐書》周盤龍愛妾杜氏，上送金釵鑷二十枚，手敕曰：'餉周公阿杜。'《南齊書》隋獨孤后謂雲昭訓爲阿雲，唐蕭淑妃謂武后爲阿武，韋后降爲庶人稱阿韋，劉從諫妻裴氏稱阿裴，吴湘娶顔悦女，其母焦氏，稱阿顔、阿焦。《唐書·安樂公主傳》：'阿武子尚爲天子。'洪景伯云：'今閭巷之婦以阿挈其姓。'則南宋猶然，今則公私俱無此語矣。"①

2. 置於單音的親屬或親戚名稱前面，構成雙音詞，數量甚多。如：

①今月七日失阿爹，念此酷毒可痛傷。（東漢戴良《失父零丁》詩）

②〔謝晦女〕被髮徒跣與晦訣曰："阿父，大丈夫當横屍戰場，奈何狼藉都市？"（《南史·謝晦傳》）

③曄妻先下，撫其子，回罵曄曰："君不爲百歲阿家，不感天子恩遇，身死固不足塞罪，奈何枉殺子孫！"（《宋書·范曄傳》）

④周初有童謡曰："白楊樹頭金雞鳴，只有阿舅無外甥。"（《隋書·五行志上》）

⑤舉言謂阿妹，作計何不量！（《古詩爲焦仲卿妻作》）

⑥阿母謂阿女，汝可去應之。（同上）

⑦乃慟哭曰："無處問耗，不知阿母與阿嫂至，乃自天降也。"（唐牛僧孺《玄怪録》卷一）

⑧孝琬呼阿叔，帝怒曰："誰是汝叔，敢唤我作叔？"（《北史·河間王孝琬傳》）

⑨阿翁詎宜以子戲父！（南朝宋劉義慶《世説新語·排調》）

⑩阿兄形似道，而神鋒太儁。（同上《賞譽》）

⑪阿爺無大兒，木蘭無長兄。（《樂府詩集·木蘭詩》）

⑫仍聞蠻嫗哭聲，但呼"阿子"，自遠而來，徑至血處。（南朝齊祖沖之《述異記》）

例①②"阿爹"、"阿父"即父親。例③"阿家(gū)"稱丈夫的母親。例④"阿舅"即舅

① 錢大昕《十駕齋養新録》卷十九"婦人稱阿"條。

父，母親的兄弟，也稱妻子的兄弟。如《大唐新語・酷忍》："太宗〔謂長孫無忌〕曰：'朕意如此，不能相違，阿舅無後悔也。'"例⑤"阿妹"即妹。例⑥"阿母"即母親，"阿女"即女兒。例⑦"阿嫂"即嫂。例⑧"阿叔"即叔父。例⑨"阿翁"稱祖父。也稱丈夫的父親。唐趙璘《因話録》卷一："不癡不聾，不作阿家阿翁。"例⑩"阿兄"即兄。例⑪"阿爺"即父親。例⑫"阿子"即兒子。

"阿"也有置於雙音詞前面的。例如：

①文宗皇帝曾制詩以示鄭覃，覃奏曰："且乞留聖慮于萬幾，天下仰望。"文宗不悦。覃出，復以示李宗閔，歎伏不已，一句一拜，受而出之。上笑謂之曰："勿令適來阿父子見之。"（宋王讜《唐語林》卷二）

②回波爾時廷玉，打獠取錢未足。阿姑婆見作天子，傍人不得棖觸。（唐楊廷玉《回波詞》）

③王母全成小女子，老君渾是阿孩兒。（《敦煌變文集・佛説觀彌勒菩薩上生兜率天經講經文》）

④舜子……上報阿耶孃："井中水滿錢盡，遣我出着，與飯盤食者，不是阿孃能德?"（同上《舜子變》）

⑤使還，先生曰："報汝阿本郎，不久即歸，勿憂也。"（唐趙璘《因話録》卷四）

例①"阿父子"，稱古板迂腐的人。例②"阿姑婆"即姑母，這是嘉興令楊廷玉對武則天的稱呼。例③ "阿孩兒"即小男孩。例④ "阿耶孃"即耶孃。例⑤"阿本郎"即主人，中古稱男主人爲"郎"。

3. 置於一般的名詞前表示稱呼。例如：

①名樂浪人爲阿殘；東方人名我爲阿，謂樂浪本其殘餘人。（《三國志・魏書・東夷辰韓傳》）

②孟明以男子衣衣二妾，試碩云："以此二人給公爲左右，可乎?"碩爲人好調語，乃謂明曰："寧自乞酒以清宴，不能與阿夫竟殘年。"（南朝梁慧皎《高僧傳・宋

釋邵碩》)

③梨園弟子白髮新,椒房阿監青娥老。(唐白居易《長恨歌》)

④捨身與阿郎爲奴,須盡阿郎一世,中路抛却,何名捨身?(《敦煌變文集·廬山遠公話》)

⑤儼辭曰:"士開昔來實合萬死,謀廢至尊,剃家家頭使作阿尼。"(《北史·琅邪王傳》)

⑥向者忽言阿上是諦沙彌,爲衆僧採藥,被野豬所傷,不覺失聲耳。(南朝梁慧皎《高僧傳·宋釋曇諦》)

⑦叱其僧曰:"粗行阿師,争敢無禮!"(唐段成式《酉陽雜俎》卷五)

⑧晉陽曾有沙門,乍愚乍智,時人不測,呼爲阿秃師。(《北齊書·文宣帝紀》)

⑨作儀阿媛,取儷漢妃。(南朝齊王融《永嘉長公主墓志銘》)

⑩帝呼寶慶及法珍爲阿丈。(《南史·茹法珍傳》)

例①"阿殘"是古代朝鮮人對樂浪人的稱呼;例②"阿夫"即男子;例③"阿監",皇宫中的女官;例④"阿郎"指主人,中古稱男主人爲郎;例⑤"阿尼"即尼姑;例⑥"阿上",對僧人的尊稱;例⑦"阿師",對和尚的别稱;例⑧"阿秃",對僧人的鄙稱;例⑨"阿媛"即美女;例⑩"阿丈",對長輩男子的尊稱。

4. 置於代詞之前。如:

①道逢鄉里人,家中有阿誰?(《樂府詩集·十五從軍征》)

②先主謂曰:"向者之論,阿誰爲失?"(《三國志·蜀書·龐統傳》)

③吴人之鬼,住居建康,小作冠帽,短制衣裳。自呼阿儂,語則阿傍。(北魏楊衒之《洛陽伽藍記》卷二)

④何世天子無要人,但阿儂貨主惡耳。(《南齊書·東昏侯紀》)

⑤阿你酒能昏亂,喫了多饒啾唧。(《敦煌變文集·茶酒論》)

⑥阿你莫漫輒藏,向來聞你所説,急出共我平章。(同上《燕子賦》)

⑦王夷甫雅尚玄遠,常嫉其婦貪濁,口未嘗言錢字。婦欲試之,令婢以錢

繞床,不得行。夷甫晨起,見錢閡行,呼婢曰:"舉却阿堵物!"(南朝宋劉義慶《世説新語·規箴》)

⑧顧長康畫人,或數年不點目精。人問其故。顧曰:"四體妍蚩,本無關於妙處,傳神寫照,正在阿堵中。"(同上《巧藝》)

⑨主於是擲刀,前抱之曰:"阿子,我見汝亦憐,何況老奴?"(同上《賢媛》劉孝標注引《妒記》)

⑩《魯詩》曰:"陽如之何?"今巴濮之人自呼阿陽。(《爾雅·釋詁下》"陽,予也。"郭璞注)

⑪人生百歲尋常道,阿那個得七十身不妖?(《敦煌變文集·無常經講經文》)

⑫所喫飲食,滋味都無,只憂身命片時,阿那裏有心語話。(同上《父母恩重經講經文》)

⑬雙鵲橋横阿那邊,静坊深院閉嬋娟。(宋賀鑄《浣溪沙》詞)

例①②"阿誰"是疑問代詞;例③④"阿儂",例⑤⑥"阿你"是人稱代詞;例⑦⑧"阿堵"是指示代詞,意思是"這、這個";例⑨"阿子"是第二人稱的愛稱;例⑩"阿陽"即"我",古代巴濮人自稱爲"陽";例⑪"阿那個"即"那個";例⑫"阿那裏"即"那裏";例⑬"阿那邊"就是"那邊"。

5. 置於數詞之前,表示排行。例如:

①阿六,汝生活大可。(《南史·臨川靖惠王宏傳》)

②阿五常日不爾,今可謂仰藉天威。(《南齊書·高帝十二王傳》)

③上數與同坐,呼爲阿三。(《隋書·滕穆王瓚傳》)

④蘭陵公主字阿五,高祖第五女也。(同上卷八十《蘭陵公主傳》)

例①"阿六",指蕭宏,南朝梁簡文帝蕭綱第六子。例②"阿五",指蕭曄,南朝齊高帝蕭道成第五子。例③"阿三",指楊瓚,隋文帝楊堅三弟。例④"阿五",隋文帝楊堅第五女。

名詞詞頭“阿”在六朝以及唐代應用相當普遍，宋元以後北方話逐漸不用了。吴、粤等南方方言裏一直保存着，魯迅小説裏有“藍皮阿五”、“紅眼睛阿義”，正是體現了現代吴方言的特點。

老　本是形容詞。在下面的句子裏，“老”都是實詞，不是詞頭：

①老夫灌灌，小子蹻蹻。（《詩・大雅・板》）

②〔樊遲〕請學爲圃。〔孔子〕曰：“吾不如老圃。”（《論語・子路》）

③〔齊桓公〕見一老公而問之曰：“是爲何谷？”（漢劉向《説苑・政理》）

④孟嘗君問曰：“馮公有親乎？”對曰：“有老母。”（《戰國策・齊策四》）

⑤田駢之屬皆已死，齊襄王時而荀卿最爲老師。（《史記・孟子荀卿列傳》）

例①“老夫”是老年人的自稱，例② “老圃”是老年菜農，例③“老公”是老人，例④“老母”是年老的母親，例⑤“老師”是年老輩尊傳授學術的人。都是偏正詞組。漢代有“老鼠”的名稱。《方言》卷八：“蝙蝠，自關而東謂之服翼，或謂之飛鼠，或謂之老鼠，亦謂之僊鼠。”王力先生認爲這裏的“老”並不是詞頭。《辭源》解釋説：“按《釋名》，老而不死曰僊，伏翼即蝙蝠，古云鼠所化，故有老鼠僊鼠之名。”可見“老”是有具體意義的。[①]

六朝以後，“老”才虚化爲詞頭。有以下 5 種情況：

1. 有置於動物名前的。如：

①及費長房知是魅，乃呵之，即解衣冠叩頭，乞自改變爲老鼈，大如車輪。（晉張華《列異傳》）

②纖手却盤老鴉色，翠滑寶釵簪不得。（唐李賀《美人梳頭歌》）

③君不見，昔日蜀天子，化作杜鵑似老烏。（唐杜甫《杜鵑行》詩）

④老虎穴中卧，獵夫不敢窺。（宋蘇轍《湖陰曲》）

---

①　參看王力《漢語史稿》中册，224 頁注②。

例①"老鼈"即鼈;例②"老鴉"、例③ "老烏"即烏鴉;例④"老虎"即虎。

2. 有置於事物名前的。如:

①勒與酣謔,引〔李〕陽臂笑曰:"孤往日厭卿老拳,卿亦飽孤毒手。"(《晉書·石勒載記下》)

②紀叟黄泉裏,還應釀老春。(唐李白《哭宣城善釀紀叟》詩)

例①"老拳"即拳頭。例② "老春"爲酒名。

3. 有置於親屬稱謂前的。如:

①敬宣懼禍及,以告高祖。高祖笑曰:"但令老兄平安,必無過慮。"(《宋書·劉敬宣傳》)

②大丈夫豈當以老姊求名?(《晉書·郭奕傳》)

③時運來時,買田莊,取老婆。(宋吴自牧《夢粱録》十三《夜市》)

"老婆"本指年老的婦人。如寒山《詩三百三首》之三六:"東家一老婆,富來三五年。"稱妻子爲"老婆",是宋以後的事。

4. 有置於形容詞前以人物特徵稱呼人物的。如:

①孝武狎侮群臣,隨其狀貌,各有比類……劉秀之儉吝,呼爲老慳。(《宋書·王玄謨傳》)

②田巴兀老蒼,憐汝矜爪觜。(韓愈《嘲魯連子》詩)

③其天女得脱到家,被兩個阿姊皆駡老搚(lín)。(《敦煌變文集·搜神記》卷一)

例①"老慳"指吝嗇的人。例②"老蒼"即蒼鷹。例③"老搚"稱呆笨的人。

5. 有置於姓或名前的。如:

①此是老石機杼，聊以奉贈。（《北齊書・儒林傳・石曜》）

②每被老元偷格律，苦教短李伏歌行。（唐白居易《編集拙詩成一十五卷因題卷末戲贈元九、李二十》詩）

③斜行題粉壁，短卷寫紅箋。肉味經時忘，頭風當日痊。老張知定伏，短李愛應顛。（同上《江樓夜吟元九律詩成三十韻》詩）

④老可能爲竹馬真，小坡今與竹傳神。（宋蘇軾《題過所畫枯木竹石》詩）

例①"老石"即石曜，例②"老元"即元稹，例③"老張"即張籍，"老"置於姓前。例④"老可"即文與可，"老"置於名前。①

子　名詞詞尾"子"上古已開始出現，主要用於人名和小而圓的東西。中古用法大大擴大，有以下幾種情況：

1. 用於人名稱謂，這是上古用法的繼承。如：

①一妻耳順，尚稱娘子。（《北齊書・祖珽傳》）

②顯幼時見一沙門指之曰："此郎子有好相表，大必爲良將，貴極人臣。"（同上《暴顯傳》）

③淑女總角時，喚作小姑子。（《樂府詩集・歡好曲》）

④寄書與婦母，好看新婦子。（《隋書・五行志上》）

⑤公徐云："諸君少住，老子於此處興復不淺。"（南朝宋劉義慶《世説新語・容止》）②

⑥妃子院中初降誕，内人争乞洗兒錢。（唐王建《宫詞》之七一）

⑦瞽叟高聲唤言："象兒，與阿耶三條荊杖來，與打殺前家歌（哥）子。"（《敦煌變文集・舜子變文》）

⑧兩個駝子相逢着，世上如今無直人。（《大慧普覺禪師語録・頌古》）

---

① 《魏書・司馬衍傳》："侃怒曰：'使君前云不憂無士衆及糧食也。唯欲得老民爲主耳。今比戰皆北，良將安在？今若無食，民便欲西歸。'"中古百姓對官長自稱"民"。句中"老民"爲陶侃對温嶠自稱。

② 六朝人自稱爲"老子"，是一種特殊的用法，近代小説也還可以看到。如《水滸傳》二十六回："那老兒道：'哎呀，老子不曾有些禮數到都頭家，却如何請老子吃酒？'"

⑨補還瞎子重開卷,放教跛子出看花。(宋劉克莊《最高樓》詞)

2. 用於服飾和各種器物名稱。如:

①甲嚙下乙鼻……甲稱乙自嚙落。吏曰:"夫人鼻高口低,豈能就嚙之乎?"甲曰:"他踏床子上嚙之。"(魏邯鄲淳《笑林》)

②纏刀子,露鋒刃一寸,刺咽喉,令潰破即愈。(北魏賈思勰《齊民要術》卷六)

③半宵之後,果有二幡子,一紅一白,飄飄然如相擊於床四隅。(唐裴鉶《傳奇・聶隱娘》)

④即命取床後盒子開之。(晉干寶《搜神記》卷十六)

⑤文帝賜以局子及銀裝箏。(《南史・何承天傳》)

⑥乃於口中吐出一銅奩子。(南朝梁吴均《續齊諧記》)

⑦見一人擔擔,上有小籠子。(晉荀氏《荀氏靈鬼志》)

⑧薄羅衫子掩酥胸,一段風流難比象。(《敦煌掇瑣・獎美人》)

⑨家貧無好衣,造得一襖子。(唐王梵志《家貧無好衣》詩)

⑩大鐺中煮湯,以小杓子挹粉,着銅缽内。(北魏賈思勰《齊民要術》卷九)

⑪檢家赤貧,唯有質錢帖子數百。(《南史・蕭坦之傳》)

⑫艇子打兩槳,催送莫愁來。(《樂府詩集・莫愁樂》)

⑬盤上和令均調,内甕子中。(北魏賈思勰《齊民要術》卷八)

⑭摶作圓子,大如李,或餅子,任在人意也。(同上卷八)

⑮〔大業〕八年征遼,又造鉤陳,以木板連如帳子。張之則綺文,卷之則直焉。(《隋書・禮儀志》)

⑯飛花磚子,次第須安。(北朝周庾信《鏡賦》)

⑰鄭縣亭子澗之濱,户牖憑高發興新。(唐杜甫《題鄭縣亭子》詩)

⑱此宅子甚好,但無出水處。(唐封演《封氏聞見記・淳信》)

⑲文柏榻子,俱寫豹頭。(唐張鷟《遊仙窟》)

⑳爲主人煞我,埋在舍東園裏枯井中,取絹東行南頭屋裏櫃子中藏之。

（勾道興《搜神記》）

㉑正見雀兒卧地，面色恰似坌土，脊上縫個服子。（《敦煌變文集·燕子賦》）

㉒駕船人皆大笠子，寬袖衫，芒屨，如吴楚之制。（《舊唐書·韋堅傳》）

㉓爰至北齊，有長帽短靴，合袴襖子，朱紫玄黄，各任所好。（同上《輿服志》）

3. 用於動物名稱後。如：

①快牛爲犢子時，多能破車，汝當小忍之。（《晉書·石季龍載記上》）

②之才爲剖得蛤子二，大如榆莢。（《北史·徐之才傳》）

③老羆當道卧，貉子那得過。（《北史·王羆傳》）

④村陌有狗子爲人所棄者，元即收而養之。（《北史·孝行傳·張元》）

⑤驢子今日偶來不得。（五代范資《玉堂閒話》）

⑥時聚落中有一貓子。（北魏吉迦夜共曇曜譯《雜寶藏經》卷三）

⑦可憐青雀子，飛來鄴城裏。（《隋書·五行志上》）

⑧雙雙新燕子，依舊已銜泥。（唐杜甫《春日梓州登樓》詩）

⑨鷂子經天飛，群雀兩向波。（《樂府詩集·企喻歌辭》）

⑩攢蟲鎪古柳，蟬子鳴高邃。（唐李賀《昌谷詩》）

⑪洞房思不禁，蜂子作花心。（唐李賀《謝秀才有妾縞練改從於人謝賀復繼》詩）

⑫忽見一窠蟻子，壤壤遍地而行，莫知其數。（《敦煌變文集·降魔變文》）

4. 用於植物名後。如：

①烏頭、天雄、附子一物，春秋冬夏採各異也。（晉張華《博物志·藥物》）

②栗子皮，荔枝殼。（唐李商隱《雜纂·富貴相》）

③羅袖盛梅子，金鎞挑筍芽。（唐寒山《詩三百三首》之三十五）

④所居齋前種一株松，恒自守護，鄰人謂之曰："樹子非不楚楚可憐，但恐永無棟梁日耳。"(《晉書·孫綽傳》)

⑤三月開花，白色，花落結實，狀如桃子而形偏，故謂之偏桃。(唐段成式《酉陽雜俎·木篇》)

⑥小片慈菇白，低叢柚子黄。(唐元稹《景申秋》詩)

⑦《爾雅·釋木》："櫅，白棗。"郭璞注："即今棗子白熟。"

⑧茄子九月熟時，摘取擘破，水淘子取沈者。(北魏賈思勰《齊民要術》卷二)

⑨南郡忻陵縣有棗樹，一年忽生桃、李、棗三種花子。(南朝宋劉敬叔《異苑》)

⑩夢有人以七枚椹子與之，着衣襟中，既覺得之。(同上)

⑪至春，治取別種，以擬明年種子。(北魏賈思勰《齊民要術》卷一)

⑫江邊黄竹子，堪作女兒箱。(《樂府詩集·清商曲辭·黄竹子歌》)

⑬有三秋桂子，十里荷花。(宋柳永《望海潮》)詞)

5.用於其他名稱後。如：

①削去皮子，於芥子醬中或美豆醬中藏之佳。(北魏賈思勰《齊民要術》卷二)

②口子鬱鬱，鼻似薰穿，舌子芬芳，頰疑鑽破。(唐張鷟《遊仙窟》)

③案古本《漢書》稱"永平十六年五月二十一日己酉，郎班固上"而今本無上書年月日子。(《南史·劉之遴傳》)

④神通得自在，擲鉢便騰空，於時一向子，上至梵天宫。(《敦煌變文集·大目乾連冥間救母變文》)

⑤半夜子，摩耶夫人誕太子。(《敦煌掇瑣·太子十二時》)

⑥賊平之後，方見面子。(《舊唐書·張濬傳》)

⑦坡底詩人梅底醉，花爲句子蕊爲章。(宋楊萬里《跋蕭彦毓梅坡詩集》)

⑧當時此等文字，自有個格子。(《朱子語類》卷七十九)

⑨做箇様子,方可使以下士大夫行之。(同上卷九十)

例①②"皮子"、"口子"、"舌子"是身體部位名稱。例③④"日子"就是日期,"一向子",就是一會兒。例⑤"半夜子"是時間詞。例⑥"面子"指體面。例⑦"句子"指詩句。例⑧"格子"是一定的樣式。例⑨"樣子"是供人仿效的標準。

兒 名詞詞尾"兒"是由兒子的"兒"虛化來的。下面例子中的"兒"都還是實詞而不是詞尾:

①我獨泊兮其未兆,如嬰兒之未孩。(《老子》十七章)

②黄鬚兒竟大奇也。(《三國志·魏書·曹彰傳》)

③我是虜家兒,不解漢兒歌。(《樂府詩集·折楊柳歌辭》)

"兒"又用於動詞或形容詞之後,表示某一類人,也不是詞尾。如:

①司馬曰:"臣故爲從史盜君侍兒者。"(《史記·袁盎晁錯列傳》)

②〔鄧艾〕又曰:"姜維自一時雄兒也,與某相值,故窮耳。"(《三國志·魏書·鄧艾傳》)

③屠蘇鄣日覆兩耳,當見瞎兒作天子。(《晉書·五行志中》引元康中京洛童謡)

④健兒須快馬,快馬須健兒。(《樂府詩集·折楊柳歌辭》)

⑤西門觀看,不見別餘,見一病兒,倍加劣瘦。(《敦煌變文集·太子成道經》)

早在先秦,"兒"已用於人名之後,顯示了虛化的傾向。如:

①冬十有一月癸未,齊無知弑其君諸兒。(《春秋·莊公八年》)

②潞子嬰兒之夫人,晉景公之姊也。(《左傳·宣公十五年》)

六朝"兒"常用來表示人的小名或字,還保留有"小"的意思。如:

①昨見羅兒，面顏憔悴，使人惻然。(《南史・孝義傳下》)

②已而有娠，而生敬兒，故初名狗兒，又生一子，因狗兒之名，復名豬兒。宋明帝嫌狗兒名鄙，改爲敬兒，故豬兒亦改爲恭兒。(《南史・張敬兒傳》)

③世祖武皇帝……小諱龍兒。(《南齊書・武帝本紀》)

④〔高〕猛，字豹兒，尚長樂公主，即宣武同母妹也。(《北史・高肇傳附》)

從東漢開始，"兒"也有用於稱謂之後的，如：

①男兒當死中求生，可坐窮乎？(漢荀悦《東觀漢記・公孫述傳》)

②女兒自言好，故入郎君懷。(《樂府詩集・幽州馬客吟歌辭》)

③阿婆不嫁女，那得孫兒抱？(同上《折楊柳枝歌》)

④嬰孩漸長作童兒，兩頰桃花色整輝。(《敦煌變文集・父母恩重經講經文》)

完全虛化的名詞詞尾"兒"，六朝偶有發現，如南朝宋沈約《詠領邊繡》詩："縈絲飛鳳子，結縷坐花兒。"唐代出現較多，主要用於動物名稱之後。如：

①七寶珠絡鼓，教郎拍復拍。黄牛細犢兒，楊柳映松柏。(《樂府詩集・楊叛兒》)

②細雨魚兒出，微風燕子斜。(唐杜甫《水檻遣興》詩二首之一)

③鵝兒黄似酒，對酒愛新鵝。(同上《舟前小鵝兒》詩)

④蘆筍穿荷葉，菱花罥雁兒。(唐王維《戲題示蕭氏甥》詩)

⑤幾回舉手拋芳餌，驚起沙灘水鴨兒。(唐李群玉《釣魚》詩)

⑥浪捧鴛鴦兒，波摇鸂鶒子。(唐寒山《詩三百三首》之五十)

⑦雀兒被嚇膽碎，口口惟稱死罪。(《敦煌變文集・燕子賦》)

⑧五五相隨騎竹馬，三三結伴趁猧兒。(同上《父母恩重經講經文》)

⑨有時穿入花枝過，無限蜂兒作隊飛。(宋韓琦《柳絮》詩)

唐代“兒”已開始用於一般器物名稱，到宋代應用十分廣泛。如：

①寫文字、畫紙兒、提茶瓶、花架兒、賣字本、笛譜兒、小螃蟹、蛇蚪兒。（宋西湖老人《西湖老人繁勝録》）

②及小兒戲耍家事兒，如戲劇糖果之類……線天戲耍孩兒、雞頭擔兒、罐兒、碟兒、鐵小酒器、鼓兒、板兒、鑼兒、刀兒、槍兒、旗兒、馬兒、鬧竿兒、花籃、龍船、黄胖兒、麻婆子、橋兒、棒槌兒，及影戲線索，傀儡兒、獅子、貓兒。（宋吴自牧《夢粱録・諸色雜貨》）

現代普通話“子”和“兒”都念輕聲，中古不見得也念輕聲。但是從這些詞的意義看，“兒”已虛化成詞尾是毫無疑問的。近代和現代普通話裏，動詞和形容詞後面可以加詞尾“兒”，中古還没有這樣的例子。

頭　本是名詞，有的放在别的詞後面，並不是詞尾。如：

①東陽少年殺其令……欲立嬰，便爲王，異軍蒼頭特起。（《史記・項羽本紀》）

②帝自捉刀立床頭。（南朝宋劉義慶《世説新語・容止》）

③常步行以百錢挂杖頭，至酒店便獨酣暢。（《晉書・阮籍傳》）

例①“蒼頭”指以青巾覆頭的士卒，例②“床頭”是床的一端，例③“杖頭”是杖的頂端，“頭”都指事物的一端，有實際的意義。

“頭”逐漸虛化成名詞詞尾。有3種情況：

1. 放在方位詞“東、南、西、北、上、下”後面，表示方位。這在漢代已開始出現，六朝普遍應用。如：

①東方千餘騎，夫壻居上頭。（《漢樂府・陌上桑》）

②陸機兄弟住參佐廨中，三間瓦屋，士龍住東頭，士衡住西頭。（南朝宋劉義慶《世説新語・賞譽》）

③前行看後行,齊着鐵裲襠。前頭看後頭,齊着鐵鉦鉾。(《樂府詩集·企喻歌》)

④今歲暮春上巳,獨立香山下頭。(唐白居易《奉和裴令公(三月上巳日遊太原龍泉……)見示之作》詩)

2. 放在名詞後面,表示處所。這種用法是六朝開始發展起來的。如:

①後人有見此狸出坑頭,掘之,無復尾焉。(晉干寶《搜神記》卷十八)

②水頭宿兮草頭坐,風吹漢地衣裳破。(《樂府詩集·劉商·胡笳十八拍》)

③性嚴未曾妄笑,時人言彥德眉頭未曾申。(《南史·王玄謨傳》)

④陣頭橫却月,馬腹帶連錢。(南朝梁吳均《從軍行》詩)

⑤面上笑添今日喜,肩頭薪續廚中煙。(唐薛逢《鄰相反行》詩)

⑥秦女窺人不解羞,攀花趁蝶出墻頭。(唐于鵠《題美人》詩)

⑦却愁宴罷青蛾散,揚子江頭月半斜。(唐韋莊《陪金陵府相中堂夜宴》詩)

⑧欲將香匣收藏却,且惜時吟在手頭。(唐魚玄機《和友人次韻》詩)

⑨更無塵事心頭起,還有詩情象外來。(唐李山甫《山中寄梁判官》詩)

3. 放在單音名詞後面,構成複音詞,無實義。如:

①鋤頭三寸澤。(北魏賈思勰《齊民要術·雜説》)

②城外土饅頭,餡草在城裏,一人吃一個,莫嫌没滋味。(唐王梵志《城外土饅頭》詩)

③暗去也没雨,明來也没雲。日頭赫赤赤,地上絲氳氳。(唐張鷟《朝野僉載》卷四)

④白日長相送,夜頭各自眠。(《敦煌曲子詞·南歌子》)

⑤世有一等流,悠悠似木頭。(唐寒山《詩三百三首》之一三七)

⑥快活枕石頭，天地任變改。（同上之一六三）①

⑦狗齩枯骨頭，虚自舐唇齒。（同上之一七一）

⑧硬努拳頭，偏脱胳膊。（《敦煌變文集・燕子賦》）

例①“鋤頭”就是鋤；例②“饅頭”是一種上圓下平的麵食，“土饅頭”比喻墳墓；例③“日頭”就是太陽；例④“夜頭”就是晚上；例⑤“木頭”就是木材；例⑥“石頭”就是石、石塊；例⑦“骨頭”就是骨；例⑧“拳頭”就是拳。

名詞詞尾“子”、“兒”、“頭”的廣泛應用，增强了中古漢語的名詞詞類標志；由於“子”、“兒”、“頭”有較强的構詞能力，它們又是豐富名詞的手段之一。

二、中古漢語動詞的發展

中古漢語動詞的發展主要表現在時體範疇的産生。上古漢語動詞的時體意義主要靠副詞和上下文來顯示。到了中古，産生用時體助詞來表示動作完成、持續、過去或經歷的新的表達形式。“了”、“已”、“却”表示動作完成，“着”、“地”表示動作正在進行或持續，“過”表示動作已經過去，“來”表示曾經有過的經歷，“看”表示嘗試，“取”表示動作的結果或持續。我們將在本章第六節詳細討論，這裏各舉一個例子：

①鬢鬢鞸輕鬆，凝了一雙秋水。（唐白居易《如夢令》詞）

②須達聞已，身毛皆豎。（《敦煌變文集・祇園因由記》）

③曾與佳人並頭語，幾回拋却繡工夫。（唐秦韜玉《燕子》詩）

④余時把着手子，忍心不得。（唐張鷟《遊仙窟》）

⑤水飛石上迸如雪，立地看天坐地吟。（唐呂岩《絶句》詩）

⑥十年五歲相看過，爲道木蘭花一朵。（《敦煌歌辭・木蘭花・春風斬斷我》）

⑦老賊吃虎膽來，敢偷我物？（唐張鷟《朝野僉載》卷六）

① 《三國志・吴書・吴主傳》：“建安十六年，權徙治秣陵，明年城石頭。”這裏的“石頭”，也叫“石首”，指南京城，“頭”不是詞尾。

⑧身上有何伎藝,消得五百貫錢,至甚不多,略説身上伎藝看。(《敦煌變文集·廬山遠公話》)

⑨既稱絶世無,天子何不喚取守京都。(唐杜甫《戲作花卿歌》)

三、中古漢語形容詞的發展

關於中古漢語形容詞的發展,這裏主要談兩點:

1. 形容詞詞尾的規範

上古"然、而、如、爾、若、焉"等狀態形容詞和副詞詞尾,到了中古,除"然"繼續應用外,其餘在口語裏大都逐漸被淘汰。這種趨勢從上古末期已經開始,到中古更加明顯。我們從下面的例子裏可以清楚地看出來:

①未幾見兮,突而弁兮。(《詩·齊風·甫田》)

孔穎達疏:"突然已加冠弁爲成人兮。"

②未見君子,惄如調飢。(《詩·周南·汝墳》)

孔穎達疏:"我之思君子,惄然如朝飢之思食也。"

③桑之未落,其葉沃若。(《詩·衛風·氓》)

孔穎達疏:"桑之未落之時,其葉則沃沃然盛。"

④既竭吾才,如有所立,卓爾。(《論語·子罕》)

邢昺疏:"竭盡我才矣,其夫子更有所創立,則又卓然絶異已。"

⑤仰之彌高,鑽之彌堅。瞻之在前,忽焉在後。(《論語·子罕》)

邢昺疏:"瞻之似若在前,忽然又復在後也。"

⑥有鄙夫問於我,空空如也。(同上)

邢昺疏:"設有鄙賤之夫問於我,其意空空然。"

⑦孔子於鄉黨,恂恂如也,似不能言者。(《論語·鄉黨》)

邢昺疏:"言孔子在於鄉黨中,與故舊相接,常温和恭敬,恂恂然如似不能言語者。"

⑧王者之民,皡皡如也。(《孟子·盡心上》)

孫奭疏:"王者道大,故若天浩浩而難知難見者也,故民皡皡然自得而已矣。"

⑨始舍之,圉圉焉,少則洋洋焉,攸然而逝。(《孟子·萬章上》)

孫奭疏:"我始放之于池,則魚尚羸乏,圉圉然于水而未遊,少頃則洋洋然舒緩,摇尾而走,趨於深處。"

以上例子中,《詩經》、《論語》、《孟子》分别用詞尾"而"、"如"、"爾"、"焉",而孔穎達、邢昺、孫奭的疏文中都改用"然",正反映了從上古到中古形態形容詞和副詞詞尾規範化的事實。這種規範是自發的。也有没有改爲"然"的例子,多半是因襲傳統的用法,並不代表漢語發展的實際情况。

2. 新的形容詞詞尾

中古由結構助詞虚化而來的形容詞詞尾有"生"、"底"、"地"。

生　大約産生于唐代。張相《詩詞曲語辭滙釋》卷二:"生,語助詞,用於形容辭之後,有時可作'樣'字或'然'字解。"如:

①借問别來太瘦生,總爲從前作詩苦。(唐李白《戲贈杜甫》詩)

②五嫂曰:“張郎太貪生,一箭射兩垛。”(唐張鷟《遊仙窟》)

③學畫鴉黄半未成,垂肩嚲袖太憨生。(唐虞世南《應詔嘲司花女》詩)

④悲彼零落生,與我心何如?(唐孟郊《秋懷》詩)

⑤好生供養觀音,還要虔恭禮拜。(《敦煌變文集·妙法蓮華經講經文》)

⑥天氣驟生輕暖,襯沈香帷箔。(宋宋祁《好事近》詞)

⑦和尚曰:“子問太高生。”(五代静、筠《祖堂集》卷一)

⑧怕君不飲太愁生,不是苦留君住。(宋辛棄疾《御街行》詞)

“生”又作代詞詞尾,如:

①不知甚生道安,講贊得爾許多能解。(《敦煌變文集·爐山遠公話》)

②昨朝今日事全殊,怎生得受菩提記?(同上《維摩詰經講經文》)

③師因吃茶次云:“茶作麽生滋味?”(《玄門匡真禪師廣録》,《大正大藏經》卷四七)

代詞詞尾“生”,我們第三節裏還會討論,這裏不多舉例。這個“生”可能來源於六朝時期的“馨”。如:

①乃云:“田舍兒强學人作爾馨語。”(南朝宋劉義慶《世説新語·文學》)

②螭撥其手曰:“冷如鬼手馨,强來捉人臂。”(同上《忿狷》)

③總角嘗造山濤,濤嗟歎良久,既去,目而送之曰:“何物老嫗,生寧馨兒!”(《晉書·王衍傳》)

“馨”到唐代寫成了“生”。蔣禮鴻《又府續貂》“馨”字條云:“唐人雖猶有‘馨’語,而用之者蓋稀,於是‘生’字起而代之。若‘太憨生’、‘大瘦生’、‘可憐生’之類是也。唐人小説稱隋煬帝使虞世南和詩嘲袁寶兒曰:‘垂肩嚲袖太憨生。’則隋、唐之交其爲‘馨’與‘生’嬗變之交乎。”蔣氏的話是有道理的。

底、地　産生于唐代,宋代仍然廣泛使用。如:

①裴相公有一日微微底不安，非久之間便死。（五代静、筠《祖堂集》卷四）

②雲嵒云："湛湛底。"（同上卷四）

③兩人對坐，説話一切後，峭底便去。（同上卷六）

④舉措悉皆索索底，時長恬恬底。（同上卷七）

⑤因舉曹山云："佛既説一言五百害心生，如何是此言？"師云："冷侵侵地。"（同上卷十一）

⑥本來是清浄皎皎地，無方圓，無大小，無長短等相。（《黄蘗禪師語録》）

⑦直是不出門，亦是草漫漫地。（《洞山悟本禪師語録》）

這裏的"底"和"地"是由結構助詞進一步虚化來的。我們將在第六節裏詳細討論。

四、中古漢語名詞、動詞、形容詞的聲調區分

以聲調分名詞、動詞、形容詞是上古到中古漢語詞類發展的標誌之一。上古漢語單音詞中兼類詞甚多，往往一個詞兼有不同的詞性而讀音上没有任何區别。漢魏以後，漢語中古四聲形成，聲調既是漢語構詞和區分詞義的手段之一，也成爲漢語詞類區分的手段之一。去聲是聲調區分詞類的重要一環，往往平、上聲爲一類，去聲爲一類。有的聲調不同，寫成不同的字。主要有以下幾種情况：

1. 名詞爲平聲，動詞爲去聲。如：

冰　①水在攝氏零度以下凝成的固體。名詞，平聲。《廣韻・蒸韻》："冫，水凍也，筆陵切。冰，同冫。"《易・坤》："履霜堅冰，陰始凝也。"②使感到冷。動詞，去聲。《集韻・證韻》："冰，冷迫也。逋孕切。"宋楊萬里《六月二十四日病起喜雨聞鶯》詩："夜來夢入清涼國，風月冰人别是鄉。"

釘　①釘子。名詞，平聲。《廣韻・青韻》："釘，當經切。"《三國志・魏志・牽招傳》："賊欲斫棺取釘，招垂淚請赦。"②以釘釘物。動詞，去聲。《廣韻・徑韻》："釘，丁定切。"《晉書・五行志下》："鐵釘釘四脚。"

帆　①挂在船上利用風力使船前進的工具。名詞，平聲。《廣韻・凡韻》："帆，船上幔也。符咸切。"漢馬融《廣成頌》："張雲帆，施蜺幬。"②張帆行駛。動詞，去聲。《廣韻・梵韻》："帆，船使風。"唐韓愈《除官赴闕至江州寄鄂岳李大夫》詩："不

枉故人書，無因帆江水。”

風 ①空氣流動而形成的現象，又指風謠。名詞，平聲。《廣韻·東韻》：“風，教也……《元命苞》曰：‘陰陽怒而爲風。’方戎切。”《詩·鄭風·風雨》：“風雨淒淒，雞鳴喈喈。”②吹拂；用含蓄的話暗示或勸告。動詞，去聲。《廣韻·送韻》：“風，諷刺，方鳳切。”漢劉向《説苑·貴德》：“以春風風人。”《詩·周南·關雎序》：“風，風也。……上以風化下，下以風刺上。”《釋文》：“風，風也，並如字。徐上如字，下福鳳反。……下以風，福鳳反，注‘風刺’同。”

膏 ①油脂。名詞，平聲。《廣韻·豪韻》：“膏，古勞切。”《禮記·内則》：“沃之以膏曰淳熬。”②用油脂塗抹，使之潤滑。動詞，去聲。唐韓愈《送李願歸盤谷序》：“膏吾車兮秣吾馬，從子于盤兮終吾生以徜徉。”

酤 ①一夜釀成的酒。名詞，平聲。《廣韻·模韻》：“酤，古胡切。”《説文·酉部》：“酤，一宿酒也。”南唐徐鍇《繫傳》：“謂造之一夜而熟，若今雞鳴酒也。”②賣酒。動詞，去聲。《廣韻·暮韻》：“酤，賣也。古暮切。又音姑。”今動詞義亦讀平聲。

燎 ①火炬。名詞，平聲。《廣韻·宵韻》：“燎，庭火也，力昭切。”《詩·小雅·庭燎》：“夜如何其？夜未央，庭燎之光。”②照明。動詞，去聲。《廣韻·笑韻》“燎，照也。一曰宵田，又放火也。力照切。”《吕氏春秋·精諭》：“桓公雖不言，若暗夜而燭燎也。”

傍(旁) ①旁邊，側邊。名詞，平聲。《廣韻·唐韻》：“傍，亦作旁，側也。步光切。”《晉書·王猛傳》：“捫虱而談，旁猶無人。”②靠近。動詞，去聲。《集韻·宕韻》：“傍，近也。蒲浪切。”唐李白《送友人入蜀》詩：“山從人面起，雲傍馬頭生。”

妻 ①妻子。名詞，平聲。《廣韻·齊韻》：“妻，齊也。七稽切。”《詩·衛風·碩人》：“齊侯之子，衛侯之妻。”②以女嫁人爲妻。動詞，去聲。《廣韻·霽韻》：“妻，以女妻人。七計切。”《詩·鄭風·有女同車·序》：“齊侯請妻之。”《釋文》：“請妻，七計反，以女適人曰妻。”

湯 ①開水，很燙的水。名詞，平聲。《廣韻·唐韻》：“湯，吐郎切，熱水。”《漢書·晁錯傳》：“蒙矢石，赴湯火。”②用開水燙，後寫作“燙”。動詞，去聲。《廣韻·蕩韻》：“湯，他郎切。”《山海經·西山經》：“湯其酒百樽。”清郝懿行疏：“湯讀去聲，今人呼温酒爲湯酒本此。”

蹄　①馬、牛、羊、豬等趾端的角質物。名詞，平聲。《廣韻·齊韻》："蹄，杜奚切。"《莊子·馬蹄》："馬，蹄可以踐霜雪，毛可以禦風寒。"②用脚踢。動詞，去聲。《集韻·霽韻》："蹄，大計切。"今讀爲 dì。唐柳宗元《黔之驢》："驢不勝怒，蹄之。"

王　①君王。名詞，平聲。《廣韻·陽韻》："王，大也，君也。雨方切。"《荀子·王霸》："故百王之法不同。"②做王，君有天下曰王。動詞，去聲。《廣韻·漾韻》："王，霸王。于方切。"《韓非子·五蠹》："禹之王天下也，身執耒臿，以爲民先。"

衣　①衣服。名詞，平聲。《廣韻·微韻》："衣，上曰衣，下曰裳。於希切。"《詩·秦風·無衣》："豈曰無衣，與子同袍。"②穿衣服，給穿衣服。動詞，去聲。《廣韻·未韻》："衣，衣着，於既切。"《論語·子罕》："衣敝緼袍。"《釋文》："衣敝，於既反。"

中　①中間。方位詞，平聲。《廣韻·東韻》："中，平也……半也。陟弓切。"《論語·季氏》："龜玉毁於櫝中，是誰之過與？"②射中，命中。動詞，去聲。《廣韻·送韻》："中，當也。陟仲切。"唐杜甫《壯遊》詩："爪牙一不中，胡兵更陸梁。"趙次公注："一不中，言如射偶不中耳。"

2. 名詞爲上聲，動詞爲去聲。如：

被　①被子。名詞，上聲。《廣韻·紙韻》："被，寢衣也。皮彼切。"唐李白《寄遠》詩之十一："床中繡被卷不寢，至今三載聞餘香。"②蓋上被子，覆蓋。動詞，去聲。《廣韻·寘韻》："被，被服也，覆也。平義切。"唐柳宗元《田家》詩："蓼花被堤岸，陂水寒更淥。"

道　①道路，道理。名詞，上聲。《廣韻·晧韻》："道，理也，路也。《説文》曰：'所行道也。一達謂之道。'徒晧切。"《史記·陳涉世家》："會天大雨，道不通。"②引導。動詞，去聲。後來寫作"導"。《集韻·號韻》："導，道。《説文》：'導，引也。'或作道。大到切。"《論語·爲政》："道之以德。"《釋文》："道之，音導。"

耳　①耳朵。名詞，上聲。《廣韻·止韻》："耳，《説文》云：'主聽也。'而止切。"《荀子·勸學》："目不能兩視而明，耳不能兩聽而聰。"②割去耳朵，寫作"刵"。動詞，去聲。《廣韻·志韻》："刵，截耳。仍吏切。"

女　①女子。名詞，上聲。《廣韻·語韻》："女，《禮記》曰：'女者，如也。如男子之教。'尼吕切。"《詩·鄭風·出其東門》："出其東門，有女如雲。"②以女嫁人。動詞，去聲。《廣韻·御韻》："女，以女妻人也。尼據切。"《左傳·桓公十一年》："宋雍氏女於鄭莊公，曰雍姞。”

瓦 ①用土燒製成的器物。名詞，上聲。《廣韻・馬韻》：“瓦，《古史考》曰：‘夏時昆吾氏作瓦也。五寡切。’”《楚辭・卜居》：“黄鍾毁棄，瓦釜雷鳴。”②蓋瓦。動詞，去聲。《廣韻・禡韻》：“瓦，泥瓦屋。五化切。”唐段成式《酉陽雜俎・草篇》：“大曆中，修含元殿，有一人投狀請瓦。且言瓦工唯我所能，祖父已嘗瓦此殿矣。”

雨 ①從雲層中降落到地面的水。名詞，上聲。《廣韻・麌韻》：“雨，王矩切。”唐許渾《咸陽城東樓》詩：“溪雲初起日沈閣，山雨欲來風滿樓。”②下雨。動詞，去聲。《廣韻・遇韻》：“雨，王遇切。”《詩・小雅・大田》：“雨我公田，遂及我私。”

枕 ①枕頭。名詞，上聲。《廣韻・寢韻》：“枕，枕席。章荏切。”《戰國策・齊策》：“君姑高枕爲樂矣。”②以……爲枕，枕着。動詞，去聲。《集韻・沁韻》：“枕，職任切，卧首據物。”《論語・述而》：“飯疏食，飲水，曲肱而枕之。”《晉書・劉琨傳》：“吾枕戈待旦。”

種 ①種子，種類。名詞，上聲。《廣韻・腫韻》：“種，種類也。之隴切。”《逸周書・大匡》：“無播蔬，無食種。”②種植，栽種。動詞，去聲。《廣韻・用韻》：“種，種植。之用切。”《吕氏春秋・離俗》：“種麥而得麥，種稷而得稷。”

3. 動詞爲平聲，名詞爲去聲。如：

藏 ①隱藏，收藏。動詞，平聲。《廣韻・唐韻》：“藏，隱也，匿也。昨郎切。”《禮記・檀弓上》：“藏也者，欲人之弗得見也。”②收藏財物的庫房。名詞，去聲。《廣韻・宕韻》：“藏，《通俗文》曰：‘庫藏曰帑。’徂浪切。”《周禮・春官・天府》：“掌祖廟之守藏。”《釋文》：“守藏，手又反，下才浪反。”

乘 ①以牲口駕車。動詞，平聲。《廣韻・蒸韻》：“乘，駕也，勝也，登也，守也。食陵切。”《易・繫辭下》：“服牛乘馬，引重致遠。”②車乘，一車四馬。名詞，去聲。《廣韻・證韻》：“乘，車乘也。實證切。”《戰國策・趙策》：“於是爲長安君約車百乘。”

稱 ①稱量；測量物的輕重。動詞，平聲。《廣韻・蒸韻》：“稱，處陵切。”《淮南子・泰族》：“稱薪而爨，數米而炊，可以治小，而未可以治大也。”②稱重量的器具。名詞，去聲。《廣韻・證韻》，“稱，昌孕切。”音 chèng。後寫作“秤”。《荀子・君道》：“衡石稱懸者，所以平也。”

陳　①陳列，佈置。動詞，平聲。《廣韻・真韻》："陳，陳列也。直珍切。"漢賈誼《過秦論》："信臣精卒，陳利兵而誰何。"②交戰時的戰鬥隊列，又寫作"陣"。名詞，去聲。《廣韻・震韻》："陳，列也。陣，俗今通用。直刃切。"《孫子兵法・軍争》："勿擊堂堂之陳。"

吹　①吹氣，吹奏。動詞，平聲。《廣韻・支韻》："吹，吹嘘。昌垂切。"漢曹操《短歌行》："我有嘉賓，鼓瑟吹笙。"②吹奏用的管樂。名詞，去聲。《廣韻・寘韻》："吹，鼓吹也。尺僞切。"《漢書・霍光傳》："鼓吹歌舞，悉奏衆樂。"

擔　①扛或挑在肩上。動詞，平聲。《廣韻・談韻》："擔，擔負。《釋名》曰：'擔，任也。'都甘切。"《國語・齊語》："負、任、擔、荷，服牛、軺馬，以周四方。"②擔子。名詞，去聲。《廣韻・闞韻》："擔，負也。都濫切。"《樂府詩集・陌上桑》："行者見羅敷，下擔捋髭須。"

縫　①用針綫連綴。動詞，平聲。《廣韻・鍾韻》："縫，紩。符容切。"唐孟郊《遊子吟》："慈母手中綫，遊子身上衣，臨行密密縫，意恐遲遲歸。"②縫合的地方。名詞，去聲。《廣韻・用韻》："縫，衣縫。扶用切。"三國魏阮籍《大人先生傳》："獨不見夫虱之處於褌中，逃乎深縫，匿乎壞絮，自以爲吉宅。"

觀　①觀看。動詞，平聲。《廣韻・桓韻》："觀，視也。古丸切。"《論語・公冶長》："今吾於人也，聽其言而觀其行。"②供觀望用的建築物。名詞，去聲。《廣韻・换韻》："觀，樓觀，《釋名》曰：'觀者，於上觀望也。'古玩切。"《禮記・禮運》："昔者仲尼與於蜡賓，事畢，出遊於觀之上。"

號　①高聲叫，拖長聲音叫。動詞，平聲。《廣韻・豪韻》："大呼也，又哭也。《詩》曰：'式號式呼。'《易》曰：'先號咷而後笑。'胡刀切。"②名號。名詞，去聲。《廣韻・號韻》："謚也。胡倒切。"晉陶潛《五柳先生傳》："宅邊有五柳樹，因以爲號焉。"

量　①計量容積。動詞，平聲。《廣韻・陽韻》："量，吕張切。"《莊子・胠篋》："爲之鬥斛以量之。"②量器。名詞，去聲。《左傳・昭公三年》："齊舊四量：豆、區、釜、鍾。"

鋪　①鋪開。動詞，平聲。《廣韻・模韻》："鋪，普胡切。"《禮記・樂記》："鋪筵席，陳尊俎。"②店鋪，商店。名詞，去聲。《廣韻・暮韻》："鋪，普故切。"唐張籍《贈任道人》詩："長安多病無生計，藥鋪醫人亂索錢。"

扇 ①摇扇生風。動詞,平聲。《廣韻・仙韻》:"扇,扇涼,式連切。"《淮南子・人間》:"武王蔭暍人於樾下,左擁而右扇之。"②扇子。名詞,去聲。《廣韻・線韻》:"扇,崔豹《古今注》:'舜作五明扇。'式戰切。"南朝宋劉義慶《世説新語・輕詆》:"坐大風揚塵,王以扇拂塵。"

鑽 ①穿孔;打孔。動詞,平聲。《廣韻・桓韻》:"鑽,刺也,借官切。"《論語・陽貨》:"鑽燧改火,期可已矣。"②穿孔的工具。名詞,去聲。《廣韻・换韻》:"鑽,錐鑽,子算切。"《管子・輕重乙》:"一車必有一斤、一鋸、一釭、一鑽、一鑿、一銶、一軻,然後成爲車。"

4. 動詞爲上聲,名詞爲去聲。如:

采 ①採取,採集。動詞,上聲。《廣韻・海韻》:"事也,又取也。倉宰切。"《詩・小雅・采薇》:"采薇采薇,薇亦作止。"②采邑,古代諸侯分封給卿大夫的土地。也作"埰"。名詞,去聲。《廣韻・代韻》:"埰,古者卿大夫食埰地。郭璞云:'埰地葬之,因以名。'倉代切。"《春秋・莊公元年》:"夏,單伯送王姬。"晉杜預注:"單,埰地。"《釋文》:"采,七代反。"

處 ①居住。動詞,上聲。《廣韻・語韻》:"處,居也,止也,昌與切。"《左傳・僖公四年》:"君處北海,寡人處南海,唯是風馬牛不相及也。"②處所。名詞,去聲。《廣韻・御韻》:"處,處所也。昌據切。"南朝宋劉義慶《世説新語・文學》:"北人看書如顯處視月,南人學問如牖中窺日。"宋辛棄疾《永遇樂・京口北固亭懷古》詞:"千古江山,英雄無覓孫仲謀處。"

飯 ①吃飯。動詞,上聲。《廣韻・阮韻》:"飯,餐飯。《禮》云'三飯'是。扶晚切。"《論語・憲問》:"飯疏食,没齒無怨言。"②煮熟的穀類食物。名詞,去聲。《廣韻・願韻》:"飯,《周書》云:'黄帝始炊穀爲飯。'符萬切。"古詩《十五從軍征》:"舂穀持作飯,採葵持作羹。"今音並讀作 fàn。

戽 ①用戽斗汲水。動詞,上聲。《廣韻・姥韻》:"戽,侯古切。"唐貫休《宿深村》詩:"黄昏見客合家喜,月下取魚戽塘水。"②戽斗,古代一種取水灌田的農具。名詞,去聲。《廣韻・暮韻》:"戽,戽斗,飲(舀)水器也。"宋沈與求《次韻宏父喜雨》詩:"四郊戽尾開新瀆,一雨苗根長舊科。"

數 ①計數,點數。動詞,上聲。《廣韻・麌韻》:"數,《説文》:'計也。'所矩切。"《三國志·蜀書·諸葛亮傳》:"自董卓以來,豪傑並起,跨州連郡者不可勝數。"②數目。名詞,去聲。《廣韻·遇韻》:"數、算數。《周禮》有九數。色句切。"《漢書·律曆志》:"數者,一十百千萬也。"

5. 形容詞爲平聲,動詞爲去聲。如:

遲　①緩慢。形容詞,平聲。《廣韻·脂韻》:"遲,徐也,久也,緩也。直尼切。"古詩《爲焦仲卿妻作》:"三日斷五匹,大人故嫌遲。"②等待。動詞,去聲。《廣韻·至韻》:"遲,待也。直利切。"南朝宋謝靈運《南樓中望所遲客》詩:"登樓爲誰思,臨江遲來客。"

和　①和諧,協調。形容詞,平聲。《廣韻·戈韻》:"和,順也,諧也,不堅不柔也。户戈切。"《論語·季氏》:"蓋均無貧,和無寡,安無傾。"②和諧地跟着唱。動詞,去聲。《廣韻·過韻》:"和,聲相應。胡卧切。"《詩·鄭風·蘀兮·序》:"君弱臣强,不倡而和也。"《釋文》:"和,胡卧反。"

勞　①疲倦,勤苦。形容詞,平聲。《廣韻·豪韻》:"勞,倦也,勤也,病也。魯刀切。"北魏賈思勰《齊民要術》卷一:"任情返道,勞而無獲。"②慰勞。動詞,去聲。《廣韻·號韻》:"勞,慰勞。郎到切。"唐柳宗元《時令論上》:"勞農以休息之。"

深　①(水)深,從上到下的距離大。形容詞,平聲。《廣韻·侵韻》:"深,遠也。式針切。"《荀子·榮辱》:"短綆不可以汲深井之泉。"②探測深度。動詞,去聲。《集韻·沁韻》:"深,式禁切,度深曰深。"《列子·黄帝》:"彼將處於不深之度,而藏乎無端之紀。"

昭　①光明,明亮。形容詞,平聲。《廣韻·宵韻》:"昭,明也,光也,着也。止遥切。"《詩·小雅·鹿鳴》:"我有嘉賓,德音孔昭。"②照耀。通作"照",動詞,去聲。《集韻·笑韻》:"照、昭,之笑切,《説文》:'明也。'或從火,亦省。"《三國志·魏書·陳思王植傳》:"惠洽椒房,恩昭九族。"

6. 形容詞爲上聲,動詞爲去聲。如:

廣　①寬,大。形容詞,上聲。《廣韻·蕩韻》:"廣,大也,闊也。古晃切。"《詩·周南·漢廣》:"漢之廣矣,不可泳思。"②量寬度。動詞,去聲。《集韻·宕韻》:"度廣曰廣。古曠切。"《禮記·檀弓上》:"綢練設旐"鄭玄注:"旐之旒緇布廣充幅長尋曰旐。"《釋文》:"布廣,光浪反,凡度廣狹曰廣。"

好 ①美好。形容詞，上聲。《廣韻・晧韻》："好，善也，美也。呼晧切。"《史記・滑稽列傳》："是女子不好，煩大巫嫗爲入報河伯，得更求好女，後日送之。"②愛好。動詞，去聲。《廣韻・號韻》："好，愛好。呼到切。"《禮記・大學》："如惡惡臭，如好好色。"《釋文》："好好，上呼報反，下如字。"

近 ①距離小，與"遠"相對。形容詞，上聲。《廣韻・隱韻》："近，迫也，幾也。其謹切。"《詩・小雅・杕杜》："會言近止，征夫邇止。"②接近，親近。動詞，去聲。《廣韻・焮韻》："近，附也。巨靳切。"南宋毛居正《六經正誤》卷一："凡指遠近定體，則皆上聲。離而遠之，附而近之，則皆去聲。"今音皆讀爲 jìn.

遠 ①遥遠。形容詞，上聲。《廣韻・阮韻》："遠，遥遠也。雲阮切。"《詩・邶風・谷風》："不遠伊邇，薄送我畿。"②遠離，疏遠。動詞，去聲。《廣韻・願韻》："遠，離也。于願切。"《論語・雍也》："敬鬼神而遠之。"《釋文》："而遠，于萬反。"

7. 其他。 以聲調區分詞類，還有一些别的情況。如：

盛 ①把東西放進容器裏。動詞，平聲。《廣韻・清韻》："盛，盛受也，黍稷在器也。是征切。"《詩・大雅・生民》："卬盛于豆，于豆于登。"《漢書・東方朔傳》："壺者，所以盛也。"②盛大；盛多。形容詞，去聲。《廣韻・勁韻》："盛，多也，長也。承政切。"《國語・越語下》："天道盈而不溢，盛而不驕。"秦李斯《諫逐客書》："民以殷盛，國以富强。"

難 ①困難；不容易。形容詞，平聲。《廣韻・寒韻》："難，艱也，不易稱也。那干切。"《老子》二章："故有無相生，難易相成。"②災難；憂患。名詞，去聲。《廣韻・翰韻》："難，患也。奴案切。"《易・否》："君子以儉德辟難，不可榮以禄。"

空 ①空虚；裏面没有東西。形容詞，平聲。《廣韻・東韻》："空，空虚。"《管子・五輔》："公法行而私曲止，倉廩實而囹圄空。"唐崔灝《黄鶴樓》詩："昔人已乘黄鶴去，此地空餘黄鶴樓。"②孔；穴。名詞，上聲。《集韻・董韻》："空，竅也，苦動切。"《説文・穴部》："空，竅也。"段玉裁注："今俗語所謂孔也。"《漢書・鮑宣傳》："今年内貧民菜食不厭，衣又穿空。"顔師古注："空，孔也。"

這些詞的不同讀法有的保留到現在，有的隨着語音的變化逐漸合而爲一，有的則寫成了不同的字。

第二節　中古漢語數詞、量詞的發展

一、中古漢語數詞的發展

漢語整數、分數、倍數和序數的表示法，上古末期都已基本形成，並且逐漸規範和固定下來，中古並無太大的變化。零數的正式産生在宋元以後。我們這裏着重談談中古約數和不定數表示法的發展。

1. 約數

中古有以下一些表示約數的詞：

(1)用助詞“許”、“所”表示與基數略近。

在上古晚期，已經産生了表示約數的“所”和“許”。這兩個字語音相近，也許是一個詞的不同變體。六朝時，兩字仍然並存，到了唐宋，“所”字逐漸被淘汰，而“許”得到了非常廣泛的應用。通常放在整數詞之後，表示“左右”、“光景”的意思。有3種情況：

甲、數＋名(量)＋許(所)[①] 其中的數詞往往是一個單數詞。如：

①庾子嵩讀《莊子》，開卷一尺許便放去。(南朝宋劉義慶《世説新語・文學》)

②孔山之上有穴如車輪三所，東西相當，相去各二丈許。(北魏酈道元《水經注・河水三》)

③今石皆如半榻許，數百枚聚在水中。(同上《沔水中》)

④復行二十里許，又見一老父。(晉干寶《搜神記》卷十六)

乙、數＋許(所)＋名　魏晉以後這種方式佔大多數。如：

---

① 名量詞“尺”、“丈”“里”等作爲名詞看待。

①才留三千所兵守武昌耳。(《三國志·吴書·周魴傳》)

②自後賓客絶百所(一作"許")日。(南朝宋劉義慶《世説新語·規箴》)

③遣婢糴米,因爾逃竄,三四許日,方復擒之。(北齊顔之推《顔氏家訓·治家》)

④出適劉氏,二十許年。(南朝梁任昉《奏彈劉整》)

丙、名+數+許。如:

①即復口中吐出一女子,年二十許。(晉荀氏《靈怪志》)

②俄見一人,年三十許。(晉干寶《搜神記》卷四)

③青衣百許迎拜曰:"無行崔郎,何必將來。"(唐牛僧孺《玄怪録·崔書生》)

中古"許"還可以放在形容詞"諸"、"多"、"少"、"半"、"久"的後面。如:

①保而用之,可作諸許物也。(南朝宋劉義慶《世説新語·容止》)

②命騎追之,已覺多許里。(同上《假譎》)

③直以真率少許,便足對人多多許。(同上《賞譽》)

④傾身營一飽,少許便有餘。(晉陶潛《飲酒》詩)

⑤當出曉而雲霽,乃覺城崩,半許淪水。(北魏酈道元《水經注·泗水上》)

⑥初,小腹痛,嘔逆,久許乃習。(晉葛洪《抱朴子·對俗》)

(2)用數量形容詞"强"、"餘"表示比基數略多。

"强"置於數詞或數量詞之後,表示稍多於基數。如:

①策勳十二轉,賞賜百千强。(《樂府詩集·木蘭詩》)

②日晝行地上百四十六度强。(《宋書·天文志》)

③一夜水高二尺强,數日不可更禁當。(唐杜甫《春水生》詩之二)

④躋攀分寸不可上,失勢一落千丈强。(唐韓愈《聽穎師彈琴》詩)

⑤窗外雪深三尺强。(宋楊萬里《雪曉舟中生火》詩)

數量形容詞"餘"置於數詞之後表示略多於基數,上古已有應用,中古更爲普遍。如:

①庾太尉與蘇峻戰,敗,率左右十餘人乘小船西奔。(南朝宋劉義慶《世説新語·雅量》)

②有竹一頃餘,喬木上參天。(唐杜甫《杜鵑》詩)

從漢末到唐宋,"餘"又可以置於數詞前面,表示同樣的意義。如:

①余宗族素多,向餘二百,建安紀事以來。猶未十稔,其死亡者,三分有二,傷寒十居其七。(東漢張仲景《傷寒論·序》)

②余慎取友,惟心之虔,周遊人間,餘二十年。(唐柳宗元《祭吕敬叔文》)

③天寶之亂……喪其土田,手鏝衣食,餘三十年。(唐韓愈《圬者王承福傳》)

④大和四年,某自宣城使于京師,處士年餘九十,精神不衰。(唐杜牧《池州造刻漏記》)

⑤帝善之,詔天下汰僧僞濫,髮而農者餘萬二千人。(《新唐書·姚崇傳》)

例①"餘二百"即"二百餘(人)",例②"餘二十年"即"二十餘年",例③"餘三十年"即"三十餘年",例④"年餘九十"即"年九十餘",例⑤"髮而農者餘萬二千人",《舊唐書·姚崇傳》作"以僞濫還俗者萬二千餘人"。這種用法帶有典雅的書面語體色彩,可以調協音節,並加强對整數的强調意義。它的缺點是容易引起對句意的誤解,口語裏很少出現。近代完全被淘汰了[①]。

① 參看郭文鎬《餘前置於數詞的用法》,載《中國語文》1985年,5期,367—368頁。

(3)"可"、"約"置於基數前,表示與基數略近。

"可"上古漢語已開始用以表示約數,中古仍然廣泛使用。如:

①行十七日,計可千五百里,得至鄯善國。(東晉法顯《法顯傳》卷三)

②有塞,東西可八十里,南北四十里。(同上卷一)

③下官家故可有兩娑千萬,隨公所取。(南朝宋劉義慶《世説新語·雅量》)

④資州資陽縣清弓邨山有大石,可三間屋大。(唐張鷟《朝野僉載》卷五)

"約"表示約數,産生于魏晉時,以後廣泛使用。如:

①疾者前入坐,見佗北壁縣此蛇輩約以十數。(《三國志·魏書·華佗傳》)

②小餌黄金法,練金納清酒,約二百過即沸矣。(晉葛洪《抱朴子·煉丹》)

③有小蛇一條突出在地,約長五寸,五色爛然。(《太平廣記》卷八二引《大唐奇事》)

④歸來玉醉花柔困,月濾窗紗約半更。(宋許棐《鷓鴣天》詞)

(4)"垂"、"向"、"減"置於基數前,表示略少於基數。"垂"、"向"可譯爲"將近"、"接近","減"可譯爲"不足"、"不滿"。如:

①吾年垂四十,在兵中十歲,厭浮語虛辭。(《後漢書·隗囂傳》)

②小人母年垂百歲,報疾來久。(南朝宋劉義慶《世説新語·術解》)

③丕仕曆六世,垂七十年。(《魏書·東陽王傳》)

④令步人拖曳,計向五十里。(晉干寶《搜神記》卷三)

⑤天下郡國向萬城,無有一城無甲兵。(唐杜甫《蠶穀行》詩)

⑥此樹我所種,别來向三年。(唐李白《寄東魯二稚子》詩)

⑦王右軍年減十歲時,大將軍甚愛之。(南朝宋劉義慶《世説新語·假

譎》）

⑧從此北行，減一由延，到一邑，是拘那含牟尼佛所生處。（東晉法顯《法顯傳》卷三）

⑨潭幅員減百尺，清深多儵魚。（唐柳宗元《石渠記》）

（5）用"以來（已來）"、"來"表示與基數略近。

"以來"和"來"是唐代新産生的表示概數的語法成分，"以來"也寫作"已來"。"以來"本是表示從過去某時到説話時的一段時間，這個意義從古代一直用到現在。如：

①位雖不終，近古以來，未嘗有也。（《史記・項羽本紀》）

②自生民以來，未始有受命若斯之亟也。（同上《秦楚之際月表》）

唐代，"以來"開始成爲助詞，放在數詞或量詞後面，表示概數。如：

①我兒雪山修道，不經一年已來，新婦因何生其孩子？（《敦煌變文集・太子成道經》）

②難陁七甕飯，只得世尊半缽盂已來飯。（同上《難陁出家緣起》）

③入得屏墻内，東西見有廿所已來。（同上《唐太宗入冥記》）

④其身遍有蟲魚花草之狀，通體均匀，厚二分以來。（《太平廣記》卷二〇五引唐劉恂《嶺表録異・銅鼓》）

例①"以來（已來）"表時間概數，例②表容量概數，例③表一般事物的概數，例④表厚度的概數。"以來"後面一般不再出現名詞，只有個别例外（如例②）。

"來"是"以來"的省略，最初也是表示從過去某時到説話時的一段時間。如：

①又復問言："失經幾時？"言："失來二月。"（南朝齊求那毗地譯《百喻經・乘船失釪喻》）

②玄石亡來,服以闋矣。(晉干寶《搜神記》卷十九)

“來”用作表示概數的語法成分大約在唐末五代。比“以來”稍晚,“來”大多數用於數詞之後,名量詞之前。如:

①有新到二百來人未參見和尚,惆悵出聲啼哭。(五代静、筠《祖堂集》卷六《石霜和尚》)

②廿三日楊府大節,騎馬軍二百來,步軍六百來,總計騎、步合千人。(唐日圓仁《入唐求法巡禮行記》卷一)

③集會男女,昨日二百五十人,今日二百來人。(同上卷二)

④師云:“有多少徒衆?”云:“七十來人。”(宋釋道原《景德傳燈録》卷十二)

⑤一似有個大底物事包得百來個小底物事。(《朱子語類》卷五十九)

(6)約數的綜合式。基數是不定數或基數前後同時用兩個表示約數的字。這跟現代漢語裏“來”一般只在“十”、“百”、“千”等數詞後面出現是不同的。如:

①誰家洛浦神,十四五來人。(唐杜牧《書情》詩)

②溪畔有稻百來株,收其穀梆三二合來,挑野菜合煮。(五代陳□《葆光録》卷一)

③中使蜀川一百餘里已來,忽見浄能緩步徐行。(《敦煌變文集·葉浄能詩》)

④相公記得多少來經文,何得默然而不言?(同上《廬山遠公話》)

⑤年可十七八許,面青黑色,遍身青衣。(《太平廣記》卷三二二《張君林》)

⑥潭中魚可百許頭。(唐柳宗元《至小丘西小石潭記》)

⑦見一女子,年可三十餘。(晉干寶《搜神記》卷二)

⑧洛陽女兒對門居,纔可容顔十五餘。(唐王維《洛陽女兒行》詩)

⑨鷟推勘急,夜放驢出而藏其鞍,可直五千已來。(唐張鷟《朝野僉載》卷五)

⑩馬前見一短女人，服孝衣，約長三尺已來。（《太平廣記》卷三四三引《乾膜子》）

⑪回顧，猶見岸上人揮手相送，可百來人。（《太平廣記》卷二五引《原仙記》）

2. 不定數

中古產生的不定數表示形式有以下幾種：

(1)用量詞"些"、"些些"、"些小(少)"、"些箇"、"些兒"、"些子"、"些子兒"、"些子許"、"些些子"表示①。這幾個量詞表示不定的數量，相當於"一點兒"，產生于唐代。如：

①莫辭暖熱成持，各望開些方便。（《敦煌變文集・無常經講經文》）

②更恐五年三歲後，些些談笑亦應無。（唐白居易《衰病》詩）

③縱有些些理，無煩說短長。（唐王梵志《尊人嗔約束》詩）

④胭脂也不添些小，天貞要與此花爭，是伊佔得春多少。（宋毛滂《踏莎行・正月五日定空寺觀梅》詞）

⑤方今天下饑，路糧無些少。（唐無名氏《隋煬帝海山記》）

⑥略開些箇未多時，窗兒外，却早被人知。（宋辛棄疾《小重山・末利》詞）

⑦世間萬寶都成，些兒無欠，只待與黃花爲地。（宋陳亮《祝英台近・九月一日壽俞載德》詞）

⑧直須枯木上更插些子花。（《元證禪師語録》，《大正大藏經》四十七冊）

⑨誰家玉匣新開鏡，露出清光些子兒。（宋陳師道《後山詩話》）

⑩盡驅馳，受煎煮，豈解酧量些子許。（《敦煌變文集・父母恩重經講經文》）

⑪隅坐力弱須人扶，飲食喫得些些子。（《敦煌拾零》五《天下傳孝十二時》）

(2)用"三五"表示。這一形式已見於上古。中古用得很普遍。如：

---

① 《楚辭・招魂》中多用"些(suò)"字，如"魂兮歸來，東方不可以託些"。此語氣詞，非量詞。

①遂將三五少年輩，登高遠望形神開。（唐李白《魯郡堯祠送竇明府薄華還西京》）

②三五年内，即當太平。（唐杜光庭《虯髯客傳》）

③一雙青白鴿，繞帳三五匝。（《敦煌變文集·下女〔夫〕詞》）

④如此隔勒，逐日不破三五千人，來聽道安於東都開講。（同上《廬山遠公話》）

(3)用"五三"表示①。如：

①經五三日乃引見之。（《北史·裴叔業傳》）

②學道須教徹骨貧，囊中只有五三文。（唐吕岩《絶句》之十一）

③彼送公馬，但取五三匹。（《隋書·虞慶則傳》）

④聞賊勇勇勇，擬欲向前湯，心手五三個，萬人誰敢當。（《敦煌曲子詞·劍器詞》）

(4)用"五七"表示。見於唐代，近代用得很廣泛，現代普通話已不用了。如：

①道士逐之，仍誦咒語，約五七里，其少年盡入一大穴中。（唐李隱《瀟湘録》）

②至有齎金守門，五七日間未獲給付者，獲利甚極。（五代范資《玉堂閒話》）

③夾道作棚爲五七層，人立其上以觀。（宋莊季裕《雞肋編》卷上）

④率騎牛，挾女奴五七輩。（宋葉夢得《石林燕語》）

(5)用"百十"表示。最早見於唐代。如：

---

① 司馬相如《封禪文》："五三六經，載籍之傳，維見可觀也。"這裏的"五三"指"五帝三王"，不是不定數詞。

①鬣實如惠文,骨眼相負行,蠔相黏爲山,百十各自生。(唐韓愈《初南食貽元十八協律》詩)

②我見百十狗,個個毛鬇鬡。(唐寒山《詩三百三首》之五十八)

③别離纔幾時,舊學廢百十。(宋歐陽修《寄梅聖俞》詩)

(6)不定數的重叠形式。這種形式産生於漢代。王延壽《夢賦》:"爾乃三三四四,相隨踉蹡而歷僻。""三三四四"表示數目不多。六朝以後這種形式逐漸多起來。如:

①上飛衡陽,下宿沅漢,十十五五,忽合而復散。(南朝梁江淹《學梁王兔園賦》)

②長白山頭百戰場,十十五五把長槍。(《北史·來護兒傳》)

③今冀州有樂名蚩尤戲,其民兩兩三三,頭戴牛角而相觝。(南朝梁任昉《述異記》卷上)

④上有神仙居,下有西流魚。行不獨自去,三三兩兩俱。(《樂府詩集·清商曲辭·嬌女詩》)

⑤岸上誰家遊冶郎,三三五五映垂楊。(唐李白《採蓮曲》)

⑥千千萬萬之狀容兮,不可得而狀也。(唐杜牧《晚晴賦》)

總的説來,中古約數和不定數的表示法越來越豐富了。

3. 序數

中古序數的發展,主要表現在兩個方面。

(1)**第**　"第"置於數詞前表示序數,始見於漢代,六朝以後廣泛應用,形式多樣,可充當不同的句子成分。

第一,"第+數"式。序數詞做謂語、表語、主語或狀語。如:

①臣書第一,陛下亦第一。(《南齊書·王僧虔傳》)

②用稉秫米爲第一,黍米亦佳。(北魏賈思勰《齊民要術》卷八)

③第三不是别人，是小弟象兒。(《敦煌變文集·舜子變文》)

④將釋此經，大科三段：第一，序分；第二，正宗；第三，流通。(同上《長興四年中興殿應聖節講經文》)

第二，"第＋數＋名"式。序數詞做定語。如：

①〔桓玄〕問王楨之曰："我何如卿第七叔？"(南朝宋劉義慶《世説新語·品藻》)

②不佞最小，事第二寡嫂張氏甚謹，所得俸禄，不入私室。(《陳書·孝行·殷不害傳》)

③楚王寬，太宗第二子也。(《舊唐書·太宗諸子傳》)

第三，"第＋數＋(名)量"式。數量詞做主語、謂語或賓語。如：

①第二層作師子形，有四百間；第三層作馬形，有三百間。(東晉法顯《法顯傳》三)

②公第一品，侯第二品，伯第三品，子第四品，男第五品。(《南齊書·魏虜傳》)

③就求第一本視之，筆迹宛有書石之態。(唐薛用弱《集異記》卷一)

第四，"第＋數＋(動)量"式。數量詞做賓語、補語或狀語。如：

①初數法輪時，先度……供養三寶者，第二，第三次度有緣者。(東晉法顯《法顯傳》四)

②黍經五日，更報鋤第二遍；候未蠶老畢報，鋤第三遍。(北魏賈思勰《齊民要術·雜説》)

③達摩六過被菩提流支光統密毒其食，五過吐出，至第六過，不吐而卒。

（宋佚名《北山録・譏異説第十》）

第五，“第＋數＋量＋名”式。數量詞做定語。如：

①不造第二，云何得造第三重屋？（南朝齊求那毗地譯《百喻經・三重樓喻》）

②至開第二重門，有木人數十，張目運劍，又傷數人。（唐段成式《酉陽雜俎・前集》卷十三）

③舜子才上得倉舍，西南角便有火起，第一把火是阿得（後）孃。（《敦煌變文集・舜子變》）

第六，“第＋數＋動”式。序數詞做狀語。如：

①第二酘用米一石七斗，第三酘用米一石四斗，第四酘用米一石一斗，第五酘用米一石，第六酘、第七酘各用米九斗。（北魏賈思勰《齊民要術》卷七）

②初淘瀋汁瀉却，其第二淘泔即餾以浸饋。（同上卷八）

（2）**初**　每月初一到初十日的序數前加“初”，始於六朝，而其廣泛應用在唐宋以後。下面是一些例子：

①佛言我爲六師，從初一至十五日現大神通。（北涼曇無讖譯《大般涅槃經師子吼菩薩品》）

②是月初八日，十四及十五。（南朝陳真諦譯《阿毘曇論》第二）

③初七及下九，嬉戲莫相忘。（《古詩爲焦仲卿妻作》）

④七月初七日，其夜灑掃於庭，露施几筵，設酒脯時果。（晉周處《風土記》）

⑤初十日天寧節。初八日樞密院率修武郎以上，初十日尚書省宰執率宣教郎以上，並詣相國寺罷散祝聖齋筵。（宋孟元老《東京夢華録》卷九）

⑥四月初九日，度宗生日。（宋吴自牧《夢粱録》卷三）

⑦六月初六日，崔府君生辰。（宋西湖老人《西湖老人繁勝録》）

先秦有“初一”、“初九”、“初六”的説法，但不是表示時間的序數。《書·洪範》：“初一曰五行。”“初一”是第一、最先的意思。《易·乾》：“初九，潛龍，勿用。”“初九”是《周易》六十四卦中每卦陽爻第一爻的名稱。《易·坤》：“初六，履霜堅冰至。”“初六”是《周易》六十四卦中每卦陰爻第一爻的名稱。北魏賈思勰《齊民要術》卷五：“從五月初盡七月末，每天雨時即觸雨折取。”這裏的“初”才是表示每月前十天的序數。

二、中古漢語量詞的發展

量詞可以分爲名量詞和動量詞兩大類，中古漢語裏這兩類量詞都有很大的發展。

1. 名量詞

表示度量衡單位的量詞和一般名量詞，上古已經相當豐富。數量達 156 個以上。其中表度量衡單位的量詞“丈、尺、寸、斤、兩、斗、升”等中古仍然起着精確度量的作用。“仞、尋、咫、鈞、銖”等中古也都存在，但逐漸失去精確度量的作用。“畹、庾、秉、區、鍾”在中古很少應用而接近于古詞語。

上古産生的一般量詞“把、本、發、封、個(箇)、間、具、口、塊、兩、名、匹、篇、片、群、樹、事、艘、條、頭、張、枝、隻”等古今通用。中古用例如：

①當風只消一把火，當時柴堆便成灰。（《敦煌變文集·佛説阿彌陀經講經文》）

②今繕寫一本，敢以仰呈。（《魏書·崔光傳》）

③射三發，連三中。（唐韓愈《國子助教河東薛君墓誌銘》）

④手把一封書，上有皇甫字。（唐韓愈《寄皇甫湜》詩）

⑤兩個黄鸝鳴翠柳，一行白鷺上青天。（唐杜甫《絶句四首》詩之三）

⑥方宅十餘畝，草屋八九間。（晉陶潛《歸園田居》詩）

⑦娶妻者，唯送衣一具，擇日遣媒人迎婦。(《隋書·真臘傳》)

⑧水南十里，有井數百口。(北魏酈道元《水經注·資水》)

⑨我忍死艱關至此者，正爲趙氏一塊肉爾。(《宋史·帝昺記》)

⑩光武還洛陽，所載經傳二千餘兩。(唐封演《封氏聞見記·典籍》)

⑪光恒有水火之神四十餘名及城北星神……(《魏書·禮志》)

⑫聞道南行市駿馬，不限匹數軍中須。(唐杜甫《惜别行送劉仆射判官》詩)

⑬李白斗酒詩百篇，長安市上酒家眠。(唐杜甫《飲中八仙歌》)

⑭洛陽親友如相問，一片冰心在玉壺。(唐王昌齡《芙蓉樓送辛漸》詩)

⑮家佔南溪千個竹，地臨湖上一群山。(唐熊孺登《青溪村居二首》詩)

⑯玄都觀裏桃千樹，儘是劉郎去後栽。(唐劉禹錫《元和十一年自朗州召至京戲贈看花諸君子》詩)

⑰造茶具二十四事，以都統籠貯之。(唐封演《封氏聞見記》卷六)

⑱詔冀、定、相三州造船三千艘。(《魏書·世祖紀》)

⑲九曲江邊坐卧看，一條長路入天端。(唐吕岩《七言》詩)

⑳狂賊，入朝後一頭奴耳，更得噉人乎？(《舊唐書·李子通傳》)

㉑除此更無餘個事，一壺村酒一張琴。(唐吕岩《七言》詩)

㉒夜半醒來紅蠟短，一枝寒淚作珊瑚。(唐皮日休《春夕酒醒》詩)

㉓春殘相憶荆江岸，一隻杜鵑頭上啼。(五代齊己《荆渚感懷寄僧達禪弟》詩)

"稱、貫、領、緡、區，乘、襲"等量詞中古仍然出現，但現代不再用了。如：

①賜東園秘器。朝服一稱，帛三百匹。《魏書·程駿傳》)

②若要賤賣奴身，只要相公五百貫錢文。(《敦煌變文集·廬山遠公話》)

③堅遣使送錦袍一領遺沖。(《魏書·苻堅傳》)

④老人曰："幾緡則豐用？"(唐李復言《續玄怪録·杜子春》)

⑤起立第宅，十有六區。《後漢書·侯覽傳》)

⑥帝給步挽車一乘，遊於市里。（北魏楊衒之《洛陽伽藍記》卷二）

⑦簷壁層層映水天，半乘岡壟半民田。（唐齊己《題鄭郎中谷仰山居》詩）

⑧衣龍綃之衣，一襲無二三兩。（《太平廣記》卷二三七引《杜陽雜編》）

例①"稱"是衣服單位，例②"貫"是貨幣單位，例③"領"是衣服單位，例④"緡"是貨幣單位，例⑤"區"是計算住宅的單位，例⑥"乘"是車的單位，例⑦"乘"是田地、區域的單位。近代以來"乘"用於計算轎子等，如《紅樓夢》六十五回："一乘素轎，將二姐兒擡來。"例⑧"襲"相當於"套"，用於服裝被褥。

有的量詞中古意義有了變化。如：

枚 産生於先秦，是由"樹幹"的意義虚化來的。這個量詞在六朝以迄隋唐，有關果品、樹木、竹簡、建築、工具、器皿、動物和人等單位，無不可以用"枚"來表示。如：

①上林獻棗四十九枚。（北魏賈思勰《齊民要術》卷十）

②衛公言：滑州櫻桃十二枚，長一尺。（唐段成式《酉陽雜俎・續集》卷九）

③有人於嵩山下得竹簡一枚。（《晉書・束晳傳》）

④又有小石塔數十枚，並多頹毁，今有連基疊石室二枚。（唐惠祥《古清涼傳》卷上）

⑤別有八艚艦九枚。（《宋書・武帝紀》）

⑥後有人與柔鏵數百枚者，柔與子善明鬻之於市。（《魏書・趙柔傳》）

⑦唯須小船一隻，棹楫一枚。（《敦煌變文集・伍子胥變文》）

⑧因下玉鏡臺一枚。（南朝宋劉義慶《世説新語・假譎》）

⑨先遣人送金盤，貯香花並鏡鑷；金合二枚，貯香油；金瓶八枚，貯香水。（《隋書・南蠻傳》）

⑩今賜卿金壺瓶、金碗各一枚，雖無千鎰之重，是朕自用之物。（唐吴兢《貞觀政要・論納諫》）

⑪傘扇各一枚，青曲蓋五枚，赤漆扇五枚，鼓角十枚。（《魏書・高車傳》）

⑫有水晶鉢，瑪瑙杯，琉璃碗，赤玉巵數十枚。（北魏楊衒之《洛陽伽藍記》卷四）

⑬古制澡盤一枚。(《梁書·劉之遴傳》)

⑭奉教垂賜鹿子巾一枚。(北周庾信《謝滕王賚巾啓》)

⑮稍稍入外廳,得寶劍二枚,其他器物不可識者甚衆。(《廣異記》)

⑯又有大錢二枚,猶見在衣條。(南朝梁慧皎《高僧傳·譯經篇》)

⑰得鯉魚長一尺者一萬五千枚。(北魏賈思勰《齊民要術》卷六)

⑱每至一時,即有猿一枚詣亭前,鞠躬而啼。(五代王仁裕《開元天寶逸事》卷下)

⑲諸人遂於床右見蝙蝠二枚。(唐谷神子《博異志·木師古》)

⑳舊説象性久識,見其子皮必泣,一枚重千斤。(唐段成式《酉陽雜俎·前集》卷十六)

㉑如此硬窮漢,村村一兩枚。(唐王梵志《貧窮田舍漢》詩)

宋元以後,"枚"的應用範圍大大縮小了。"枚"所表示的單位大都有别的量詞來代替,如木器用"件",珠子用"顆",刀劍用"把",鳥用"隻",魚用"條",象用"頭",鏡用"面",樹木用"株",磚石用"塊",等等。口語裏只有釘子之類的小東西用"枚",其他大都不用了。

所　漢代主要用於宗廟房屋單位。中古應用範圍非常廣泛。建築物之外,還用於池井、處所以及石頭、手杖、帳子等東西。如:

①居清明門外,有宅四所。(《宋書·沈曇慶傳》)

②秀容界有池三所,在高山之上。(《魏書·爾朱榮傳》)

③時又穿臨邛,蒲江鹽井二十所。(《華陽國志·蜀志》)

④有城名蒙城,可二頃地,有燒爐四所。(《南齊書·劉悛傳》)

⑤見大石一所,其下莫有水也。(《敦煌變文集·廬山遠公話》)

⑥我卧處床西頭函子中,有……紫檀如意杖一所。(晉干寶《搜神記》)

⑦寶帳三千所,爲爾一朝容。(南朝宋鮑照《代陳思王〈京洛篇〉》詩)

通　漢代用于文書之類。如:

①願諸女各寫一通,庶有補益。(東漢班昭《女誡序》)

這個意義中古常用。如:

②裴郎作《語林》,始出,大爲遠近所傳,時流年少,無不傳寫,各有一通。(南朝宋劉義慶《世説新語·文學》)

③群書萬卷常暗誦,《孝經》一通看在手。(唐杜甫《可歎》詩)

六朝開始,"通"又用於衣服之類,相當於"套"。這個意義現代不復存在。如:

①今送一通故衣,意謂雖故,乃勝新。(《南齊書·張融傳》)

②唯裝複袂衣各一通。(同上《武帝紀》)

最重要的是中古新産生了大批名量詞,數目在 134 個以上。

般 用於具體或抽象的事物,相當於"種"、"樣"。如:

①入春解作千般語,拂曙能先百鳥啼。(唐王維《聽百舌鳥》詩)

②一事未成,回去須得三般之物。(《敦煌變文集·韓擒虎話本》)

板 宋代用於書畫之類,相當於"幅"、"頁"。如:

①寺有唐畫羅漢一板,筆迹超妙,眉目津津,欲與人語。(宋范成大《吴船録》卷上)

②讀第一板訖,則焚了,讀第二板,則又焚了。(《朱子語類》卷十一)

瓣 由"花瓣"義引申而來,用於片狀的東西。如:

①别無留别,留一瓣美香。(《敦煌變文集·太子成道經》)

②敬授靈香一瓣，有急，請爇以告。（宋陳鵠《耆舊續聞》）

包 用於成包的東西。如：

①五官掾獻橘柚數包。（《後漢書·楊由傳》）

②一包閒氣如長在，惹踢招拳卒未休。（唐歸氏子《答日休皮字詩》）

苞 由“花苞”義轉爲量詞，主要用於花。如：

①數苞仙豔火中出，一片異香天上來。（唐李山甫《牡丹》詩）

②唯有數苞紅萼在，含芳只待舍人來。（唐徐凝《題開元牡丹》詩）

筆 用於書畫。如：

①誰知此日憑軒處，一筆工夫勝七襄。（唐吴融《和座主尚書登布善寺樓》詩）

②一筆丹青爲什麼邈志公真不得。（五代静、筠《祖堂集》卷九）

柄 用於有把兒的東西。如：

①垂賚細綾大文畫柳蟬山扇二柄。（《初學記》卷二十五引梁簡文帝文）

②在楚州分付音信書四通，黑角如意一柄。（唐日圓仁《入唐求法巡禮記》卷一）

鉼 用於餅塊狀的金銀。如：

①賜銀千鉼，絹千匹。（《三國志·魏志·齊王芳紀》）

②得璧大小三十二枚，黄金一鉼。（南朝梁慧皎《高僧傳·宋京師祇洹寺

釋慧義》)

餅 用於餅狀的東西。如：

①謹以七月上辰造作麥麴數千百餅。(北魏賈思勰《齊民要術》卷七)

②始造小片龍茶以進,其品精絶,謂之小團,凡二十餅,重一片。(宋歐陽修《歸田録》卷二)

部 用於書籍樂器等。如：

①寫《周易》《尚書》《公羊》《禮記》四部。(北魏楊衒之《洛陽伽藍記》卷三)

②賜樂器一部,樂工八十人。(《魏書·高車傳》)

裁 由"剪裁"義轉爲量詞,用於布帛衣料。如：

①學生謁師,贄用服脩一束,酒一壺,衫布一裁,色如師所服。(《新唐書·歸崇敬傳》)

層 由"重疊"義轉爲量詞。用於重疊、堆積的東西。如：

①簡文皇帝於長干寺造三層塔。(南朝梁慧皎《高僧傳·興福篇》)

②欲窮千里目,更上一層樓。(唐王之涣《登鸛雀樓》詩)

椽 由"椽子"義轉爲量詞,用於房屋間數。如：

①甘子陰涼葉,茅齋八九椽。(唐杜甫《秋日夔府詠懷奉寄鄭監李賓客一百韻》詩)

②手植榆於路旁成林,構茅屋數椽。(唐段成式《酉陽雜俎·續集》卷二)

串　用於連貫在一起的東西。如：

①最憶陽關唱，真珠一串歌。（唐白居易《晚春欲攜酒尋沈四着作先以六韻寄之》詩）

②一串數珠長在手，常常相續念彌陀。（《敦煌變文集·難陀出家緣起》）

床　用於弓弩、屏風、被席、弦索等器物。如：

①城置萬人，給強弩十二床，武衛三百乘。（《魏書·源賀傳》）

②内人對御分明看，先賭紅羅被十床。（唐花蕊夫人《宫詞》）

③兩床茄席一素幾，仰卧高聲吟太玄。（唐皮日休《苦雨雜言寄魯望》詩）

④燕子樓空，暗塵鎖，一床弦索。（宋周邦彦《解連環》詞）

叢　用於聚集成團的植物或其他事物。如：

①一叢香草足礙人，數尺遊絲即横路。（北周庾信《春賦》）

②一叢深色花，十户中人賦。（唐白居易《買花》詩）

簇　用於聚集成團的植物或其他事物，相當於"叢"。如：

①桃花一簇開無主，可愛深紅愛淺紅？（唐杜甫《江畔獨步尋花七絶句》詩之五）

②荻花蘆葉滿溪流，一簇笙歌在水樓。（唐曹鄴《碧尋宴上有懷知己》詩）

搭　用於塊狀的東西，相當於"塊"、"處"。如：

①摧環破璧眼看盡，當天一搭如煤炲。（唐盧仝《月蝕》詩）

②一搭山村一搭奇，亦堪風物索新詩。（宋楊萬里《山村》）

帶 由“帶子”義轉爲量詞，用於帶狀的物體和相連在一處的地區。只和數詞“一”連用。如：

①浴馬池西一帶泉，開門景物似樊川。（唐李洞《春日即事寄一二知己》詩）

②平林漠漠煙如織，寒山一帶傷心碧。（唐李白《菩薩蠻》詞）

道 用於文書以及某些條狀的東西。如：

①至冬，豎草於樹間令滿，外復以草圍之，以葛十道束置。（北魏賈思勰《齊民要術》卷五）

②作法書符一道，抛著盆中。（《敦煌變文集·葉浄能詩》）

到 相當於“道”。如：

①至正月二月中，以犁作壟，一壟之中，以犁逆順各一到。（北魏賈思勰《齊民要術》卷五）

滴 用於顆粒狀的液體。如：

①秋荷一滴露，清夜墜玄天。（唐韋應物《詠露珠》詩）

②露綴晚松千滴玉，菊摇寒砌一叢金。（《敦煌變文集·維摩詰經講經文》）

點 用於花、火等小量的東西。如：

①始獲瓊歌贈，一點重如金。（南朝梁江淹《惜晚春應劉秘書》詩）

②災障年年無一點，吉祥日日有多般。（《敦煌變文集·父母恩重經講經

文》)

疊　用於可重疊、有層次的東西或樂曲。如：

①十重蛩駈氈，八疊鴛鴦被。(唐張鷟《遊仙窟》)

②水曲岩千疊，雲重樹百層。(唐許渾《歲暮自廣江至新興往復中題峽山寺四首》詩之二)

③一曲四詞歌八疊，從頭便是斷腸聲。(唐白居易《聽歌六絶句・何滿子》詩)

牒　由"摺疊"義轉爲量詞，用於屏風、書劄等可以摺疊的東西。如：

①垂賚碧慮棋子屏風二十牒，極班馬之巧。(南朝梁簡文帝《謝賚碧慮棋子屏風啓》)

②獻梵天品一部，四百二牒，言二十千首盧。(前涼釋道安《摩訶鉢羅若波羅蜜經鈔序》)

頂　由"頭頂"義轉爲量詞，用於帽子等可戴在頭上的東西。如：

①吴三藏紫綾袈裟一條，紫綾廬山帽子一頂。(《敦煌契約文書輯校・僧崇恩析産遺囑》)

②晚際，中尉封與一合送與之，有結巾二頂。(五代范資《玉堂閒話・馮宿》)

鋌(dìng)　用於成錠的金、銀、墨等。如：

①中有金銀各一鋌。(唐段成式《酉陽雜俎續集・支諾皐下》)

②今賜卿黄金四十鋌，以酬雅意。(《舊唐書・薛收傳》)

③常送墨一鋌與飛卿。(五代劉崇遠《金華子雜編》)

錠(定) 由"銀塊"轉爲量詞,用於金、銀、墨等塊狀的東西。如:

①又令破其匱,内有金銀數百錠。(《舊五代史·梁書·太祖紀》)

②磨出一錠兩錠墨,掃出千年萬年樹。(宋馬宋英《遊淨慈寺寫古松於壁因題》詩)

③殺一人者賞銀一定。(《金史·鄯陽傳》)

端 先秦已是表長度單位的量詞,中古又爲個體量詞,用於事情。如:

①追念往古事,憒憒千萬端。(魏文帝曹丕《折楊柳行》詩)

②自古宏才博學用事誤者有矣……略舉一兩端以爲誡。(北齊顏之推《顏氏家訓·文章篇》)

段 用於成段的東西。由"斷"字假借而來。如:

①利水内有木材,元嘉中大水,有千餘段木流出。(南朝梁蕭繹《金樓子·志怪》)

②炯如一段清冰出萬壑,置在迎風寒露之玉壺。(唐杜甫《入奏行·贈竇侍御》詩)

堆 用於堆積,累叠的東西。如:

①天寒古寺遊人少,紅葉窗前有幾堆?(唐韓愈《廣宣上人頻見過》詩)

②砌下梨花一堆雪,明年誰此凭欄干。(唐杜牧《初冬夜飲》詩)

對 用於成雙的東西。如:

①飲饌朝朝皆酒肉，衣裳對對是綾羅。（《敦煌變文集·妙法蓮華經講經文》）

②一對短金釵，輕重都相愜。（五代牛希濟《生查子》詞）

隊　由"隊列"義轉爲量詞，用於成群結隊的人物。如：

①旗亭百隊開新市，甲第千甍分戚里。（唐王勃《鼓吹歌辭·臨高臺》詩）

②我天兵兮不可對，塞平川兮千萬隊。（《敦煌變文集·伍子胥變文》）

頓　表示飲食等的單位。如：

①聞卿祠，欲乞一頓食耳。（南朝宋劉義慶《世説新語·任誕》）

②雖然不飽我一頓，且得噎飢。（《敦煌變文集·降魔變文》）

朵　用於花朵以及像花一類的東西。如：

①其花深紅……日開數百朵。（晉稽含《南方草木狀》卷中）

②黄四娘家花滿蹊，千朵萬朵壓枝低。（唐杜甫《江畔獨步尋花七絶句》詩之六）

③忽見一人着緋，乘一朵黑雲，立在殿前。（《敦煌變文集·韓擒虎話本》）

番　用於紙張或片狀、塊狀的東西。如：

①昔有夫婦，有三番餅，夫婦共分，各食一餅，餘一番在。（南朝齊求那毗地譯《百喻經·欲食半餅喻》）

②過吉州，得吾兄二十四日手書數番。（唐韓愈《與孟尚書書》）

③宫中造清思院新殿，用銅鏡三千片，黄白金薄十萬番。（《舊唐書·薛廷老傳》）

方 用於醫方或方形的東西。如：

①悰乃獻醒酒鯖鮓一方而已。(《南齊書・虞悰傳》)
②左右取得，開有一方白玉。(《十六國春秋・前趙録・劉聰》)

房 用於植物果實，指物；也用於妻妾，指人。如：

①今有馬乳蒲萄，一房長二尺餘。(唐封演《封氏聞見記・蜀無兔鴿》)
②姬妾百房，尼僧千計。(《宋書・臧質傳》)

服 用於中藥劑量，一劑爲一服。如：

①定取金丹作幾服，能令華表得千年。(北周庾信《燕歌行》詩)
②所用皆中下品藥，略計每千錢即得千服，所濟已及千人。(宋蘇軾《聖散子後序》)

幅 用於布帛、紙張、書畫等。如：

①遥見千幅帆，知是逐風流。(《樂府詩集・西曲歌・三洲歌》)
②惟將六幅絹，寫得九華山。(唐杜荀鶴《送青陽李明府》詩)

副(付) 用於成雙成套的東西。如：

①拜表奉賀，並獻文履七量、襪若干副。(三國魏曹植《冬至獻襪頌表》)
②並賜臣手詔，及冬衣兩副。(唐陳子昂《謝賜冬衣表》)
③端午，衣一副，金花銀器一事，百索一軸。(唐李肇《翰林志》)

竿 用於竹子，相當於“棵”、“株”。如：

①一寸二寸之魚,三竿兩竿之竹。(北周庾信《小園賦》)

②新松恨不高千尺,惡竹應須斬萬竿。(唐杜甫《將赴成都草堂途中有作·先寄嚴鄭公》詩)

根 用於草木或細而長的東西。如:

①于其室前生草一根,莖葉甚茂。(《北史·孝行·王崇傳》)

②須長三尺餘,當心有赤毫毛三根,長三尺六寸。(《晉書·劉元海載記》)

更 計算時間的單位,每更約二小時。如:

①或問:"一夜何故五更?更何所訓?"答曰:"漢魏以來,謂爲甲夜乙夜丙夜丁夜戊夜。又云鼓,一鼓二鼓三鼓四鼓五鼓,亦云一更二更三更四更五更。"(北齊顏之推《顏氏家訓·書證》)

②至一更聽之,言笑自然。(唐王度《古鏡記》)

鈎(鉤) 由"鈎住"、"彎曲"義轉爲量詞,用於可以鈎住或彎曲的事物。如:

①以絲一鈎,分爲三段,染成五色。(《太平廣記》卷六十六引唐蘇鄂《杜陽雜編》)

②簾卷玉樓人寂寂,一鈎新月未沈西。(唐王周《無題二首》詩)

股 用於成條或成批的東西。如:

①撤以三股之絲綖,袷以四升之粗布。(南朝宋晁道元《與天公牋》)

②釵留一股合一扇,釵擘黄金合分鈿。(唐白居易《長恨歌》)

③浯溪一股寒流碧,聳起雙峰如削壁。(宋陳從古《浯溪》詩)

管 用於筆或細長的圓筒形東西。如：

①書功筆禿三千管，領節門排十六雙。（唐杜牧《寄唐州李玭（一作“玭”）尚書》詩）

②明日又獻畫日筆三十管，晉王益喜。（《新五代史·蘇循傳》）

裹 同“顆”，用於小而圓或塊狀的東西。如：

①天子乃賜之黄金銀罌四七，貝帶五十，朱三百裹。（《穆天子傳》卷二）

②帝患手創積年，沙門出懷中黄散一裹與帝。（《宋書·符瑞志》）

函 由“函容”義轉爲量詞，用於可函容的事物。如：

①使道士陳公昭作天公書一函，題云：沈承相。（《宋書·沈攸之傳》）

②又爾日於書案上得四函書……一函與師，一函與後廨姨母等，一函與舅徐普明。（梁陶弘景《冥通記》卷一）

泓 由“水深”義轉爲量詞，用於清水。如：

①遥望齊州九點煙，一泓海水杯中瀉。（唐李賀《夢天》詩）

②一泓春水無多浪，數尺晴天幾個星。（唐方干《路支使小池》詩）

笏 鑄金銀成笏形，用爲計算金銀的量詞。如：

①衆情急懼，共請主人，願以白銀十笏贖之。（五代劉崇遠《金華子雜編》下）

②納銀一笏，託用買圓熟珠子二千枚。（宋蘇軾《與范子豐書》）

積 由“堆積”義轉爲量詞，用於成堆的東西。如：

①播竿在廊下爲算子，十枚一積。（《太平廣記》卷三百九十四引《録異記》）

②和哥乏錢，可與錢一積。（《新五代史・張承業傳》）

劑　用於藥劑。漢代有“齊”，同。如：

①即處湯方，服一劑，便覺稍遠。（《北史・徐謇傳附徐之才》）

②合一劑湯與之。（南朝宋劉義慶《世説新語・術解》）

架　由“架子”義轉爲量詞，用於有間架的事物。如：

①今量鍾磬之數，各以十二架爲定。（《魏書・臨淮王附傳》）

②宫漏既深，始宣放煙火百餘架。（宋周密《韓淳歲時記・元夕》）

緘　由“捆紮、封閉”義轉爲量詞，用於信件等裝封套的東西。如：

①一緘幽信自襄陽，上報先生去歲亡。（唐皮日休《傷史拱山人》詩）

②審知張意不廻，頗甚嗟惜，因留藥數粒並黄紙書一緘而别云。（唐康駢《劇談録・道流相夏侯譙公》）

角　用於文書、飲料或土地計量。如：

①索綏夢東有二角書詣綏，大角朽敗，小角有題韋囊角佩。（《晉書・藝術傳・索紞》）

②客來須共醒醒看，碾盡明昌幾角茶。（唐司空圖《力疾山下吴村看杏花》詩十九首之十一）

③省田柒頃捌拾捌畝壹角壹步，地壹拾壹頃玖拾陸畝三角。（宋岳珂《金陀續編》卷十三）

截 用於具體或抽象事物，相當於“段”。如：

①或言肉可治瘋，遂取一截蛇肉食之。(唐張鷟《朝野僉載》卷一)

②遣左右捉來，只向馬前腰斬三截。(《敦煌變文集·嚧山遠公話》)

③仁義是陽底一截，禮智是陰底一截。(《朱子語類》卷六)

局 用於棋類。如：

①齊高帝使思莊與王抗交賭，自食時至日暮，一局始竟。(《南史·蕭思話傳附蕭惠基》)

②欸曲幾杯酒，從容一局棋。(唐白居易《因夢有悟》詩)

炬 由“火把”義轉爲量詞，用於燈火、火燭之類。如：

①每元日、冬至立仗，大官皆備珂傘、列燭，有至五六百炬者，謂之火城。(唐李肇《唐國史補》卷下)

②鬼樹夜分千炬火，漁舟朝卷一蓬霜。(唐李咸用《湘浦有懷》詩)

聚 用於成堆的東西。如：

①終成一聚土，强覓千年名。(北周佚名《五苦詩·生苦》)

②風吹毒氣遥呼吸，看着身爲一聚灰。(《敦煌變文集·大目乾連冥間救母變文》)

橛 由“短木”義轉爲量詞，用於成段的短木頭。如：

①又殿庭大莎羅樹，大曆中安西所進，其木椿賜此寺四橛。(唐段成式《酉陽雜俎·續集》卷六)

②南泉便以刀斬作兩橛，雪峰問師：古人斬貓兒意作摩生。（五代静、筠《祖堂集》卷五）

顆　用於小而圓或塊狀的東西。漢代有“果”，同。如：

①數迴細寫愁仍破，萬顆匀圓訝許同。（唐杜甫《野人送朱櫻》詩）

②近日于宫内種柑子數株，今秋結實一百五十顆。（唐段成式《酉陽雜俎·前集》卷十八）

窠　用於植物株數。如：

①眼前無奈蜀葵何，淺紫深紅數百窠。（唐陳標《蜀葵》詩）

②忽見一窠牡丹，將身便采芳蕊。（《敦煌變文集·廬山遠公話》）

科　用於植物株數，相當於“窠”。如：

①昔日萬乘墳，今成一科蓬。（唐李白《訪道安陵遇蓋還爲余造真籙臨别留贈》詩）

②是事且置當務本，菜圃已添三萬科。（宋陳與義《秋雨》詩）

孔　由“孔穴”義轉爲量詞，用於有孔的器物。如：

①貢白珠五十孔。（《三國志·魏志·東夷傳》）

②何不以錐刺頤，作數十孔，拔左右好鬚者栽之。（唐段成式《酉陽雜俎·續集》卷四）

③其典物大鏵一孔，衆金一當。（《敦煌契約文書輯校·唐大中十二年孟憨奴便麥粟契》）

胯 用於玉飾革帶或茶葉。如：

①〔李〕靖破蕭銑時，所賜于闐玉帶十三胯，七方六刓，胯各附環，以金固之。（《新唐書·李彦芳傳》）

②泗州場歲供進新茶千胯，荔支五百斤。（《金史·食貨志五》）

類 用於相同或相類的事物。如：

①結莖吐秀，數千餘類。（南朝梁江淹《草木頌十五首序》）

②有一類門徒弟子，爲人去就乖疏。（《敦煌變文集·父母恩重經講經文》）

綟 唐宋時用以計量絲麻單位。如：

①絲五兩爲約，麻三斤爲綟。（《新唐書·百官志三》）

②其絹絁爲匹，布爲端，錦爲屯，麻爲綟。（宋鄭樵《通志·食貨略一》）

粒 用於小而圓的東西。如：

①若服一粒，永無瘧患。（北魏楊衒之《洛陽伽藍記》卷五）

②春種一粒粟，秋成萬顆子。（唐李紳《古風》詩二首之一）

③口中銜七粒粳米，日食一粒。（《敦煌變文集·前漢劉家太子傳》）

聯 由"對聯"義轉爲量詞，用於成對的詩句或事物。如：

①東送西迎終幾考，新詩覓得兩三聯。（唐李洞《贈昭應沈少府》詩）

②齊王高洋天保三年獲白兔鷹一聯。（唐段成式《酉陽雜俎·前集》卷二十）

量　鞋一雙爲量，又爲計量墨的單位。如：

①並遺足下貴室錯綵羅縠裘一領，織成韡一量，有心青衣二人，長奉左右。（三國曹操《與太尉楊彪書》）

②操二三量不借，挂屋後楮上。（晉干寶《搜神記》卷十七）

③墨爲螺、爲量、爲丸、爲枚。（唐段公路《北户録・米餠》）崔龜圖注："御墨一量，十二丸；皇后妃一量，一百丸。"

料　用於物品計數或重量單位。如：

①候豐熟日，分作五年十料，隨二税送納。（宋蘇軾《乞不給青苗錢斛狀》）

②乾道（公元1165）元年，命軍器所造雁翎刀，以三千柄爲一料。（《玉海・兵制・刀》）

綹、繚　用於絲麻鬚髮等物。如：

①青絲一綹墮雲鬟，金剪刀鳴不忍看。（唐王涣《惆悵》詩十二首之八）

②乃引刀剪髮一繚附獻。（《舊唐書・玄宗楊貴妃傳》）

縷　用於纖細條狀的東西。如：

①向光穿一縷，舉袖弄雙針。（南朝梁劉遵《七夕穿針》詩）

②昨别今已春，鬢絲生幾縷。（唐韋應物《長安遇馮著》詩）

③愁無寐，鬢絲幾縷茶煙裏。（宋陸游《漁家傲・寄仲高》詞）

臠　用於肉塊。如：

①乃破出之，是故一臠肉耳。（晉陶潛《搜神後記》卷上）

②人割一臠，肉骨俱盡。（唐張鷟《朝野僉載》卷五）

③見瓶水之凍，知天下之寒；嘗肉一臠，識鑊中之味。（《魏書·崔浩傳》）

綸 由"絲帶"義轉爲量詞，用於絲綫等物。如：

①葉艇悠揚鶴髮重，生涯空托一綸絲。（唐羅隱《贈漁翁》詩）

②一棹春風一葉舟，一綸繭縷一輕鉤。（五代李煜《漁歌子》詞）

輪 用於車子或日月。如：

①車至二十輪，陳于闕前。（《南史·賊臣傳·侯景》）

②當户一輪惟曉月，挂簷數片是秋雲。（唐良乂《答盧鄴》詞）

③一擷秋煙堤上白，半輪殘日嶺頭紅。（唐姚揆《秋日江東晚行》詩）

面 用於平面的東西。如：

①承天又能彈箏，上又賜銀裝箏一面。（《宋書·何承天傳》）

②臣擬蕭墻之内，堀地道打五百面鼓。（《敦煌變文集·葉淨能詩》）

門 用於學術或親屬等。如：

①宣譯衆經，改梵爲漢，出安般守意，陰持入經，大小十二門。（南朝梁慧皎《高僧傳·譯經》）

②一門骨肉散百草，安得無淚如黄河。（宋王安石《胡笳十八拍》詩）

抹 由"塗抹"義轉爲量詞，用於霞光、顔色。如：

①豔多煙重欲開難，紅蕊當心一抹檀。（唐羅隱《牡丹》詩）

②數抹晚霞憐野笛，一篩寒雨羨沙禽。（宋林逋《淮甸南遊》詩）

陌　由“仟佰”義轉爲量詞，用於錢。如：

①官庫出納緡錢，皆以八十爲陌。（《舊五代史·漢書·王章傳》）

②今之數錢，百錢謂之‘陌’者，借‘陌’字用之，其實只是‘百’字，如‘什’與‘伍’耳。（宋沈括《夢溪筆談·辯證》）

撚　由“捏、握持”義轉爲量詞，用於只够用手握持的東西。如：

①謝寄精專一撚香，勸予朝禮仕虛皇。（唐李咸用《吴處士寄香兼勸入道》詩）

②沈郎帶寬，同心放開重結。褪羅衣，楚腰一撚。（宋毛滂《粉蝶兒》詞）

鈕　由“印鼻”義轉爲量詞，用於印章。如：

①獲玉璽一鈕。（《南齊書·祥瑞志》）

②得玉璽三鈕。（《太平御覽》卷六百八十二引《後周書》）

派　由“水的支流”義轉爲量詞，用於水流、流派或景色。如：

①七條瘦玉扣寒星，萬派流泉哭纖指。（唐無名氏《聽琴》詩）

②胸次詩書一派清，學如耕稼到秋成。（宋戴復古《靜齋張敏則舍人贈詩因用其韻爲酬》詩）

盤　由名詞“盤子”義引申爲量詞。表示用盤子盛的東西。如：

①顯達上熊烝一盤。（《南齊書·陳顯達傳》）

朋 由"朋黨"義轉爲量詞,用於某一撥人。如:

①王及首領分爲兩朋,各出一人着甲,衆人執瓦石棒杖,東西互擊,甲人先死即止。(唐段成式《酉陽雜俎·前集》卷三)

②〔拔河〕分兩朋,兩朋齊挽。(唐封演《封氏聞見記》卷六)

瓶 由"瓶子"義轉爲量詞,用於瓶裝的酒、油等東西。如:

①兩瓶箬下新求得,一曲《霓裳》初教成。(唐白居易《湖上招客送春泛舟》詩)

②女家以淡水二瓶、活魚三五個、箸一雙,悉送在元酒瓶内。(宋孟元老《東京夢華録》卷五)

襆 唐代由"襆頭"義引申爲量詞,用於成包的東西。如:

①浴訖,授衣一襲,巾櫛一襆。(唐李復言《續玄怪録》卷三)

②有軍士盗紙錢一襆,主者擒之。(《資治通鑒·後晉高祖天福二年》)

破 用於布帛的一幅。如:

①凡襇色衣不過十二破,渾色衣不過六破。(《新唐書·車服志》)

②實録曰:隋煬帝作長裙十二破,名仙裙。(宋高承《事物紀原·衣裘帶服部》)

鋪 用於褥墊、銅像等。如:

①於寶堂内敬畫釋迦尊像一鋪。(唐張鷟《滄州高弓縣實性寺釋迦像碑》)

②其青城坐甲布列三百三十六鋪,殿前指揮使二十四鋪,四百七十七人。

(《宋史・儀衛志三》)

器　用於用器皿裝貯的東西。如：

①孝武遣送酒二器。(《宋書・張邵傳》)

②俄而有人……餪錢一萬,蜜二器。(南朝梁慧皎《高僧傳・習禪》)

腔　由"動物内腔"義轉爲量詞,用於牲口的個體。如：

①奉教垂賚肥豕一腔。(北周庾信《謝滕王賚豬啓》)

②案後一腔凍豬肉,所以名爲姜侍郎。(唐張鷟《朝野僉載》卷四)

曲　用於樂曲,也用指水灣處。如：

①得古雅樂一部,正音歌五十曲。(《魏書・樂志》)

②十圍但見諸營柳,九曲難尋故國溪。(宋王安石《泛舟清溪》詩)

軀　用於塑造的佛像等。如：

①並獻金縷龍王坐像一軀,白檀佛像一軀,牙塔二軀。(《南齊書・東南夷列傳》)

②寺門外有金像一軀,高二丈八尺。(北魏楊衒之《洛陽伽藍記》卷二)

③更發願:到陸之日,准己身高畫妙見菩薩十軀。(唐日圓仁《入唐求法巡禮記》卷一)

拳　由"拳頭"義轉爲量詞,用於石塊之類。如：

①長河拔作數條絲,太華磨成一拳石。(唐馬異《答盧仝結交詩》詩)

②頑賤一拳石，精珍百鍊金。（唐白居易《哭崔常侍晦叔》詩）

闋 用於歌、詞、曲，相當於“首”。如：

①美酒一盃新熟，高歌數闋堪聽。（宋晏殊《破陣子》詞）

②一觴一闋《千秋歲》，不願封侯貴。（宋李獮遜《醉花陰·碩人生日》詞）

扇 用於門、窗等扇形的東西。如：

①釵留一股合一扇，釵擘黄金合分鈿。（唐白居易《長恨歌》）

②屏風十二扇，錦被畫文章。（《敦煌變文集·下女〔夫〕詞》）

色 用於人或事物。如：

①有一色人，爲諸非人之所恐怖；有一色人，不爲非人之所恐怖。（隋佚名《起世經》卷八）

②孝億國……戰具唯稍一色。（唐段成式《酉陽雜俎·前集》卷四）

③詔特選梨園弟子中尤者，得樂十六色。（唐李濬《松窗雜録》）

身 由名詞“身軀”義轉化爲量詞，用於佛像，相當於“軀”、“尊”。如：

①夾道兩邊作菩薩五百身。（晉法顯《佛國記》）

②佛殿西廊立高僧一十六身。（唐段成式《酉陽雜俎·續集·寺塔記上》）

首 用於詩、文等，相當於“篇”。如：

①又贈詩一首，把臂告辭。（晉干寶《搜神記》卷一）

②所著文章四百餘首，行於世。（《宋書·謝莊傳》）

穗　由"麥穗"義轉爲量詞,用於穗狀的東西。如:

①有時軟縈盈,一穗(一作'色')秋雲曳空闊。(唐吴融《贈晉光上人草書歌》)

②數穗遠煙凝壟上,一枝繁果憶山中。(唐盧綸《同王員外雨後登開元寺》詩)

索　由"繩索"義轉爲量詞,用於串連的物事。又爲丈量單位,十丈爲一索。如:

①飄摇舞袖雙飛蝶,宛轉歌喉一索珠。(唐白居易《庭宴醉後留獻裴侍中》詩)

②"各願種成千百索,豆萁禾穗滿青山。"原注:"山田不知畝畆,但以百尺繩量之,曰某家今年種得若干索。"(宋王禹偁《佘田詞》)

沓　由"重叠"義轉爲量詞,用於成套的器物。如:

①〔羅友〕在益州,語兒云:"我有五百人食器。"家中大驚。其由來清,而忽有此物,定是二百五十沓烏樏。(南朝宋劉義慶《世説新語・任誕》)劉昐遂注:"沓,猶今之套也。"

②漆三十五子方樏二沓,蓋二枚。(《太平御覽》卷七五九引《東宫舊事》)

帖　用於配合起來的若干味湯藥。一劑俗稱一帖。如:

①我有一帖藥,其名曰阿魏。(《全唐詩》卷八七八載蜀童謡)

②寧皇每命尚醫止進一藥,戒以不用分作三四帖。(宋葉紹翁《四朝聞見録・寧皇進藥》)

梃、挺　用於竿狀的東西,相當於"根"。如:

①駿奉酒二器，甘蔗百梃。（《魏書·李孝伯傳》）

②南墻鉅竹千挺，儼立若相持。（唐韓愈《藍田縣丞廳壁記》）

團 用於花、銀、紙、絮、飯、煙、火、月、雪等成團的東西。如：

①求君心，風韻别，渾似一團煙月。（唐孫光憲《更漏子》詞）

②啖飯着衣常苦懶，爲誰歌理一團絲。（宋陸游《歲晚》詩）

丸 用於小而圓形的東西。如：

①上有兩仙僮……與我一丸藥。（三國魏曹丕《折楊柳歌行》）

②諸祈禱者持一百錢、一雙筆、一丸墨置石室中。（晉干寶《搜神記》卷四）

尾 用於魚、船等物。魚有尾，船也有尾，兩者都游行于水。如：

①有魚數百尾，方來會石下。（唐柳宗元《游黄溪記》）

②江船百尾泊深灣，鐵纜千環繫長軸。（宋梅堯臣《阻風秦淮令狐度支寄酒》詩）

位 由"位次"義轉爲量詞，用於稱人。如：

①從者數位，盡爲蒲人。（晉干寶《搜神記》卷一）

②不知此二位與君復各是異職否。（南朝梁陶弘景《真誥·闡幽微》）

味 用於藥物或菜肴。兩者都有氣味或味道。如：

①取金液及水銀一味合煮之。（晉葛洪《抱朴子·金丹》）

②伏奉中使宣勅旨，賜貧道藥總若干味。（唐陳子昂《謝藥表》）

文　用於銅幣的基本單位。銅錢圓形，中有方孔，一面有文字，故稱錢一枚爲一文。如：

①宜以錢二十八文埋宅四角，可以免災。(《宋書·徐羨之傳》)

②東宫料物，歲得四萬段，付市貨賣，凡值一萬一千貫文。(唐褚遂良《諫魏王泰物料踰東宫疏》)

席　由"席位"義轉爲量詞，表示行列或重量單位。如：

①既雨已秋，堂下理小畦，隔種一兩席許萵苣。(唐杜甫《種萵苣》詩序)

②爲鹽歲百五十二萬六千四百二十九石，石五十斤；以席計，爲六十五萬五千一百二十席，席百一十六斤。(《宋史·食貨志下》)

綫　由"毛綫"義轉爲量詞，用於細長的事物。如：

①三峽一綫天，三峽萬繩泉，上仄碎日月，下掣狂漪漣。(唐孟郊《峽哀》詩之三)

②何人錯憶窮愁日，愁日愁隨一綫長。(唐杜甫《至日遣興奉寄北省舊閣老兩院古人》詩)

箱　由"箱子"義轉爲量詞，用於成箱的東西。如：

①山陽郡有美梨，謹上……甘梨二箱。(《太平御覽》卷九六九引曹操《兖州牧上書》)

②將亡，出一箱書付門生。(《晉書·郗超傳》)

星　用於金銀或細小的東西。如：

①程德孺言弟令出銀二百星見借，兄度手下尚未須如此，已辭之矣。（宋蘇軾《與子由書》之二）

②一星殘燭照離堂，失計遊心歸渺茫。（唐羅鄴《春夜赤水驛旅懷》詩）

眼 由"眼睛"、"孔穴"義轉爲量詞，用於泉、井等有洞穴的東西。如：

①湖中又有泉數十眼。（唐白居易《錢塘湖石記》）

②草料場，在天水院橋西，有廒十眼。（宋吴自牧《夢粱録》卷九）

樣 表示事物品類。如：

①新衫一樣殿頭黄，銀帶排方獺尾長。（唐王建《宫詞》之十六）

②《周禮》所謂天神、地示、人鬼，雖有三樣，其實只一般。（《朱子語類》卷三）

要、腰 由"人的腰部"義轉爲量詞，用於衣帶。如：

①賜……金帶一要。（《北史·李賢傳》）

②以奉使功，賜綵三百匹，金九環帶一腰。（《北史·柳裘傳》）

③古謂帶一爲一腰，猶今謂衣爲一領。周武帝賜李賢御所服十三環金帶一腰是也。近世乃謂帶爲一條，語頗鄙，不若從古爲一腰也。（宋陸游《老學庵筆記》卷六）

葉 由"樹葉"義轉爲量詞，用於像葉的東西。如：

①騎者即數其幡，凡十八葉，每葉有光如電起。（唐段成式《酉陽雜俎·前集》卷八）

②忽有青衣泛一葉舟而至，謂建章曰："奉大仙命請大夫。"（五代孫光憲

《北夢瑣言》卷十三)

楹 由"楹柱"義轉爲量詞,用於房屋一列或一間。如:

①有田數百畝,屋三十楹。(《新唐書·隱逸傳·陸龜蒙》)

②王黼盛時,庫中黄雀鮓,自地積至梁,凡滿二楹。(宋周密《齊東野語·多藏之戒》)

員 用於生徒、官員、武將。如:

①元嘉十五年,召至京師,立學館雞籠山,置生徒百員。(晉無名氏《蓮社高賢傳·雷次宗》)

②憲宗久親政事,忽問:"京兆尹幾員?"李吉甫對曰:"京兆尹三員,一員大尹,二員少尹。"(唐李肇《唐國史補》卷下)

緣 用於衣服。如:

①垂賚鬱泥細納袈裟一緣。(梁簡文帝《謝賚納袈裟啓》)

②垂賜萬春樹皮袈裟一緣。(隋煬帝《與釋智顗書》)

則 由"按等級區分的物體"義轉爲量詞,用於事件、文章、語言等。如:

①主人推不得,便升座,破題兩三則言語。(五代静、筠《祖堂集》卷五)

②雲岩不知有這一則事,我當初在藥山時悔不向他説。(同上卷十六)

盞 本指淺而小的杯子,引申爲量詞,用於飲料或燈的單位。如:

①煎酥酒一盞服之。(晉王羲之《雜帖》)

②不知一盞臨邛酒,救得相如渴病無?(唐羅隱《聽琴》詩)

支 由"枝條"、"分支"義轉爲量詞,用於事物的分支。如:

①二月三月種,率七八支爲一本。(北魏賈思勰《齊民要術》卷三)

②當行豎裂其券……一支付勳人,一支付行台。(《魏書·盧同傳》)

指 由"手指"義轉爲量詞,用於計量數目、大小等。如:

①罰謫者不堪苦痛,男女五六萬指,裸形無服,飢困相扶。(南朝宋劉義慶《幽明録》)

②鯉魚,長者不過三尺,大者不過三指。(北齊顔之推《顔氏家訓·書證》)

紙 用於文書之類,略相當於"張"。如:

①鄴下諺云:"博士買驢,書券三紙,未有驢字。"(北齊顔之推《顔氏家訓·勉學》)

②手不輟筆,俄得七紙,殊可觀。(南朝宋劉義慶《世説新語·文學》)

帙(袟) 用於書函,一函爲一帙。如:

①何承天《禮論》三百卷,儉抄爲八帙(《南史·王曇首傳》)

②以蒲韉乘牛車,挂《漢書》一帙角上,行且讀。(《新唐書·李密傳》)

種 用於人或事物。如:

①復有一種人,食菜以爲冷,便復解素。(南朝梁武帝《斷酒肉文》四首之三)

②菽麥二種益是北土所宜。(《南齊書・徐孝嗣傳》)

軸　用於書籍、詩文。如：

①汝於堂内閣上,取一軸書去。(唐薛用弱《集異記》)

②鄴侯家多書,插架三萬軸。(唐韓愈《送諸葛覺往隨州讀書》)

株　表示樹木的單位。如：

①成都有桑八百株,薄田五十頃,子弟衣食,自有餘饒。(《三國志・蜀志・諸葛亮傳》)

②齋前種一株松,恒自手壅治之。(南朝宋劉義慶《世説新語・言語》)

炷　用於點着的綫香、油燈等。如：

①清香一炷知師意,應爲昭陵惜老臣。(唐司空圖《青龍師安上人》詩)

②一炷名香充供養,百枝花蕊表殷勤。(《敦煌變文集・維摩詰經講經文》)

轉　由"轉動"義轉爲量詞,用於官位升遷一級。如：

①策勳十二轉,賞賜千百强。(《樂府詩集・木蘭詩》)

②乙巳,贈戰亡將士官三轉。(《新唐書・太宗紀》)

尊　用於佛像,也用於酒具。如：

①苻堅遣使送……金縷繡像,織成像各一尊。(南朝梁慧皎《高僧傳・義解》)

②何時一樽酒，重與細論文。（唐杜甫《春日憶李白》詩）

中古名量詞已經有了大體上的分工，語法上有以下幾點特徵：

第一，名量詞通常與數詞結合，到了唐宋，量詞可以和指示代詞結合，有時可以把前面的數詞省去。如：

①此等諸輜軒來往，無不吟諷，以爲警絶。（唐封演《封氏聞見記》卷七）

②王子此度且放，但某願請弓箭，射雕供養单于。（《敦煌變文集·韓擒虎話本》）

③此個事，世間稀，不是等閒人得知。（唐吕巖《寄白龍洞劉道人》詩）

④這個是阿誰不是？（《敦煌變文集·舜子變》）

⑤爲報江南二三日，這回應見雪中人。（唐盧仝《送好法師歸江南》詩）

⑥師云："與我取將那個銅瓶來。"（五代静、筠《祖堂集》卷十五）

第二，名量詞通常與數詞結合做定語，也可以省去名詞，數量詞單獨在句中做主語、賓語或表語。如：

①見人讀數十卷書，便自高大。（北齊顏之推《顏氏家訓·勉學》）

②宣帝作兩口榼，一口盛毒酒，一口盛善酒。（《宋書·符瑞志》）

③若服一粒，永無瘧患。（北魏楊衒之《洛陽伽藍記》卷五）

④書不長進，此是一條耳。（《宋書·前廢帝紀》）

⑤東南有太子石室一口兩房。（北魏楊衒之《洛陽伽藍記》卷五）

例①數量詞"十卷"做定語，例②"一口"做主語，例③"一粒"做賓語，例④"一條"做表語，例⑤"一口"做同位語。

第三，量詞本身可以重叠，重叠後帶有"每一個"的附加意義。如：

①軍書十二卷，卷卷有爺名。（《樂府詩集·木蘭詩》）

②烏鳥雙雙飛，儂歡今何在？(《樂府詩集·讀曲歌》)

③正是霜風飄斷處，寒鷗驚起一雙雙。(唐陸龜蒙《冬柳》詩)

④況此天女一個個形如白玉，一個個貌似鮮花。(《敦煌變文集·維摩詰經講經文》)

⑤一群群若四色花敷，一隊隊似五雲秀麗。(同上)

⑥其印皆顆顆見於腹中。(宋吴處厚《青箱雜記》卷三)

第四，名量詞詞綴化的趨向更加明顯。以單音名量詞爲詞綴構成複音詞，漢代已開始出現。如《漢書·王莽傳上》："羌豪良願等種人口可萬二千人。"魏晉以後，名量詞詞綴化的數量大大增加。如：

①車乘萬輛，軍資器械略盡。(《三國志·吴志·陸遜傳》)

②江南書本，穴皆誤作六。(北齊顔之推《顔氏家訓·書證》)

③作數百語，既有佳致，兼辭條豐蔚，甚足以動心駭聽。(南朝宋劉義慶《世説新語·文學》)

④蓋好窠於書卷也，或在筆管中。(唐段成式《酉陽雜俎·前集》卷十七)

⑤肇投以文卷，由此見知。(唐佚名《玉泉子》)

⑥凡寫文字，須高執墨錠。(宋朱熹《訓學齋規》)

"人口"、"車乘"、"書本"、"辭條"、"書卷"、"文卷"、"墨錠"都是以量詞作詞素構成的複音詞。

第五，名量詞可以連用。這種情況始見於南北朝，唐宋間例子頗多，可以兩個量詞連用，也可以三個量詞連用。如：

①俘獲數萬計，得僞輦及雲母車，寶器山積，錦罽萬端，牛馬驢騾十萬頭匹。(南朝宋劉義慶《世説新語·雅量》劉孝標注引《續晉陽秋》)

②生口、細小等活捉三百餘人，收奪得駝馬牛羊二千頭疋。(《敦煌變文集·张義潮變文》)

③每節宰相及常參官共賜錢五百貫文,翰林學士一百貫文。(《舊唐書·德宗紀下》)

④副使平原太守鄭遵意等,就群牧交點,總六十萬五千六百三十頭匹口。(宋王溥《唐會要》卷七十二)

⑤本路前後接戰及劫寨共八十餘次,斬獲及擒賊兵共計五百九十九人及奪到孳畜八千五百五十三頭匹口。(宋徐夢莘《三朝北盟會編》卷四十四)

例①"頭匹"、例②"頭疋"、例③"貫文"是兩個名量詞連用。例④⑤"頭匹口"是三個名量詞連用,它們都還保存着各單音量詞的基本意義。

2. 動量詞

漢語動量詞開始産生於漢代,"遍、出、過、合、通、下"都已見於漢代文獻①。動量詞比較廣泛的運用在魏晉以後。這是中古漢語量詞發展的一大特點。自六朝以迄唐宋,先後産生了"遍(徧)、場、出、重、次、度、頓、發、番、返(反)、過、合、回(迴)、覺、通、下、巡、匝(帀)、遭、陣、周、轉"等新的動量詞,下面分別進行討論。

遍(徧) 動量詞"遍"表示經歷的過程已經完畢。是由動詞"周遍"的意義引申來的。如:

①太子擊前,誦恭王之言,誦三遍而請習之。(漢劉向《説苑·敬慎》)
②讀書百遍,而義自見。(《三國志·魏書·王肅傳》裴松之注引魚豢《魏略》)
③每耕一徧,蓋兩徧,最後蓋三徧。(北魏賈思勰《齊民要術·雜説》)
④王母桃花千遍紅,彭祖巫咸幾回死。(唐李賀《浩歌》)
⑤晨雞兩遍報更闌,刁斗無聲曉漏乾。(唐方干《元日》詩)

場 動量詞"場"産生于唐代,表示時間長久的次數。從中古一直應用到現在。如:

①願掃鸚鵡洲,與君醉百場。(唐李白《自漢陽病酒歸寄王明府》詩)

① 參看唐鈺明《古漢語動量表示法探源》,載《古漢語研究》1990年,1期。

②床下酒瓶雖不滿，猶應醉得兩三場。（同上《十二月二十三日作兼呈晦叔》詩）

③千場縱博家仍富，幾度報仇身不死。（唐高適《邯鄲少年行》詩）

④何姓何名衣（依）實説，從頭表白説一場。（《敦煌變文集·董永變文》）

出　漢代開始用爲動量詞，表示動作行爲的次數，相當於“次”、“回”。中古繼續應用，但數量不多。如：

①淳于司馬曰：“我之王家食馬肝，食飽甚，見酒來，即走去，驅疾至舍，即泄數十出。”（《史記·扁鵲倉公列傳》）

②有人道上見者，問曰：“公何處來？”答云：“今日與謝孝劇談一出來。”（南朝宋劉義慶《世説新語·文學》）

③小人則牽牛駕耒耜，遂耕床前一把席也，來去數出。（唐佚名《河東記·板橋三娘子》）

重(chóng)　從上古到中古，“重”都有名量詞的用法，相當於“層”。如：

①天子棺槨七重，諸侯五重，大夫三重，士再重。（《莊子·天下》）

②八月秋高風怒號，卷我屋上三重茅。（唐杜甫《茅屋爲秋風所破歌》）

漢代開始用爲動詞補語，還是“層”的意思。如：

③項王軍壁垓下，兵少食盡，漢軍及諸侯兵圍之數重。（《史記·項羽本紀》）

“圍之數重”就是“把楚軍圍成幾層”。

到了中古，“重”進一步用來表示行爲的次數，相當於“次”、“回”，成爲純粹的動量詞。如：

④能令公子百重生，巧使王孫千回死。（唐張鷟《遊仙窟》）

⑤一夕，火發蕩盡，因有鳥毛插地，繞宅周匝數重，百姓乃起廟。（唐段成式《酉陽雜俎·諾臯記上》）

次　上古有“駐留”、“止歇”義，動詞。《書·泰誓中》：“惟戊午，王次於河朔。”南北朝時期開始用爲量詞，表示反復出現或可能反復出現的事情。如：

①劉道朔坐犯七次偷。（南朝陳沈仲由《列上測獄……》文）

②三次論諍退，其志亦剛强。（唐張籍《祭退之》詩）

③數次叫問，都没譍挨，推築（催促）再三，方始回答。（《敦煌變文集·八相變》）

④各盞待君下次勾，見了抽身便却迴。（同上《難陀出家緣起》）

度　動量詞“度”産生於南北朝，是由動詞“度過”這一意義引申來的，表示動作經過的次數。相當於“次”、“回”。如：

①彪前後六度銜命，南人奇其謇博。（《北史·李彪傳》）

②畫眉千度拭，梳頭百遍撩。（北周庾信《夢入堂内》詩）

③九度附書向洛陽，十年骨肉無消息。（唐杜甫《天邊行》詩）

④捨身數度，濟其餓虎。（《敦煌變文集·八相變》）

頓　本是動詞，有“停止”義，《漢書·李廣傳》：“就善水草頓舍。”顔師古注：“頓，止也。”晉宋以後引申爲量詞，有名量詞和動量詞兩種用法，名量詞“頓”已見前。動量詞“頓”用於吃飯，打駡等行爲的次數。如：

①先以粳米爲粥糜，一頓飽食之。（北魏賈思勰《齊民要術》卷二）

②明日早起過案，必是更着一頓。（《敦煌變文集·燕子賦》）

③臣幽閉宫中十餘年，每歲被敕杖數頓，見瘢痕甚厚。（《舊唐書·章懷太

子賢傳》)

發　由"發生"義轉爲量詞,表示動作行爲的次數,相當於"次"、"下"。如:

①鮮卑寇邊,自春以來三十餘發。(《後漢書·鮮卑傳》)

②時都下多劫掠,二旬中十七發。(《南史·蕭思話傳》)

③君當解去兹帶,束以他物,然後叩樹三發,當有應者。(唐李朝威《柳毅傳》)

番　本是動詞,有"更替"、"輪換"義,《漢書·武帝紀》:"賢良值宿更番。"六朝時引申爲量詞,有名量詞、動量詞兩種用法。名量詞"番"已見前。動量詞"番"相當於"回"、"次"。如:

①〔王〕弼自爲客主數番,皆一座所不及。(南朝宋劉義慶《世説新語·文學》)

②羅什與賢數番往復。(南朝梁慧皎《高僧傳·經譯》)

③滿筵大衆,合會天人,圍世尊而百匝千番。(《敦煌變文集·維摩詰經講經文》)

④槐柳來時緑未勻,開門節物一番新。(宋歐陽修《和禹玉較藝將畢》詩)

返(反)　由"往返"義轉爲量詞,表示動作行爲往返的次數。如:

①順凡使涼州十有二返。(《魏書·李順傳》)

②此翁極諳西路,來去伊吾三十餘反。(唐惠立本《大慈恩寺三藏法師傳》)

③孟見一黑物如豬,隨盤至燈影而立。如此五六返,張竟不察。(唐段成式《酉陽雜俎·前集》卷十五)

④後遇一人於城中,乃與同遊。至池側,贈以金銀五百,謂曰:"盡當來取。"如此數返,烈士屢求效命。(同上《續集》卷四)

過　動量詞"過"是由動詞"經過"的意義演變來的。每經歷一次叫做一過。漢代開始出現，六朝以後廣泛應用。如：

①八風四時之勝，終而復始，逆行一過，不復可數。（《素問・玉版論要》）

②鍊金内清酒中，約二百過出入即沸矣。（晉葛洪《抱朴子・金丹》）

③西王母種桃，三千年一着子，此兒不良，已三過偷之矣。（北魏賈思勰《齊民要術》卷十）

④道州手劄適復至，紙長要自三過讀。（唐杜甫《暮秋枉裴道州手劄……呈蘇渙侍御》詩）

⑤水底將頭百過窺，波上玉腕千回舉。（《敦煌變文集・伍子胥變文》）

合 漢代已用爲量詞，交戰一次爲一合，中古廣泛應用。如：

①楚挑戰三合，樓煩輒射殺之。（《史記・項羽本紀》）

②敬兒單馬在後，衝突賊軍數十合，殺數十人。（《南齊書・張敬兒傳》）

③胡人精騎騰突挑戰，日數十合，帝怒，欲擊之。（唐劉餗《隋唐嘉話》卷上）

④時賊徒甚盛，一日之中戰數十合。（《陳書・周文育傳》）

⑤秦王馳騎深入，反覆四五合，然後大破之。（《舊唐書・竇建德傳》）

回、迴 動量詞"回（迴）"產生于魏晉。是由動詞"返轉"的意義引申來的，往返一次叫一回。如：

①不復出場戲，踶場生青草。試作兩三回，踶場方就好。（《樂府詩集・西曲歌・江陵樂》）

②九江日落醒何處，一柱觀頭眠幾回？（唐杜甫《所思》詩）

③曾與佳人並頭語，幾回抛却繡工夫。（唐秦韜玉《燕子》詩）

④昭軍（君）一度登千山，千迴淚下，慈母只今何在？（《敦煌變文集・王昭君變文》）

⑤欲行三里二里時，雖是四迴五迴歇。（同上《八相變》）

覺(jiào)　用爲量詞，表示睡眠的次數，產生于唐代。如：

①不知何事迎新歲，烏納裘中一覺眠。(唐皮日休《江南道中懷茅山廣文南陽博士三首》詩之二)

②山人睡一覺，庭鵲立未移。(同上《鹿門夏日》詩)

③閑把史書眠一覺，起來山日過松西。(唐處默《山中作》詩)

④一覺黄粱之夢，百年大槐之官。(宋黄公紹《施經齋會戒約榜》)

通　動量詞"通"在漢代開始出現，魏晉以後比較廣泛地通行，相當於"遍"、"次"，特指擂鼓的遍數或次數。如：

①賓客諫之百通，則不聽也。(漢劉向《説苑·正諫》)

②着我繡裌裙，事事四五通。(《古詩爲焦仲卿妻作》)

③夜卧覺，常更叩齒九通，咽液九過。(南朝宋陶弘景《真誥·協昌期》)

④傳吏疑其僞，乃椎鼓數十通。(《後漢書·光武紀》)

⑤四面諸村，始聞者撾鼓一通。(《魏書·孝崇傳》)

下　動量詞"下"表示動作向下的次數。是由動詞"自上而下"的意義引申來的，產生於漢代，中古應用頗多，一直到現代。如：

①太傅汝南陳蕃仲舉，去光禄勳，還到臨穎巨陵亭，從者擊亭卒數下。(漢應劭《風俗通義·窮通》)

②縛之着樹，鞭杖百餘下。(《三國志·蜀書·先主傳》裴松之注引魚豢《典略》)

③武士以刀鐶築勰二下。(《魏書·彭城王傳》)

④暮飯牛，牛不食，搏牛一下。(唐馬總輯《意林》卷五引晉傅玄《傅子》)

⑤作木鳶，每擊楔三下，乘之以歸。(唐段成式《酉陽雜俎·續集》卷四)

⑥忽聞大内打四下鼓，更漏分明。(《敦煌變文集·葉浄能詩》)

巡 動量詞“巡”表示行爲經過一遍，特用於給全座斟酒一遍。産生於中古，是由動詞“巡視”的意義引申來的[①]。如：

①小童折花至，于飛葉間凡飛數巡，其味甘香，不可比狀。（唐李玫《纂異記·嵩嶽嫁女》）

②爲言相郎道：“繞帳三巡看！”（《敦煌變文集·下女〔夫〕詞》）

③母女相顧而笑，遂舉酒數巡。（唐蔣防《霍小玉傳》）

④杖策窺園日數巡，攀花弄草興常新。（宋王安石《窺園》詩）

⑤大内宴享，與賓（嬪）妃翫樂，同飲數巡。（《敦煌變文集·葉净能詩》）

匝（帀） 《説文·匚部》：“匝，周也。”環繞一周叫做“匝”。上古已出現在類似動量詞的句式裏。如：

①孔子遊於匡，宋人圍之數帀。（《莊子·秋水》）

②大破漢軍，多殺士卒，睢水爲之不流，圍漢王三帀。（《漢書·高帝紀》）

這類“匝”字實際上還是名量詞做補語。劉世儒先生説：“‘帀’這個字眼兒是有兩面性的。在漢代，説它是動量詞，毋寧説它還是名量詞（如：‘圍三帀’其實就是‘圍成三帀’，如同説‘圍成三重’，都是‘成動式’中的名量補語，不是一般動補結構中的動量補語）。”[②]魏晉以後，“匝”演變成動量詞，相當於“周”、“轉（zhuàn）”。如：

③月明星稀，烏鵲南飛，繞樹三匝，何枝可依。（三國曹操《短歌行》）

④臣至王公之壇，因騎馬返，繞日三帀，然入漢關，關猶未掩。（《説郛》卷四《洞冥記》）

⑤每箇樹邊行一匝，誰家園裏最多時？（唐朱慶餘《同友人看花》詩）

---

① 《左傳·桓公十二年》：“伐絞之役，楚師分涉於彭。羅人欲伐之，使伯嘉諜之，三巡數之。”杜預注：“巡，遍也。”孔穎達疏：“謂巡繞遍行之。”這裏的“巡”是動詞，不是量詞。

② 劉世儒《魏晉南北朝量詞研究》，中華書局，1965年，265頁。

⑥一雙青白鴿，繞帳三五匝。（《敦煌變文集・下女〔夫〕詞》）

但動量詞“匝”並没有繼續傳下去，近代漢語裏逐漸不用了。

遭　《説文・辵部》：“遭，遇也。”本是動詞。唐代引申爲動量詞，表示動作發生的次數，相當於“周”、“轉”，又相當於“次”、“回”。如：

①青山似欲留人住，百匝千遭（一作“回”）繞郡城。（唐李德裕《登崖州城作》詩）

②華膏隔仙羅，虚繞千萬遭。（唐孟郊《寒地百姓吟》詩）

③既是當值，與寡人領將三百將士，何不巡營一遭？（《敦煌變文集・漢將王陵變》）

④且共汝輩赤脚入棘鍼地走三五遭，汝等能乎？（宋陶岳《五代史補・王彦章八軍》）

例①②“遭”作“周”、“轉”講，例③④作“次”、“回”講。

陣　唐代由“軍陣”義引申爲動量詞，表示事物或動作行爲經過一定時間段落。如：

①昨夜三更雨，臨明一陣寒。（唐韓偓《懶起》詩）

②正旦食後失火，須臾，有大雨三陣從東北來，火乃止。（《太平廣記》卷十一引《神仙傳》）

③決戰一陣，蕃軍大敗。（《敦煌變文集・張義潮變文》）

④昨夜雨霏霏，臨明寒一陣。（五代前蜀毛文錫《醉花間》詞）

周　上古有“環繞”義。《國語・晉語五》：“齊師大敗，逐之，三周華不注之山。”韋昭注：“周，匝也。”唐代引申爲動量詞，有“匝”、“回”的意思。如：

①即日得報……輒於母前伏誦三周，舉家大小豁然忘憂也。（晉車永《答

陸士龍書》)

②夢走馬上山,還繞舍三周。(《十六國春秋輯補・前涼録》)

③因又繞莊一周,自南門入,及中堂,堂中帷帳已滿。(唐李復言《續玄怪録》)

④酒環行數周,樂亦隨輟。(唐韋瓘《周秦行記》)

轉 晉代由動詞"回轉"義引申爲動量詞,表示動作的反復一次或多次。如:

①新安江上孤帆遠,應逐楓林萬餘轉。(唐劉長卿《嚴陵釣臺送李康成赴江東使》詩)

②每日上山三五轉,回頭問汝會也無。(五代静、筠《祖堂集》卷十八)

③善惡但如反覆手耳,翻一轉,便是惡。(《朱子語類》卷九十五)

以上是中古漢語中一些主要的動量詞。此外還有一些是借用名詞來表示動量關係。例如:

①巴東三峽巫峽長,猿鳴三聲淚沾裳。(北魏酈道元《水經注・江水二》引漁者歌)

②文襄使季舒毆帝三拳,奮衣而出。(《魏書・孝静帝紀》)

③臣罵漢王三五口,不施弓弩遣抽軍。(《敦煌變文集・捉季布傳文》)

總之,魏晉以後,漢語動量詞有了相當大的發展,但並未達到全盛階段。其中有的應用比較普遍,如"遍(徧)"、"回(迴)",有的還不那麼普遍。到了近代漢語,動量詞的發展才算達到完備的階段,表示行爲的量一般都須用量詞了。

第三節 中古漢語代詞的發展

中古漢語代詞發展的特點是:一方面,上古漢語複雜的代詞系統中一部分繼續使用,並在語法功能上得到全面的發展,一部分從語言中消失了。另一方面,産生了許多新的代詞，開始形成一個比較複雜的新的代詞系統，爲近代和現代漢語代詞系統奠定了堅實的基礎。

一、中古漢語人稱代詞的發展

1. 第一人稱代詞

上古第一人稱代詞"我"、"吾"、"余(予)"仍然廣泛應用。

我、吾　魏晉以後，"我"仍然是第一人稱代詞最基本的形式，不僅在接近口語的作品裏應用得非常普遍，在文人作品裏也應用得很廣泛。"我"可做主語、賓語或定語；繫詞産生後，"我"又可以做表語，如"木匠答言：是我所作。"(南朝齊求那毗地譯《百喻經・三重樓喻》)

"吾"在書面語言裏，用得也很普遍。大約東晉以後，"吾"在口語裏已逐漸被"我"字排斥，書面上則仍爲文人所應用。以南朝宋劉義慶《世説新語》爲例，"我"出現 163 次，而"吾"出現 68 次。"吾"既然逐漸成爲書面上的東西，用法上自然會向"我"靠近。在先秦時，"吾"一般不用於動詞後的肯定賓語，用作否定賓語時通常置於動詞前面。秦漢時這種限制開始打破，但在動詞後做肯定賓語的仍然不多。到魏晉以後，這種限制就完全打破了。而且"吾"還可以用作表語。例如：

①夫濟大事，必以人爲本。今人歸吾，吾何忍棄去。(《三國志・蜀書・先主傳》)

②有孝有忠，何負吾耶？(南朝宋劉義慶《世説新語・賢媛》)

③憐吾孤獨，嘗從咸陽來此伴吾。(唐陳劭《通幽記・蕭遇》)

④水側枯楊樹下，即是吾也。(晉干寶《搜神記》卷十六)

唐宋時又有複音代詞"我儂"、"我家"①、"我自"、"我咱"、"吾家"、"吾儂"，意思都與"我"同。如：

---

① "我家"上古作"我們家"講，是詞組。如《漢書・霍光傳》："丞相數言我家，獨無罪乎？"這種用法一直保持到現代。

①王老小兒吹笛看,我儂試舞爾儂看。(唐司空圖《力疾山下吴村看杏花》詩)

②莫將諸女獻陳,我家當知不受。(《敦煌變文集·維摩詰經講經文》)

③若説我家夫主,不是等閒之人。(同上《難陀出家緣起》)

④我自寒灰槁木,凝神處,不覺重酣。(宋劉子翬《滿庭芳·桂花》詞)

⑤功名富貴,我咱諳分,隨有亦隨無。(宋趙長卿《蓦山溪·早春》詞)

⑥吾家好隱淪,居處絶囂塵,踐草成三徑,瞻雲作四鄰。(唐寒山《詩》三百三首之四)

⑦夫詩者,皆吾儂平日愁歎之聲。(宋戴復古《沁園春》詞)

余、予　六朝以後這兩個代詞在口語裏已逐漸消失。例如佛經翻譯多用口語,就極少用“余(予)”,其他比較接近口語的作品也都如此。但在文言作品裏應用相當普遍,可能是文人仿古的一種反映。如:

①亭長告余曰:“此古戰場也。”(唐李華《吊古戰場文》)

②只恐長江水,儘是兒女淚。伊余非此輩,送人空把臂。(五代貫休《古離别》詩)

③江晚正愁余,山深聞鷓鴣。(宋辛棄疾《菩薩蠻·書江西造口壁》詞)

④予若洞庭葉,隨波送逐臣。(唐李白《送郄昂謫巴中》詩)

⑤予見亂離不得已,子知出處必須經。(唐杜甫《覃山人隱居》詩)

⑥溪窮壤斷至者誰?予獨與子相諧熙。(宋王安石《雲山詩送正之》詩)

身　秦漢間“身”已有第一人稱代詞的用法。《爾雅·釋詁》:“身,我也。”郭璞注:“今人亦自呼爲身。”不過“身”廣泛用爲第一人稱代詞,當在魏晉六朝。如:

①〔張〕飛據水斷橋,瞋目横矛曰:“身是張翼德也,可來共決死!”(《三國志·蜀書·張飛傳》)

②支徐徐謂曰:“身與君别多年,君義言了不長進。”王大慚而退。(南朝宋劉義慶《世説新語·文學》)

③身是鬼,見使來詣君耳。(南朝宋劉義慶《幽明録》)

④君非段中兵邪? 身在此。(《宋書・武三王傳》)

⑤王自請天子曰:"身在漢久,恐爲前王子所害……"(北魏酈道元《水經注・河水》)

⑥婦人便悲泣曰:"然。"言:"身是前司士之婦……"(《太平廣記》一〇五引《廣異録》)

⑦令身與妻子,即合永爲奴僕。(《敦煌變文集・葉净能詩》)

⑧劉弘謂侃曰:"吾昔爲羊公參軍,謂吾後當居身處。"(《資治通鑒・晉惠帝泰安二年》)胡三省注:"晉人多自謂爲身。"

跟"我"、"吾"不同,"身"多少帶有强調説話人本身的作用,不與"曹、輩、儕"一類名詞組合,只表單數不表複數。而且到了宋代,這個代詞即從口語中消失了。

奴　也寫作"孥"。"奴"的本義是奴隸。六朝時北方方言中用爲臣下對國君的謙稱。《宋書・魯爽傳》:"虜群下於其主稱奴,猶中國稱臣也。"進一步引申爲一般的自稱。也作"阿奴",男女尊卑都可以用。如:

①〔高昌王〕書稱:"法師者是奴弟。……願可汗憐師如憐奴。"(唐慧立《大慈恩寺三藏法師傳》卷一)

②遠指白雲呼"且住",聽奴一曲别鄉關。(《敦煌變文集・王昭君變文》)

③何處是英雄,迎奴歸故宫?(宋計有功《唐詩紀事》卷二)

④奴爲出來難,教郎恣意憐。(南唐李煜《菩薩蠻》詞)

⑤陳王宣問:"阿奴無德,濫處稱尊。"(《敦煌變文集・韓擒虎話本》)

⑥𣅜耐遮賊,臨陣交鋒,識認親情,壞却阿奴社稷。(同上)

⑦方飲次,外有發瓦來,第二中孥額。(唐李玫《纂異記・張生》)

⑧花若勝如奴,花還解語無?(宋張先《菩薩蠻》詞)

宋代以後,"奴"一般只用作女人的自稱。

儂　第一人稱代詞"儂"産生於六朝。如:

①歡愁儂亦慘,郎笑我便喜。(《樂府詩集·子夜歌》之十九)

②若不信儂時,但看雪上迹。(《樂府詩集·子夜冬歌》)

③寒衣尚未了,郎喚儂底爲?(《樂府詩集·子夜秋歌》)

④人言襄陽樂,樂作非儂處。(《樂府詩集·襄陽樂》)

⑤成匹郎莫斷,憶儂經絞時。(《樂府詩集·青陽度》)

⑥花紅易衰似郎意,水流無限似儂愁。(唐劉禹錫《竹枝詞》)

⑦高閣群公莫忌儂,儂心不在宦名中。(唐韓偓《此翁》詩)

"儂"在吴、楚歌辭裏出現最多,大約是南方方言。《玉篇·人部》:"儂,吴人自呼我。"北魏楊衒之《洛陽伽藍記》有一段話剛好説明這一點:

〔楊〕元慎即口含水噀〔陳〕慶之曰:"吴人之鬼,住居建康,小作冠帽,短制衣裳,自呼阿儂,語則阿傍……"慶之伏枕曰:"楊君見辱深矣。自此後,吴兒更不敢解語。"(卷二《城東·景寧寺》)

陳慶之是南方人,楊元慎是中原士族,所以楊以吴地方的語言開陳的玩笑。不過"儂"並不一定只是吴方言,上面所引的《青陽度》和《襄陽樂》都出於《西曲歌》,用的當是荆楚方言。

"儂"作爲第一人稱代詞一直繼續到近代文學作品裏。如:

①奴家生得好儀容,月殿姮娥也賽不過儂。(明汪錂《春蕪記·宴賞》)

②儂今葬花人笑癡,他年葬儂知是誰?(清曹雪芹《紅樓夢》二十七回)

代詞"儂"是怎麽來的?元戴侗《六書故》第八:"吴人謂人儂,按此即人聲之轉。""儂"有"人"義,如《讀曲歌》:"聞歡得新儂,四支懊如垂。"戴氏的解釋似乎有些道理。但不符合"儂"作第一人稱代詞的實際。章炳麟《新方言·釋言》:"《大雅》:'戎雖小子','纘戎祖考',《箋》皆訓'戎'爲'汝'。今江南浙江濱海之地謂'汝'爲'戎',音如'農'。"章氏認爲現在吴語中的"儂"就是《詩經》裏的"戎"。不過六朝的

"儂"是第一人稱代詞，和現代吴語中的"儂"不見得是一回事。清人雷浚《説文外編·人部》："儂即奴之聲轉。"比較可信。北方話裏"奴"由名詞變爲第一人稱代詞的謙稱，南方話音轉爲"儂"，也用作第一人稱代詞。

儂家、阿儂、儂阿、我儂　這四個詞都是第一人稱代詞，都作"我"講。如：

①儂家暫下山，入到城隍裏。（唐寒山《詩三百三首》之一六九）

②儂家自有麒麟閣，第一功名只賞詩。（唐司空圖《力疾山下吴村看杏花》詩）

③也解爲詩也爲政，儂家何似謝宣城。（唐王延彬《春日·寓感》詩）

④笑語後曰："阿儂已復得壺矣。"（《古小説鈎沈·幽明録》）

⑤密謂其黨茹法珍、梅蟲兒曰："何世天子無要人，但阿儂貨主惡耳。"（《南齊書·東昏侯紀》）

⑥儂阿家住朝歌下，早傳名。（唐長孫無忌《新曲》詩之一）

⑦王老小兒吹笛看，我儂試舞爾儂看。（唐司空圖《力疾山下吴村看雪花》詩之七）

⑧你輩見儂底歡喜，别是一般滋味子，永在我儂心子裏。（宋文瑩《湘山野録》卷中）

中古新産生的第一人稱謙稱有"鄙"、"民"、"下官"等。

鄙　"鄙"本指邊遠偏僻的小地方。《釋名·釋州國》："鄙，否也，小邑不能遠通也。"戰國以來往往用作定語謙稱自己，有"鄙陋"之意，不是代詞。如：

①樗里子曰："吾已合魏矣，無所用之。"對曰："臣願以鄙心意公……"（《戰國策·魏策》）

②上怒，起入禁中。良久，召唐讓曰："公奈何衆辱我，獨無間處乎?"唐謝曰："鄙人不知忌諱。"（《史記·馮唐列傳》）

"鄙"單獨用作第一人稱謙稱，開始於漢末，多用於有地位，有身份的人。如：

③世尊又曰:“卿姓字何乎?”長者跪對曰:“鄙字須達,侍養孤老,供給衣食,國人稱我給孤獨氏。”(漢末康孟祥、曇果譯《中本起經》,《大正大藏經》卷四)

④前者如來爲鄙説法,已得于空,無相無願。(西晉竺法護譯《正法華經》,同上卷九)

⑤今得睹聖顏,沐浴飲清化,鄙雖處凡品,蒙聖入勝流。(北涼曇無讖譯《佛所行贊》,同上卷四)

⑥太子至許,遺妃書曰:“鄙雖頑愚,心念爲善,欲盡忠孝之節,無有惡逆之心。”(《晉書·湣懷太子傳》)

⑦鄙爲崔氏妻,二男一女,男名琴臺子,鄙尤鍾念。(唐李復言《續玄怪録·琴臺子》)

民 魏晉以後,“民”用爲第一人稱的謙稱,一般用於下級官吏對上級官員。如:

①崔正熊詣都郡,都郡將姓陳,問正熊:“君去崔杼幾世?”答曰:“民去崔杼,如明府之去陳恒。”(南朝宋劉義慶《世説新語·言語》)

②王右軍與王敬仁、許玄度並善,二人亡後,右軍爲論議更克,孔巖誡之曰:“明府昔與王、許周旋有情,及逝没之後,無慎終之好,民所不取。”右軍甚愧。(同上《規箴》)

③陸太尉詣王丞相。王公食以酪,陸還遂病。明日與王牋云:“昨食酪小過,通夜委頓,民雖吴人,幾爲傖鬼。”(同上《排調》)

④驎士曰:“明府德履冲素,留心山谷,民是以被褐負杖,忘其疲病。”(《南齊書·高逸傳·沈驎士》)

⑤〔陶〕侃怒曰:“今比戰皆北,良將安在?今若無食,民便欲西歸。”(《魏書·司馬叡傳附司馬衍》)

唐宋以後,口語中“民”已不再用爲第一人稱的謙稱了。

下官 本指小官。《逸周書·史記》:“昔有共工自賢,自以無臣,久空大官,下官交亂,民無所附。”《宋書·劉穆之傳》:“先是郡縣爲封國者,内史、相並于國主稱臣,去

任便止。至世祖孝建中,始革此制,爲下官致敬。"引申爲官吏自稱的謙詞。如:

①乘中鳴雲露車逕前曰:"聽下官鼓音,一進而捷。"(南朝宋劉義慶《世説新語·識鑒》)

②撫軍問孫興公:"……卿自謂何如?"曰:"下官才能所經,悉不如諸賢。"(同上《品藻》)

③〔弘之〕將行,與會稽王道子戕曰:"下官輕微寒士,謬得廁在俎豆,實懼辱累清流,惟塵聖世。"(《晉書·范弘之傳》)

又引申爲一般的自稱,男女尊卑均可以用。如:

④下官先日往九河,見司陰與西漢夫人共遊。(《太平廣記》卷五七"太真夫人")

⑤然下官禽鳥,不能致力生人,爲足下轉達桂家三十娘子。(同上卷十八引李復言《續玄怪録·柳歸舜》)

⑥要去任王歸國去,下官决定不相留。(《敦煌變文集·妙法蓮華經講經文》)

⑦本性齖𪘨處處知,阿婆何用事悲悲?若覓下官行婦禮,更須换却百重皮。(同上《齖𪘨書》)

例④"下官"是神仙安先生與西王母小女太真夫人交談時的自稱,例⑤是鸚鵡武仙郎與柳歸舜交談時的自稱,例⑥是阿私仙與大王交談時的自稱,例⑦是新婦自稱,都不是官吏自稱的謙詞。

某、某甲、某乙　上古漢語"某"是虚指代詞。魏晉以後"某"往往用作第一稱代詞"我"的替代詞,有表示謙虚的意思。"某甲"、"某乙"在唐代也有這樣的用法。如:

①簡文在暗室中坐,召宣武。宣武至,問:"上何在?"簡文曰:"某在斯。"(南朝宋劉義慶《世説新語·言語》)

②大夫曰:"先生有以自老,無求於人,其肯爲某來邪?"(唐韓愈《送石處士

序》)

③楊堅啓言皇后:"某緣力微,如何即是?"(《敦煌變文集·韓擒虎話本》)

④院主在外責曰:"和尚適來許某甲爲人,如今因什摩却不爲人,賺某甲!"(五代静、筠《祖堂集》卷四)

⑤某乙本無父母,亦無宗枝,旦(但)緣家貧,遊行浪蕩。(《敦煌變文集·前漢劉家太子傳》)

此外,"阿"和"乘"在中古方言中也有作第一人稱代詞用的。《三國志·魏書·東夷辰韓傳》:"東方人名我爲阿。"《世説新語·賞譽》:"阿見子敬,尚使人不能已。"《裴子語林》:"汝阿見子敬,便沐浴爲論兄輩。"劉盼遂《世説新語校箋》:"阿,我也。乃謝公自謂。按《三國志·韓辰傳》:'東方人名我爲阿。'此謂我見子敬,尚不能已,則汝見真長,足重可知也。"又《敦煌變文集·維摩詰經講經文》:"蒙宣法味令齋解,又休(沐)談楊(揚)決乘懷。"蔣禮鴻《敦煌變文字義通釋》認爲:"乘,第一人稱代詞,和'我'相同。"例證不多,不詳細討論了。

2. 第二人稱代詞

上古相當複雜的第二人稱代詞到中古逐漸統一爲"汝"、"爾"兩個。其中"爾"逐漸寫成"你",並在用法上得到了全面的發展。此外上古漢語中的指示代詞"伊",中古也用作第二人稱代詞。

汝 在六朝以及唐宋,仍然廣泛地應用着,比較接近口語的作品裏也不例外。如:

①〔母〕語康伯曰:"汝若爲選官,當好料理此人。"(南朝宋劉義慶《世説新語·德行》)

②孔子曰:"汝豈有所見乎?"(晉干寶《搜神記》卷八)

③弘忍和尚問惠能曰:"汝何方人,來此山禮拜吾,汝今向吾邊復求何物?"(唐惠能《壇經》三)

④是我有錢日,恒爲汝貸將。汝今既飽暖,見我不分張。(唐寒山《詩三百三首》之一五二)

爾、你　“爾”在六朝也用得很廣泛。如：

①舉杯祝星云：“長星，勸爾一杯酒，自古何時有萬歲天子！”（南朝宋劉義慶《世説新語・雅量》）

②誰是爾叔？敢唤我作叔！（《北齊書・河間王孝琬傳》）

③皆問曰：“爾誰家小兒，今日忽來？”（晉干寶《搜神記》卷八）

④爾曹身與名俱滅，不廢江河萬古流。（唐杜甫《戲爲六絶句》之二）

六朝時産生簡體字“尒”。《廣韻・紙韻》：“尒，義與爾同。兒氏切。”佛經翻譯中又或作“儞”。如：

⑤儞不知大師言，生死事大。（唐惠能《壇經》八）

⑥儞每日瞳個甚麼？（《大正大藏經》卷四七《洞山悟本禪師語録》）

“儞”在使用過程中逐漸簡寫成“伱”。《玉篇・人部》：“伱，乃里切，尒也。”《廣韻・止韻》：“伱，秦人呼傍人之稱。”進一步寫作“你”，成爲口語中第二人稱代詞的統一形式。明方以智《通雅》説：“爾、汝、而、若，乃一聲之轉，爾又爲尒，尒又作伱，俗書作你。”“你”在句中可以用作主語、賓語、定語、表語、兼語等。如：

①武成因怒李后，駡紹德曰：“你父打我時，竟不來救！”（《北齊書・文宣四王傳》）

②陽愚僧阿秃師于路中大叫，呼顯祖姓名云：“阿那瓌終破你國。”（同上《高阿那肱傳》）

③“狐截尾，你欲除我我除你。”“和士開，七月三十日，將你向南台。”（《隋書・五行志》引北齊武平時童謡）

④你富户役高，差科並用却。（唐王梵志《他家笑吾貧》詩）

⑤再三勸你早修行，是你頑癡心恍惚。（唐寒山《詩三百三首》之九十）

⑥你欲看，我亦欲看。（《太平廣記》卷一四六引《朝野僉載》）

⑦若是諸人即怕你道安，是他慶善，阿誰怕你？（《敦煌變文集·廬山遠公話》）

⑧阿你兩個，何用忿忿？阿誰許你，各擬論功？（同上《茶酒論》）

"爾"和"你"在字形上分化以後，至晚在宋代語音也有了不同。《廣韻·紙韻》："爾，兒氏切。"《止韻》："你，乃里切。"聲韻各異。隨着漢語語音的一般規律發展，現代漢語"爾"讀成了 ěr[ər]，而"你"代表第二人稱代詞的口語，保持原有的讀音不起變化，仍然讀 nǐ[ni]。唐代，"你"在變文等比較接近口語的作品裏用得比較多，文人作品裏還是很少用的。宋元以後才普遍應用起來。

伊 魏晉以後，"伊"用作第二人稱代詞單數，在句中做主語、賓語或定語，相當於"你"。如：

①勿學汝兄，汝兄自不如伊。（南朝宋劉義慶《世説新語·品藻》）

②〔德宗〕因怒陸贄曰："老獠奴！我脱却伊緑衫，便與紫着，又時常呼伊作陸九，我任使竇參，方稱意次，須教我殺却他！"（《太平廣記》卷二七五《上清》）

③侯景篡梁，王偉請立七廟，並請諱。景曰："何謂七廟？"偉曰："天子祭七世祖考，故立七廟。"景曰："前世吾不復憶，惟阿爺名標，且有朔州，伊那得來噉是！"衆聞盛笑之。（宋孔平仲《續世説·紕漏》）

④羅衫滿袖，盡是憶伊淚。（宋歐陽修《千秋歲》詞）

⑤聞道伊家，終日眉兒皺。（宋黄庭堅《點絳唇》詞）

漢魏以後，漢語産生的第二人稱的禮貌式有"卿"、"官"、"仁"、"賢"、"尊"等，後三個主要用於佛經翻譯中。

卿 本是官名，秦漢時用作對人的美稱，如荀況稱荀卿，荆軻稱荆卿，等等。唐司馬貞《史記·荆軻傳·索隱》説："卿者，時尊重之號，猶如相尊美亦稱子然也。"交談中用以稱呼對方，男女尊卑都可以用。如：

①比丘問天帝："卿等天上盡何所爲?"（東漢支讖譯《雜譬喻經》，《大正大

藏經》卷四)

②謂其夫言:"何須勞意損其醫藥,吾病甚重,當得卿所親親獼猴之肝,吾乃活耳。"(西晉竺法護譯《生經》,同上卷三)

③郭氏語充,欲就省李,充曰:"彼剛介有才氣,卿往不如不去。"(南朝宋劉義慶《世説新語·賢媛》)

④〔劉〕聰每謂元達曰:"卿當畏朕,反使朕畏卿邪?"(《晉書·劉聰載記》)

⑤嵇中散語趙景真:"卿瞳子白黑分明,有白起之風,恨量小狹。"(南朝宋劉義慶《世説新語·言語》)

⑥道人曰:"卿可往見之,若聞鼓聲,即出勿留。"(晉干寶《搜神記》卷二)

例①"卿"是卑者稱尊者,例②是妻稱夫,例③是夫稱妻,例④是尊稱卑,例⑤是朋友相稱,例⑥是一般人之間的互相稱呼。

"卿"在應用中逐漸顯得隨便了。《世説新語》中有以下兩段記載:

⑦王安豐(戎)婦常卿安豐。安豐曰:"婦人卿壻,於禮爲不敬,後勿復爾。"婦曰:"親卿愛卿,是以卿卿。我不卿卿,誰當卿卿?"遂恒聽之。(《惑溺》)

⑧王太尉不與庾子嵩交,庾卿之不置。王曰:"君不得爲爾。"庾曰:"卿自君我,我自卿卿,我自用我法,卿自用卿法。"(《方正》)

例⑦王安豐認爲夫妻之間應當相敬如賓,況且男尊女卑,妻子在稱呼上不應如此隨便。王妻則認爲夫妻關係至親密,不應拘於客套,堅持不改,王亦無可如何。例⑧王衍不願和庾敳交往,不贊成庾用"卿"這種隨便的稱呼;庾却不管對方如何,硬以朋友自居,照常稱王爲"卿",弄得王衍没辦法。"卿"的禮貌意義逐漸消失,和"爾"、"汝"相差無多,口語裹没有再存在的價值,唐以後"卿"一般就只用作帝王對臣下的稱呼。如:

①太宗謂玄素曰:"卿以我不如煬帝,何如桀紂?"(唐吴兢編《貞觀政要》卷二)

②上召崇，從容謂曰："卿子才乎？皆何官也？又安在？"（唐李德裕《次柳氏舊聞》）

③上曰："朕用卿，蓋不緣妃也。"（宋樂史《楊太真外傳》上）

官 六朝時期"官"作爲第二人稱禮貌式，通常用於卑賤者對尊貴者的稱呼。如：

①殷中軍妙解經脈，中年都廢。有常所給使，忽叩頭流血。……詰問良久，乃云："小人母年垂百歲，抱疾來久，若蒙官一脈，便有活理，訖就屠戮無恨。"（南朝宋劉義慶《世説新語・術解》）

②外間云宫中有兩天子，官是一人，戴法興是一人。（《南史・戴法興傳》）

③王公林又諫敬則曰："官是事皆可悔，惟此事不可悔，官詎不更思！"（《南齊書・王敬則傳》）

④〔石〕崇謂緑珠曰："我今爲爾得罪。"緑珠泣曰："當效死於官前。"因自投于樓下而死。（《晉書・石苞傳附子崇》）

⑤褚遂良問虞監："某書何如永師？"曰："聞彼一字直五萬，官豈得若此？"（唐劉餗《隋唐嘉話》卷中）

例①是僕人稱主人，例②是内侍稱君主，例③是族侄稱族叔父，例④是妾稱丈夫，例⑤是稱一般男子。

但"官"也可用於他稱。如：

①王於是往哭。督帥刁約不聽前，曰："官（指謝安）平生在時，不見此客。"（南朝宋劉義慶《世説新語・傷逝》）

②聞官前逼遣足下甚急。（晉王獻之《雜帖》）

仁 先秦可以指有仁德的人。《論語・學而》："弟子入則孝，出則弟，謹而信，泛愛衆而親仁。"邢昺疏："親仁者，有仁德者則親而友之。"佛經翻譯中，"仁"單獨作爲第二人稱禮貌式，尊稱佛門中有道德學問的人，應用範圍相當廣泛，但見於其他典籍的例子很少。如：

①〔四美人謂彌蘭〕妾等四女，給仁使役，晚息夙興，惟命所之，願無他遊。（三國吴康僧會《六度集經》，《大正大藏經》卷三）

②兒語目連及舍利弗："願以我聲因請世尊，諸菩薩僧並及仁等。"（東漢支讖譯《舊雜譬喻經》，同上卷四）

③佛告比丘："汝等何不如蜂采華……如仁所行，何不如是行？（姚秦竺佛念譯《出曜經》，同上卷四）

④孰云穢明德，惟在中聖人。若能遺酌我，稱首當屬仁。（南朝梁何遜《贈族人秣陵兄弟》詩）

⑤彼時諸人，於虛空中見鵝持鼈，各生驚怪，共相告曰："仁等觀彼二鵝，共偷一鼈。"（唐義浄譯《根本説一切有毗奈耶經》卷二八）

⑥夫沙門者，慈悲爲情，湣傷物類。仁今所笑，願聞其説。（唐玄奘《大唐西域記・健陀羅國》）

"仁"在應用中尊敬的意味逐漸減少，有的只是略帶客氣的意味而已。

賢　由"賢良"義用於對人的美稱。如《史記・刺客列傳》："妾其奈何畏殁身之誅，終滅賢弟之名。"北齊顔之推《顔氏家訓・風操》："凡與人言，稱彼祖父母、世父母、父母及長姑，皆加'尊'字；自叔父母以下，則加'賢'字。"魏晉以後，用爲第二人稱的尊稱，相當於"您"。如：

①小蟲受潤，獲濟微命。蟲穴居之物，求穴以自安，獲金百斤……願以貢賢。（三國吴康僧會《六度集經》卷三）

②安期……爲讀判曰："向看賢判，非但傷足，兼似内損。"（唐張鷟《朝野僉載》卷六）

③天然宅院，賽了千千並萬萬。説與賢知，表德元來是勝之。（宋蘇軾《減字木蘭花・贈勝之》詞）

④顧曰:"何不道清風屎氣多?"秀才云:"賢莫無禮。"(宋孫光憲《北夢瑣言》卷七)

⑤子固問:"賢是誰?"德佑曰:"禧姓徐。"子固答曰:"賢便是徐禧?"(宋王銍《默記》卷中)

⑥貫復呼之曰:"更勞賢問太師,在杭州静坐,今日至此,誰之力?童貫所以報太師亦盡矣。"(宋周煇《清波别志》卷上)

尊 "尊"本指尊貴,地位高或輩分大。六朝時用爲第二人稱的敬稱。如:

①以偈問佛言:"世間之光明,誰於是四方,右敷師子座?願尊爲我説。"(《方等般泥洹經》,《大正大藏經》卷十二)

②尊爲我大師,我是尊弟子。(《佛所行贊》,同上卷四)

③皆曰:"尊若不諱,妾請效死。"(《晉書·列女傳》)

④〔王脩〕問父曰:"劉尹語何如尊?"長史曰:"韶音令辭不如我,往輒破的勝我。"(南朝宋劉義慶《世説新語·品藻》)

⑤〔謝靈運〕謂〔叔父謝〕方明曰:"阿連才悟如此,而尊作常兒遇之。何長瑜當今仲宣,而飴以下客之食。尊既不能禮賢,宜以長瑜還靈運。"(《宋書·謝靈運傳》)

⑥夫人見之體不端正,語幾羅言:"發遣沙門,我不施也。"婢言:"願尊開意,莫嫌沙門形狀。"(南朝梁寶唱《經律異相》卷二十三)

例①"尊"稱佛,例②稱師,例③稱夫,例④稱父,例⑤稱叔父,例⑥"尊"爲婢女稱女主人。可以看出,"尊"作爲第二人稱尊稱,應用範圍是比較廣泛的。此外還有一個"貴"字,中古也有用作第二人稱尊稱的。如《敦煌變文集·孟姜女變文》:"命盡使被築城中,遊魂散漫隨荆棘。勞貴遠道故相看,冒涉風霜捐氣力。"蔣禮鴻《敦煌變文字義通釋》:"用'貴'來作尊稱,這和宋人後輩稱'賢'是一樣的。""貴"作第二人稱尊稱的例子很少見,不詳細討論了。

3. 第三人稱代詞

上古没有用法完備的第三人稱代詞。到了南北朝，隨着佛經的翻譯，白話文學的興起，第三人稱代詞用法不完備不能適應漢語交際和漢語語法逐漸嚴密化的需要。於是"其"的用法擴大了，並產生了新的第三人稱代詞。

其　第三人稱代詞"其"中古仍然廣泛應用，而且做主語、賓語的有所增加。如：

①又問："何者是？"王曰："噫！其自有公論。"（南朝宋劉義慶《世説新語·品藻》）

②其若見問，當作依違答之。（《宋書·劉劭傳》）

③其恒自擬韓白，今真其人也。（《南齊書·垣崇祖傳》）

④其道汝偷車校具，汝何不進裏罵之？（南齊梁任昉《奏彈劉整》）

⑤可引軍避之，與其空城。（《三國志·魏書·陳登傳》裴松之注引《先賢行狀》）

⑥有相識小人貽其餐，肴案甚盛，真長辭焉。（南朝宋劉義慶《世説新語·方正》）

⑦從子將婚，戎遺其一單衣。（《晉書·王戎傳》）

⑧教其鮮卑語及彈琵琶。（北齊顏之推《顏氏家訓·教子》）

⑨可遂此志，聽其赴闕。（《魏書·司馬楚之傳》）

⑩刺史元欣欲逼其爲將。（《魏書·房法壽傳》）

⑪名兒爲驢狗、豚子者，使其自稱及兄弟所名。（北齊顏之推《顏氏家訓·風操》）

⑫婦來見夫，欲共其語。（南朝齊求那毗地譯《百喻經·唵米決口喻》）

⑬五日一來，與其相見。（《魏書·北海王傳》）

例①②③④"其"做主語，例⑤⑥⑦⑧"其"做賓語，例⑨⑩⑪"其"做兼語，例⑫⑬"其"做介詞賓語。

中古漢語第三人稱代詞最重要的發展是產生了新的代詞"渠"、"伊"、"他"。

“己”和“子”也一度有過第三人稱代詞的用法。

渠 第三人稱代詞“渠”最早見於《三國志》，六朝時應用尚少，唐代相當通行，可做主語、賓語、表語和定語。如：

①女婿昨來，必是渠所竊。（《三國志·吴書·趙達傳》）

②無事交渠更相失，不及從來莫作雙。（北周庾信《代人傷往》詩）

③渠未相撩撥，嬌從何處來？（唐張鷟《遊仙窟》）

④渠是弓弩手，名在飛騎籍。（唐杜甫《遭田父泥飲美嚴中丞》詩）

⑤渠笑我在後，我笑渠在前，相笑儻不止，東邊復西邊。（唐寒山《詩三百三首》之三六）

⑥田不曾耕地不鋤，誰人閒散得如渠。渠將渠物爲香餌，一度拈竿一個魚。（唐杜荀鶴《釣叟》詩）

⑦師曰：“古佛殿裏拾得一行字。”進曰：“一行字道什麼？”師曰：“渠不似我，我不似渠，所以肯這個字。”（五代静、筠《祖堂集》卷四）

⑧問渠那得清如許，爲有源頭活水來。（宋朱熹《觀書有感》詩）

“渠”與“其”都屬群母，前者可能是後者的變體。“其”本是指示代詞，“渠”最初也有指示作用。如《古詩爲焦仲卿妻作》：“雖與府吏要，渠會永無緣。”不過到了唐代，“渠”就專門用作人稱代詞了。也可活用於第二人稱，相當於“你”。如張鷟《遊仙窟》：“兒今贈君别，情知後會難。莫道釵意小，可以挂渠冠。”元明以後，“渠”從北方口語中消失，客家話第三人稱代詞“佢”，念 ki^{11}，粵語也有“佢”，念 $koey^{24}$，大約都是“渠”在現代方言裏的保留。

伊 魏晉以後，“伊”又用作第三人稱代詞，相當普遍，可做主語、賓語、定語、同位語。如：

①恢乃云：“羊、鄧是世婚，江家我顧伊，庾家伊顧我，不能復與謝裒兒婚。”（南朝宋劉義慶《世説新語·方正》）

②大將軍曰：“自殺伊家人，何預卿事！”（同上《汰侈》）

③劉曰："高下未必可定，伊猶沈滯塵喧，共啓悟之耳，何高之有？"（南朝梁陶弘景《周氏冥通記》）

④吾見張時，伊已六十。（《南史・陳慶之傳》）

⑤新睡覺來無力，不忍把伊書迹。（唐韋莊《謁金門》詞）

⑥三十六峰猶不見，況伊如燕這身材。（五代韋縠《才調集》卷二）

己　上古漢語"己"是一個反身代詞，相當於"自己"。《論語・學而》："不患人之不己知，患己不知人也。"六朝時"己"有用作第三人稱代詞的。如：

①張天錫……爲孝武所器，每入言論，無不竟日。頗有嫉己者，于坐問張："北方何物可貴？"（南朝宋劉義慶《世説新語・言語》）

②庾公爲護軍，屬桓廷尉覓一佳吏，乃經年。桓後遇見徐寧而知之，遂致於庾公，曰："人所應有，其不必有；人所應無，己不必無，真海岱清士。"（同上《賞譽》）

③殷浩於佛經有所不了，故遣人迎林公。林乃虚懷欲往。王右軍駐之曰："深源思致淵富，既未易爲敵，且己所不解，上人未必能通。……可不須往。"（南朝宋劉義慶《世説新語・文學》劉孝標注引裴啓《裴子語林》）

子　漢末魏晉時期"子"有第三人稱代詞的用法，主要出現在佛經翻譯中。所指稱的多是卑賤者，與先秦第二人稱敬稱的"子"不同。如：

①我見流水，有一人而持一木作橋。我念子之所作甚何小矣，等作，可以廣大。所以者何？欲令一切悉可得度過。（東漢支讖譯《文殊師利問菩薩署經》，《大正大藏經》卷十四）

②天帝釋自念言："是仁者戒行純備，恐子將奪我處，當下試知審求何道。"（三國魏白延《須賴經》）

③有客比丘來，應次受房舍。時知房舍比丘與客比丘先有嫌，便作是念："我今得子，便當與破房，令其必死。"（東晉法顯《摩訶僧祇律》，同上卷二十二）

“已”和“子”一度用作第三人稱代詞，可以説是新的第三人稱代詞產生前的一種臨時用法。等到“渠、伊、他”相繼出現並且逐漸廣泛應用後，“已”和“子”的這種臨時用法也就消失了。

他、他家 上古漢語“他”是旁指代詞，大都指物，作“别的”講。少數例子指人，作“别人”講。如《左傳·成公二年》：“蕭同叔子非他，寡君之母也。”又《昭公五年》：“公室四分，民食於他。”杜預注：“他謂三家也。”到了六朝，指人的“他”廣泛應用起來。如：

①年十四，學讀書，一日所得，當他一旬。（南朝梁惠皎《高僧傳》卷一）

②如彼愚人，代他捉熊，反自被害。（南朝齊求那毗地譯《百喻經·老母捉熊喻》）

③罵辱婦之父母，却云教以婦道不孝已身；不顧他恨，但憐已之子女，不愛已之兒婦。（北齊顔之推《顔氏家訓·歸心》）

④兒悲思啼泣，不飲他乳。（南朝宋劉義慶《世説新語·惑溺》）

上述例句中的“他”没有先行詞，所指對象是無定的。它們是旁稱代詞而不是第三人稱代詞。

⑤上數幸嶷第，宋長寧陵隧道出第前路，上曰：“我便是入他塚墓内尋人。”（《南齊書·豫章文獻王嶷傳》）

⑥鳳與穆提婆聞告敗，握槊不輟，曰：“他家物，從他去。”（《北齊書·韓鳳傳》）

以上例句中的“他”都是指某一個没有説出來的人，跟①至④例不同，“他”已不是無定而是有定的，但還不是第三人稱代詞。

⑦諸比丘尼不知慚愧，皆是賊女。外自稱言，我知正法。云何度他賊女？（姚秦佛陀耶舍譯《四分律》，《大正大藏經》卷二二）

⑧昔有二估客，共行商賈，一賣真金，其第二者賣兜羅綿。有他買真金者，燒而試之。（南朝齊求那毗地譯《百喻經·估客偷金喻》）

⑨世間之人，亦復如是，見他頭陀苦行……便强將來，於其家中，種種供養。（同上《破五通仙眼喻》）

例⑦"他賊女"、例⑧"他買真金者"、例⑨"他頭陀"中的"他"，與後面的"賊女"、"買真金者"、"頭陀"指的是同一對象。"他"字没有先行詞，所指的對象不僅有定，而且已在後面説出來了。這類"他"當是旁稱代詞向第三人稱代詞的過渡。下面的"他"前面有先行詞，所指稱的對象有定而且非常明顯，已經成爲第三人稱代詞：

①婦見打比丘，故語夫言："何以打他？"（姚秦弗若多羅與鳩摩羅什譯《十誦律》）

②雄鴿見已，方生悔恨："彼實不食，我妄殺他。"（南朝齊求那毗地譯《百喻經·一鴿喻》）

六朝時，第三人稱代詞"他"還只是少數例子，唐代口語裏就大大發展起來，應用廣泛，可做主語、賓語、定語、兼語等。如：

①温笑曰："刁以君姓韓，故相問焉。他自姓刁，那得韓盧後耶！"（《晉書·張軌傳附張天錫》）

②仲翁自身亡，能無一人哭。喫他盃臠者，何太冷心腹。（唐寒山《詩三百三首》之一四一）

③親客無疏伴，來即盡須喚。食了寧且休，只可待他散。（唐王梵志《親客無疏伴》詩）

④初拆鞦韆人寂寞，後園青草任他長。（唐韓偓《閨怨》詩）

⑤白莊曰："我早晚許你念經？"遠公當即不語，被左右道："將軍實是許他念經。"（《敦煌變文集·嚧山遠公話》）

⑥比擬好心來送喜，誰知鎖我在金籠裏。欲他征夫早歸來，騰身却放我向

青雲裏。(《敦煌拾零》六《雀踏枝》)

⑦這個兒子,養來到十六,並不曾見他語話,又不曾見他過門前橋。(五代靜、筠《祖堂集》卷三)

"他家"始見於唐代,第三人稱代詞,相當於"他"。"家",人稱語尾。如:

①他家本是無情物,一向南飛又北飛。(唐薛濤《柳絮詠》詩)

②師曰:"他家即國師。"(五代靜、筠《祖堂集》卷三)

宋代以後,雖然第三人稱代詞"渠"、"伊"也還存在,但在比較接近口語的作品裏,"他"已佔了絕對的優勢,直到現在。

二、中古漢語指示代詞的發展

中古漢語指示代詞的發展最重要的是"這"、"底"、"箇"、"没"、"許"、"能"、"恁"、"那"的産生,並出現了許多相應的複音詞。近指代詞"這"又有"遮"、"者"、"拓"、"只"等不同的變體,常常可以混用,指較近的時間、地點或人物。① 始見於唐代。

這 唐代大都做定語,極少數可做主語,宋代"這"做主語的才多起來。如:

①夏天將作衫,冬天將作被。冬夏遞互用,長年只這是。(唐寒山《詩三百三首》之八二)

②却駡曹將軍曰:"這胡誤我! 這胡誤我!"(《舊唐書·史思明傳》)

③若覓遠公,只這賤奴便是。(《敦煌變文集·廬山遠公話》)

④馬大師道:"這漢來作什摩?"(五代靜、筠《祖堂集》卷四)

⑤只這頭子,不堪熝。(《太平廣記》卷二五〇引《傳載》)

⑥梧桐更兼細雨,到黄昏,點點滴滴。這次第,怎一個愁字了得。(宋李清

---

① 有人舉東漢支讖譯《文殊師利問菩薩署經》:"這有是念,便見佛在虚空中住,言,善哉善哉。"但這裏的"這"是副詞,不是近指代詞。見陳治文《東漢時的"這"不是指示詞》,載《中國語文》1988年,6期。

照《聲聲慢》詞）

“這”又常常跟處所名詞“畔”“邊”“裏”、量詞“般”“様”“遍”“度”“個”“回”“些”、助詞“底”組合成複音詞語。如：

①這畔似那畔，那畔似這畔。（《太平廣記》卷二五〇引《開天傳信記》）

②也似人生無兩種，這邊方死那邊生。（《敦煌變文集・金剛般若波羅密經講經文》）

③這裏將人馬老少盡底移去襄陽府。（宋王明清《揮麈餘話》卷二）

④這般人佔得，便把作這般用；那般人佔得，便把作那般用。这様底永無緣做得好人。（《朱子語類》卷十八）

⑤這遍若不取我指撝，不免相公也請杖決了。（《敦煌變文集・爐山遠公話》）

⑥這度自知顔色重，不消詩裏弄溪翁。（唐王建《酬柏侍御答酒》詩）

⑦洞山云：“這個人如今在什摩處？”（五代静、筠《祖堂集》卷五）

⑧爲報江南二三日，這回應見雪中人。（唐盧仝《送好法師歸江南》詩）

⑨只是這些道理，人尚胡亂説得去。（《朱子語類》卷六十六）

⑩如真見得這底是我當爲，則自有不可已者矣。（同上卷十八）

遮 主要放在名詞前做定語。又和“裏”“個”“回”“底”等字組合成複音詞語。如：

①叵耐遮賊，臨陣交鋒，認識親情，壞却阿奴社稷。（《敦煌變文集・韓擒虎話本》）

②張太尉道：“我遮人馬動，便是救他也。”（宋王明清《揮麈餘話》卷二）

③遮阿師更不要見，便把拽出得。（五代王定保《唐摭言》卷五）

④及到遮身今有疾，何殊枯樹即須傾。（《敦煌變文集・維摩詰經講經文》）

⑤到遮裏都用不着。(《宛陵録》,《大正大藏經》卷四十八)
⑥遮個漁翁慍喜,乾坤都在孤蓬底。(宋張鎡《漁家傲》詞)
⑦自識君來三度别,遮回白盡老髭鬚。(唐元稹《過東都别樂天》詩)
⑧師云:“遮底不生死。”(宋釋道原《景德傳燈録》卷六)

者 個别做主語,多數用作定語,並與“邊”“裏”“番”“個”“迴(回)”等組合成複音詞語。如:

①孔雀毛衣應者是,鳳凰金翠更無之。(唐齊己《對菊》詩)
②者漢大癡,好不自知。(《敦煌變文集·燕子賦》)
③者賊無賴,眼惱蠹害,何由可奈(耐)?(同上)
④祖曰:“者沙彌争取次語!”便以棒亂打。(五代静、筠《祖堂集》卷三)
⑤師騎却頭云:“者畜生什摩處去來。”(同上卷五)
⑥者邊走,那邊走,只是尋花柳。(蜀王衍《醉妝詞》)
⑦我暫如此説,你便者裏生解。(《黄蘗禪師語録》)
⑧細想從來,斷腸多處,不與者番同。(宋晏幾道《少年遊》詞)
⑨似者個見解,有什麽用處?(《黄蘗禪師語録》)
⑩者迴忽若得强,打破承前併渲。(《敦煌變文集·降魔變文》)①

拓 偶見於唐代變文,與“迴(回)”組成複合詞。如:

①拓迴放後庭(定)還來,小弱不誅,大必有患。(《敦煌變文集·李陵變文》)

蔣禮鴻《敦煌變文字義通釋》:“‘拓’,‘這’的同音假借字,近指指示代詞。‘拓迴’即‘這回’。”

---

① 渲,項楚《敦煌變文選注》:“‘承前’,從前。……《新書》校記:‘丙卷渲作抄。’俟再校。此句當是説洗雪以前失敗之恥。”

只　見於唐代變文，做定語，或與“麽（磨、没）”組成複音詞“只磨”“只麽”“只没”“只役”做狀語。如：

①金殿乍聞皆失色，只言知了盡悲傷。（《敦煌變文集·歡喜國王緣》）

②我只役去，定是？〔菩薩〕識我。（同上《維摩詰經講經文》）

③積善之家有餘慶，皇天只没殺無辜。（同上《大目乾連冥間救母變文》）

④只磨貪婪没盡期，也須支准前程道。（同上《無常經講經文》）

⑤如鳥空中只麽飛，無取無舍無愛憎。（宋釋道原《景德傳燈録》卷五）

⑥浮雲一任閒舒卷，萬古青山只麽青。（宋朱熹《送胡籍溪》詩）

指示代詞“這（遮、者、拓、只）”的用法跟古代漢語中的“此”是一致的。唐宋有“此個”的説法，意思與“這個”同。如：

⑦路逢女人來委問：“此個郎君住何方？”（《敦煌變文集·董永變文》）

⑧此個老人，前後聽法來一年。（同上《爐山遠公話》）

從語音上看，“者”、“遮”都屬假攝開口三等章母字，“這”、“此”、“者”、“遮”、“拓”是同一個詞的不同書寫形式。“這”，《廣韻·線韻》：“魚變切，迎也。”用作指示代詞，讀 zhè，只是文字借用。“此”屬止攝開口三等紙韻清母字。兩字語音相差很遠，可見“這”不是由“此”演變來的。指示代詞“這”的來源有四種不同的看法。1.“這”由上古的“者”變來。《説文·白部》：“者，别事詞也。”段玉裁注：“凡俗語云者個、者般、者回，皆取别事之意。”朱駿聲《説文通訓定聲》説：“今‘者番’、‘者回’字，俗以‘這’字爲之。”章炳麟《新方言·釋詞》：“《説文》：‘者，别事詞也。’禪人語録多作遮。”吕叔湘先生説：“‘這’這個語詞的本字大概就是‘者’字。……爲了避免跟文言通用的‘者’字相混，或是因爲這個語詞的聲調已變，才有‘遮’和‘這’的寫法。”①2.“這”由上古的“適”變來。玄應《一切經音義》卷二十四《阿毗達摩俱舍論》卷十一

① 吕叔湘《“這”“那”考源》，見《漢語語法論文集》，179 頁。

“適從”條下説：“適，《三蒼》古文作‘這’，同之赤、屍亦二反。”孫星衍説：“‘這’即‘適’字，不從言，今俗以爲‘者’字假借。”周法高認爲“這”來源於“適”，現在的方言中，近指詞有讀入聲“只”的，並云“適”跟“這”在字體上類似。“適”的異體字爲“這”，在“這”之後，又出現了“遮”。[①] 3.“這”由上古的“只”變來。《説文解字・只部》：“只，語已詞也。”段玉裁注：“亦借爲‘是’字。”徐灝注箋：“今俗用‘這’字，亦‘只’之轉聲。‘這’猶‘是’也。”4.“這”由上古的“之”變來。王力先生説：“‘這’比較合理的推測應該是由指示代詞‘之’字轉變來的。‘之’和‘者’同屬照母。由於口語和文言的分道揚鑣，‘之’字的口語音到了中古，和文言的‘者’字相混了(聲調微異)，就有人借‘者’字表示。但是許多人覺得‘者’字並非本字，所以又寫作‘遮’。”[②]我們同意王力先生的看法。“之”在上古是指示代詞。如《詩・邶風・燕燕》：“之子于歸，遠送于野。”《吕氏春秋・舉難》：“異哉！之歌者非常人也。”大約到了唐代，有的方言裏讀音起了變化，遂借“這”來表示，或寫成“者”或“遮”或“拓”。元明以後的小説、戲曲中就逐漸統一用“這”了。中古的“這”由上古的“之”變來，並不意味着兩者用法完全相同。“這”可以做主語、賓語和定語，用法上要比“之”廣泛得多。

箇 “箇”作爲指示代詞，最早見於六朝，唐宋人應用甚多。可做主語或定語，相當於“這”；又做狀語，相當於“如此”、“這樣”。如：

①真成箇鏡特相宜，不能片時藏匣裏。(北周庾信《鏡賦》)

②箇是何措大，時來省南院。年可三十餘，曾經四五選。(唐寒山《詩三百三首》之一二一)

③常騎踏雪馬，拂拂紅塵起，觀者滿路傍，箇是誰家子？(同上一三八)

④咄哉箇丈夫，心性何墮頑。(唐白居易《自詠》詩)

⑤〔陸〕元方告其人曰：“此宅子甚好，但無出水處。”買者聞之，辭不置，子侄以爲言。元方曰：“汝大奇，豈可爲錢而誑箇人？”(唐封演《封氏聞見記》卷

① 參看周法高《中國語文論叢》下編《讀書記》卷七，348頁。

② 王力《漢語史稿》中册，284頁。

九）

⑥白髮三千丈，緣愁似箇長。（唐李白《秋浦歌》十七首之十五）

⑦帝曰："箇小兒視瞻異常，勿令宿衛。"（《舊唐書·李密傳》）

⑧〔妻〕煮雞子卜之，呪曰："儂來在箇澤裏來在別處。"（宋吴處厚《青箱雜記》卷三）

唐宋時由指示代詞"箇"構成的複合詞語有"箇裏"、"箇中"、"箇能"、"箇儂"、"箇般"、"箇樣"等。如：

①箇裏愁人腸自斷，由來不是此聲悲。（唐劉禹錫《竹枝詞》之八）

②箇中種種勞筋骨，不如林下睡兀兀。（唐王梵志《無事何須讀文字》詩）

③不拼尊前泥樣醉，箇能癡。（宋賀鑄《浣溪沙》詞）

④箇儂居處近誅茅，枳棘籬兼用荻梢。（唐韓偓《贈漁者》詩）

⑤臨水登山漂泊地，落花中酒寂寞天，箇般情味已三年。（宋賀鑄《減字浣溪沙》詞之五）

⑥不信天形真箇樣，故應眼力自先窮。（宋蘇軾《江夢》詩）

上古漢語"箇"已是名量詞。指示代詞"箇"是不是由名量詞變來的，還值得研究。現代普通話裏"箇"已不用作指示代詞，但湘語裏還保存着這種用法。

没　指示代詞"没"做定語，相當於"如此"、"這麽"。産生于唐代，例不多見。如：

①更被夜來風雨惡，滿階狼籍没多紅。（唐陸龜蒙《和襲美重題薔薇》詩）

②早知到没艱辛地，悔不生時作福田。（《敦煌變文集·大目乾連冥間救母變文》）

③慈親到没艱辛地，魂魄於時早亡消。（同上）

許　六朝起有指示代詞的用法，相當於"如此"、"這樣"。通常只在句中做賓語。如：

①公兒死已盡，公持許底作？（《南齊書・王敬則傳》）

②玄度才情，故未易多有許。（南朝宋劉義慶《世說新語・賞譽》）

③相送勞勞渚，長江不應滿，是儂淚成許。（《樂府詩集・華山畿》）

④師云："是即是，可惜許。"（五代静、筠《祖堂集》卷十）

⑤爲許羈愁長下淚，那堪春色更傷心。（唐陳子良《於塞北春日思歸》詩）

⑥數回細寫愁仍破，萬顆匀圓訝許同。（唐杜甫《野人送櫻桃》詩）

⑦世間那有千尋竹，月落庭空影許長。（宋蘇軾《次韻答文與可見寄》詩）

由"許"構成的複音詞"如許"，有"這麽"、"這麽多"兩個意思。如：

①徒有八尺圍，腹無一寸腸，臉皮如許厚，受打未詎央。（《南史・文學傳・高爽》）

②上林如許樹，不借一枝棲。（唐李義府《詠烏》詩）

指示代詞"許"的句法功能和構詞能力都有限，並没有得到廣泛的發展就消失了。

能 指示代詞，相當於"如此"、"這樣"。如：

①芳意何能早，孤榮亦自危。（唐張九齡《庭梅詠》詩）

②食蘗不易食梅難，蘗能苦兮梅能酸。（唐白居易《生離别》詩）

③居鄰北郭古寺空，杏花兩株能白紅。（唐韓愈《杏花》詩）

④北風吹雁聲能苦，遠客辭家月再圓。（唐張繼《馮翊西樓》詩）

⑤朱唇旖旎，能赤能紅；雪齒齊平，能白能浄。（《敦煌變文集・維摩詰經講經文》）

唐宋時由指示代詞"能"構成的複合詞語有"能地"、"能底"、"能爾"、"能箇"、

“能亨”、“能許”、“能樣”。如：

①客路如天杳杳，歸心能地寧寧。（宋石孝友《朝中措》詞）

②最愛河堤能底巧，截他山脚不勝齊。（宋楊萬里《望姑蘇》詩）

③數樹直青能爾瘦，一軒殘照爲誰留。（宋陳師道《絶句》詩）

④貧養山禽能箇瘦，病關芳草就中肥。（唐皮日休《夏首病癒》詩）

⑤他年青史總無名，你也能亨，我也能亨。（宋徐淵子《一剪梅》詞）

⑥蟬鳴不餘力，蛙腹能許怒。（宋陳師道《晚望》詩）

⑦輸與山頭能樣嫩，日高猶宿夜來峰。（宋楊萬里《明發蘢水》詩）

“能”跟“爾”、“寧”可能有語源上的關係。六朝已有“寧馨”、“寧許”、“爾許”等複音詞，都作“如此”、“這樣”解。如：

①何物老嫗，生寧馨兒！（《晉書・王衍傳》）

②爲問中華學道者，幾人雄猛得寧馨？（唐劉禹錫《贈日本僧智藏》詩）

③怪得北風急，前庭月如輝。天人寧許巧，翦水作花飛。（唐陸暢《驚雪》詩）

④九華山色真堪愛，留得高僧爾許年。（唐杜荀鶴《醉書僧壁》詩）

恁　在唐宋的詩詞語録裏，“恁”也是指示代詞，相當於“這”、“那”、“這樣”、“那樣”。蔣禮鴻先生説：“‘恁’‘能’在語源上應該是同一個詞兒。”①

①東風次第有花開，恁時須約却重來。（五代馮延巳《憶江南》詞）

②已去少年無計奈，且願芳心長恁在。（宋歐陽修《玉樓春》詞）

③等恁時，重覓幽香，已入小窗横幅。（宋姜夔《疏影》詞）

④只是漸漸細密諫，不恁峻暴硬要攔截。（《朱子全書》卷十二）

---

①　蔣禮鴻《敦煌變文字義通釋》，519頁。

⑤君非我，任功名意氣，莫恁徘徊。（宋辛棄疾《沁園春·和吴子似》詞）

由“恁”構成的複合詞語有“恁地”、“恁麽”，意思是“如此”、“這樣”。如：

①恁地人緩急怎生倚仗？（宋道山先生《道山清話》）

②心裏不恁地，外面强做，終是有差失。（《朱子全書》卷十二）

③恁麽，則衆生無分去也。（《洞山悟本禪師語録》，《大正大藏經》卷四七）

④曹山無恁麽閒工夫。（《元證禪師語録》，《大正大藏經》卷四七）

那(nà)　遠指代詞，跟“這”相對。産生于六朝，唐代只用作定語，宋代開始用作主語。如：

①〔賈弼之〕明朝起，自不覺，而人悉驚走藏，云：“那漢何處來？”（《古小説鈎沈·幽明録》）

②尚書右丞陸餘慶轉洛州長史，其子嘲之，曰：“陸餘慶，筆頭無力嘴頭硬，一朝受詞訟，十日判不竟。”送床褥下。餘慶得而讀之，曰：“必是那狗！”遂鞭之。（唐張鷟《朝野僉載》卷二）

③我見那漢死，肚裏急如火，不是惜那漢，恐畏還到我。（唐王梵志《我見那漢死》詩）

④想得那人垂手立，嬌羞不肯上鞦韆。（唐韓偓《想得》詩）

⑤青嶂這邊來已熟，紅塵那畔去應疏。（唐齊己《道林寓居》詩）

唐宋時期由指示代詞“那”構成的複合詞語有“那邊”、“那個”、“那裏”、“那麽（磨、摩）”、“那些”、“那些子”、“那𠌫”、“那般”、“那樣”等。如：

①也是一身無兩種，這邊才死那邊生。（《敦煌變文集·金剛般若波羅蜜經講經文》）

②子玉奏曰："不是那個大開口……"(同上《唐太宗入冥記》)

③忽若共君生那裏,平常自在免憂煎。(同上《維摩詰經講經文》)

④那磨時,無拗校,一任磨磨兼碓搗。(同上)

⑤那些愁,推不去,分付一簷寒雨。(宋毛滂《更漏子》詞)

⑥譬如一粒粟,外面些皮子好,裏面那些子不好。(《朱子語類》卷十六)

⑦被那懣引得滴流地,一似蛾兒轉。(宋沈端節《探春令》詞)

⑧那般人估得,便把作那般用。(《朱子語類》卷六十六)

⑨緣那樣人,便都入佛老去了。(《朱子全書》卷十三)

指示代詞"那"來源於上古的"爾"或"若"[①]。這兩字上古都有指示代詞的用法。六朝時,"爾"用作指示代詞的特多。如:

①事亦如爾,故未順旨。(《三國志·吴書·周瑜傳》)

②諸葛亮見顧有本末,終不爾也。(同上《蜀書·費詩傳》)

③婦人卿婿,於禮爲不敬,後無復爾。(南朝宋劉義慶《世説新語·惑溺》)

④爾夜風恬月朗,乃共作曲室中語。(同上《賞譽》)

⑤爾日之行,豈吴王入覲也?(《魏書·李順傳》)

⑥作諸非法故,我等壽命遂爾短促。(東晉法顯《法顯傳》)

⑦爾今問事,何以爾深?(南齊求那毗地譯《百喻經》卷首)

例①"爾"做賓語,例②③"爾"做謂語,例④⑤"爾"做定語,例⑥⑦"爾"做狀語。六朝口語人稱代詞和指示代詞的"爾"讀音上起了分化,書面上也逐漸寫成了不同的字,人稱代詞作"你",指示代詞作"那",而文言仍作"爾"。

三、中古漢語疑問代詞的發展

中古漢語疑問代詞有很大的發展。上古流傳下來的"何"、"誰"、"孰"、"奚"、

① 吕叔湘先生認爲:"如果從語音上出發,似乎不如假定'那'從'若'出較爲合適。"見《"這""那"考源》,載《漢語語法論文集》,180頁。

“曷”、“胡”、“安”、“焉”等繼續使用。如：

①問今是何世，乃不知有漢，無論魏晉。（晉陶潛《桃花源記》）

②座中泣下誰最多，江州司馬青衫濕。（唐白居易《琵琶行》詩）

③孰知不向邊庭苦，縱死猶聞俠骨香。（唐王維《少年行》詩）

④既自以心爲形役，奚惆悵而獨悲？（晉陶潛《歸去來兮辭》）

⑤是故事至後求，曷若未至而先備？（唐柳宗元《劉叟傳》）

⑥此秋聲也，胡爲而來哉？（宋歐陽修《秋聲賦》）

⑦安得廣厦千萬間，大庇天下寒士俱歡顔。（唐杜甫《茅屋爲秋風所破歌》）

⑧不因君子怒，焉得詣爾廬？（唐李賀《感諷》詩五首之一）

六朝以後又先後産生了“多少”、“幾多”等六十多個新的疑問代詞。

多少 上古漢語指數量的大小。如《管子·七法》：“剛柔也，輕重也，大小也，實虚也，遠近也，多少也，謂之計數。”漢代開始用爲疑問代詞，詢問數量，魏晉以後廣泛應用，可做謂語、賓語或定語。如：

①天上積仙不死之藥多少？比若太倉之積粟也。仙衣多少，比若太官之積布白（帛）也。（《太平經·丙部卷四十七·上善臣子弟子爲君父師得仙方訣》）

②武帝嘗謂曰：“卿門舊尚有堪事者多少？”（《南史·蔡撙傳》）

③夜來風雨聲，花落知多少？（唐孟浩然《春曉》詩）

④春花秋月何時了，往事知多少？（五代李煜《虞美人》詞）

⑤若還猜妾倩人書，誤了平生多少事？（五代許岷《木蘭花》詞）

⑥獸王當問大王言：“汝往山中多少年？”（《敦煌變文集·妙法蓮華經講經文》）

幾多、幾許 産生於六朝，詢問數量。“幾多”可做定語和賓語。如：

①總把春山掃眉黛，不知供得幾多愁。（唐李商隱《代贈》詩之二）

②問君能有幾多愁，恰似一江春水向東流。（五代李煜《虞美人》詞）

③栩陽離別賦，臨江愁思歌。復令悲此曲，紅顔餘幾多？（北周庾信《夜聽擣衣》詩）

④念昔同遊者，而今有幾多？（唐劉禹錫《歲夜詠懷》詩）

“幾許”可做賓語、定語和謂語。如：

①石頭龍尾彎，新亭送客渚。沽酒不取錢，郎能飲幾許？（《全陳詩·清商曲辭·白附鳩》）

②過盡驚鴻知幾許，不寄蕭郎書一紙。（宋趙聞禮《魚遊春水》詞）

③一人修道，濟度幾許蒼生？免脱幾身罪累？（北齊顔之推《顔氏家訓·歸心》）

④朝來爲客頻開口，綻盡桃花幾許香？（唐薛能《贈韋氏歌人》詩二首之二）

⑤一曲陽關情幾許？知君欲向秦川去。（宋蘇軾《臨江仙·送張元唐省親秦州》詞）

⑥暗記丁寧千萬句，一寸柔腸情幾許？（宋惠洪《青玉案》詞）

何當、何物、何意、何緣、緣何　這幾個詞都産生於六朝。如：

①褚季野問孫盛：“卿國史何當成？”（南朝宋劉義慶《世説新語·排調》）

②何當共剪西窗燭，却話巴山夜雨時。（唐李商隱《夜雨寄北》詩）

③〔盧〕志於衆坐問陸士衡：“陸遜、陸抗是君何物？”（南朝宋劉義慶《世説新語·方正》）

④何物小子，敢共魏收作色！舉之則使上天，按之當使入地。（《北史·魏收傳》）

⑤新婦謂府吏：“何意出此言？同是被逼迫，君爾妾亦然。”（《古詩爲焦仲卿妻作》）

⑥我非奴,何意忽有此授?(《北齊書·陽休之傳》)

⑦祖士少道右軍:"王家阿菟何緣復減處仲?"(晉裴啓《裴子語林》)

⑧明公作輔,寧使網漏吞舟,何緣采聽風聞,以爲察察之政?(南朝宋劉義慶《世説新語·規箴》)

⑨比日上能稱漢將,緣何今日自來降?(《敦煌變文集·李陵變文》)

⑩各自天涯爲刺史,緣何不覓九江來?(唐白居易《聞李十一出牧澧州、崔二十二出牧果州因寄絶句》詩)

例①②問時間,"何當"相當於"什麽時候",例③④問人物情狀,"何物"相當於"什麽",例⑤⑥⑦⑧⑨⑩都問原因,"何意"、"何緣"、"緣何"相當於"爲什麽"。

誰當、誰家、誰家子、阿誰、他誰 這幾個複音疑問代詞都産生於六朝以迄唐代。如:

①親友各馳騖,誰當訪敝廬?(唐韋應物《寄馮著》詩)

②誰當門下客,獨見有任安。(唐駱賓王《樂大夫挽詞》五首之一)

③年少病多應爲酒,誰家將息過今春?(唐王建《寄劉蕡問疾》詩)

④金陵城東誰家子,竊聽琴聲碧窗裏。(唐李白《示金陵子》詩)

⑤夫答之言:"我婦久死,汝是阿誰,妄言我婦。"(南朝齊求那毗地譯《百喻經·婦詐稱死喻》)

⑥佛座四禪本清浄,阿誰要你掃金床?(《敦煌變文集·破魔變文》)

⑦天遣兩家無嗣子,欲將文集與他誰?(唐元稹《偶成自歎因寄樂天》詩)

⑧問天道,看是他誰戲我,我戲他誰。(宋何夢桂《沁園春》詞)

例①"誰當"做主語,相當於"誰人";例②"誰當"做狀語,相當於"爲什麽";例③"誰家"做狀語,相當於"怎樣"、"如何";例④"誰家子"做主語,相當於"誰"、"什麽人";例⑤"阿誰"做表語,例⑥"阿誰"做主語,相當於"誰";例⑦"他誰"做賓語,例⑧"他誰"做主語和賓語,相當於"誰"、"誰人"。

那(nǎ)、阿那、那邊、那個、那裏、阿那個、阿那邊、阿那裏 疑問代詞"那"最初是“奈何”的合音。《左傳·宣公二年》:“牛則有皮,犀兕尚多,棄甲則那?”顧炎武《日知録》三十二:“直言曰那,長言之曰奈何,一也。”可見“那”最初是問事理的詞。不過這個詞在漢末以前的文獻中極爲少見。到了漢末,佛經翻譯中開始出現。魏晉以後就大量應用了。

一是在句中做狀語,詢問事理。如:

①萬物皆從因緣生,斷因緣不復生。當那得斷因緣?持意念道。(東漢安世高譯《阿毗曇五法行經》)

②東望何悠悠,西來晝夜流。歲月既如此,爲心那不愁?(唐張九齡《登荆州城望江》詩)

③王仲祖有好儀形,每覽鏡自照曰:“王文開那生如馨兒?”(唐裴啓《裴子語林》)

④既見,便陽言:“此定可,殊不如人所傳,那得至今未有婚處!”(南朝宋劉義慶《世説新語·假譎》)

例①②詢問方法,例③④詢問原因。

二是詢問處所,也起於漢末。如:

①道人咒願:“諸妹那來?”(東漢康孟祥、曇果譯《中本起經》,《大正大藏經》卷四)

②樹神人現,問諸梵志:“道士那來,今欲何行?”(晉法炬、法立譯《法句譬喻經》,同上卷四)

③不知竹雨竹風夜,吟對秋山那寺燈。(唐戴叔倫《憶原上人》詩)

三是表示反問。如:

①處分適兄意,那得任自專?(《古詩爲焦仲卿妻作》)

②晝日父既眠,小者床頭盜酒飲之,大兒謂曰:“何以不拜?”答曰:“偷那得

行禮?"(南朝宋劉義慶《世説新語·言語》)

③邊庭飄搖那可度?絶域蒼茫更何有?(唐高適《燕歌行》詩)

④乍可陣頭失却馬,那堪向老更亡妻?(《敦煌變文集·王昭君變文》)

此外,疑問代詞"那"在漢魏又可詢問事物,相當於"何"、"什麽"。《玉篇·邑部》:"那,何也?"如:

①子在者當與我共飯,爲那棄我死去?(三國吴支謙《五母子經》)

由疑問代詞"那"構成的複合詞"阿那"、"那邊"、"那個"、"那裏"、"阿那個"、"阿那邊"、"阿那裏"等,産生于唐代。如:

①師云:"阿那是維摩?"(五代静、筠《祖堂集》卷十八)

②蚯蚓斬爲兩段,兩頭俱動,佛性在阿那頭?(《洞山悟本禪師語録》,《大正大藏經》卷四十七)

③寶座令余何處得,蓮臺教朕那邊求?(《敦煌變文集·妙法蓮華經講經文》)

④一餅鑄金成,一餅埏泥出,二餅任君看,那個餅牢實?(唐寒山《詩三百三首》之一八九)

⑤到那裏?(五代静、筠《祖堂集》卷十)

⑥人生百歲尋常道,阿那個得七十身不姢(妖)?(《敦煌變文集·無常經講經文》)

⑦亦入城來人總喜,問太子如今在阿那邊?(同上《八相變》)

⑧萬户垂楊裏,君家阿那邊?(唐李白《相逢行》詩)

⑨祖曰:"生緣在阿那裏?"子曰:"自得五陰後忘却也。"(五代静、筠《祖堂集》卷三)

⑩洞山問:"阿那裏去來?"對云:"到夾山。"(同上卷七)

例①"阿那"做主語,問人;例②"阿那"、例③"那邊"做定語,問處所;例④"那個"問事物，做定語；例⑤“那裏”做賓語，問處所；例⑥“阿那個”做主語，問人；例⑦“阿那邊”做賓語，例⑧“阿那邊”做謂語，問處所；例⑨“阿那裏”做賓語，例⑩“阿那裏”做狀語，問處所。

若、如　始見於漢末魏晉的漢譯佛經，唐人作品中偶有應用。它們大約是從上古漢語中的“若何”、“如何”單音化而產生的，在句中做狀語。如：

①樹神人現，問梵志曰：“道士那來？今若行耶？”（晉法炬、法立譯《法句譬喻經》，《大正大藏經》卷四）

②昔者外國婆羅門事天作寺舍，好作天象，以金作頭……明日婆羅門失天頭：“天頭若去？衆人聚會，天神失頭，是爲無有神。”（西晉竺法護譯《生經》，同上卷三）

③子良因請問：“不審幾試？試若大小？恐肉人邪僻，能不憂懼？”（南朝齊陶弘景《周氏冥通記》）

④敬則問：“我昔種楊柳樹，近若大小？”（《南齊書・王敬則傳》）

⑤若於此郡爲卑吏，刺史廳前又折腰？（唐白居易《送人貶信州判官》詩）

⑥優籲問佛：“瞿曇如行？”（東漢康孟詳、曇果譯《中本起經》，《大正大藏經》卷四）

⑦今當如行，何所施作？（晉竺法護《普曜經》，同上卷三）

以上例①②⑥⑦並問處所，例③④問體積，例⑤問方法。

由疑問代詞“若”構成的複合詞有“若爲”、“若個”、“若邊”、“若個邊”。如：

①不審此星在何方面？形模若爲？（南朝齊陶弘景《周氏冥通記》）

②食糧乏盡若爲活？救我來，救我來。（《樂府詩集・隔谷歌》）

③汝是嶺南人，又是獦獠，若爲堪作佛？（唐惠能《壇經》三）

④若個遊人不競攀？若個娼家不來折？（唐盧照鄰《行路難》詩）

⑤新華發兩樹，分香遍一林；承聞欲採摘，若個動君心？（唐張鷟《遊仙窟》）

⑥遂被單于放火燒,欲走知從若邊過?(《敦煌變文集·李陵變文》)

⑦秋色凋春草,王孫若個邊?(唐杜甫《哭李尚書》詩)

⑧醉坐藏鉤紅燭前,不知鉤在若個邊。(唐岑參《敦煌太守後庭歌》)

例①"若爲"做謂語,問情狀,相當於"怎樣"。例②③"若爲"做狀語,問方法,相當於"怎麼"。例④"若個"做定語,例⑤"若個"做主語,問人物,相當於"誰"、"那個"。例⑥"若邊"做介詞賓語,相當於"哪裏"。例⑦"若個邊"做謂語,例⑧"若個邊"做賓語,問處所,都作"哪裏"、"什麼地方"講。

底、抵、衹 疑問代詞"底"産生于六朝,唐宋普遍應用。如:

①誰能思不歌?誰能飢不食?日冥當户倚,惆悵底不憶?(《樂府詩集·子夜歌》)

②胡麻好種無人種,正是歸時底不歸?(唐葛鴉兒《懷良人》詩)

③徒勞無所獲,養蠶特底爲?(《樂府詩集·西曲歌·採桑度》)

④興盛使軍人遥告敬則曰:"公兒死已盡,公持許底作?"(《南齊書·王敬則傳》)

⑤之才謂坐者曰:"個人諱底?"(《北史·藝術傳·徐之才》)

⑥爲吏非循吏,論書讀底書?(唐杜牧《春末題池州弄水亭》詩)

⑦朝真暮僞何人辨?古往今來底事無?(唐白居易《放言》詩五首)

⑧得酒强歡愁底事?閉門高卧定誰家?(宋蘇軾《謝人見和前篇》詩)

例①②"底"做狀語,問原因,相當於"爲什麼";例③④"底"做前置賓語,例⑤"底"做後置賓語,問事物;例⑥⑦⑧"底"做定語,問性狀,相當於"什麼"。"底"又寫作"抵"、"衹"。如:

①去帆不安幅,作抵使西風?(唐温庭筠《西洲曲》詩)

②沙場青草胡運衰,軍書抵急飛塵埃?(唐方嶽《排門夫》詩)

③甘膏滴滴是精誠,晝夜如絲一尺盈。衹怪閭閻喧鼓吹,邑人同報束長

生。(唐李商隱《所居永樂縣久旱縣宰祈禱得雨因賦詩》)

④買鄰祇用百萬價？好事爭爲十二窩？(宋劉克莊《三和實之春日》詩)

等　疑問代詞“等”產生於漢末,相當於“何”、“什麽”,是因“何等”單音化而產生的。如：

①〔黄〕祖慚,乃訶之。衡更熟視曰:“死公！云等道?”(《後漢書・禰衡傳》)王先謙《集解》:“死公云等道,謂死公云何語也。”

②文章不經國,筐篋無尺書。用等稱才學？往往見歎譽。(三國魏應璩《百一詩》之一)

③念君等爲死？萬事傷人情。慈母未及葬,一女纔十齡。(唐王維《哭殷遥》詩)

④等是新年未相見？此身應坐不歸田。(宋蘇軾《和子由除夜元日省宿致齋》詩)

唐顔師古《匡謬正俗》卷六:“問曰:‘俗謂何物爲底,底義何訓?’答曰:‘此本言何等物,其後遂省,但言直云等物耳。’……以是知去‘何’而直言‘等’,其言已舊。今人不詳其本,乃作‘底’字,非也。”顔氏認爲,“等”是“何等”的省稱,而“底”是“等”的音變,這是可信的。

所　疑問代詞“所”產生於漢代,但到六朝才用得多一些。它是因“何所”單音化而產生的。如：

①問帝崩所病,立者誰子,年幾歲。(《漢書・武五子傳・燕刺王劉旦》)

②良久乃蘇,問母:“父所遺言?”(《宋書・余齊民傳》)

③乃問其母曰:“吾父所在?”(晉干寶《搜神記》卷十一)

④大家行還,問其奴言:“財寶所在?”(南朝齊求那毗地譯《百喻經・奴守門喻》)

⑤危須王何故不到？腹久等所緣逃亡？(《後漢書・班超傳》)

⑥嗜欲雖不同,伐生所不識?(晉嵇紹《贈石季倫》詩)

例①②"所"做定語,相當於"何"、"什麼";例③④"所"做前置賓語,相當於"什麼地方";例⑤"所緣",例⑥"所"做狀語,相當於"爲什麼"、"怎麼"。疑問代詞"所"可能是從"何所"簡化而來的。《左傳·定公四年》:"難而逃之,將何所入?"《史記·孝武本紀》:"又不知其何所人。""何所"意即"何處"、"什麼地方"。後來省去"何"字,"所"也有了疑問代詞的用法。不過這個詞並没有得到廣泛的發展,隋唐以後就從漢語中消失了。

早晚 本指"早上和晚上"、"先和後"、"過早或過晚",南北朝時期轉化爲疑問代詞,詢問時間,相當於"何時"、"什麼時候"。如:

①太尉府前磚浮圖,形制甚古,猶未崩毁,未知早晚造?(北魏楊衒之《洛陽伽藍記》卷二)

②若如卿言,則效在無遠,其子必復襲世。襲世之後,早晚當滅?(《魏書·李順傳》)

③嘗有甲設讌席,請乙爲賓,而旦於公庭見乙之子,問之曰:"尊侯早晚顧宅?"(北齊顔之推《顔氏家訓·風操》)

④不知楊伯起,早晚向關西?(唐李白《口號贈楊徵君》詩)

⑤晝號夜哭兼幽顯,早晚星關雪涕收?(唐李商隱《重有感》詩)

又用於反問句,相當於"哪裏(得)"、"何曾"。如:

①箇箇入地獄,早晚出頭時?(唐拾得《詩》之二十三)

②試聽腸斷巴猿叫,早晚驪山有此聲?(唐白居易《和行簡望郡南山》詩)

③懷胎十月千般苦,起坐身心早晚安?(《敦煌變文集·父母恩重經講經文》)

④終日着衣吃飯,早晚着一粒米,挂一縷綫?(宋釋道原《景德傳燈録》卷十九)

⑤如斯佳致，早晚是讀書天氣？（宋柳永《剔銀燈》詞）

甚、甚没、甚物、甚摩、甚麽、甚底、甚生、因甚、爲甚、緣甚、爲甚麽　疑問代詞“甚”最早見於唐代。如：

①人生隨緣堪爲樂，管甚秋香滿鬢邊。（唐牟融《重贈張籍》詩）

②雖然佔得笙歌地，將甚酬他雨露恩？（唐唐謙彦《牡丹》詩）

③楚王曰：“在夜甚人斫營？……”（《敦煌變文集·漢將王陵變》）

④是何堂殿樓臺，有甚幡花寶蓋。（同上《維摩詰經講經文》）

由“甚”構成的複音疑問代詞“甚没”、“甚物”、“甚摩”、“甚麽”、“甚底”、“甚生”、“緣甚”、“爲甚”、“因甚”、“爲甚麽”等，分别充當定語、賓語、表語或狀語。如：

①問曰：“甚没人？”答曰：“不知。”（唐谷神子《博異志·蘇遏》）

②單于問：“是甚没人？……作甚没來？”（《敦煌變文集·孝陵變文》）

③若不是夜地，眼不瞎，爲甚物入裏許？（《太平廣記》卷二四八引《啓顔録》）

④畢竟那仁義禮智是甚物？（《朱子語類》卷五十四）

⑤石霸問：“是甚摩人哭聲？”對云：“二百個新到不得參見和尚，因此啼哭。”（五代静、筠《祖堂集》卷六）

⑥和尚對聖人説個甚摩事？（同上卷十三）

⑦不知甚麽漢，一任輩流嗤。（唐吕岩《贈江州太平觀道士》詩）

⑧侍者便問：“和尚既是善知識，爲甚麽被鬼神覷見？”（宋普濟《五燈會元》卷三）

⑨却須寄語相公，不知某年同在某處吃虀煮飯是爲甚底？（《説郛》卷四十五《錢氏私志》）

⑩若道無揚來享時，自家祭甚底？（《朱子語類》卷三）

⑪不知甚生道安，講贊得爾許多能解。（《敦煌變文集·廬山遠公話》）

⑫法師不解,且説外緣,便將甚生法説與。(同上)

⑬遣子勾當家事,緣甚於家不孝?(同上《舜子變》)

⑭你若無意向他人,爲甚夢中頻相見?(宋柳永《木蘭花令》詞)

⑮阿誰道你不思量,因甚眉頭長恁皺?(宋王觀《木蘭花令·柳》詞)

⑯觸鏡無滯底,爲甚麽擡頭不起?田地穩密底,爲甚麽下脚不得?(宋普濟《五燈會元》卷十六)

是物、是勿、拾没、什没、什摩、什麽、没、緣没、阿没、莽、阿莽 这些疑問代詞跟“甚”可能都有語源關係。大都見於唐宋比較接近口語的作品中,有的只是偶見。如:

①喚作是物?不喚作是物?(《神會和尚遺集》)

②玄宗問黄繙綽:“是勿兒得人憐?”對曰:“自家兒得人憐。”(《太平廣記》卷一六四引《因話録》)

③《集韻》上聲三十四果韻:“没,不知而問曰拾没。”

④生前爲什没不修行,今日還來惱亂我。(《敦煌變文集·佛説阿彌陀經講經文》)

⑤師問:百年後某甲依什摩人?(五代静、筠《祖堂集》卷四)

⑥歸宗云:“汝見什麽道理?”(宋釋道原《景德傳燈録》卷十)

⑦佛是誰家種族?先代有没家門?(《敦煌變文集·降魔變文》)

⑧不曾觸犯豹尾,緣没横罹鳥災?(同上《燕子賦》)

⑨天下只知有杜荀鶴,阿没處知有張五十郎。(五代王定保《唐摭言》卷十二)

⑩今受困厄天地窄,更向何邊投莽人?(《敦煌變文集·捉季布傳文》)

⑪但知搥胸拍臆,發頭憶想阿莽。(同上《燕子賦》)

“是物”是由“是何物”緊縮而來,又寫成“是勿”、“拾没”、“什麽”、“什没”、“什摩”等形式;其後一字聲母爲m,因又緊縮爲“甚”;後面再加“麽”、“底”或“生”,變成“甚麽”、“甚底”或“甚生”。“什没”省去前面的“什”成爲“没(麽)”，音變爲“莽”，又加詞頭成爲“阿没”、“阿莽”。

争、怎　疑問代詞“争”見於隋唐，也寫作“曾”，通常用作狀語，相當於“怎”、“怎麽”。如：

①時諸童子斷衆白象，争力不如，遂令象食。(隋闍那崛多譯《佛本行集經》，《大正大藏經》卷三)

②誠知老去風情少，見此争無一句詩。(唐白居易《題峽中石上》詩)

③若是有情争不哭，夜來風雨葬西施。(唐韓偓《哭花》詩)

④看去便須終日住，算來争得此身閑。(唐吴融《新安道中玩流水》詩)

⑤忽聞簾下語曰：“塞鴻，塞鴻，汝争得知我在此耶？郎健否？”(唐薛調《無雙傳》)

⑥李懷光既叛於蒲，朝廷以法誅之。有子七人，其長曰鍩，謂諸弟曰：“我兄弟不可死於兵卒之乎，曾不自裁？”(唐李冗《獨異志》下)

疑問代詞“怎”産生于晚唐，宋代才有單用的例子。如：

①小商彈指歎息曰：“甜菜你即溜也怎奈何？”左右皆笑，俚語以王姓爲甜菜。(宋王闢之《澠水燕談録》卷十)

②怎不思量，除夢裏有時曾去。(宋徽宗《燕子亭・北行見杏花》詞)

③三杯兩盞淡酒，怎敵他晚來風急。(宋李清照《聲聲慢》詞)

作底、作什摩、作麽、作麽生、作摩、作摩生、作没生、作勿生、怎麽、怎生、怎生地　這些中古産生的複音疑問代詞，除“作底”以外，跟單音疑問代詞“争”、“怎”可能有語源關係。如：

①不知楊六逢寒食，作底歡娱過此辰？(唐白居易《寒食日寄楊東川》詩)

②師曰：“既從祖師處來，要見老僧作什摩？”(五代静、筠《祖堂集》卷九)

③生身便在亂離間,遇柳逢花作麽看?(唐李咸用《依韻修睦上人山居》詩)

④作麽取汝口辨?(《洞山悟本禪師語録》,《大正大藏經》卷四十七)

⑤分明向你道爾읍識,你作麽生擬斷他。(唐裴休《傳心法要》卷下)

⑥僧便問:"作摩是文殊劍?"(五代静、筠《祖堂集》卷十一)

⑦對曰:"世間罕有。"洞山曰:"作摩生説罕有?"(同上卷五)

⑧作没生得見"無物",見"無物"唤作是物?(《神會和尚遺集》116頁)

⑨作勿生是定〔惠〕等?(同上,138頁)

⑩怎麽人家夫人娘子,吃得如許多飯食?(南唐劉崇遠《金華子》下)

⑪行者問:"什麽處來,"僧曰:"藥山來。"曰:"來怎麽?"(宋釋道原《景德傳燈録》卷十四)

⑫不問黄芽肘後方,妙道通微怎生説?(唐吕岩《絶句》詩)

⑬問因循過了青春,怎生意穩?(宋歐陽修《瑞鶴仙·春情》詞)

⑭然怎生地樂,勉强樂不得,須是知得了方能樂得。(《二程語録》卷十一)

"争"、"怎"、"作什摩""作麽"、"作麽生"、"怎麽"、"怎麽生"等的語源關係,可能是這樣的。最初當是"作什摩",緊縮爲"作麽",或寫作"作摩",唐代加詞綴"生"成爲"作麽生"。歐陽修《六一詩話》:"李白《對杜甫》云:'借問別來太瘦生,總爲從前作詩苦。''太瘦生'唐人語也。至今猶以'生'爲語助,如'作麽生'、'何似生'之類是也。""作麽生"或寫爲"作没生"、"作勿生"。"作麽生"單音化爲"争"。"作麽"則單音化爲"怎",又加後綴"麽"或"生"成爲"怎麽"、"怎生"。從此取代了"争"和"作麽"、"作麽生"而成爲主要的形式。

第四節　中古漢語副詞的發展

中古漢語副詞的發展可以從新副詞的産生、副詞的意義以及副詞詞尾幾個方面進行討論。

一、新副詞的產生

中古產生的副詞在120個以上，有單音詞也有複音詞，其中複音副詞佔絕大多數。據統計，《敦煌變文集》裏出現的時間、語氣、程度、方式、範圍五類複音副詞共有106個，而且方式多樣。① 這是中古漢語副詞發展的一個重要特點。

1. 程度副詞

奇　本義是特殊，不同尋常。《説文・可部》："奇，異也。"中古引申爲程度副詞，表示程度高。相當於"極"、"甚"。如：

①翩翩三青鳥，毛色奇可憐。（晉陶潛《讀山海經》詩十三首之五）

②許允婦是阮衛尉女，德如妹，奇醜。（南朝宋劉義慶《世説新語・賢媛》）

③劼問少遐曰："今歲奇寒，江淮之間不乃冰凍？"（唐段成式《酉陽雜俎》卷十二）

煞（噉）、大煞（囇）、太煞、太殺　"煞"（shà）本義同"殺"，指凶神。如北齊顏之推《顏氏家訓・風操》："偏傍之書，死有歸殺。"清盧文弨補注："俗本'殺'作'煞'，道家用之，此從宋本。"唐代假指爲程度副詞，表示程度高，相當於"很"、"十分"、"非常"。也寫作"噉"或"囇"。如：

①初出塵，絶離染，習種性根煞浮淺。（《敦煌變文集・維摩詰經講經文》）

②起坐共君長一處，擬走東西大噉難。（同上《妙法蓮華經講經文》）

③只是衆生惡業重，敬信之心大囇希。（同上《太子成道經》）

④躶形國裏誇服飾，想君太煞不知時。（宋普濟《五燈會元》卷十二）

⑤壁立千仞，三世諸佛，措足無門，是則是，太殺不近人情。（同上卷二十）

方　上古爲時間副詞，中古又爲程度副詞，相當於"甚"。如：

① 參看曹廣順《敦煌變文中的雙音副詞》，載《語言學論叢》第十二輯。

①晉石崇與王愷爭豪。晉武帝,愷甥也。嘗以一珊瑚樹與愷,高二尺許……崇視訖,舉鐵如意擊碎之,應手丸裂。愷甚惋惜,又以爲嫉己之寶,聲色方厲。(《太平廣記》卷二百三十六引《世説》,今本南朝宋劉義慶《世説新語·汰侈》作"聲色甚厲")

②若是見色變見心,人來問著方難答。(宋普濟《五燈會元》卷十)

較(校、教) "較"由比較義中古引申爲程度副詞,相當於"略"、"稍"、"甚",也寫作"校""教"。如:

①冰雪鶯難至,春寒花較遲。(唐杜甫《人日》詩)

②自是尋春去校遲,不須惆悵怨芳時。(唐杜牧《悵》詩)

③兄弟之情還教切,運身便即現靈光。(《敦煌變文集·難陀出家緣起》)

好 本義是美好,引申爲程度副詞,表示程度高,相當於"甚"、"很"。如:

①清秋華髮好相似,却把钓竿歸去來。(唐趙嘏《江上逢許逸人》詩)

②者漢大癡,好不自知,恰見寬縱,苟徒過時。(《敦煌變文集·燕子賦》)

酷 本義是濃烈的酒味。《説文·酉部》:"酷,酒厚味也。"引申爲殘酷、殘暴。漢代開始用作程度副詞,六朝以後應用較多,相當於"極"、"甚"、"非常"。如:

①憤伊鬱而酷䀢,愍眸子之喪精。(《文選·王褒·洞簫賦》)李善注:"酷,猶甚也。《蒼頡篇》曰'䀢(nù),憂貌。'"

②曹輔佐才如白地明光錦,裁爲負版絝,非無文采,酷無裁製。(南朝宋劉義慶《世説新語·文學》)

③何無忌,劉牢之之甥,酷似其舅。(《晉書·何無忌傳》)

④君今酷愛人間事,争得安閒老在兹。(唐杜荀鶴《題汪氏茅亭》詩)

熟　由成熟、熟悉義中古引申爲程度副詞。相當於“深”、“甚”。如：

①才舒兩頰，熟疑地上無華；乍出雙眉，漸覺天邊失月。（唐張鷟《遊仙窟》）

②熟知二謝將能事，頗學陰何苦用心。（唐杜甫《解悶》詩）

生　上古有“生長、産生、生存、生命、學生”等多種意義，中古用爲程度副詞，表示程度高，相當於“最”、“甚”。張相《詩詞曲語詞滙釋》卷二：“生，甚辭，猶最也，只也。”如：

①生憎帳額繡孤鸞，好取門簾帖雙燕。（唐盧照鄰《長安古意》詩）

②不分桃花紅勝錦，生憎柳絮白於綿。（唐杜甫《送路六侍御入朝》詩）

③苦憐燕子寒相並，生怕梨花晚不禁。（宋林逋《春陰》詩）

相　上古漢語“相”是指代性副詞，中古又有程度副詞的用法，相當於“甚”。如：

①義乃上床謂婦曰：“與卿共事雖淺，然情相重。”（《古小説鉤沈・述異記》）

②守一於會中窺見士人家女，姿色豔絶，相悦之。（《太平廣記》卷三三六引《廣異記》）

③祖即於囊中出衣示王，王命焚之，五色相鮮，薪盡如故。（宋普濟《五燈會元》卷一《二十五祖婆舍斯多尊者》）

雅　上古是時間副詞，中古又爲程度副詞，相當於“很”、“頗”、“極”。如：

①蘇峻之亂，庾太尉南奔見陶公，陶公雅相賞重。（南朝宋劉義慶《世説新語・儉嗇》）

②善歌舞，雅多風態。（唐白居易《燕子樓詩序》）

剩(賸) 表示程度較高。相當於“頗”。如：

①夜來雪壓村前竹，剩見溪南幾尺天。（唐韓偓《寄鄰莊道侶》詩）
②秋來剩有行山興，病後全無涉世心。（唐戴復古《秋日病癒》詩）

非常 上古是形容詞，“不同尋常”的意思。司馬相如《難蜀父老》：“蓋世必有非常之人，然後有非常之事；有非常之事，然後有非常之功。”中古用作副詞，表示程度高，相當於“十分”、“極”。如：

①見盧綰帳中不問，霸王非常大怒。（《敦煌變文集·漢將王陵變》）
②殿下見之，非常驚怪。（同上《太子成道經》）

分外 表示特别，超出一般。等於説“格外”、“特别”。如：

①虞泉冬恨由來短，楊葉春期分外長。（唐高蟾《晚思》詩）
②臣是小人，虚沾大造，蒙王收録，早是分外垂恩。（《敦煌變文集·伍子胥變文》）

極其 表示達到最高程度。等於説“十分”、“非常”。如：

①使者晏子，極其醜陋，面目青黑。（《敦煌變文集·晏子賦》）
②人之才力雖極其大，終有限量。（宋張栻《贈學士安國公敬簡堂記》）

2. 範圍副詞

半 表示總括，相當於“全”、“都”。如：

①豔舞全知巧，嬌歌半欲羞。（唐李白《宮中行樂詞》）

②書史全傾撓，裝囊半壓濡。（唐杜甫《大曆三年春……》詩）

③半將花漠漠，全共草萋萋。（唐李商隱《細雨成詠》詩）

④去日兒童皆長大，昔年親友半凋零。（唐竇叔向《夏半宿表兄》詩）

初　產生於六朝，表示總括，多用於否定句，相當於"全"、"都"。如：

①謝遏諸人共道"竹林"優劣，謝公云："先輩初不臧貶七賢。"（南朝宋劉義慶《世說新語・品藻》）

②歷事五帝，出入三省，五十餘年，初無譴就。（《魏書・高允傳》）

③雅宴初無倦，長歌底有情。（唐李商隱《五言述德抒情》詩）

④不旬日復舊，初忘飲食，唯恣遊覽。（《太平廣記》卷六三引《集異記》）

都　《說文・邑部》："有先君之舊廟曰都。"《穀梁傳・僖公十六年》："民所聚曰都。"引申之有"聚居"的意思，又有"總起來"的意思。《漢書・食貨志》："置平準於京師，都受天下悉輸。"三國魏曹丕《與吳質書》："頃選遺文，都爲一集。"東漢開始變爲範圍副詞，中古廣泛應用，表示總括全部或程度爲百分之百，可譯爲"完全"。如：

①然則鳳凰、麒麟都與鳥獸同一類，體色詭耳，安得異種？（漢王充《論衡・講瑞》）

②後十日，此家死亡都盡。（晉干寶《搜神記》卷十七）

③桓悵然失望，向之虛佇，一時都盡。（南朝宋劉義慶《世說新語・假譎》）

④若如此，不出二十日，病都除。（晉陶潛《搜神後記》卷二）

⑤至明曉，脚都差。（南朝宋陽無疑《齊諧記》）

"都"常和否定副詞"不"、"無"連用，表示任指，有"完全不"、"什麼也没有"的意思。如：

①人命至重,是誰下令殺之,都不君聞。(《南齊書·王敬則傳》)

②北土風俗,都不行此。(北齊顔之推《顔氏家訓·風操》)

③既燒之後,於此火處,求覓欽服,都無所得。(南朝齊求那毗地譯《百喻經·貧人燒粗褐衣喻》)

④天地昏暗,都無所見。(《敦煌變文集·前漢劉家太子傳》)

又有"總共"的意思。如:

①打殺長鳴雞,彈去烏臼鳥,願得連冥不復曙,一年都一曉。(《樂府詩集·讀曲歌》)

②問君都(一作"能")有幾多愁,恰似一江春水向東流。(南唐李煜《虞美人》詞)

③含光初甚怖懼,後稍竊視,院中都有二十八婦人。(《太平廣記》卷一一五引《廣異記》)

都來 也作"都盧",表示總括,相當於"完全"、"總共"。如:

①只爲長時,驅馳辛苦,形貌精神,都來失緒。(《敦煌變文集·父母恩重經講經文》)

②天如鏡面都來浄,地似人心總不平。(唐羅隱《晚眺》詩)

③骨肉都盧無十口,糧儲依約有三年。(唐白居易《贈鄰里往還》詩)

了 産生於六朝。通常與否定副詞"不"、"無"連用,表示徹底的否定,没有單用的。"了不"、"了無"相當於"全不"、"全無"。如:

①身與君别多年,君義了不長進。(南朝宋劉義慶《世説新語·文學》)

②自從别歡來,奩了不開。(《樂府詩集·子夜歌》)

③把火出看,了無所見。(南朝宋祖沖之《述異記》)

④竟日澆灌,了無所獲。(南朝宋劉義慶《幽明録》)

劣 表示限止,相當於“僅”。如:

①學謝朓,劣得黄鳥度青枝。(南朝梁鍾嶸《詩品序》)

②石路逶迤,劣通車馬。(北魏酈道元《水經注·渭水》)

③江津岸峭壁立,藩以刀頭穿岸,劣容脚指,於是徑上。(《宋書·胡藩傳》)

④蒸花初釀酒,漁艇劣容身。(唐貫休《春晚訪鏡湖方干》詩)

只 中古用爲範圍副詞,表示限止。可譯爲“只”、“僅”。《説文·只部》:“只,語已詞也。”段玉裁注:“宋人詩,用‘只’爲‘祇’字,但也。今人仍之。”如:

①我只見汝送人作郡,何以不見人送汝作郡?(南朝宋劉義慶《世説新語·任誕》劉孝標注引《晉陽秋》)

②憶作兒童隨伯氏,南來今只一身存。(唐韓愈《過始興江口感懷》詩)

③千株掃作一番黄,只有芙蓉獨自芳。(宋蘇軾《和陳述古拒霜花》詩)

④京口瓜洲一水間,鐘山祇隔數重山。(宋王安石《泊船瓜洲》詩)

總 中古由動詞“聚集”義引申爲副詞,表示概括全部,可譯爲“都”、“全都”。如:

①雖有五男兒,總不好紙筆。(晉陶潛《責子》詩)

②臘酒擊泥封,羅列總新味。(唐彦謙《夏日訪友》詩)

③琵琶起舞换新聲,總是關山舊别情。(唐王昌齡《從軍行》詩)

④等閒識得春風面,萬紫千紅總是春。(宋朱熹《春日》詩)

並皆、並悉、並總 表示總括,相當於“都、全都”。如:

①南中諸郡,並皆叛亂。(《三國志・蜀志・諸葛亮傳》)

②晉軍兵馬百萬餘衆,並皆退走無路。(《敦煌變文集・搜神記》)

③其粟還吴被蒸,入土並皆不生。(同上《伍子胥變文》)

④其城三重,並悉崇峻。(北魏酈道元《水經注・沭水》)

⑤藥草俱嘗遍,並悉不相宜。(唐張鷟《遊仙窟》)

⑥吴之戰士,並總平安。(《敦煌變文集・伍子胥變文》)

⑦上來所答,並總依經,更若有疑,任君再問。(同上《廬山遠公話》)

皆悉、皆總 表示總括,相當於"都、全都"。如:

①二官上下,皆悉俱東,舉朝大小,莫不驚怪。(《三國志・魏書・許群傳》)

②百官忙怕,皆悉搥胸。(《敦煌變文集・韓朋賦》)

③只向雲中拋寶玩,五天皆悉現神通。(同上《歡喜國王緣》)

④雀兒及燕子,皆總立王前,鳳凰親處分,有理當頭宣。(同上《燕子賦》)

⑤日月星辰皆總現,山河大地及龍宫。(同上《維摩經押座文》)

盡皆、盡總 表示總括,相當於"都、全都"。如:

①於是大内因遠公説偈,盡皆修福。(《敦煌變文集・廬山遠公話》)

②時王夫人及百寮官人等,見尊仙長哭,盡皆失聲大哭。(同上《太子成道變文》)

③世間之事,盡總皆之(知)。(同上《廬山遠公話》)

④三萬二千菩薩,八千餘數聲聞,盡總顒顒合掌,無非楚楚斂容。(同上《維摩詰經講經文》)

悉皆、咸皆、咸悉 表示總括,相當於"都、全都"。如:

①昔有一人,以梨打頭,乃至三四,悉皆傷破。(南朝齊求那毗地譯《百喻

經・三梨打破頭喻》)

②兵士悉皆勇健,哭叫三聲。(《敦煌變文集・伍子胥變文》)

③時彼國人卒爾敬服,咸皆讚歎。(南朝齊求那毗地譯《百喻經・五百歡喜丸喻》)

④四衆誰不驚嗟,見者咸皆稱歎。(《敦煌變文集・降魔變文》)

⑤曄撫慰安懷,咸悉悦服,推曄爲主。(《三國志・魏書・許曄傳》)

⑥天子已下,咸悉知之。(《敦煌變文集・齖齣書》)

一共、一齊、一同　表示不同主體同時做一件事。如:

①每欲論之,無可與語;思吾子建,一共商権。(南朝梁簡文帝《與湘東王書》)

②心期重西去,一共吊遺塵。(唐齊己《寄峴山顧公》詩)

③應是合朝大臣,一齊拜舞,時呼萬歲。(《敦煌變文集・韓擒虎話本》)

④〔王剛等〕認是頭領,遂一齊入賊軍。(宋岳飛《鄖城縣北並垣曲縣等捷奏》)

⑤於是大開賞募,投身赴義者,一同登京城之科。(《宋書・武帝紀上》)

⑥臣今欲乞盡數勘契,一同來行在居住。(宋岳飛《奏乞般家屬劄子》)

總皆　表示總括,相當於"都、全都"。如:

①女娉男婚,總皆周備。(《敦煌變文集・父母恩重經講經文》)

②衆生執爲我實有,世尊爲説總皆空。(同上《金剛般若波羅密經講經文》)

表示範圍的複音副詞往往由同義的單音副詞連用而成,有的没有得到太大的發展就消失了,有的一直流傳到現代。

3. 時間副詞

才(纔)、方才　表示動作行爲在不久前發生,相當於"剛才"、"剛剛"。字本作

"纔",已見於漢代,中古廣泛應用。"才"字唐代開始使用,"方才"始見於宋代,是一個並列複合詞。如:

①救之,少發則不足,多發,遠縣纔至,則胡又已去。(《漢書·晁錯傳》)

②勸參留守謁大尹,言語纔及輒掩耳。(唐韓愈《寄盧仝》詩)

③才小富貴,便豫人家事。(《晉書·謝琨傳》)

④到孟子方才説出,到周先生方説得盡。(《朱子語類》卷四)

登、登即 表示動作行爲在説話的時候發生,立即。如:

①牧遣使慰譬,登皆首服。(《三國志·吴書·鍾離牧傳》裴松之注引虞預《會稽典録》)

②紀授濟手,指示佛所,濟亦登見半身及諸幡蓋,俄而隱没。(南朝齊王琰《冥祥記》)

③登即赦爲城内都督。(《梁書·王僧辯傳》)

早、早箇(個)、早是、早已 中古"早"由形容詞虚化爲副詞,表示行爲動作已經完成,相當於"已"、"已經",並産生了複音詞"早是"、"早個"、"早已"。如:

①家丁三人中兩人分路覓去,想知早到家中隱去。(唐日圓仁《入唐求法巡禮記》卷四)

②入他漢界,早行二千,收兵却回。(《敦煌變文集·李陵變文》)

③故園若有漁舟在,應挂雲帆早箇迴。(唐羅鄴《入關》詩)

④師曰:"專甲不是那邊人。"石頭曰:"我早個知汝來處。"(五代静、筠《祖堂集》卷四)

⑤早是自家無氣力,更被你,惡憐人。(南唐馮延巳《江城子》詞)

⑥若早是醉迷,又望坑而行,必見顛墜。(《敦煌變文集·金剛般若波羅蜜經講經文》)

⑦圓景早已滿，佳人猶未適。（南朝宋謝靈運《南樓中望所遲客》詩）

⑧後來登甲乙，早已在蓬瀛。（唐劉禹錫《歷陽書事七十韻》詩）

經、已經　表示過去有過某種行爲或情況。"經"常見於六朝典籍，"已經"宋代才出現。如：

①義鄉縣長風廟神姓鄧，先經爲縣令。（《南史·周山圖傳》）

②卿前在元子思坊，騎秃尾草驢，經見我不下，以方麴障面，我何不識卿？（《北齊書·楊愔傳》）

③謝鎮西經船行，其夜清風朗月，聞江渚間估客船工有詠詩聲，甚有情致。（南朝宋劉義慶《世説新語·文學》）

④齊吏部侍郎房文烈，未嘗嗔怒，經霖雨絶糧，遣婢糴米，因而逃竄，三四許日，方復擒之……竟無捶撻。（北齊顔之推《顔氏家訓·治家》）

⑤答以已經進呈，不可刊削。（宋蘇軾《東坡志林》卷三）

⑥魯只如舊弊之屋，其規模只在，齊則已經拆壞了。（《朱子語類》卷三三）

猶　表示事情完成或時間過去。如：

①秋窗猶曙色，落木更高風。（唐杜甫《客亭》詩）

②學已三冬富，書猶萬卷藏。（宋陸游《汪茂南提舉挽詞》）

就　表示情況緩慢地發生，相當於"逐漸"。如：

①烏林葉將賈，墨池水就乾。（南朝梁范雲《四色詩》之四）

②陛下自負太平，日就驕奢。（唐李綱《論時事表》）

先　表示行爲已經發生，可譯爲"本來"、"已經"。如：

①翠瓜碧李沈玉甃，赤梨蒲萄寒露成。可憐先不異枝蔓，此物娟娟長遠生。（唐杜甫《解悶》詩十二首之十一）

②一樹繁陰先著名，異花奇葉儼天成。（唐趙嘏《端正春樹》詩）

③庾郎先自吟《愁賦》，淒淒更聞私語。（宋姜夔《齊天樂・蟋蟀》詞）

④先如許風光更元宵，算却好圖將鳳城跨去。（宋丘崈《洞仙歌・元宵》詞）

尋 表示兩事相距的時間短，相當於"隨即"、"不久"。産生於六朝。如：

①復徵，再遷漁陽太守，尋轉蜀郡太守。（《後漢書・李膺傳》）

②媒人去數日，尋遣丞請還。（《古詩爲焦仲卿妻作》）

③是歲出牧連州，尋貶朗州司馬。（唐劉禹錫《再遊玄都觀・序》）

又表示"經常"、"時常"。如：

④誰能更學孩童戲？尋逐春風捉柳花。（唐白居易《前有别楊柳枝絶句夢得繼和……又復戲答》詩）

⑤只應既斬斯高後，尋被樵人用斧斤。（唐李商隱《五松驛》詩）

從來 表示從過去到現在（都是如此），相當於"歷來"、"向來"。如：

①有一才學重臣，新得《史記音》，而頗紕繆，誤反"顓頊"字，頊當爲許録反，錯作許緣反，遂謂朝士言："從來謬音'專旭'當音'專翾'耳。"（北齊顏之推《顏氏家訓・勉學》）

②縱使從來不相識，錯相識認有何妨？（《敦煌變文集・伍子胥變文》）

又表示過去，相當於"從前"、"原來"。如：

③從來有恨君多哭，今日何人更哭君？（唐賈島《過京索先生墳》詩）

④羞容難更返江東，誰問從來百戰功。（唐歸仁《題楚廟》詩）

看、看即、看將、看看、眼看　表示動作行爲即將發生。相當於"眼看就要"。如：

①三春看又盡，兩地欲何如？（唐劉禹錫《酬令狐相公杏園花下飲有懷見寄》詩）

②夫人氣色，命有五朝，看即與朕不得相見。（《敦煌變文集·歡喜國王緣》）

③紅日看將山上没，白雲又向嶺頭生。（同上《維摩詰經講經文》）

④邊風割面天欲明，金沙嶺西看看没。（唐王建《關山月》詩）

⑤年光如水盡東流，風物看看又到秋。（宋王安石《馬上轉韻》詩）

⑥若不急抽却，眼看塞破天。（唐王梵志《自生還自死》詩）

⑦眼看消磨盡，當頭各自活。（唐寒山《田舍》詩）

依然、依舊、依前、仍舊　表示情況或狀態持續未變。其中"依然"産生於漢代，但到中古才廣泛流行。"依舊"、"依前"産生於六朝。"仍舊"産生于宋代。都由動賓詞組虚化而來。如：

①故今之人稱五帝三王者，依然若猶存者，其法誠德，其德誠厚。（《大戴禮記·盛德》）

②桃花流水依然在，不見當時勸酒人。（唐曹唐《劉阮再到天臺不復見仙子》詩）

③者僧身挨白刃……依然來了。（《虚堂和尚語録》，《大正大藏經》卷四七）

④天監元年十一月，立爲皇太子，時年幼，依舊居内。（《南史·梁昭明太子統傳》）

⑤無情最是臺城柳，依舊煙籠十里堤。（五代前蜀韋莊《臺城》詩）

⑥采心則科茹太長，更須依法燒之，則依前茂矣。（北魏賈思勰《齊民要術》卷五）

⑦今夜相思應看月，無人，露冷依前獨掩門。（宋張先《南鄉子·中秋不見月》詞）

⑧如一鏡然，今日磨些，明日磨些，不覺自光。若一些子光，工夫又歇，仍舊一塵鏡，已光處會昏，未光處不復光矣。（《朱子語類》卷五）

⑨及至事定，三者各退，仁仍舊温和。（同上卷六）

一向、一直　表示動作行爲持續不斷。如：

①重席〔敘〕寒暄問起居，心志一向懷瞻仰。（《敦煌變文集·維摩詰經講經文》）

②今人讀書，多是從頭一向看到底。（《朱子語類》卷一二〇）

③今既後時，又不俟至秋涼，迄冬一直趨寇。（《二程語録·洛陽議論》）

④《卦乾》分明是先見得這個透徹，便一直做將去。（《朱子語類》卷六九）

當即、當下　表示行爲就在那個時間發生，相當於"立即"、"馬上就"。如：

①元戎叱吒揚眉怒，當即行兵出遠收。（《敦煌變文集·張義潮變文》）

②左右聞語，當即星分，恰至天明，胡兵即至。（同上《李陵變文》）

③將士一見，當下擒將。（同上《韓擒虎話本》）

④期運將至，當下作佛。（五代静、筠《祖堂集》卷一）

即便　表示緊接某個時候，相當於"立即"、"立刻"。如：

①亮卒於敵庭，周在家聞問，即便奔赴。（《三國志·蜀書·譙周傳》）

②太子作偈已了，即便歸登。（《敦煌變文集·八相變》）

即將　表示行爲快要發生，相當於“將要”、“就要”。如：

①今欲東入海，即將西去秦。（唐杜甫《奉贈韋左丞丈二十二韻》詩）

即今　表示正當某個時候，相當於“現在”、“如今”。如：

①即今江海一歸客，他日雲霄萬里人。（唐高適《送桂陽孝廉》詩）

②壯歲羈遊半九州，即今憔悴老菟裘。（宋陸游《連日有雪意戲書》）

立地、立然　表示行爲動作即時發生，相當於“立刻”、“立即”。如：

①耄年服一粒，立地變沖童。（唐吕岩《五言》詩之十）

②新晴户户有歡顔，曬繭攤絲立地乾。（宋楊萬里《江山道中蠶麥大熟》詩）

③後有醉者，摘草嗅之，立然醒悟。（五代王裕仁《開元天寶遺事》卷上）

連忙　表示行爲迅速發生，相當於“趕快”、“急忙”。如：

①蕃王聞語，連忙下馬，遥望南朝便拜舞，叫呼萬歲。（《敦煌變文集・韓擒虎話本》）

②連忙取得四個瓶來，便看添瓶。（同上《難陀出家緣起》）

4. 情態副詞

催　産生于南北朝，宋以後不復用。“快”、“速”的意思。如：

①甘子正熟，三人共食，致飽，乃懷二枚，欲出示人，聞空中語云：“催放雙甘，乃聽汝去。”（晉干寶《搜神記》卷十七）

②北朝婚禮，青布幔爲屋，在門内外，謂之青廬，於此交拜迎婦。夫家領百

餘人或十數人，隨其奢儉，挾車俱呼："新婦子，催出來！"至新婦登車乃止。（唐段成式《酉陽雜俎》卷一）

③天涯春色催遲暮，别淚遥添錦水波。（唐杜甫《奉寄高常侍》詩）

端 追問事實的由來，相當於"究竟"。如：

①容華坐銷歇，端爲誰苦辛？（南朝宋鮑照《行藥至城東橋》詩）

②四海旱多霖雨少，此中端有卧龍無？（宋王安石《龍泉寺石井》詩二首之二）

③餘年端有幾？風月且婆娑。（宋陸游《幽事》詩）

端的 表示完全確實。相當於"的確"、"果然"。如：

①端的忽然知去處，將身願入法王家。（《敦煌變文集·維摩詰經講經文》）

②端的自家心上眼中人，到處覺尖新。（宋晏殊《鳳銜杯》詞）

③醉死糟丘終不悔，看來端的是無腸。（宋陸游《糟蟹》詩）

頓 表示動作行爲急劇發生。可譯爲"立刻"、"突然"。産生於漢代，中古廣泛使用。如：

①賤人安宜得如此而頓辱之哉？（《漢書·賈誼傳》）

②我與周洛下相遇，一面頓盡。值世紛紜，遂至於此。（南朝宋劉義慶《世説新語·尤悔》）

③雄劍頓無光，雜佩亦銷爍。（南朝梁江淹《銅雀妓》詩）

④〔玄宗〕謂左右曰："朕每見張九齡，精神頓生。"（宋王讜《唐語林·容止》）

乾 表示没有效果，相當於"白白地"、"徒然地"。如：

①聖君賢相安可欺，乾死窮山竟何俟？（唐韓愈《誰氏子》詩）

②日晚且須歸去，阿婆屋裏乾嗔。（《敦煌變文集・無常經講經文》）

③乾竭血肉，徒喪性命。（同上《功德意供養塔生天緣》）

故故　有"頻頻"義（例①②），又有"故意、偏偏"義（例③），又爲象聲詞（例④）。如：

①無情明月，故故臨空；多事春風，時時動帳。（唐張鷟《遊仙窟》）

②時時開暗室，故故滿青天。（唐杜甫《月》詩三首之三）

③別念紛紛起，寒更故故遲。（五代徐鉉《九月三十夜雨寄故人》詩）

④誰家教鸚鵡，故故語相驚。（唐白居易《人定》詩）

頻　表示動作行爲連續多次。可譯爲"頻繁"、"屢次"。如：

①桓爲設酒，不能冷飲，頻語左右，令温酒來。（南朝宋劉義慶《世説新語・任誕》）

②豪俊貴勳業，邦家頻出師。（唐杜甫《送殿中楊監赴蜀見相公》詩）

③豈知劚地種田家，官税頻催没人織。（唐李賀《嘲少年》詩）

④穆帝之世，頻有大軍，糧送不繼。（《晉書・食貨志》）

劃　産生于唐代，表示突然發生。如：

①龍蛇不成蟄，天地劃争回。（唐杜甫《雷》詩）

②手下忽然片雲飛，眼前劃見孤峰出。（唐任華《雜言寄李白》詩）

③垠崖劃崩豁，乾坤擺雷硠。（唐韓愈《調張籍》詩）

颯(sà)　表示突然發生，相當於"忽"、"突"。如：

①謝公池塘上，春風颯已生。（唐李白《遊謝氏山亭》詩）

②清風颯來雲不住，聞之酒醒淚如雨。（唐岑參《秦箏歌》）

③門庭颯已變，風物慘無輝。（唐劉禹錫《哭王仆射暴薨》詩）

脱 表示情況偶然發生。可譯爲“或許”、“偶或”。如：

①不如詣闕自歸，事既未然，脱可免禍。（《後漢書·李通傳》）

②濟脱時過，止寒温而已。（南朝宋劉義慶《世説新語·賞譽》）

③見床頭有《周易》，問曰：“叔又何用此爲？”湛曰：“體中不佳時，脱復看耳。”（《晉書·王湛傳》）

又表示程度高。相當於“很”、“甚”。如：

①揚州刺史舊有六白領合扇，二白拂，臣脱以爲疑，不審此當云何。（《南齊書·豫章文獻王嶷傳》）

②雖則不學，欲罷不能。脱思一見，故以相示。（《北史·劉昶傳》）

也 南北朝開始由句中語氣助詞“也”轉化而來。表示情況相同，相當於“亦”。如：

①貞女信無矯，傍鄰也見疑。（南朝梁沈約《貞女引》詩）

②莫輕小婦狎春風，羅襪也得步河宫。（南朝陳江總《姬人怨服散篇》詩）

③不能片時藏匣裏，暫出園中也自隨。（北周庾信《鏡賦》）

④腸斷宫中望陵處，不堪臺上也無人。（唐張祜《鄴中懷古》詩）

⑤夢君兄弟曲江頭，也入慈恩院裏遊。（唐元稹《紀夢》詩）

⑥西向輪臺萬里餘，也知鄉信日應疎。（唐岑參《赴北庭度隴思家》詩）

到了宋代，兩個“也”放在前後兩個並列的句子裏，起連接的作用。如：

⑦橫看也好,豎看也好。(《朱子語類》卷八十)

⑧把做一樣説也得,把做兩樣看也得;也有那好仁底人,也有那惡不仁底人。(同上卷二十六)

更互 表示情況交替、輪流發生。如:

①信都全家,婦女驚恐,更互疾病。(晉干寶《搜神記》卷三)

②常作二鐵板,一板印刷,一板已自布字,此印者纔畢,則第二板已具,更互用之,瞬息可就。(宋沈括《夢溪筆談·技藝》)

漸漸 表示程度和數量的逐步增減,相當於"逐漸"。[①] 如:

①更憐晴日色,漸漸暖貧居。(唐張籍《早春病中》詩)

②今果連其病,容華漸漸衰。(《敦煌變文集·王昭君變文》)

③良久乞通,漸漸前行,即逢守道羅刹問處。(同上《大目乾連冥間救母變文》)

真箇 表示情況真實無疑,相當於"真的"、"確實"。如:

①儂家真箇去,公定隨儂否?(唐王維《酬黎居士浙川作》詩)

②老翁真箇似童兒,汲水埋盆作小池。(唐韓愈《盆池》詩之一)

③君不見侯門女兒真箇癡,獺髓熬酥滴北枝。(宋楊萬里《多稼亭前兩株梅盛開》詩)

到 表示出現的情況與一般情理相反,相當於"反倒"、"反而",六朝時由動詞

---

① 《詩·小雅·漸漸之石》:"漸漸之石,維其高矣。"這裏的"漸漸"與"巉巉"通,高峻的樣子,形容詞。但漢荀悦《漢紀·武帝紀四》:"廣僞死,漸漸騰而上馬,抱胡兒而鞭馬南馳。"句中"漸漸"已是"逐漸"的意思。

"顛倒"義虚化而來。如：

①誰言舊國人,到在他鄉行。(北周庾信《和侃法師》詩之三)

②水面芙蓉秋已衰,繁條到是著花時。(唐王嘉祐《秋朝木芙蓉》詩)

③舊國應無業,他鄉到是歸。(唐韋應物《送元倉曹歸廣陵》詩)

5. 否定副詞

中古漢語中的否定副詞大都表禁止,相當於"莫"、"不要",是上古原有的。新産生的否定副詞只有一個。

休 否定副詞"休"是由動詞"停止"義虚化來的,産生于唐代。如：

①楚人重魚不重鳥,汝休枉殺南飛鴻。(唐杜甫《歲晏行》詩)

②休問梁園舊賓客,茂陵秋雨病相如。(唐李商隱《寄令狐郎中》詩)

③九萬里風鵬正舉,風休住,蓬舟吹取三山去。(宋李清照《漁家傲》詞)

6. 語氣副詞

中古産生的語氣副詞有"定、必定、必然、必須、畢竟、到底、究竟"等等。

定 表示追問,相當於"究竟"、"到底"。如：

①鄧艾口吃,語稱"艾艾"。晉文王戲之曰:"卿云艾艾,定是幾艾?"(南朝宋劉義慶《世説新語·言語》)

②我心固匪石,君情定何如?(晉陶潛《擬古》詩九首之三)

③聞歡大養蠶,定得幾許絲?(《樂府詩集·華山畿》)

必定、必然、必須、的畢(必)、的定 表示情況或推論確鑿無疑。如：

①若著此卦,必定身亡。(《敦煌變文集·伍子胥變文》)

②若也存立人間,必定破家滅國。(同上《八相變》)

③料異日宵征,必定還相照,奈何人自衰老。(宋周邦彥《倒犯·新月》詞)

④覩君面色,必然必有所求。(《敦煌變文集·伍子胥變文》)

⑤通川界内多獺……取得魚,必須上岸,人便奪之。(唐張鷟《朝野僉載》卷四)

⑥若使某一月日不見客,必須大病一月。(《朱子語類》卷一〇七)

⑦臣見陛下飲似不樂,臣與陛下邀得一箇飲流,此席的畢歡矣。(《敦煌變文集·葉淨能詩》)

⑧若是的定把卦爻來作理看,恐死了。(《朱子語類》卷六六)

決定、決然 表示情況定然如此。如:

①師云:"大唐天子,決定姓金。"(《袁州仰山慧寂禪師語録》,《大正大藏經》卷四七)

②要去任王歸國去,下官決定不相留。(《敦煌變文集·妙法蓮華經講經文》)

③紅輪決定沈西去,未委魂靈往那方?(唐無名氏《挽歌》)

④事體重大,阻隔處多,決然難行。(《朱子語類》卷一〇八)

的的、的確、確實 表示情況真實如此。如:

①良人的的有奇才,何事年年被放回?(唐趙氏《夫下第》詩)

②篆法自秦李斯,至宋吴興道士張有而止,後世的的有所據依。(宋陸友仁《研北雜誌》卷一)

③《易》如此説亦通,如彼説亦通,大抵不比《詩》《書》,的確難看。(《朱子語類》卷六七)

④聖門學者工夫確實慎密,逐步挨去,下學上達。(同上卷二二)

大約、大都、大概、約莫(摸) 表示不十分精確的估計或推測。"大約"已見於漢代，中古廣泛應用，"大都"始見於六朝，"大概"則宋代纔出現。如：

①若夫大變之應，大約以權決塞，因宜而行，不可豫形。（漢賈誼《新書·匈奴》）

②他嘿織得此體用大約是如此，豈可催促得它？（《河南程氏遺書》卷一五）

③吾服食火，猶爲劣劣，大都比之年時，爲復可耳。（晉王羲之《十七帖》）

④大都女子由人者也，雖妻人之家，常自不得舒釋。（唐元稹《葬安氏志》）

⑤元亨者，只是始而亨者也，此通人物而言，謂初始發生，大概一例亨通也。（《河南程氏遺書》卷二上）

⑥及移戎州，見舊書多可憎，大概十字中有三四差可耳。（宋黄庭堅《書右軍文賦後》）

⑦約莫三十年，中心無所向。（唐高適《自淇涉黄河》詩）

⑧固是要見到那裏，然也約摸見得，直到物格、知至，那時方信得及。（《朱子語類》卷二八）

畢竟、必竟、止竟、至竟、到底、究竟　都表示追問，相當於"終歸"。如：

①干戈將揖讓，畢竟誰者是？（唐王維《偶然作》詩）

②畢竟林塘誰是主？主人來少客來多。（唐白居易《題王侍御池亭碑》詩）

③必竟輸他常寂默，只應贏得苦沈淪。（唐貫休《偶作因懷山中道侶》詩）

④止竟閒人不愛閒，只偷無事閉柴關。（唐司空圖《狂題》詩）

⑤至竟江山誰是主，苔磯空屬釣魚郎。（唐杜牧《題横江館》詩）

"到底"本是動賓詞組，直到盡頭的意思。虚化爲語氣副詞，表示追問。如：

①鄰家不用偏吹律，到底榮枯也自均。（唐李山甫《秋》詩）

②新編到底將何用，舊好如今更有誰？（唐張詠《寄郝太沖》詩）

③清談到底成何事？回首新序，風景今如此。（宋汪元量《鶯啼序·重過金陵》詞）

“究竟”由動詞“推求、追究”義虚化爲副詞，表示追問。如：

①唯我罪濃憂性命，究竟如何問此身？（《敦煌變文集·捉季布傳文》）

②究竟不浄，終歸敗壞。（同上《維摩詰經講經文》）

③進曰：“究竟趙州意者如何？”（五代静、筠《祖堂集》卷五）

將不、將無（毋）　表示揣度。相當於“也許”、“恐怕”。如：

①孔隱士謂曰：“卿欲希心高遠，何不能遺曲蓋之貌？”謝答曰：“將不畏影者未能忘懷。”（南朝宋劉義慶《世説新語·言語》）

②阮宣子有令聞，太尉王夷甫見而問曰：“老莊與聖教同異？”對曰：“將無同。”（同上《文學》）宋程大昌《續演繁露·將毋同》：“王戎問老莊、孔子異，阮瞻曰：‘將毋同。’不直云同而云‘將毋同’者，晉人語度自爾也。”

兩者用於反問句中，相當於“莫非”、“豈非”。如：

③卿向言將不大傷切直？（《宋書·王僧綽傳》）

④王戎云：“太保居在正始中，不在能言之流；及與之言，理中清遠，將無以德掩其言？”（南朝宋劉義慶《世説新語·德行》）

有的句子中，“將無”的意思更偏重於肯定，相當於“那就”、“還是……吧”。如：

⑤既風轉急，浪猛，諸人皆諠動不坐。公徐云：“如此，將無歸。”衆人即承響而回。（同上《雅量》）

7. 指代性副詞

相　上古漢語中的指代性副詞“相”，中古繼續廣泛使用。如：

①煢煢孑立，行影相吊。（晉李密《陳情表》）

②兒童相見不相識，笑問客從何處來。（唐賀知章《回鄉偶書》詩）

例①“相”表示雙方彼此發生作用，例②“相”表示一方對另一方發生作用。

見 上古漢語裏，“見”主要用在被動句裏表示被動關係，它的特點是“見”和動詞之間不能插入别的詞語。漢代開始，“見”又用爲指代性副詞，指代説話人自己，相當於前置的“我”。它同樣只出現在動詞前面，中間不能插入别的詞語，也不能移到動詞後面。漢代還只有少數例子。如《史記・蘇秦列傳》：“初，蘇秦之燕，貸人百錢爲資，及得富貴，以百金償之，徧投諸所嘗見德者。”魏晉以後，指代性副詞“見”廣泛使用起來。如：

①生孩六月，慈父見背。（晉李密《陳情表》）

②喜對曰：“先公以禮見待，故得以禮進退；明公以法見繩，喜畏法而至耳。”（南朝宋劉義慶《世説新語・言語》）

③吾有筆在卿處多年，可見還。（《南史・江淹傳》）

④三年蒙見待，此夕是前程。（唐賀周《留别南徐故人》詩）

⑤日晚頗欲歸，主人苦見留。（宋楊萬里《次日辭歸》詩）

⑥惟足下不遺，以朋友之心見存，不勝幸甚。（宋王安石《謝張學士書》）

例①“見背”是離開了我；例②“見待”是對待我，“見繩”是約束我；例③“見還”是還給我；例④“見待”是招待我；例⑤“見留”是挽留我；例⑥“見存”是顧念我。“見”都不表示被動。

二、副詞含義的擴展和新的副詞詞尾

1. 原有的一些副詞有了新的用法

上古漢語一部分副詞流傳到中古，用法擴大，顯得更爲活躍。下面舉“第（地）、故、還、可、空、莫、偏、頗、暫（蹔）、轉”等爲例。

第（地） 上古是範圍副詞，表示行爲言辭不受限制，也寫作“地”，可譯爲“只管”、“儘管”，如：

①君第重射，臣能令君勝。（《史記・孫子吴起列傳》）

②"臣不敢下車，願得有道，大王肯聽之乎?"王曰:"第言之。"（漢劉向《説苑・正諫》）

③以醉飽之失去士，使此人將復何所容? 西曹地忍之，此不過污丞相車茵耳。（《漢書・吉丙傳》）

中古"第"又表示限止，可譯爲"只"、"僅"。如：

④既無學，暗於大體，第以甘言阿匼而已。（《新唐書・李齊運傳》）

⑤素不作詩，亦非禁而不作，第不欲爲閑言語耳。（宋吴曾《能政齋漫録・記詩》）

⑥第非常之事，非可與常人謀也。（宋陳亮《戊申再上高宗皇帝書》）

又表示轉折，可譯爲"但"。如：

⑦辱貺齋醞，尤爲醇美，第小邦鮮嘉客，老病少歡意，不得如侍台席時豪飲之量爾。（宋歐陽修《熙寧四年與韓忠獻王書》）

⑧老子、莊、列之言皆與釋氏暗合，第學者讀之不精，不能以意通爲一。（宋葉夢得《避暑録話》卷上）

故　《説文・攴部》:"故，使爲之也。"名詞，緣故。又作形容詞，是"舊"的意思。《史記・項羽本紀》:"若非吾故人乎?"《漢書・匈奴傳》:"不敢居故地。"上古已用爲副詞。作"本來"講。《左傳・襄公九年》:"利物足以和義，貞固足以幹事，然，故不可誣也。"又作"必定"講，《戰國策・秦策三》:"吴不亡越，越故亡吴。"又作"故意"講。《史記・陳涉世家》:"將尉醉，廣故數言欲亡，忿恚尉。"六朝以後"故"又作"仍然"、"還"講，如：

①雞鳴入機織，夜夜不得息。三日斷五匹，大人故嫌遲。（《古詩爲焦仲卿

妻作》)

②信宿漁人還汎汎,清秋燕子故飛飛。(唐杜甫《秋興》詩)

③倦客再遊應老矣,高僧一笑故依然。(宋蘇軾《書普慈長老壁》詩)

又爲時間副詞,作"常"、"久"講。如:

④阿舒已二八,懶惰故無匹。(晉陶潛《責子》詩)

⑤虛舟不受怒,故在蓼灘横。(宋黄庭堅《次韻知命永和道中》詩)

⑥八年門第故違離,千里河山費夢思。(宋陳思道《寄泰州曾侍郎》詩)

又爲語氣副詞,表示强調。如:

⑦因舉杯勸之曰:"故自佳,故自佳!"(南朝宋劉義慶《世説新語・言語》)

⑧太傅深恨在心未盡,謂同舟曰:"謝奉故是奇士。"(同上《雅量》)

還(hái)、還是 "還"上古是語氣副詞,表轉折,相當於"却"、"反而"。楊樹達《詞詮》卷三:"還,副詞,反也。"《論衡・定賢》:"〔韓信之徒〕戰國獲其功,稱爲名將;世平能無所施,還入禍門矣。"

中古"還"又表示情況或狀態持續未變,相當於"依然"、"仍然"。如:

①亂離還奏樂,飄泊且聽歌。(唐杜甫《泛江》詩)

②山圍故國周遭在,潮打空城寂寞回。淮水東邊舊時月,夜深還過女墻來。(唐劉禹錫《石頭城》詩)

③乍暖還寒時候,最難將息。(宋李清照《聲聲慢》詞)

又表示重復,相當於"再"、"又"。如:

④若爲南國春還至,争向東樓日又長。(唐白居易《春至》詩)

⑤路遠遊人行不到，日長啼鳥去還來。（宋王安石《春日》詩）

又表示動作已經完成，相當於“已”、“已經”。如：

⑥上國獻詩還不遇，故園經亂又空歸。（唐杜荀鶴《下第東歸將及故園有作》詩）

⑦山才好處行還倦，詩未成時雨早催。（宋辛棄疾《鷓鴣天》詞）

又爲程度副詞，相當於“更加”。如：

⑧丈夫志四海，我願不知老。親戚共一處，子孫還相保。（晉陶潛《雜詩十二首》之四）

⑨殊方又喜故人來，重鎮還須濟世才。（唐杜甫《奉待嚴大夫》詩）

又爲語氣副詞，表示疑問。這種用法出現較晚，見於晚唐以後的典籍中。如：

⑩公還誦《金剛經》以否？（《敦煌變文集・廬山遠公話》）

⑪徑山和尚還有妻不？（五代静、筠《祖堂集》卷十五）

⑫此還是仁人之體否？（《朱子語類》卷十六）

“還是”表示情況或狀態繼續未變，意思與“還”同。如：

①錦屏寂寞思無窮，還是不知消息。（唐顧敻《酒泉子》詞）

②玉郎還是不還家，教人魂夢逐楊花。（同上《虞美人》詞）

③傷春還是懶梳妝，想見緑雲垂鬢脚。（宋舒亶《木蘭花》詞）

可　副詞“可”上古置於數詞前表示約數，相當於“大約”、“約略”。《韓非子・外儲説左上》：“御可數百步，以馬爲不進，盡釋車而走。”《史記・李將軍列傳》：“使陵將其射士步兵五千人出居延北可千餘里。”

漢代開始表示反詰語氣，相當於“豈”。中古用得很普遍。如：

①齊魯接境，賞罰同時。設齊賞魯罰，所致宜殊，當時可齊國温魯地寒乎？（漢王充《論衡·寒温》）

②幸自枝條能樹立，可煩蘿蔓作交加？（唐韓愈《楸樹》詩）

③滑夫自有孤雲侶，可要王侯知姓名？（唐方干《山中言志》詩）

④縱使有花兼有月，可堪無酒又無人。（唐李商隱《春日寄懷》詩）

⑤可不聞道：“成謀不説，覆水難收？”（《敦煌變文集·伍子胥變文》）

中古“可”又表示轉折語氣，相當於“却”。如：

⑥相見情已深，未語可知心。（唐李白《相逢行》詩）

⑦少陵爲爾牽詩興，可是無心賦海棠。（宋王安石《與微之同賦海棠得香字韻三首》詩之二）

又表示推測和疑問語氣。如：

⑧酒中樂酣宵向分，舉觴酹堯堯可聞？（唐李白《魯郡堯祠送竇明府薄華還西京》詩）

⑨此時對雪遥相憶，送客逢春可自由？（唐杜甫《和裴迪》詩）

中古“可”又爲情態副詞，相當於“正”、“恰”。如：

⑩吾亦澹蕩人，拂衣可同調。（唐李白《古風五十九首》詩之十）

⑪由來碧落銀河畔，可要金風玉露時。（唐李商隱《辛未七夕》詩）

空　漢代已用作情態副詞，相當於“徒然”、“白白地”，中古以後繼續使用。如：

①今遣少子,未必能生中子也,而先空亡長男,奈何?(《史記·越王勾踐世家》)

②洪于大義,不得不死,念諸君無事,空與此禍。(《三國志·魏書·吕布臧洪傳》)

③落日胡塵未斷,西風塞馬空肥。(宋辛棄疾《木蘭花慢·席上送張仲固帥興元》詞)

六朝開始,"空"用爲範圍副詞,表限制,相當於"只"、"僅"。如:

①祥嘗在别床眠,母自往闇斫之,值祥私起,空斫得被。(南朝宋劉義慶《世説新語·德行》)

②摘荷空摘葉,是底采蓮人?(唐張祜《讀曲歌》詩)

③邊兵盡東征,城内空荆杞。(唐杜甫《塞蘆子》詩)

又表示總括,相當於"盡"、"都"。如:

④夜半聞群雁聲,空飛南去。(唐日圓仁《入唐求法巡禮記》卷二)

⑤俱是攀龍客,空爲避馬人。(唐韋應物《路逢崔、元二侍御避馬見招以詩見贈》詩)

⑥斑竹年來笋自生,白蘋春盡花空落。(唐張謂《邵陵作》詩)

莫 上古漢語"莫"是否定代詞。也用作否定副詞,表禁止,又表一般的否定,本編第一章第四節已論及。中古"莫"又是語氣副詞,表示揣度或反問,相當於"大概",六朝偶有出現,唐代比較廣泛地應用起來。如:

①閣上人曰:"所傳莫枉?"(南朝宋劉義慶《幽明録》)

②上謂宰臣曰:"有諫官疏來,御含元殿事,如何? 莫須罷否?"(唐趙璘《因話録》卷一)

③項羽遂乃高喝："帳前莫有當直使者無?"(《敦煌變文集·漢將王陵變》)

④今日見此生口，莫是應我夢也?(同上《嵐山遠公話》)

⑤朝義曰："莫驚聖人否? 莫損聖人否?"(《舊唐書·史思明傳》)

偏 上古已用爲副詞，表示事實與願望相反或故意違反客觀要求；中古以後一直應用。如：

①是邪！非邪！立而望之，偏何姍姍其來遲?(《漢書·外戚傳上·孝武李夫人》)

②可憐閨裏月，偏照漢家營。(唐佚名《伊州歌》)

③溪邊小立苦待月，月知人意偏遲出。(宋楊萬里《釣雪舟中霜夜望月》詩)

又表示程度深，相當於"最"、"很"、"特别"。這個意義中古也普遍應用。如：

④老聃之役，有庚桑楚者，偏得老聃之道。(《莊子·庚桑楚》)成玄英疏："庚桑楚最勝，故稱偏得也。"

⑤武烈太子偏能寫真，坐上賓客，隨意點染，即成數人，以問童孺，皆知姓名矣。(北齊顔之推《顔氏家訓·雜藝》)

⑥野鶴巢邊松最老，毒龍潛處水偏清。(唐盧綸《夜投半德寺》詩)

中古"偏"産生兩種用法。一是表範圍。相當於"只，獨，單單"。如：

①中庭雜樹多，偏爲梅咨嗟。(南朝宋鮑照《梅花落》詩)

②鶯花有恨偏供我，桃李無言衹惱人。(宋朱淑真《問春》詞)

③飛雪帶春風，徘徊亂繞空。君看似花處，偏在洛城中。(唐劉方平《春雪》詩)

一是表示時間，相當於"正好"、"恰好"。如：

④正是揚帆時，偏逢江上客。（唐皇甫冉《曾東遊以詩寄之》詩）

⑤成都古寺卧秋晚，落日偏傍僧窗明。（宋陸游《長歌行》詩）

頗　副詞“頗”上古表示不足，相當於“稍”、“略”；又表示程度深，相當於“甚”、“很”。中古以後一直應用。如：

①余雖不合於俗，亦頗以文墨自慰。（唐柳宗元《愚溪詩序》）

②頗似楚漢時，翻覆無定止。（唐李白《猛虎行》詩）

中古“頗”又爲語氣副詞，表示疑問或揣測語氣，相當於“可”。如：

③給使白誕曰：“人盜君膏藥，頗知之否？”（晉干寶《搜神記》卷十七）

④晉武帝問孫皓：“聞南人好作爾汝歌，頗能爲不？”（南朝宋劉義慶《世説新語・排調》）

⑤向客，上帝棄臣也，言泰山老師，頗記無？（唐段成式《酉陽雜俎》卷二）

⑥玄宗謂曰：“卿頗知獵手？”（唐劉肅《大唐新語》卷一）

暫（蹔）　本義是“短時間”。《説文・日部》：“暫，不久也。”段玉裁注：“今俗云‘霎時間’即此字也。”漢代用爲情態副詞，表示動作行爲突然發生，可譯爲“突然”、“一下子”，也寫作“蹔”。如：

①廣佯死，睨其旁有一胡兒騎善馬，廣暫騰而上胡兒馬。（《史記・李將軍列傳》）

②及其知之，非卒見暫聞而輒名之爲聖也。（《論衡・講瑞》）

六朝以後又用爲時間副詞，表示動作行爲是臨時性的，又譯爲“暫時”、“暫且”。如：

①卿但暫還家，吾今且報府。（《古詩爲焦仲卿妻作》）

②王子猷嘗暫寄人空宅住,便令種竹。或問:"暫住何煩爾?"王嘯詠良久,直指竹曰:"何可一日無此君?"(南朝宋劉義慶《世説新語·任誕》)

③愛惡相攻,利害相奪,其勢常也。若積水於防,燎火於原,未嘗暫静也。(《文選·干寶·晉紀總論》)

④時到幽樹好石,蹔得一笑,已復不樂。(唐柳宗元《與李翰林建書》)

又表示動作行爲剛剛發生,可譯爲"剛"、"纔"。如:

⑤友人勸其仕,憲亦不拒之。暫到京而還,竟無所就。(《後漢書·黄憲傳》)

⑥或春苔兮始生,有秋風兮蹔起。(南朝梁江淹《别賦》)

⑦暫辭八座罷雙旌,便作登山臨水行。(唐白居易《和高仆射罷節度讓尚書授少保分司喜遊山水之作》詩)

⑧寒蟬暫寂寞,蟋蟀鳴自恣。(唐韓愈《秋懷》詩)

又表示動作行爲偶然發生。可譯爲"偶"、"適"。如:

⑨世人見漆器暫在日中,恐其炙壞,合着陰潤之地,雖欲愛慎,朽敗更速矣。(北魏賈思勰《齊民要術》卷五)

⑩暫因問俗到真境,便欲投誠依道源。(唐王昌齡《黄鍊師院》詩)

⑪暫出城門踏青草,遠於林下見青山。(唐韓愈《出城》詩)

⑫上國昔相值,亭亭如欲言,異鄉今暫賞,脈脈豈無恩。(唐李商隱《杏花》詩)

又表示動作行爲緊跟着發生,可譯爲"馬上"、"就"。如:

⑬竹動蟬争散,蓮搖魚暫飛。(北周庾信《詠畫屏風》詩之二十二)

⑭長愛街西風景閒,到君居處暫開顔。(唐劉禹錫《秋日題竇員外崇德里

新居》詩）

⑮厭見簿書先合眼，喜逢杯酒暫開顔。（唐白居易《赴蘇州至常州答賈舍人》詩）

⑯之才醫術最高……帝〔病〕每發動，暫遣騎追之，針藥所加，應時必效。（《北史·藝術傳下·徐之才》）

轉　副詞"轉"上古表示轉折，相當於"反而"、"反倒"。如《詩·小雅·谷風》："將恐將懼，維予與女；將安將樂，女轉棄予。"中古又爲程度副詞，表示情況逐漸變化，或表示變化的結果比前爲甚。相當於"愈"、"更加"、"越來越"。如：

①如此經年，妻轉貧苦不立。（南朝宋劉義慶《幽明録》）

②吾踰忝轉深，足以致謗。（《宋書·王景文傳》）

③杜陵有布衣，老大意轉拙。（唐杜甫《自京赴奉先縣詠懷五百字》詩）

④感我斯言良久立，却坐促弦弦轉急。（白居易《琵琶行》詩）

2. 新産生的副詞逐漸多義化

中古産生的副詞裏也有一些不只一種用法，而是有幾種用法。下面舉一些例子：

剛　中古用作語氣副詞，表示和原來的願望相反。相當於"偏偏"、"硬是"。如：

①憶歲時，待來剛不來。（隋煬帝《夜飲朝眠曲》）

②世間剛有東流水，一送恩波便不回。（唐温庭筠《題西平王舊賜屏風》詩）

③有何意，舍棨花（華），剛要求聞《妙法花》。（《敦煌變文集·妙法蓮華經講經文》）

又爲時間副詞，相當於"才，方才"。如：

④剛有峨嵋念,秋來錫欲飛。(唐齊己《思遊峨嵋寄林下諸友》詩)
⑤三十年前老健兒,剛被郎官遣作詩。(唐王智興《徐州使院賦》詩)
⑥剛被太陽收拾去,却教明月送將來。(宋蘇軾《花影》詩)

渾 中古用作範圍副詞,表示總括,相當於"皆"、"都"。如:

①霜下野花渾着地,寒來溪鳥不成群。(唐王建《晚秋病中》詩)
②漁屋渾環水,晴湖半落東。(宋陳師道《山口》詩)
③水淺游魚渾可數,山深藥草半無名。(宋陸游《山行》詩)

又爲程度副詞,表示程度深,相當於"幾乎"、"簡直"。如:

④雷聲忽送千峰雨,花氣渾如百和香。(唐杜甫《即事》詩)
⑤白頭搔更短,渾欲不勝簪。(唐杜甫《春望》詩)
⑥三十六窗明月夜,嫦娥渾在水晶宫。(宋王珪《宫詞》詩)

又爲情態副詞,相當於"仍"、"還(hái)"。如:

⑦巴童渾不寢,半夜有行舟。(唐杜甫《十六夜翫月》詩)
⑧黄鶯久住渾相識,欲别頻啼四五聲。(唐戎昱《移家别湖上亭》詩)
⑨司空見慣渾閑事,斷盡蘇州刺史腸。(唐劉禹錫《贈李司空妓》詩)

苦 産生於六朝。程度副詞,相當於"甚"、"極"。如:

①人言苦不可信,朕爲諸君破家保之。(《三國志·吴書·吴主傳》)
②今日時清兩京道,相逢苦覺人情好。(唐杜甫《戲贈閿鄉秦少府短歌》)
③苦恨年年壓金綫,爲他人作嫁衣裳。(唐秦韜玉《貧女》詩)

又爲語氣副詞，相當於"偏，偏偏"。如：

④旁人不惜妻止之，公無渡河苦渡之。（唐李白《公無渡河》詩）

⑤自古有羈旅，我何苦哀傷？（唐杜甫《成都府》詩）

又爲時間副詞，表示時間久。如：

⑥莫怪江南苦滯留，經營身計一生迂。（宋蘇軾《常潤道中有懷錢塘》詩五首之五）

⑦溪邊小立苦待月，月知人意偏遲出。（宋楊萬里《釣雪舟中霜夜望月》詩）

又表示行爲多次發生，相當於"頻頻"或"一再"。如：

⑧春去春來苦自馳，爭名爭利徒爾爲。（唐駱賓王《帝京篇》詩）

⑨朋知苦聚散，哀樂日已作。（唐杜甫《西閣曝日》詩）

⑩雙屐著頻看齒折，敗裘披苦見毛稀。（唐陸龜蒙《春雨即事》詩）

略　六朝開始用作範圍副詞，表示總括，相當於"全"、"完全"。如：

①歲餘，兒子死亡略盡。（晉干寶《搜神記》卷四）

②妻得病，應請禱備至，財産略盡。（晉荀□《荀氏靈鬼志》）

③問諸存亡生死所趣，略皆對答，具有靈驗。（南朝齊王琰《冥祥記》）

④魯衛彌尊重，徐陳略喪亡，空餘枚叟在，應念早升堂。（唐杜甫《戲題寄上漢中王》詩三首之三）

範圍副詞"略"的經常用法是後面接否定詞"不"、"無"，作"全不、全無"、"毫不、毫無"講，與"了不"、"了無"大體相同。如：

⑤其形頗象狐矣,略不復與人相應,但呼“阿紫”。(晉干寶《搜神記》卷十八)

⑥如今所見,善惡大科,略不異也。(南朝齊王琰《冥祥記》)

⑦應聲便許,略無慊吝。(南朝宋劉義慶《世説新語·任誕》)

⑧自三峽七百里中,兩岸連山,略無闕處。(北魏酈道元《水經注·江水》)

又爲時間副詞。“暫時”、“偶然”的意思。如:

⑨浄掃蓬萊山下路,略邀王母話長生。(唐曹唐《小遊仙》詩)

⑩暖泉宫裏告虔回,略避紅塵小宴開。(唐吴融《滻水席上獻座主侍郎》詩)

⑪來往中庭,應是降王母仙宫,凡間略現真容。(《雲謡集·雜曲子·内家嬌》)

漫(謾) 産生于六朝以至唐代,有以下不同的意義。表示情態,相當於“姑且”、“聊且”。如:

①偶逢佳節牽詩興,漫把芳尊遣客愁。(唐唐彦謙《高平九日》詩)

②醉裏不知時節改,漫隨兒女打鞦韆。(宋徐鉉《柳枝》詞)

又表示行爲没有效果,相當於“空”、“徒然”、“白白”。如:

③豈有文章驚海内,漫勞車馬駐江干。(唐杜甫《賓至》詩)

④漫排酒饌應難喫,久坐時多恐損人。(《敦煌變文集·捉季布傳文》)

⑤功名夢斷,却泛扁舟吴楚,漫悲歌,傷懷吊古。(宋陸游《謝池春》詞)

又表示行爲没有目的或不正確,相當於“隨意”、“胡亂”。如:

⑥却看妻子愁何在,漫捲詩書喜欲狂。(唐杜甫《聞官軍收河南河北》詩)

⑦魔女不信世尊之言，謾發强詞，輕惱於佛。（《敦煌變文集·破魔變文》）

⑧眼前碌碌誰知此，漫走叢祠乞半年。（宋陸游《南池》詩）

又爲否定副詞，相當於"莫"、"不要"。如：

⑨紅粉輕蛾映楚雲，桃花馬上石榴裙，羅敷獨向東方去，漫學他家作使君。（唐張謂《贈趙使君美人》詩）

⑩謾誇河北操旄鉞，莫羨江西擁旆旌。（唐白居易《送河南尹馮學士赴任》詩）

⑪此州雄跨西南邊，平安烽火夜夜傳。豈知癰疽潰花内，漫倚築城如鐵堅。（宋陸游《瀘州亂》詩）

恰　中古至少有三種用法。一是時間副詞，相當於"剛剛"、"方纔"。如：

①者漢大癡，好不自知，恰見寬縱，苟徒(圖)過時。（《敦煌變文集·燕子賦》）

②倦客纔歸，新亭恰就，萱徑陰濃，菊林香發。（宋魏了翁《醉蓬萊》詞）

③恰則春來春又去，憑誰説與春知道。（宋張孝祥《菩薩蠻》詞）

二是範圍副詞，相當於"只"、"僅"。如：

④秋水纔深四五尺，野航恰受兩三人。（唐杜甫《南嶺》詩）

⑤湘東二月春纔到，恰有山櫻一樹花。（宋范成大《初見山花》詩）

三是情態副詞，相當於"正"、"正好"。如：

⑥遥看漢水鴨頭緑，恰似蒲萄初醱醅。（唐李白《襄陽歌》詩）

⑦唯有分司官恰好，閑遊雖老未曾休。（唐白居易《勉閑遊》詩）

⑧師忽然見有個豬母子從山上走下來，恰到師面前。（五代静、筠《祖堂

集》卷七）

四是語氣副詞，相當於“豈”、“却”。如：

⑨誰知玉貌，恰有金聲？（唐張鷟《遊仙窟》）

⑩恰莫持千萬，明明買禍胎。（唐陸龜蒙《黄金》詩）

⑪老人諳盡人間苦，近來恰似心頭悟。（宋朱敦儒《菩薩蠻》詞）

特地 情態副詞，表示專爲某事。如：

①幾時來翠節，特地引紅粧。（唐杜甫《陪柏中丞觀宴將士》詩之一）

②大王夫人歡喜囉，因茲特地送資財。（《敦煌變文集·醜女緣起》）

又表示不同一般，相當於“特别”、“格外”，也寫作“特底”。如：

③風光欲動别長安，春半邊城特地寒。（唐韓愈《夕次壽陽驛題吴郎中詩後》詩）

④將爲數日已一月，主人於我特地切。（唐貫休《書倪氏屋壁》詩）

⑤雀兒被嚇，更害氣咽，把得問頭，特地更悶。（《敦煌變文集·燕子賦》）

⑥空勞酒食饌，特底解人頤。（唐王維《慕容承攜素饌見過》詩）

又表示情况突然發生，相當於“突然”、“忽然”。如：

⑦茅堂拜親後，特地雙淚垂。（唐杜荀鶴《辭座主侍郎》詩）

⑧不望垂繮兼（代）步，近來特地却難騎。（《敦煌變文集·長興四年中興殿應聖節講經文》）

又爲語氣副詞，表示轉折，相當於“反而”、“偏偏”。如：

⑨因知好句勝金玉，心極神勞特地無。（唐貫休《苦吟》詩）

⑩在世每常修十善，將爲生天往净土，因甚自從亡滅後，阿娘特地落三途。（《敦煌變文集·目連緣起》）

一時　副詞"一時"有兩義[①]，一表示範圍，相當於"一齊"、"全部"。如：

①於是村人，一時奉法。（南朝齊王惔《冥祥記》）

②矩曰："俱是國家臣妾，焉有彼此。"乃一時遣之。（《晉書·李矩傳》）

③老母妻子一時誅，曠古已來無此事。（《敦煌變文集·李陵變文》）

一表示時間，相當於"即時"、"立即"。如：

④始入門，諸客望其神姿，一時退匿。（南朝宋劉義慶《世説新語·容止》）

⑤王子唱喏，一時上馬。（《敦煌變文集·韓擒虎話本》）

坐　時間副詞"坐"産生於中古。有"正，恰好"義。如：

①悶到房公池水頭，坐逢揚子鎮東州。（唐杜甫《答楊梓州》詩）

②還疑赤松子，天路坐相邀。（唐陳子昂《春日登金華觀》詩）

③春風坐相待，晚日莫淹留。（唐韓翃《贈張建封》詩）

又有"即將"、"行將"義。如：

④坐棄三聖業，行觀八陣形。（唐孟浩然《送莫甥諸昆弟入西軍》詩）

⑤寒英坐銷落，何用慰遠客。（唐柳宗元《早梅》詩）

---

① 《戰國策·楚策四》："此百代之一時也。"這裏的"一時"指某一難得的時機，《荀子·正名》："其累百年之欲，易一時之嫌，然且爲之，不明其數也。"這裏的"一時"指"片時，一會兒"，都不是副詞。

⑥窮英急景坐相摧,壯齒韶顔去不回。(唐白居易《歲暮》詩)

又有"聊"、"姑且"義。如:

⑦才子乘春來騁望,群公暇日坐銷憂。(唐孟浩然《登安陽城樓》詩)

⑧漁舟逐水愛山春,兩岸桃花夾古津。坐看紅樹不知遠,行盡青溪不見人。(唐王維《桃源行》詩)

⑨使君地主能相送,河尹天明坐莫辭。(唐岑參《使君席夜送嚴河南赴長水》詩)

又爲情態副詞,相當於"空"、"徒然"、"白白"。如:

⑩歲晏君如何,零淚染衣裳,玉柱空掩露,金樽坐含霜。(南朝梁江淹《望荆山》詩)

⑪捫參歷井仰脅息,以手撫膺坐長歎。(唐李白《蜀道難》詩)

⑫春來何事,故抛人别處,坐望斷,樓中遠山歸路。(宋蘇軾《殢人嬌·戲邦直》詞)

又爲程度副詞,相當於"十分"、"非常"。如:

⑬夫君日高興,爲樂坐驕奢。(南朝梁何遜《南還道中送贈劉咨議别》詩)

⑭皖灊終負幽人約,空對湖山坐惘然。(宋王安石《書何氏宅壁》詩)

3. 産生了新的副詞詞尾

"復"和"自"既是副詞,中古又是副詞或連詞詞尾,構成了不少複音詞①。

(1)副詞和詞尾"復"

---

① 參看劉瑞明《〈世説新語〉中的詞尾"自"和"復"》,載《中國語文》1989 年,3 期,211—215 頁。

“復”上古有副詞用法,表示重復、繼續或頻度,相當於“又”、“再”。中古繼續使用。如:

①不老復不死,萬歲如平常。(晉陶潛《讀山海經》詩)

②出門復入門,兩脚但如舊。(唐杜甫《九日寄岑參》詩)

漢代開始用爲副詞詞尾,没有實際意義,只起襯音的作用。《漢書·敘傳》:“又感東方朔,揚雄自諭以不遭蘇、張、范、蔡之時,曾不折之以正道,明君子之所守,故聊復應焉。”

句中“聊復”意即“姑且”,“復”在這裏作爲詞尾。這種用法,從魏晉以至隋唐,應用相當廣泛。如:

不復 否定副詞,不。如:

①王即語沙彌言:“我當現向人説,不復得隱。”(梁僧伽婆羅譯《阿育王傳》)

②阿奴今日不復減向子期。(南朝宋劉義慶《世説新語·品藻》)

誠復 情態副詞,誠然,的確。如:

①汝今所索,誠復不多。(北凉曇無讖譯《大般涅槃經》卷十一)

②道季誠復鈔撮清悟,嘉賓故自上。(南朝宋劉義慶《世説新語·品藻》)

當復 情態副詞,必定。如:

①桓南郡每見人不快,輒嗔云:“君得哀家梨,當復不烝食不?”(南朝宋劉義慶《世説新語·輕詆》)

②故知捶撻自難爲人,冀小却,當復差耳。(同上《品藻》)

方復 時間副詞，方，正。如：

①周行遍體，痛苦號叫，方復説之，便作羊鳴而死。（北齊顔之推《顔氏家訓・歸心》）

非復 否定副詞，非。如：

①意似二三，非復往日。（南朝宋劉義慶《世説新語・黜免》）

②今我但魂耳，非復生人。（晉陶潛《搜神後記》卷三）

故復 情態副詞，確實，誠然。如：

①宣武語人曰："朝廷間故復有此賢。"（南朝宋劉義慶《世説新語・雅量》）

②卿故復憶竹馬之好不？（同上《方正》）

忽復 情態副詞，忽，忽然。如：

①吴中有一書生，皓首，稱胡博士，教授諸生，忽復不見。（晉干寶《搜神記》卷十八）

②閑來垂釣碧（一作"坐"）溪上，忽復乘舟夢日邊。（唐李白《行路難》詩）

皆復 範圍副詞，皆，都。如：

①王答曰："諸江皆復足自生活。"（南朝宋劉義慶《世説新語・賞譽》）

空復 情態副詞，徒然，白白地。如：

①寂寂首陽山，白雲空復多。（唐李頎《登首陽山》詩）

②逆行少吉日，時節空復度。（唐杜甫《詠懷》詩二首之二）

乃復　語氣副詞，表示出乎意外，竟然。如：

①卿居心不浄，乃復强欲滓穢太清邪？（南朝宋劉義慶《世説新語·言語》）

豈復　語氣副詞，表反詰，難道。如：

①不忠不孝，其罪莫大；考求衆奸，豈復過此？（南朝宋劉義慶《世説新語·政事》）

稍復　情態副詞，逐漸。如：

①於是聞者稍復刮目。（北齊顔之推《顔氏家訓·慕賢》）

已復　時間副詞，表示行爲已經發生，相當於"已經"。如：

①吾時月不見黄叔度，則鄙吝之心已復生矣。（南朝宋劉義慶《世説新語·德行》）

②青春已復過，白日忽相催。（唐李白《寄遠》詩十一首之四）

又爲語氣副詞，作"竟然"講。如：

③文度因言桓求己女婚，藍田大怒，排文度下膝，曰："恶見，文度已復癡，畏桓温面！兵，那可嫁女與之！"（南朝宋劉義慶《世説新語·方正》）

亦復　表示事物的同一關係，也。如：

①凡夫愛色，亦復如是，見他自少，便生愛慕之心，歲月年深，遂便有男有女。(《敦煌變文集·廬山遠公話》)

②病兒道："殿下祿重官高，病患亦復如是。"(同上《八相變》)

又復 表示更進一步或兩種情況同時存在，又。如：

①忽見闍梨於此立，又復從來不相識。(《敦煌變文集·大目乾連冥間救母變文》)

②這有〔相〕夫人顏貌平正，又復能歌。(同上《歡喜國王緣》)

自復 情態副詞，自然。如：

①羊叔子自復佳耳，然亦何與人事？(南朝宋劉義慶《世説新語·言語》)

"復"又用爲連詞詞尾。如：

①同盤尚不相助，況復危難乎？(同上《黜免》)

②況復秦兵耐苦戰，被驅不異犬與雞。(唐杜甫《兵車行》詩)

③我兄今者若復不爲惡人所害，諸物何緣從水而來？(《因果經》,《大正大藏經》卷三)

④若復有人求(知)一切法無我得成於忍，此菩薩勝前菩薩所得功德者。(《敦煌變文集·金剛般若波羅蜜經講經文》)

⑤雖復刑餘之人，未敢聞命？(南朝宋劉義慶《世説新語·方正》)

⑥雖復千年一聖，終是百世同宗。(北周庾信《周上柱國齊王憲神道碑》)

⑦縱復俗行，不宜追改《六韜》、《論語》、《左傳》也。(北齊顔之推《顔氏家訓·書證》)

(2)副詞和詞尾"自"

"自"上古到中古有多種副詞的用法。如：

①使君自有婦，羅敷自有夫。(漢樂府《陌上桑》)

②手捫摸之，壁自如故。還床復見，心大恐怖。(晉干寶《搜神記》卷三)

③亮有大兒數歲，雅重之質，便自如此，人知是天性。(南朝宋劉義慶《世説新語·雅量》)

④太丘曰："如此，但糜自可，何必飯也？"(同上《夙惠》)

例①"自"作"本來"講，例②作"仍然"講，例③作"已經"講，例④作"即"、"就"講。

"自"在漢代已開始用作副詞詞尾，没有具體的意義，只起音節的作用。如許慎《説文解字敘》："郡國亦往往於山川得鼎彝，其銘即前代之古文，皆自相似。"六朝以後應用普遍。下面是一些例子：

本自 時間副詞，原來，本來。如：

①此我故婦，非有他過，家夫人遇之實酷，本自相貴。(晉干寶《搜神記》卷十一)

②俱飛蛺蝶元相逐，並蒂芙蓉本自雙。(唐杜甫《進艇》詩)

必自 情態副詞，表示必然，必定。如：

①若遇七賢，必自把臂入林。(南朝宋劉義慶《世説新語·賞譽》)

②觀其情貌，必自不凡。(同上《雅量》)

常自 時間副詞，常常。如：

①常自帶絳綿繩着腰中。(同上《規箴》)

②草室常自温，雲髻未暇整。(宋梅堯臣《和孫瑞叟蠶具十五首·蠶女》)

方自 時間副詞，方，正。如：

①嘗使一婢，不稱旨，將撻之，方自陳説，玄怒，使人曳着泥中。（南朝宋劉義慶《世説新語·文學》）

故自 情態副詞，確實，的確。如：

①太傅善其對，因舉酒勸之曰："故自佳！故自佳！"（同上《言語》）

②仁祖企脚北窗下彈琵琶，故自有天際真人想。（同上《容止》）

空自 情態副詞，徒然，白白地。如：

①閣中帝子今何在？檻外長江空自流。（唐王勃《滕王閣序》）

②長檠八尺空自長，短檠二尺便且光。（唐韓愈《短檠燈歌》）

乃自 情態副詞，確實，實在。如：

①孫興公謂王〔羲之〕曰："支道林拔新領異，胸懷所及，乃自佳，卿欲見不？"（南朝宋劉義慶《世説新語·文學》）

②兄伯蕭索寡會，遇酒則酣暢忘反，乃自可矜。（同上《賞譽》）

仍自 情態副詞，表示情況繼續不變。依然，還是。如：

①昔者漢家興盛，與我突厥和親，單于殊常之禮，坐着我衆蕃之上，我祖仍自不拜。（《敦煌變文集·李陵變文》）

②燕子單貧，造得一宅，乃被雀兒强奪，仍自更着恐嚇。（同上《燕子賦》）

尚自 情態副詞，表示進一層的意思。猶自，尚且。如：

①此箇老人前後聽法來一年，尚自不會《涅槃經》之義理，何況卒悟衆生？(《敦煌變文集·廬山遠公話》)

②弟子尚自如斯，師主想應不煞。（同上《維摩詰經講經文》）

實自　情態副詞，實在，確實。如：

①文章實自不當多。（晉陸雲《與兄平原書》）

②子敬實自清立。（南朝宋劉義慶《世説新語·忿狷》）

深自　程度副詞，深深地。如：

①敘情既畢，〔温嶠〕便深自陳結，丞相亦厚相酬納。（同上《言語》）

殊自　程度副詞，特别，非常。如：

①王本自有一往雋氣，殊自輕之。（同上《文學》）

②有人詣謝公别，謝公流涕，人了不悲。既去，左右曰："向客殊自密雲。"(晉裴啓《裴子語林》）

咸自　範圍副詞，皆，都。如：

①王家諸郎，亦皆可嘉，聞來覓婿，咸自矜持。（南朝宋劉義慶《世説新語·雅量》）

已自　時間副詞，已經。如：

①鄰人笑曰："卿已自取婦，密着室中炊爨，而言吾爲之炊邪？"（晉陶潛《搜神後記》卷五）

②高棟層軒已自涼,秋風此日灑衣裳。(唐杜甫《七月一日》詩)

猶自 情態副詞,尚且,仍然。如:

①富有四海,貴爲天子,不知紀極,猶自敗累,況士庶乎?(北齊顏之推《顏氏家訓·止足》)

②共來百越文身地,猶自音書滯一鄉。(唐柳宗元《登柳州城樓》詩)

由自 情態副詞,同"猶自"。尚且,仍然。如:

①堯時九年災迹,只緣我在其中,感得天下欽奉,萬姓依從。由自不能説聖,兩個何用爭功?(《敦煌變文集·茶酒論》)

②五更惆悵廻孤枕,由自殘燈照落花。(宋洪邁《容齋隨筆》卷十引唐司空圖詩)按《全唐詩》卷六三三作"猶自"。

正自 有範圍副詞和情態副詞兩種用法:

①風景不殊,正自有山河之異。(南朝宋劉義慶《世説新語·言語》)

②王右軍與謝公詣阮公,至門語謝:"故當共推主人。"謝曰:"推人正自難。"(同上《方正》)

例①"正自"是範圍副詞,作"只是"、"僅僅"講;例②是情態副詞,作"確實"講。

第五節 中古漢語介詞、連詞的發展

一、中古漢語介詞的發展

上古漢語裏的介詞"從、對、爲、向、以、因、由、于(於)、與、在、自"等,中古繼續普遍使用。中古漢語介詞的發展主要表現在新介詞的產生和某些舊介詞用法的變化兩個方面。

1. 新介詞的產生

魏晉以後,漢語產生了一些新介詞。

(1)表時間的介詞　有"趁、達、抵、起、去、投(逗)、聞、值、當值、會值、正值"等。

趁　介詞"趁"大約產生于唐代。表示等到某個時候、利用某種時機或時間,相當於"乘"。如:

①月乘殘夜出,人趁早涼行。(唐白居易《早發楚城驛》詩)

②早知留酒待,悔不趁花歸。(同上《答韋八》詩)

③不關破賊須歸奏,自趁新年賀太平。(唐韓愈《同李二十八員外從裴相公野宿西界》詩)

④簿籍誰能問,風寒趁早眠。(唐姚合《武功縣中作》詩)

⑤君要花滿縣,桃李趁時栽。(宋辛棄疾《水調歌頭·和趙景明知縣韻》詞)

達　表示時間的終點,相當於"到"。如:

①每聞人饑,或達旦不寐。(《後漢書·皇后紀》)

②達曙,方將人尋之。(《太平廣記》卷四三九引晉干寶《搜神記》)

③朝擁坐至暮,夜覆眠達晨。(唐白居易《新制布裘》詩)

抵　表示到達某一時點,相當於"到"、"至"。如:

①抵暮但昏眠,不成歌慷慨。(唐韓愈《朝歸》詩)

②召申詣衙,賜以酒食,抵夜送還店。(《太平廣記》卷一二四引《北夢瑣言》)

③俄有雨降,抵暮不息。(《太平廣記》卷二五七引《南楚新聞》)

“抵”又爲處所介詞，表示動作到達的終點。相當於“到”。如：

④密等七人皆穿墻而遁，與王仲伯亡抵平原賊郝孝德。（《隋書·李密傳》）

⑤回抵鍾阜，適朝廷改僧爲德士。（宋普濟《五燈會元》卷十九）

起 放在時間詞或處所詞的前面，表示起點，相當於“從”、“自”、“由”。如：

①今各就高爲堡，東起振武轉而西，過雲州界，極於中受降城。（唐韓愈《送水陸運使韓侍御歸所治序》）

②可起今月四日知軍國事，權以書詔印施行。（五代明宗曹皇后《以長子潞王監國令》）

③起今後，本州所貢洞庭柑橘，候見敕旨即得貢進，不得脩爲常貢。（宋王禹偁《擬罷蘇州貢橘詔》）

④起今後，凡有諸色前資，若合命官者，除近曾任朝官及有科第曆清資官爲衆所知外，並須追到前任告敕，中書點檢，方可進擬。（宋王溥《五代會要·趙清雜録》）

去 六朝時由動詞“去到”義虚化爲介詞，有兩種用法。一是表示動作行爲發生的時間，相當於“於”。如：

①娘去二月九日夜失車欄、夾杖、龍牵，疑是整婢采音所偷。（南朝梁任昉《奏彈劉整》）

②去開元二十年正月十五日共遠法師論議，心地略開，動全陵雲，發言驚衆。（《神會和尚語録·菩提達摩南宗定是非論》）

③右圓仁等爲求佛教，隨貢使過海，去開成五年八月二十三日奉使充分，權寄住資聖寺。（唐日圓仁《入唐求法巡禮記》卷三）

④先去大中十載，大唐差册立回鶻，使御史中丞王瑞章持節而赴單于。

（《敦煌變文集·張義潮變文》）

二是宋代開始，用以表示動作行爲發生的處所，相當於"在"、"到"。如：

⑤莫祝靈龜椿鶴，只消得，把筆輕輕，去十字上，添一撇。（宋辛棄疾《品令》詞）

⑥釋氏以不知此，去佗身上起意思，奈何那身不得，故却厭惡。（《河南程氏遺書》卷二）

⑦鸜歌亦自記得來時驛程道路，日中且去深林中藏身，以避鷹鷂之擊。（宋何薳《春渚紀聞》卷五）

⑧今要去一字兩字上討意思，甚至以日月、爵氏、名字上皆寓褒貶。（《朱子語類》卷八三）

"去"的上述用法，近代漢語裏仍然廣泛應用。

投（逗）　六朝開始由動詞"投奔"義虚化爲介詞，表示時間，相當於"到"、"臨"。如：

①世祖遂與光等投暮入堂陽界。（《後漢書·任光傳》）李賢注："投，至也。"

②師云："不須夜行，投明須到。"（五代静、筠《祖堂集》卷六）

③投老心情非復昔，當時山水故依然。（宋王安石《觀明州圖》詩）

④待都將許多明，付與金樽，投曉共流霞傾盡。（宋晁補之《洞仙歌》詞）

字又寫作"逗"，意思一樣。如：

⑤逗晚添衣併數重，隔脯剩熱尚斜紅。（宋楊萬里《新寒戲簡尤延之檢正》詩）

⑥逗歸來，折得花枝教看，似人人麽？（宋張榘《水龍吟·丁經三用韻詠園

亭次韻以謝》詞)

聞 介詞"聞"産生于唐代,相當於"趁"。如:

①莫度清秋吟蟋蟀,早聞黄閣畫麒麟。(唐杜甫《季夏送鄉弟韶陪黄門從叔朝謁》詩)仇兆鼇注:"早聞云云者,乃望其早趁黄閣之便,得列功臣,如麒麟閣畫像故事也。"

②幾日東城陌,何時曲水濱,聞閒且共賞,莫待繡衣新。(唐韋應物《早春對雪寄前殿中元侍御》詩)

③林園亦要聞閑置,筋力應須及健回。(唐白居易《寄户部楊侍郎》詩)

④不如聞早却回,莫大此時挫辱。(《敦煌變文集·難陀出家緣起》)

⑤比來夢惡,定知不活。聞我精好之時,汝等即報内外諸親,在近者唤取,將與分别。(同上《搜神記》)

值、當值、會值、正值 表示事情發生的時候。如:

①衡農……常宿於他舍,值雷雨,頻夢虎嚙其足。(晉干寶《搜神記》卷十一)

②度、康當值武皇帝休明之會,合策名之計,夾輔漢室。(《三國志·魏書·公孫度傳》裴松之注引《魏書》)

③會值國家喪亂之際,太后承攝,何氏輔政。(《三國志·魏書·二公瓚傳》裴松之注引《典略》)

④正值陛下升平之際,沐浴聖澤,潛潤德教,可謂厚幸矣。(同上《任城陳蕭王傳》)

(2)表處所、方向的介詞 有"衝、扶、經、就、況、驀、往、望、問、沿、着(著)"等。

衝 《玉篇·行部》:"衝,向也。"本是動詞。《山海經·海外北經》:"隅有一蛇,虎色,首衝南方。"六朝開始有介詞的用法,表示動作所向的處所或對象,相當於

“向”、“朝”。如：

①疾風衝塞起，沙礫自飄揚。（南朝宋鮑照《代出自薊北門行》詩）

②地形漸窄觀者多，雉驚弓滿勁箭加，衝人決起百餘尺，紅翎白鏃隨傾斜。（唐韓愈《雉帶箭》詩）

扶　介詞“扶”産生於三國，表示方向，相當於“循”、“沿”。如：

①玉樹扶道生，白虎夾門樞。（三國魏曹植《仙人篇》詩）趙幼文校注：“扶道生，猶言沿路而生。”

②既出，得其船，便扶向路，處處志之。（晉陶潛《桃花源記》）

③嘗因石頭大醉，扶路唱樂，不覺至州門。（《晉書·謝安傳》）

④醉歸扶路人應笑，十里珠簾半上鈎。（宋蘇軾《吉祥寺賞牡丹》詩）

經　表示動作行爲經過之處。如：

①桓温行經王敦墓邊過，望之云：“可兒，可兒！”（南朝宋劉義慶《世説新語·賞譽》）

②入界先經蜀川過，蜀將收功先表賀。（唐白居易《蠻子朝》詩）

③安道乘馬，經翠樓朱殿而過。（《太平廣記》卷二九九引《異聞録》）

就　介詞“就”表示動作發生的處所，相當於“在”、“至”、“從”或“向”。如：

①韓後與范同載，就車中裂二丈與范。（南朝宋劉義慶《世説新語·德行》）

②合村送就曠野，回來只見空床。（唐王梵志《出門拗頭戾跨》詩）

③就此文中分之爲六，即六種是也。（《敦煌變文集·金剛般若波羅蜜經講經文》）

④廬江杜不愆少就外祖郭璞學《易》卜，頗有經驗。（晉陶潛《搜神後記》

卷二）

⑤洞山云："就師乞眼精。"（五代静、筠《祖堂集》卷三）

例①"就"可譯爲"在"，例②"就"可譯爲"至"，例③④"就"可譯爲"從"，例⑤"就"可譯爲"向"。

況 "況"與"向"雙聲兼叠韻。唐代變文中用"況"作介詞，表示動作的處所或方位，與"向"同。如：

①交（教）我將你況甚處賣得你？（《敦煌變文集·廬山遠公話》）

②忽見一雕從北便來，王子亦（一）見，當時便射。箭既離弦，不東不西，況雕前翅過。（同上《韓擒虎話本》）

③箭既離弦，勢同劈竹，不東不西，況前雕咽喉中箭，突然而過，況後雕僻心便着，雙雕齊落馬前。（同上）

驀 唐代用爲介詞，表示動作行爲的方向和處所，相當於"當"、"向"、"對着"。如：

①待師到，云："後底後底。"師便驀口摑。（五代静、筠《祖堂集》卷四）

②師常提杈子，每見僧參，驀項便杈。（同上卷十五）

③春風吹夢驀江飛，行盡江南只片時。（宋范成大《題湯致遠運使所藏隆師四圖》詩）

往（wàng） 本是動詞，有"向（到）……去"的意思。《史記·貨殖列傳》："淵深而魚生之，山深而獸往之。"唐五代時引申爲介詞，表示動作的處所或方向，相當於"向"。如：

①五月十一日，從蘇州松江口發往日本國。（唐日圓仁《入唐求法巡禮記》卷四）

②今緣少許急事，欲往江南行李。（《敦煌變文集·伍子胥變文》）

③遠公迤邐而行，將一部涅槃之經，來往廬山修道。（同上《廬山遠公話》）

④帝釋變作一神龍，引舜通穴，往東家井出。（同上《舜子變》）

⑤何不往彼中禮拜去。（五代静、筠《祖堂集》卷十六）

望　介詞"望"産生于魏晉。表示處所或方向。相當於"對"、"向"；又表示趨向，相當於"至"、"到"。如：

①其寺東西南北方五百步，前望嵩山少室，却負帝城，青林垂影，緑水爲文。（北魏楊衒之《洛陽伽藍記》卷三）

②蒲柳之姿，望秋而落。（南朝宋劉義慶《世説新語·言語》）

③緣目下無船往南，將十七端布雇新羅人鄭客載衣傍海望密州界去。（唐日圓仁《入唐求法巡禮記》卷四）

④出殿望空禮，承空問被（彼）人。（《敦煌變文集·歡喜國緣》）

⑤銅鳥萬逆望心戳，鐵計（汁）千回頂上澆。（同上《大目乾連冥間救母變文》）

問　介詞"問"産生于唐代，表示動作的方向，相當於"向"。如：

①爲問東州故人道，江淹已擬惠休書。（唐李益《送賈校書東歸寄振上人》詩）

②風雨荆州二月天，問人初雇峽中船。（唐竇群《自京將赴黔南》詩）

③儼對無霸陣，静問嚴陵灘。（唐皮日休《上真觀》詩）

④衮至左衛中郎，以桃符久從驅使，乃放從良。桃符家有黄犉，宰而獻之，因問衮乞姓。（唐張鷟《朝野僉載》卷三）

⑤問龍乞水歸洗眼，欲看細字銷殘年。（宋蘇軾《遊徑山》詩）

沿　本義是"緣水而下"，六朝虚化爲介詞，表示行爲動作經過之處，相當於"順着”。如：

①往視之,槎乃移去,沿流下數里,駐灣中。(晉干寶《搜神記》卷十一)

②言未畢,忽有一聲沿空而下,震動簷宇。(唐張讀《宣室志》卷三)

③沿崖宛轉到深處,何限青天無片雲。(唐韓愈《郴口又贈二首》詩)

④阿耶暫到遼陽,沿途覓些些宜利。(《敦煌變文集·舜子變》)

着(著) 介詞“着”本寫作“著”。有兩義。一是表示動作行爲産生的處所,相當於“於”、“在”。這一用法産生于魏晉,宋元以後逐漸消失。如：

①以綿纏女身,縛著馬上。(《三國志·魏志·吕布傳》裴松之注引《英雄記》)

②乃使元方將車,季方持杖後從,長文尚小,載著車中。(南朝宋劉義慶《世説新語·德行》)

③一個病著床,遥看手不觸。(唐王梵志《夫婦相對坐》詩)

④即捉劍斬昭王,作其百般,擲著江中。(《敦煌變文集·伍子胥變文》)

⑤作法書符一道,抛著盆中。(同上《葉净能詩》)

⑥“挂冠”,是有個文字上説,禹治水時冠挂著樹,急於治水。(《朱子語類》卷一三八)

以上例句中,“著”置於動詞之後,也有置於動詞之前者。如：

⑦飽吃更索錢,低頭著門出。(唐王梵志《道人頭幾雷》詩)

⑧是有相者,著街衢見端正之人,便言前境修來。(《敦煌變文集·廬山遠公話》)

⑨言“反身而誠,樂莫大焉”,那是著人上説。(《二程遺書》卷二上)

例⑦“著”相當於“從”,例⑧“著”相當於“在”,例⑨“著”相當於“從”或“就”。總的説,“著”字置於動詞前的例子較少見。

二是表示動作所用的工具。相當於“以”、“用”。如:

⑩莫憂世事兼身事,須着人間比夢間。(唐韓愈《遣興》詩)

⑪傳語李君勞寄馬,病來唯著杖扶身。(唐白居易《還李十一馬》詩)

⑫頻着金鞭打龍角,爲嗔西去上天遲。(唐曹唐《小遊仙九十八首》詩之八五)

⑬翁叱曰:“著棒打!”僕從舉梃亂擊。(宋洪邁《夷堅丁志》卷一《南豐知縣》)

(3)表工具的介詞　有“把、捉”等。

把　介詞“把”萌芽于秦代,廣泛應用於公元7世紀左右。由動詞虚化而來,有兩種用法。一是表示工具、材料或方法,相當於“用”。如:

①更把浮雲喻生滅,世間無事不虚空。(唐顧況《贈僧二首》詩)

②生來不讀半行書,只把黄金買身貴。(唐李賀《嘲少年》詩)

③空門此去幾多地,欲把殘花問上人。(唐白居易《感芍藥花寄正一上人》詩)

④欲把西湖比西子,淡妝濃抹總相宜。(宋蘇軾《飲湖上初晴後雨》詩)

二是把動詞的賓語提到前面,表示處置。這種用法秦漢偶有例證[①],到唐代已有相當發展,《全唐詩》中用於工具語的有70餘處,用於處置式的有120餘處。宋代更爲普遍。如:

⑤應是天仙狂舞,亂把白雲揉碎。(唐李白《清平樂》詞)

---

① 參看吉仕梅《〈睡虎地秦墓竹簡〉語料的利用與漢語詞滙語法之研究》,載四川大學漢語史研究所《漢語史研究集刊》第一輯,129—130頁。

⑥明年此會知誰健,醉把茱萸子細看。(唐杜甫《九日藍田崔氏莊》詩)

⑦勸少年,把家緣棄了,海上來遊。(宋吕岩《沁園春》詞)

⑧安期何事出雲煙,爲把仙方與世傳。(宋沈傳師《贈毛仙翁》詩)

捉 中古"捉"由動詞"持拿"義虚化爲介詞,有兩種用法。一是引進動作行爲所用的工具,相當於"以"、"用"。如:

①伊便能捉杖打人,不易。(南朝宋劉義慶《世説新語·方正》)

②天地捉秤量,鬼神用斗斛。(唐王梵志《生時不須歌》詩)

③即捉箭斬昭王,作其百段,擲着江中。(《敦煌變文集·伍子胥變文》)

④其妻依夫語,捉被覆之而去。(同上晉干寶《搜神記》)

二是表示處置,相當於"把"、"將"。如:

⑤漫將仇自縛,浪捉寸心懸。(唐王梵志《凡夫真可念》詩)

⑥向吾宅裏坐,却捉主人欺。(《敦煌變文集·燕子賦》)

⑦當嫁單于,誰望喜樂,良由畫匠,捉妾陵持。(同上《王昭君變》)

⑧布金買園無辭彈(憚),外道捉我苦刑持。(同上《降魔變文》)

⑨只把自家心下先頓放在這裏,却捉聖賢説話壓在裏面。(《朱子語類》卷一二〇)

動詞"把"、"將"、"捉"都有"持"、"拿"的意思,虚化爲介詞,都有表示工具或表示處置的作用,不過"把"和"將"的介詞用法得到了廣泛的發展,而"捉"只在中古口語中一度出現,除了個别方言(如安慶),元明以後便消失了。

(4)表依據的介詞 有"據、憑、憑依、憑仗"等。

據 漢代開始由動詞"依靠"義虚化爲介詞,表示動作行爲的依據,可譯爲"據"或"按照"。《漢書·孔光傳》:"上有所問,據經法以心所安而對,不希苟合。"魏晉以後,廣泛應用。如:

①龔調據法律明之,以爲男、吉犯罪,皇太子不當坐。(《後漢書·來歷傳》)

②後之作者,據事跡實録,則善惡自見。(唐韓愈《答劉秀才論史書》)

③今欲據法科刑,實却不敢咋呀。(《敦煌變文集·燕子賦》)

④師云:"汝若實如此,據汝見處道將來。"(五代静、筠《祖堂集》卷七)

⑤據某看來,自古皆是百畝,不解得恁。(《朱子語類》卷九十)

"據"的介詞用法直到現代仍然普遍使用。

憑、憑依、憑仗　上古"凴"是動詞,"靠着"的意思。《書·顧命》:"相被冕服,凴玉几。"漢代開始虚化爲介詞,表示憑藉,依據,又有複音詞"凴依"、"凴仗"。如:

①憑險作守,兵食兼資。(《南史·梁武帝紀上》)

②家本清河住五城,全憑弓箭得功名。(唐令狐楚《少年行》詩四首之一)

③洗杓開新醞,低頭著小冠。憑誰給麯櫱,細酌老江干。(唐杜甫《歸來》詩)

④有闕君臣,社稷憑何安立?(《敦煌變文集·降魔變文》)

⑤憑誰問,廉頗老矣,尚能飯否?(宋辛棄疾《永遇樂·京口北固亭懷古》詞)

⑥憑依婚媾欺官吏,不信令行能禁止。(唐韓愈《寄盧仝》詩)

⑦溪光自古無人畫,憑仗新詩與寫成。(宋蘇軾《溪光亭》詩)

(5)表動作對象或相關人物的介詞　有"共、同、似、替"等。

共　上古"共"已有副詞的用法,是"共同"、"一起"的意思。如:

①皆集會五經家,相與共講習讀之。(《史記·樂書》)

②父老乃帥子弟共殺沛令。(《漢書·高帝紀》)

六朝以後,引申出介詞的用法,引進共同行動的人物(例①②③)、動作行爲的

對象(例④⑤)或比較的對象(例⑥⑦)。可譯爲“和”、“跟”、“對”。如:

①榮即共穆結異姓兄弟,穆年大,榮兄事之。(北魏楊衒之《洛陽伽藍記》卷一)

②昔有一人,夜語兒言:“明當共汝,至彼聚落,有所索取。”(南朝齊求那毗地譯《百喻經·與兒期早行喻》)

③春風自共何人笑,枉破陽城十萬家。(唐李商隱《無題》詩)

④每當至講時,輒竊聽户壁間;既知不能踰己,稍共諸生敘其長短。(南朝宋劉義慶《世説新語·文學》)

⑤共他説話,耳又不聞,口復瘂。(宋釋道原《景德傳燈録》卷十八)

⑥脱却面頭皮,還共人相似。(唐王梵志《天下惡官職》詩)

⑦雀兒是課户,豈共外人同。(《敦煌變文集·燕子賦》)

同 由動詞“共同”義虚化爲介詞,引進共同行動的人物(例①②③)或比較的對象(例④⑤),相當於“和”、“跟”。如:

①敬兒問曰:“邊公何爲同人作賊,不早來?”(《南史·沈慶之傳》)

②柳條此日同誰折,桂樹明年爲爾春。(唐方干《送弟子武秀才赴舉》詩)

③梅熟許同朱老喫,松高擬對阮生論。(唐杜甫《絶句》詩四首之一)

④只在三千世界,還同池沼一般。(《敦煌變文集·妙法蓮華經講經文》)

⑤〔菩薩〕每觀於我輩,恰同病患之無殊。(同上《維摩詰經講經文》)

似 介詞“似”産生于唐代,有兩種用法。一是放在動詞後面,表示動作影響所及的對象。相當於“與”、“向”、“以”。如:

①今朝别有承恩處,鸚鵡飛來説似人。(唐羅鄴《宫中》詩)

②十年磨一劍,霜刃未曾試,今日把似君,誰爲不平事。(唐賈島《劍客》詩)

③指似傍人因慟哭,却出宫門淚相續。(唐元稹《連昌宫詞》)

④其僧却歸雪峰,舉似前話。(五代静、筠《祖堂集》卷七)

二是表示比較,相當於"於"、"過"、"與"。如:

⑤逆旅主人相問,今回老似前回。(宋劉克莊《風入松》詞)

⑥試着春衫羞自看,窄似年時一半。(宋趙長卿《清平樂》詞)

⑦其形貌體氣,一似本帥所現體色同。(唐日圓仁《入唐求法巡禮記》卷三)

⑧每日在長連床上,恰似漆村裹土地相似。(五代静、筠《祖堂集》卷七)

替　表示行爲對象或有關人物。相當於"爲(wèi)"、"給"。如:

①阿爺無大兒,木蘭無長兄,願爲市鞍馬,從此替爺征。(《樂府詩集·木蘭詩》)

②爲他作保見,替他説道理。(唐拾得《詩》之十三)

③蠟燭有心還惜别,替人垂淚到天明。(唐杜牧《贈别二首》詩)

(6)表示範圍的介詞　有"並、併、除、和、連、兼"等。

並、併　表示動作行爲所包括對象,相當於"連"。與上古表示"傍着"義的介詞"並"不同。如:

①子尚鄭國之臣,並父同時殺訖。(《敦煌變文集·伍子胥變文》)

②懾㪺登時消化了,並骨咀嚼盡消亡。(同上《降魔變文》)

③人若看它本説未分明,併連所引失之。(《朱子語類》卷十九)

除　介詞"除"產生於六朝,表示動作所及的對象中應當排除的人或事物。常和"外"連用成"除……(以)外";到唐宋又有"除却"、"除了"等複音形式。如:

①一切但依此法,除蟲災外,小小旱不至全損。(北魏賈思勰《齊民要術·雜說》)

②昔兩漢以郡國治人,除郡以外,分立諸子,割土分疆,雜用周制。(唐吴兢《貞觀政要·教戒太子諸王》)

③親中除父母,兄弟更無過。(唐王梵志《親中除父母》詩)

④曾經滄海難爲水,除却巫山不是雲。(唐元稹《離思》詩五首之四)

⑤行二千三百餘里,除却歇日,正在路行得三十日也。(唐日圓仁《入唐求法巡禮記》卷三)

⑥除了身只是理,便説合天人。(《河南程氏遺書》卷二)

⑦此事除了孔孟,猶是佛老見得些形象。(《朱子全書》卷十六)

和 介詞"和"產生於唐朝,由動詞"連帶"義虛化而來。表示包括或强調動作所關涉的事物,相當於"連"。如:

①枕上酒容和睡醒,樓前海月伴潮生。(唐白居易《飲後夜醒》詩)

②紫芽嫩茗和枝采,朱橘香苞數瓣分。(唐元稹《貶江陵途中寄樂天》詩)

③凡所宿燕會處,悉領之。所食物餘者,便和碗與犬食。(《太平廣記》卷四三七引《集異記》)

④看人左右和身轉,舉步何曾會禮儀。(《敦煌變文集·醜女緣起》)

⑤夢魂縱有也成虛,那堪和夢無。(宋晏幾道《阮郎歸》詞)

連 介詞"連"產生於六朝,表示包括或强調動作行爲所關涉的事物。如:

①嘗發所在竹篙,有一官長連根取之,仍當足,乃超兩階用之。(南朝宋劉義慶《世説新語·政事》)

②横遭狂風吹,總即連根倒。(唐王梵志《虛霑一百年》詩之二)

③若數西山得道者,連予便是十三人。(唐施肩吾《西山静中吟》詩)

④一茶時久便洗去面,垢隨面去,久住則連肉爛了。(宋蘇軾《物類相感志》)

⑤今人連寫也自厭煩了。(《朱子語類》卷十)

介詞"連"與"和"同義,都表示包括和强調動作所關涉的對象。元明以後,"和"的這一用法逐漸消失,而"連"得到了普遍的應用。

兼　上古有連詞的用法,中古又有用爲介詞者,表示包括或强調動作行爲所涉及的事物。如:

①語由(猶)未了,被神人以手指却一匝,官人例總瞌睡,兼房闢鎖並開。(《敦煌變文集·太子成道變文》)

②其烏乃先啅眼睛,後嚵四曁,兩回動嘴,兼骨不殘。(同上《降魔變文》)

例①"兼房闢鎖並開",連房子的門閂和鎖都開了;例②"兼骨不殘",連骨頭也不剩下。不過介詞"兼"没有廣泛流傳下來。

此外還有表示處置的介詞"把"和"捉",例已見前,此不贅。

2. 一些舊介詞的用法擴大和結合性加强

先談介詞用法的擴大。上古産生的一些介詞,到了中古,用法有所擴大。下面舉幾個例子:

比　介詞"比"上古有表示時間和表示關係兩種意義。如:

①王之臣,有托其妻子于其友而之楚遊者,比其反也,則凍餒其妻子。(《孟子·梁惠王下》)

②寡人恥之,願比死者一洒之,如之何則可。(同上《梁惠王上》)

例①"比"表示到達的時間,相當於"及"、"等到"。例②"比"表示動作所涉及的對象,相當於"爲"、"替"。到了中古,"比"又常和它的賓語一起用於比較性狀和程度的差别,相當於"和……相比"。如:

③始知龍馬别有種,不比俗馬空多肉。(唐杜甫《李鄠縣丈人胡馬行》詩)

④今雖死乎此,比吾鄉鄰之死則已後矣。(唐柳宗元《捕蛇者説》)

⑤縉雲詎比長沙遠,出牧猶承明主恩。(唐劉長卿《錢王相公出牧括州》詩)

⑥莫道不銷魂,簾卷西風,人比黄花瘦。(宋李清照《醉花陰》詞)

⑦范純夫《語解》比諸公説理最平淺,但自有舒寬氣象,最好。(《朱子語類》卷一一四)

將 上古"將"已是介詞。一是表示動作、工具,方式或手段。如:

①故非有一人之道也,直將巧繁拜請而畏事之。(《荀子·富國》)《韓詩外傳》卷一作"特以巧敏拜請畏事之。"

②蘇秦始將連横説秦惠王。(《戰國策·秦策一》)

這一用法中古以後得到了更廣泛的應用。如:

③曾將一笑君前去,誤殺幾多回顧人。(唐長孫佐輔《傷故人歌妓》詩)

④欲往蓬萊山,將此充糧食。(唐寒山《詩三百三首》之三八)

⑤强將笑語供主人,悲見生涯百憂集。(唐杜甫《百憂集行》詩)

⑥將金一埒贈與凡有上表及訟世者。(唐韓偓《開河記》)

又用於表示處置,把賓語提到動詞前面。如:

⑦還將兩(一作"數")行淚,遥寄海西頭。(唐孟浩然《宿桐廬江寄廣陵舊遊》詩)

⑧已用當時法,誰將此義陳?(唐杜甫《寄李十二白二十韻》詩)

⑨見酒須相憶,將詩莫浪傳。(唐杜甫《泛江送魏十八倉曹還京……》詩)

⑩而今且將諸説録出來。(《朱子語類》卷六四)

又用於表示動作所涉及的人物，相當於"同"、"與"、"和"、跟"。如：

⑪支道林在白馬寺中，將馮太常共語。（南朝宋劉義慶《世説新語·文學》）

⑫遂將三五少年輩，登高遠望形神開。（唐李白《魯郡堯祠送竇明府》詩）

⑬酒貌昔將花共豔，鬢毛今與草爭新。（唐盧綸《洛陽早春憶吉中孚校書司空曙主簿因寄清江上人》詩）

⑭静將鶴爲伴，閑與雲相似。（唐白居易《和裴侍中南園静興見示》詩）

⑮壯將歡共去，老與悲相逐。（唐司空曙《早春遊望》詩）

向 介詞"向"又寫作"鄉"或"嚮"，上古已經産生，表示方向或時間。如：

①秦伯素服郊次，鄉師而哭曰："孤違蹇叔以辱二三子，孤之罪也。"（《左傳·僖公三十二年》）

②夫水，嚮冬則凝爲冰。（《淮南子·俶真》）

例①"鄉"表示動作的方向，例②"嚮"表示動作的時間，相當於"至"。中古"向"的這兩種用法依然存在。如：

③日從海旁没，水向天邊流。（唐李白《贈崔郎中宗之》詩）

④向晚尋征路，殘雲傍馬飛。（唐杜甫《重題鄭氏東亭》詩）

⑤向今五年，恩慈間阻，覆載之下，胡顔獨存也。（唐陳玄祐《離魂記》）

⑥更無柳絮因風起，惟有葵花向日傾。（宋司馬光《客中初夏》詩）

與此同時，介詞"向"又産生多種用法：一是表示動作行爲的處所。相當於"在"。如：

①三閭有何罪，不向枕上死。（唐曹鄴《放歌行》詩）

②見一女子，向水側浣衣。（唐張鷟《遊仙窟》）

③始知鎖向金籠聽，不及林間自在啼。（宋歐陽修《畫眉鳥》詩）

④已矣可奈何，凍死向孤村。（宋陸游《風雲晝晦夜遂大雪》詩）

二是表示對象，相當於“對”、“與”。如：

⑤後有人向庾〔子嵩〕道此，庾曰：“可謂以小人之慮，度君子之心。”（南朝宋劉義慶《世説新語·雅量》）

⑥塡塡滿心氣，不得説向人。（唐元稹《感夢》詩）

⑦子胥心口思惟：“此人向我道家中取食，不多喚人來捉我已否？”（《敦煌變文集·伍子胥變文》）

⑧憑君説向髯將軍，衰病相逢應不識。（宋蘇軾《台頭寺雨中送李邦直起史館》詩）

三是放在方位詞“前、後、上、下”等之前，表示時間界限，相當於“以”。如：

⑨向前不信别離苦，而今自到别離處。（唐張安石《苦别》詩）

⑩案頭曆日雖未盡，向後惟殘六七行。（唐白居易《十二月二十三日》詩）

⑪但賤奴能知人家已前三百年富，又知人家向後二百年貧。（《敦煌變文集·廬山遠公話》）

⑫未酬管樂平生志，且作羲皇向上人。（宋朱熹《次秀野韻》詩）

現代漢語裏，“向”一般已不作“在”或“以”講了。

現在談談介詞結合性加强的問題。介詞在應用中往往與别的詞結合成固定的形式，以表示時間、位置、範圍、因果等關係。這種結合的形式上古開始産生。如：

①自有生民以來，未有能濟者也。（《孟子·公孫丑上》）

②由孔子而來，至於今百有餘歲。（《孟子·盡心下》）

③先生之壽,從今以往者四十三歲。(《史記·范雎蔡澤列傳》)

④自關以東,莫不延頸願交焉。(同上《遊俠列傳》)

⑤乃欲以一笑之故殺吾美人,不亦甚乎?(同上《平原君列傳》)

魏晉以後,這種結合的形式大大豐富起來了。表示時間的,如:

①故自中興以後,綜成其事,述爲《列女篇》。(《後漢書·列女傳序》)

②自今以往,勿復相思。(《樂府詩集·有所思》)

③自嵇生夭、阮公亡以來,便爲時所羈絏。(南朝宋劉義慶《世説新語·傷逝》)

④蕭祖周不知便可作三公不,自此以還,無所不堪。(同上《賞譽》)

⑤但使自今已後,日亡日去耳。(同上《規箴》)

⑥自昔諸人没已來,常恐微言將絶。(同上《賞譽》)

⑦自天寶以還,山東士人皆改葬兩京,利於便近。(唐白居易《唐故虢州刺史贈禮部尚書崔公墓誌銘並序》)

⑧自此後,吴兒更不敢解語。(北魏楊衒之《洛陽伽藍記》卷二)

⑨於其死後,分作二分。(南朝齊求那毗地譯《百喻經·二子分財喻》)

⑩其秋胡妻,自夫遊學已後,經歷六年,書信不通。(《敦煌變文集·秋胡變文》)

⑪西漢自王褒以下,文字專事詞藻,不復簡古。(宋陳鵠《耆舊續聞》卷二)

⑫自喪亂以來,十有餘載,編户凋亡,萬不遺一。(《陳書·世祖紀》)

⑬從今已後,更不復作苦。(《敦煌變文集·廬山遠公話》)

有表示位置或範圍的,如:

⑭江水自此已上至微弱,所謂發源濫觴者也。(北魏酈道元《水經注·江水一》)

⑮自葱嶺已前,草木果實皆異,唯竹及安石留、甘蔗三物,與漢地同耳。

(晉法顯《法顯傳·竭叉國》)

⑯自是以外,非奴所知。(南朝齊求那毗地譯《百喻經·奴守門喻》)

⑰自葱嶺以西,至於大秦,百國千城,莫不歡附。(北魏楊衒之《洛陽伽藍記》卷三)

有表示原因的,如:

⑱如彼愚人,以鹽美故,而空食之,致令口爽。(南朝齊求那毗地譯《百喻經·愚人食鹽喻》)

⑲猶如佛之,四輩弟子,爲利養故,自稱得道。(同上《婆羅門雜子喻》)

⑳世間之事,五欲之樂,由是之故,失共功德之火,持戒之水。(同上《失火喻》)

㉑以是之故,唾欲出口,舉脚先踏。(同上《踏長者口喻》)

㉒自《外篇》以去,則取篇首二字爲其題目,《駢拇》《馬蹄》之類是也。(唐成玄英《莊子序》)

在以上例句裏,介詞"自"、"於"、"以"、"爲"、"由"同後面的"以往"、"後"、"已後"、"以下"、"以來"、"已上"、"以前"、"以外"、"以西"、"故"等結合,前後照應,構成一個緊密的介詞結構做狀語用,不僅可以把動作發生的時間、地點、原因表現得更加清楚,而且增加了句子結構的嚴密性。

二、中古漢語連詞的發展

從魏晉到唐宋,漢語裏産生了不少新連詞。一些舊連詞從口語中消失了。下面談談中古産生的新連詞及其應用的情況。

1. 並列連詞

中古新産生的並列連詞有"共"、"和"、"將"等。

共 "共"兼有介詞和連詞兩種用法,産生於六朝。連詞"共"連接兩個名詞或體詞性詞組。如:

①譬如五人，共買一婢，其中一人，語此婢言："與我浣衣。"次有一人，復語浣衣。婢語次者："先與其浣。"後者恚曰："我共前人，同買於汝，云何獨爾？"（南朝齊求那毗地譯《百喻經·五人買婢共使作喻》）

②落花與芝蓋同飛，楊柳共春旗一色。（北周庾信《華林園馬射賦》）

③每常心共口敵，性與情競。（《顏氏家訓·序致》）

④落霞與孤鶩齊飛，秋水共長天一色。（唐王勃《滕王閣序》）

⑤鶯將吉了語，猿共猓然啼。（唐殷光藩《醉贈劉十二》詩）

⑥大王共夫人發願已訖，回鑾駕却入宫中。（《敦煌變文集·太子成道經》）

和　連接名詞，也連接動詞。產生于唐代。如：

①引水忽驚冰滿澗，向田空見石和雲。（唐盧綸《早春歸盩厔舊居却寄耿拾遺湋李校書端》詩）

②煙和魂共遠，春與人同老。（唐韓偓《幽獨》詩）

③野草凡不凡，亦應生和出。（唐蘇拯《凡草誡》）

④雀兒和燕子，合作開元歌。（敦煌寫卷《燕子賦》）

⑤念中相見，不托魚和雁。（宋黄庭堅《點絳唇》詞）

⑥三十功名塵與土，八千里路雲和月。（宋岳飛《滿江紅》詞）

⑦多少恨，今猶昨，愁和悶，都忘却。（宋張先《天仙子》詞）

將　始見於唐代，連接兩個名詞或體詞性詞組。如：

①倘遇鸞將鶴，誰論貂與蟬？（唐盧照鄰《春時慨然思江湖》詩）

②經山復歷水，百恨將千慮。（唐李頎《臨別送張諲入蜀》詩）

③月既不解飲，影徒隨我身；暫伴月將影，行樂須及春。（唐李白《月下獨酌》詩）

④千岩將萬壑，無處不相隨。（唐白居易《山中問月》詩）

⑤欲識秦將漢，嘗聞王與裴。（唐盧象《送綦毋潛》詩）

2. 承接連詞

便、乃、即 上古都是副詞，魏晉以後逐漸用作連詞，在複句裏起承接的作用。由它們作詞素構成的複合詞"便即"、"便遂"、"便乃"、"即乃"、"遂即"也表示承接。如：

①齊文宣帝即位數年，便沈湎縱恣，略無綱紀。（北齊顏之推《顏氏家訓·慕賢》）

②鄭王歡喜，乃索酒食如山。（《敦煌變文集·伍子胥變文》）

③其新婦聞婆此語，不覺痛切於心，便即泣淚，向前啓言阿婆。（同上《秋胡變文》）

④便遂乃揭却一幕，提得知更官健，横馳豎拽，到王陵面前。（同上《漢將王陵變》）

⑤受口敕之次，便乃决鞭走過。（同上）

⑥仆射聞吐渾王反亂，即乃點兵。（同上《張義潮變文》）

⑦子胥聞船人此語，知無惡意，遂即出於蘆中。（同上《伍子胥變文》）

到了唐宋，又出現了"一……便……"、"才……便……"等連詞連用的形式。

①手執金杵火沖天，一擬邪山便粉碎。（《敦煌變文集·降魔變文》）

②不做則已，一做便不徒然。（《陸象山語録》四七）

③而今人看文字，敏底一揭開板便曉，但於意味却不曾得。（《朱子語類》卷八十）

④才見有"漢之廣矣"之句，便以爲德廣所及。（同上）

3. 選擇連詞

中古産生的選擇連詞，主要有以下幾個：

爲、爲當、爲復、爲是　這幾個選擇連詞可以單用於前一分句或後一分句，也可以兩句或幾句都用。如：

①亭長爲從汝求乎？爲汝有事囑之而求乎？（《後漢書·卓茂傳》）

②豈薪槱之道未弘，爲網羅之目尚簡？（南朝齊王融《永明十一年策秀才文》）

③卿爲欲朕和親？爲欲不和？（《南齊書·宗室傳》）

④但遷徙之日，爲支使人？爲當使鬼？（南朝梁武帝《答陶弘景書》）

⑤爲當命化零落？爲當身化黄泉，命從身化？爲當逐樂不歸？（《敦煌變文集·秋胡變文》）

⑥聞一年少懷問鼎，不知桓公德衰，爲復後生可畏？（南朝宋劉義慶《世説新語·排調》）

⑦爲復是鄰里相爭？爲復天行時氣？（《敦煌變文集·舜子變》）

⑧汝何以都不復進？爲是塵務經心，天分有限？（南朝宋劉義慶《世説新語·賢媛》）

⑨未知風乘我，爲是我乘風？（唐吴筠《沖虚真人》詩）

⑩爲是上界天帝釋？爲是梵衆四天王？（《敦煌變文集·頻婆娑羅王后宫綵女功德意供養塔生天因緣變》）

還(huán)、是、還是　"還"用作選擇連詞始于唐代，"還是"始于宋代。可用於前一分句，也可用於後一分句，也可以前後兩個分句都用。如：

①古人還扶入門？不扶入門？（五代静、筠《祖堂集》卷一一）

②諸方老僧還説這個？不説這個？（同上卷五）

③秀才唯獨一身，還别有眷屬不？（同上卷四）

④嘗有一僧云：好捉倒剥去衣服，尋看他禪，是在左脅下？是在右脅下？（《朱子語類》卷一二四）

⑤祭祀之理，還是有其誠則有神，無其誠則無其神？（《朱子語類》卷三）

⑥不知是心要得如此，還是自然發見氣象？（同上卷三五）

⑦還是虛空之氣自應吾之誠，還是氣只是吾身之氣？（同上卷二五）

⑧且如人而今做事，還是做目前事，還是做後面事？（同上卷二十九）

元明以後，“還”單用作選擇連詞的逐漸消失，“還是”則廣泛使用，直到現代漢語。

4. 遞進連詞

上古流傳下來的“並”、“且”、“況”，“而況”、“非但”、“非獨”、“非惟”、“且夫”、“何況”等繼續使用。如：

①輒爲辦百萬資，並爲造立居宇。（南朝宋劉義慶《世説新語·棲逸》）

②氣爲物母，自無名而有名，且居高而濟下，諒無迹而能行。（唐張賈《天道運行成歲賦》）

③竹柏皆凍死，況彼無衣民。（唐白居易《村居苦寒》詩）

④一來勤已多，而況欲久留。（宋歐陽修《懷嵩樓晚飲》詩）

⑤汝非但辛勤，亦危險至極。（《北史·魏彭城王勰傳》）

⑥聖朝敦爾類，非獨路人哀。（唐李商隱《過姚孝子廬偶書》詩）

⑦非惟福利千千億，兼使災消萬萬垓。（《敦煌變文集·妙法蓮華經講經文》）

⑧且夫天地之間，物各有主，苟非吾之所有，雖一毫而莫取。（宋蘇軾《前赤壁賦》）

⑨慎不可與爲鄰，何況結交乎？（北齊顔之推《顔氏家訓·勉學》）

⑩昔楚葉公好龍，神龍下之，好僞徹天，何況於真？（《三國志·蜀書·秦宓傳》）

與此同時中古產生了十來個新的遞進連詞。它們是：

加 進一步説明原因和條件，相當於“而且”、“況且”。楊樹達《詞詮》卷四：“加，連詞，今言‘加以’。”如：

①田野空，朝廷空，倉庫空，是謂三空。加兵戎未戢，四方離散，是陛下焦心毀顏，坐以待旦之時也。（《後漢書・陳蕃傳》）

②此公既有宿名，加先達知稱，又與先人至交，不宜説之。（南朝宋劉義慶《世説新語・德行》）

③吾自發寒雨，全行日少，加秋潦浩汗，山溪猥至。（南朝宋鮑照《登大雷岸與妹書》）

④敷性謙恭，加有文學，高宗寵遇之。（《魏書・李順傳》）

⑤吾幼承門業，加性愛重，所見法書亦多。（北齊顔之推《顔氏家訓・雜藝》）

況復、況乃、況當、況且　表示更進一層，"況復"、"況乃"、"況當"放在後一表示反問的分句句首。"況且"用於肯定句句首。如：

①蜘蛛作羅，蜂之作窠，其巧亦妙矣，況復人乎？（唐馬總《意林・傅子》）

②已難消永夜，況復聽秋霖？（唐鄭穀《通川客舍》詩）

③得書喜猶甚，況復見君時。（唐劉駕《寄遠》詩）

④以罪犯人，必加誅罰，況乃犯天，得無咎乎？（《後漢書・王苻傳》）

⑤寄書長不達，況乃未休兵？（唐杜甫《月夜憶舍弟》詩）

⑥夜雲不見天，況乃星與月？（宋王安石《酬沖卿月晦夜有感》詩）

⑦十萬軍由（猶）不怕死，況當陵有五千〔人〕。（《敦煌變文集・李陵變文》）

⑧況當時景已深秋，刮地蟬聲出晚林。（同上《維摩詰經講經文》）

⑨況且道士美貌清暢，情傷（腸）寬閑。（同上《葉净能詩》）

以上四個連詞，"況當"比較少見，"況且"也是到近代纔普遍發展起來。

不但、不徒、不唯　放在複句的前一分句句首，提出某種事例作爲襯托，後一分句表示意思更進一層，通常並用"也"、"亦"等詞作爲呼應。其中"不唯"已見於上古。如：

①不但自失其利，復使餘人失其道業。（南朝齊求那毗地譯《百喻經·爲惡賊所劫失氎喻》）

②不但今夜斫營去，前頭風火亦須湯。（《敦煌變文集·漢將王陵變》）

③諸蒙寵禄受重任者，不徒欲舉明主于唐虞之上，而已身亦欲厠稷契之列。（《三國志·魏書·杜畿傳》）

④卿珪璋特達，機警有鋒，不徒東南之美，實爲海内之俊。（《晉書·顧和傳》）

⑤滂之大進，不唯於文詞，爲人亦然。（唐韓愈《韓滂墓誌銘》）

⑥不唯能長河沙福，亦得無邊罪障消。（《敦煌變文集·妙法蓮華經講經文》）

非但[①]**、非論**　放在複句的前一分句句首，後一分句常有副詞與之相呼應。如：

①非但喪子千歲之質，亦當深誤老表。（晉干寶《搜神記》卷十八）

②非但我言不可，李東陽亦言不可。（南朝宋劉義慶《世説新語·文學》）

③非但騎虎頭，亦解把虎尾。（宋普濟《五燈會元》卷一一）

④非論疾惡志如霜，更覺臨泉心似鐵。（唐李渤《喜弟淑再至爲長歌》詩）

⑤天下周遊，非論蜀川境，諸州府不敢輒行法令。（《敦煌變文集·葉净能詩》）

⑥非論菩薩似恒沙，閃光親觀諸佛面。（同上《維摩詰經講經文》）蔣禮鴻注："非論，不但。"

尚且、尚猶、尚自　放在複句的前一分句主語之後，提出某種事例作爲襯托，下

① "非但"已見於战國，如《战國策·魏策三》："此非但攻梁也，且劫王以多割也。"荀悦《漢紀·哀帝紀下》："此下情所以不上通，非但君臣，而凡言百姓亦如之。"

文常用“況”、“何況”等詞相呼應，表示意思更進一層。如：

①君侯懷管樂之才，當衛霍之任……尚且屈公侯之尊，伸管庫之士，若下仆者，天地無一用芻狗耳。（唐駱賓王《與程將軍書》）

②大地山河尚猶朽壞，況乎泡電之質，那得久停？（《敦煌變文集·不知名變文》）

③一身尚自有餘，何要你許多天女。（同上《維摩詰經講經文》）

④此個老人前後聽法來一年，尚自不會《涅槃經》中之義理，何況卒悟衆生，聞者如何得會？（同上《廬山遠公話》）

⑤師云：“吾説法尚自不聞，豈況於無情説法乎？”（五代静、筠《祖堂集》卷五）

不論、無論　放在複句的前一分句句首，後一分句表示意思更進一層。如：

①不論崔李上青雲，明日舒三亦抛我。（唐白居易《履信池櫻桃島上醉後走筆送别舒員外》詩）

②夭夭花裏千家住，總爲當時隱暴秦，歸去不論無相識，子孫今亦是他人。（唐施肩吾《桃源詞》詩）

③不論世外隱君子，傭奴販婦皆冰玉。（宋蘇軾《書林逋詩後》詩）

④不論君自感，聞者欲沾襟。（唐白居易《和元九悼往》詩）

⑤無論人訝似，蜂見也争來。（南朝梁孝威《剪綵記》）

⑥無論官位皆相似，及至年高亦共同。（唐盧真《七老會》詩）

宋元以後，上述新的遞進連詞用得更爲普遍，直到現代漢語。

5. 轉折連詞

中古産生的轉折連詞有“却”、“但”、“還”、“只是”等。

却（卻）　本是動詞，六朝時逐漸變爲副詞，有“反”、“倒”的意思，用在語氣轉折的句子裏。如：

①人攀明月不可得，月行却與人相隨。（唐李白《把酒問月》詩）

②漢兒盡作胡兒語，却向城頭駡漢人。（唐司空圖《河湟有感》詩）

例②中的"却"放在第二個分句句首，很像轉折連詞了。到宋代，正式變成了轉折連詞。如：

③作《太玄》不要明《易》，卻尤晦于《易》，其實無益。（《二程語録》卷十二）

④是他春帶愁來，春歸何處，却不解帶將愁去。（宋辛棄疾《祝英台近・春晚》詞）

⑤今人不以《詩》説《詩》，却以《序》解《詩》。（《朱子語類》卷八十）

"却"所連接的兩個分句轉折語氣較輕，不像"然"所連接的兩個分句意思完全相反。

但 上古本是副詞，與"徒"、"特"是一個意思，往往用於句首。如：

①天子所以貴者，但以聞聲。（《史記・李斯列傳》）

②公幹有逸氣，但未遒耳。（三國魏曹丕《與吴質書》）

六朝以後，"但"逐漸虚化成了表轉折的連詞，與現代漢語裏的"不過"相似，表示有一定的保留，並不表示兩件事情完全相反。如：

③竇氏大恨，但安、隗素行高，亦未有以害之。（《後漢書・袁安傳》）

④至太康中猶在，但不日日往來。（晉干寶《搜神記》卷一）

⑤既召見而惜之，但名字已去，不欲中改，於是遂行。（南朝宋劉義慶《世説新語・賢媛》）

⑥齋時法用略同昨日，但行齋時道場供養音聲，表歎師不唱"一切恭敬"等。（唐日圓仁《入唐求法巡行禮記》卷二）

⑦錢物則不較，但借路事恐難從。（《三朝北盟會編・茅齋自敘》）

⑧也有些不穩當，但先儒相傳如此説，也只得恁地就他説。（《朱子語類》

卷八一）

還(hái)　由動詞“返回”、“反轉”虛化爲轉折連詞，相當於“却”、“反而”。始見於東漢，如《論衡・定賢》：“戰國獲其功，稱爲名將；世平能無所施，還入禍門矣。”中古應用較爲廣泛。如：

①令臣骨肉兄弟，還爲仇敵。（《後漢書・袁紹傳》）

②不得人間書，還爲身後名。（唐白居易《哭皇甫七郎中》詩）

③東邊日出西邊雨，道是無情還（一作“却”）有情。（唐劉禹錫《竹枝詞》詩）

④廚非寒食還無火，菊待重陽擬泛茶。（五代閩徐夤《輦下贈屯田何員外》詩）

只是　“只”單用是範圍副詞，表示單獨，“只是”組合成複音詞，變爲轉折連詞，表示某種保留。如：

①來往報答甚分明，只是換頭不識面。（唐王梵志《欺枉得錢君莫羨》詩）

②軒窗簾幕皆依舊，只是堂前欠一人。（唐白居易《重到毓村宅有感》詩）

③夕陽無限好，只是近黄昏。（唐李商隱《樂遊原》詩）

④雕闌玉砌應猶在，只是朱顏改。（南唐李煜《虞美人》詞）

⑤院院皆行，是事皆有，只是小（少）水，無處投尋。（《敦煌變文集・爐山遠公話》）

⑥衾餘枕賸儘相容，只是老人難再少。（宋黄庭堅《木蘭花令》詞）

“只是”所連接的兩個分句有輕微的轉折，不能完全代替“然”、“然而”的用法。

6. 因果連詞

上古漢語裏的因果連詞“因”、“由”、“故”等中古繼續普遍使用。魏晉以後又産生了“爲緣”、“所以”、“因此”、“因兹”、“緣兹”等複合的因果連詞。

緣、爲緣　因果連詞“緣”已見於漢代文獻，如班固《白虎通義・喪服》：“天子

崩,赴告諸侯者何? 緣臣子喪君,哀痛憤懣,無能不告語人者也。"中古應用甚多,"爲緣"産生于唐五代。如:

①雖欲率物,亦緣其性真素。(南朝宋劉義慶《世説新語·德行》)

②我緣一國帝王身,眷屬由來宿業因。(《敦煌變文集·醜女緣起》)

③不識廬山真面目,只緣身在此山中。(宋蘇軾《題西林壁》詩)

④爲緣不識阿羅漢,百般笑効苦芬葩(紛葩)。(《敦煌變文集·醜女緣起》)

⑤爲緣多生無姊妹,亦無知識及親房。家裏貧窮無錢物,所賣當身殯耶娘。(同上《董永變文》)

所以 上古漢語"所以"也常常連用。但最初一般只是詞組。"以"當"用"講時,"所以"是"……的東西、方法"的意思;"以"當"因"講時,"所以"是"……的原因"的意思。如:

①丑見王之敬子也,未見所以敬王也。(《孟子·公孫丑下》)

②吾知所以距子矣。(《墨子·公輸》)

③志意致修,德行致厚,智慮致明,是天子之所以取天下也。(《荀子·榮辱》)

④强秦之所以不敢加兵于趙者,徒以吾兩人在也。(《史記·廉頗藺相如列傳》)

例①"所以"表示"……的東西",例②表示"……的方法",例③④表示"……的原因"。

因果連詞"所以"産生于晉代。齊梁以後應用逐漸廣泛。它的特點是放在結果分句主語的前面而不是放在主語後面。如:

①人能守一,一亦守人,所以白刃無所措其鋭,百害無所容其凶,居敗能

成，在危獨安也。（晉葛洪《抱朴子·地真》）

②而辭人遺翰，莫見五言，所以李陵、班婕妤見疑于後代也。（南朝梁劉勰《文心雕龍·明詩》）

③校其長短，覈其精粗，或彼不能如此矣，所以魯人謂孔子爲東家丘。（北齊顔之推《顔氏家訓·慕賢》）

④《爾雅》末章又云："木族生爲灌。"族亦叢聚也。所以江南《詩》古本皆爲叢聚之叢。（同上《書證》）

⑤坐看清流沙，所以子奉使。（唐杜甫《送從弟亞赴安西判官》詩）

⑥家有大喪，貧甚，不辦葬禮。伏知相公推誠濟物，所以卜夜而來，幸相公無怪。（《太平廣記》卷二百七十五引唐柳珵《上清傳》）

⑦愚徒死戀色和財，所以神仙不肯召。（唐吕岩《敲爻歌》）

⑧前生爲謗辟支佛，所以形容面貌差。（《敦煌變文集·醜女緣起》）

⑨行至雪山南畔，被背亂回鶻劫奪國信，所以各自波逃，信脚而走，得至此間。（同上《張義潮變文》）

因此　本是一個介賓詞組，六朝時緊縮爲因果連詞，放在結果分句前面，表示因某種原因而産生某種結果。如：

①黄門令董萌因此數爲太后訴怨，帝深納之，供養資奉，有加於前。（《後漢書·皇后紀下·竇皇后》）

②聞江渚間估客船上有詠詩聲……乃是袁自詠所作《詠史》詩，因此相要，大相賞得。（南朝宋劉義慶《世説新語·文學》）

③往名勝許，輒與俱，不得汰，便停車不行，因此名遂重。（同上《賞譽》）

④彭城王重謂曰："卿明日顧我，爲卿設邾莒之食，亦有酪奴。"因此復號茗飲爲酪奴。（北魏楊衒之《洛陽伽藍記》卷三）

⑤珍事玄喻如師父，更不自專，珍之學問，因此得成。（《敦煌變文集·搜神記》）

因兹、緣兹 這兩個詞産生于唐代,用法和"因此"同,也都是從介詞結構緊縮成爲因果連詞。如:

①大王夫人喜歡矖(煞),因兹特地送資財。(《敦煌變文集·醜女緣起》)

②恐畏中途生進退,緣兹憂懼乃頻眉。(同上《降魔變文》)

7. 假設連詞

上古假設連詞多達45個,其中有些到中古不用了。與此同時,中古又增加四十多個新的假設連詞。

必、必其、必若 上古"必"已是假設連詞,中古繼續使用;複合連詞"必其"、"必若"産生于唐代,相當於"假如"、"如果"。如:

①必能行大道,何用在深山?(唐杜荀鶴《題會上人院》詩)

②到鄉必遇來王使,與作唐書寄一篇。(唐貫休《送新羅人及第歸》詩)

③必其欲得磨勘,請檢《山海經》中。(《敦煌變文集·燕子賦》)

④必其依有高才,請乞立題詩賦。(同上)

⑤必若老來何處避,顧戀榮華也是癡。(同上《八相變》)

⑥刑典自有常科,何至於此!必若食逆者心肝,則劉蘭之心爲太子諸王所食,豈至卿耶?(《舊唐書·薛萬徹傳附劉蘭》)

但若 用在假設複句的前一分句,相當於"假如"、"如果"。如:

①但若依我教敕,便爲孝順之因。(《敦煌變文集·目連緣起》)

②但若惻隱多,便流爲姑息柔懦。(《朱子語類》卷四)

還(hái)、還(huán)是 唐代開始用爲假設連詞,相當於"假如"、"如果",直到近代。如:

①僧還相訪來,山藥煮可掘。(唐韓愈《送文暢師北遊》)

②君還知道相思苦，怎忍抛奴去。（宋蘇軾《虞美人》詞）

③盗跖儻名丘，孔子還名蹠，蹠聖丘愚直至今，美恶無真實。（宋辛棄疾《卜算子・飲酒敗德》詞）

④還是靈龜巢得穩，要須仙子駕方行。（五代齊己《謝武靈徐巡官遠寄五七字詩集》詩）

或若　複合連詞"或若"産生于唐代，相當於"如果"。如：

①汝緣年少，或若治國不得，有人奪其社稷者，汝但避投南陽郡。（《敦煌變文集・前漢劉家太子傳》）

②王陵只是不知，或若王陵知了，星夜倍程入楚，救其慈母。（同上《漢將王陵變》）

假若、假其　産生于魏晉六朝。相當於"假如"、"如果"。如：

①假若上之所爲而民亦爲之，向其化也，又何誅焉？（《後漢書・桓帝紀下》）

②假其克捷，不知足南撫懸瓠，北捍長社與不？（《三國志・魏書・袁紹傳》注引《獻帝傳》）

可中、可料　假設連詞"可中"、"可料"産生于唐代，近代已不復用。如：

①草檄可中能有暇，迎春一醉也無妨。（唐李涉《早春霽後發頭陀寺寄院中》詩）

②可中更踐無人境，是知羅浮第幾天？（唐曹松《羅浮山下書逸人壁》詩）

③可中用作鴛鴦被，紅葉枝枝不礙刀。（唐羅隱《繡》詩）

④賴值鳳凰恩澤，放你一生草命；可中鷂子搦得，百年當時了竟。（《敦煌變文集・燕子賦》）

⑤可料長成都不孝，直饒十箇也何妨。（同上《父母恩重經講經文》）

忽、忽而、忽爾、忽然、忽若、若忽 “忽”大約是“或”的音變，用作假設連詞起於六朝，幾個複音詞形式，則產生于唐代。相當於“假如”、“如果”。如：

①不食五穀魚肉，唯飲天酒，忽有飢時，向天仍飲。（舊題漢東方朔《神異經·西北荒經》，實爲六朝人僞託）

②一人若逃，百人相扇；一軍若散，諸軍必摇。事忽至此，悔將何及？（唐白居易《請罷兵第二狀》）

③忽而一朝夫至，遣妾將何申吐？（《敦煌變文集·秋胡變文》）

④大哭咽喉聲已閉，雙眼長流淚難止。黄（皇）天忽爾逆人情，賤妾同向長城死。（同上《孟姜女變文》）

⑤幸有酒與樂，及時歡且娱。忽其解郡印，他人來此居。（唐白居易《題西亭》詩）

⑥若是生人須早語，忽然是鬼奔丘墳，問看（着）不言驚動仆，利劍鋼刀必損君。（《敦煌變文集·捉季布傳文》）

⑦忽若作人，當再爲顧家子。（唐段成式《酉陽雜俎》前集卷十三）

⑧若忽爲官，雖我亦不能救。（《太平廣記》卷三三六引《廣異記》）

如其、如若、如脱 “如其”已見於漢代，“如若”、“如脱”產生於六朝以後，相當於“假如”、“如果”。如：

①德之休明，肅慎貢其楛矢；如其不爾，籬壁間物亦不可得也。（南朝宋劉義慶《世説新語·排調》）

②如其强臣争權，變難必起。（《魏書·崔浩傳》）

③如若憑脚足而行，雖勞一生，終不得見。（《敦煌變文集·前漢劉家太子傳》）

④如脱否也，非直後舉難圖，亦或安居生疾。（《魏書·南安王楨傳》）

若復、若還、若或、若令、若其、若使、若是、若脱、若也　大都産生於六朝。相當於"假如"、"如果"。如：

①若復二三日無消息，便是不復來邪？(《宋書·謝靈運傳》)

②幸門如鼠穴，也須留一個，若還都塞了，好處却穿破。(唐王梵志《幸門如鼠穴》詩)

③人有四百四病，皆屬四大主持，若或一脈不調，百一病起。(《敦煌變文集·維摩詰經講經文》)

④若令四海全無事，進士心中願滿時。(同上)

⑤若其不克，成仇棄好，不如因而厚之。(《三國志·吴書·張紘傳》)

⑥若使庖羲氏因燧皇而作《易》，孔子何以不云燧人氏滅庖羲氏作乎？(《三國志·魏書·曹髦傳》)

⑦若是爲人智惠微，從初至大異常癡。(《敦煌變文集·父母恩重經講經文》)

⑧若脱敢送死，兄弟父子，自共當之耳。(《宋書·張茂度傳》)

⑨若也相公歡喜之時，所得錢物，一一阿郎領取。(《敦煌變文集·廬山遠公話》)

倘、倘或、倘若、倘使、儻其、儻若、儻使　這幾個複合的假設連詞也是六朝以後才出現的。相當於"假如"、"如果"。如：

①故人倘思我，及此平生時。(北周庾信《寄徐陵》詩)

②樂毅倘再生，於今亦奔亡。(唐李白《贈江夏韋太守良宰》詩)

③倘或大限到來，如何免脱？(《敦煌變文集·不知名變文》)

④君昔漢公卿，未央冠群賢。倘若念平生，覽此同愴然。(唐牛僧孺《玄怪録·顧忌》)

⑤倘使陳留逸調，下探柯亭之篠，會稽陰德，傍眷餘溪之蔡；則回眸之報，不獨著於前龜，清亮之音，誰專稱於往笛。(唐駱賓王《上郭贊府啓》)

⑥儻其不當，亦宜含容，又何罪焉？（《後漢書·孔僖傳》）

⑦儻若果歸言，共陶暮春時。（南朝宋謝靈運《酬從弟惠連》詩）

⑧儻使長如此，便堪休去程。（唐孟之卿《途中寄友人》詩）

脱或、脱其、脱若、脱使、脱復 這幾個複合假設連詞由單音假設連詞“脱”與其他單音假設連詞複合而成，放在複句的頭一分句，相當於“假如”、“如果”。如：

①脱或萬代之後，有若周成王中才者，而又生於深宫優笑之間，無周邵保助之教，則將不知喜怒哀樂之所自矣，況稼穡之艱難乎？（唐元稹《論教本書》）

②脱其妄作，當賜恩罔昧之由。（《宋書·王景文傳》）

③脱若不捷，命也在天。（《魏書·奚康生傳》）

④脱若功未克成，士馬先喪盡，中土求士，卒又難得。（唐陳子昂《諫曹仁師出軍書》）

⑤脱使擿丸下峻阪，未若以財而發身。（宋蘇舜欽《難易言》詩）

⑥脱復高曳長縑，虚張功捷，尤而效之，其罪彌甚。（《魏書·韓麒麟傳》）

向令、向若 產生於六朝，相當於“假如”、“如果”。如：

①向令太祖録其小能，節以大禮，抑之以權勢，納之以軌則，則亂心無由而生。（《晉書·張華傳》）

②向若家居時，安枕春夢熟。（唐皇甫曾《遇風雨作》詩）

8. 條件連詞

中古產生的條件連詞有以下一些：

不管、不揀、不論、不問 用在條件分句前，表示在任何條件或情況下結果都一樣。如：

①財物庫藏，任意般將，不管與誰，進（盡）任破用。（《敦煌變文集·八相變》）

②不揀四時兼六類，盡得無餘證涅槃。（同上《金剛般若波羅蜜經講經文》）

③不論高下皆如一，此個名爲真道場。（同上《維摩詰經講經文》）

④凡耕高下田，不問春秋，必須燥溼得所爲佳。（北魏賈思勰《齊民要術》卷一）

無論、無問　表示在任何條件下結果都一樣。如：

①遊人杜陵業，送客漢川東，無論去與住，俱是一飄蓬。（隋尹式《别宋常侍》詩）

②無論貧與富，一概總須平。（唐王梵志《坐見人來起》詩）

③但是生皮，無問年歲久遠，不腐爛者，悉皆中用。（北魏賈思勰《齊民要術》卷九）

除非、除是、除非是　都表示强調唯一的條件。如：

①除非聽受法華經，如此災殃方得出。（《敦煌變文集·妙法蓮華經講經文》）

②南樓把手憑肩處，風月應知。别後除非夢裏時時得見伊。（宋晏幾道《采桑子》詞）

③寄書除是雁來時，又只恐，書成雁去。（宋楊炎《鵲橋仙》詞）

④然没此理，要有此理，除是死也。（《河南程氏遺書》卷二）

⑤擬話當時舊好，問同誰，與醉尊前。除非是明月清風，向人今夜依然。（宋賀鑄《斷湘弦》詞）

只有　産生于唐代。用在條件分句前，表示必要的條件。如：

①只有朝陵日，粧奩一暫開。（唐韓愈《皇太后挽歌》之三）

②只有貂裘在，猶堪買釣舟。（宋蘇軾《建中靖國元年正月復過虔再次前韻》詩）

只要 産生于唐代。用在條件分句前，表示充足條件。如：

①經文深妙理難過，無上菩提從此出，只要門徒發信根，萬般一切由心識。（《敦煌變文集·維摩詰經講經文》）

②只要當來圓佛果，不辭今日受艱辛。（同上《妙法蓮華經講經文》）

③學者只要立箇身，此上頭儘有商量。（《河南程氏遺書》卷十五）

④學問只要心裏見得分明，便從上面做去。（《朱子語類》卷五）

既是、既然 用在複句的前一分句，表示先提出前提，然後加以推論。産生于唐代。如：

①既是巡營，有號也無？（《敦煌變文集·漢將王陵變》）

②既是騎馬，爲什摩不踏鐙？（五代静、筠《祖堂集》卷二）

③既然任摩，何用更見貧道？（同上卷一）

9. 讓步連詞

六朝以後産生的讓步連詞有近四十個之多。單音詞有"便"、"就"、"任"、"然"、"饒"、"直"、"則"、"終"、"總"，複音詞有"就令"、"假如"、"假使"、"假饒"、"雖然"、"然須"、"直饒"、"縱饒"、"遮莫"、"遮不"等。

便 連詞"便"産生于唐代，表示讓步關係，是從副詞的用法演變來的。如：

①便與先生應永訣，九重泉路盡交期。（唐杜甫《送鄭十八虔貶台州司户》詩）

②故園便是無兵馬，猶有歸時一段愁。（宋陳與義《送人歸京師》詩）

③畫工着色饒渠巧，便有此容無此姿。（宋楊萬里《過上湖嶺望招賢江南

北山》詩)

④便倒傾海水浣衣塵,難湔滌。(宋劉克莊《滿江紅》詞)

就、就令、就使、就復 連詞"就"和"就令"都產生於六朝,表示讓步關係。如:

①其子弟念父兄之恥,必人自爲守。就能破之,尚不可保。(《後漢書·荀彧傳》)

②若先自壽終,不失員外散騎之例也。就不蒙贈,不失以本官殯葬也。(《晉書·刁協傳》)

③此城一面阻河,三面地險,不可攻;就令得之,一城池耳。(《北齊書·段韶傳》)

④就令知之,亦無一信者。(晉葛洪《抱朴子·黄白》)

⑤就使能來,待其勞倦,秋涼馬肥,因敵取食,徐往擊之,萬全之計勝必可克。(《魏書·崔浩傳》)

⑥就復東行,必不傾危矣。(《三國志·蜀書·法正傳》)

假如、假使、假復、假饒 "假如"、"假使"上古已用作假設連詞,六朝又都產生讓步連詞的用法;"假復"、"假饒"是六朝新產生的。如:

①縱有風情應淡薄,假如老健莫誇張。(唐白居易《座中戲呈諸少年》詩)

②汝大愚癡,無有智慧。此驢今者,適可能破,假使百年,不能成一。(南朝齊求那毗地譯《百喻經·雇倩瓦師喻》)

③假使百千萬年,以滄海水洗之,永不能净。(《敦煌變文集·維摩詰經講經文》)

④自北無城以擬之,假復有之,途城紆遠,山河之狀全乖,古證傳爲疏罔。(北魏酈道元《水經注》卷十一)

⑤假饒不是神仙骨,終抱琴書向此遊。(唐李山甫《南山》詩)

⑥假饒高貴似石崇,也遭白髮驅摧老。(《敦煌變文集·無常經講經文》)

任 上古本有“聽憑”、“放任”的意思。《商君書·虐民》:“上舍法,任民之所善,故好多。”虚化爲讓步連詞,相當於“縱使”。如:

①任是深山最深處,也應無計避征徭。(唐杜荀鶴《山中寡婦》詩)

②盡道有些堪恨處,無情。任是無情也動人。(宋秦觀《南鄉子》詞)

設若、設使 相當於“即使”、“縱然”。如:

①一物苟可適,萬緣都若遺,設若宅門外,有事吾不知。(唐白居易《春葺新君》詩)

②設使成帝復生,天下亦不可得也,況詐子輿者乎?(晉袁宏《後漢紀·光武帝紀二》)

③設使身肉布地,尚不辭勞,況復小小輕財,敢向佛邊怪(吝)惜?(《敦煌變文集·降魔變文》)

雖然、雖其、雖令、雖復、雖即 上古“雖”是讓步連詞,“然”是形容詞。“雖然”上古連用,是“雖如此”的意思。如《左傳·成公三年》:“雖然,必告不穀。”到唐代,“然”虚化成詞尾,“雖然”成爲一個複音的讓步連詞。“雖即”其實就是“雖則”,“則”、“即”古通用。如:

①雖然在城市,還得似樵漁。(唐于鵠《題鄰居》詩)

②羅漢雖然是小聖,力敵天魔萬萬重。(《敦煌變文集·降魔變文》)

③雖其有救,山道阻險,非行兵之地也。(《三國志·魏書·陳泰傳》)

④雖令與侯小乖,按令,今百里即是古諸侯。(北魏楊衒之《洛陽伽藍記》卷二)

⑤雖復千年一聖,猶當百世同宗。(北周庾信《周上柱國齊王憲神道碑》)

⑥雖即家中不被,何即此之一饗。(《敦煌變文集·伍子胥變文》)

然、然雖(須)　"然雖"是"雖然"的倒轉,意思與"雖然"同。"雖"也寫作"須","然"受"雖"的沾染,也可單用爲讓步連詞。如:

①然雖克滅權逼,猶足維翰王畿。(《晉書·八王傳序》)

②然須(雖)有示多恩愛,作福還須自家當。(《敦煌變文集·太子成道經》)

③然雖如此,也須悟始得,莫將爲等閑。(宋普濟《五燈會元》卷七)

④然非我事我心惻,珍重羲皇一卷書。(宋邵雍《感事吟》詩)

⑤然知今人巧,未覺古人迂。(宋黄庭堅《寄南陽謝外舅》詩)

饒、直、直饒　它們中古都有讓步連詞的用法。如:

①三聲欲斷腸宜斷,饒是少年今白頭。(唐杜牧《詠猿》詩)

②饒你丹青心裹巧,綵色千般畫不成。(《敦煌變文集·醜女緣起》)

③人生直作百歲翁,亦是萬古一瞬中。(唐杜牧《池州送孟遲先輩》詩)

④直道相思了無益,未妨惆悵是清狂。(唐李商隱《無題》詩)

⑤直饒滿國是生涯,心中也是無厭足。(《敦煌變文集·無常經講經文》)

⑥兼濟直饒同巨楫,自由何以學孤雲。(唐李咸用《依韻修睦上人山居》詩之七)

遮莫、遮不　作爲讓步連詞,産生于唐代。相當於"即使"、"縱然"。如:

①遮莫你僂儸上陵天,南州北郡置莊田,未待此身裁與謝,商量男女擬分錢。(《敦煌變文集·太子成道經》)

②遮莫金銀滿庫藏,死時爭豈爲君將?(同上《頻婆娑羅王后宫綵女功德意供養塔生天因緣變》)

③直饒珠玉如山嶽,遮不綾羅滿殿堂,煞鬼忽然來到後,阿誰能替我無常。(同上《妙法蓮華經講經文》)

終、終然 唐宋用作讓步連詞，相當於"縱"、"縱然"。如：

①膺門猶感深恩去，終殺微軀未足酬。（唐方干《贈信州高員外》詩）

②永日終無一樽酒，可能留得故人車？（宋王安石《絶句呈陳和叔》詩）

③歎爾疲駑駘，汗溝血不赤。終然備外飾，駕馭何所益？（唐杜甫《鄭典設自施州歸》）

總、總使、總是、總做 "總"與"縱"音近，唐代用爲讓步連詞。相當於"縱然"、"縱使"。如：

①莫言塞北無春到，總有春來何處知？（唐李益《度破訥沙》詩）

②總把春山掃眉黛，不知供得幾多愁。（唐李商隱《代贈》詩）

③總使花時常病酒，也是風流。（宋歐陽修《浪淘沙》詞）

④南朝天子愛風流，盡守江山不到頭。總是戰爭收拾得，却因歌舞破除休。（唐李山甫《上元懷友》詩之一）

⑤更總做，北人未識伊，據品調，難作杏花看待。（宋辛棄疾《洞仙歌・紅梅》詞）

縱令、縱然、縱饒、縱使、從(zòng)使、縱復、縱得、縱雖 上古漢語中"縱"已是讓步連詞，中古又産生了"縱令"等好幾個複音讓步連詞。如：

①縱令樹下能攀折，白髮如絲心似灰。（唐崔珏《門前柳》詩）

②縱然滿眼添歸思，未把漁竿奈爾何。（唐羅鄴《洛水》詩）

③佳節縱饒隨分過，流年無奈得人憎。（唐羅隱《重九廣陵道中》詩）

④縱使得仙，終當有死？（北齊顔之推《顔氏家訓・養生》）

⑤從使千百年外謂閣下與裴兵部爲交相短長，亦足爲賢相矣。（唐元稹《上門下裴相公書》）

⑥縱復俗行，不宜追改《六韜》《論語》《左傳》也。（北齊顔之推《顔氏家訓・書

證》)

⑦匆匆縱得鄰香雪，窗隔殘煙簾映月。(宋柳永《玉樓春》詞)

⑧縱雖卿一生能去，猶不能至。(《敦煌變文集·前漢劉家太子傳》)

中古漢語新連詞産生的特點是，複音連詞多而單音連詞少。複音連詞中大部分是複合詞，由原有的兩個單音連詞凝縮構成；一部分是派生詞，由一個原有的單音連詞加後綴構成。中古漢語的發展促進了中古漢語句法的發展，形合法構成的複句普遍使用，各種語義關係表達更爲清楚。這方面我們將在本章第七節進行討論。

第六節　中古漢語助詞的發展

中古時期漢語助詞處在新舊交替的過渡階段，上古許多語首助詞和語末助詞(語氣詞)到中古逐漸不用了。另一方面，許多新的助詞先後産生，新的助詞系統逐漸形成。下面，我們分别討論結構助詞、時體助詞和語氣助詞。

一、結構助詞

這裏討論"底"和"地"兩個結構助詞。

底　結構助詞"底"産生于晚唐五代，最早見於禪家語録，到宋代應用相當普遍。有四種情況。

1.用在定語和中心語之間，表示領屬或修飾關係，相當於現代漢語的"的"。如：

①如天理底意思，誠亦只是誠此者也。(《河南程氏遺書》卷二)

②燒却前頭草，後底火來，他自定。前頭火着，後底火滅。(《敦煌變文集·李陵變文》)

③到家各自省差殊，相勸直論好底事。(同上《無常經講經文》)

④不錯底事作麽生。(《洞山悟本禪師語録》,《大正大藏經》卷四七)

⑤僧便問:“作摩生是在頂上底眼?”(五代静、筠《祖堂集》卷四)

⑥若説道我底學問如此……(《陸象山語録》)

⑦孟子是甚麽底資質,甚麽底力量。(《朱子語類》卷五二)

⑧惟願如來慈念力,爲説前世修底因。(《敦煌變文集·醜女緣起》)

⑨三家村裏男女,牛背上將養底男子,作摩生投這個宗門?(五代静、筠《祖堂集》卷三)

⑩師與王大王説古今成人立德底事。(同上卷十)

⑪入房良久,云:“奴子讀底經安某處,何在?”(五代陳□《葆光録》卷三)

⑫將飯與闍梨喫底人還有眼也無?(五代静、筠《祖堂集》卷四)

⑬子房是去得底勳業,太師是去不得底勳業。(陸游《老學庵筆記》卷二)

例①定語是名詞,例②定語是方位詞,例③④定語是形容詞,例⑤定語是介詞結構,例⑥⑦定語是代詞,例⑧⑨定語是動詞,例⑩定語是聯合詞組,例⑪定語是主謂詞組,例⑫定語是兼語式,例⑬定語是“得”字結構。

2. 放在狀態形容詞後面,構成描寫性詞語,充當謂語,相當於現代漢語的“地”。如:

①雲嵒云:“湛湛底。”(五代静、筠《祖堂集》卷四)

②雪峰告衆云:“當當密密底。”(同上卷三)

③舉措悉皆索索底,時長恬恬底。(同上卷七)

④南風吹來,飽齁齁底,任你横來豎來十字縱横來也不怕你。(同上卷五)

3. 放在狀語和中心語之間,相當於現代漢語的“地”。如:

①〔洞山〕顔色變異,呵呵底笑。(五代静、筠《祖堂集》卷二)

②師……樹下坐,忽底睡着,覺了却歸院。(同上卷三)

③裴相公有一日微微底不安,非久之間便死。(同上卷四)

④第三度來，和尚驀底失聲便唾。（同上卷四）

⑤爲學，須是裂破藩籬，痛痛底做去，所謂"一杖一條痕，一摑一掌血。"（《朱子語類》卷一一五）

⑥媚蕩楊花無着處，才伴春來，忙底隨春去。（宋劉仙倫《蝶戀花》詞）

4. 放在名詞、代詞、動詞、形容詞或詞組後面，形成"底"字結構，充當主語、賓語或表語，相當於現代漢語的"的"。如：

①汝底與阿誰去也？（《良價禪師語録》，《大正大藏經》卷四七）

②師帶刀行次，道吾問："背後底是什摩？"（五代静、筠《祖堂集》卷四）

③保福聞舉云："更有一般底，錐又錐不動，召又召不應。"（同上）

④不會不疑底，不疑不會底。（同上卷三）

⑤遮個是老僧底，大德底在什麽處？（宋釋道原《景德傳燈録》卷七）

⑥王介甫家，小底不如大底；南陽謝師宰家大底不如小底。（宋王銍《默記》卷中）

⑦理會得底是知，行得底是仁，着力去做底是勇。（《朱子語類》卷六四）

⑧至若萬物之榮悴與夫動植小大，這底是可以如何使，那底是可以如何用，車之可以行陸，舟之可以行水，皆所當理會。（《朱子語類》卷十八）

這個"底"是怎樣變來的？章炳麟説："今凡言'之'者，音變如丁兹切，俗或作'的'。"又説："今人言'底'言'的'，凡有三義：在語中者，'的'即'之'字，在語末者，若所指如云'冷的''熱的'即'者'字。"[①]王力先生認爲："一向大家認爲'底'字是從'之'字變來的。這是可信的。"[②]吕叔湘先生則認爲"底"來源於"者"。他説："'者'字很早就有兼併'之'字的趨勢，到了某一時期，筆下雖有'者'和'之'兩個字，口語裏已經只有'者'一個詞，它的應用範圍不但包括本來的'者'和'之'，並且擴展到 a

① 章炳麟《新方言·釋詞第一》。

② 王力《漢語史稿》中册第三十八節。

項即名詞代詞領格之不繼以名詞者,這個詞後來寫作底。"[1]從語音上看,"底"從"之"變來是很可能的。"之"上古讀音爲[ȶĭə],現代漢語在文言裏逐漸變成[tsʅ],口語裏則讀成[ti]。不過這不是説"底"和"之"的用法是一樣的。"之"的後面不能省略中心語,上面舉的2、3兩類用法是"之"所没有的。相反,"者"後面的中心語可以省略。如《史記·陳涉世家》:"夥頤,涉之爲王沈沈者!"可以説"底"同時繼承了"之"和"者"的用法。

地 産生比"底"要早一些,六朝已經開始出現。例如:

①劉作色而起曰:"使君如馨地,寧可鬥戰求勝?"(南朝宋劉義慶《世説新語·方正》)

到了唐宋,應用範圍大大普遍了。主要有三種用法:

1.放在狀語和中心語之間,現代漢語仍然譯作"地"。如:

①楊柳宫前忽地春,在先驚動探春人。(唐王建《華清宫前柳》詩)

②忽地晴天作雨天,全無暑氣似秋間。(唐杜荀鶴《春日登樓遇雨》詩)

③和尚猥地誇談千般伎術,人前對驗,一事無能。(《敦煌變文集·降魔變文》)

④如來本自大慈悲,聞語慘地斂雙眉。(同上《大目乾連冥間救母變文》)

⑤爾若自勝不及,即便忙忙地徇一切境轉。(《臨濟慧照禪師語録》,《大正大藏經》卷四七)

⑥師有時上堂驀地起來伸手云:"乞取些子,乞取些子。"(五代静、筠《祖堂集》卷三)

⑦個個作大獅子吼,叱呀地一聲。(宋釋道原《景德傳燈録》卷十三)

⑧何妨密密地自究,仔細觀尋。(同上卷二八)

⑨若某則不識一個字,亦須還我堂堂地做個人。(《陸象山語録》十八)

① 吕叔湘《漢語語法論文集·論底地之辨及底字的由來》。

⑩新晴户户有歡顔，曬繭攤絲立地乾。（宋楊萬里《江山道中蠶麥大熟》詩）

“地”又放在“立”“卧”“坐”“住”等不及物動詞後面表示動作的持續，意思相當於“着”，下面就會談到，此處不贅。

2.放在狀態形容詞或代詞後面，構成描寫性謂語。如：

①低顔下色地，故人知善誘。（唐杜甫《上水遣懷》詩）

②知君氣力波瀾地，留取陰何沈范名。（唐李群玉《寄張祜》詩）

③爾還識渠麽，活潑潑地，只是無根株。（《鎮州臨濟惠照禪師語録》，《大正大藏經》卷四七）

④真是不出門，亦是草漫漫地。（《筠州洞山悟本禪師語録》，同上）

⑤因甚麽到恁麽地？（《良價禪師語録》，同上）

⑥曹山云：“朦朦朧朧地。”（五代静、筠《祖堂集》卷四）

⑦自己心裏黑漫漫地，明朝後日大有事在。（宋釋道原《景德傳燈録》卷十九）

⑧見來兩箇寧寧地，眼廝打，過如拳踢。（宋黄庭堅《鼓笛令》詞）

⑨情性兒，慢騰騰地，惱得人又醉。（宋周邦彦《紅窗迥》詞）

⑩恰則心頭托托地，放下了日多縈繫。（宋毛滂《惜分飛》詞）

3.用於定語和中心語之間。如：

①嶄新世界，特地乾坤。（宋釋道原《景德傳燈録》卷二）

②要扣玄關，須是有節操，極慷慨，斬得釘，截得鐵，硬剥剥地漢始得。（宋普濟《五燈會元》卷十六）

③任孜孜求告不回頭，誚滿眼汪汪地淚。（宋晁元禮《步蟾宫》詞）

④性是一個渾淪底物，道是支脈，恁地物，便有恁地道。（《朱子語類》卷六二）

⑤玄，只是深遠而至於黑窣窣地處，那便是衆妙所在。（同上卷一二五）

“地”和“底”用法上有相同的一面。也有不同的一面。兩者都可以放在形容詞和副詞後面,構成狀語或謂語。可以説已經變成了形容詞或副詞詞尾。但是"底"廣泛用於定語和中心語之間,"地"的這種用法例子較少。"底"可以放在名詞、代詞或動詞後面形成"底"字結構,充當主語和賓語,"地"没有這種用法。"地"和"底"並不同音,其來源如何?王力先生認爲:"'地'和'底'同一來源。"①即由"之"變來。吕叔湘先生態度慎重,認爲"'地'字的來由不明。"②日本太田辰夫則認爲由名詞虚化而來。他説:"'地'當然是'土地'、'場所'的意思,是轉爲表示動作或狀態存在的環境,用作副詞性的修飾語的吧。"③看來還有待進一步研究。

箇 結構助詞"箇"始見於唐代,放在狀語或謂語之後,作用相當於"地"。如:

①老翁真箇似童兒,汲水埋盆作小池。(唐韓愈《盆池》詩五首之一)

②道我辭來真箇醉,不知愁是怎生愁。(唐吕岩《真人行》詩)

③歸路分明箇,飛鳴即可聞。(唐齊己《水鶴》詩)

④師指面前狗子云:"明明箇,明明箇。"(五代静、筠《祖堂集》卷五)

⑤獨自箇,立多時,露華濃濕衣。(宋歐陽炯《更漏子》詞)

⑥輕風冷露夜深時,獨自箇,淩波直上。(宋朱敦儒《鵲橋仙·和李易安金魚池蓮》詞)

也可放在量詞後表示量少。如:

⑦曉妝初過,沈檀輕注些兒箇。(南唐李煜《一斛珠》詞)

⑧略開些箇未多時,窗兒外,却早被人知。(宋辛棄疾《小重山·茉莉》詞)

二、時體助詞

1."了"、"已"、"却"表示動作已經完成

了 表示動作的完成,是由動詞虚化來的。先秦没有"了"字。《説文·了部》:

① 王力《漢語史稿》中册第三十八節。

② 吕叔湘《漢語語法論文集·論底地之辨及底字的由來》。

③ 太田辰夫《中國語歷史文法》(蔣紹愚、徐昌華中譯本),324頁。

“了，尥(liào)也，從子無臂，象形。”這是了戾的“了”，彎曲繚繞的意思。“了”又作“明白、懂得”講。郭璞《爾雅序》：“其所易了，闕而不論。”這兩個意義都與時體助詞“了”没有關係。

“了”又有“終了”義。《廣雅·釋詁四》：“了、已，訖也。”《三國志·蜀書·楊儀傳》：“籌度糧穀，不稽思慮，斯須便了。”從漢代開始，這個意義的“了”往往用在别的動詞後面，充當補語。如：

①晨起早掃，食了洗滌。（漢王褒《僮約》）

②曇深妻鄭氏……仍隨楷到鎮，……居一年，私裝了，乃告楷求還。（《南史·垣護之傳》）

③凡秋收了，先耕蕎麥地。（北魏賈思勰《齊民要術·雜説》）

以上句子中的“了”都有“完畢”的實際意義。但已具有虚化的條件。[①] 下面的“了”可以説已經虚化了：

①倖門如鼠穴，也須留一箇。若還都塞了，好處却穿破。（唐王梵志《倖門如鼠穴》詩）

②死了萬事休，誰人承後嗣？（唐寒山《詩三百三首》之八十五）

③玲瓏玲瓏奈老何，使君歌了汝更歌。（唐白居易《醉歌》）

④四十三年虚過了，方知僧裏有唐生。（唐段成式《送僧》詩二首）

⑤待將袍襖重抄了，盡寫襄陽播掿詞。（唐段成式《寄温飛卿牋紙》詩）

⑥長眉畫了繡簾開，碧玉行收白玉台。（唐李商隱《蝶三首》詩）

⑦令朕心酸難治位，群臣見了面含羞。（《敦煌變文集·太子成道變文》）

⑧夫人聞了，又自悲傷。（同上《歡喜國王緣》）

⑨小娘子如今聘了，免得父孃煩惱。（同上《醜女緣起》）

---

① 《三國志·蜀志·楊洪傳》：“〔張〕裔答洪曰：‘公留我了矣，明府不能止。’”此“了”字也是補語，有“定”的意思。

⑩二人辭了便進路，更行十里到永莊。（同上《董永變文》）

不過在唐代，“了”的虚化過程並没有最後完成。如果句中有賓語，“了”往往置於賓語之後，這種情况一直繼續到宋元。如：

①飽吃飯了，便坐禪觀行。（《臨濟慧照禪師語録》，《大正大藏經》卷四七）

②作此語了，遂即南行。（《敦煌變文集·伍子胥變文》）

③上來已與門徒弟子受三歸五戒了，更欲廣説無邊，窮劫不盡。（同上《佛説阿彌陀經講經文》）

④領吾言了便須行，更莫推辭問疾去。（同上《維摩詰經講經文》）

⑤於是石室比丘尼勸有相夫人了，交奉生天，莫求浮世壽命。（同上《歡喜國王緣》）

⑥目連剃除鬚髮了，將身便即入深山。（同上《大目乾連冥間救母》）

⑦直至三日復墓了，拜辭父母幾田常。（同上《董永變文》）

⑧且借你别頭手，著過王了，却來至此，與你好頭手將歸，慎勿私去。（同上《搜神記》）

⑨師一日吃茶了，自烹一碗過於侍者。（宋釋道原《景德傳燈録》卷十五）

從8世紀開始，一部分“了”已移到賓語的前面表示動作的完成，宋代這類例子日益增多，發展成爲漢語唯一的形式。如：

①但看木傀儡，弄了一場困。（寒山《詩三百三首》之二八七）

②鬒鬢鞸輕鬆，凝了一雙秋水。（唐白居易《如夢令》詞）

③引日月之針、五星之縷把天補，補了三日不肯歸壻家。（唐盧仝《與馬異結交》詩）

④將軍破了單于陣，更把兵書仔細看。（唐沈傳師《寄大府兄侍史》詩）

⑤神仙不肯分明説，迷了千千萬萬人。（唐吕岩《絶句》詩三十二首之二十四）

⑥幾時獻了相如賦,共向嵩山采茯苓。(唐張喬《贈友人》詩)

⑦唱諾走入,拜了起居,再拜走出。(《敦煌變文集·唐太宗入冥記》)

⑧各請萬壽暫起去,見了師兄便入來。(同上《難陀出家緣起》)

⑨説了夫人及大王,兩情相顧又迴惶。(同上《歡喜國王緣》)

⑩待到齋時,先自吃了這一份來山上。(宋釋道原《景德傳燈録》卷八)

⑪整了翠鬟匀了面,芳心一寸情何限。(宋宋祁《蝶戀花·情景》詞)

⑫如此春來春又去,白了人頭。(宋歐陽修《洞仙歌》詞)

⑬日月易得,匆匆過了五十來年。(《朱子語類》卷一〇四)

"了"字由賓語後面移到賓語前面,與動詞緊接,標誌着"了"字已完全虛化,也是漢語語法爲了適應語義表達的需要而不斷調整詞序的事實。因爲"了"和動詞中間隔一個賓語,它們之間的密切關係往往無法充分地表示出來,"了"也就無法最後完成虛化的過程。

在表示動作完成的時體助詞"了"向賓語前面移動的過程中,跟語氣詞"了"逐漸有了分工。語氣詞"了"表現的是全句的語氣,只能放在句子的末尾,不能移到賓語前面去。因此,早在宋代,就有了一句中同時出現兩個"了"的例子。賓語前面的是時體助詞,表示動作的完成,賓語後面的是句末語氣詞,表示肯定和確實無疑的語氣。如:

①某之説却高了,移了這位置了。(《朱子語類》卷十六)

②欲變齊,則須先整理了已壞底了。(同上卷三十二)

這樣,漢語中的時體助詞就最後形成了。當然這不排斥"了"同時存在别的用法。

已 本義是停止。《詩·鄭風·風雨》:"風雨如晦,雞鳴不已。"諸葛亮《出師表》:"鞠躬盡瘁,死而後已。"上古"已"已虛化成句末語氣助詞見(第一章第五節),中古"已"又用在動詞後,表示動作的完成。例如:

①其獸將死,自至人所。既自死已,乃噉其肉。(南朝陳真諦譯《立世阿毘

曇論》)

②我等宜擁護世間人民,自既獲福,衆生得度已,功德無有量。(苻秦僧伽跋澄譯《僧伽羅刹所集經》)

③悉供養三日,三日過已,乃令自求所安常。(東晉法顯《法顯傳·烏萇國》)

④主人與食,嫌淡無味。主人聞已,更爲益鹽。(南朝齊求那毗地譯《百喻經·愚人食鹽喻》)

⑤王見憐湣,賜一死駝;貧人得已,即便剥皮。(同上《百喻經·就樓磨刀喻》)

⑥須達聞已,身毛皆竪。(《敦煌變文集·祇園因由記》)

却 六朝時開始用在别的動詞後面,表示"去"或"掉"的意思,仍是動詞。如:

①〔王〕夷甫晨起,見錢閡行,呼婢曰:"舉却阿堵物!"(南朝宋劉義慶《世説新語·規箴》)

②鋒出登車,兵人欲上車防勒,鋒以手擊却數人,皆應時倒地。(《南齊書·高祖十二王傳》)

③輒詈云:"狗漢大不可耐,唯須殺却。"(《北齊書·恩倖傳》)

④醫得眼前瘡,剜却心頭肉。(唐聶夷中《詠田家》詩)

⑤斫却月中桂,清光應更多。(唐杜甫《一百五日夜對月》詩)

唐代"却"進一步虚化成時體助詞,表示動作的完成。如:

①籬邊老却陶潛菊,江上徒逢袁紹杯。(唐杜甫《秋盡》詩)

②滿引紅螺詩一首,劉楨失却病心情。(唐皮日休《李處士郊居》詩)

③自從死却鄰家女,無人更共鸜鵒語。(唐王建《傷鄰家鸜鵒詞》詩)

④放却水牛,各分一船,指棹進行。(唐日圓仁《入唐求法巡禮記》卷一)

⑤忽然口發人言,説却多般事意。(《敦煌變文集·妙法蓮華經講經文》)

⑥問三界競起時如何？師云："坐却着。"（五代静、筠《祖堂集》卷二）

⑦使後來少主在，事變却時，他也則隨却。（《河南程氏遺書》卷二上）

⑧不如聞早還却願，免使牽人虚魂亂。（宋柳永《木蘭花令》詞）

⑨三月風暖，開却好花，無限了。（宋晏殊《酒泉子》詞）

中古放在動詞後面做補語表示動作完成的還有"畢、竟、罷"等字。如：

①未得遵古也，葬畢，皆除服。（《三國志・魏志・武帝本紀》）

②丁母憂，葬竟，起爲領軍將軍。（《宋書・殷景仁傳》）

③世上蒼龍種，人間武帝孫。小來惟射獵，興罷得乾坤。（唐李商隱《鄠杜馬上念漢書》詩）

如果句中有賓語，"畢、竟、罷"置於賓語之後。如：

①出射之，射之畢，徑入門。（《三國志・吴志・太史慈傳》）

②淮上信至，看書竟，默然無言。（南朝宋劉義慶《世説新語・雅量》）

③着蠟罷，以藥傅骨上。（北魏賈思勰《齊民要術》卷六）

在中古，這幾個字都是有"完結"意義的實詞，没有虚化成詞尾。

2."着"、"地"表示動作的持續或正在進行

着 上古漢語寫作"著"，有"附着"的意義。如《左傳・宣公四年》："伯棼射王，汰輈及鼓跗，著于丁寧。"《論衡・是應》："甘露如飴蜜者，著於草木，不著五穀。"在漢代"着"已開始用在别的動詞後面。有兩種情況：一是作爲補語，表示動作所達到的目的或結果。如：

①日月之行也，繫着於天也。（東漢王充《論衡・説日》）

②想得家中夜深坐，還應説着遠行人。（唐白居易《邯鄲冬至夜思家》詩）

③漁翁醉着無人唤，過午醒來雪滿船。（唐韓偓《醉着》詩）

④初聞道着我名時，心裹不妨懷喜慶。（《敦煌變文集·維摩詰經講經文》）

⑤心欲屬着法師，法師不解，且説外緣。（同上《嵐山遠公話》）

⑥政（正）射着王心，王心痛，便即還宫。（同上《搜神記》）

⑦遊奕探着，奏上霸王。（同上《漢將王陵變文》）

⑧三更機底下，摸着是誰梭。（唐張祜《讀曲歌》）

如果是否定式，就在中間加否定詞“不”。如：

⑨幾度野火來，風迴燒不着。（唐白居易《有木》詩八首之四）

⑩汝豈不聞道，鬥不着底，死亦難當。（《敦煌變文集·嵐山遠公話》）

這類“着”字在現代漢語裹讀爲 zháo，跟讀輕音 zhe 的時體助詞“着”不同。在中古，“着”由表示動作達到某種目的或結果，進一步也可以表示動作的完成。例如：

①莫爲此女人損着符（府）君性命，累及天曹。（《敦煌變文集·葉净能詩》）

②却恐爲使不了，辱着世尊。（同上《維摩詰經講經文》）

③斯文既在孔子，孔子便做着文章在。（《朱子語類》卷三十六）

④離着善，便是惡。（同上卷五）

上面幾個例子裹的“着”都是表示動作的完成，相當於“了”。不過唐代以後，漢語裹已經有一個表動作完成的“了”，所以到了近代，“着”就不再用來表動作的完成了。

“着”的另一種情況是在兼語式裹充當第二個動詞。如：

①定伯便擔鬼着肩上。（晉干寶《搜神記》卷十六）

②投瓊着局上，終日走博子。（《樂府詩集·子夜歌》）

這兩個“着”都是動詞。如果去掉中間的賓語，兩個動詞連用，“着”處於次要地位，就只起介紹處所的作用了。如：

①凡可憎恶者，如濺墨漆，附着人身。（東漢王充《論衡·四諱》）

②答策者皆可會着一處。（晉葛洪《抱朴子·審舉》）

③文長尚小，載着車中……文若亦小，坐着膝前。（南朝宋劉義慶《世説新語·德行》）

④燒白石作白灰，既訖，積着地上。（晉張華《博物志·戲術》）

⑤復取毒蛇内着懷裏，即爲毒蛇之所蜇螫。（南朝齊求那毗地譯《百喻經·得金鼠狼喻》）

⑥此小兒三度到我樹下偷桃，我捉得繫着織機脚下。（《敦煌變文集·前漢劉家太子傳》）

這類“着”進一步虚化，表示一種静止情況下的持續狀態。六朝開始有這種用法，唐以後更加常見。如：

①如值寶篋，爲身見鏡之所惑亂，妄見有我，即便封着。（南朝齊求那毗地譯《百喻經·寶篋鏡喻》）

②匀攤耕蓋着，未須轉起。（北魏賈思勰《齊民要術·雜説》）

③赤繩串着項，反縛棒脊皮。（唐王梵志《百歲有一人》詩）

④朱門開着九重關，金畫黄龍五色幡。（唐王建《宫詞》詩）

⑤余時把着手子，忍心不得。（唐張鷟《遊仙窟》）

⑥判放着三萬六千五百五十……（《敦煌變文集·唐太宗入冥記》）

⑦見他宅舍鮮净，便即兀自佔着。（同上《燕子賦》）

⑧卿與寡人同記着，抄名録姓莫因循。（同上《捉季布傳文》）

⑨爲未得方便，却還分付與阿婆藏着。（同上《搜神記》）

⑩師曰：“釘釘着，縣挂着。”（五代静、筠《祖堂集》卷一）

⑪芽櫱出來，便存皮包裹着。（《朱子語類》卷十六）

有的動詞表示一種活動性很强的動作，後面加“着”，就表示動作正在進行。這種用法産生于唐代。如：

①上賢讀我詩，把着满面笑。（唐寒山《詩三百三首》之一四二）

②子細推尋着，茫然一場愁。（同上一三七）

③向婆嗔着，終不合嘴。（《敦煌變文集·齖䶗書》）

④試問爲誰添瘦弱，嬌羞只把眉顰着。（宋賀鑄《鳳棲梧》詞）

⑤有人射虎，見虎後數人隨着。（《朱子語類》卷三）

有的句中有兩個動詞，“着”用在前一動詞後面，表示後一動作進行時前一動作正在持續中。如：

①青提夫人一個手，托着獄門迴顧盼。（《敦煌變文集·大目乾連冥間救母變文》）

②皇帝忽然賜疋馬，交臣騎着满京誇。（同上《長興四年中興殿應聖節講經文》）

③向尊前，閒暇裏，斂着眉兒長歎，惹起淚恨無限。（宋柳永《秋夜月》詞）

形容詞也可以帶“着”，表示正處於某種狀態之中。如：

①好韻宫商申雅調，高着聲音唱將來。（《敦煌變文集·佛説阿彌陀經講經文》）

②他只低着頭自去做了。（《朱子語類》卷二十六）

③如擔百十斤擔相似，須硬着筋骨擔。（同上卷十二）

④不是大着個心去理會，如何照得。（同上卷十六）

這類例子特别值得注意，“着”用在形容詞“高、低、硬、大”後面構成謂語形式，並使形容詞動詞化，表示時體助詞“着”已經正式産生了。

地 中古漢語裏還有一個"地"字,也是放在動詞後面表示動作持續的。這個"地"字始見於唐代,應用範圍較小,一般只用在"立"、"卧"、"坐"、"住"等不及物動詞後面。如:

①髻鬟峨峨高一尺,門前立地看春風。(唐元稹《李娃行》詩)
②水飛石上迸如雪,立地看天坐地吟。(唐吕岩《絶句》詩)
③舜子府(撫)琴中間,門前有一老人立地。(《敦煌變文集·舜子變》)
④後妻向床上卧地不起。(同上)
⑤往往人前恰似癡,時時座地由如醉。(同上《父母恩重經講經文》)
⑥小窗坐地,側聽簷聲。(宋辛棄疾《行香子》詞)

在近代漢語裏,我們還可以看到這樣的例子:

①山門下立地,看有甚麽人來。(元王實甫《西廂記》一本一折)
②且請伯伯裏面坐地。(明施耐庵《水滸全傳》二十七回)
③也不知他仔細,只見他在那裏住地,依舊挂招牌做生活。(《京本通俗小説·碾玉觀音》)

"地"的特點是不能用在有賓語的句子裏,一旦後面有了賓語,就只用"着"。

3."過"表示動作已經過去

"過"本是動詞,經過、度過的意思。《説文·辵部》:"過,度也。"南北朝時期開始用爲趨向動詞,唐宋廣泛應用。如:

①自送過淛江,寄山陰魏家,得免。(南朝宋劉義慶《世説新語·任誕》)
②有縣農行過舍邊,仰視,見龍牽車。(晉干寶《搜神記》卷三)
③不聽打鼓,即放過去。(《敦煌變文集·前漢劉家太子傳》)
④淚眼問花花不語,亂紅飛過鞦韆去。(宋歐陽修《蝶戀花》詞)

“過”虚化爲時體助詞，從唐代開始，到宋代基本上完成了。如：

①報狀拆開知足雨，赦書宣過喜無囚。（唐王維《贈華州鄭大夫》詩）

②去歲曾遊帝裏春，杏花開過各離秦。（唐李頻《漢上逢同年崔八》詩）

③每至義理深微，常不能解處，聞醉僧誦過經，心自開解。（《太平廣記》卷九四《紀聞》）

④蒙使君報云：本司檢過。（唐日圓仁《入唐求法巡禮記》卷二）

⑤潘郎妄語多，夜夜道來過。（《敦煌曲詞・喜秋天》）

⑥賤奴念得一部十二卷，昨夜惣（總）念過。（《敦煌變文集・廬山遠公話》）

⑦盛衰閲過君應笑，寵辱年來我亦平。（宋蘇軾《和致仕張郎中春晝》詩）

⑧爲不合使過父母錢物，趕逐在外，無可奈何。（宋洪邁《夷堅三志》己卷第二）

⑨今人將孔孟之言都只憑草率看過了。（《朱子語類》卷十九）

⑩蓋爲是身曾親經歷過，故不敢以是責人爾。（同上卷一〇三）

“過”着重表示動作已經過去，而不管是否完成，因此“過”的後面還可以加“了”。如：

⑪看過了後，無時無候，又把起來思量一遍。（《朱子語類輯略》卷五）

⑫迹是舊迹，前人所做過了底樣子。（《朱子語類》卷三十九）

4.“來”主要表示一種曾經有過的經歷

“來”本是動詞，古代常用的意思是“由彼至此”。南北朝開始虚化成時體助詞後，表示一種不久的經歷，唐宋用例逐漸多起來，相當於“來着”。如：

①西至一家，館宇華整……復有女子處之。問荷：“得書來不？”荷以書卷與之。（南朝齊王琰《冥祥記》）

②君卿指賊面而駡曰:"老賊吃虎膽來,敢偷我物。"(唐張鷟《朝野僉載》卷六)

③紅樹蕭蕭閣半開,上皇曾幸此宫來。(唐張祜《華清宫》詩)

④至今衣領胭脂在,曾被謫仙痛咬來。(唐韓偓《自負》詩)

⑤武陽太守盧思道,常曉醉,於省門見從侄賁,賁曰:"阿父何處飲來?凌晨嵬峨。"(《太平廣記》卷一七三引《談藪》)

⑥阿婆三五少年時,也會東塗西抹來。(唐王定保《唐摭言》卷三)

⑦師問園頭:"作什摩來?"對曰:"栽桊來。"(五代静、筠《祖堂集》卷四)

⑧請觀《君奭》一篇,周公曾道召公疑他來否?(《二程語録》卷十一)

⑨然則渠與源是兩物,後來此議必改來。(同上卷二十七)

⑩迦葉過去生中曾作樂人來,習氣未斷。(宋釋道原《景德傳燈録》卷二七)

⑪閻羅大伯曾教來,道人生,但不須煩惱。(宋柳永《傳花枝》詞)

⑫聖人説底,是他曾經歷過來。(《朱子語類》卷二七)

"來"又用於動詞後面,表示動作行爲的結果,相當於"了"。如:

①如此而論,讀來一百遍,不如親見顔色,隨問而對之易了。(唐韓愈《與大顛書》)

②留得却緣真達者,見來寧作獨醒人。(唐李咸用《同友生題僧院杜鵑花》詩)

③前輩有此説,看來理或有之。(《朱子語類》卷二)

"來"跟"過"不同,句中帶有賓語時,"過"通常在賓語之前,而"來"只在賓語之後。

5."看"表示嘗試

"看"唐代始虚化成時體助詞,用在動詞或動詞結構後表示一種嘗試,宋以後應用普遍。如:

①嘗看,若不大澀,杬子汁至一升。(北魏賈思勰《齊民要術》卷九)

②偶因群動息,試撥一聲看。(唐白居易《松下贈琴客》詩)

③我緣不會,與我仔細説看。(《敦煌變文集·廬山遠公話》)

④〔天女〕語阿婆曰:"暫借天衣着看。"(同上《搜神記》)

⑤莫信朝寒,明日花前試舞看。(宋晏幾道《采桑子》詞)

⑥教誰試與問花看,如何寄得香牋去。(宋周紫芝《踏莎行·和人賦雙魚花》詞)

⑦師曰:"龍女有十八變,汝與老僧試一變看。"(宋釋道原《景德傳燈録》卷十二)

⑧師欣然出衆曰:"和尚試輥一輥看。"(宋普濟《五燈會元》卷十七)

6."取"表示動作的結果或持續,有的没有意義

動詞"取",漢代開始與别的動詞連用。如《史記·貨殖列傳》:"桀黠奴,人所患也,唯刁間收取,使之逐漁鹽商賈之利。"六朝以後,常用於動補結構中充當補語,仍然有"取得"的意思。如:

①越巂國有牛,稍割取肉,牛不死,經日肉生如故。(晉張華《博物志》卷三)

②一曰水藤,山行渴,則斷取汁飲之。(北魏賈思勰《齊民要術》卷十)

③玄少好佩紫羅香囊,安患之,而不欲傷其意,因戲賭取,即焚之,於此遂止。(《晉書·謝玄傳》)

④焉得并州快剪刀,剪取吴淞半江水。(唐杜甫《戲題王宰畫山水圖歌》)

"取"進一步虚化成動詞詞尾,意義上有三種情況。一是表示動作行爲的結果,可譯爲"住"或"了"。如:

①苟奴與郎逡往津陽門糴米,遇見采音……苟奴登時欲提取。(南朝梁任昉《奏彈劉整》)

②音、侯伏地失魂，乃縛取考訊之。（《太平廣記》卷四四七引晉干寶《搜神記》）

③一聲歌罷劉郎醉，脱取明金壓繡鞋。（唐李郢《張郎中宅戲僧》詩）

④嫁取個，有情郎，彼此當年少，莫負好時光。（唐李隆基《好時光》詞）

二是表示動作行爲的持續，可譯爲"着"，如：

①歌聲苦，詞亦苦，四座少年君聽取。（唐白居易《短歌行》）

②婆出，當有一人與婆語者，即記取姓名，勿令漏泄。（唐張鷟《朝野僉載》卷一七一）

③阿孃擬收孩兒養，我兒不儀（宜）住此方，將取金瓶歸下界，撚取金瓶孫賓（儐）傍。（《敦煌變文集·董永變文》）

④不如留取，十分春態，付與明年。（宋蘇軾《雨中花慢》詞）

三是作爲動詞詞尾，没有明顯的意義。如：

①山公醉不醉，問取葛彊知。（唐岑參《與鮮於庶子泛漢江》詩）

②不信比來長下淚，開箱驗取石榴裙。（唐武則天《如意娘》曲）

③勸君莫惜金縷衣，勸君惜取少年時。（唐薛能《金縷衣》詩）

④更明年看取，東阡北陌，黄雲萬里。（宋楊无咎《水龍吟》詞）

例①"問取"就是詢問，例②"驗取"就是"驗看"，例③"惜取"就是"愛惜"，例④"看取"就是"看"，後面的"取"没有實際意義。到了宋代，這類結構"取"前面的動詞可以是雙音詞，後面又可以再加補語，"取"的意義更加虚化。如：

①今即要理會，也須理會取透，莫要半青半黄，下稍都不濟事。（《朱子語類》卷九）

②其有知得某人詩好，某人詩不好者，亦只是見已前人如此説，便承虚接

嚮説取去。(同上卷一一六)

例①表示結果,例②表示持續,句中的"取"都可以省去。元明以後這種句式逐漸消亡。

7."将"表示動作行爲的完成、結果或持續

上古漢語的動詞"將"從魏晉起,常常放在動詞後面,逐漸虚化爲時體助詞,表示動作行爲的完成、結果或持續。結構上主要有四種情况:

1.句中没有賓語或補語,"將"在句末。如:

①紅軟滿枝須作意,莫教方朔施偷將。(唐蔣防《玄都樓桃》詩)

②紅芍藥花雖共醉,緑藤蕪影又分將。(唐姚合《欲別》詩)

③金鏃有苔人拾得,蘆花無主鳥銜將。(唐無融《彭門用兵後經汴路》詩三首之一)

④閑地佔將真可惜,幽窗分得始爲明。(唐許晝《中秋月》詩)

⑤明達載母遂(逐)農糧,每被孩兒奪剥將。(《敦煌變文集·孝子傳》)

⑥天下鬼神,盡被淨能招將。(同上《葉淨能詩》)

⑦如必須魏元忠頭,何不以鋸截將,無爲抑我承反。(《舊唐書·酷吏傳上》)

2.句中有賓語,"將"在動詞之後,賓語之前。如:

①鳥偷飛去銜將火,人爭摘時蹋破珠。(唐白居易《吴櫻桃》詩)

②走却坐禪客,移將不動尊。(唐李濤《題僧院》詩)

③買將病鶴勞心養,移得閑花任意栽。(唐李中《贈朐山孫明府》詩)

④瓶添澗水盛將月,衲挂松枝惹得雲。(唐韓偓《贈僧》詩)

⑤檢與神方教駐景,收將鳳紙寫相思。(唐李商隱《碧城三首》詩之三)

⑥蔣謂之曰:"仁賢既裹將仕郎頭,何爲作散子將脚也。"(《太平廣記》卷二六六引《北夢瑣言》)

3. 句中有趨向補語，“將”在補語之前。如：

①有人呼將去，至一城府。(《古小説鉤沈・冥祥記》)

②命取將來，乃小豆也。(北齊顔之推《顔氏家訓・勉學》)

③惟將舊物表深情，鈿合金釵寄將去。(唐白居易《長恨歌》)

④訮將去，鑽將去，研將去，直教透過。(五代静、筠《祖堂集》卷二)

⑤一個個從自己胸襟間流將出來，與他蓋天蓋地去摩。(同上)

⑥致知工夫，亦只是且據己所知者玩索推廣將去。(《朱子語類》卷十五)

4. 句中兼有賓語和趨向補語時，“將”在兩者之前。如：

①洞山云：“把將德山落底頭來。”(五代静、筠《祖堂集》卷二)

②今拋向南衙，被公措大偉䶩鄧鄧把將他官取去。(《太平廣記》卷二六〇引《嘉話録》)

③又問：“如何是實相?”師曰：“把將虛底來。”(宋釋道原《景德傳燈録》卷五)

④十五日已前不問汝，十五日已後道將一句來。(《碧岩録》卷一)

三、語氣助詞

中古時期，一些上古産生的語氣助詞繼續使用或者有了新的用法，同時産生了新的語氣助詞。

1. 陳述語氣詞

“也”的用法有了變化。中古産生的語氣詞有“了”、“裏(里)”等。

也　上古漢語的“也”表示對静態事實的判斷和肯定。中古這種用法仍然保存。又用來表示事實已經發生或將要發生，與上古“矣”、近代“了”的用法相當。如：

①孔子曰：“天下已有主也。”(晉干寶《搜神記》卷八)

②向來大大不遜，漸漸深入也。(唐張鷟《遊仙窟》)

③復云："殺却也，且吃茶。"(唐薛調《無雙傳》)

④意足而起，其身已成虎也。(唐李復言《續玄怪録·張逄》)

⑤身子答曰："此須量地，長者天官於四王宫處早已現也。"(《敦煌變文集·祇園因由記》)

⑥歸來應過重陽也，菊有殘枝。(宋晁端禮《醜奴兒》詞)

此外，"也"又可以放在正反選擇問句中表示選擇。這種用法産生于唐代。如：

⑦從城排一大陣，識也不識？(《敦煌變文集·韓擒虎話本》)

⑧既是巡營，有號也無？(同上《李陵變文》)

⑨今日爲歸宗設齋，歸宗還來也無？(五代静、筠《祖堂集》卷六)

了 語氣詞"了"表示陳述的肯定語氣，是從時體助詞分化來的。這種分化開始于唐代，到宋代基本完成。"了"的用法大體同上古漢語中的"矣"相當。在"了"由時體助詞分化爲語氣詞的過程中，有一個過渡階段。唐宋時期"了也"連用，就是這種過渡的表現。如：

①雖然如此，你已喫吾三十棒了也。(《臨濟慧照禪師語録》，《大正大藏經》卷四七)

②有一般人，向五臺山裏求文殊，大錯了也。(同上)

③師受戒後，思和尚問："你已是受戒了也，還聽律也無？"(五代静、筠《祖堂集》卷四)

④師云："汝得入處作摩生？"對曰："共和尚商量了也。"(同上卷二)

⑤上來總是第一，明成長教示了也。(《敦煌變文集·父母恩重經講經文》)

⑥恁麽説話，已是截斷諸根了也。(《圓悟禪師語録》，《大正大藏經》卷四七)

這類"了也"中的"了"還是一個時體助詞，"喫吾三十棒了也"，相當於"吃了吾三十棒也"。但"了"在賓語後，"了也"逐漸凝爲一體，變成了一個複合的語氣詞。再進

一步,“也”字失落,時體助詞“了”移到動詞前面,而句末語氣詞“了”最後形成。如:

①雪峰放却垸水了,云:“水月在什摩處?”(五代静、筠《祖堂集》卷二)

②國師曰:“這個是馬師底,仁者作麼生?”師曰:“早個呈似和尚了。”(宋釋道原《景德傳燈録》卷七)

③玄沙却入方丈白雪峰曰:“已勘破了。”(同上卷十九)

④紅爐上一點雪去,若打破了,或唱或掌,一切皆得。(《圓悟禪師語録》,《大正大藏經》卷四七)

⑤離却殼漏子了,後向何處,再得相見?(《明覺禪師語録》,《大正大藏經》卷四七)

⑥正如金已是真金了。(《朱子語類》十六)

⑦如安仁者,他便是仁了。(同上卷二六)

⑧今見看《詩》,不從頭看一過,云:“且等我看了一個了,却看那個。”幾時得再看?(同上卷八十)

⑨欲變齊,則須先整理了已壞底了。(同上卷三二)

例①②③④⑤謂語是動補結構,例⑥⑦是判斷句,例⑧⑨動詞後面已有時體助詞“了”,句末的“了”只能看做語氣詞。

在　本是動詞,六朝時常用在句末,還有“存在”的意思。如:

①此君學道來已數百年,始今得任,子乃坐地獲之,故知功力久有在。(南朝齊陶弘景《周氏冥通記》卷二)

②昔有夫婦,有三番餅,夫婦共分,各食一餅,餘一番在。(南朝齊求那毗地譯《百喻經·夫婦食餅共爲要喻》)

③江陵去揚州,三千三百里,已行一千三,所有二千在。(《樂府詩集·懊儂歌》)

如果句中又有其他主要的動詞,“在”就逐漸虚化爲陳述語氣詞,這個時期當在唐

代。“其所表語氣大致與今語之‘呢’字相當”,“皆申言之辭,以祛疑樹信爲用”①。如:

①年幾未多猶怯在,些些私語怕人疑。(唐方干《贈美人》詩四首之一)

②定知心肯在,方便故邀人。(唐張鷟《遊仙窟》)

③詩酒尚堪驅使在,未須料理白頭人。(唐杜甫《江畔獨步尋花七絶句》詩)

④晚風猶冷在,夜火且留看。(唐白居易《别春爐》詩)

⑤把酒送春惆悵在,年年三月病厭厭。(韓偓《春盡日》詩)

⑥乃詳觀之,得其三紙。客曰:“猶有在。”(《太平廣記》卷二〇八引《書斷》)

⑦舌頭不曾染着在。(五代静、筠《祖堂集》卷一)

⑧師云:“羅刹鬼國不遠在。”(同上卷四)

⑨伊川曰:“是則是有此理,賢却發得太早在。”(宋謝良佐《上蔡語録》卷之上)

⑩云:“學人還得也無?”慶云:“太遠在。”(《明覺禪師語録》,《大正大藏經》卷四七)

在宋代,“在”字也有用於疑問句末以加强疑問語氣的,相當於“嗎”或“呢”。如:

①雲門云:“且道是牛外納,牛内納,直饒説得納處分明。我更問爾:覓牛在?”(《密庵和尚語録》,《大正大藏經》卷四七)

②這沙彌,更要我與你下注脚在?(宋普濟《五燈會元》卷二〇)

③如今學者不得病在,甚處病在?不自信處。(《古尊宿語録》,《續藏經》卷一一八)

① 吕叔湘《釋景德傳燈録》,見《漢語語法論文集》,1—2頁。

裏(里)　“裏(里)”於漢魏開始用作方位詞。如：

①肉裏之脈，令人腰痛。(《素問·刺腰痛論》)

②雲邊開箄樹，霧裏識嶢峰。(南朝梁庾肩吾《奉使北徐州參丞御》詩)

六朝時，“裏”和介詞“着”、“在”連用，成爲“着……裏”、“在……裏”的形式在句中做補語。如：

①王君夫嘗責一人無服餘衵，因直，内着曲閣重閨裏，不聽人將出。(南朝宋劉義慶《世説新語·汰侈》)

②顧長康畫謝幼輿在岩石裏。(同上《巧藝》)

如果省去介詞賓語，就成爲“著裏”、“在裏”的形式，而且有逐漸虚化的趨向。如：

①佛向經中説著裏，依文便請唱將來。(《敦煌變文集·父母恩重經講經文》)

②及重試退，唁者甚衆，而此僧獨賀曰：“富貴在裏。”(五代王定保《唐摭言》卷七)

③他不是擺脱得開，只爲立不住，便放却，忒早在裏。(宋謝良佐《上蔡語録》卷之上)

④既有這物事，方始具是形以生，便有皮包裹在裏。(《朱子語類》卷一六)

進一步省去“著”字、“在”字，“裏”就成爲句末語氣詞，放在陳述句末尾表示肯定的語氣。唐代開始出現，宋代應用逐漸普遍。如：

①幸有光嚴童子里，不交伊去唱將來。(《敦煌變文集·維摩詰經講經文》)

②庚午辛未之間，有童謡曰：“花開來裏，花謝來裏。”(《太平廣記》卷一四〇

引《玉堂閒話》)

③又云:"汝三生中汝今生何生? 試向我説看。"仰山云:"想生相生,仰山今已淡泊也,今正流注裏。"(五代静、筠《祖堂集》卷五)

④麗水宰宣德郎陳縉輒慢之,指老君像曰:"老子賣烏髭藥裏。"(宋王鞏《隨手雜録》)

⑤若還替得你,可知好裏。(宋曾三異《同話録》,《説郛》卷十九)

⑥這淺情薄倖,千山萬水,也須來裏。(宋張先《八寶裝》詞)

⑦因甚無箇阿鵲地,没工夫説裏。(宋辛棄疾《謁金門・和陳提幹》詞)

⑧艾子乃顧犬而罵曰:"這神狗猶自道'我是'裏。"(宋蘇軾《艾子雜説》十二)

2. 疑問語氣詞

中古産生的疑問語氣詞有"無、麽(摩、磨)"、"那"等。

無、麽(摩、磨) 疑問語氣詞"麽"來源於否定詞。肯定和否定加在一起構成正反問句,否定的謂語部分通常不説出來,這樣否定副詞就處在句末的位置。上古以至中古,這類句子很多。如:

①子之執戟之士,一日而三失伍,則去之否乎?(《孟子・公孫丑下》)

②二世曰:"丞相可得見否?"樂曰:"不可。"(《史記・秦始皇本紀》)

③使君謝羅敷,寧可共載不?(漢樂府《陌上桑》)

④今日上不至天,下不至地,言出子口,入於吾耳,可以言未?(《三國志・蜀書・諸葛亮傳》)

⑤武帝每見濟,輒以湛調之,曰:"卿家癡叔死未?"(南朝宋劉義慶《世説新語・賞譽》)

⑥其妻不知夫在已不?(《敦煌變文集・秋胡變文》)

⑦莫是俊機白侍郎以不?(五代静、筠《祖堂集》卷四)

唐代"無"也有同樣的用法。最初還是否定副詞。如:

①還有賓主也無？（《臨濟慧照禪師語録》,《大正大藏經》卷四七）

②既是巡營,有號也無？（《敦煌變文集・李陵變文》）

③禪客曰:“無情既有心,還解説法也無?”(五代静、筠《祖堂集》卷三)

④初見侍者便問:“和尚在也無?”(同上卷四)

因爲處在句末,“無”的意義進一步虚化,就變成了句末疑問語氣詞,用於是非問句。語言上,語氣助詞“無”與有無的“無”也逐漸一分爲二。如:

①江花未落還成都,肯訪浣花老翁無？（唐杜甫《入奏行》詩）

②幕下郎君安穩無？從來不奉一行書。（同上《投簡梓州幕府簡書十郎官》詩）

③晚來天欲雪,能飲一杯無？（唐白居易《同劉十九》詩）

④江南故吏别來久,今日池邊識我無？（同上《蘇州故吏》詩）

⑤妝罷低聲問夫婿,畫眉深淺入時無？（唐朱慶餘《近試上張水部》詩）

⑥盧杞爲相,令李揆入蕃,揆對德宗曰:“臣不憚遠,恐死于道路,不達君命。”帝惻然憫之,謂盧杞曰:“李揆莫老無?”(《太平廣記》卷四九六引《劉賓客嘉話録》)

⑦僧云:“莫便是傳底人無?”(五代静、筠《祖堂集》卷三)

“麽”字出現,表明“無”由否定副詞變成疑問語氣詞的過程最後完成。唐宋時期,主要用在句中没有疑問詞的是非問句中。也寫作“摩”、“磨”。如:

①衆中遺却金釵子,拾得從他要贖麽？（唐王建《宫詞》詩）

②南齋宿雨後,仍許重來麽？（唐賈島《王侍御南原莊》詩）

③野醉題招隱,相思可寄麽？（唐齊己《寄吴都沈員外郴》詩）

④欲趁寒梅趁得麽？雪中偷眼望陽和。（五代成彦雄《楊柳枝》詩）

⑤半掩嬌羞,語聲低顫,問道有人知麽？（宋歐陽修《醉蓬萊》詞）

⑥斜日緑陰枝上噪,還又問:是蟬麽？（宋辛棄疾《江神子・聞蛙蟬戲作》詞）

⑦錦衣公子見,垂鞭立馬,腸斷知磨?(《敦煌曲子詞·鳳歸雲》)

⑧好是(事)問他來得磨?和笑道,莫多情。(五代張泌《江城子》詞之二)

⑨師云:"皇帝見目前虛空摩?"帝曰:"見。"(五代静、筠《祖堂集》卷三)

⑩和尚向道吾曰:"你見適來跛脚沙彌摩?"(同上卷四)

有時句中帶有語氣副詞"莫",則全句表示揣測語氣,"麽"的疑問意義有所減弱。如:

⑪衆中莫有不甘底麽?(《法演禪師語録》,《大正大藏經》卷四七)

⑫莫是黄昏時節麽?(《圓悟禪師語録》,《大正大藏經》卷四七)

⑬莫是不見者個法麽?(《明覺禪師語録》,《大正大藏經》卷四七)

那 疑問語氣詞"那",魏晉南北朝文獻中偶有出現。佛經譯文中有一些例子,到唐宋,用例逐漸多起來。異文往往作"耶",宋代還有寫作"哪"的。如:

①公是韓伯休那?乃不二價乎?(《後漢書·逸民傳》)

②陳舞復傳語曰:"不孝那,天與汝酒飲,不肯飲,中有惡物耶!"(晉廢太子司馬遹《與王妃書》)

③得寶弘農野,弘農得空那?(唐陸龜蒙《得寶歌》)

④或時見僧入門來,云:"患顛那?作摩?"(五代静、筠《祖堂集》卷三)

⑤問:"如何是露地白牛?"山云:"吽吽。"師云:"啞那?"(《臨濟慧照禪師語録》,《大正大藏經》卷四七)

⑥黄蘗便云:"這漢困那?"師云:"钁也未舉,困個什麽?"(同上)

⑦其醫人忽爾擡頭,見此中官,更言曰:"阿城道底是那?"(《敦煌變文集·維摩詰經講經文》)

⑧有數人新至。師云:"新到那?"僧云:"是。"(《明覺禪師語録》,《大正大藏經》卷四七)

⑨師問僧:"什麽處來?"曰:"江西。"師曰:"學得底那?"(宋釋道原《景德傳燈

録》卷十九)

⑩你早睡也那?你睡得着?(宋王明清《揮麈餘話》卷二)

⑪借問喧天成鼓吹,良自苦,爲官哪!(宋辛棄疾《江神子》詞)

⑫些底事,誤人哪!不成真箇不思家。(同上《鷓鴣天》詞)

中古"那"大都用於没有疑問詞的是非問句或反問句,極少數用於特指問句。疑問的語氣不强,通常是要求證實某種推測,或者否定對方的觀點行爲。

3. 祈使語氣詞

中古産生的祈使語氣詞有"來"、"着(著)"、"者"、"則箇"、"好"等。

來 表示祈使、建議、表白、疑問等語氣。早在先秦時期,"來"在句尾已經虚化成語氣詞。如:

①盍歸乎來。(《孟子·離婁上》)

②子其有以語我來。(《莊子·人間世》)

③遂過母家呼木羽:"木羽,爲我御來!"(漢劉向《列仙傳》)

不過上古這類句子不多。六朝以至唐宋,應用就比較普遍了。如:

①汝止有一手,那得遍笛?我爲汝吹來。(南朝宋劉義慶《幽明録》)

②弓無弦,箭無括,食糧乏盡若爲活?救我來,救我來!(《樂府詩集·隔穀歌》)

③歸歸黄淡思,逐郎歸去來。(《樂府詩集·黄淡思歌》)

④歸去來兮,田園將蕪,胡不歸?(晉陶潛《歸去來辭》)

⑤謂文曰:"授手來。"文納手。(晉干寶《搜神記》卷十八)

⑥語將車人言:"與我物來。"(南朝齊求那毗地譯《百喻經·索無物喻》)

⑦曼卿推其腰帶後云:"劉十,我做得通判過否?扯了衣裳吃酒去來!"(宋王銍《默記》卷下)

⑧久之,柳忽語曰:"郭子信來?"聲若出畫中也。(唐段成式《酉陽雜俎續

集・支諾皐上》)

⑨師一日問雪峰:"作甚麽來?"雪峰云:"砍柴來。"(《岡山良價禪師語録》,《大正大藏經》卷四七)

着(著) 語氣詞"着"産生于唐代。表示祈使語氣。如:

①數度訖,上報阿耶孃:"井中水滿錢盡,遣我出著,與飯盤食者。"(《敦煌變文集・舜子變》)

②願聞法者合掌著,都講經題唱將來。(同上《八相押座文》)

③卿與寡人同記著,抄名録姓莫因循。(同上《捉季布傳文》)

④試留青黛著,迴日畫眉看。(唐孟棨《本事詩》)

⑤裴尚書休爲諫議大夫,形質短小,諸舍人戲之曰:"如此短,何得向上立?"裴對曰:"若怪,即拽向下着。"(唐趙璘《因話録》卷五)

⑥師云:"添淨瓶水著!"(五代静、筠《祖堂集》卷五)

⑦僧拂袖便出,師曰:"侍者認取這僧著。"(宋普濟《五燈會元》卷十九)

⑧王統制,你後面麁重物事轉换了着。(宋王明清《揮麈餘話》卷二)

宋代"着"又用以表示肯定、確認的語氣。如:

①把酒味忘著,看花了香寂。(宋黄庭堅《春遊》詩)

②"必有事焉",須把做敬來做件事著。(《河南程氏遺書》卷一五)

③功名渾是錯,更莫忘思量着。(宋辛棄疾《菩薩蠻》詞)

④《大學》是一箇腔子,而今却要去填教實著。(《朱子語類》卷十四)

者 主要表示祈使語氣,也是唐代就有了的。如:

①令欽溆奏來者!(唐陸贄《收河中後請罷兵狀》)

②不要更引故事辭讓者!(唐李德裕《謝恩不許讓官表狀》)

③宣命臣等各陳利害，可否聞奏者。（唐韓愈《論變鹽法事宜狀》）

④須差行營都指揮使赴壽州西面備禦，討逐黄巢黨徒者。（唐崔致遠《桂苑筆耕集》卷十四）

⑤宜入新年怎生呵，百事大吉那般者。（宋周密《癸辛雜識續下》）

另外，語氣助詞“者”上古可以用於疑問句表示疑問語氣，中古同樣有這種用法。如：

①賣藥何爲者？逃名市井居。（唐皇甫冉《賣藥人處得南陽朱山人書》詩）

②呼驛長嗔之曰：“飯何爲兩種者？”（唐張鷟《朝野僉載》卷五）

則個　産生於北宋，表示祈使或陳述語氣，相當於“著”、“者”。如：

①好天好景，未省展眉則個。（宋柳永《鶴沖天》詞）

②却待更闌，庭花影下，重來則個。（宋歐陽修《醉蓬萊》詞）

③終日行行坐坐，未曾識，展眉則個。（宋晁端禮《柳初新》詞）

④晴則個，陰則個，餖飣得天氣，有許多般。（宋王觀《慶清朝慢·踏青》詞）

⑤更那堪得，冰姿玉貌，痛與惜則箇。（宋趙長青《探春令》詞）

⑥莫且自家門如今且把這事放着一邊，廝殺則箇。（《三朝北盟會編》卷一四引《燕雲奉使録》）

“者”和“著”都從“者”聲，中古有陰聲和入聲的區别①。唐代語氣詞“者”主要用於官府文告，“著”用於一般的祈使，但不是絶對的。宋代兩字參用，金元以“者”爲主，“則箇”可能反映了南方方言的特點。

好　語氣詞“好”産生于唐代，大約是從形容詞虚化來的，表示勸誡語氣，主要

① “者”，《广韻》馬韻章母，章也切；“著”，《广韻》药韻澄母，直略切。

用於禪家語録。如：

①僧云："老和尚莫探頭好。"(《臨濟慧照禪師語録》,《大正大藏經》卷四七)

②莫見與摩道,便道非悟非不悟,莫錯好。(五代静、筠《祖堂集》卷十一)

③師云："無佛法不是這個道理也,鬚子細好。"(同上卷十)

④見有男女僧俗……流浪生死,劫盡不息。慚愧,大須努力好。(同上卷七)

⑤"秀才還曾題否?"云："未曾題。"沙云："得閑題一篇好。"(《圓悟禪師語録》,《大正大藏經》卷四七)

⑥和尚莫塗汙人好!(《明覺禪師語録》,同上)

休　語末助詞"休"有"停止"、"完了"的意思,與"罷"同義。《玉篇・網部》："罷,休也。"宋周邦彦《解語花》詞："唯只見舊情衰謝,清漏移,飛蓋歸來,從舞休歌罷。""罷"、"休"同義互文。"休"從唐代開始虚化爲語末助詞,用於肯定句,表示祈使、同意或表白語氣。如：

①我醉欲眠,君且去來休。(宋趙以夫《虞美人》詞)

②要來小酌便來休,未必明朝風不起。(宋李清照《玉樓春》詞)

③已强詩仙一夜留,任教侵早放船休。(宋許棐《送竹潭》詩)

④魚兼熊掌不可得,寧負風光救口休。(宋方嶽《即事》詩)

⑤行客語滄洲,笑道漁翁太拙休。(宋吕勝己《南鄉子》詞)

⑥山行辛苦水行愁,只是詩人薄命休。(宋楊萬里《江行七日阻風繁昌舍舟出陸》詩)

又用於疑問句,表示詢問、商量、揣測的語氣。如：

①丈夫生兒有如此二雛者,名位豈肯卑微休?(唐杜甫《徐卿二子歌》詩)

②殘雲飛屋裏，片水落床頭，尚勝凡花鳥，君能補綴休？（唐章孝標《破山水屏風》詩）

③將謂是夜着，月輪已没星都落；將謂是晝休，銀河到曉爛不收。（宋楊萬里《明發棲隱寺》詞）

總之，中古漢語助詞也和整個虛詞系統一樣，有舊的繼承，也有新的産生，在漢語助詞從古到今的發展過程中，處於承先啓後的階段。

第七節　中古漢語句法的發展

這一節裏，我們將就八個方面討論中古漢語句法的發展。

一、繫詞“是”和“是”字句的發展

從戰國末開始，繫詞“是”已經産生。但是漢代用“是”構成的判斷句還不多，結構也比較單純，主語和表語大都是名詞或名詞性詞組，往往同時用語氣詞“也”煞尾。晉宋以後，情況發生了很大的變化。在比較接近口語的作品裏，“是”字句大大發展起來。南朝宋劉義慶《世説新語》裏用“是”構成的判斷句佔全部判斷句的1/2。《百喻經》裏，“是”字句佔全部判斷句的90％以上。唐代變文、宋人語録裏應用更加普遍，而且大都不和語氣詞“也”連用。下面舉一些例子：

①盧志於衆坐問陸士衡：“陸遜、陸抗是君何物？”（南朝宋劉義慶《世説新語·方正》）

②問今是何世，乃不知有漢，無論魏晉。（晉陶潛《桃花源記》）

③針是貫綫物，目中恒任絲。（北魏楊衒之《洛陽伽藍記》卷三）

④彼王問言：“爾是何人？何處得馬？”（南朝齊求那毗地譯《百喻經·五百歡喜丸喻》）

⑤明公定是陶朱公大兒耳。（北齊顔之推《顔氏家訓·風操》）

⑥虎有五指者皆是貙。（晉干寶《搜神記》卷十二）

唐以前，肯定的判斷句雖然大多數用“是”，否定的判斷句却大都仍然用“非”。例如：

①主非堯舜，何得事事皆是。（南朝宋劉義慶《世説新語・賞譽》）

②臨去，語翁曰：“吾是鬼神，非人也。”（晉干寶《搜神記》卷五）

③草螢有耀終非火，荷露雖團豈是珠。（唐白居易《放言五首》詩之一）

④如來説莊嚴即非莊嚴。（唐獨孤沛《菩提達摩南宗定是非論一卷並序》）

也有用“非是”的，如：

①數極自然變化，非是故相反駁。（東漢趙壹《刺世疾邪賦》）

②我以欲得彼之錢財，認之爲兄，實非是兄。（南朝齊求那毗地譯《百喻經・認人爲兄喻》）

③如彼處道，偷取佛法著己法中，妄稱己有，非是佛法。（同上《估客偷金喻》）

④家人及門義共見，非是一人。（《南齊書・王奂傳》）

⑤臣恐此藥非是真藥。（《敦煌變文集・葉净能詩》）

東漢末年否定的判斷句開始用“不是”表現，如支讖譯《阿閦佛國經》：“其法不是憋魔及魔天之所滅，亦不是天中天弟子所滅。”但還只是個别例句。南北朝以後，“不是”才逐漸成爲漢語否定判斷句的基本形式，如：

①我亦不癡，復不是苻堅。（《宋書・索虜傳》）

②回看桃李都無色，映得芙蓉不是花。（唐白居易《山枇杷》詩）

③實不是愛微軀，又非關足無力。（唐杜甫《偪仄行》詩）

④不是人强了，良由孔方兄。（唐王梵志《分毫擘眼諍》詩）

⑤余亦不是仵茄之子，亦不是僻（避）難逃人。（《敦煌變文集・伍子胥變文》）

中古判斷句也有用“未是”表示的，但此類句子數量很少。如：

①今直中書爲詔，彼必疑謂非真，未是所以速清方難也。（《宋書·蔡廓傳附蔡興宗》）

②卿爲著作，僅名奉職，未是良史也。（《魏書·韓麒麟傳》）

就結構上看，“是”字句的主語和表語複雜化，可以有各種不同的情況：

(1)主語、表語是名詞或名詞性詞組。如：

①姊夫黄琬是劉璋祖母之姪。（《三國志·蜀書·來敏傳》）

②靈誕昔是宋使，今成齊民。（《南齊書·魏虜傳》）

③蘇、張皆是魏人。（北齊顏之推《顔氏家訓·書證》）

④北邊坐人是北斗，南邊坐人是南斗。（晉干寶《搜神記》卷三）

⑤借問和上：“入來者是南人北人？”（唐獨孤沛《菩提達摩南宗定是非論一卷並序》）

(2)主語或表語是代詞。如：

①大將軍語右軍：“汝是我佳子弟。”（南朝宋劉義慶《世説新語·賞譽》）

②果有楊梅，孔指以示兒曰：“此是君家果。”（同上《言語》）

③太傅是誰？我不識也。（《南齊書·張敬兒傳》）

④后歎曰：“我三兒誰當應之？”呼太祖小字曰：“正應是汝耳。”（同上《宜孝陳皇后傳》）

⑤會中有一沙彌……問師曰：“如何是佛心？”師答曰：“汝今是什摩心？”（五代静、筠《祖堂集》卷二）

(3)表語是“所”字結構。如：

①玉鏡臺是公爲劉越石長史北征劉聰所得。(南朝宋劉義慶《世説新語·假譎》)

②吴興昔無此枅,是我少時在此所作也。(《南齊書·王敬則傳》)

③教是先聖所傳,不是惠能自知。(唐惠能《壇經》十二)

④若仁義禮智五常皆是天所命。(《朱子語類》卷四)

(4)主語或表語是動詞。如:

①死是人之所同。(《宋書·謝莊傳》)

②又夷俗長跽,法與華異,翹左跂右,全是蹲踞。(《南齊書·顧歡傳》)

③見不見是兩邊,痛不痛是生滅。(唐惠能《壇經》四四)

④學不止是讀書,凡做事皆是學。(《朱子語類》卷二四)

例①主語是動詞,例②③④表語是動詞。

(5)表語是形容詞。如:

①其山峰秀端嚴,是五山中最高。(東晉法顯《法顯傳》)

②言江此言非是醜拙,似有忿于王也。(南朝宋劉義慶《世説新語·輕詆》劉孝標注)

③如桃符是謬,坐宜有歸。(《魏書·田益宗傳》)

④梵志翻著襪,人皆道是錯。(唐王梵志《梵志翻著襪》詩)

⑤若是只握得一個鶻崙底果子,不知裹面是酸、是鹹、是苦、是澀。(《朱子語類》卷八)

(6)主語或表語是動賓詞組或主謂詞組。如:

①夫存亡終始,誠是大體。(南朝宋劉義慶《世説新語·任誕》)

②外國作水精碗,實是合五種灰以作之。(晉葛洪《抱朴子·論仙》)

③陛下起此寺皆是百姓賣兒貼婦錢。(《南齊書·虞願傳》)

④斷其運道,最是要略。(東晉法顯《法顯傳》)

⑤昔走曹操,拓有荆州,皆是公瑾。(《三國志·吴書·周瑜傳》)

⑥殺汝父是申蘭,殺汝夫是申春。(唐李公佐《謝小娥傳》)

⑦樓玄寺是先王經始。(南朝梁慧皎《高僧傳·義解》)

⑧得吉者是其命吉,遇不吉者是其命凶。(《宋書·王文景傳》)

⑨我緣今日齋去,是汝且與我看院。(《敦煌變文集·-盧山遠公話》)

⑩爲人自是爲人,讀書自是讀書。(《朱子語類》卷十)

例①主語是聯合詞組,例②③主語是主謂詞組,例④⑤⑥主語是動賓詞組,例⑦⑧⑨表語是句子形式,例⑩主語、表語都是動賓詞組。

(7)主語或表語是"底"字結構。這是唐宋時期隨着結構助詞"底"的發展而産生的。如:

①道吾問:"背後底是什摩?"(五代静、筠《祖堂集》卷四)

②師曰:"乞眼精底是眼不?"洞山曰:"非眼。"(同上卷五)

③遮個是老僧底,大德底在什麽處?僧云:"亦是和尚底,亦是某甲底。"(宋釋道原《景德傳燈録》卷七)

④氣質是實底,魂魄是半虚半實底。(《朱子語類》卷三)

⑤不知官職是誰底,金碗是誰底?(宋葉紹翁《四朝聞見録》)

(8)没有主語的"是"字句,有的是省略主語,有的不需要主語。如:

①王識之曰:"是我女袍,那得在市?"(晉干寶《搜神記》卷十六)

②見我頭上,無有髮毛,謂爲是石,以梨打我,頭破乃爾。(南朝齊求那毗地譯《百喻經·以梨打破頭喻》)

③此水本自清,是誰攪令濁?(南朝梁慧皎《高僧傳·譯經》)

④人命至重,是誰下意殺之,都不啓聞?(《南齊書·王敬則傳》)

⑤同是天涯淪落人，相逢何必曾相識？（唐白居易《琵琶行》詩）

⑥五祖遂喚秀上座於堂内，問："是汝作偈否？若是汝作，應得我法。"（唐惠能《檀經》七）

(9)省略表語的"是"字句，如：

①何處覓庾吴郡，此中便是。（南朝宋劉義慶《世説新語·任誕》）

②舜有親阿娘在堂，登樂夫人便是。（《敦煌變文集·舜子變》）

③佛教所明，善惡報應，何者是邪？（南朝梁慧皎《高僧傳·譯經上》）

④沙門法汰問朗曰："見王吏部兄弟未？"朗曰："非一狗面人心，又一人面狗心者是邪？"忱醜而方，國寶美而狠故也。（南朝宋劉義慶《世説新語·排調》注引裴景仁《秦書》）

⑤市人皆放同形，莫知誰是。（晉干寶《搜神記》卷一）

⑥文秀厲聲曰："身是！"（《魏書·沈文秀傳》）

⑦洞山云："將謂有力氣底是。"（五代静、筠《祖堂集》卷二）

(10)主語和表語都不用的"是"字句。如：

①欻有一老婢，問充得碗之由。還報其大家，即女姨也。遣視之，果是。（南朝宋劉義慶《世説新語·方正》注引《孔氏志怪》）

②海上有逐臭之夫，里内有學顰之婦，以卿言之，即是也。（北魏楊衒之《洛陽伽藍記》卷三）

③果得一枯楊，曰："是矣。"（晉干寶《搜神記》卷十六）

④伴曰："試顧視我邪？"人顧視之，猶復是也。（同上卷十七）

⑤問："《麟趾》《騶虞》之詩，莫是當時有此二物出來否？"曰："不是。只是取以爲比。"（《朱子語類》卷八一）

顧名思義，繫詞是連接主語和表語兩個部分的。繫詞句没有主語、表語或兩者都没有,大部分是承上省略或對話省略,可以根據上下文義補出,無法補出主語或表語的只是少數。

從意義上看,中古"是"字句不僅表示判斷,而且有了不同的引申用法。

(1)解釋事物或情況發生的原因。這類"是"字的表語大都不是單純的名詞或名詞性詞組。如:

①庾曰:"君復何所憂慘而忽瘦?"伯仁曰:"吾無所憂,直是清虚日來,滓穢日去耳。"(南朝宋劉義慶《世説新語・言語》)

②汝今得貴,不是汝學問勤勞,是我孝順新婦功課。(《敦煌變文集・秋胡變文》)

③頭上緣何白髮多,只這個是無常抛暗號。(同上《無常經講經文》)

④比來傜役,惡徵應頻,多是燕子,下牒申論。(同上《燕子賦》)

⑤《大學》一字不胡亂下,亦是古人見得這道理熟。(《朱子語類》卷十四)

(2)確認或肯定事實。如:

①是文康稱恭爲荒年穀,庾長仁爲半年玉。(南朝宋劉義慶《世説新語・賞譽》)

②故是常往來,無它所論。(同上《讒險》)

③"汝覓阿孃來?"目連啓言:"是覓阿孃來。"(《敦煌變文集・大目乾連冥間救母變文》)

④被左右曰:"將軍實是許他念經。"(同上《廬山遠公話》)

⑤人是六十萬之人,砦是五龍之砦。(同上《漢將王陵變》)

(3)表示比喻或比擬。如:

①謝太傅云:"不得爾,此是屋下架屋耳。事事擬學,而不免儉狹。"(南朝宋劉義慶《世説新語・文學》)

②雖令與侯小乖，按令今百里，即是古諸侯。（北魏楊衒之《洛陽伽藍記》卷一）

③應笑我曹身是夢，白頭猶自學詩狂。（唐韋莊《王道者》詩）

④外道之徒總是糠，大風一起無拾掇。（《敦煌變文集・降魔變文》）

⑤覺得今年只似去年，前日只是今日。（《朱子語類》卷一二一）

(4)表示一種存在，"是"有"有"或"在"的意思。如：

①時時聞鳥語，處處是泉聲。（唐白居易《遺愛寺》詩）

②同年同病同心事，除却蘇州更是誰？（同上《寄劉蘇州》）

③西邊是擄來者賤奴念經聲。（《敦煌變文集・廬山遠公話》）

④掘作九州池，儘是大宅裏。處處種芙蓉，婉轉得蓮子。（《樂府詩集・子夜四時歌・秋歌》）

⑤回日樓臺非甲帳，去時冠劍（一作"蓋"）是丁年。（唐温庭筠《蘇武廟》詩）

⑥通问刺史，是何之鄉？（《敦煌變文集・下女〔夫〕詞》）

例①②③"是"是"有"的意思，例④⑤⑥"是"是"在"的意思。

繫詞"是"本身的應用也有了發展。結構上，"是"的前面可以有修飾語。如：

①財本是糞土，所以將得而夢穢汙。（南朝宋劉義慶《世説新語・文學》）

②此廟中無神，但是黿鼉之輩。（晉干寶《搜神記》卷十九）

③客遂屈，乃作色曰："鬼神，古今聖賢所共傳，君何得獨言無？即僕便是鬼。"（同上卷十六）

④燕子文牒，並是虛辭。（《敦煌變文集・燕子賦》）

⑤小山皆無正神，多是木石之精。（晉葛洪《抱朴子・金丹》）

⑥片雲頭上黑，應是雨催詩。（唐杜甫《陪諸貴公子丈八溝攜妓納晚涼遇雨》詩）

意義上,“是”産生了一些新的用法。

(1)用在副詞後面,幫助起修飾的作用。例如:

①無情最是章臺柳,依舊煙籠十里堤。(唐韋莊《臺城》詩)

②我生天地間,頗是往還數。(唐盧仝《井請客》詩)

③奴家美貌,實是無雙,不合自誇,人間少有。(《敦煌變文集·破魔變文》)

④路上見個師子,威德甚是希奇。(同上《妙法蓮華經講經文》)

⑤文章真個是盛美資質,真個是堅實。(《朱子語類》卷八十)

這類句子的謂語通常由形容詞或動詞充當(例①主謂倒裝),“是”的前面大都有個副詞修飾。因爲不是判斷句,“是”的連繫作用不大,於是逐漸虚化,最後與前面的副詞融爲一體。這類句子甚多,“實是”、“甚是”、“須是”、“真個是”、“莫是”、“只是”等等都是。

(2)用在連詞後面,幫助起連接的作用。如:

①若是陽不閉陰,則出涉危難而害萬物也。(《南齊書·五行志》)

②既是無法,而云何得有生義?(南朝齊蕭統《令旨解二諦義》)

(3)用在名詞前面,有“凡是”、“所有的”的意思。如:

①今是水悉有之,黄花似蓴。(北齊顔之推《顔氏家訓·書證》)

②是處清暉滿,從中幽勝多。(唐張九齡《商洛山行懷古》詩)

③是個少年皆老去,争知荒塚不榮來。(唐杜荀鶴《重陽日有作》詩)

④院院皆行,是事皆有。(《敦煌變文集·廬山遠公話》)

⑤此日是人慶賀,是處歡呼。(同上《長興四年中興殿應聖節講經文》)

(4)用在句首人稱代詞前面,没有具體的意義。如:

①楊堅舉目忽見皇后,心口思量:“是我今日莫逃得此難?”(《敦煌變文集·韓擒虎話本》)

②相公曰:“是他道安是國内高僧,汝須子細思量。”(同上《嵐山遠公話》)

③是你下牒言我,共你到頭,並亦火急離我門前,少時終須吃摑。(同上《燕子賦》)

④師見此偈,乃告衆曰:“是你諸人,若依此偈修行,而得解脱。”(五代静、筠《祖堂集》卷二)

此外,上古漢語裏“乃”通常認爲只是副詞。漢魏以後,隨着繫詞“是”的産生,“乃”也有了繫詞的性質,“是”和“乃”往往互用。如:

①此乃不可爲之事,亦是勤學之一人。(北齊顔之推《顔氏家訓·勉學》)

②不知書音是其枝葉,小學乃其宗系。(同上)

③吾乃故人子,童丱聯居諸。(唐杜甫《别張十三封建》詩)

④虹乃雨中日影也,日照雨則有之。(宋沈括《夢溪筆談·異事》)

又“乃是”連用,成爲複合的繫詞。六朝已有例子,在唐宋等比較接近口語的作品裏,用得很普遍。如:

①國破家亡,無心至此,今日若能見殺,乃是本懷。(南朝宋劉義慶《世説新語·賢媛》)

②晉室石崇,乃是庶姓。(北魏楊衒之《洛陽伽藍記》卷四)

③此驢乃是佳物。(南朝齊求那毗地譯《百喻經·雇倩瓦師喻》)

④山羌乃言,我衣乃是祖父之物。(同上《山羌偷官庫衣喻》)

⑤大宅居山所,此乃是吾莊。(《敦煌變文集·燕子賦》)

不過無論“乃”或“乃是”都没有得到進一步的發展,近代漢語裏一般都用“是”,這與漢語繫詞的發展要求統一的趨勢是分不開的。

總之到了中古，尤其是到了宋代，繫詞"是"和"是"字句大大發展起來。近代漢語裏的繫詞句式，絶大多數中古已經具備。與此相應，用來表示判斷的語氣詞"也"應用逐漸減少，意義也發生了變化。

二、處置式的發展

處置式是利用一定的虚詞把受事賓語提到動詞前面的一種句式，因爲這類句子大多數具有對受事進行某種處置的意義，所以叫做處置式。具體一點，處置式可以分别表示把某物給予某人，把某人(物)作某種處理，把某人(物)當做某人(物)，把某人(物)置於某處等不同意義。處置式上古漢語也有，用介詞"以"構成。如：

①伯楚以吕郤之謀告公。(《國語・晉語四》)

②今予將試以汝遷。(《書・盤庚中》)

③不我能慉，反以我爲讎。(《詩・邶風・谷風》)

④復以弟子一人投河中。(《史記・滑稽列傳》)

"以吕郤之謀告公"就是"把吕郤的陰謀告訴晉文公"，"以汝遷"就是"把你們遷走"，"以我爲讎"是"把我當做仇敵"，"以弟子一人投河中"是"把老巫嫗的一個徒弟扔進黄河裏"。

用"以"表處置，六朝以後仍然應用，如：

①郭大怒，謂平子曰："昔夫人臨終，以小郎囑新婦，不以新婦囑小郎？"(南朝宋劉義慶《世説新語・規箴》)

②因以死人頭投大賢前。(晉干寶《搜神記》卷十八)

與此同時，中古産生了新的處置式結構。

將、把　"將"本動詞，先秦虚化爲介詞，用於工具語，漢代開始用於處置式，到唐宋廣泛使用。如：

①五官掾張輔懷虎狼之心,貪汙不軌……今將輔送獄,直符史詣閣下,從太守受其事。(《漢書·王尊傳》)

②遂將后殺之,完及宗族死者數百人。(《三國志·魏書·武帝紀》裴注引《曹瞞傳》)

③悉將降人分配諸將,衆遂數十萬。(《後漢書·光武帝紀》)

④愛將鶯作友,憐傍錦爲屏。(北魏王德《春詞》詩)

⑤將四金鉢奉上世尊。(隋闍那掘多譯《佛本行集經》,《大正大藏經》卷三)

⑥爾時帝釋,知佛心已,從鐵圍山,將一大石,安置佛前。(同上)

⑦似將青螺髻,撒在明月中。(唐皮日休《太湖詩·縹緲峰》詩)

⑧忽見將二百錢置妻前。(《古小説鈎沈·幽明録》)

以上例①②表示把某人進行某種處置,例③⑤表示把某人或物給予某人,例④表示把某物當作人,例⑥⑦⑧表示把某物放在某處。

"把"在秦漢時似已偶有用於處置式的例子。[①] 如:

①臧(贓)人者,甲把其衣錢匿臧(藏)乙室,即告亡,欲令乙爲盜之,而實弗盜之謂毆。(《睡虎地秦墓竹簡·法律答問》)

②牛生馬,桃生李,如論者之言,天神入牛腹中爲馬,把李實提桃間乎?(漢王充《論衡·自然》)

但是"把"字廣泛用於處置式是在唐代以後。如:

①應是天仙狂醉,亂把白雲揉碎。(唐李白《清平樂》詞)

②大師把政上座耳拽,上座作忍痛聲。(五代静、筠《祖堂集》卷十五)

---

① 以下兩例見吉仕梅《〈睡虎地秦墓竹簡〉語料的利用與漢語詞滙語法之研究》,載四川大學漢語史研究所《漢語史研究集刊》第一輯,129—130頁。

③應把清風遺子孫。(唐方干《李侍御上虞别業》詩)

④嗟予贖放豈儌福,忍把汝命供吾饕。(宋范成大《放魚行》詩)

⑤有人把椿樹,唤作白旃檀。(唐寒山《詩三百三首》之九十七)

⑥欲把西湖比西子,淡妝濃抹總相宜。(宋蘇軾《飲湖上初晴後雨》詩)

⑦把舜子頭髮懸在中庭樹地。(《敦煌變文集·舜子變》)

⑧我把些子兵士,似一斤之肉,入在虎牙。(同上《韓擒虎話本》)

例①②表示對某物進行處理,例③④表示把某人或物給予某人,例⑤⑥表示把某物當做或比做某物,例⑦⑧表示把某物置於某處。

值得注意的是,唐、五代不僅"將"和"把"廣泛用於工具語和處置式,而且兩者常常並用。

(1)用於工具語,如:

①敢將十指誇針巧,不把雙眉鬥畫長。(唐秦韜玉《貧女》詩)

②輕將玉杖敲花片,旋把金鞭約柳絲。(唐張祜《公子行》詩)

③祇把練魔求志理,不將諂曲順人情。(《敦煌變文集·維摩詰經講經文》)

(2)用於處置式,如:

①心將潭底測,手把波文裊。(唐皮日休《奉和魯望漁具十五詠·釣車》詩)

②若將明月爲儔侣,應把清風遺子孫。(唐方干《李侍御上虞别業》詩)

③莫將天女與沙門,休把眷屬惱菩薩。(《敦煌變文集·維摩詰經講經文》)

④每把金襴安膝上,更將銀縷掛肩頭。(同上《妙法蓮華經講經文》)

⑤數數頻將業剪除,時時好抱(把)心調服。(同上《無常經講經文》)

就結構而論，現代漢語處置式動詞一般不能是單純的單音節或雙音節動詞，至少也得是重叠式，常見的情形是動詞前後有一些别的成分。唐宋時期的處置式跟現在有相同的一面也有不同的一面。可以分爲以下幾種情況：

(1)動詞前後没有别的成分，這是跟現代漢語不同的。如：

①已用當時法，誰將此義陳？(唐杜甫《寄李十二白二十韻》詩)

②悠然散吾興，欲把青天摸。(唐皮日休《初夏遊楞伽精舍》詩)

③料理中堂，將少府安置。(唐張鷟《遊仙窟》)

④此時暫與交親好，今日還將簡册回。(五代閩翁承贊《甲子歲銜命到家……于新豐市堤餞别》詩)

⑤軟碧摇煙似送人，映花時把翠蛾嚬。(後蜀歐陽炯《楊柳枝》詩)

⑥却思城外花台禮，不把庭前竹馬騎。(《敦煌變文集·維摩詰經講經文》)

⑦秋時又把甚收？冬時又把甚藏？(《朱子語類》卷五三)

(2)動詞後面帶有賓語。這是跟近代漢語、現代漢語一致的。如：

①念彼上人者，將生付寂寞。(唐皮日休《初夏遊楞伽精舍》詩)

②何事從來好時節，只將惆悵付詞人。(唐吴融《楚事》詩)

③且將此事寫表奏上晉文皇帝。(《敦煌變文集·廬山遠公話》

④上來説喻要君知，還把身心細認之。(同上)

⑤謂小兒子讀書，未須把近代解説底音訓教之。(《朱子語類》卷七)

⑥有人把椿樹，唤作白栴檀。(唐寒山《詩三百三首》之九七)

⑦他專把國家名器財物做人情耳。(宋周密《齊東野語》卷二)

例①②動詞後面帶有間接賓語，例③④⑤動詞後面帶有複指的代詞賓語，例⑥⑦動詞是"當做"的意思，後面的賓語表示所當做的事物。

(3)動詞後面有補語或助詞。這是跟近代漢語、現代漢語都一致的。如：

①用水頭上攘之，將竹插於腰下。(《敦煌變文集·伍子胥變文》)

②汝閑時把他堂印將去，又何辭焉。(唐韋絢《劉賓客嘉話録》)

③欲將香匣收藏却，且惜時吟在手頭。(唐魚玄機《和友人次韻》詩)

④潙山把一枝木吹兩三下。(五代静、筠《祖堂集》卷四)

⑤今之學者説正心，但將正心吟詠一晌；説誠意，又將誠意吟詠一晌。(《朱子語類》卷八)

⑥如人一日隻喫得三碗飯，不可將十數日飯都一齊吃了。(《朱子語類》卷十)

例①有處所補語，例②有趨向補語，例③有結果補語，例④⑤有動量補語，例⑥有時體助詞。

(4)動詞前有各種修飾成分。這也是跟近代漢語、現代漢語一致的。如：

①不期自己遭狼狽，將此情由何處申?(《敦煌變文集·捉季布傳文》)

②如來告訖見神通，將身一念便騰空。(同上《難陀出家緣起》)

③遂將其筆望空便擲，是時其筆空中訖(屹)然而住。(同上《廬山遠公話》)

④不怕鳳凰當額打，更將雞脚用筋纏。(唐無名氏《街中又唱》詩)

現代漢語裏，處置式的否定式，一般只把否定副詞“不”放在“將”和“把”的前面，而不能放在“將”、“把”和動詞的中間。例如我們通常只説“不把話放在心裏”，“不把事做成，絶不罷休”。唐宋處置式没有這種限制，“不”可以在“將”和“把”的前面。也可以放在後面。例如：

①念我常能數字至，將詩不必萬人傳。(唐杜甫《公安送魏二少府匡贊》詩)

②今人所以悠悠者，只是把學問不曾做一件事看。(《朱子語類》卷八)

③從此錦城機杼，把回文休織。(宋王之望《漢濱詩餘》)

此外，有些句子現代漢語一般不能用處置式表示，中古漢語却是可以的。如：

①二人辭了須好去，不用將心怨阿郎。(《敦煌變文集·董永變文》)

②以此思量這丈夫，何必將心生愛戀。(同上《佛説·觀彌勒菩薩上生兜率天經講經文》)

③争得今朝降重，將身入我貧家。(同上《難陀出家緣起》)

④不經旬月，行至勝山，將身即入。(同上《秋胡變文》)

以上例句中的“心”和“身”不是受動者，我們也無法將這兩個詞還原爲賓語，在現代漢語裏一般是不能構成處置式的。

捉、著、與 介詞“捉”、“著”、“與”用於處置式，不及“將”、“把”廣泛。“捉”始見於六朝，“著”、“與”唐代才出現。如：

①便捉牸牛母子，各系異處。(南朝齊求那毗地譯《百喻經·愚人集牛乳喻》)

②其一弟子捉其所當按摩之脚以石打折。(同上《師患脚付二弟子喻》)

③漫將愁自縛，浪捉寸心懸。(唐王梵志《凡夫真可憐》詩)

④官人夜遊戲，因便捉窠燒。(《敦煌變文集·燕子賦》)

⑤鳳凰嗔雀儿：“何爲捉他欺？彼此有窠窟，忽爾輒行非？”(同上)

⑥布金買園無辭彈(憚)，外道捉我苦刑持。(同上《降魔變文》)

⑦只把自家心下先頓放在這裏，却捉聖賢説話壓在裏面。(《朱子語類》卷一二〇)

⑧莫憂世事兼心事，須著人間比夢間。(唐韓愈《遣興》詩)

⑨憐渠直道當時語，不著心源傍古人。(唐元稹《酬孝甫見贈》詩之二)

⑩不須乞米供高士，但與開軒作勝遊。(宋王安石《題正覺相上人籜龍軒》詩)

⑪也擬與愁排遣，奈江山遮攔不斷。(宋莫崙《水龍吟》詞)

介詞“捉”用於處置式，近代作品中仍有出現，介詞“著”、“與”明清已没有這種用法了。總之，隋唐時，“將”和“把”形成的處置式産生以後，應用逐漸廣泛，取代了“以”的地位，“捉”、“著”、“與”用於處置式也没有得到廣泛的流傳即被淘汰。近代漢語裏，處置式還將有進一步的發展。

三、被動句的發展

漢語被動句到中古有了很大的發展。除“爲……之……”式以外，上古非“被”字的被動句，這一階段仍然可以看到，而且有的應用十分普遍。如：

①吾不能舉全吴之地，十萬之衆，受制於人。(《資治通鑒·赤壁之戰》)

②從來禦魑魅，多爲才名誤。(唐杜甫《有懷台州鄭十八司户》詩)

③自荒亂以來，諸見俘虜。(北齊顔之推《顔氏家訓·勉學》)

④然而公不見信于人，私不見助于友。(唐韓愈(《進學解》)

⑤既非挺出地上，則爲深谷林莽所蔽，故古人未見。(宋沈括《夢溪筆談·雜誌一》)

⑥闍他宿舊沙門婆羅門有大名德，而爲世人之所恭敬。(南朝齊求那毗地譯《百喻經·爲婦貿鼻喻》)

⑦妾自孩提時，爲伯舅見念，命爲己女。(《太平廣記》卷二八一引《宣室志》)

⑧臣受性愚陋，人事多所不通，惟酷好學問文章，未嘗一日暫廢，實爲時輩所見推許。(唐韓愈《潮州刺使謝上表》)

⑨中道之郵亭人舍，多爲尊官有力者之所見佔。(唐薛用弱《集異記·王積薪》)

六朝以後被動式有了比較全面的發展。“被”字句之外，又有“着(著)”字句、“與”字句、“教(交)”字句、“喫(吃)”字句等被動句式。

“被”字句　中古廣泛應用，增加了多種格式：

(1)“被”和動詞中間可以插入施動者。如：

①臣被尚書召問。(漢蔡邕《被收時表》)

②屈原……被王逼逐，乃赴清冷之水。(晉王嘉《拾遺記》卷十)

③亭長大怒曰：“昨忽被縣召，夜避雨，遂誤入此中，急出我！”(晉干寶《搜神記》卷十二)

④舉體如被刀刺，叫呼而終。(北齊顔之推《顔氏家訓·歸心》)

⑤一朝被馬踏，唇裂版齒無。(唐杜甫《戲贈友二首》詩)

(2)謂語不只一個動詞。如：

①此龍王及民被文殊降伏歸依。(唐日圓仁《入唐求法巡禮行記》卷三)

②燕子不忿，以理從索，遂被撮頭拖拽，捉衣撦擘。(《敦煌變文集·燕子賦》)

③是時遠公由(猶)未了，遂被會下諸勑(衆)及相公再請遠公重升高座。(同上《廬山遠公話》)

④我被鄭王召募，被吴軍來伐。(同上《伍子胥變文》)

(3)動詞後面可以帶各種補足成分。如：

①至今衣領胭脂在，曾被謫仙痛齩來。(唐韓渥《自負》詩)

②禰衡被魏武謫爲鼓吏。(南朝宋劉義慶《世説新語·言語》)

③〔琚〕忽被風吹去，住足不得，乃至一大山。(同上卷一〇八引《報應記》)

④墓上人皆笑之，被石酒氣衝入鼻中，亦各醉卧三月。(晉干寶《搜神記》卷十九)

⑤今偶自追恨爲一畜，淚下入地，被地神上奏於帝。遂有命再還舊質。(同上卷四三六引《瀟湘録》)

⑥泥神被北方天王唱(喝)一聲。(《敦煌變文集·八相變》)

⑦雀兒被禁數日,求其獄子脱枷。(同上《燕子賦》)

⑧交被老烏趁急,走不擇舍,逢孔即入。(同上)

例①動詞後有時體助詞"來",例②動詞後有結果補語,例③動詞後有趨向補語,例④動詞後有處所補語,例⑤動詞後有表示行爲對象的介詞結構,例⑥動詞後有動量補語"一聲",例⑦動詞後有時間補語,例⑧動詞後有狀態補語。

(4)動詞前面可以帶各種修飾成分。如:

①可憐夭豔正當時,剛被狂風一夜吹。(唐白居易《惜花》詩)

②朱解被其如此説,驚狂轉轉送神魂。(《敦煌變文集·捉季布傳文》)

③乃被雀兒强奪,仍自更著恐嚇。(同上《燕子賦》)

④被他痛切劃摧殘,所以如今不敢去。(同上《維摩詰經講經文》)

⑤應莫被使者于崔判官説朕悪事。(同上《唐太宗入冥記》)

⑥被新羅僧金大悲將錢雇。(五代静、筠《祖堂集》卷五)

例①狀語"一夜"表示時間,例②"如此"表示方式,例③"强"表示情態,例④"痛切劃"表示程度,例⑤就"于崔判官"表示對象,例⑥"將錢"表示工具。

(5)動詞後面可以帶賓語。如:

①如彼愚人,被他打頭,不知避去。(南朝齊求那毗地譯《百喻經·以梨打破頭喻》)

②隆後至江邊,被一大蛇圍繞周身。(《太平廣記》卷四三七引《幽明録》)

③時(劉)焉被天火燒城,車具蕩盡。(《三國志·蜀書·劉二牧傳》)

④一篇長恨有風情,十首秦吟近正聲。每被老元偷格律,苦教短李伏歌行。(唐白居易《編輯拙詩成一十五卷固題卷末戲贈元九李二十》詩)

⑤行至雪山南畔,被背亂回鶻劫奪國信,所以各自波逃。(《敦煌變文集·張義潮變文》)

⑥石門拈问明真："作摩生道，即得免被唤作半個聖人。"（五代静、筠《祖堂集》卷四）

⑦邵堯夫在急流中，被渠安然取十年快樂。（《二程外書》卷十一）

例①至②賓語是受動者的一部分，例③至⑤賓語是受動者所有，例⑥是受動者的稱呼，例⑦賓語是與受動者有關的事物。

(6)動詞後面有複指的代詞賓語。如：

①若被諸物犯之，用便無驗。（晉葛洪《抱朴子·内篇·金丹》）

②又彼被趁急，遂失脚走，被舍利佛化火遮之，不能去。（《敦煌變文集·祇園因由記》）

③一日，女子忽詣家僮曰："我本不死，被大樹之神竊我。今值其神出朝西嶽，故得便奔出。"（《太平廣記》卷三二八引《孫相録》）

④長途莫怪無人迹，盡被山王税殺他。（同上卷二四一引《王氏聞見録》）

⑤若是下人出來着衣，更勝阿郎，奈何緣被人識得伊。（五代静、筠《祖堂集》卷八）

(7)主語是施動者，"被"字置於主語之前，引出某種意外或不如意的事，謂語表示的是一種自動行爲，並不表示被動關係。這種句式産生于唐代。如：

①其時被諸大臣道："大王，太子本是妖精鬼魅，請王須與棄亡。"（《敦煌變文集·八相變》）

②二將奏曰："被漢將詐宣我王有勑，賺臣落馬受口勑之次，決鞭走過。"（同上《漢將王陵變》）

③被他只就一個"敬"字做工夫，終被他做得成。（《朱子語類》卷一〇一）

④被義兵來，剗地壞了他事。（同上卷一二七）

這類句子可以説已經脱離了被動句的軌道，實際上無法改成被動關係，它們是中古以及近代一種特殊的句法形式。

(8)“被”和“所”連用成“被……(之)所……”式。如：

①父子並有琴書之藝，尤妙丹青，常被元帝所使，每懷羞恨。(北齊顔之推《顔氏家訓·雜藝》)

②若不志道法之玄，心都被符所損。(《敦煌變文集·葉浄能詩》)

③我是沙門，被衆尼所笑。(五代静、筠《祖堂集》卷十八)

④所債甚少，所失極多，果被衆人之所怪笑。(南朝齊求那毗地譯《百喻經·債半錢喻》)

⑤如彼灌頂大王不被怨敵之所侵擾。(唐菩提流支編譯《大寶積經·菩薩衆品第四》)

這種“被”字句式看來是受上古“爲……(之)所……”式的影響而産生的。

(9)“被”和“見”連用成“被……見……”式。如：

①延之問：“汝何故來？”答曰：“被人見訟。”(《太平廣記》卷三八〇引《廣異記》)

②仆是棄背帝鄉賓，今被平王見尋討。(《敦煌變文集·伍子胥變文》)

這種“被”字句式比較少見，是與“見”字句相結合而産生的。

(10)“被”字句否定式裏，“被”字後面可以用否定詞。如：

①非關文字須重看，却被江山未收回。(宋蘇軾《八月十七日登望海樓自和前篇是時榜出與試官兩人復留五首》詩)

②禮數過當，被人不答，豈不爲恥？(《朱子語類》卷一一)

③曾子只緣魯鈍，被他不肯放過，所以做得透。(同上卷三九)

“與”字句 由動詞“給予”義虚化爲介詞。上古“與”已偶有用於被動句引進施動者的。唐宋時期這一被動句式又有所發展。如：

①世間一等流，誠堪與人笑。（唐寒山《詩三百三首》之二八三）

②自死與鳥殘，如來相體恕。（唐王梵志《自死與鳥殘》詩）

③彼所有智者每勸之曰："和尚是高人，莫與他所使。"（五代静、筠《祖堂集》卷二）

④不貪一切功德利益，不與世法之所滯。（同上卷四）

"着（著）"字句 動詞"着"有"遭受"義。如杜甫《曲江對雨》詩："林花着雨燕支濕，水荇牽風翠帶長。"虚化爲介詞，引出動作行爲的施動者，起於唐朝。如：

①一朝着病纏，三年卧床席。（唐寒山《詩三百三首》之二七四）

②一度着蛇咬，怕見斷井索。（宋普濟《五燈會元》卷二十）

③報答春光酒一巵，貧中無酒着春欺。（宋楊萬里《三月三日雨作遣悶十絶句》詩）

④千里空攜一影來，白頭更着亂蟬催。（宋陳與義《鄧州西軒書事》詩）

⑤兩鬢青青，盡着吴霜偷换。（宋袁去華《雨中花》詞）

"教（交）"字句 有"使令"義。《集韻・爻韻》："教，令也。"引申之，用於被動句，引進施動者，産生于唐代。"教"又作"交"。如：

①五月販鮮魚，莫教人笑汝。（唐寒山《詩三百三首》之二一九）

②莫教門外過客聞，撫掌回頭笑殺君。（唐白居易《杏爲梁》詩）

③第一莫教漁夫見，且從蕭颯滿朱欄。（唐李遠《鄰人自金仙觀移竹》詩）

④莫教印綬系餘年，去掃墳墓當有日。（宋蘇軾《送表弟程六和楚州》詩）

⑤窄樣金杯教换了，房櫳試聽珊珊。（宋辛棄疾《臨江仙・又再用圓字韻》詞）

⑥但雀兒明明腦子，交被老烏趁急。（《敦煌變文集・燕子賦》）

"喫(吃)"字句[①]　"喫"也寫作"吃",本義是"吃飯",引申出"遭受"的意思。如《敦煌變文集·廬山遠公話》:"解事速説情由,不説眼看吃杖。"唐代開始用於被動句,引進施動者。如:

①我欲笞汝一頓,恐天下人稱你云:撩得李日知嗔,喫李日知杖。(唐張鷟《朝野僉載》卷五)

②黄羊野馬撚槍撥,虎鹿從頭喫箭川(穿)。(《敦煌變文集·王昭君變文》)

③花兒偏向蜂兒有,鶯共燕,喫他拖逗。(宋柳永《紅窗回》詞)

④喫人打罵差遣,乃所以成就之。(宋羅大經《鶴林玉露》卷二)

⑤蔡卞只是扶他以證其邪説,故喫人議論。(《朱子語類》卷八七)

⑥他心本是不動,只是忽然喫一跌,氣才一暴,則心志便動了。(同上卷五二)

四、"得"字結構的發展

上古"得"是動詞,表示獲得,又是能願動詞,表示客觀容許。如:

①得道者多助,失道者寡助。(《孟子·梁惠王下》)

②趨而避之,不得與之言。(《論語·微子》)

與此同時,"得"可以放在别的動詞後面,表示"得到",也還是動詞。如:

③孟孫獵得麑,使秦西巴持之歸。(《韓非子·説林上》)

④今臣爲王却齊之兵,而攻得十城,宜以益親。(《史記·蘇秦列傳》)

⑤今壹受詔如此,且使妾摇手不得。(《漢書·孝成許皇后傳》)

⑥田爲王田,買賣不得。(《後漢書·隗囂傳》)

---

① 參看江藍生《被動關係詞"吃"的來源初探》,載《中國語文》1989年,5期,370—377頁。

六朝以後,“得”虚化成爲結構助詞,既可以表示結果,又可以表示可能。到了唐末尤其是到了宋代,“得”字結構形式上也多樣化了。謂語可以是複音詞,賓語可以是詞組,賓語之外又有補語,位置可前可後。有以下8種形式:

(1)“V+得”式[①] “得”表示行爲的完成或可能。如:

①放卿入楚救其慈母,救得已否?(《敦煌變文集·漢將王陵變》)

②西王母指東方朔曰:“此小兒三度到我樹下偷桃,我捉得,繫着織機脚下。”(同上《前漢劉家太子傳》)

③皇帝亦見,宣問大臣:“甚人解得?”(同上《韓擒虎話本》)

④如今鐫作佛象,却坐得不?(五代静、筠《祖堂集》卷十八)

⑤師謂衆曰:“我要一人傳語西堂,阿誰去得?”(同上卷十四)

例①②“得”表示結果,例③④⑤“得”表示可能。

(2)“V+得+O”式 “得”表示可能或完成。如:

①無問耕得多少,皆須旋蓋磨如法。(北魏賈思勰《齊民要術·雜説》)

②遺已聚斂得數斗焦飯,未展歸家,遂帶以從軍。(南朝宋劉義慶《世説新語·德行》)

③榜示七日,募得九十萬精兵。(《敦煌變文集·伍子胥變文》)

④設何方計,却得吴軍?(同上)

⑤不駕生死船筏,如何渡得愛河?(宋釋道原《景德傳燈録》卷十四)

⑥僧問:“何物大於天地?”師曰:“無人識得伊?”(宋普濟《五燈會元》卷五)

例①②③“得”表示結果,例④⑤⑥“得”表示可能。

(3)“V+O+得”式 如:

---

① V——謂語,O——賓語,C——補語。

①若解微臣箭得，年年送供（貢），累歲稱臣。（《敦煌變文集·韓擒虎話本》）

②今日黄（皇）天應得知，漢家天子辜陵得！（同上《李陵變文》）

③師云："教我分付阿誰得？"（五代静、筠《祖堂集》卷八）

④這自是好，如何廢這箇得？（《朱子語類》卷一〇一）

例①②"得"表示結果，例③④"得"表示可能。

(4)"V＋得＋C"式　如：

①平子饒力，争（掙）得脱，踰窗而走。（南朝宋劉義慶《世説新語·規箴》）

②可憐細麗難勝日，照得深紅作淺紅。（唐皮日休《重題薔薇》詩）

③院主見他孝順，教伊念《心經》，未過得一兩日念得徹，和尚又教上别經。（五代静、筠《祖堂集》卷六）

④若有人彈得破，莫來；若也無人彈得破，却還老僧。（同上卷七）

⑤佛法二字，如何辨得清濁？（同上卷五）

⑥若能於一處大處攻得破，見那許多零碎，只是這一個道理。（《朱子語類》卷八）

例①②③"得"表示結果，例④⑤⑥"得"表示可能。

有時"得來"連用，與"得"字單用義同。如：

①心所以然者，只爲生得來如此。（《河南程氏遺書》卷一五）

②志於道，則説得來闊。（《朱子語類》卷二六）

(5)"V＋C＋得"式　如：

①恁麽即大衆一時散去得也。（宋釋道原《景德傳燈録》卷十九）

②指一徑曰："回去得也。"（五代陳□《葆光録》卷一）

③若恥惡衣惡食者，也只是喫着得，只是怕人笑。（《朱子語類》卷二十六）

例①②③都表示可能。

(6)“V+得+C+O”式　如：

①未有是事，預先説是理，故包括得盡許多道理。（《朱子語類》卷六八）

②得此本然之心，則皆推得去無窮也。（同上卷九九）

③如今不敢説時習，須看得見那物事方能時習。（同上卷十）

例①②③都表示可能，此式似無表示結果者。

(7)“V+得+O+C”式　如：

①前時學得經論成，奔馳象馬開禪扃。（唐劉禹錫《送僧仲剬東遊兼寄呈靈澈上人》詩）

②十三學得琵琶成，名屬教坊第一部。（白居易《琵琶行》詩）

③織得錦成便截下，揲將來，便入箱。（《敦煌變文集·董永變文》）

④世宗曰：“劉旻烏合之衆，若遇我師，如山壓卵。”道曰：“陛下作得山定否？”（《新五代史·馮道傳》）

⑤垂楊只解惹春風，何曾繫得行人住？（宋晏殊《踏莎行》詞）

⑥僧問：“如何出得三界去？”（宋普濟《五燈會元》卷三）

例①②③表示動作行爲結果，例④⑤⑥表示可能。

(8)“V+O+得+C”式　如：

①亦是太以敬來做事得重，此恭而無禮則勞也。（《河南程氏遺書》卷三十五）

②告子只是去守箇心得定，都不管外面事。（《朱子語類》卷五十二）

例①②“得”都表示結果，此式没有“得”表示可能的例子。

以上八種帶"得"的肯定句式中,應用很不平衡,(1)(2)(4)(7)四種最爲常見,(3)(5)(6)(8)四種少見。

帶"得"的否定句式有以下10種,大都用於表示可能,極少有用於表示結果的。

(1)"V+不+得"式　如:

①明眸皓齒今何在?血污遊魂歸不得。(唐杜甫《哀江頭》詩)

②王事牽身去不得,滿山松雪屬他人。(唐白居易《酬王十八、李大見招遊山》詩)

③寶劍未磨時如何?用不得。磨後如何?觸不得。(宋釋道原《景德傳燈録》卷二十)

④汝恁地懸空理會得許多,而面前事却又理會不得。(《朱子語類》卷一〇一)

例①②③④都表示不可能,此式没有表示動作行爲結果的。

(2)"不+V+得"式　如:

①客中主尚不並得。(五代静、筠《祖堂集》卷二)

②若論修行,何處不去得?(宋釋道原《景德傳燈録》卷二八)

③只見事多,却不如都不理會得底。(《朱子語類》卷四)

(3)"V+O+不得"式　如:

①待捉王陵不得之時,取死不晚。(《敦煌變文集·漢將王陵變》)

②子胥尋覓父兄骸不得。(同上《伍子胥變文》)

③臾自啖一棗,大如拳,謂樵者曰:"子食此棗不得。"(五代陳□《葆光録》卷一)

④安有身爲指揮使,着一領毛衫,系一條銅束帶,作主不得,就身上奪却?(宋張齊賢《洛陽縉紳舊聞記》卷一)

⑤古人瓶中養一鵝,鵝漸長大,出瓶不得。(宋普濟《五燈會元》卷四)

(4)"V+不得+O"式　如:

①一人有口,道不得姓字爲誰?(宋普濟《五燈會元》卷十七)

②在古雖大惡在上,一面誅殺,亦斷不得人議論,今便都無異者。(《河南程氏遺書》卷二下)

③器遠前夜説:"敬當不得小學。"某看來,小學却未當得敬,敬已是包得小學。(《朱子語類》卷七)

④二子只是曉得那禮之皮膚,曉不得那裏面微妙處。(同上卷四十)

(5)"不+V+得+O"式　如:

①縱學得種種差别義路,終不代得自己見解。(宋釋道原《景德傳燈録》卷十)

②使回更吃得兩簞食,半瓢飲,當更不活得二十九歲。(宋蘇軾《東坡志林》卷四)

③只浴得這箇,且不浴得那箇。(宋普濟《五燈會元》卷二十)

④浮浮沈沈,半上落下,不濟得事。(《朱子語類》卷八)

(6)"V+C+不得"式　如:

①趁到界首,歸去不得。(《敦煌變文集·漢將王陵變》)

②然尚以些秉彝消鑠盡不得,故且恁過。(《二程語録》卷二)

(7)"不+V+得+C"式　如:

①師曰:"將得崔禪喝來否?"曰:"不將得來。"(宋釋道原《景德傳燈録》卷十二)

②若工夫有所欠缺，便於天理不凑得着。(《朱子語類》卷一百一十七)

(8)“V+C+O+不得”式　如：

①雖做得聖人田地，也只放下這敬不得。(《朱子語類》卷七)

(9)“不+V+得+O+C”式

①不閑，却不把捉得一項周全。(《朱子語類輯略》卷七)

②只是不見得道理分明。(同上卷四)

(10)“不+V+C+O+得”式　如：

①豈有人在天地間孑然自立，都不涉着外人得。(《朱子全書》卷二十)

中古漢語上述10種帶“得”的否定句式，一般只表示可能，而且出現頻率很不平衡，(1)(3)(4)(5)四種較爲常見，(2)(6)(7)(8)(9)(10)六種非常少見。

五、中古漢語補語的發展

關於補語有好幾種情況，這裏主要談談結果補語、趨向補語和動量補語。

1.結果補語

結果補語可分帶“得”和不帶“得”的兩類。帶“得”的補語前面已經討論過了。這裏討論不帶“得”的結果補語。這種補語通常由動詞和形容詞構成。前面的動詞表示行爲動作，後面的動詞或形容詞表示結果。

動補結構的補語成分由動詞構成的句式早在先秦已經出現，漢代應用頗多，魏晉以後更加普遍。如：

①打壞木棲床，誰能坐相思?(《樂府詩集·讀曲歌》)

②復於地取内口中，嚙破即吐之。（南朝宋劉義慶《世説新語·忿狷》）

③王看竟，既不笑，亦不言好惡。（同上《雅量》）

④〔夷甫〕食未畢，便去。（同上《汰侈》）

⑤楊家有女初長成，養在深閨人未識。（唐白居易《長恨歌》）

⑥獨坐堂中，夜被刺死。（唐張鷟《朝野僉載》卷三）

補語成分是形容詞的動補結構産生於漢代，六朝以至唐宋，應用逐漸普遍起來。如：

①迷失道路，不知所趣，窮困死盡。（南朝齊求那毗地譯《百喻經·殺商主祀天喻》）

②種好者賞，其不好者，當重罰之。（同上《灌甘蔗喻》）

③詐言洗浄，人爲着水，即便瀉棄。（同上《出家凡夫貪利養喻》）

④君馬行疾，且前。（晉干寶《搜神記》卷十七）

⑤以手摸其四體，便覺縮小。（《古小説鉤沈·幽明録》）

⑥葉落浄然後刈，刈訖則速耕。（北魏賈思勰《齊民要術》卷二）

⑦群公有慙色，王室無削弱。（唐杜甫《過郭代公故宅》詩）

⑧力士比復奏，衣盡沾濕。（唐李德裕《次柳氏舊聞》）

⑨風乍起，吹縐一池春水。（五代南唐馮延巳《謁金門》詞）

⑩春風吹緑湖邊草，春光依舊湖邊道。（宋高觀國《菩薩蠻》詞）

上述例句中，“盡、好、浄、疾、小、弱、濕、縐、緑”等都是形容詞充當補語。還有一種情況是，補語結構的前一成分是形容詞。漢代偶有出現，《論衡·自然》：“宋人有閔其苗之不長者，就而揠之，明日枯死。”“枯死”中的“枯”是形容詞。六朝以後，這類補語結構也逐漸多起來。如：

①後還欲豎，樹已枯死，都無生理。（南朝齊求那毗地譯《百喻經·斫樹取果喻》）

②君不見河邊草，冬時枯死春滿道。（南朝宋鮑照《擬行路難十八首》之五）

③終日兩相思，爲君憔悴盡，百花時。（唐温庭筠《南歌子》詞）

④記家人軟語燈邊，笑渦紅透。（唐蔣捷《賀新郎・兵後寓吴》詞）

動補結構的否定式通常是在動詞和補語之間加"不"，有三種情況。如：

①離離原上草，一歲一枯榮，野火燒不盡，春風吹又生。（唐白居易《賦得古原草送别》詩）

②方會擊鼓，一時打其鼓不鳴。（《敦煌變文集・李陵變文》）

③珠回玉轉，被人唤作拭不浄故紙。（宋普濟《五燈會元》卷十四）

例①是"V＋不＋C"式，例②是"V＋O＋不＋C"式，例③是"V＋不＋C＋O"式。

結果補語有兩個來源：一是由連動謂語緊縮而來。上古這類謂語的前一動詞大都表示某種具體的動作，後一動詞（或形容詞）表示由這個動作造成的結果。中間通常用"而"連接。如：

①豹自後擊而殺之。（《左傳・襄公二十三年》）

②匠人斲而小之，則王怒。（《孟子・梁惠王下》）

"擊而殺之"、"斲而小之"，去掉"而"字，"擊殺之""斲小之"就成爲動補結構了。

二是由兼語式緊縮而來。上古漢語有一種"V_1＋O＋V_2"的兼語結構，其中 V_1 是及物動詞，V_2 是不及物動詞，O 既是 V_1 的受事，又是 V_2 的施事。如《史記・陳涉世家》："擊陳柱國君房死。"六朝以後，這類句式仍然大量出現。如：

①今當打汝前兩齒折。（北魏慧覺等譯《賢愚經》，《大正大藏經》卷四）

②吹歡羅裳開，動儂含笑容。（《樂府詩集・子夜四時歌・夏歌》）

③寡婦哭城頹，此情非虚假。（同上《懊儂曲》）

④賊撞三城已毁，德祖唯保一城。（《宋書・索虜傳》）

⑤初兒騎虎而還，打捶過痛，虎嚙兒脚傷。（《太平廣記》卷六引《洞冥記》）

⑥誰能拆籠破，從放快飛鳴。（唐白居易《鸚鵡》詩）

⑦雨横風狂三月暮，門掩黄昏，無計留春住。（宋歐陽修《蝶戀花》詞）

這類結構跟一般兼語式不同，賓語後面的成分是前一動詞造成的結果。隨着處置式和動補結構的發展，賓語或者提到前面，或者移到第二個動詞後面，如"打汝前兩齒折"可以説成"把汝前兩齒打折"或"打折汝前兩齒"；"嚙兒脚傷"可以説成"把兒脚嚙傷"或"嚙傷兒脚"。這樣動補結構就形成了。中古是"V_1+O+V_2"式向"V_1+V_2+O"式過渡的時期。唐王梵志《撩亂失精神》詩"設却百日齋，渾家忘却你"用第二式，《平生不喫著》詩"一日事參差，獨自殺你却"却用第一式。近代漢語"V_1+V_2+O"式得到進一步的發展，"V_1+O+V_2"式逐漸消失了。

2. 趨向補語

單音的趨向補語先秦就已産生，六朝以後應用更加普遍。有的結構是新産生的。如：

①暫語船檣還起去，穿花落水益霑巾。（唐杜甫《燕子來舟中作》詩）

②火爐倏爾起去，藥鼎墮地。（宋劉斧《青瑣高議》前集卷一）

動詞和補語中間可以插入賓語。也是産生於漢代。《史記・范睢蔡澤列傳》："范君之仇，在君之家，願使人歸取其頭來。"六朝以後也有廣泛的發展。如：

①府吏還家去，上堂拜阿母。（《古詩爲焦仲卿妻作》）

②仰天大笑出門去，我輩豈是蓬蒿人。（唐李白《陵别兒童入京》詩）

③朱輪軋軋入雲去，行到半天聞馬嘶。（唐曹唐《小遊仙九十八首》詩之十四）

④昔日戲言身後意，今朝皆到眼前來。（唐元稹《遣悲懷》詩）

⑤天外黑風吹海立，浙東飛雨過江來。（宋蘇軾《有美堂暴雨》詩）

此外，從六朝開始，趨向動詞往往"來"、"去"連用，表示動作的反復進行。如：

①願作王母三青鳥，飛來飛去傳消息。（唐薛道衡《豫章行》詩）

②一别一年方見我，遊來遊去（一作"愁來愁去"）不禁君。（唐羅鄴《惜春》詩）

③若只管説來説去，便自拖泥帶水。（《朱子語類》卷二七）

④此章須從頭節節看來看去，首尾貫通，見得活方是。（同上卷五二）

複合的趨向補語漢代已開始出現，但只限於不及物動詞。如：

①漢王四年，楚圍漢王滎陽急，漢王遁出去，而使周苛守滎陽城。（《史記·張丞相列傳》）

②征和二年春，涿郡鐵官鑄鐵，鐵銷皆飛上去。（《漢書·五行志上》）

③成帝河平元年，長安男子石良劉音相與同居，有如人狀在其室中，擊之爲狗，走出去。（《漢書·五行志中之上》）

到了中古，尤其是唐宋時期，複合的趨向補語有了比較廣泛的發展。如：

①黄鶯過水翻回去，燕子銜泥濕不妨。（唐杜甫《即事》詩）

②事當好衣裳，得便走出去。（唐王梵志《家中漸漸貧》詩）

③遂有一童子，過在街坊，不聽打鼓，即放過去。（《敦煌變文集·前漢劉家太子傳》）

④寺中有甚錢帛衣物，速須搬運出來。（同上《廬山遠公話》）

⑤雖强支撐起來，亦支撐不得。（《朱子語類》卷五二）

句中帶有賓語時，通常嵌入複合趨向補語中間，如：

①長恨春歸無覓處，不知轉入此中來。（唐白居易《大林寺桃花》詩）

②此水貴妃曾照影，不堪流入舊宫來。（唐羅鄴《温泉》詩）

③淚眼問花花不語，亂紅飛過鞦韆去。（宋歐陽修《蝶戀花》詞）

④黄蘗舉拄杖便打，師接杖推倒和尚，黄蘗呼："維那，維那，拽起我來。"（宋釋道原《景德傳燈録》卷十二）

從趨向補語的應用看，六朝以後趨向補語産生了一些引申用法，擴大了應用範圍。主要有以下幾種情況：

(1)表示事物、情況的出現或産生。如：

①淡掃明湖開玉鏡，丹青畫出是君山。（唐李白《陪族叔……遊洞庭五首》詩之五）

②天理本多，人欲便也是天理裏面做出來。（《朱子語類》卷十三）

(2)表示事物的分離或消失。如：

①脱去塵埃奔走之勞，遂獲清閑風土之利。（唐姚闢通《倅謝兩府啓》）

②遥夜看來疑月照，平明失去被雲迷。（唐方干《東山瀑布》詩）

(3)表示動作的結果。如：

①有便憑將金剪刀，爲君留下相思枕。（唐李白《搗衣篇》詩）

②月姊殷勤留不住，碧空遺下水精釵。（唐司空圖《遊仙二首》詩）

(4)表示動作的完成。如：

①屬吏唤人排馬去，覺來身在古梁州。（唐白行簡《三夢記》詩）

②《水調》數聲持酒聽，午醉醒來愁未醒。（宋張先《天仙子》詞）

漢語的處置式和被動式，就其發展趨勢看，它們的動詞後面都要求帶有别的成分。補語的發展，正與這種結構的發展趨勢相適應。早在唐代，動補結構就已開始與處置式相結合，到宋代更加普遍了。關於這，我們在討論處置式和被動式的發展時已經談到，現在再舉兩個例子：

①汝閑時把他堂印將去，又何辭焉？（唐韋絢《劉賓客嘉話録》）

②事既彰露，便被州縣捉來。（《敦煌變文集·廬山遠公話》）

3. 動量補語

漢代開始有動量詞，六朝以後，隨着動量詞的發展，動量補語也普遍應用起來。如：

①余嘗往返十許過，正可再見遠峰耳。（北魏酈道元《水經注·江水》）

②故漁者歌曰：巴東三峽巫峽長，猿鳴三聲淚沾裳。（同上）

③每耕一遍，蓋兩遍，最後蓋三遍。（北魏賈思勰《齊民要術·雜説》）

④頭髮梳千下，休糧帶瘦容。（唐賈島《山中道士》詩）

⑤如是往復數番，婆羅門默無所説。（唐玄奘《大慈恩寺三藏法師傳》卷四）

⑥於是餐膳肴饌，引滿數十巡，不覺沈醉。（唐牛僧孺《玄怪録》卷三）

⑦晨時以粥充飢，仲時更餐一頓。（五代静、筠《祖堂集》卷三）

⑧願者還須早至道場聽一回。（《敦煌變文集·佛説阿彌陀經講經文》）

如果動詞帶有賓語，則量詞在賓語後。如：

①清晨建齒三百過者，永不摇動。（晉葛洪《抱朴子·雜應篇》）

②弼自爲客主數番，皆一坐所不及。（南朝宋劉義慶《世説新語·文學》）

③四面諸村，始聞者撾鼓一通。（《魏書·李崇傳》）

④敬兒單馬在後，衝突賊軍數十合，殺數十人。（《南齊書·張敬兒傳》）

⑤至於寢所，繞患人數遍而叱之。（五代王仁裕《開元天寶遺事》卷上）

⑥此翁極諳西路，來去伊吾三十餘反。（唐玄奘《大慈恩寺三藏法師傳》）

⑦汝欲得活,時得瓜食之一頓,即活君也。(《敦煌變文集·搜神記》)

⑧既是當值,與寡人領將三百將士,何不巡譬一遭。(同上《漢將王陵變》)

總起來説,中古漢語各種補語成分大都形成,補語結構已經相當完備了。

六、比較句的發展

比較句是對兩件事物進行比較的句子。可分平比句、差比句、極比句三類。中古漢語裏平比句、差比句都有新的發展。

1. 平比句的發展

平比句是比較兩件相等或相似的事物。上古漢語用"如"、"若"、"猶"等表示,往往帶有比喻的意義。如:

①彼其之子,美如英。(《詩·魏風·汾沮洳》)

②君子之交淡若水,小人之交甘若醴。(《莊子·山木》)

③以若所爲,求若所欲,猶緣木而求魚也。(《孟子·梁惠王上》)

漢代産生"一似"表示兩者相像。《孔子家語·正論解》:"有婦人哭於野者而哀,夫子式而聽之,曰:'此哀一似重有憂者。'"六朝以後這一句式應用甚多。如:

①畫松一似真松樹,且待尋思記得無?(唐景雲《畫松》詩)

②才到腦蓋骨上,一似佛手撚却。(《敦煌變文集·韓擒虎話本》)

③聖人常見於凡流,一似纏屙之不異。(同上《維摩詰經講經文》)

唐代又出現了"似(同、如、與)……一般"、"如(似、比)……相似"等格式,如:

①如或信心不起,似無手足一般。(《敦煌變文集·維摩詰經講經文》)

②只在三千世界,還同池沼一般。(同上《妙法蓮華經講經文》)

③漢人斷獄辭,亦如今之款情一般。(《朱子語類》卷一三五)

④大率古人作詩,與今人作詩一般。(同上卷八)

⑤王見我等,還如怒蝸相似。(《敦煌變文集·伍子胥變文》)

⑥每日在長連床上,恰似漆村裏土地相似。(五代静、筠《祖堂集》卷七)

⑦誠者,事之終始;不誠,比不曾做得事相似。(《朱子語類》卷六四)

⑧似擔百十斤擔相似,須硬着筋骨擔。(同上卷十二)

2. 差比句的發展

差比句是比較兩件有高低、大小、强弱等差别的事物。上古漢語差比用介詞"於"或"乎"置於形容詞後面來表示。如司馬遷《報任安書》:"故死或重於泰山,或輕於鴻毛。"《吕氏春秋·至忠》:"人知之不爲勸,人不知不爲沮,行無高乎此者。"也有省去介詞的。如《戰國策·秦策二》:"敝邑之王所説甚者,無大大王。"《史記·遊俠列傳》:"專趨人之急,甚己之私。"魏晉以後,這種句式仍然常見。如:

①蜀道之難,難於上青天。(唐李白《蜀道難》詩)

②君不見黄鵠高於五尺童,化爲白凫似老翁。(唐杜甫《白凫行》詩)

③出言易於反掌,收氣難於拔山。(《敦煌變文集·降魔變文》)

中古比較句中的介詞"於"同樣可以省去。如:

①我常自言勝〔　〕茂弘,今始知不如也。(南朝宋劉義慶《世説新語·方正》)

②但百遍自是强〔　〕五十遍時;二百遍自是强〔　〕一百遍時。(《朱子語類》卷八十)

③知遠之近,知風之自,知微之顯,一句緊〔　〕一句。(同上卷九七)

中古漢語差比句的發展表現在三個方面:

(1)"比"字句　"比"本是動詞,有"比較"的意思。《史記·樊酈滕列傳》:"噲以吕后女弟吕須爲婦,生子伉,故其比諸子最親。"六朝以後,"比"虚化爲介詞,表示差比，於是一種新的比較句產生了，唐宋時得到了廣泛的應用。"比"字句由甲、乙兩個比較項和説明語三部分構成，可以用"甲＋比＋乙＋説明語"的格式表示，説明語通常由形容詞擔任，到宋代才有所變化。如：

①于時支公正講小品，開戒弟子："道林講，比汝至，當在某品中。"（南朝宋劉義慶《世説新語・文學》）

②劉真長與丞相不相得，每曰："阿奴比丞相條達清暢。"（南朝宋劉義慶《世説新語・品藻》劉孝標注引《語林》）

③縉雲詎比長沙遠，出牧猶承明主恩。（唐劉長卿《餞王相公出牧括州》詩）

④今雖死乎此，比吾鄉鄰之死則已後矣。（唐柳宗元《捕蛇者説》）

⑤莫道不消魂，簾捲西風，人比黄花瘦。（宋李清照《醉花陰》詞）

⑥孟子之時，去先王爲未遠，其學比後世爲尤詳。（《河南程氏遺書》卷四）

⑦《殷其雷》比《君子于役》之類莫是寬緩和平。（《朱子語類》卷八一）

(2)"如"字句 用"説明語＋如"表示甲、乙兩個比較項之間的程度差别，這種比較句式偶見於上古。如《吕氏春秋・愛士》："人之困窮，甚如飢寒。"唐宋應用才逐漸多起來。如：

①誰輕如鴻毛，誰密如凝脂。（唐陸龜蒙《襲美先輩以龜蒙所獻五百言既蒙見和復示榮唱……再抒鄙懷用伸酬謝》詩）

②南北和好，固是好事。如今地界了後，更勝如舊日去也。（《乙卯入國奏請》）

③又有一相識言，先《左傳》，次《國語》，《國語》較老如《左傳》。（《朱子語類》卷八三）

④當其不應事時，平淡自攝，豈不勝如思量詩句？（同上卷一四〇）

(3)"似"字句 用"形容詞＋似"表示兩個比較項之間的程度差别。這種比較句式産生于唐宋。如：

①虎踏青泥稠似印，風吹白浪大於山。（唐白居易《舟行阻風寄李十一舍人》詩）

②笑撚香粉歸繡户，半垂簾幕護窗紗。東風寒似夜來些。（宋賀鑄《浪淘沙》詞）

③歲晚客天涯，短鬓蒼華，今年衰似去年些。（宋劉克莊《浪淘沙》詞）

④試着春衫羞自看，窄似年時一半。（宋趙長卿《清平樂》詞）

⑤若言子賤爲君子，而子貢未至於不器，恐子賤未能强似子貢。（《朱子語類》卷二八）

⑥此四句三段，一段緊似一段。（同上卷七九）

七、疑問句的發展

是非問句、特指問句、選擇問句、正反問句都是上古漢語就有的句式，中古的發展主要表現在語氣詞、疑問代詞有所更新。下面舉幾個是非問句和特指問句的例子：

①君是韓伯休那？乃不二價乎？（《後漢書·逸民列傳》）

②卿視吾是守江東而已邪？（《南齊書·垣崇祖傳》）

③師乃起立云："還會摩？"帝曰："不會。"（五代静、筠《祖堂集》卷三）

④牛屋下是何物人？（南朝宋劉義慶《世説新語·雅量》）

⑤年年道我蠶辛苦，底事渾身着苧麻？（唐杜荀鶴《蠶婦》詩）

⑥遊人一聽頭堪白，蘇武争禁十九年？（唐杜牧《邊上聞胡笳》詩）

例①②③是非問句，句中没有疑問代詞，例④⑤⑥是特指問句，句中有疑問代詞。這裏我們着重討論中古選擇問句和正反問句的發展。

(1)選擇問句　中古選擇問句發展的主要表現是，增加了單純的選擇問句以及用"爲"、"是"、"定"、"還"等詞連接的選擇問句。

單純選擇問句 這類選擇問句分句中間不用連詞,句末也不用語氣詞。如:

①不知文生於情?情生於文?(南朝宋劉義慶《世説新語·文學》)

②今年男婚多?女嫁多?(《宋書·殷景仁傳》)

③兄今在天上,福多?苦多?(《古小説鈎沈·幽明録》)

④遂遣奚斤等南伐,議於監國之前曰:"先攻城?先略地?"(《北史·崔宏傳》)

⑤天師進曰:"水路來?陸路來?"對云:"不踏兩路來。"(五代静、筠《祖堂集》卷十七)

⑥塔主問:"先禮佛?先禮祖?"師曰:"祖佛俱不禮。"(宋普濟《五燈會元》卷十一)

"爲"字句 選擇問句分句之間用"爲"或複音詞"爲當"、"爲復"、"爲復是"、"爲是"等連接。先後出現於六朝以至唐代。如:

①今爲應乘弊致討,爲應收兵息民?(《魏書·高閭傳》)

②有問曰:"公之懺罪,爲自懺邪?爲他懺邪?"(宋普濟《五燈會元》卷十八)

③將軍爲當要貧道身?爲當要貧道業?(《敦煌變文集·廬山遠公話》)

④爲當欲謀社稷?爲復别有情懷?(同上《降魔變文》)

⑤疏山云:"汝爲復將三錢與匠人?爲復將兩錢與匠人?爲復將一錢與匠人?"(五代静、筠《祖堂集》卷九)

⑥老僧今夏向黄龍潭内下三百六十箇釣筒,未曾遇着箇錦鱗紅尾,爲復是鈎頭不妙?爲復是香餌難尋?(宋普濟《五燈會元》卷十七)

⑦汝何以都不復進,爲是塵務經心?天分有限?(南朝宋劉義慶《世説新語·賢媛》)

⑧今官員極多,用人甚少,有一人身上乃兼數職,爲是國無人也?爲是人不善也?(《隋書·何妥傳》)

"是"字句 選擇句的一個分句或兩個分句裏都有"是"字。這個"是"本是繫詞，但在選擇句中也起連接的作用。產生于六朝，盛行于唐宋。有的"是"與"爲"互用。如：

①八歲遊國子學，助教顧良戲之曰："汝姓何，是荷葉之荷，爲河水之河？"妥應聲曰："先生姓顧，是眷顧之顧，爲新故之故？"（《北史·何妥傳》）

②阿娘迷悶之間，乃問是男是女？（《敦煌變文集·𢈢山遠公話》）

③"古之學者爲己"，不知初設心時，是要爲己，是要爲人？（《二程遺書》卷十九）

④今不知吾之心與天地之化是兩箇物事？是一箇物事？（《朱子語類》卷三六）

"還"字句　這種選擇問句兩項中用"還"、"還是"連接，產生于晚唐五代。如：

①古人還扶入門？不扶入門？（五代静、筠《祖堂集》卷三）

②秀才唯獨一身，還别有眷屬不？（同上卷四）

③且如人而今做事，還是做目前事？還是做後面事？（《朱子語類》卷二十九）

"定"字句　選擇句的兩部分之間用"定"連接，產生于唐代。如：

①聞汝依山寺，杭州定越州？（唐杜甫《第五弟豐獨在江左》詩）

②不知西閣意，肯别定留人？（同上《不離西閣》詩）

③不知我與影，爲一定爲二？（宋楊萬里《夏夜玩月》詩）

(2)正反問句　這類問句同時出現肯定和否定兩個謂語，有的省去否定謂語，只在句末加否定詞。正反問句已見於上古漢語。如：

①錢善不善，雜實之。（《睡虎地秦墓竹簡·秦律十八種》）

②必署其已稟年日月，受衣未受，有妻毋(無)有。(同上)

③甲告乙盜牛，今乙賊傷人，非盜牛也，問：甲當論不當?(同上《法律答問》)

④顧其計誠足以利國家不耳?(《史記·陳丞相世家》)

到了中古，尤其唐宋時期，正反問句大量發展，形式也更多樣：

甲、"V＋不(否、未、無)"式① 如：

①隔屋唤西家，借問有酒不?(唐杜甫《夏日李公見訪》詩)

②常有江南船，寄書家中否?(唐王維《雜詩》三首之一)

③來日綺窗前，寒梅着花未?(同上三首之二)

④妝罷低聲問夫婿，畫眉深淺入時無?(唐朱慶餘《近試上張籍水部》詩)

乙、"V＋以不(已不、已否、以否、也無、也未)"式 如：

①禎告諸蠻曰："爾鄉里作賊如此，合死已不?"(《魏書·秦明王翰傳》)

②前者三處，皆言不堪，衹今此園，稱情已不?(《敦煌變文集·降魔變文》)

③善慶曰："如今者若見遠公，還相識已否?"(同上《廬山遠公話》)

④公還誦《金剛經》以否?(同上)

⑤侍郎又問曰："未審佛還有光也無?"(五代静、筠《祖堂集》卷五)

⑥師云："喫飯也未?"對曰："未喫飯。"(同上卷十四)

丙、"V＋不(未)＋V"式 如：

①攜手本同心，復歎忽分襟。相憶今如此，相思深不深?(唐王維《贈裴

① "V"是動詞或形容詞，"O"是賓語，下同。

迪》)

②滄江白髮愁看汝,來歲如今歸未歸?(唐杜甫《見螢火》詩)

③宣城太守知不知?一丈毯,千兩絲。(唐白居易《紅綫毯》詩)

④那堪花滿枝,翻作兩相思,玉箸垂朝鏡,春風知不知?(唐薛濤《望春詞》)

⑤韶山勘曰:"聞你有充天气,是不是?"(五代静、筠《祖堂集》卷九)

丁、"V+也不+V"式　如:

①從城排一火陣,識也不識?(《敦煌變文集·韓擒虎話本》)

②執筆視壽昌曰:"會麼?會也不會?"(《朱子語類》)

戊、"V+O+不+V(+O)"式　正項動詞帶賓語或正、反兩項動詞都帶賓語。如:

①但乞〔某〕有一交言語説與夫人,從你不從?(《敦煌變文集·太子成道經》)

②志公云:"陛下見之不見?逢之不逢?"(五代静、筠《祖堂集》卷二)

③諸上座在教不在教?……諸上座出手不出手?(同上卷十三)

④時有學人問:"古人還扶入門?不扶入門?"(同上卷十一)

己、其他　正反兩項的動詞由"有"、"無(没)"充當。如:

①爾既善稱知識……有師承無師承?是義學是玄學?(宋釋道原《景德傳燈録》卷十一)

②潙山問:"有不主無不主?"(五代静、筠《祖堂集》卷十八)

③師云:"打有道理,打無道理?"(同上卷十一)

八、形合複句普遍應用

中古漢語連詞的發展,促進了形合法構成的複句普遍應用。分句與分句之間往往用不同的連詞加以連接,不單靠意合,它們之間的各種語義關係就能清楚地表現出來。下面舉《朱子語類》中的一些實際例子,以見一般:

①人之所期固不可不遠大,然下手做時,也須一步斂一步着實做始得。(卷八一)

這是一個二重轉折複句,用"固……然……"連接。正句又是一個緊縮的條件複句,帶有一個時間狀語,用"然……也……始……"連接。全句的層次關係可以用"……固……|然……也……‖始……"的格式表示。

②子貢之在孔門,其德行蓋在冉閔之下;然聖人却以之比較顏子,豈以其見識敏悟,雖所行不逮,而所見亦可此及與?(卷二八)

這是一個四重複句,第一重是轉折關係,用"然"連接。正句又是一個三重的因果複句,原因分句在後,由一個二重的反詰複句組成;這個反詰複句又是一個意合的二重因果複句,其結果分句又是一個讓步複句,用"雖……而……"連接。全句的層次關係可以用"……|然……‖豈……|||雖……||||而……"的格式表示。

③若不用躬行,只是說得便了,則七十子之從孔子,只用兩日說便盡,何用許多年隨着孔子不去?(卷十三)

這是一個三重的假設複句,用"若……則……"連接。從句是一個二重的對比複句,它的後一分句由一個緊縮的條件複句構成,用"只……便……"連接。主句也是一個二重的對比複句,它的前一分句又是緊縮的條件複句,用"只……便……"連接。全句的層次關係可用"若……‖只……|||便……|則……、……只……|||便……

‖……”的格式表示。

④《采蘩》詩，若只作祭事説，自是曉然；若作蠶事説，雖與《葛覃》同類，而恐實非也。（卷八一）

這是一個三重的對比複句。前一分句又是一個假設複句，用“若……自……”連接；後一分句也是一個假設複句，用“若”連接，它的正句又是一個讓步複句，用“雖……而……”連接。全句的層次關係可以用“若……‖自……｜若……‖雖……|||而……”的格式表示。

⑤凡先儒解經，雖未知道，然其盡一生之力，縱未説得七八分，也有三四分。（卷八十）

這是一個四重的連貫複句。第二分句又是一個三重的讓步複句，用“雖……然”連接；其中的正句又是一個意合的因果複句，它的結果分句又是一個讓步複句，用“縱……也……”連接。全句的層次關係可用“……｜雖……‖然……|||縱……||||也……”的格式表示。

以上多重複句的分句大都有一定的連詞連接，在上古漢語裏是不多見的。這種情況表明，隨着連詞的發展，漢語句法結構也逐漸嚴密化了。

第三章　近代漢語語法的發展

第一節　近代漢語動詞、數詞、量詞的發展

一、近代漢語動詞的發展

近代漢語動詞的發展，主要表現是時體系統逐漸完備。“了”表示動作或變化已經完成，“着”表示動作或狀態的持續，“過”表示某種行爲或變化曾經發生但没有持續到現在。它們都産生於中古，近代繼續應用，上章已經討論過。這裏討論完成體新形式的增加，動詞重叠和短時體的産生，時體助詞“來”和“來着”的産生，趨向動詞“起來”、“下去”的進一步虚化等幾個問題。

1. 完成體形式有所增加

訖　“訖”的本義是“停止”，中古用在動詞後，仍然是實詞，有“完畢”的意思。如：

①一人觀瓶作是言：“待我看訖。”（南齊求那毗地譯《百喻經・觀作瓶喻》）

②刈訖則速耕。（北魏賈思勰《齊民要術》卷二）

③天神言訖，須達根熟，令得見佛。（《敦煌變文集・祇園因由記》）

④老人言訖，走出寺門。（同上《廬山遠公話》）

到了近代，進一步虚化爲時體助詞，表示動作的完成，相當於“了”。如：

①見管軍人内逃訖杜林、蔣興、李德、陳義等四名。（《元典章・吏部三》）

②李大於鄭縣令面上打訖一拳。（元沈仲緯《刑統賦疏》）

③小僂儸，與我將燕青推出斬訖報來。（元李文蔚《燕青博魚》楔子）

④孩兒們，將此兩個與我斬訖報來。（明施耐庵《水滸全傳》四十七回）

⑤你休怨憶，莫歎息，將他做小兒一般見識，巧語花言都勾訖。（明無名氏《白兔記》）

⑥百姓某人被那軍人或奪訖對象，或取訖酒食，或打訖豬雞。（清胡敬輯《大元海運記·海上》）

只　時體助詞"只"產生於元代，表示動作行爲的持續，相當於"着"。張相《詩詞曲語辭滙釋》卷一："只，語助辭，猶着也。"如：

①揀一塔乾浄田地，將這廝跪只，按只，與我杖只，直打的皮開肉碎。（元高文秀《誶范叔》四折）

②這襆頭呵，除下來與你戴只；這羅襴呵，脱下來與你穿只。（元楊顯之《瀟湘雨》二折）

③〔帶云〕我這官職呵，〔唱〕大古裏是箱兒裏盛只。（元無名氏《凍蘇秦》二折）

④〔卜唱〕大兒，將我扯只，哀哀地叫天呼地。（明朱有燉《清河縣繼母大賢》）

近代的"訖"、"只"與中古出現的"已"、"却"，跟"了"有着同樣的虛化條件，而且沿着類似的虛化道路向前發展。但是"了"取得了最後勝利。"訖"、"只"、"已"、"却"都没有繼續發展下去，先後被淘汰了。

2. 動詞重叠式的發展和短時體的產生

上古漢語已經有了動詞的重叠用法。如：

①于時處處，于時廬旅，于時言言，于時語語。（《詩·大雅·公劉》）

②行行重行行，與君生别離。（《古詩十九首》之一）

③參辰皆已没，去去從此辭。（《文選·蘇子卿·詩四首》）

④拔劍捎羅網，黄雀得飛飛，飛飛摩蒼天，來下謝少年。（三國魏曹植《野田黄雀行》詩）

但是上古漢語動詞重疊只限於少數單音詞，意義上主要表示一種狀態，跟近代漢語表示短時體的重疊式完全不同。例①“處處”、“言言”、“語語”是許多人居住，許多人説話，許多人對語，表示人民安居樂業，笑語歡樂的情況。三國魏張揖《廣雅・釋訓》：“言言、語語，喜也。”若按《鄭箋》：“于時處其所當處，言其所當言，語其所當語。”“處處”、“言言”、“語語”更不是動詞重疊而是動賓詞組。例②“行行”是不停地行，例③“去去”是遠去，例④“飛飛”是飛去。它們都不表示短時體。即使到了唐代，這種情況也没有改變。如：

①看看瓜時欲到，故侯也好歸來。（唐劉禹錫《酬楊侍郎憑見寄》詩）

②如來齋時已到，轉轉即是日高。（《敦煌變文集・難陀出家緣起》）

這兩個動詞重疊式在舊詩詞裏都很常見。“看看”是“眼看着”、“轉瞬間”的意思，“轉轉”是“轉眼間”的意思，它們跟現代漢語的動詞重疊式也是不同的。到了宋元，表示短時體的動詞重疊式開始産生了。這是與動量詞的發展分不開的。中古漢語動量詞有了廣泛的應用。宋代又出現了用動詞本身表示動量的形式。如：

③此段若不得仲弓下面更問一問，人只道可也簡，便道了也是利害。（《朱子語類》卷三十）

④師喝一喝，便出去。（宋普濟《五燈會元》卷十一）

⑤明以衣袖拂一拂便行。（同上卷十一）

元明以後，用動詞本身表示動量的例子更加普遍，不僅單音詞，複音詞也有同樣的用法，而且有着多種不同的形式。

(1)“V 一 V”式，如：

①門兒拽上不關，那賊略推一推，豁地開了。(《京本通俗小說·錯斬崔寧》)

②姐姐若與我見一見兒，消災滅罪，可也好麽？(元無名氏《陳州糶米》三折)

③我心中悶倦，再睡不着，起來閑走一閑走。(元鄭廷玉《後庭花》三折)

④我每可同了不肖子，親到那地方去查一查蹤迹看。(明抱甕老人輯《今古奇觀》卷三十四)

⑤一心思量要尋個清涼去處消散一消散。(明馮夢龍《醒世恒言》卷二六)

⑥把竹床上掃拂一掃拂。(明凌濛初《初刻拍案驚奇》卷一)

(2)"V了(的、上)一V"式。如：

①我那女婿只好睁眼看的一看。(元無名氏《合同文字》三折)

②兀那先生，你也與我算上一算。(元馬致遠《陳摶高卧》一折)

③智深相了一相，走到樹前。(明施耐庵《水滸全傳》七回)

④提起來，量了一量。(明吴承恩《西遊記》十四回)

⑤右手診了一診，又摸了一摸頭。(清曹雪芹《紅樓夢》四十二回)

(3)"V了V"式，這是(2)式的省略。如：

①用手向他脈上摸了摸，嘴唇人中上着力掐了兩下。(清曹雪芹《紅樓夢》五十七回)

②又吃了一劑藥，散發了散發。(同上四十二回)

③我打聽了打聽，説是和這裏賈家是一家兒，都住在外省。(同上一〇四回)

④那女子走到跟前，把那塊石頭端相了端相。(清文康《兒女英雄傳》四回)

(4)"VO一V"式，如：

①老都管道:“且奈他一奈。”(明施耐庵《水滸全傳》十六回)

②我今日着實撩鬥他一鬥,不怕他不動情。(明蘭陵笑笑生《金瓶梅》二回)

③怎没得一個來瞅睬你一瞅睬。(明凌濛初《初刻拍案驚奇》卷一)

④吴舍親薦一個門生在此,只得去見他一見。(清荑荻散人《玉嬌梨》十一回)

(5)“VOV”式,這是(4)式的省略。如:

①且不要道破他,明日小小地要他要便了。(明施耐庵《水滸全傳》五十三回)

②我等是個敗軍之將,不可語勇,救我救兒罷。(明吴承恩《西遊記》三十一回)

③只請要緊的,就不請俺每請兒。(明蘭陵笑笑生《金瓶梅》七十九回)

④好哥哥,帶挈我帶挈。(明凌濛初《初刻拍案驚奇》卷八)

⑤這猴子捉弄我,我到寺裏也捉弄他捉弄。(明吴承恩《西遊記》五十八回)

表短時體的動詞重疊式 把上述句子中的實詞或量詞“一”省去,表示短時體的動詞重疊式就形成了。這種短時體在南宋戲文和宋元話本中已經出現,但還只有少數幾個詞。例如:

①〔合〕肚中飢餒〔丑〕都不見打火,〔合〕歇歇了去。(南宋無名氏《張協狀元》四十齣)

②就教同可常到府中來看看。(《京本通俗小説·菩薩蠻》)

③兒子去去便歸,不從張員外門前過便了。(同上《至誠張主管》)

元明以後,表示短時體的動詞重疊式就普遍應用了。如:

①衆猴駭然，叫道："大王，還拿出來耍耍！"（明吴承恩《西遊記》三回）

②若略住住聲兒，定打二十個孤拐。（同上三十九回）

③既是他央及你，替他討討兒罷。（明蘭陵笑笑生《金瓶梅》七十五回）

④這裏園裏新結的果子，寶二爺送來給姑娘嘗嘗。（清曹雪芹《紅樓夢》三十七回）

⑤夫人道："吃袋水煙，消消遣罷。"（清吟梅山人《蘭花夢奇傳》六十一回）

以上所舉是單音動詞重叠的例子。雙音動詞的重叠，有兩種不同的格式，具有完全不同的意義。一是"ABAB"式，跟單音動詞的重叠式一樣，也是表示短時體。如：

①我好意與你掐算掐算，講這等胡話。（無名氏《桃花女》一折）

②聽聞此間市鎮上今晚點放花燈，我欲去觀看觀看。（明施耐庵《水滸全傳》三十三回）

③你去燒些湯來，與我師徒們洗浴洗浴。（明吴承恩《西遊記》十四回）

④秋紋笑道："胡説！我白聽了喜歡喜歡。那怕給這屋裏的狗剩下的，我只領太太的恩典，也不犯管别的事。"（清曹雪芹《紅樓夢》三十七回）

⑤我才剛想着，正要等妹妹商量商量。（同上一二〇回）

二是"AABB"式，雙音節動詞的兩個音節各自重叠，表示動作的連續進行。就來源説，這類動詞重叠式要早一些。如：

①她那裏哭哭啼啼，我這裏切切悲悲。（元石君寶《秋胡戲妻》二折）

②兩個在陣前來來往往，番番復復，攪做一团，扭做一塊。（明施耐庵《水滸全傳》十三回）

③不時把些零碎銀子賞他們買果兒吃，騙得歡歡喜喜，已自做了一路。（明抱甕老人輯《今古奇觀》卷二十三）

④你們小兩口兒，今夜要團團圓圓的，如何爲我耽擱了。（清曹雪芹《紅樓

夢》七十六回)

表示短時體的動詞重疊式常常和表示嘗試的時體助詞"看"連用,嘗試總是一種比較短暫的行爲。如:

①老爹,你敢是耍我麽,還再與他算算看!(元無名氏《桃花女》楔子)

②公公道:"你年幾歲了?"行者道:"你猜猜看?"(明吴承恩《西遊記》七十四回)

③拿過葫蘆來,等我裝裝天,也演試演試看。(同上三十四回)

總之,動詞重叠式的發展和短時體的産生,增加了漢語語法範疇的表達,這是近代動詞發展的重要特點之一。此外,還有一種動詞重叠形式,只限于單音動詞,後面帶有補語成分。它們不表示短時體,意思與動詞單用没有什麽區别。如:

①我脱了這衣服,我自家扭扭乾。(元楊顯之《瀟湘雨》四折)

②婦人還睡在被裏,便説道:"你趁閑尋尋兒出來罷。"(明蘭陵笑笑生《金瓶梅》七十四回)

③寶釵笑道:"你嘗嘗去,好吃的很呢!"(清曹雪芹《紅樓夢》四十九回)

這種句式在北方話裏没有得到廣泛的發展,但在吴方言裏還保存着。

3. 時體助詞"來"的廣泛應用和"來着"的産生

來 時體助詞"來"産生於中古,表示曾經有過的經歷。但元明是"來"的鼎盛時期,白話作品中廣泛應用。如:

①往日小生也曾挂念來。(元鄭德輝《倩女離魂》一折)

②四川兩廣也曾去來,不曾見你這般賣弄。(明施耐庵《水滸全傳》十六回)

③行者上前攙住道:"請起,你到城中,可曾問誰麽?"太子道:"問母親來。"

(明吴承恩《西遊記》三十八回)

④今日我和應二哥、謝子純早晨看燈,打你門首過去來。(明蘭陵笑笑生《金瓶梅》十六回)

與此同時,“來”還可以和别的助詞連用,表示某種比較複雜的語法意義。

(1)“有來”連用。只見於元代官方文獻中,可能與蒙古語有關。如:

①您識者麽道聖旨有來,俺商量得。(《元典章·吏部四》)

②我與了你一個貂鼠裹兒襖有來。(《元朝秘史》卷三)

③這等户每,不管是誰休拘收者,麽道聖旨行了有來。(《通制條格》卷二)

④成吉思汗皇帝、哈罕皇帝聖旨裏:“……告天祝壽者”麽道有來。(公元1268年《盩厔重陽萬壽宫聖旨碑》)

(2)“過來”連用。這類例子宋代已有,近代仍然常用。如:

①孔子一生貧賤,事事都去理會過來。(《朱子語類》卷二四)

②前日也曾和丈夫説過來。(明馮夢龍《警世通言》卷五)

③我記得曾吐過的,又記得曾吃過茶來。(明抱甕老人輯《今古奇觀》卷七)

④小乙道:“家人也説過來。”(同上卷二十七)

(3)“了來”連用。如:

①兀的不是我丈夫李順?怎生死了來?(元鄭廷玉《後庭花》四折)

②初立課程額數,斟酌當時價直立了來,如今比在前物價增了數倍。(《元典章·户口八》)

③賢妹又往何處去了來?(清褚人穫《隋唐演義》十六回)

來着 “來着”産生於18世紀,表示不久前的經歷,意義更加明顯。《紅樓夢》、

《兒女英雄傳》等作品裏應用都很普遍。如：

①我何曾把你的東西給人來着？（清曹雪芹《紅樓夢》十七回）

②茜雪道："我原留着來着，那會子李奶奶來了，喝了去了。（同上八回）

③三妹妹，我聽見林妹妹死的時候你在那裏來着。（清高鶚《紅樓夢》一百回）

④王夫人聽了説道："這還了得，那和尚説什麽來着？"（同上一一七回）

⑤前日合你老人家怎麽説來着？（清文康《兒女英雄傳》十六回）

⑥他説你老見了自然知道，他還問咱老爺子來着呢。（同上十七回）

⑦鄧九公……説道："姑娘，這是怎麽説？你方纔怎麽勸我來着？"（同上十八回）

⑧難道我没勸過你去不得嗎？你何曾聽我一個字兒來着？（同上十九回）

不過，"來着"没有在《儒林外史》裏出現，現代南方方言裏也不用，看來這是近代北方話裏的一種語法現象。

4. "起來"的進一步虚化

"起來"本是動詞，有"起床"、"站起"的意思。大約產生于唐代。如：

①食罷一覺睡，起來兩甌茶。（唐白居易《食後》詩）

②良久而死，復乃重蘇，兩手按地起來。（《敦煌變文集·大目乾連冥間救母變文》）

"起來"放在别的動詞後成爲趨向動詞，表示"向上"的意思，產生于唐末宋初，元明廣泛應用。如：

①自起來撥火，見一星火，夾起來云："這個不是火是什麽？"（五代静、筠《祖堂集》卷十四）

②黄蘖舉拄杖便打，師接杖推倒和尚。黄蘖呼："維那，維那，拽起我來。"

(宋釋道原《景德傳燈録》卷十二)

③十字街頭醉翁子,扶起來與伊繫。(宋釋頤藏王編集《古尊宿語録》卷四五)

④他那一靈不散,怨氣難消,長起一棵樹來。(元張壽卿《紅梨花》三折)

⑤提起禪杖,輪起來打兩個公人。(明施耐庵《水滸全傳》九回)

宋代"起來"開始虚化,有表示動作開始的意義。如:

①少間到那緊處時,却又藏了不説,又别尋一個頭緒瀾翻起來。(《朱子語類》卷六十四)

②欲變齊,則須先整理了已壞底了,方始如魯,方可以整頓起來。(同上卷三十三)

元明以後,"起來"表示動作開始的用法更爲廣泛,形式也更加多樣。"起來"可以放在動詞、形容詞、不同詞組以及句子形式的後面;"起"和"來"中間可以嵌入賓語。

(1)"起來"前面是動詞。如:

①柳隆卿云:"好意與他唱喏,倒惱起來,好没趣。"(元秦簡夫《東堂老》一折)

②去到他房裏,取出生活,一面縫將起來。(明施耐庵《水滸全傳》二十四回)

③我也只當耍子,不想那老和尚當真的念起來。(明吴承恩《西遊記》三十回)

④我若放起刁來,且看鶯鶯那去?(元王實甫《西廂記》五本三折)

⑤朱仝回來,不見了小衙内,叫起苦來。(明施耐庵《水滸全傳》五十七回)

⑥我看着他,也不覺的傷起心來。(清曹雪芹《紅樓夢》三十二回)

(2)"起來"前面是形容詞。如:

①我怎麽這一會也昏倦起來,紮掙不得。(元賈仲名《金安壽》二折)

②武松走了一直,酒力發作,焦熱起來。(明施耐庵《水滸全傳》二十三回)

③當日不回,次日午後也不回程,五娘心内慌起來。(《清平山堂話本·錯認屍》)

④師父要善將起來,就没有藥醫。(明吴承恩《西遊記》八十回)

⑤只見腿上半段青紫,都有四指闊的僵痕高起來。(清曹雪芹《紅樓夢》三十四回)

(3)"起來"前面是"恁地"、"那樣"、"這樣"、"這等"等指示代詞。如:

①書到便當依允,如何恁地起來。(明施耐庵《水滸全傳》四十七回)

②襲人笑道:"菩薩,能幾日不見葷,饞的這樣起來。"(清曹雪芹《紅樓夢》五十八回)

③寶玉的心倒實,聽見咱們去,就那樣起來。(同上五十七回)

④倘然這班門弟子都要這等起來,如蒼生何!(清文康《兒女英雄傳》三十三回)

⑤擔的麵值不得幾何,你夫妻就這等起來。(明許仲琳、李雲翔《封神演義》十五回)

(4)"起來"前面是動賓詞組。如:

①好老兒,你跟我家去,我打扮你起來。(元無名氏《陳州糶米》三折)

②只説林冲就床上放了包裹被卧,就坐下生些焰火起來。(明施耐庵《水滸全傳》十回)

③隨你不和順的弟兄,聽着在下講這節故事,都要學好起來。(明馮夢龍《醒世恒言》卷二)

④遂得了秘法,每疼痛之極,便連叫姐妹起來了。(清曹雪芹《紅樓夢》二回)

⑤真個的,他就納頭的杜門不出,每日攻書,按期作文起來。(清文康《兒女英雄傳》二回)

(5)"起來"前面是動補詞組。如:

①看見了死虎,就驚跳不住起來。(明凌濛初《初刻拍案驚奇》卷三)

②你住兩日起來,天上也不要去了。(同上卷二)

③越看越覺得寒酸,不足敬重起來。(同上卷二十九)

④那六月半頭,正是下火的天氣,兩個屍首漸漸的發腫起來。(清西周生《醒世姻緣傳》二十回)

(6)"起來"前面是比較固定的四字詞組。如:

①這一堂和尚見了楊雄老婆這等模樣,都七顛八倒起來。(明施耐庵《水滸全傳》四十五回)

②越發高了興,没晝没夜,高談闊論起來。(清曹雪芹《紅樓夢》四十九回)

③哎呀,我這一會增寒發熱起來,可怎了也。(元孟漢卿《魔合羅》一折)

④怎麼你益發的左遮右掩,瞻前顧後起來。(清文康《兒女英雄傳》五回)

⑤當下劉姥姥聽見這般音樂,且又有了酒,越發喜的手舞足蹈起來。(清曹雪芹《紅樓夢》四十一回)

(7)"起來"前面是四字詞組加"的"。如:

①我吃下這湯去,怎覺昏昏沈沈的起來。(元關漢卿《竇娥冤》二折)

②至午後,金桂故意出去,讓個空兒與他二人,薛蟠便拉拉扯扯的起來。(清曹雪芹《紅樓夢》八十回)

③就這麼拿糖作醋的起來,也不怕人家寒心。(清高鶚《红樓夢》一〇一回)

④他雖哭了一場,以後倒擦脂抹粉的起來。(清高鶚《红樓夢》一〇三回)

(8)“起來”前面是句子形式。如：

①氤氳滿室，毫無風雨之聲，頓然暖和，如江南二三月的天氣起來。(清凌濛初《二刻拍案驚奇》卷三十七)

②想了一回，臉紅起來。(清曹雪芹《紅樓夢》三十回)

③只覺身後“咈咈哧哧”似有聞嗅之聲，不覺頭髮森然直豎起來。(同上一〇一回)

④怎麽河東就是山東起來。(清褚人穫《隋唐演義》十三回)

⑤索性左也不是，右也不是起來。(清文康《兒女英雄傳》十六回)

從以上八組例子可以看出，“起來”已成爲漢語表示時體的語法手段，跟一般趨向動詞有着不同的性質和功用。但“起來”跟“着”和“了”也不相同，我們不能用它作爲漢語劃分詞類的標誌。

5.“下去”表示動作的繼續

趨向動詞“下去”産生于宋代，用在動詞後表示動作由高處到低處或由上層到下層。近代很常見。如：

①又掘下去，約有三四尺深。(明施耐庵《水滸全傳》一回)

②再叫燕青傳令下去：“如若今後殺人者，定依軍令，處以重刑！”(同上八十回)

③那曉得在那東南黑角上，望下去，另有個小洞。(明吴承恩《西遊記》八十三回)

④等我一頓釘鈀，築他個窟窿，脱將下去。(同上二十五回)

⑤喝令扯下去打了十板，那潘甲只叫冤屈。(明凌濛初《初刻拍案驚奇》卷二)

⑥運退時，撞着就是折本的，潮水也似退下去。(明凌濛初《二刻拍案驚奇》卷十五)

宋代“下去”已開始虚化爲表示動作的繼續，不限於表示動作趨向了。如：

①此段是古人長連地説下去,却不分曉。(《朱子語類》卷六十八)

②若只理會利,却是從中間半截做下去。(同上卷六十八)

不過宋元話本、《水滸》、明吴承恩《西遊記》裏都没有"下去"表示動作繼續的例子,清曹雪芹《紅樓夢》有少數例句,清文康《兒女英雄傳》裏才普遍應用起來。可見"下去"的虚化過程是相當緩慢的。如:

①從琴妹妹擲起,挨着擲下去。(清曹雪芹《紅樓夢》六十二回)

②寶玉道:"使得,我便一氣連下去了。"(同上七十八回)

③底下要只這等一折一折的排下去,也就没多的話説了。(清文康《兒女英雄傳》三十八回)

④這句老爺懂了,接着留神聽下去。(同上三十九回)

⑤老太太還要説下去,無奈又咳了起來。(清李寶嘉《官場現形記》二十三回)

⑥德夫人道:"願意聽,願意聽,你説下去罷。"(清劉鶚《老殘遊記》三回)

⑦那老頭兒狠狠歎了一口氣,還要説下去。(清曾樸《孽海花》二十二回)

⑧我説的是鬼,不説你,你聽我説下去。(清吴沃堯《二十年目睹之怪現狀》六十七回)

跟"起來"不同,"下去"只能緊跟在動詞後面,而且中間不能插入别的成分。

二、近代漢語數詞的發展

漢語的基數、序數、倍數和分數表示法,上古已經産生。約數、不定數和零數的表示法産生於中古,近代有了新的發展。

1. 約數

用"約"、"來"、"餘"、"左右"等表示約數,古已有之,近代繼續廣泛應用。如:

①只見前面一聲胡哨響,山城坡下跳出一夥好漢,約有四五十人。(明施

耐庵《水滸全傳》三十九回）

②你在東潭釣魚，釣得個三尺來長金色鯉魚。（明馮夢龍《醒世恒言》卷二十六）

③聞得獻世寶要賣一千畝田，實價三千餘兩。（明抱甕老人輯《今古奇觀》卷二十五）

④生攜鶯宵奔蒲州，時二更左右。（金董解元《西廂記諸宮調》卷三）①

在基數後加"多"、"把"、"來去、來往"、"内外、上下"、"外、開外"，在基數前加"上"的約數表示法是近代産生的。

多 放在數詞後表示超過某一基數，相當於"餘"。如：

①有一百八十多斤的豬。（元吴昌齡《東坡夢》一折）

②又去了一個多時辰，並不見些回報。（明施耐庵《水滸全傳》十九回）

③當日出得城來，離城三十里多路歇了。（同上八回）

④這底下有二丈多深，空（挖）成的九間朝殿。（明吴承恩《西遊記》六十九回）

⑤監生單靠着三千多畝荒田，收租過日。（清庚嶺勞人《蜃樓志全傳》二十三回）

⑥但贅進門來十多日，香房裏滿架都是文章，公孫却全不在意。（清吴敬梓《儒林外史》十一回）

把 放在"十"、"百"、"千"、"萬"等數詞和單用量詞後表示與基數相近，産生於明代。如：

①他便央你做得件把衣裳，你便自歸來吃些點心，不值得攪惱他。（明施耐庵《水滸全傳》二十四回）

① 《古本董解元西廂記》無此語，乃後人所加。

②便問:"你們還有多少在此山上?"群猴道:"老者小者,只有千把。"(明吴承恩《西遊記》二十八回)

③做娘的費了一片心機,若不幫他幾年,趁個千把銀子,怎肯放你出門?(明馮夢龍《醒世恒言》卷三)

④若是别人,千把銀子也討了。(明馮夢龍《警世通言·杜十娘怒沉百寶箱》)

⑤中山王府裏發了幾百兵,有千把枝火把,把七十二隻魚船都拿了。(清吴敬梓《儒林外史》三十五回)

⑥看了有點把鍾工夫,這一截子的冰又擠死不動了。(清劉鶚《老殘遊記》十二回)

來去、來往　放在數詞後表示與某一基數相近,相當於"左右"。現代漢語裏"來去"已消失,"來往"仍然保存着。如:

①令尊太公却才在我這裏吃酒了回去,只有半個時辰來去。(明施耐庵《水滸全傳》三十五回)

②兩個馬頭,却好相迎着,隔不的丈尺來去。(同上八十七回)

③仔細看時,正比廟中所塑二郎神模樣,不差分毫來去。(明馮夢龍《醒世恒言》卷十三)

④若問那赦公,也有二子,長名賈璉,今已二十來往了。(清曹雪芹《紅樓夢》二回)

⑤把那塊石頭端相了端相,見有二尺多高,徑圓也不過一尺來往,約莫也有個二百四五十斤重。(清文康《兒女英雄傳》四回)

⑥總不到頓把飯的工夫,水頭就過去,總不過二尺來往水。(清劉鶚《老殘遊記》十四回)

内外、上下　放在數詞後面表示與某一基數相近。如:

①唯聞得五樣香氣,遍滿青州,約莫三百里内外,無不觸鼻。(明馮夢龍

《醒世恒言》卷三八)

②三十内外年紀,七尺上下身材。(清庚嶺勞人《蜃樓志全傳》一回)

③寡母王氏……如今年方五十上下,只有薛蟠一子。(清曹雪芹《紅樓夢》四回)

④安公子才得二十歲上下的一個美少年,巍然高坐,受這班新貴的禮。(清文康《兒女英雄傳》三十九回)

外、開外 用在數量詞後表示某一基數還有零頭。如:

①我看你也六十外人了,家中又是有錢鈔的,如何又嫁了老張。(元關漢卿《竇娥冤》四折)

②他只要一分八厘行息,我還有幾厘的利錢。他若是要二分開外,我就是羊肉不曾吃,空惹一身膻。(清吴敬梓《儒林外史》五十二回)

③打開一看,原來裏面放的便是他自己那張砑金鏤銀銅胎鐵背打二百步開外的彈弓兒。(清文康《兒女英雄傳》二十六回)

上 放在"百"、"千"、"萬"等數詞前表示達到某一數目。如:

①今日少説也有上千人進來,都要管待出去。(明蘭陵笑笑生《金瓶梅》六十五回)

②花了有上千的銀子才配成了。(清曹雪芹《紅樓夢》二十八回)

2. 不定數

中古以前産生的不定數表示法,如"三五"、"三二"、"三兩"、"五七"、"百十"、"千百"等,近代仍然常用。如:

①朱武、陳達、楊春三個頭領吩咐小嘍囉看守寨栅,只帶三五個做伴。(明施耐庵《水滸全傳》二回)

②只耐得三兩日,何必憂悶?(清曹雪芹《紅樓夢》四回)

③晚了出來傷人,壞了三二十條大漢性命。(明施耐庵《水滸全傳》二十三回)

④不覺倏五七日,衆官憂惶。(明吴承恩《西遊記》十回)

⑤那老牛與我戰經百十合,不分勝負。(同上六十一回)

⑥裏面且是寬闊,容得千百口老小。(同上一回)

以下一些不定數表示法是近代産生的。

三五七　表示不定數。由"三五"、"五七"交叠而成。如:

①如今枉自有三五七口人吃飯,都不管事。(明施耐庵《水滸全傳》二十四回)

②吴越俗以女事人,期歲歸父母,或三五七歲,有子女尚不聽從。(明胡長孺《陳孝子傳》)

好幾　"幾"是表示"十"以内的不定數,"好幾"强調數量多,帶有誇張的意思。如:

①雖然得他好幾十兩銀子,這兩日連夢顛倒。(元無名氏《盆兒鬼》二折)

②他敢也知些風聲,好幾時不去了。(明施耐庵《水滸全傳》二十一回)

好些　表示數量不少,也有誇張的意思。如:

①俺也好些時不曾拽拳使脚,覺得身子都困倦了。(明施耐庵《水滸全傳》四回)

②申二姐這個纔是零頭兒,他還記的好些小令兒哩。(明蘭陵笑笑生《金瓶梅》六十一回)

些須(需)　表示數量少,相當於"少許"、"一點"。如:

①昏定辰省,問安祝寢,侍奉親幃,無些須敢慢。(元劉唐卿《降桑椹》一折)

②每日沿門兒題詩句,投至的儹下些須,那秀才少不的搜索盡者也之乎。(元無名氏《舉案齊眉》一折)

③再檢箱中,看有些需對象解當些來買地,並作殯葬之資。(明凌濛初《初刻拍案驚奇》卷十三)

3. 零數

零數用來填補多位數中的空位。唐以前漢語中没有特殊的零數表示法。如:

①大月加二日,小月加一日,日餘皆二萬七百七十九。(《宋書·律曆下》)

②鄆州東平郡……户八萬三千四十八,口五十萬一千五百九。(《新唐書·地理志》)

這種多位數表示方法一直延續到元明。如:

③至是又除兩浙福建荆湖廣南舊輸身丁錢歲凡四十五萬四百貫。(《宋史·食貨志二》)

④成都府括民三萬一千七十五户,僉義士軍八千六十七人。(《元史·兵志一》)

⑤計點大小頭領,共有一百八員。(明施耐庵《水滸全傳》七十一回)

公元5世紀,印度數學家開始制定零的數位記號,在十進位中用一個點(後來用圓圈)來表示空位。唐時的印度天文學家瞿曇悉達曾在我國任太史職,開元六年(公元718年)由他編纂的《開元占經》提到"九數進十,進入前位,每空位處,恒安一點",但當時並未被我國學者採用。宋代開始用"單"、元明以後用"零"表示零位數。如:

單 宋代開始出現,元明普遍應用,相當於"零"。限於個位數之前。如:

①另沽散賣，或百單四、七十七、五十二、三十八者是也。（宋吴自牧《夢粱録》卷十六）

②三十二日九百四十分日之六百單一。（《朱子語類》卷二）

③是你輸了，若一百單一個，也是你輸了。（元無名氏《博望燒屯》二折）

④此殿内鎮鎖着三十六員天罡星，七十二座地煞星，共是一百單八位魔君在裏面。（明施耐庵《水滸全傳》二回）

⑤我活了一百單五歲，古往今來，普天地下，誰有似我的。（清西周生《醒世姻緣傳》九十回）

"單"本是單個數位的意思，表示後邊還有單個數位。用"單"的例子總是缺十位元數位，末了總是個個位數位。

"零"在宋代還只表示數的零頭。如張方平《論率錢募役事》："夏秋米麥十五萬二千有零石，絹四萬七百有零疋。"1247年秦九韶的《數書九章》最早應用零(0)的符號表示空位，明清逐漸普遍應用。有3種情況：

(1)用在不同的單位之間。如：

①一本《心經》念了三年零六個月。（元吴昌齡《東坡夢》一折）

②官哥兒嗚呼哀哉……只活了一年零兩個月。（明蘭陵笑笑生《金瓶梅》五十九回）

③除元絲耗銀不算外，浄欠銀十兩零五錢。（清庾嶺勞人《蜃樓志全傳》三回）

(2)表示數的空位。如：

①未時落雨，申時雨止，却只得三千零四十點。（明吴承恩《西遊記》十回）

②計二十二分，共一百零六兩。（明蘭陵笑笑生《金瓶梅》六十五回）

③赤金四萬二千零十二兩……白銀五十二萬二千一百零三兩。（清庾嶺勞人《蜃樓志全傳》十八回）

④於大荒山無稽崖煉成高十三丈、見方二十四丈的大頑石三萬六千五百零一塊。(清曹雪芹《紅樓夢》一回)

(3)用在數詞之間,不表示空位。如:

①共使銀一千一百十兩,除給銀五百兩外,仍欠六百零十兩。(清曹雪芹《紅樓夢》六十四回)

②發心要寫三千六百五十零一部《金剛經》。(同上八十八回)

上述第一種"零"的用法産生於元代,二、三兩種用法産生於明代。"零"字後面不限於帶個位數,用起來很方便。因此明以後逐漸取代"單"而成爲現代漢語表示空位數的統一方式。

三、近代漢語量詞的發展

近代漢語裏的量詞在中古漢語的基礎上有了進一步的發展。

1. 新的名量詞大量産生

近代漢語裏,一方面中古大量名量詞保存下來,同時産生了七十多個新的名量詞,而有些原有的名量詞用法有了變化。

班 用於人群。如:

①況他周勃,樊噲一班大將,都是尚氣的人。(元無名氏《氣英布》二折)

②忙出來吩咐,雇了兩班脚子。(清吴敬梓《儒林外史》三十二回)

幫(幇、幚) 本是名詞,指由於一定目的而結合的集團,近代引申爲量詞,相當於"夥"、"群"。如:

①誰知被有心的人聽見,兩個背地做成一幫兒算計我。(明蘭陵笑笑生《金瓶梅》十二回)

②隔壁店裏，午後走了一幫客。（清劉鶚《老殘遊記》十二回）

標　産生於元代，用於同時行動的一群人，相當於“群”、“夥”。如：

①今有吕布，領一標人馬，威鎮在虎牢關下。（元鄭德輝《三戰吕布》一折）
②一聲鑼響，即刻沖出一標人來，兩下廝殺。（明熊大木《英烈傳》第二回）

彪　也作“標”、“颮”，用於軍隊。如：

①只見直西一彪軍馬，吶着喊從後殺來。（明施耐庵《水滸全傳》四十八回）
②今有吕布，領一標人馬，威鎮在虎牢關下。（元鄭德輝《三戰吕布》一折）
③見一颮人馬到莊門。（元睢景臣《哨遍・高祖還鄉》套曲）

撥　宋元時由動詞“分開”義引申爲量詞，用於同時行動的一群人，相當於“批”、“夥”。如：

①共有一千二百六十人，每六十人作一撥。（《宋史・禮志二四》）
②將下山打祝家莊頭腦分作兩起：頭一撥宋江、花榮……第二一撥便是林冲……（明施耐庵《水滸全傳》四十七回）

餐　由名詞“飯食”引申爲量詞，指可供吃一頓的食物。如：

①三餐飯並不曾想吃，五車書並不肯攻習。（元吴昌齡《張天師》二折）
②每日肉飯三餐，兩頓酒兒是要。（明蘭陵笑笑生《金瓶梅》四十回）

册　宋代由“文書”義引申爲量詞，用於書籍之類。如：

①轎中著三四册書，看一册厭，又看一册。（《朱子語類》卷十一）

②小道家間由祖上留一册文書，專能辨驗天書。（明施耐庵《水滸全傳》七十一回）

籌 本指籌碼。用爲量詞，指人。如：

①六籌好漢，正在後堂散福飲酒。（明施耐庵《水滸全傳》十五回）

②分撥了器械，兩隻船，十三籌好漢，一齊上前進發。（明馮夢龍編《古今小説》卷二十一）

齣[1] 表示戲劇的一場。如：

①演元劇四齣。（明張岱《陶庵夢憶》卷四）

②鳳姐兒慢慢走着，問："戲文唱了幾齣了？"那婆子回道："唱了八、九齣了。"（清曹雪芹《紅樓夢》十一回）

攢(cuán) 近代用爲量詞，表示成團或成堆的東西。如：

①一簇鎗林似竹，一攢劍洞如麻。（明施耐庵《水滸全傳》七十八回）

②衆人都不肯就走，分着這裏一攢，那裏一夥，圈着觀看。（《鏡花緣》七十二回）

刀 計量紙張的單位，通常以一百張爲一刀。如：

①公紙一刀，小書一部。（明蘭陵笑笑生《金瓶梅》五十一回）

②包裹紙十刀。（明沈榜《宛署雜記·鄉試》）

袋 用於水煙、旱煙或裝在口袋裏的東西。如：

---

① 元明戲曲里也作"出"。

①要象這樣處處起課，將來喝碗茶，吃袋煙，還要問問吉凶哩。（清李汝珍《鏡花緣》七十六回）

②這公子看他纔出去，就有人叫住，在房檐底下站着呼嚕呼嚕的吸了好幾袋。（清文康《兒女英雄傳》四回）

當 用於花枝或泉水等物，相當於“束”或“處”。如：

①母夢隣姬以白花一當寄使賣。（清毛奇齡《曼殊別誌書磚》）

②正南有一解回山，有一當泉水，可以解得。（明吴元泰等《四遊記・昴日星官收蠍精》）

等 由名詞“等級”義引申爲量詞，從宋代已經開始。如《朱子語類》卷八四：“若決是要做第一等人，若才力不逮，也只做得四五等人。”近代廣泛應用，表示“種類”。如：

①天生一等異相，腦後一個肉瘤。（明施耐庵《水滸全傳》四十九回）

②世人有三等人怕熱，三等人不怕熱。（明蘭陵笑笑生《金瓶梅》二十七回）

提 用於可以提着的東西，重量不定。如：

①再賜你上馬一提金，下馬一提銀。（元李壽卿《伍員吹簫》一折）

②封宋江爲鎮國大將軍，總領遼兵大元帥賜與金一提，銀一秤，權當信物。（明施耐庵《水滸全傳》八十五回）

③女請以錢紙十提，焚南堂杏樹下。（清蒲松齡《聊齋志異・章阿端》）

垛 本有“堆積”義，引申爲量詞，用於成堆的東西。如：

①牛二便去州橋下香椒鋪裏，討了二十文當三錢，一垛兒將來，放在州橋

欄干上。(明施耐庵《水滸全傳》十二回)

②一垛兩垛城台座,一個兩個鋪團窗。(明湯顯祖《南柯記・閨警》)

幹 用於相關的一些人,相當於"夥"、"幫"。如:

①教取天壽公主一幹人口,放回本國。(明施耐庵《水滸全傳》八十九回)

②凡見了這一幹人,心中又畏又讓。(清曹雪芹《紅樓夢》五十九回)

杆 本指木棍,引申爲量詞,用於有杆的兵器。如:

①龍王又着鮊太尉領鱔力士,擡出一杆九股叉來。(明吴承恩《西遊記》三回)

②褚大娘子道:"我可耍不上你那杆長槍來。"(清文康《兒女英雄傳》十五回)

格 宋元時由"方格"義引申爲量詞,用於人品和塊狀的東西,相當於"等"或"塊"。如:

①便見其處更長一格,則所行又進一步。(《朱子語類》卷二十八)

②鳳邑鹽埕一千三百二十一格,每格廣狹不一,計丈定課。(清黄叔敬《臺海使槎録・物産》)

更 中古已用爲計時單位,近代又爲計算水路路程的單位。如:

①水道,順風,自雞籠淡水至福州港口,五更可達;自臺灣港至彭湖嶼,四更可達。(《明史・外國傳四・雞籠》)

②自彭湖往,水程四更;自厦門往,十一更。(清俞正燮《癸巳類稿》卷九)

扛(gāng) 本是動詞,兩人擡東西。引申爲量詞,表示兩人一次所擡的東西。如:

①每二人擡一箱，恰好八扛。（明馮夢龍編《古今小説》卷二十二）

②次日，把二十扛行李，先打發出門。（明蘭陵笑笑生《金瓶梅》五十五回）

挂　本是動詞，懸挂，引申爲量詞，用於成串可挂的東西。如：

①每個鳳嘴銜着一挂珠子。（明蘭陵笑笑生《金瓶梅》二十回）

②我昨夜做了一個夢，夢見杏花神和我要一挂白紙錢。（清曹雪芹《紅樓夢》）五十八回）

伙（火、夥）　由"同伴"義引申爲量詞，用於人群，也作"火"、"夥"。如：

①昨日共那幾箇，今日共這一火，從不曾離了側坐。（元馬致遠《黄粱夢》四折）

②大郎原來不知，如今近日上面添了一夥强人，紥下一個山寨。（明施耐庵《水滸全傳》二回）

③見我一路上尋看那招紙，以爲我也是他們一夥的。（清吴沃堯《二十年目睹之怪現狀》十六回）

肩　用於可以用肩挑的東西。如：

①油碧輿五六肩，乃婦人之遊于林間者。（明徐宏祖《徐霞客遊記·滇遊日記九》）

②自己一肩行李，跨一個瘦驢，出了泗州城。（清吴敬梓《儒林外史》四十一回）

脚　本指人和動物的脚，借用爲量詞，用於跟脚有關的事物。如：

①這高俅踢得兩脚好氣毬。（明施耐庵《水滸全傳》二回）

②剩下一脚狗腿,把來揣在懷裏。(同上四回)

進 老式房子一宅之内前後所分的排次。如:

①現住着門面五間到底七進的房子。(明蘭陵笑笑生《金瓶梅》一回)

②右邊一路,一間一間的房子,都有兩進。(清吴敬梓《儒林外史》十四回)

句 用於言語。如:

①〔金老〕説了幾句言語,那官人笑將起來。(明施耐庵《水滸全傳》四回)

②凡我説一句,你就拉上這些。(清曹雪芹《紅樓夢》十九回)

捲 用於裹成筒形的東西。如:

①靠馬石台還放着一箇竹箱兒合小小的一捲鋪蓋一箇包袱。(清文康《兒女英雄傳》十八回)

②我的燒去也還罷了……平白的把翠環的一捲行李也饒在裏頭,你説冤不冤呢?(清劉鶚《老殘遊記》十七回)

棵 用於植物。如:

①〔豬八戒〕掣釘鈀,把一棵九叉楊樹鈀倒。(明吴承恩《西遊記》七十九回)

②我還記得有一張是畫了一個人,拿了一雙斧頭砍一棵桃樹。(清吴沃堯《二十年目睹之怪現狀》四十五回)

捆 用於捆紮在一起的東西。相當於"束"。已見於宋代,近代盛行。如:

①草束曰捆。(宋趙叔向《肯綮録·俚俗字義》)

②他又從一個匣子裏拿出個包兒來打開，裏面包着三寸來長的一捆小箭兒。（清文康《兒女英雄傳》三十一回）

連　用於某些工具或房屋。如：

①接工，必有用具，細齒截鋸一連，厚脊利刃小刀一把。（明徐光啓《農政全書·種植》）

②宛平養濟院在城内河漕西坊，有公府一所、群房十二連。（明沈榜《宛署雜記·太字·養濟院》）

溜　用於成排、成串的東西。如：

①一根金頭蓮瓣簪兒，上面鈒着兩溜字兒。（明蘭陵笑笑生《金瓶梅》八十二回）

②地下兩溜十六張楠木圈椅。（清曹雪芹《紅樓夢》三回）

綹　本義是十根絲，引申爲量詞，用於絲綫、髮、須等絲狀物。也寫作“柳”。如：

①兀那街上一個婆婆，手裏拿着一綹兒頭髮，不知是賣的？不知是買的？（元秦簡夫《剪髮待賓》二折）

②我要你頂上一柳兒好頭髮。（明蘭陵笑笑生《金瓶梅》十二回）

馬　用於成堆的東西，相當於“堆”。如：

①董卓在日，成馬家金銀段匹送與他。（明無名氏《單刀劈四寇》頭折）

②就與李克用空頭宣，五百道金銀牌，五馬金銀。（明無名氏《紫泥宣》頭折）

陌 本義是一百文錢。宋沈括《夢溪筆談·辯證二》:"百錢謂之'陌'者……其實只是'百'字,如'什''伍'耳。"引申爲量詞,多用於紙錢。如:

①燒不了的紙錢,與竇餓燒一陌兒。(元關漢卿《竇娥冤》三折)

②取出幾陌紙錢燒送了。(明施耐庵《水滸全傳》五十二回)

搦 用於事物,相當於"把"、"握"。如:

①繡鞋兒剛半折,柳腰兒勾一搦。(元王實甫《西廂記》一折)

②他一搦身形,瘦的龐兒没了四星。(明湯顯祖《牡丹亭》十六齣)

泡 由"泡沫"義引申爲量詞,用於尿、血等東西。如:

①在第一根柱子根下撒了一泡猴尿。(明吴承恩《西遊記》七回)

②取喜時,也要那破頭梢一泡血。(明湯顯祖《牡丹亭》五十四齣)

捧 由動詞"捧起"義轉爲量詞,用於兩手能捧的東西。如:

①一個捧出一大捧棗子來。(明施耐庵《水滸全傳》十六回)

②不管甚麽人求着他,大捧的銀與人用。(清吴敬梓《儒林外史》三十一回)

批 用於一群人或事物。如:

①如今關出這批銀子,一分也不動。(明蘭陵笑笑生《金瓶梅》五十三回)

②張二官出了五千兩,做了東平府古器這批錢糧。(同上八十回)

票 清代由"票證"義引申爲量詞,用於事,也用於有關的一群人,相當於"宗"

或“批”。如：

①荀家把這十吊錢贖了幾票當，買了幾石米。（清吴敬梓《儒林外史》七回）

②後來因爲要甄别一票人，忽然想着了他。（清李寶嘉《官場現形記》四十三回）

起　用於人或事物，分别相當於“宗”、“夥”、“臺”、“層”。如：

①我將這文卷看幾宗咱，一起犯人竇娥，將毒藥致死公公。（元關漢卿《竇娥冤》四折）

②公子先唤蘇氏一起，玉姐口稱冤枉，探懷中訴訟呈上。（明馮夢龍《警世通言》卷二十四）

③叫了一起偶戲，在大捲棚内擺設酒席伴宿。（明蘭陵笑笑生《金瓶梅》八十回）

④恰好莊間狄員外大興土木，創起兩座三起高樓。（清西周生《醒世姻緣傳》六十一回）

掐　宋元時由動詞“用指甲切入”義引申爲量詞，表示拇指和另一指頭相對握着的數量。如：

①温柔伶俐總天然，没半掐教人看破。（宋曾覿《鵲橋仙》詞）

②國家又不曾虧你半掐，因甚軍心有争差。（元白樸《梧桐雨》三折）

牽　由“牽扯”義引申爲量詞，用於動物，相當於“頭”。如：

①送了一罎酒，一牽羊。（明蘭陵笑笑生《金瓶梅》三十一回）

任　用於擔任職務的次數。始于宋代，元明以後普遍使用。如：

①曾作一二任監司,隨即除之。(《朱子語類》卷一一〇)

②〔滿生〕一連做了四五任美官,連朱氏封贈過了兩番。(明凌濛初《二刻拍案驚奇》卷十一)

③雖然他家太爺做了幾任官,而今也家道中落。(清吴敬梓《儒林外史》十四回)

身 用於衣服,因爲衣服是穿在身上的,相當於"件"。如:

①我如今借一身重孝穿上。(元楊顯之《酷寒亭》一折)

②到了獅子街李瓶兒摘去孝髻,换上一身豔服。(明蘭陵笑笑生《金瓶梅》十三回)

繩 用於以繩串連或丈量的事物。如:

①十家之市,有泉(錢)十繩。(清龔自珍《農宗》)

②以近畿民來歸者爲莊頭,給繩地,一繩四十二畝。(《清史稿·食貨志一》)

矢 用於長條的東西,相當於"支",又表示一箭的距離。如:

①有古鎏金者,長六七寸,高寸二分,闊二寸餘,上可卧筆四矢。(明文震亨《長物志·筆床》)

②周目送之,見一矢之外,又與一人語,亦不數言而去。(清蒲松齡《聊齋志異·成仙》)

手 用於技能、本領,也可以指人。如:

①某又看得亦不是衛宏一手作,多是兩三手合成一序。(《朱子語類》卷八

十）

②自幼有膂力，學得一手好槍棒。（明蘭陵笑笑生《金瓶梅詞話》一回）

擡　由動詞義引申爲量詞，指兩人一次所擡的東西。如：

①四擡酒，兩牽羊。（明蘭陵笑笑生《金瓶梅》九十七回）

②連金銀酒器也都裝在食盒内，共有二十擡。（同上四十九回）

灘　用於平面上成灘的東西，如血、水之類。如：

①流了一灘鮮血。（明蘭陵笑笑生《金瓶梅》七十九回）

套　用於成套的財物、飲食、衣服、語言或樂曲。如：

①我有一套富貴，要説與他知。（明施耐庵《水滸全傳》十四回）

②穿着一套兒齊整絹帛衣服。（明蘭陵笑笑生《金瓶梅》三十九回）

③你兩個唱一套《赤帝當權耀太虚》我聽。（同上二十七回）

替　由動詞"代替"義引申爲量詞，用於分批行動的人，宋代已經産生，近代廣泛應用。如：

①知縣相公在廳上發作，着四五替公人來下處尋押司。（明施耐庵《水滸全傳》二十一回）

②長江後浪催前浪，一替新人换舊人。（明楊訥《西遊記》三齣）

停　表示整體中的一部分，相當於"分"、"批"。如：

①三停人馬，一停落後，一停填了溝壑，一停跟隨曹操。（明羅貫中《三國

演義》五十四回）

②各各請酒，自次日爲始，分做三停，第一日是皇親内相，第二日是尚書顯要，衙門官員，第三日是内外大小等職。（明蘭陵笑笑生《金瓶梅》五十五回）

筒(tǒng) 用於筒狀物裝的東西。産生于宋代，明清開始流行。如：

①凡紙必作筒收，每筒不過二十五幅。（宋陸游《齋居紀事》）

②放了兩筒一丈菊和一筒大煙蘭。（明蘭陵笑笑生《金瓶梅》七十四回）

統 用於石碑碣之類。如：

①着後人向墓門前高聳聳立一統碑碣，將俺這死生交范張名姓寫。（元宫大用《范張雞黍》二折）

②和俺小墳邊立斷腸碑一統。（明湯顯祖《牡丹亭》二十齣）

碗 由名詞引申爲量詞，用於燈、燈籠等物，産生于宋代，明清通用。如：

①從縣前過，見一碗燈明，看時，却是賣湯藥的王公。（明施耐庵《水滸全傳》二十一回）

②只見兩三碗燈籠，飛也似來。（同上二十二回）

窩 用於成團成簇的東西或一次生（孵）出的動物。産生于宋代，明清盛行。如：

①雲一窩，玉一梭，淡淡春衫薄薄羅。（宋孫惔《長相思》詞）

②却說那呆子被一窩猴子捉住了。（明吴承恩《西遊記》三十一回）

項 宋代由名詞引申爲量詞，用於人或事物，相當於現代漢語的“種”或“筆”，元明以後廣泛應用。如：

①聲名自是一項，事業自是一項。（宋張瑞義《貴耳集》卷下）

②我如今把那項銀子都不問你要，饒了你可何如？（元秦簡夫《東堂老》三折）

③又有古董書籍等項，約數百金。（明馮夢龍《警世通言》卷十七）

斜　用於梳子之類的東西，相當於"把"或"套"。如：

①西邊排着青玉油梳一套，次青玉油梳五斜，小青玉油梳五斜。（明末董説《西遊補》七回）

穴　用於計算洞穴的數量。如：

①怎奈廬郡觀下有妖在於上派河一帶紮窟十餘穴。（清陳玉成《致沃王張洛行書》）

牙　用於髫鬚，相當於"綹"。如：

①衆人看徐甯時，果是一表好人物，六尺五六長身體，團團的一個白臉，三牙細黑髭髯，十分腰細膀闊。（明施耐庵《水滸全傳》五十七回）

頁　用於書冊的一張，同"葉"。清朱駿聲《説文通訓定聲・謙部》："按小兒所書寫每一笘謂之一葉，字亦可以葉爲之，俗作頁。"如：

①這樣説，一副十二頁的機器總要了。（清末蘧園《負曝閒談》十六回）

②佀笙翻開圖來看了兩頁，仍舊掩了。（清吴沃堯《二十年目睹之怪現狀》三十六回）

圓 用於圓形的東西。如：

①有澄池一圓。(明徐宏祖《徐霞客遊記·滇遊日記》)

②大自鳴鍾一座,大玻璃燈一圓。(清王士禛《池北偶談·談故四·荷蘭貢物》)

着(zhāo) 用於圍棋下子的着數,也用於計謀、方法等。如：

①話説圍棋一種,乃是先天河圖之數,三百六十一着,合着周天三百六十五度四分度之一。(明凌濛初《二刻拍案驚奇》卷二)

②休怪我説,哥這一着做的絶了。(明蘭陵笑笑生《金瓶梅》六十九回)

幀(zhèng) 也寫作"幁",用於書畫作品。《正字通·巾部》:"今人以一幅爲一幀。"如：

①但乞崔徽遺像去,重摹一幀供秋山。(清龔自珍《己亥雜詩》三百十五首之一百八十九)

②高堂素壁雲氣生,莽蒼一幁秋山明。(清王式丹《蕭尺木淩歊台圖》詩)

主(zhǔ) 用於錢財、事情等,相當於"注"、"樁"。如：

①不上半年,連起了幾主大財,家間也豐富了。(《京本通俗小説·錯斬崔寧》)

②我如今特地的來叫你問這主事。(明劉兑《嬌紅記》)

注 用於賭注、錢財、交易等。如：

①李逵道:"我不傍猜,只要博這一博,五兩銀子做一注。"(明施耐庵《水滸

全傳》三十八回)

②如今你得了這一注横財,這就不要花費了,做些正經事。(清吴敬梓《儒林外史》十九回)

箸　本指筷子,引申爲量詞,用於熟食。如:

①解元道:"請用一箸粗飯。"(明馮夢龍《警世通言》卷二十六)

②又是兩箸軟餅,婦人用手揀肉絲細菜兒裹捲。(明蘭陵笑笑生《金瓶梅》三十七回)

樁　産生于宋代,元明常用,表事物的件數。如:

①這樁事,都在紅娘身上。(元王實甫《西廂記》四本二折)

②伯爵道:"我有樁事兒來報與哥。"(明蘭陵笑笑生《金瓶梅》五十回)

③晚學生此番却是奉家祖之命,在杭州舍親處討取一樁銀子。(清吴敬梓《儒林外史》八回)

宗　中古已經出現。用於文書、貨物、船隻等事物。如:

①共是三宗帳目,鎖在一個護書篋裏。(明馮夢龍《警世通言》卷二十六)

②教傅夥計把貨賣一宗,交一宗。(明蘭陵笑笑生《金瓶梅》七十九回)

③吕蒙箭盡,正慌間,忽對江一宗船到。(明羅貫中《三國演義》六十八回)

坐、座　由"座位、坐具"義引申爲量詞,用於房屋、江山等。如:

①行至琉璃殿一座。(《三國志平話》卷上)

②揚州有座黛山,山上有個林子洞。(清曹雪芹《紅樓夢》十九回)

③眼見京師難保,豈不完了明朝一坐江山也。(清孔尚任《桃花扇·誓師》)

表裏 複音量詞“表裏”用於成套的衣料。

①賞銀五十兩，文綺四表裏。（《皇明典故紀實》卷十三）

②陳安撫及宋江、盧俊義各賞黄金五百兩，錦段十表裏。（明施耐庵《水滸全傳》一〇一回）

③將出元寶兩個，綵段八表裏來。（明凌濛初《二刻拍案驚奇》卷五）

與此同時，中古漢語原有的一部分名量詞到近代應用範圍擴大，有的則失去了某些用法。舉“把、帶、道、個、塊”等量詞爲例：

把 漢代已有量詞的用法，中古繼續存在，用於可以手握住的東西。如《三國志·吴書·陸遜傳》：“乃敕各持一把茅，以火攻拔之。”《朱子語類》卷六：“理如一把綫相似，有條理。”這一意義近代續繼廣泛使用。如：

①吴用取出一把鐵算子來，排在桌上，算了一回。（明施耐庵《水滸全傳》六十一回）

②其人並不敢則聲，提起一把衣服，如飛走了。（《七國春秋平話》卷二）

元代以後“把”又增加了一些新的用法。

(1)用於有把的東西。如：

①前面一把引軍銷金紅旗。（明施耐庵《水滸全傳》一〇四回）

②即着鱖都司取出一把大捍刀奉上。（明吴承恩《西遊記》三回）

(2)用於火或骨頭等一般的東西。如：

①鄭屠大怒……心頭那一把無明業火，焰騰騰的按納不住。（明施耐庵《水滸全傳》三回）

②武松聽了，心頭那把無明業火高三千丈，衝破了青天。（同上三十一回）

與此同時,中古量詞“把”有“夥”義,含貶義色彩,如《北齊書·高阿那肱傳》:“一把子賊,馬上刺取,擲着河中。”《南史·陳武帝紀》:“一把子人,何足打?”近代漢語裏,這一用法已經消失。

帶　唐代由名詞“帶子”義引申爲量詞,用於長條形的物體或相連在一處的地區。近代漢語仍然廣泛使用。如:

①過的這翠巍巍一帶山崖脚,遥望見滴溜溜的酒旗招。(元康進之《李逵負荆》三折)

②一路行來,且喜看見了插天高的淮城,城下一帶清長淮水。(明湯顯祖《牡丹亭》四十九齣)

與此同時,近代量詞“帶”有了新的用法。

(1)用於排成一溜的人或東西。如:

①吴用等六人一帶坐下。(明施耐庵《水滸全傳》十九回)

②右邊一帶兩把交椅,上首楊志,下首林冲。(同上十二回)

(2)用於連成一排的房屋。如:

①蔣家住宅前後通連的兩帶樓房,第一帶臨着大街,第二帶方做卧房。(明馮夢龍輯《古今小説》卷一)

②家裏也還有一二百畝田,三四帶房子。(明蘭陵笑笑生《金瓶梅》五十六回)

現代漢語量詞“帶”只用于相連成片的地區,其他用法都爲别的量詞所代替了。

道　量詞“道”中古用於文書或條狀的東西,這類用法近代仍廣泛使用。如:

①當日中書省定了程限,發十道公文。(明施耐庵《水滸全傳》七十八回)

②一身紫肉横生,幾道青筋暴起。(同上二十九回)

近代“道”又用於氣體或所上飲食的次第。如：

①就頭盔頂上流出一道黑氣來。(明施耐庵《水滸全傳》九十七回)

②還有一道白米飯未曾吃哩。(明蘭陵笑笑生《金瓶梅》十八回)

這兩種用法一直保存到現代,此外,宋元間路徑和河流可以稱“道”,如元鄭德輝《倩女離魂》四折:“中間裏列一道紅芳徑。”《七國春秋平話》:“有滄河一道,水甚大。”現代已爲“條”所取代。

個 量詞“個”産生於上古,中古用法已很廣泛,近代更加擴大,有的超出了量詞的範圍。

(1)用作抽象名詞的單位。如：

①他走近前,弄個把戲,妝個䴉虎。(明吴承恩《西遊記》一回)

②所以我來和你老人家商量商量,討個情分。(清曹雪芹《紅樓夢》七回)

(2)用如冠詞,表示定指。如：

①誰無個父母? 誰無個尊君? 誰無個親爺? (元關漢卿《單刀會》二折)

②宣得個孝堂裏關美髯,紙幡上漢張飛。(元關漢卿《關張雙赴西蜀夢》一折)

(3)放在動詞性詞語前面。如：

①你道是先打後商量,做了個耕牛爲主遭鞭杖。(元孔文卿《東窗事犯》一折)

②急轉身,又跌了個嘴搵地,忙起來,又跌了個豎蜻蜓。(明吴承恩《西遊記》七十二回)

(4)用在動詞和補語中間,使補語兼有賓語的性質。如：

①呼延灼見了,急收轉本部兵馬,各敵個住。(明施耐庵《水滸全傳》五十

五回）

②我這一到家，都打個臭死。（明蘭陵笑笑生《金瓶梅》十二回）

(5)表示動量，相當於“次”。如：

①我央了他十個千歲，他才咽了三個半口。（元喬孟符《揚州夢》一折）

②不打緊，不打緊。我們一年常發七八百個昏兒。（明吴承恩《西遊記》三十二回）

塊　漢代由名詞“土塊”義引申爲量詞，用於塊狀或片狀的東西。近代這種用法很普遍。如：

①鄭魔君歇住鐵槍，舒手去身邊錦袋内，摸出一塊鍍金銅磚。（明施耐庵《水滸全傳》九十七回）

②把個李瓶兒羞的脸上一塊紅，一塊白。（明蘭陵笑笑生《金瓶梅》二十回）

近代量詞中“塊”又用於錢鈔或人。如：

①〔福童云〕鈔有十塊。〔社長云〕韓二，你拏一塊，與這孩兒九塊。（元楊文奎《兒女團圓》楔子）

②愁雲托上九重天，一塊敗兵隨地滚。（明蘭陵笑笑生《金瓶梅》三十七回）

“塊”又和數詞“一”組合做補語，義同“一起”、“一團”。如：

①俺不敢翻身，拳做一塊。（元張國賓《汗衫記》三折）

②孫寡嘴和衆人笑成一塊。（明蘭陵笑笑生《金瓶梅》十五回）

2. 産生了一些新的動量詞

古已有之的動量詞“遍”、“場”、“次”、“度”、“頓”、“番”、“合”、“回”、“通”、“下”、

“遭”、“巡”、“陣”、“轉”等,近代應用更爲廣泛。如:

①那學士多大年紀,怎生模樣,哥哥你説一遍。(元關漢卿《玉鏡臺》二折)

②也是與你做老婆一場,没曾與了别人。(明蘭陵笑笑生《金瓶梅》七十四回)

③有幾個上行首要問我過房幾次,我不肯。(明施耐庵《水滸全傳》二十一回)

④那打獵的人,幾時來我山頭一度。(明吴承恩《西遊記》二十八回)

⑤被紅娘搶白了一頓。(元王實甫《西廂記》一本三折)

⑥這潮信日夜兩番來,並不違時刻。(明施耐庵《水滸全傳》九十九回)

⑦兩個鬥了一二十合,不分勝負。(同上四十八回)

⑧柳底花蔭壓路塵,一回游賞一回新。(明蘭陵笑笑生《金瓶梅》九十回)

⑨兩邊金鼓齊鳴,發一通擂。(明施耐庵《水滸全傳》十三回)

⑩其一時致怒,打了你幾下。(元李文蔚《燕青博魚》楔子)

⑪與老丞相脱悶,走一遭去。(元王實甫《麗春堂》三折)

⑫方當進酒五巡,正是湯陳三獻。(明施耐庵《水滸全傳》八十二回)

⑬一兩陣殺得他人亡馬倒,片甲不回。(同上七十五回)

⑭怎的兩三轉請着你不去?(明蘭陵笑笑生《金瓶梅》三十八回)

中古以前的動量詞,也有近代逐漸不用的。如“過”中古常用,近代小説、戲曲裏只是偶然見到,如明馮夢龍《警世通言》卷一:“大人試撫弄一過。”口語中一般已不用了。與此同時,近代又産生了不少新的動量詞。

般 中古已是名量詞,近代又有動量詞的用法,相當於“次”。如:

①索甚把自己千般獎,〔齊王呵!〕不如叫别人一聲强。(元鄭廷玉《冤家債主》二折)

②鶯恣蝶采,旖旎搏弄百十般。(明蘭陵笑笑生《金瓶梅》八十回)

操 表示撫琴或兩人對打的次數,相當於“次”、“場”。如:

①待我撫琴一操，以遣情懷。（明馮夢龍《警世通言》卷二）

②你和他打了這一操，他如今不來尋你，就是你的造化了。（元李文蔚《燕青博魚》一折）

會(和)　由動詞引申爲量詞，有兩種用法。一是表示延續一段時間的動作。如：

①行行裹玩一會景致，行行裹聽一會管弦。（元石君寶《曲江池》一折）

②睡朦朧無多一和，半霎兒改變了山河。（元馬致遠《黄粱夢》四折）

二是表示動作的次數，相當於現代漢語的"回"或"次"。如：

①你則待和桂花仙打一會官司。（元吴昌齡《張天師》三折）

②下場頭少不得落一會草。（元李文蔚《燕青博魚》四折）

現代漢語裹"會"已没有第二種用法。

火　表示動作行爲的次數，相當於"次"。如：

①魂靈都被金奴引散亂了，情興復發，又弄了一火。（明馮夢龍輯《古今小説》卷三）

交　表示動作行爲的次數，相當於"遍"、"次"。如：

①前前後後跑了一交，又出來坐在那茶亭内。（清吴敬梓《儒林外史》十四回）

②虞華軒到本家去了一交，惹了一肚子的氣。（同上四十七回）

記　表示打一下叫一記，相當於"下"。如：

①牽鑽鬼誠恐老子要怪他，便把那叫化子夾背一記。（清張南莊《何典》五回）

②拍手三記爲號，城門就開了。（《太平天國歌謡傳説集·夜破潘家壩》）

解 表示動作行爲的次數，相當於“次”、“遍”、“回”。如：

①聽夜雨無情，哨紗窗緊慢有三千解。（元馬致遠《集賢賓·思情》套曲）

②我恰才囑咐了三回五解，則去兀那泰安州尋一個家頭房子去來。（元高文彦《黑旋風》楔子）

開 表示沏茶沖開水的次數。相當於“次”、“遍”。如：

①因在茶桌上坐着，吃了一開茶。（清吴敬梓《儒林外史》三十三回）

②遂去華衆會樓上，泡了一碗茶，一直吃到七八開，將近十二點鍾時分，始回棧房。（清韓邦慶《海上花列傳》二回）

輪 “輪”是名量詞，又是動量詞，由於飲酒喝茶的遍數，相當於“遍”。如：

①拿大鍾來，咱每再周四五十輪，散了罷。（明蘭陵笑笑生《金瓶梅》十三回）

②你每有錢的都吃十輪酒。（同上二十三回）

跑(抛) 用於踢球的場數。如：

①將過氣毬來，我和師父踢一抛兒咱。（元無名氏《度翠柳》三折）

②整理氣毬伺候，西門慶吃了一回酒，出來外面院子裏，先踢了一跑。（明蘭陵笑笑生《金瓶梅》十五回）

氣 由“氣息”義引申爲動量詞，表示延續一段時間的動作行爲。相當於“頓”、“陣”。如：

①蓮女見説，一氣走來法座下。(《清平山堂話本·花燈蓮女成佛記》)

②二哥忒没修養，這氣飽飫，如何睡覺。(明吴承恩《西遊記》九十四回)

上　由方位詞引申爲動量詞，表示動作行爲的次數，相當於"下"。如：

①戴宗正飢又渴，一上把酒和豆腐都吃了。(明施耐庵《水滸全傳》三十九回)

②西門慶令："與我敲五十敲。"旁邊數着，敲到五十上，住了手。(明蘭陵笑笑生《金瓶梅》三十五回)

趟(蕩)　表示走動的次數，也寫作"蕩"。如：

①但教小廝來回騎，溜了兩蕩。(明蘭陵笑笑生《金瓶梅》四十三回)

②沿地雲遊數十遭，到處閑行百餘趟。(明吴承恩《西遊記》二十二回)

③好歹嘗一點兒，也是來我家一趟。(清曹雪芹《紅樓夢》十九回)

替　由"替代"義引申爲動量詞，表示動作行爲的次數，相當於"次"、"番"、"回"。如：

①一連請了兩替，答應着來，只顧不來。(明蘭陵笑笑生《金瓶梅》二十三回)

②由着後邊一替兩替使了丫鬟來叫，只是不出來。(同上二十六回)

歇　由"歇息"義引申爲量詞，表示"一會"或"一次"。如：

①三隻船廝並着，劃了一歇，早到那個水閣酒店前。(明施耐庵《水滸全傳》十五回)

②我只問你三回兩歇，怎送的我二足雙癱。(元無名氏《馬陵道》四折)

直 表示延續一段時間的動作。如：

①恰才行了一直，又蚤歇了一會。（元無名氏《盆兒鬼》三折）

②武松走了一直，酒力發作，焦熱起來。（明施耐庵《水滸全傳》二十三回）

在近代動量詞産生中，有一點值得注意的是，同源動量詞大量增加，即把動詞放在數詞後面充當量詞。這種例子中古就有，不過近代應用更加廣泛。其中又有兩種情況：一是前面的數詞在“二”以上，如：

①武松納頭拜了四拜。（明施耐庵《水滸全傳》二十三回）

②長老不敢回言，把行者抹了兩抹，止不住落下淚來。（明吴承恩《西遊記》五十五回）

③猪八戒調過頭來，把耳朵擺了幾擺。（同上二十回）

其中“四拜”、“兩抹”、“幾擺”中的“拜”、“抹”、“擺”都是表示動量的借用量詞。一是數詞爲“一”，如：

①如今得他這十兩銀子，且將去賭一賭。（明施耐庵《水滸全傳》三十八回）

②行者把他扯在路旁邊，試了一試。（明吴承恩《西遊記》四十回）

這類格式不全是表示動量而有表示動作暫時的意思。去掉數詞“一”，就成爲表示短時體的動詞重叠式，前面已經討論過了。

3. 近代漢語量詞的詞法特徵

漢語量詞發展到近代，顯示了一定的特徵。下面着重談三點：

第一，量詞複音化。漢語量詞大都是單音詞，到了近代往往加上詞尾“子”、“兒”、“個”、“家（價）”等變成複音量詞。這種趨勢中古已經開始，到近代普遍發展起來。如：

①兀的那一家兒人家，我去討一把兒火。（元秦簡夫《趙禮讓肥》一折）

②若依的貧道兩三樁兒，你便請他。（元關漢卿《單刀會》二折）

③我有心待問兄弟討一件兒衣服呵，則是難以開口。（元李直夫《虎頭牌》二折）

④兒子世上有兩樁兒——鵝卵石、牛犄角——吃不得罷了。（明蘭陵笑笑生《金瓶梅》三十三回）

⑤我這一把子年紀，豈不知你的話説？（明吴承恩《西遊記》三十三回）

⑥早些找點子什麽吃了，歇歇去罷。（清曹雪芹《紅樓夢》七十一回）

第二，量詞重叠日益豐富。量詞重叠式中古就開始有了。如"家家養烏鬼，頓頓食黄魚"（杜甫《戲作俳諧體遣悶二首》之一）中的"家家"、"頓頓"，近代量詞重叠式大量發展，有"AA"、"一AA""一A一A"、"AABB"四種方式：

(1)"AA"式，如：

①這幾堆草，堆堆都有數目。（明施耐庵《水滸全傳》十回）

②身上有八萬四千根毛羽，根根能變。（明吴承恩《西遊記》二回）

這種量詞重叠帶有"每一"的意思。

(2)"一AA"式，如：

①一個個搶盆奪碗，佔竈争床。（明吴承恩《西遊記》一回）

②轉過亂樹林邊，一步步捱下岡子來。（明施耐庵《水滸全傳》二十三回）

這種量詞重叠有兩種情況：名量詞重叠前面加"一"是"每"的意思，"一個個"與"個個"意思相同；動量詞重叠前面加"一"是"一一相接"的意思，"一步步"就是"一步接着一步"。

(3)"一A一A式"，如：

①打開腰州精製的紅泥頭，一股一股邀(冒)出滋陰摔白酒來。(明蘭陵笑笑生《金瓶梅》四十九回)

②一個一個都從墻根兒底下慢慢的溜下來了。(清曹雪芹《紅樓夢》二十一回)

這種數量重叠也都是"一一相接"的意思。

(4)"AABB"式，如：

①不覺眼中淚滴滴點點落于高祖腮上。(《前漢書平話》卷中)

②群群對對，金鞍馬，玉轡馬，性貌馴習；雙雙對對，寶匣象，駕轅象，勇力狰獰。(明施耐庵《水滸全傳》八十二回)

③群獸雙雙對對，回窩族族群群。(明吴承恩《西遊記》一十四回)

這類量詞重叠表示數量很多，連續不斷的意思。

第三，名量詞可以兩個、三個甚至多個連用。如：

①通前擒斬賊級一千一十一名顆，俘獲賊男婦一百三名口，奪回軍器三百件，被虜旗軍男婦一百三十五名口，得獲賊牛馬猪羊二萬三千餘匹只。(明王軾《平蛮録》)

②見今實在馬駝驢騾牛羊並駒犢共三千九百七十七匹頭只。(明陸粲《陸子餘集》卷五)

③今據前因……俘獲賊屬並奪回被虜男婦五百四名口，奪獲器械贓物一百三十二件把，馬八十二匹只，總計二千八百八名顆口只匹件把。(明王守仁《王陽明集》卷十一《别録三》)

④俘獲賊屬牛馬騾羊盔甲鎗刀等項共三百八十六名口頭匹件副。(明張羽《東田遺稿》卷下)

三個或多個名量詞連用，大都見於多種事物數量的綜合統計中，明清戲曲小説作品中都没有發現這一類的例子。

第二節　近代漢語代詞的發展

近代漢語代詞的發展主要表現在兩個方面。一方面産生了不少新的複音代詞;一方面有些代詞在形式上逐漸得到規範,有的消失,有的廣泛運用。

一、人稱代詞的發展

近代漢語第三人稱代詞幾乎没有太大的變化。下面主要談談第一人稱代詞和第二人稱代詞的發展,第三人稱代詞只對"伊"略加討論。

1. 第一人稱代詞

近代第一人稱代詞中,"我"仍然是基本的形式。"吾"也不時可以見到。還出現了"我咱"、"我自"、"吾當"、"吾儂"等複音代詞。另外,北方口語中第一人稱代詞"俺"、"咱"、"偺"、"洒家",也得到了廣泛應用。這幾個詞用法上有包括式和排除式的區别。所謂包括式,就是包括對話人在内;排除式,就是不包括對話人在内。

我咱、我自、吾當、吾儂　第一人稱代詞單數,相當於"我"。如:

①思量都爲我咱呵,肌膚消瘦,瘦得渾似削。(金董解元《西廂記諸宫調》卷五)

②那人道:"我自姓王。"(明施耐庵《水滸全傳》七十二回)

③我自横刀向天笑,去留肝膽兩崑崙。(清譚嗣同《獄中題壁》詩)

④魯子敬你聽者,你心内休喬怯,暢好是隨邪,吾當酒醉也。(元關漢卿《單刀會》四折)

⑤却是吾當有幸,一箇太真妃傾國傾城。(元白樸《梧桐雨》一折)

⑥想爲吾儂,心灰名利,他也要相陪閑坐的。(元張養浩《朝元曲》)

⑦休怪吾儂,性本疏慵,贏得清閑,傲殺英雄。(元汪元亨《折桂令·歸隱》曲)

我每、我們(門、悶、瞞)、吾每、吾等　第一人稱代詞複數。詞尾"們"、"門"、

"悶"、"瞞"、"等"宋代就有,元代通用"每",明代以後除少數作品,大都統一用"們"。如:

①感蒙賞賜,我每就此吃飯。(元王實甫《西廂記》五本一折)

②我每都去臺上使棒,一連三日,何止有千百對在那裏。(明施耐庵《水滸全傳》六十二回)

③我們挑着百十斤擔子,須不比你空手走的。(同上十六回)

④我門得那女兒在此,真個心滿願足。(南宋無名氏《張協狀元》四十二齣)

⑤我悶似長江水,涓涓不斷流。(同上五十一齣)

⑥不因你瞞番人在此,如何我瞞四千里路來。(宋周密《齊東野語》卷五)

⑦吾每且樂得開懷快暢地一晚。(明凌濛初《二刻拍案驚奇》卷八)

⑧吾等知大聖連夜追尋,恐大聖不識山林,特來傳報。(明吴承恩《西遊記》九十一回)

俺 産生于宋代。如辛棄疾《夜遊宫·苦俗客》:"説得口乾罪過你。且不罪,俺略起,去洗耳。"石孝友《浪淘沙》:"好恨這風兒,催俺分離。"元明以後普遍應用,相當於"我"。《正字通·人部》:"凡稱我,通曰俺,俗音也。"可做主語、定語或賓語。用於單數。如:

①俺也不似别的,你情性俺都識。(金董解元《西廂記諸宫調》卷六)

②俺這裏有一個徒弟,唤作惠明,則是要吃酒廝打。(元王實甫《西廂記》二本二折)

③俺早知有這個去處,不奪他那桶酒吃。(明施耐庵《水滸全傳》四回)

④那一天晌午,李家店裏打發人來叫俺。(清高鶚《紅樓夢》八十六回)

用於複數,絶大多數是排除式。如:

①休言道是俺夫妻,佛也應難擔負。(金無名氏《劉智遠諸宫調》卷十二)

②俺兩口兒與人家舂米爲生。(元無名氏《舉案齊眉》三折)

③這個都是人氣不憤俺娘兒們,做作出這樣事來。(明蘭陵笑笑生《金瓶

梅》十二回)

④這個醃臢潑才，投托着俺小種經略相公門下，做個肉鋪户，却原來這等欺負人。(明施耐庵《水滸全傳》三回)

"俺"有時也可以指代對方或第三者。如：

①我見俺一針撚一絲，一針針不造次，一針針那真至，想俺那不容易的恩情，怎敢道待的輕視。(元劉時中《一枝花・羅帕傳情》套曲)——此指對方。

②大人，你懷揣萬古軒轅鏡，照察俺這銜冤負屈人。(《孤本元明雜劇》第三集《勘金杯》四折)——此指第三者。

"俺"的來源，清俞正燮説："《詩・匏有苦葉》云：'卬須我友。'似卬、我複。今按：卬，我也。今俗通書爲俺。"(《癸巳類稿・複語解》)吕叔湘先生認爲："宋金白話文獻裏的俺只是取奄之聲來諧我們的合音。"[①]現代學者大都同意吕先生的觀點。

俺家、俺咱　用於代詞第一人稱單數，相當於"我"。如：

①酒又不醉，飯又不飽，就着俺起身，也等俺家吃個攔門鍾兒去。(元無名氏《舉案齊眉》一折)

②衆和尚，俺家問你，如何唤作圓寂。(明施耐庵《水滸全傳》一一九回)

③誰知後來遇群賊，子母無計皆受死，難閃避。恁時節，是俺咱可憐見你那裏。(金董解元《西廂記諸宫調》卷五)

④衆口難箝，您也久佔，俺咱常嚴。(元曾瑞《醉春風・清高》套曲)

俺每、俺們　"俺每"主要用於第一人稱代詞的包括式。相當於"咱們"。如：

①近年來但到迎神送神時節，不知是那裏來的一個大漢，常來打攪俺每。

---

① 吕叔湘《漢語語法論文集》，162頁。

(元李壽卿《伍員吹簫》三折)

②俺每都打死人堆上騎着馬跑,方才脱的性命。(元無名氏《氣英布》四折)

③俺每如今將士都在一處,多分調幾路前去廝殺,教他應接不暇。(明施耐庵《水滸全傳》一〇八回)

"俺們"爲代詞第一人稱複數,多數用於排除式(下例①②③),相當於"我們"。少數用於包括式(下例④⑤)。如:

①金蓮道:"好秃子,把俺們都説在裏頭。"(明蘭陵笑笑生《金瓶梅》二十一回)

②李大姐,你快起來,俺們有樁事來對你説。(同上)

③劉姥姥道:"去了金的,又是銀的,到底不及俺們那個伏手。"(清曹雪芹《紅樓夢》四十回)

④俺們再吃兩杯,却去城外閑玩一遭。(明施耐庵《水滸全傳》三十八回)

⑤看見俺們在這裏,他就下去了。(明蘭陵笑笑生《金瓶梅》十三回)

"俺們"也有用於第一人稱單數的。大都是表示謙虚的説法。如:

①六姐他諸般曲兒倒都知道,俺們却不曉的。(明蘭陵笑笑生《金瓶梅》二十一回)

②如今把俺們也吃他活埋了,弄的漢子烏眼雞一般,見了俺們便不待見。(同上十一回)

咱、咱家 《字彙·口部》:"咱,我也。莊北切。"音 zá。吕叔湘先生指出:"咱"是"自家"的切音,爲"自家"轉變而成[①]。開始見於宋代,元明也有應用。用於第一人稱單數時相當於"我"。如:

---

① 吕叔湘《漢語語法論文集》,170頁。

①你若無意向咱行，爲甚夢中頻相見？（宋柳永《玉樓春·蘇子瞻》曲）

②那將軍答曰："咱是朱太守下部將賀瓌。"（《五代史平話·梁史上》）

③樂毅止之："已在咱計中矣。"（《七國春秋平話》中）

④咱小生張鎬，流落在潞州長子縣張家莊。（元馬致遠《薦福碑》二折）

⑤咱有事家去，再來看你。（明孟稱舜《人面桃花》五齣）

用於複數時主要爲包括式，相當於"咱們"。如：

①咱兄弟三個且去買些酒吃了。（《五代史平話·梁史上》）

②獨自一身尚漂蓬，向咱家中拈錢受雇。（金無名氏《劉知遠諸宮調》卷一）

③咱兩個永世千年，休要見面。（明蘭陵笑笑生《金瓶梅》二十一回）

"咱"本是"自家"的合音，後面又可以加"家"，成爲"咱家"，用於第一人稱單數，相當於"我"。如：

①別來且喜得安否？咱家不惡，到底是親故。（金無名氏《劉知遠諸宮調》十一）

②只落的笑欣欣，倒不如咱家安分，向深山將名姓隱。（元吴昌齡《東坡夢》一折）

③緊拽住咱家衣袂，則待要步步追隨。（元楊顯之《酷寒亭》二折）

④恁地一個有名的揭陽鎮上，没一個曉事的好漢擡舉咱家。（明施耐庵《水滸全傳》三十六回）

⑤咱家左良玉，表字崑山。（清孔尚任《桃花扇·撫兵》）

咱每、咱們　在元代"咱每"可用於第一人稱單數，相當於"我"（例①②）；又可用於複數（例③④），相當於"我們"。如：

①黄巢思量："咱每今番下了第，是咱的學問短淺。"（《五代史平話·梁史上》）

②少年人怒道："您三百錢只買得胭脂膩粉，咱每這刀，要賣與烈士。"(同上)

③咱每都是出家人。(《七國春秋平話》卷下)

④那一日大姐姐往喬大户家吃酒，咱每都不在前邊下棋？(明蘭陵笑笑生《金瓶梅》二十五回)

明清以後，除了個别活用的例子，一般不再用於第一人稱單數了。

"咱們"已見於宋代。用於第一人稱複數，可做主語、賓語或定語。其中少數用於排除式(例①②)，絶大多數用爲包括式(例③④⑤⑥)。如：

①咱們祖上亦是宋民，飄落在此。(宋周密《癸辛雜識》續集卷下)

②咱們放你回去，可報與越王，休以大國爲意。(《秦併六國平話》卷上)

③玄德言曰："孫堅言咱們是豬狗之輩。"(《三國志平話》上)

④咱們不言語，他爹又不知道，一時遭了他手怎了。(明蘭陵笑笑生《金瓶梅》二十五回)

⑤那會子咱們那麼好，後來我們太太没了，我家去住了一程子，怎麼就把你配給了他？(清曹雪芹《紅樓夢》三十二回)

⑥寶玉因説："咱們也該行個令才好。"襲人道："斯文些才好，别大呼小叫，叫人聽見；二則我們不識字，可不要那些文的。"(同上六十三回)

喒(昝、偺)、喒家、偺們　"喒(昝、偺)"是"咱們"二字的合音。明徐渭《南詞敘録》："咱們二字合呼爲喒"。最初見於元代戲曲，主要寫作"喒"、"昝"。"偺"出現晚一些。在句中可做主語和賓語。用於單數，相當於"我"。"喒"後面又可以加詞尾"家"，成爲"喒家"，也用于單數，相當于"我"。《正字通·口部》："喒，今北音謂我也。"如：

①我這裏啓大師："用昝也不用昝？"(《元曲選外編·西廂記》第二本楔子)[①]

① 此據《元曲選外編》本，吴曉鈴校注本《西廂記》二本二折作"用俺也不用俺"。

②昝兩個是窮漢，拿住乾打死，咱撇下還家去來。（元無名氏《殺狗勸夫》）①

③喒與您做參辰卯酉，誰待吃這閑茶浪酒。（元無名氏《氣英布》三折）

④娘叫喒尋你，是必同去走一遭。（明馮夢龍《警世通言》卷三十二）

⑤你這個不聽，偺唱個好的。我唱個"小兩口兒争被窩"你聽。（清文康《兒女英雄傳》三回）

⑥項王爲此親信喒家，封爲當陽君之職。（元無名氏《氣英布》三折）

⑦喒家姓察名幽，字能平，别號火珠道人。（明徐渭《漁阳三弄》）

用於複數，主要是包括式，相當於"咱們"。如：

①那時我坐香車你乘馬，喒兩個穩穩安安，兀的不快活殺。（元無名氏《鴛鴦被》二折）

②但得些小錢鈔，就是喒一二日的盤纏，喒二人同走一遭去。（元王實甫《破窯記》一折）

③喒這裏説話，也不是自在處。（元無名氏《争報恩》楔子）

④那妮子做仇恨，離間喒好情分。（明劉兑《嬌紅記》）

⑤他疼喒們閨女，有個不疼喒倆的？（清文康《兒女英雄傳》十回）

"偺們"也作"偺每"、"喒每"。用於第一人稱代詞複數，大都是包括式。如：

①喒每看風子耍子去來。（元無名氏《賺蒯通》三折）

②偺們大家趁着天不亮就動身。（清文康《兒女英雄傳》十回）

③夫人，喒每閑玩一遭去咱。（明劉兑《嬌紅記》）

洒、洒家　第一人稱代詞，相當於"我"。"洒"可能是"余"的方言音變，學者大都以爲北方方言。不過南戲《張協狀元》中第一人稱代詞"洒"凡二十二見，而明代

① 臧晉叔《元曲選》本作"喒"。

作品裏，只用“洒家”。在南北人口不斷遷移的情況下，方言詞語也是可以流動的。郝懿行《證俗文》卷十七：“五代、宋初人自稱沙家，明楊慎曰‘沙家即余家之聲近’可證，賒字從佘，亦可知也。案沙家即洒家。”章炳麟《新方言·釋言》：“明時北方人自稱洒家，洒即佘也。”元明戲曲小説中，自稱“洒家”的大都是出身下層，性格粗獷、文化不高的人物。明施耐庵《水滸全傳》裏只有楊志、魯智深兩人自稱“洒家”。如：

①〔净白〕你府僉來請洒，洒不去不得。（南宋無名氏《張協狀元》五十齣）

②人頭廝釘，熱血廝潑，是洒所知之事，這事不當洒説。（同上五十一齣）

③洒家聽的説，我放的秀才去了。（元馬致遠《薦福碑》二折）

④洒家行不更名，坐不改姓，青面獸楊志的便是。（明施耐庵《水滸全傳》十七回）

⑤魯智深大叫道：“若還兄長推讓別人，洒家們各自撒開。”（同上六十八回）

⑥大王即刻到了，洒家是打前站的，你下馬飯完也未？（明馮夢龍《警世通言》卷二十一）

南方方言不用“俺”、“咱”、“喒”等爲第一人稱代詞，也没有包括式和排除式的差别。

2. 第二人稱代詞

你　上古人稱代詞“爾”到中古開始寫作“你”，書面上往往“汝（爾）”、“你”並用。宋代《朱子語類》是比較接近口語的作品，第二人稱代詞絕大多數仍然用“汝”不用“你”。元明以後，情況大大改變。在白話作品裏，“你”成爲第二人稱代詞單數的主要形式。有時也用“你咱”、“你儂”、“你佇”爲第二人稱代詞單數。如：

①此事若告到官，就是你老子做官，也説不過去。（明吴承恩《西遊記》十四回）

②你那知縣也不待做官，何故這等任情枉法。（明蘭陵笑笑生《金瓶梅》七回）

③你是何等之人，失脚在此？（明湯顯祖《牡丹亭》二十二齣）

④我懷三個月，你咱思慮。（金無名氏《劉知遠諸宫調》卷三）

⑤我儂一日還到驛，你儂何日到邕州。（元宋褧《江上棹歌》）

⑥裏邊走出一個白鬍子的老者，拱着手，呵着腰道：“你佇來了，久違了。”

（清吴沃堯《二十年目睹之怪現狀》七十二回）

近代第二人稱複數代詞有“你每”、“你門”、“你們”、“你瞞（懣）”、“你咱”等。大都宋代即已産生，元明並存，到清代逐漸統一爲“你們”。如：

①我是朝廷官，官家差我犒賞你們。（南宋員興宗《採石戰勝録》）

②潑皮既已死了，你們都來同洒家去官府裏出首。（明施耐庵《水滸全傳》十二回）

③緣何一向便生嗔，你門直是没前程。（南宋無名氏《張協狀元》四十一齣）

④你每户部家出榜去，教那有司官將他所管的應有百姓，都教入官附名字。（明李詡《戒庵老人漫筆·半印勘合户帖》）

⑤不因你瞞番人在此，如何我瞞四千里路來。（宋周密《齊東野語》卷五）

⑥殿直道：“你懣不敢領他？這件事干人命。”（《清平山堂話本·簡帖和尚》）

⑦你咱兩口兒夫妻，似水如魚。（金無名氏《劉知遠諸宫調》卷一）

“你門”、“你每”又用於第二人稱單數；相當於“你”。如：

①我扶你門歸去，勉强且行着山路。（南宋無名氏《張協狀元》四十一齣）

②那楊員外對着楊三官人説不上數句，道是：“明日是嶽帝生辰，你每是東京人何不去做些雜手藝。”（《清平山堂話本·楊温攔路虎傳》）

③你每都没些規矩兒，不管家裏有人没人，都這等家反宅亂的。（明蘭陵笑笑生《金瓶梅》二十六回）

伊、伊家　中古已用爲第二人稱代詞，元明時繼承了這一用法，相當於“你”。如：

①他道我看伊不輕，我負你何辜。（元無名氏《氣英布》四折）[①]

---

① 此據徐沁君校點《新校元刊雜劇三十種》本，臧晉叔《元曲選》本作“那一個道待你非輕，這一個道負你何辜”。

②畫堂歌舞兩般春，伊自忖，爲煙月，做夫人？（元無名氏《喜春來》曲）

③早知你病在膏肓，我可便捨性命將伊救。（元宫大用《范張雞黍》三折）

④誰向官中指攀着伊，是你那孝子曾參賽盧醫。（元孟漢卿《魔合羅》四折）

⑤知伊夫婿上邊回，懊惱碎情懷。落索環兒一對，簡子與金釵。伊收拾，莫疑猜，且開懷。（明馮夢龍輯《古今小説》卷三十五）

⑥真神仙，是七座，添伊家，總八個。（元馬致遠《黄粱夢》四折）

⑦我年老爹娘，望伊家看承。畢竟你休怨朝雨暮雲，只得替着我冬温夏清。（元高明《琵琶記》五齣）

⑧是伊家自貽災禍。（明王世貞《鳴鳳記·寫本》）

⑨快起來，立了講話，敢將奴隸待伊家，將來未必居人下。（清李漁《奈何天·助邊》曲）

您、恁(任) 近代漢語第二人稱代詞發展中比較重要的是"您"、"恁"的産生和發展。"您"最早見於宋元話本和金元諸宫調裏。語音上，"您"是"你們"的合音；意義上，可以用於第二人稱複數，相當於"你們"。如：

①您三人兵少，如何保駕？（《七國春秋平話》中）

②窗外一人叫道："您好大膽，我告曹操。"（《三國志平話》中）

③您衆軍不進，却爲甚的？（元白樸《梧桐雨》三折）

④您文武百官計議，怎生退了番兵？（元馬致遠《漢宫秋》三折）

也用於第二人稱單數，相當於"你"。如：

①李克用兵馬答曰："黄巢反賊，您若會事之時，束手歸降。"（《五代史平話·唐史上》）

②您不須去，您若去時，兩個舅舅必用計謀陷害您。（《五代史平話·漢史上》）

③姬昌又告曰："您後七年至中秋，吾免囚牢，吾西歸也。"（《武王伐紂平話》中）

④大怒駡曰:"有您,江山如此;無您,亦如故。"(《七國春秋平話》卷上)

⑤來時節肯不肯盡由他,見時節親不親在於您。(元王實甫《西廂記》三本四折)①

⑥母親,您孩兒來家了也。(無名氏《桃花女》楔子)

現代漢語里"您"表示敬稱,宋元時期似乎没有這個意思。例①李克用是對敵人説話,斷無一方面駡對方爲"反賊",一方面又表示尊敬的道理。例②是劉知遠對兒子劉承又説的話,例③是姬昌對兒子姬發説的話,父親對兒子用不着稱"您"表示尊稱。例④既是大怒而駡,自然用不着敬稱。早期"您"還可以加"每",成爲"您每"。如:

①朱五經看了這詩道:"秀才,您每下第不歸故鄉?"(《五代史平話·梁史上》)

②您每休把原商量的意思壞了。(元佚名《元朝秘史》卷三)

值得注意的是,"您每"不一定表示複數,例①朱五經的話就是對黄巢一人説的。清代以後"您"已不再用來表示複數,也不再出現"您們(每)"的形式。現代北方話裏"您"表示第二人稱的敬稱,而且只是在書面語裏偶然可以看到"您們"這樣的稱呼。

第二人稱代詞"恁(任)",相當於"您",即"你"。可用於單數(下例③④⑤),也可以用於複數(下例①②)。如:

①恁子母説話整一日,直到了不辨個尊卑。(金無名氏《劉知遠諸宫調》十一)

②恁與我助威風擂幾聲鼓,仗佛力吶一聲喊。(元王實甫《西廂記》二本楔子)

③恁也丹墀池裏頭,枉被金章紫綬。恁也朱門裏頭,都寵着歌衫舞袖。(元馬致遠《漢宫秋》二折)

---

① 此據臧晉叔《元曲選》本,吴曉鈴校注本《西廂記》作"恁"。

④未知何日得見恁,鐵石心腸也淚零。(明佚名《白兔記·看瓜分别》)

⑤任漁公自三思,空有翻波志,他可便眼見的在鍘刀下死。(元無名氏《黄鶴樓》三折)

“恁”也有加“們”或“每”成爲“恁們”、“恁每”的,表示第二人稱代詞複數。如:

①李逵便叫衆莊客:“恁們都來散福。”(明施耐庵《水滸全傳》七十三回)

②恁每盡依我行,不如此行不得。(同上七十五回)

③恁每宜十分警省,常存敬謹,纖毫不要怠忽。(明佚名《太常續考一·敕論太常寺官》)

清代以後,“恁”不再用作人稱代詞。

3. 第三人稱代詞

他(它) “他”是近代第三人稱代詞最主要、應用最廣泛的形式,繼承中古用法,指稱自己和對方以外的某一個人。也寫作“它”。如:

①自古道,東床女婿有萬千,怎知它一舉便做着狀元。(南宋無名氏《張協狀元》二十七齣)

②它前身自是玉堂天子,因不聽玉皇説法,故謫降。(南宋無名氏《宣和遺事》後集)

③見有我那兩個至交柳隆卿胡子轉,去請他來陪我吃一杯兒壽酒。(元無名氏《殺狗勸夫》楔子)

④凡人不可易相,休小覷他。(明施耐庵《水滸全傳》九回)

⑤這一輩子也跳不出他的手心去。(清曹雪芹《紅樓夢》四十六回)

有時“他”也可以指代第三人稱複數,相當於“他們”。如:

①這兩個我也在江湖上多聞他名。(明施耐庵《水滸全傳》二十七回)

②我們日夜喫辛喫苦掙來,却養他一窩子喫死飯的。(明馮夢龍《醒世恒言》卷三十五)

③你看他大家在那裏捉迷藏,捉得好不熱鬧。(清文康《兒女英雄傳》緣起首回)

近代漢語中“他”又用於虛指,無實義。這是第三人稱代詞進一步虛化的結果。也作“他個”、“他這”、“他那”。如:

①任他兩輪日月,來往如梭。(金元好問《雙詞·驟雨打新荷》)

②婆婆也,須是你自做下,怨他谁?(元關漢卿《竇娥冤》二折)

③看别人青霄有路終須到,知他我何日朝聞道。(元關漢卿《裴度還帶》三折)

④覷着兀的般着床卧枕,叫喚聲疼,撇在他個没人的店房。(同上《拜月亭》二折)

⑤則這書中自有他這黄金屋,將我便困在紅塵路。(元無名氏《飛刀對箭》二折)

⑥見如今沿門乞化,抵多少日轉他那千階。(元李文蔚《圯橋進履》)

他們(懣、滿)、它門、他每　用於第三人稱代詞複數,“他們”又作“他懣”、“他滿”,已見於宋代文獻。元代多用“他每”。明以後逐漸統一爲“他們”。如:

①更休與他懣宰執理會,但自安排着。(宋周煇《清波雜誌》卷一)

②朝廷又不曾有文字交我管他懣。(宋王明清《揮塵餘話》卷二)

③唯有相如,失笑他滿恁撩亂。(宋沈端節《洞仙歌》詞)

④又有一般人説此事難理會,只恁地做人自得,讓與他們自理會。(《朱子語類》卷一二一)

⑤它門既然相欺侮,夫人請出來商議。(南宋無名氏《張協狀元》二十七齣)

⑥他每都恃着口强,便儀、秦呵怎敢比量。(元關漢卿《玉鏡臺》一折)

伊 “伊”字中古已是第三人稱代詞,近代漢語仍然可以見到,相當於“他”。如:

①弟子向伊求取,没好意,兩家比迸。(明吴承恩《西遊記》五十二回)

②薛蟠因伊倔强,將酒照臉潑去。(清高鶚《紅樓夢》九十九回)

③查尤三姐原系賈珍妻妹,本意爲伊擇配。(同上一〇七回)

④托他開釋此女,斷還伊父,另行擇婿。(清吴敬梓《儒林外史》十三回)

總的看來,第三人稱代詞“伊”在近代漢語中已逐漸式微,清曹雪芹《紅樓夢》裏只見於後四十回。現代普通話裏,人稱代詞“伊”已經消失。閩方言仍然保存着,相當於“他”,没有第二人稱代詞的用法。

二、指示代詞的發展

中古産生的指示代詞,近代有的形式上逐漸統一,有的消失,有的繼續使用。此外,近代出現了不少新的複音指示代詞。

近指代詞“遮”、“者”、“拓”、“只”等形式近代逐漸統一爲“這”。我們在元明以後的作品裏只是偶然可以看到“遮”和“者”的個别用例。如:

①只遮些子難理會,革鞋包裹破袈裟。(元耶律楚材《寄雲中東堂和尚》詩)

②還憐冶容細腰,怎禁持者般懊惱。(明唐寅《步步嬌·秋景》套曲)

③何用《漢書》來下酒,者番清話也消愁。(清文康《兒女英雄傳》十五回)

而近指代詞“這”以及由“這”構成的複音詞“這邊”、“這個”、“這裏”、“這般”、“這樣”産生於中古,近代廣泛應用;又産生了下面一些複音指示代詞(個别見於宋代)。

這些兒、這些個　它們都指示較近的兩個以上的人或事物。近指代詞“這些”已見於中古，近代又出現了“這些兒”、“這些個”兩個近指代詞，普遍用爲定語或賓語。如：

①這個兄弟諸般都肯向前，只是有這些毛病。（明施耐庵《水滸全傳》三十二回）

②寶釵笑道：“姨娘放心，我從來不計較這些。”（清曹雪芹《紅樓夢》三十二回）

③這些兒古迹，現在河中府，即目仍存舊寺宇。（金董解元《西廂記諸宫調》卷一）

④浄發人先把一周遭都剃了，却待剃髭鬚，魯達道：“留了這些兒還洒家也好。”（明施耐庵《水滸全傳》四回）

⑤有這様白操心，倒不如静静兒的念念書，把這些個没要緊的事撂開了也好。（清高鶚《紅樓夢》八十六回）

⑥況我又在服中，不能照管這些個。（同上一一四回）

這搭、這兒　也作“這搭（荅）兒”、“這搭裏”、“這坨（陀）兒”、“這堝兒”、“這塊兒”。都表示處所，相當於“這裏”、“這地方”。如：

①你是必興心兒再認下這搭沙和草。（元馬致遠《薦福碑》二折）

②恰才這搭兒單于王使命，呼唤俺那昭君名姓。（元馬致遠《漢宫秋》四折）

③我常來看你，咱在這搭兒相會。（明蘭陵笑笑生《金瓶梅》九十三回）

④這琴，陶潛膝上横，蔡邕爨下生，斷腸人這荅兒孤另。（元白樸《東墻記》二折）

⑤想着那去年今日此門中，你將我曾迎送，這搭裏再相逢。（元谷子敬《城南柳》二折）

⑥相公，他兩個在這坨兒哩。（明佚名《村樂堂》二折）

⑦五柳莊,這陀兒山水園林生意廣。(明馮惟敏《點絳唇·量移魯士師東歸述喜》套曲)

⑧這堝兒無是無非,那答兒前簇後擁。(明康海《粉蝶兒·春日閑情》套曲)

⑨看你老人家怎的可憐見,離了這塊兒也好。(明蘭陵笑笑生《金瓶梅》三十八回)

⑩人家大師傅叫我在這兒勸你。(清文康《兒女英雄傳》七回)

這廂、這壁、這壁廂 表示處所,相當於"這邊"。如:

①料冤家那裏,倚玉偎香,夜暖芙蓉帳。怎知我這廂,獨守蘭房?(《宋元戲曲輯佚·琵琶亭》)

②一個這壁,一個那壁,一遞一聲長吁氣。(元王實甫《西廂記》四本三折)

③那廝隊裏四個蠻子四條槍,便來攢住了,俺這壁廂措手不及,以此輸與他了。(明施耐庵《水滸全傳》八十三回)

這會兒、這會子、這早晚、這咱晚、這咱(偺)、這其間 都表示時間,"這咱"爲"這早晚"的合音。相當於"這個時候"。如:

①這會兒風也息,浪也平了。(元無名氏《來生債》三折)

②這會兒太太二奶奶都不得閑兒呢。(清曹雪芹《紅樓夢》七回)

③周瑞家的忙問:"你這會子跑來做什麼?"(同上七回)

④這會子偏又有了記性了。(同上十九回)

⑤我隨身帶着這蒙汗藥,我如今攪在這飯裏,他吃了呵,明日這早晚他還不醒哩。(元高文秀《黑旋風》三折)

⑥這早晚怎地得些酒來吃也好。(明施耐庵《水滸全傳》四回)

⑦這咱晚,武大還未出門,待老身與他家推借瓢看一看。(明蘭陵笑笑生《金瓶梅》四回)

⑧王婆接着道:"久等多時了,陰陽也來了半日,老九如何這咱才來?"(同上六回)

⑨我問問他們,也有前天出京的,也有昨天才出京的,這偺便走到這兒來了。(清吴沃堯《恨海》三回)

⑩這其間可正是我愁時分,則見那巢空翡翠,塚卧麒麟。(元無名氏《碧桃花》一折)

這等、這般樣　相當於"如此"、"這樣",指示性質、狀態、方式、程度等。如:

①旦寫字科。正末云:"腕平着,筆直着。小姐,不是這等。"(元關漢卿《玉鏡臺》二折)

②你是吃飽的人,如何走得這等要緊。(明馮夢龍輯《古今小説》卷四十)

③這等不是道理,等我静一静兒罷。(清文康《兒女英雄傳》)四回)

④〔末白〕孫二須不是這般樣人。(南宋無名氏《小屠孫》二齣)

⑤俺這裏雖然是有紀綱,知興敗,那裏討尉遲這般樣一個身材?(元尚仲賢《單鞭奪槊》一折)

這的　宋代已有"這底"、"遮底",近代都統一爲"這的"。指示代詞,指人或事物、方式。相當於"這個"、"這裏"、"這樣"。如:

①本待要皂腰裙,剛待要藍色髻,則這的是接貴攀高落得的。(元關漢卿《調風月》二折)

②正天炎似火,地熱如爐,過道裏不索開窗,洒家道來,則這的便是天堂。(元無名氏《村樂堂》二折)

③這的是二萬錢,聊助詩酒之費,萬乞笑留是幸也。(明佚名《東籬賞菊》三折)

④這的般愁,兀的般悶,終做話兒説。(金董解元《西廂記諸宫調》卷六)

這的每、這底每 指稱人,相當於"他們"、"這些人"。如:

①事從這的每起有,敲了者。(《元典章·刑部四》)

②這的每安排着筵宴不尋常。(元關漢卿《單刀會》三折)①

③這底每寺裏房子裏使臣休安下者。(《元代白話碑·一二六一年林縣定嚴寺聖哲碑》)

這每、這們、這麽 用於指狀態、方式、程度,一般在句中做狀語。明以前只作"這們",《紅摟夢》裏才開始用"這麽"。如:

①俺這裏叫兩個小卒這每一扶上俺到陣前,對那邊説道,我便是尉遲敬德,可不羞殺人也。(元楊梓《敬德不服老》三折)

②李逵道:"這們睡,悶死我也!"(明施耐庵《水滸全傳》七十四回)

③莫説他是妖怪,就是好人,這們年紀,也死得着了。(明吴承恩《西遊記》三十三回)

④這麽熱天,不在家裏涼快,跑什麽?(清曹雪芹《紅樓夢》三十二回)

⑤還這麽説,他明兒越發没理了。(同上三十八回)

這麽個 做定語,指人或事物的性質、狀態。如:

①小人兒家没經過什麽事,就急的這麽個樣兒。(清曹雪芹《紅樓夢》七回)

②你這麽個人,竟是大俗人,連水也嘗不出來。(同上四十一回)

③你這麽個阿物兒,也忒行了大運了。(同上四十三回)

④女子道:"准他弄死人就准我弄死他,就是這麽個情理。"(清文康《兒女英雄傳》六回)

---

① 此据徐沁君校點《新校元刊雜劇三十種》本,《元曲選外編》本作"安排着筵宴不尋常"。

這麼樣 相當於"這樣",指示性質、狀態、方式、程度。如:

①再别説你們"這府裏原是這麼樣"的話。(清曹雪芹《紅樓夢》十四回)

②説的是了,就笑的這麼樣。(同上三回)

③賈母道:"既這麼樣,怎麼不進來,又做神做鬼的?"(同上四十七回)

這麼些 指示人物的數量多。如:

①這麼些婆婆嬸子湊銀子給你做生日,你還不够。(清曹雪芹《紅樓夢》四十三回)

②倒像是客,有這麼些套話。(清高鶚《紅樓夢》八十五回)

③這麼些書,也不知有多少本兒,二十天的工夫,一個人兒那兒念的過來呀?(清文康《兒女英雄傳》三十三回)

這麼着 指示行爲狀態或情況,通常在句中做補語、謂語或表語。如:

①這算什麼大事,忙的這麼着。(清曹雪芹《紅樓夢》七回)

②饒這麼着,還有人説閑話,還擱得住你説這些個?(同上三十一回)

③阿彌陀佛,是這麼着嗎? 不是哥兒説,我們還當他成了精了呢?(同上三十九回)

④這麼着,我看天氣尚早,還趕的出城去,我就去了。(清高鶚《紅樓夢》一一三回)

由遠指代詞"那(nà)"構成的複音代詞,中古有"那個"、"那邊"、‘"那裏"、"那般"、"那樣"、"那些"等,近代又産生了以下一些複音的指示代詞。

那些個 指示較遠的兩個以上的人或事物。如:

①那些個浪子班頭。(南宋無名氏《張協狀元》四十八齣)

②那些個齊管仲鄭子產,敢待做假忠孝龍逄比干。(元白樸《梧桐雨》二折)

③正經快把花兒埋了罷,别提那些個了。(清曹雪芹《紅樓夢》二十三回)

那搭兒 也作"那塔兒"、"那坨兒"、"那荅兒"、"那榻"、"那堝兒",指示較遠的處所,相當於"那裏"。如:

①這廝説謊,官道上偏那塔兒滑。(元無名氏《醉寫赤壁賦》二折)

②那搭兒别是一重天,盡都是翠柏林巒。(元谷子敬《城南柳》三折)

③那坨兒裏墻較低,那坨兒裏門不閉。(元高文秀《黑旋風》三折)

④今日在那荅兒吃酒,我們把桌子也擺擺麽?還是灰塵的哩。(明蘭陵笑笑生《金瓶梅》五十四回)

⑤向白雲那榻,小生樂道出河沙。(元無名氏《野猿聽經》三折)

⑥當初咱那堝兒各間别,怎承望這荅兒裏重相見。(元關漢卿《拜月亭》四折)

那廂、那壁、那壁廂 相當於"那邊"。如:

①當初那巫山遠隔如天樣,聽説罷又在巫山那廂。(元王實甫《西廂記》一本二折)

②我們這山向東去,有二百里水面,那廂乃遨來國界。(明吴承恩《西遊記》三回)

③李瓶兒看見那邊墻頭開了個便門,通着他那壁。(明蘭陵笑笑生《金瓶梅》十四回)

④正説着閑話,猛不防那壁裏桂花樹下,嗚咽悠揚,吹出笛聲來。(清曹雪芹《紅樓夢》七十六回)

⑤只見那壁廂凶雲隱隱,悪氣紛紛。(明吴承恩《西遊記》五十回)

⑥〔哪吒〕站立多時,只見那壁廂一枝人馬,旗幡招展,劍戟森嚴而來。(明許仲琳李雲祥《封神演義》三十四回)

那會兒、那會子、那早晚、那咱 指代時間，相當於“那時候”。“那咱”是“那早晚”的合音。如：

①那會子李奶奶來了，喝了去了。（清曹雪芹《紅樓夢》八回）

②那會子不害臊，這會子怎麽又臊了。（同上三十二回）

③説的那會兒好，笑嘻嘻的答應着。（清文康《兒女英雄傳》三十回）

④想你當初不得志時，提着個灰罐兒，賣詩寫狀，那早晚也是東廳樞密使來？（無名氏《謝金吾》三折）

⑤那咱和你媽相交，你還在肚子裏。（明蘭陵笑笑生《金瓶梅》六十八回）

⑥不如那咱哥做會首時，還有個張主。不久還要請哥上會去。（同上三十五回）

那等 指代事物性質，相當於“那種”、“那樣”。如：

①諸葛亮鋤田铇地，劉先主織席編履，那等的人，題他做甚麽。（元張國賓《薛仁貴》一折）

②有那等守護賢良老秀才，他説的來狠利害。（元武漢臣《老生兒》一折）

③我也是那等一夢，與你一般。（明吴承恩《西遊記》十三回）

④在那等傷天害理的一納頭的作了去，便叫作“自作孽，不可活”。（清文康《兒女英雄傳》三回）

那的 指代事件或處所，相當於“那個”或“那裏”。如：

①自新正爲始，得了六日宣限，那的是老夫有福處。（元白樸《墻頭馬上》一折）

②除那的以外，不揀甚麽差發休與者。（《元典章·禮部六》）

③那的是情牽恨惹，那的是腸荒腹熱，怕是紗窗外風飄敗葉，又聽得鐵馬兒叮噹韻切。（元無名氏《鬥鵪鶉》套曲）

④漢蕭何忒下的，救他出井底，倒將他斬訖。那的也須放着傍州例。（元無名氏《賺蒯通》二折）

例①②③“那的”表示事件，相當於“那個”，例④“那的”表示處所，相當於“那裏”。

那的每、那底每 指稱人，相當於“他們”、“那些人”。如：

①民官每委實是陣亡了的呵，那的每孩兒每根底比他那的勾當低貳等委付。（元代《通制條格》卷六）

②若有窮寒年老無倚靠底好秀才每呵，那底每根底養贍着。（《元典章·禮部四》）

那每、那們、那麽 指代事物的性質、程度或行爲方式。如：

①那法師忙賀喜道，那每殷勤的請你，待對面商議。（金董解元《西廂記諸宫調》卷三）

②棋童道：“我那們説，他强着奪去了。”（明蘭陵笑笑生《金瓶梅》三十五回）

③那會子咱們那麽好，後來……我來了，你就不那麽待我了。（清曹雪芹《紅樓夢》三十二回）

④嗳喲！姑太太，不是我的，我没那麽大造化喲！（清文康《兒女英雄傳》二十七回）

那麽個 和“這麽個”相對，做定語，指代事物的性質或形狀。如：

①我見他也背着像老爺子使的那麽個彈弓子麽。（清文康《兒女英雄傳》十七回）

②横竪也有書上説的岳老爺的那位教師周先生那麽個光景兒。（同上三十七回）

那麽些 指代數量大,與"這麽些"相對。如:

①鳳姐笑道:"那麽些還不够?就短一分兒也罷了。"(清曹雪芹《紅樓夢》四十三回)

②床底下堆着那麽些,還不够你輸的?(同上二十回)

那麽着 指示行爲狀態,多用作謂語。如:

①前日有人家來相看,眼見有婆婆家了,還是那麽着。(清曹雪芹《紅樓夢》三十一回)

②寶玉道:"那麽着,這香是那裏來的?"(同上十九回)

③縣官説:"那麽着,咱們就搜哇。"(清文康《兒女英雄傳》十一回)

④鬧的這兩個幹事的人,一點事也不曾幹上,白白地跑了一趟,就那麽着回去了。(清吴沃堯《二十年目睹之怪現狀》七回)

偌 指代事物性狀。相當於"這麽"、"那麽"。如:

①偌來大窮坑火院,只央我一身填。(元馬致遠《青衫淚》二折)

②正看見你這和尚,没來由喫的偌來胖。(元鄭廷玉《忍字記》三折)

③出來的偌大小年紀,這個道七十,那個道八十,婆婆道九十。(元無名氏《藍采和》四折)

④紅娘伏侍老夫人不得空便,偌早晚敢待來也。(元王實甫《西廂記》三本二折)

⑤我們見他偌大一條大漢,在廟裏睡得蹊蹺。(明施耐庵《水滸全傳》十四回)

⑥雖没了銀子,换了偌多苧麻來,也不爲大虧。(明凌濛初《初刻拍案驚奇》卷八)

這個"偌"來源於上古的"若"。晚唐五代時也寫作"惹"。如《敦煌變文集·維摩詰經講經文》:“念君惹子大童兒,便解與吾論志道。”元代寫作“偌”,“只用來指示積極方向的性狀,只有‘偌長’、‘偌大’,没有‘偌短’、‘偌小’;也不用來指示動作,更不能獨立作謂語用。”①

兀那 可以指代人、地或事情,相當於“那”、“那個”。如:

①兀那彈琵琶的是那位娘娘?(元馬致遠《漢宫秋》一折)

②兀那秀才,你躲在一邊,老相公回來了也。(元喬孟符《金錢記》二折)

③孩兒然後去兀那墳前,也拜幾拜。(《清平山堂話本·合同文字記》)

④兀那和尚,你的聲音好熟,你姓甚?(明施耐庵《水滸全傳》六回)

兀、兀的 “兀的”也作“兀底”、“阿的”,指代人或事物,相當於“這”、“這個”。始見於宋代,元明作品中相當常見。“兀”單用爲指示代詞較後起,可能是“兀的”省略的結果。如:

①出來的正是小旋風柴進,問道:“兀是誰?”(明施耐庵《水滸全傳》五十一回)

②倘有些個差池,兀教誰來看顧?(元高明《琵琶記》四齣)

③比是他時,再相逢也,這的般愁,兀的般悶,終做話兒説。(金董解元《西廂記諸宫調》卷六)

④兀的班人物,遭逢着恁般時勢。(元李壽卿《伍員吹簫》三折)

⑤楊志道:“俺説甚麽,兀的不是歹人來了?”(明施耐庵《水滸全傳》十六回)

⑥須看了可憎底千萬,兀底般媚臉兒不曾見。(金董解元《西廂記諸宫調》卷一)

⑦阿的好小番也!煖帽貂裘最堪宜,小番平步走如飛。(元關漢卿《哭存孝》三折)

① 吕叔湘《近代漢語指代詞》,297頁。

“兀的(底)”可能來源於六朝時的“阿堵”。宋馬永卿《嬾真子》卷三:“古今之語大都相同,但其字各别耳。古所謂阿堵者,乃今所謂兀底也。”

中古指示代詞“能”、“恁(rèn)”以及由“恁”構成的複合詞“恁地”、“恁麼”近代繼續使用。如:

①好一個呼保義能貪色,如今去親身對證休嗔怪。(元康進之《李逵負荆》四折)

②你道是可惜他落風塵,系紅裙,端的個十分體態恁聰俊。(元吴昌齡《東坡夢》一折)

③恁时節,船到江心補漏遲。(元關漢卿《救風塵》一折)

④誰恁地教人斷魂,是東風吹墮行雲。(元盧摯《蟾宫曲·贈歌者劉氏》曲)

⑤恁麽却才中我意,去打蔣門神,教我也有些膽量。(明施耐庵《水滸全傳》二十八回)

近代又産生了以下幾個複音代詞:

恁個 指代人或事物。相當於“這個”。如:

①當日成也是恁個母親,今日敗也是恁個蕭何。(元王實甫《西廂記》二本四折)

恁般、恁得、恁的、恁的般、恁樣 指代性質或狀態。相當於“如此”、“這樣”。如:

①幾時得酒闌人散,直恁般見不得歌舞吹彈。(元戴善夫《風光好》一折)

②這老兒恁般可惡,看看花兒打甚緊?(明馮夢龍《醒世恒言》卷四)

③作怪的是他怎麽這樣一副姿容,弄成恁般一個打扮。(清文康《兒女英雄傳》四回)

④薄設設衾共枕空舒設,冷清清不恁得。(元關漢卿《拜月亭》三折)

⑤〔馬〕超大驚曰:"如何變得恁的!"(明羅貫中《三國演義》六十五回)

⑥天王大驚失色道:"這廝恁的神通,如何取勝?"(明吳承恩《西遊記》四回)

⑦粉臉生春,雲鬢堆鴉,恁的般受怕擔驚。(元王實甫《西廂記》三本三折)

⑧戴宗道:"只除是恁的般方好,不然直走到明年正月初一日,也不能住。"(明施耐庵《水滸全傳》五十三回)

⑨此二字筆勢非凡,有恁樣高手在此,何待小生操筆,却爲何不寫完了?(明凌濛初《二刻拍案驚奇》卷二)

⑩奴明日若嫁得恁樣個人也罷了。(明蘭陵笑笑生《金瓶梅》十七回)

⑪通不來這裏走走兒,忙的恁樣兒的?(同上三十七回)

該 指代上文提到過的人或事物,多用於公文。如:

①頃又該邱得用傳示聖意。(明張居正《議外戚子弟恩蔭疏》)

②應令該節度審明實情,妥擬具題。(清高鶚《紅樓夢》九十九回)

③爲此,牌仰該縣,即將本犯拿獲。(清吳敬梓《儒林外史》十九回)

④該署員到任,正應先事預防,設法保護。(清文康《兒女英雄傳》二回)

⑤此該縣糊塗。命案關天,正宜詳慎,何得縱凶斃證,拘留苦主?(清無名氏《巧冤家》五回)

三、疑問代詞的發展

近代漢語裏的疑問代詞有許多是中古保留下來的。新産生的疑問代詞絶大多數是複音詞。有問人的,也有問事物性質、行爲狀態或時間處所的。問人的疑問代詞"誰"、"那個"古已有之,近代通用;"兀誰"、"那位"是近代新産生的。

兀誰 由中古疑問代詞"阿誰"變來,相當於"誰"。如:

①當初這個簡帖兒却是兀誰把來?(《清平山堂話本》卷二)

②我只心在張三身上，兀誰奈煩相伴這廝！（明施耐庵《水滸全傳》二十一回）

③妹妹道："却是兀誰？"（明馮夢龍《警世通言》卷三十九）

那位　是問人的客氣方式。如：

①你是那位姑娘屋裏的？（清曹雪芹《紅樓夢》二十七回）

②〔安老爺〕忙問："貴堂官是那位？"（清文康《兒女英雄傳》三十六回）

近代問事物性質狀態、時間處所的疑問代詞多達30個以上。

1. 由"那（nǎ、哪）"構成的複音疑問代詞。中古有"阿那"、"那個"、"阿那個"、"那裏"、"那邊"、"阿那邊"等，近代繼續使用。以下一些是近代才出現的。

那些、那些兒　有兩義：一是詢問處所，相當於"何處"。如：

①你此去家山那些？把姓名枝派從頭說。（明陳與郊《文姬入塞》曲）

②你那些還不足？還不自在？（清曹雪芹《紅樓夢》三十三回）

③一應送終的衣衾棺槨之費，那些兒不虧了馬員外來？（元李行道《灰闌記》一折）

④我平日何等待你，虧了你那些兒？（清文康《兒女英雄傳》二十八回）

一是表反問，相當於"哪裏（是）"。如：

①他待將大道沈埋，正義全乖，那些兒配合三才？（元鄭德輝《㑳梅香》四折）

②你則待送雨行雲，那些兒于家爲國？（元無名氏《碧桃花》二折）

③通賊虜懷奸誑君，那些兒立朝堂仗義依仁？（元周德清《滿庭芳・誤國賊秦檜》曲）

那些個　詢問方面、方向，相當於"哪裏是"。如：

①事到頭,如今不自由,那些個男兒得志秋?(南宋無名氏《宦門子弟錯立身》十三齣)

②那些個慈悲爲本,多則是板障爲門。(元關漢卿《金綫池》一折)

③你那些個將我似舉案齊眉待?(元無名氏《漁樵記》二折)

④動不動逞兇行惡,你那些個恤寡憐孤!(元高明《琵琶記》十六齣)

那等 詢問性質程度。相當於"何等"、"多麼"。如:

①往常時紫羅襴白象簡,那等尊貴?今日葛巾野服,似覺快樂也呵!(元費唐臣《貶黄州》二折)

那搭、那搭(荅、笪、塌)兒、那搭裏、那坨(駝)兒、那堝裏、那堝兒 問處所,相當於"哪裏"。如:

①只看張家,往日豪華,如今在那搭?(元張國賓《合汗衫》二折)

②這裏又不是關津隘口,又不是你家前院後,怎麼的唤渡行人在那搭兒有?(元范子安《竹葉舟》三折)

③打聽的湯哥有些音耗,那堝裏遇着,那搭裏撞着,我把那背義的奴胎不道的素放了。(元張國賓《羅李郎》二折)

④悶殺没頭鵝,撇下陪錢貨,下場頭那荅兒發付我。(元王實甫《西廂記》二本四折)

⑤今日在那笪兒吃酒?我們把桌子也擺擺麽?還是灰塵的哩。(明蘭陵笑笑生《金瓶梅詞話》五十四回)

⑥哎喲,天那,但不知那塌兒裏把我來磨勒死?(元楊顯之《瀟湘雨》二折)

⑦那坨兒墻較低,那坨兒裏門不閉,那坨兒裏得空便,那坨兒裏無尋覓。(元高文秀《黑旋風》三折)

⑧便得功名待怎的,無窮天地,那駝兒讓你精細?(元張養浩《天净沙》曲)

⑨則俺這小的孩兒倘有好歹,可着我那堝兒發付?(元無名氏《冤家債主》

三折）

那(nǎ)的　有兩義，一是詢問處所，相當於"哪裏"。如：

①行至天晚，問人："那的是滿城縣普田村?"(《七國春秋平話》卷中)

②說得他兒女夫妻似水如魚，撇得我鰥寡孤獨，那的是撮合山養身處？(元關漢卿《調風月》四折)

二是表示反問，也可譯爲"哪裏"。如：

①那的是爲官榮貴？止不過多喫些筵席。(元張養浩《朱履曲》)

②見如今惜花人病損，俺娘與茶客錢親，却教我嫩橙初破酒微温，那的是眷姻？(元無名氏《雲窗夢》二折)

那兒　問處所，相當於"哪裏"。如：

①昨日申哥走到半路又來了，不知船在那兒？(明劉兑《嬌紅記》)

②跑堂兒的陪笑説道："這是那兒的話？怎麽煩起來咧？"(清文康《兒女英雄傳》四回)

那裏每　問方式，相當於"如何"、"怎麽"。如：

①鶯鶯情性，那裏每也悄無了貞共烈？(金董解元《西廂記諸宫調》卷八)

②醉魂兒難掙挫，精彩兒强打捱，那裏每來？(元關漢卿《碧玉簫》曲)

③〔正旦懷裏取不見科，唱〕呀！那裏每不見了？(元鄭德輝《㑳梅香》二折)

又問處所，相當於"哪裏"。如：

①那裏每汪汪犬吠,隱隱疏籬?俺這裏舉目觀窺,原來是竹塢人家傍小溪。(元無名氏《盆兒鬼》三折)

②那裏每人煙鬧,是一火村路歧。(元無名氏《藍采和》四折)

③甑生塵,老弱饑,米如珠,少壯荒,有金銀那裏每典當?(元劉時中《端正好上高司監》曲)

那門子 表示反問,相當於"什麽"。如:

①這還吃的是那門子的長齋呢?難道今日個還不開嗎?(清文康《兒女英雄傳》二十七回)

那壁廂、那廂 詢問處所,相當於"哪邊"、"哪裏"。如:

①母親唤你孩兒那壁廂使用?(元鄭德輝《王粲登樓》楔子)

②爺唤張千,那廂使用?(元鄭德輝《倩女離魂》三折)

③大人呼唤小官,那廂使用?(元無名氏《存孝打虎》楔子)

④土地道:"大聖從那廂來?"(明吴承恩《西遊記》七十二回)

2. 由疑問代詞"甚"構成的複音詞中古有"甚麽"、"甚底(的)"、"甚的樣"等,近代繼續使用。以下幾個詞是近代出現的。

甚些 問事物,相當於什麽,用於複數,也可用於單數。如:

①則俺這眼兒邊一剗的愁,心兒上着甚些喜?(元無名氏《争報恩》四折)

②爲甚些家務事曉夜傷神?(元無名氏《舉案齊眉》二折)

③則怕他急煎煎盼着音信杳,爲着個甚些擔閣?(元無名氏《隔江鬥智》三折)

甚的 宋代已有"甚底",元明繼續使用,並産生了"甚的(迭)"。相當於"甚麽"、"什麽"。如：

①昨先話兒説甚底，今日都翻悔。（元鍾嗣成《清江引·情》曲）

②當日天色晚，客店無甚底事，便去睡。（《清平山堂話本·簡帖和尚》）

③我去那虎狼窩不顧殘生，我可也問，甚的是夜，甚的是明，甚的是雨，甚的是晴。（元秦簡夫《東堂老》二折）

④我把你不妨，便有甚的要緊？（《清平山堂話本·楊温攔路虎傳》）

⑤你歡娱受用别，我凄涼爲甚迭。（元關漢卿《碧玉簫》曲）

甚的樣　問原因，相當於"怎樣"。如：

①老身自問二郎，這病是甚的樣起？（明馮夢龍《醒世恒言》卷十四）

3. 由疑問代詞"怎"派生的複音詞。宋以前有"怎麽"、"怎生"、"怎麽生"、"怎生地"，近代繼續使用。以下幾個是近代産生的。

怎地、怎的、怎得、仔麽　用作狀語，詢問狀態、方式，相當於"怎麽"。如：

①怕黄昏忽地又黄昏，不銷魂怎地不銷魂？（元王實甫《中吕·十二月過堯民歌·别情》曲）

②一個村坊過去不得，怎地敢抵敵官軍？（明施耐庵《水滸全傳》二回）

③廂官喝道："我怎得是好利之徒？"（同上八十三回）

④爹的銀子怎的到得我手裏？（明蘭陵笑笑生《金瓶梅》二十三回）

⑤那時丢了去不是，不丢他不得，仔麽處？（明陸人龍《型世言》三十八回）

又問原因，相當於"爲什麽"。如：

①大哥，怎地早半便歸？（明施耐庵《水滸全傳》二十四回）

②武松道："阿嫂，你且説我怎地去不得？如何便吃人捉了？"（同上三十

一回）

③你怎的説這話？（元高明《琵琶記》三齣）

④若説你往南河淮安一帶還説得去，怎的説到是往河南去？（清文康《兒女英雄傳》五回）

又問事物或性質，在句中做賓語、主語或定語。相當於"什麼"。如：

①〔王林云〕哥，我説不是他，就不是他了，教我再認怎的？（元康進之《李逵負荆》三折）

②林冲道："上下要縛便縛，小人敢道怎地！"（明施耐庵《水滸全傳》八回）

③李逵便道："我問大哥，怎地是粗鹵？"（同上三十八回）

④閑言不道，你只直説我哥哥死的屍首是怎地模樣？（同上二十六回）

又用作謂語，詢問情況，相當於"怎麼樣"。如：

①晁蓋道："觀他顔色怎地？"（明施耐庵《水滸全傳》十九回）

②那婦人已知告狀不准，放下心，不怕他，大着膽看他怎地。（同上二十六回）

③太尉口中不道，心下思量："且看他怎地？"（明羅貫中《三遂平妖傳》十一回）

④那婦人道："師兄，你關我在這裏怎的？"（明施耐庵《水滸全傳》四十五回）

⑤不揀怎得，三年五載養贍得他。（同上八回）

⑥後來是怎的，你告訴這位姑娘。（清文康《兒女英雄傳》七回）

又用作謂語或狀語，表示反詰，相當於"幹什麼"、"怎麼"。如：

①我又不脚小，騎那馬怎地？（明施耐庵《水滸全傳》二十九回）

②既是開封府公文，只管問他怎地？（同上八十一回）

③看起垂珠淚，怎的割捨得？（明徐畛《殺狗記》二十五齣）

④這是王父母前日在仁大典吃酒席上親口説的，怎的不確？（清吴敬梓《儒林外史》四十五回）

又用於列舉事物，没有詢問的意思。如：

①説着，便把他怎的抱怨，怎的商量，怎的説不到二十八棵紅柳樹送信，回來怎的賺安公子出店上路，怎的到黑風崗要把他推落山澗拐了銀子逃走的話説了一遍。（清文康《兒女英雄傳》八回）

②閑時談今説古，道："某人仔麽敬重公姑，某人仔麽和睦妯娌，某人仔麽夫婦相得，某人仔麽儉，某人仔麽勤。"（明陸人龍《型世言》四回）

怎個、怎麽個　做狀語或定語，詢問方式，相當於"怎麽"。明代始産生。如：

①又不是帳，又不是禮物，怎麽個寫法兒？（清曹雪芹《紅樓夢》二十八回）

②公子説："這怎麽個講法？"（清文康《兒女英雄傳》四回）

③這等一個人，此番一去，知他怎麽個下落呢？（同上十四回）

④要知那哭聲是怎個的原由，那女子聽了如何，下回書交代。（同上六回）

又用作定語，詢問事物的形狀或原因，相當於"什麽樣的"。如：

①我只問姑娘：這陰陽是怎麽個樣兒？（清曹雪芹《紅樓夢》三十一回）

②他是怎麽個模樣？（明吴承恩《西遊記》七十四回）

又做謂語，相當於"怎麽樣"。如：

①那瘦子走到跟前一看，道："怎麽個呀？"（清文康《兒女英雄傳》六回）

怎麽樣、怎麽地 詢問或泛指事物的性質、狀態、方式等，相當於“怎樣”。如：

①八戒道：“巡山便怎麽樣兒？”（明吴承恩《西遊記》三十二回）

②報時須説此屍在本家怎麽樣不見了？幾時走到這庵裏？怎麽樣抱在這柱子上？（明凌濛初《二刻拍案驚奇》卷十三）

③就是你老人家見了，也愛的不知怎麽樣的哩！（明蘭陵笑笑生《金瓶梅》三十七回）

④那要是林姑娘，不知又鬧的怎麽樣，哭的怎麽樣呢！（清曹雪芹《紅樓夢》三十二回）

⑤楊雄听了，便道：“你且説怎麽地來。”（明施耐庵《水滸全傳》四十五回）

怎樣 用作謂語、定語或狀語，詢問性質、狀况、方式等。如：

①娘問你替他捎的蒲甸兒怎樣的？（明蘭陵笑笑生《金瓶梅》三十七回）

②但不知看師父是怎樣，巡山是怎樣？（明吴承恩《西遊記》三十二回）

③你把你是怎樣一樁事情也説來我聽聽。（清文康《兒女英雄傳》七回）

④我則待向雲山更撰《浯溪頌》，只他那《盤谷歌》怎樣包籠？（明康海《耍孩兒·春日閑情》曲）

⑤公子一見，……也不知要怎樣哀求才好。（清文康《兒女英雄傳》五回）

有時“怎樣”用來列舉多項事實，而不表示詢問。如：

①馬二先生遂把差人怎樣來説，我怎樣商議，後來怎樣怎樣……（清吴敬梓《儒林外史》十四回）

②便悉把怎樣過繼到鮑家，怎樣蒙鮑老爹恩養，怎樣在向太爺衙門裏招親，怎樣前妻王氏死了，又娶了這個女人，而今怎樣怎樣被鮑老太趕出來了，都説了一遍。（同上二十七回）

怎麽着、怎樣着　詢問動作或情況，通常在句中做謂語。如：

①這病發了時，到底怎麽着？（清曹雪芹《紅樓夢》七回）

②左勸也不改，右勸也不改，你到底是怎麽着？（同上二十四回）

③李四説："閃開怎麽着？讓你老先坐下歇歇兒。"（清文康《兒女英雄傳》四回）

④我到了人家，我該怎麽着？（同上二十七回）

⑤賈母聽了，又急的眼淚直淌，説道："怎樣着，咱們家到了這個田地了麽？"（清高鶚《紅樓夢》一〇七回）

怎麽了　詢問已經發生的動作或情況，在句中做謂語。如：

①我又怎麽了？你又勸我。（清曹雪芹《紅樓夢》二十一回）

②那瘦子道："先别講那個，我師父這是怎麽了。"（清文康《兒女英雄傳》六回）

③十三妹道："到底是怎麽了？不是落了煙袋了？"（同上十回）

怎生般　詢問性質、狀態、方式，相當於"怎生"、"怎樣"，在句中做狀語。如：

①我的丈夫頭髮不曾被風吹，肚腹不曾忍餓，如今走去呵，怎生般艱難！（元佚名《元朝秘史》卷一）

②我則道怎生般炮鳳烹龍，朦朧。（元王實甫《西廂記》二本五折）

③那賊漢怎生般中注模樣？（元無名氏《争報恩》二折）

4. 中古由"多"構成的複合疑問代詞有"多少"、"幾多"。下面一些是近代産生的：

多早、多早(蚤)晚　繼中古疑問代詞"早晚"，近代又有"多早晚"，詢問時間，相當於"什麽時候"、"幾時"。如：

①多早晚升廳,多早晚退衙,老相公試説一遍,與您孩兒聽咱。(元無名氏《陳州糶米》二折)

②假若星官不來呵,你着我等到多蚤晚也?(元無名氏《桃花女》一折)

③〔張飛云〕怎生夏侯惇去了也?小校,看多早晚時候也?(元無名氏《博望燒屯》三折)

④我且問你,你們多早晚才念夜書呢?(清曹雪芹《紅樓夢》十四回)

⑤爹不知多早來家,你教他明日早來罷。(明蘭陵笑笑生《金瓶梅》四十三回)

⑥此人此刻不在這裏,不知多早才來。(清曹雪芹《紅樓夢》六十六回)

⑦内務府來請了去商量,説不定多早才回家呢?(清曾樸《孽海花》二十三回)

“多早晚”又可以用於反問句、感歎句或任指句。如:

①好好的,我多早晚又傷心了?(清曹雪芹《紅樓夢》六十四回)

②倘是我小梅這妮子分娩了,你覷這早晚多早晚也。(元武漢臣《老生兒》一折)

③咱們以後就坐着花,到多早晚,就是多早晚。(清曹雪芹《紅樓夢》七十二回)

例①“多早晚”用於反問,例②用於感歎,例③用於任指,都可譯作“什麽時候”。

多咱 也作“多昝”、“多喒”、“多偺”、“多儹”、“多怎”。“多早晚”的合音,詢問時間,相當於“什麽時候”,應用範圍比“多早晚”廣泛些。如:

①蕙蓮因思想他漢子,哭了一日,趕後邊人亂,不知多咱尋了自盡。(明蘭陵笑笑生《金瓶梅》二十六回)

②撅救了半日,不知多咱時分,嗚呼哀哉死了。(同上)

③好俺姐,這天多昝了!你往那裏去呀?(清西周生《醒世姻緣傳》七十三回)

④一百里路，明日趕多喒到家？（同上三十八回）

⑤今日離别了，未知何日才得見，多偺團圓？（《白雪遺音·馬頭調·世界上》曲）

⑥他到底多偺來看我呀？（清文康《兒女英雄傳》三十九回）

⑦從此到京，尚有幾天路程，似這等走法，不知多儹才到京中？（清石玉昆《三俠五義》三回）

⑧何況白香山一家遺墨，不知多怎地消滅了。（明凌濛初《二刻拍案驚奇》卷一）

“多咱”又可用於反問句、感歎句或任指句。如：

①你爹八十的人了，你待叫他活到多咱？（清西周生《醒世姻緣傳》六十回）

②好俺姐，這天多昝了！你往那裏去呀？（同上七十三回）

③您叫我多喒來，我多喒來。（清蒲松齡《聊齋志異》一回）

5.近代由“做”、“則(子)”構成複合疑問代詞。

做甚麽、做什麽、做甚(一作“什”)的、幹甚麽　詢問原因或目的，相當於“幹什麽”、“爲什麽”。“做甚麽”已見於宋代，如蘇軾《答参寥書》：“若是至人無一事，冒此嶮做甚麽？”“做什麽、做甚(什)的”是元明以後才産生的。如：

①那大王叫一聲：“做甚麽便打老公？”（明施耐庵《水滸全傳》五回）

②歎了口氣，説道：“你又做什麽來了？……”（清曹雪芹《紅樓夢》三十四回）

③問那渾家道：“做甚的你們都守着我眼淚出？”（明馮夢龍《喻世明言》卷十五）

④任遷道：“這是我相識張屠户家中，不知做甚(一作‘什’)的有這許多人？”（明羅貫中著、馮夢龍補《平妖傳》二十七回）

⑤我們爺兒們今日大遠的跑了來幹甚麽來了?(清文康《兒女英雄傳》二十五回)

則甚、則甚疊、則麽(末)、子麽(末)、只甚的 這幾個詞都用於詢問原因和目的,相當於"做甚麽"、"怎麽"。"則"有"做"義,"子"爲"則"的方言音轉。"則甚"、"子麽"已見於宋金時期,其餘産生稍晚一點。如:

①咱每行軍發馬,您哭則甚?(《五代史平話·梁史上》)

②獄卒便問:"閣下是誰?要尋張員外則甚?"(明馮夢龍輯《古今小説》卷三十六)

③我又不風欠,不癡呆,要則甚疊?(元關漢卿《拜月亭》三折)

④把好夢來驚覺,聽軍中不定交,那裏也兵嚴刑法重,則末早人怨語聲高?(元羅貫中《風雲會》二折)

⑤待吟詩滿前都是題,偏則麽灞橋騎驢背?(元陳德和《落梅風·浩然騎驢》曲)

⑥薛仁貴,你不謝恩子麽?(元張國賓《薛仁貴》一折)①

⑦劉大,你來這裏子末?(元武漢臣《老生兒》二折)②

⑧陛下道微臣戀他只甚的,咱家裏太公望子之久矣。(元鄭德輝《周公攝政》三折)

6.近代産生的單音疑問代詞有"啥"、"�童"、"煞"、"嗎(兒)"和"乍"、"咱"。

啥、傄、煞、嗄、耍 明清時寫作"傄"、"煞"、"嗄"或"耍",現代一般寫作"啥"。大約是"什麽"的合音,問事物。如:

①石橋上走馬有得傄記認,水面砍刀無損傷。(明馮夢龍《山歌·姐兒生得》)

---

① 一本作"不知多早晚才來呢"。

② 臧晉叔《元曲選》本作"你來做什麽?"

②鬼可怕他作𠲜呀？（清文康《兒女英雄傳》九回）

③隨他評論煞“娶而不告”，那裏講道學的“律有明條”？（明凌濛初《北紅拂》二齣）

④你那爹在家裏怎麼教你的？打發咱們來作煞事的？（清曹雪芹《紅樓夢》六回）

⑤今年没有生意，家裏也要吃用，没奈何賣了，又老遠的路來告訴我做嗄？（清吴敬梓《儒林外史》三十六回）

⑥送郎送到竈跟頭，吃郎踢動子火叉頭。娘道：“丫頭，耍個響？”小阿奴奴回言道：“燈檯落地狗偷油。”（明馮夢龍《山歌·送郎》）

⑦伯芬道：“是格啥底様格人？”（清吴沃堯《二十年目睹之怪現狀》九十一回）

⑧掌櫃的説：“在這兒，在這兒，你老啥事？”（清劉鶚《老殘遊記》四回）

⑨要這些船幹啥？（同上十四回）

嗎(兒)　北京口語，念 má，也寫作“麽”，又作“嗎兒”，相當於“什麽”。《中華新韻·麻韻》：“麽，幹麽。”如：

①俺這兩條腿兒的頭口餓了，肚子先就不答應咧，吃點嗎兒再走。（清文康《兒女英雄傳》十四回）

②人要種個嗎兒菜，地就會長個嗎兒菜。（同上三十三回）

③智爺接過來一看，道：“這是嗎行行兒？”王頭道：“這是銀錁兒。”智爺道：“要他幹嗎呀？”（清石玉昆《三俠五義》八十回）

咱、乍　相當於“怎”、“怎麽”，詢問方式或原因。如：

①你知道我的軍令，誤了我一日假限，該咱處？（元李文蔚《燕青博魚》楔子）

②師父呵……我和你同住同修，同緣同相，同見同知，乍想到了此處，遭逢

魔障，又被他遣山壓了，可憐可憐！（明吴承恩《西遊記》三十三回）

據吕叔湘先生考證，疑問代詞“乍”的來源可以追溯到唐代，如《敦煌變文集·燕子賦》：“鳳皇王兮乍不知？”“乍”即“乍”的俗寫。校者改“乍”爲“怎”，“非是”。李白《江夏行》：“未知行李遊何方，作箇音書能斷絶。”“作箇”就是現代四川話裏的“乍個”①。

咱的 詢問方式或原因，相當於“怎麽的”。如：

①姑娘，你咱的把他殺了？可不嚇煞了人！（清文康《兒女英雄傳》七回）

②我那麽老長的個大針，你紉了紉，咱的給我剩了半截子了？（同上二十四回）

③這是咱的了？我多儹有這樣兒的哥哥呢？（清石玉昆《三俠五義》二十六回）

四、名詞、代詞詞尾的發展

這裏主要談談詞尾“們（每）”。

唐代以前，漢語名詞和代詞没有數的區别，單數和複數一般只能從上下文體會出來。唐代代詞和名詞開始出現表示複數的詞尾。如：

①我弭當家没處得盧皮遐來。（唐趙璘《因話録》卷四）

②今抛向南衙，被公措大偉齕鄧鄧把將官職去。（《太平廣記》卷二六〇引《嘉話録》）

“我弭”（宋王讜《唐語林》卷六引此作“彌”）、“措大偉”即“我們”、“措大們”的意思②。“弭（彌）”與“們”明母雙聲，“偉”中古屬云母（喻三），但現代關中方言“偉”、

① 參看吕叔湘《近代漢語指代詞》，308—309頁。

② 參看吕叔湘《漢語語法論文集》，145—168頁。

"尾"讀爲 vei,可能中古某些方言讀脣音,由上古漢語中的"輩"轉化而來。唐代又寫作"們"。劉知幾《史通·雜説中》:"渠們底箇,江左彼此之辭;乃若君卿,中朝汝我之義。"宋代寫成"門、滿、瞞、懣、每、們"等多種形式。元代多作"每"。宋樓鑰《攻媿集·跋姜氏上梁文稿》:"上梁文必言'兒郎偉',舊不曉其義。……在敕局時,見元豐中獲盗推賞,刑部例皆節元案,不改俗語。有陳棘云:'我部領你懣厮逐去。'深州邊吉云:'我隨你懣去。''懣'本音悶,俗音門,猶言輩也。獨秦州(今甘肅天水)李德一案云:'自家偉不如今夜去'云。余啞然笑曰:得之矣。所謂'兒郎偉'者,猶言'兒郎懣',蓋呼而告之,此關中方言也。"(卷七十二)明王世貞《弇州四部稿》卷一六〇:"宋時上梁文有'兒郎偉'。'偉'者,關中方言'們'也。其語極俗。"宋劉燾《花心動》詞:"問桃杏賢瞞,怎生向前争得?"清翟灝《通俗編·語辭》:"北宋時先借'懣'字爲之,南宋别借爲'們',而元時則又借爲'每'。《元典章·詔令》中云'他每'甚多,餘如'省官每'、'官人每'、'令史每'、'秀才每'、'伴當每'、'軍人每'、'百姓每',凡其'每'字,'懣''們'音之轉也。元雜劇亦皆用'每'。"到了明代,通常都寫作"們",只有明蘭陵笑笑生《金瓶梅》等少數作品中"們"、"每"並出,其他形式大都已經消失。下面是"們(每、懣、滿、瞞、門)"放在代詞後面,表示複數的例子:

①對酒當歌渾冷淡,一任他懣嗔惡。(宋趙長卿《念奴嬌·小飲江亭有作》)

②外面皇甫殿直和行者尾着他兩人來到門首,見他懣入去。(《清平山堂話本·簡帖和尚》)

③琴心傳密意,唯有相如,失笑他滿恁撩亂。(宋沈端節《洞仙歌》詞)

④不因你瞞番人在此,如何我瞞四千里路來。(宋周密《齊東野語》卷四)

⑤學人言語未會十分巧,看他門,得人憐,秦吉了。(宋辛棄疾《千年調》詞)

⑥生得好時,討來早辰間侍奉我門湯藥,黄昏侍奉我門上東司。(南宋無名氏《張協狀元》四十五齣)

⑦他每不識憂,不識愁,一雙心意兩相投。(元王實甫《西廂記》四本二折)

⑧你每都辛苦了,自去歇息罷。(元關漢卿《竇娥冤》四折)

⑨又拒曰:"彼如我們何?"(宋王明清《投轄録·賈生》)

⑩那裏像喒們,恰便似空房中鎖定個猢猻。(元關漢卿《救風塵》三折)

"們(每)"也可以放在一般指人的名詞後面表示複數。這種用法宋代已有,近代更加普遍。如:

①李后叱之曰:"這裏甚去處?你秀才們要斫了驢頭?"(宋周密《齊東野語》卷三)

②那村夫戀飲酒篩碗中,盡薰沈醉斂(臉)上紅。(金無名氏《劉知遠諸宫調》一)

③怕曲兒撚到風流處,教普天下顛不剌的浪兒每許。(金董解元《西廂記諸宫調》卷一)

④偷了錢物來的賊每根底不合放。(《元典章·刑部九》)

⑤姐姐每肯教誨,怕不是好意?(元關漢卿《謝天香》三折)

⑥一個唱道:夫妻每醉了還依舊。(元高文秀《黑旋風雙獻功》四折)

⑦爺爺敢是包待制麽,與小的每做主咱。(元無名氏《陳州糶米》二折)

⑧老夫有件事向君王陳奏,只説那權豪每是俺敵頭。(同上)

⑨如今那般逃走的每根底,爲首的每根底敲了,爲從的每根底一百七十下家打呵,怎生?(《元典章·兵部一》)

⑩那裏每汪汪犬吠,隱隱疏籬?俺這裏舉目觀窺,原來是竹塢人家傍小溪。(元無名氏《盆兒鬼》三折)

⑪不知官人們在此吃酒,一時間自苦了啼哭。(明施耐庵《水滸全傳》三回)

⑫不知娘們在這裏,早知也請出來相見。(明蘭陵笑笑生《金瓶梅》八十九回)

⑬那廝們都扛擡不動,請我親去拿之。(明吴承恩《西遊記》三回)

⑭師徒們吃了早齋,收拾了行李馬匹,奔西找路。(同上三十五回)

⑮那些老婆子們都老天拔地伏侍了一天,也該叫他們歇歇兒了。(清曹雪

芹《紅樓夢》二十回）

元代“們(每)”也有少數放在指物名詞後面表示複數的。① 如：

①果必有征敵，這驢每怎用的。（元劉時中《新水令·得勝令·代馬訴冤》套曲）

②窗隔每都颩颩的飛，椅卓每都出出的走，金銀錢米都消爲塵埃。（元錢霖《般涉調·哨遍·三煞》套曲）

③站家草地每，不揀誰休佔了來呵，回與者。（《元典章·兵部三》）

④〔大仙徒弟〕鹿皮熱當不的，脚踏鍋邊待要出來，被破鬼們當住出不來，就油裏死了。（《朴事通諺解》卷下）

還有一些名詞或代詞加“們(每)”不表示複數。如：

①有那同州是個要害田地，須索個好伴當每去據守。（《五代史平話·梁史上》）

②衙内每又没半個人扯着，頭扎番身吃一個大碑落。（金無名氏《西廂記諸宫調》卷八）

③揀一個清耿耿明朗朗官人每告整，和那害民的賊徒折證。（元無名氏《陳州糶米》一折）

④有了一個爺們就是了，别折受的他不得超生。（清高鶚《紅樓夢》一一一回）

⑤我賤姓王，呸，我們死鬼當家兒的姓王。（清文康《兒女英雄傳》七回）

此外，比較早期的白話“們(每、懣)”也可以加在“這”、“那”後面，等於説“這般”、“那般”、“這麼”、“那麼”。如：

---

① 參看陳治文《元代有指物名詞加“每”的説法》，載《中國語文》1988年，1期，71—72頁。

①曾想他劣缺名目，向這懣眉尖眼角上存住。（金無名氏《劉知遠諸宮調》二）

②那每趕着無輕縱，如虎般英雄馬似龍。（元施惠《幽閨記》十四折）凌本注云："那每，如今北人言那們、這們，猶云那般、這般也。"

③我那們說，他强着奪了去。（明蘭陵笑笑生《金瓶梅》三十五回）

④那們個師父進去，弄做這們個師父出來也。（明吴承恩《西遊記》八十六回）

總之，從唐到清，名詞、代詞詞尾經過了一個統一、分化、統一的發展過程。即唐代的"們"宋代分化爲"門、懣、瞞、每"，明清又逐漸統一於"們"；意義上由既可以表示複數也可以表示單數到只表示複數。這樣漢語名詞、代詞的詞尾"們"從形式到内容都得到了統一和固定。

第三節　近代漢語副詞、介詞的發展

一、近代漢語副詞的發展

近代漢語産生了不少新副詞；中古或中古以前産生的副詞一部分消失了，大部分保留着，成爲近代副詞系統的一個組成部分。這就使得近代漢語裏的副詞非常豐富，明施耐庵《水滸全傳》裏出現各類副詞 340 多個。整個近代漢語裏的副詞當在 600 個以上。新産生的副詞裏，少數是單音詞，多數是複音詞。複音詞大致有三種情況：一是兩個同義的單音副詞連用並且凝固成複音副詞，意義和單音詞基本相同；二是以一個單音副詞爲主，用另一意義不同的單音詞加以限制，構成意義相近的新的複音副詞；三是單音副詞加上詞尾變成附加式的複音副詞。

1. 程度副詞

近代漢語程度副詞中，"更、極、較、絶、良、略、頗、稍、甚、太、微、益、尤、愈、至、最"等等是古代保留下來的。還有許多是近代新産生的。如：

暢　表示程度高，相當於"很"、"十分"。如：

①青衫忒離俗，裁得暢可體。（金董解元《西廂記諸宫調》卷七）

②〔正末唱〕你這般毁夫主暢不該。（元無名氏《漁樵記》二折）

③一路行來，正是不暖不寒天氣，半村半郭人家，暢好風景也呵。（明孟稱舜《人面桃花》一齣）

到(倒)大來　又作"到大"、"倒大"、"大來"。表示程度高，相當於"十分"、"非常"、"多麽"。多用於元明雜劇中。如：

①洪義心腸倒大來乖劣。（金無名氏《劉知遠諸宫調》二）

②種春風二頃田，遠紅塵千丈波，到大來閑快活。（元馬致遠《四塊玉·歎世》曲）

③怎如得您這出家兒清静，到大來一身散誕。（元關漢卿《望江亭》一折）

④我月夜離秦邦，飛星投趙國，無瑕玉寶得全歸，到大是喜，喜。（元高文秀《澠池會》二折）

⑤倘或紕繆，倒大羞慚。（元王實甫《西廂記》二本楔子）

⑥大來没尋思，所爲没些兒斟酌，到來一地的亂道。（金董解元《西廂記諸宫調》卷一）

頂　表示程度最高，相當於"最"、"極"。由"頭頂"義引申而來，産生于宋代，明清口語常用。如：

①星圖甚多，只是難得似。圓圖説得頂好，天彎，紙却平。（《朱子語類》卷二）

②今人以物之極大者爲頂，意亦同，如稱大瓜爲頂瓜也。（明李詡《戒庵老人漫筆·頭通稱》）

③家裹有要緊事，要請個假回去一趟，頂多兩三個月就來的。（清吴沃堯《二十年目睹之怪現狀》三回）

剛剛、剛才　表示勉强達到某一程度，相當於"僅僅"、"勉强"。如：

①賣些老鼠藥,剛剛是老鼠被藥殺了好幾個,藥死人的藥其實再也不曾合。(元關漢卿《竇娥冤》四折)

②急收拾没了半文,剛剛的剩紙路引。(元賈仲名《對玉梳》一折)

③真個好本事,手段高,俺却剛剛地只敵的他住。(明施耐庵《水滸全傳》十七回)

④我二人自謂終身已得所託,剛才一載,乃遂别乎?(元王子一《誤入桃源》二折)

⑤村口林冲等引軍接應,剛才敵得住。(明施耐庵《水滸全傳》六十回)

更加、更自、更爲 産生於元代,表示程度加深一層。如:

①還有杜子中更加相厚,到不得不閃下了他。(明凌濛初《二刻拍案驚奇》卷十七)

②衆人更加小心,不敢睡覺。(清高鶚《紅樓夢》一一二回)

③有心事兒常常夢,思想多情,醒後的淒涼更自兒不同。(清華廣生輯《白雪遺音·馬頭調·有心事兒》曲)

④但是作姐姐的心事更自不同,只可爲自己道,難爲知者言。(清文康《兒女英雄傳》九回)

⑤伯芬應酬得更爲忙碌。(清吴沃堯《二十年目睹之怪現狀》九十回)

怪 由"奇異"義引申而來,表示程度高,帶有某種感情色彩,略相當於"很"、"非常"。清代作品裏才出現。如:

①神情意致,怪似九娘。(清蒲松齡《聊齋志異·公孫九娘》)

②我這外邊没個人,我怪怕的。(清曹雪芹《紅樓夢》五十一回)

③好個少爺,長的怪俊兒的。(清文康《兒女英雄傳》十五回)

④雨墨自言道:"輕鬆靈便,省得有包袱背着,怪沈的。"(清石玉昆《三俠五義》三十四回)

好 已見於中古，元明仍普遍應用。一是用在形容詞、動詞前做狀語，表示程度高。相當於"多麽"、"非常"。如：

①你好毒！你好呆！（金董解元《西廂記諸宫調》卷八）

②好紅紅的桃花瓣兒。（元康進之《李逵負荆》一折）

③衆人説道："你是出家人，好不曉事。"（明施耐庵《水滸全傳》五十七回）

一是用在數量詞前做狀語，表示多或久。如：

①原來却是教授，好兩年不曾見面。（明施耐庵《水滸全傳》十五回）

②雖然得他好幾十兩銀子，這兩日連夢顛倒。（元無名氏《盆兒鬼》二折）

好不 由偏正詞組緊縮爲詞，表示程度高，相當於"很"、"多麽"。如：

①如今伴着一個秀才，是四川成都人，好不纏的火熱。（元喬吉《兩世姻緣》一折）

②公子只隨了一個店夥兩個騾夫合那些客人一路同行，好不淒慘。（清文康《兒女英雄傳》四回）

又表示强調否定，相當於"很不"、"非常不"。如：

①柴進看了，心中好不快意。（明施耐庵《水滸全傳》九回）

②倘手脚遲慢，便去捉雞駡狗，口裏好不乾凈。（明馮夢龍《醒世恒言》卷一）

好生 也表示程度高，相當於"很"、"非常"。如：

①叵奈楊國忠這廝，好生無禮。（元白樸《梧桐雨》楔子）

②武松又道："大娘子，你家這酒好生淡薄，别有甚好的，請我們吃幾碗。"

(明施耐庵《水滸全傳》二十七回)

③這兩日聽得劫了法場,好生吃驚。(同上四十一回)

④這女子好生作怪。獨自一人,没個男伴,没些行李。(清文康《兒女英雄傳》四回)

很、狠 兩字音義並同,都由形容詞"兇狠"的意義虚化爲程度副詞,表示程度高。可放在動詞或形容詞前面做狀語,也可以做補語。如:

①有那等守護賢良老秀才,他説的來狠利害。(元武漢臣《老生兒》一折)

②果要千金,也不打緊,只是我大孺人很專會作賤人。(明凌濛初《初刻拍案驚奇》卷二)

③起手時熱得狠,住手時冷似灰。(明馮夢龍《挂枝兒・風箱》)

④劉姥姥只聽見咯當咯當的響聲,很似打羅篩面的一般。(清曹雪芹《紅樓夢》六回)

⑤只是下半截疼的很,你瞧瞧,打壞了那裏?(同上三十四回)

緊 由"緊要"義虚化爲程度副詞,表示程度高,相當於"很"。如:

①遇着一個打卦先生,叫做賈半仙,人都説他靈驗的緊。(元無名氏《盆兒鬼》楔子)

②只聽的大蟲叫道:"我今日怎麽這等心疼的緊。"(元李好古《張生煮海》三折)

③他慕大娘標致得緊,日夜來拜求我。(明凌濛初《初刻拍案驚奇》卷六)

④這個主意好得緊,妙得緊。(清吴敬梓《儒林外史》三回)

⑤雅的緊! 要起詩社,我自薦我掌壇。(清曹雪芹《紅樓夢》三十七回)①

儘 表示程度高,相當於"極"、"很"、"最"。如:

① "雅的緊",一本作"雅的很哪"。

①芰荷衣，松筠蓋，風流儘勝，晝戟門排。（元張養浩《普天樂》曲）

②而程伊川則以爲其議論儘高，有荀、楊道不到處。（元劉祁《歸潛志》卷十三）

③那江老兒名溶，是個老實忠厚的人，生意儘好，家道將就過得。（明凌濛初《二刻拍案驚奇》卷十五）

④〔公子〕看了看，只有儘南頭東西對面的兩間是個單間，他便在東邊這間住下。（清文康《兒女英雄傳》四回）

老　表示程度高，相當於“很”。如：

①怎麽也要一年一會，做這般老遠的期約也。（元吴昌齡《張天師》一折）

②李逵應道：“我使老大斧頭砍他娘！”（明施耐庵《水滸全傳》三十九回）

③那梅玖戴着新方巾，老早到了。（清吴敬梓《儒林外史》二十二回）

④有什麽不了的事？老早的完了。（清曹雪芹《紅樓夢》三十三回）

略略、略爲　表示程度不高，相當於“稍微”。如：

①〔董超〕略略閉得眼，從地下叫將起來。（明施耐庵《水滸全傳》八回）

②老孫見他心毒，果是不曾與他救火，只是與他略略助些風的。（明吴承恩《西遊記》十六回）

③略爲憩息，就同他到養育巷去看那所房子。（清吴沃堯《二十年目睹之怪現狀》三十八回）

十分　産生于宋代，元明以後廣泛應用。表示程度高，相當於“很”、“非常”。如：

①生得光彩射人，十分豔麗。（元馬致遠《漢宫秋》一折）

②太公道：“恁地時，十分好。”（明施耐庵《水滸全傳》三回）

③爹娘見了女子，十分歡喜，煩惱都没了。（同上七十三回）

④不想舅舅先定下了，他不知是姐姐，十分不情願的。（明凌濛初《二刻拍案驚奇》卷九）

忒、忒煞（忒殺） 産生于宋代，元明以後常用。表示過分，相當於"太"、"過於"。楊萬里《題張垣夫腴莊園》詩："不分腴莊最無賴，一時奄有忒傷廉。"清段玉裁《説文解字注·心部》："忒之引申爲已甚，俗語用之。或曰大，他佐切，或曰太，或曰忒，俗語曰忒殺。"如：

①尤氏笑道："你這個阿物兒，也忒行了大運了！"（清曹雪芹《紅樓夢》四十三回）

②你也忒胡鬧了，可作什麽來呢？（同上十九回）

③去年雲南這五個被害，忒煞乖張了。外人紛紛揚揚，也多曉得。（明凌濛初《二刻拍案驚奇》卷四）

④白白地打攪了他一餐，又拿了他的甚麽東西，忒煞欺心。（明凌濛初《拍案驚奇》卷十二）

⑤空嗟怨冤家忒殺不思量，薄情娘你如今對面如霄壤。（元朱庭玉《泣顔回》曲）

⑥你也忒殺懵懂！那李勉與顔太守是相識。（明馮夢龍《醒世恒言》卷三十）

挺 表示程度高，相當於"很"。如：

①但覺那老婆子的臉冰涼挺硬的。（清曹雪芹《紅樓夢》四十一回）

②女子道："這到底是個什麽東西？"公子道："是個挺大的大狸花貓！"（清文康《兒女英雄傳》六回）

③挺長挺深的一個大口子，長血直流的呢！（同上三十一回）

稍似、稍爲、些微、微微 表示程度不高，相當於"稍微"、"略微"。如：

①軍病不醫,稍似痊愈,便當重難差使。(《元典章·兵部一》)

②稍似間有些錢,抵死裏無多債,權做這場折本買賣。(元馬致遠《青衫淚》一折)

③衣箱櫥櫃,全行抖擻個盡,稍爲輕便值錢一點的首飾,就掖在腰裏去了。(清劉鶚《老殘遊記》四回)

④些微談了談,便催寶玉去歇息調養。(清曹雪芹《紅樓夢》五十八回)

⑤關勝聽了,微微冷笑。(明施耐庵《水滸全傳》六十四回)

⑥襲人忙爬起來按住,把手去他頭上一摸,覺得微微有些發燒。(清高鶚《紅樓夢》八十二回)

險、險不、險些(兒) 表示接近某一程度,有"差點兒"的意思,産生于宋代,元明普遍應用。如:

①宋江便道:"一時間酒後狂言,險累了戴院長性命。"(明施耐庵《水滸全傳》四十一回)

②在當時險奪了玉皇尊,到如今還使得閻羅怕。(明徐渭《狂鼓史》曲)

③又將來攛在水裏,頭臉都磕破了,險不凍死。(明施耐庵《水滸全傳》三十二回)

④呼喇喇,乾坤險不炸崩開,萬里江山都是顫。(明吴承恩《西遊記》二十一回)

⑤我一時間誤聽不明,險些被你瞞過了。(明施耐庵《水滸全傳》四十六回)

⑥誰想又害了這場大病,昨兒險些兒死了。(清文康《兒女英雄傳》三回)

一發、益發 表示程度隨時間的推移而增强,相當於"越發"、"更加"。如:

①小姐,若真個打起官司來,出乖露醜,一發不好。(元無名氏《鴛鴦被》一折》

②若將王慶性命結果,此事愈真,醜聲一發播傳。(明施耐庵《水滸全傳》

一〇二回）

③自從我病倒，日用益發艱難。（清吴敬梓《儒林外史》十六回）

④想到這裏，渾身益發摇摇無主起來。（清文康《兒女英雄傳》六回）

越、越發（法）、越加、越越（的） 表示程度隨時間的推移而加深，其中"越"宋代就有了。如辛棄疾《浣溪沙・贈子文侍人名笑笑》："歌欲顰時還淺笑。醉逢笑處却輕顰。宜顰宜笑越精神。""越發"、"越加"、"越越"是元明產生的。如：

①恰隨妹妹閑行散悶些，到池沼，陌觀絶，越叫人歎嗟。（元關漢卿《拜月亭》三折）

②緑邊紅膝褲，越看越風騷。（明馮夢龍《挂枝兒・野花》）

③惟有一個女兒最英雄，名唤一丈青扈三娘，使兩口日月雙刀，馬上越法了得。（明施耐庵《水滸全傳》四十七回）

④知縣聽了此言，越發惱了。（明蘭陵笑笑生《金瓶梅》十回）

⑤那女子聽了這話，笑了一聲，道："你這人越發難説話了！"（清文康《兒女英雄傳》六回）

⑥他見了這穿月白的女子這等的貞烈，心裏越加敬愛。（同上七回）

⑦晦翁越加嗔惱，道是大姓刁悍抗拒。（明凌濛初《二刻拍案驚奇》卷十二）

⑧這前堂後閣，比在前越越修整的全别了也。（元秦簡夫《東堂老》四折）

⑨但覺這病越越的沈重了。（元喬夢符《兩世姻緣》二折）

争些（兒） 也表示接近某一程度，與"險些"略同。如：

①〔包待制云〕噤聲！張千，拿回來，争些着婆子瞞過老夫。（元關漢卿《蝴蝶夢》二折）

②謝當今聖主重賢臣，我争些兒有家難奔。（元無名氏《凍蘇秦》四折）

③則恁地，也争些兒壞了一個驚天動地的人。（明施耐庵《水滸全傳》二十

七回）

④把手只一推，争些兒把那婦人推了一交。（明蘭陵笑笑生《金瓶梅》一回）

2. 範圍副詞

近代範圍副詞中，“但、並、都、共、皆、盡、俱、同”等等是中古保留下來的。少數是近代新産生的。

單、單單　表示限於某個範圍，相當於“只”、“唯獨”。如：

①此雪是國家之吉兆，單應來春天下青苗皆發，必然大收也。（元劉唐卿《降桑椹》一折）

②家裏姐姐妹妹都没有，單我有。（清曹雪芹《紅樓夢》三回）

③多少王侯宰相家，連片拆了，單單拆的你這一家兒也？（元無名氏《謝金吾》一折）

④單單只剩得一個何觀察，捆做粽子也似，丢在船艙裏。（明施耐庵《水滸全傳》十九回）

⑤難道天也不怕，單單怕起人來。（清李漁《比目魚・偕亡》）

光　表示限於某個範圍，中古已經出現，近代廣泛流行，相當於“單”、“僅僅”、“只”。如：

①今日他爹不在家，家裏無人，光丢着些丫頭們，我不放心。（明蘭陵笑笑生《金瓶梅》十五回）

②大兒子、二兒子也都死了，光留下這個死的兒子，叫張三。（清高鶚《紅樓夢》八十六回）

③再者，也不光爲我，就是太太聽見也歡喜。（同上一〇一）

僅僅　表示限於某個範圍，相當於“只”、“唯獨”。如：

①工部盡得古今體勢,其中何所不肖而僅僅若此耶?(明胡應麟《詩藪·外編·宋》)

②外家亦僅僅温飽,屋宇無多。(清紀曉嵐《閱微草堂筆記·姑妄聽之》)

盡都、盡多、盡行　表示總括範圍,相當於"全都"、"統統"。如:

①生擒人數,盡都放還。(明施耐庵《水滸全傳》八十一回)

②正南上這隊人馬,盡都是火焰紅旗。(同上七十六回)

③那五個爲頭的……結爲兄弟,盡多改姓了趙,總叫做"趙家五虎"。(明凌濛初《二刻拍案驚奇》卷十五)

④愚見就把本店貨物及房屋文契,作了五千兩,盡行交與文客官。(明凌濛初《初刻拍案驚奇》卷一)

⑤張俊民領着小廝,自己動手把六扇窗格盡行下了。(清吴敬梓《儒林外史》三十一回)

另、另外　表示在某一範圍之外,明以後才出現。如:

①這獻生辰綱的札子内,另修一封書在中間,太師眼前重重保你受道敕命回來。(明施耐庵《水滸全傳》十六回)

②奶奶另外送你一個實地月白紗做裏子。(清曹雪芹《紅樓夢》四十二回)

③老哥如不見信,我另外寫一張包管給你。(清吴敬梓《儒林外史》五十二回)

一併(並)、一發　"一"和"併(並)"同義連用成雙音副詞。表示兩件事情一同發生,相當於"一起"、"一齊"。産生于宋代,元明以後普遍應用。如:

①本待拿將此人,一併殺壞,争奈他已自風魔了。(元無名氏《賺蒯通》三折)

②再有一個玉龍筆架，也是這個匠人一手做的，却不在手頭。明日取來，一併相送。（明施耐庵《水滸全傳》二回）

③且把這廝長枷木扭送在死囚牢裏，等拿了宋江，一併解京施行。（同上六十九回）

④目下湊不起價錢，只好現奉一半，等待我家官人回來，一併清楚。（明馮夢龍輯《古今小説》卷一）

⑤快準備車乘鞍馬，主仆行李，一發離門走。（金董解元《西廂記諸宫調》卷八）

⑥我家也有頭口騾馬，教莊客牽去後槽，一發餵養。（明施耐庵《水滸全傳》二回）

一剗（地、的）、一創 表示總括全體，相當於"一概"、"統統"。如：

①敢是拿我們到東嶽廟裏來，一剗是鬼那。（元無名氏《貨郎擔》四折）

②我這裏凝眸望，元來是文官武職，一剗地濟濟蹌蹌。（元王實甫《麗堂春》四折）

③怎麽門前也没人掃，一剗的長滿青草。（元關漢卿《金綫池》二折）

④百般的覩覷，一創的全無市井塵俗，壓盡其餘。（同上《調風月》四折）

3. 時間副詞

近代漢語中的時間副詞總數達 200 個，其中大部分是中古乃至上古流傳下來的。有一些是近代新産生的。

半合兒 表示時間極短。相當於"剎那間"、"一會兒"。如：

①一家兒簇捧做胸前肉，半合兒憎嫌做眼内釘。（元石君寶《曲江池》三折）

②只半合兒使碎我這心機。（元無名氏《馬陵道》三折）

③脚忙擡，步難捱，半合兒行不出宅門外。（元無名氏《謝金吾》一折）

才方、才剛，才然、才恰、才則、才此　“才”又作“纔”。表示行爲動作在不久以前發生，不是古已有之。有的複音詞宋代也已經出現。如：

①才方出注，擲下便是個輸采。（《五代史平話·漢史上》）

②年方二十五歲，姓賈，嫁與盧俊義才方五載，琴瑟諧和。（明施耐庵《水滸全傳》六十一回）

③才剛我說的，都是玩話。（清高鶚《紅樓夢》九十一回）

④安公子道："不怕，水不涼，這是我才剛擦臉的。"（清文康《兒女英雄傳》九回）

⑤纔然道罷，古墓自摧。（《武王伐紂平話》卷上）

⑥我才然離了師父，還不上一盞熱茶之時，却就走到此處。（明吴承恩《西遊記》五十回）

⑦〔令史白〕大人才恰也這等來。（元關漢卿《緋衣夢》三折）

⑧戚夫人曰："才則太后至此，言妾等我王萬歲之後，要將俺子母每徒(屠)之。（《前漢書平話》卷中）

⑨〔小衙内白〕才則喝了幾碗投腦酒，壓一壓膽，慢慢的等他。（元無名氏《陳州糶米》三折）

⑩你還不知道，才此這杯酒是肯酒，這褡膊是紅定。（元康進之《李逵負荆》一折）

方才、方然、只才、正才　表示不久以前，相當於"剛才"。如：

①欲待再上山去，方才驚唬的苦，争些兒送了性命。（明施耐庵《水滸全傳》一回）

②方才我見你媽出去，我才關門。（清曹雪芹《紅樓夢》六十一回）

③那唐僧方然正性道："住持，險些兒唬殺我也。你帶我進去。"（明吴承恩《西遊記》八十回）

④只才還扯扯拽拽，忽然就不見了。（同上六十四回）

⑤只有兩個女人在家，正才煮了午飯。（明吴承恩《西遊記》五十七回）

剛才(纔)、剛剛兒、剛然、剛只(子)　表示不久以前，相當於"方才"。如：

①我剛才伏在案上打盹，做了一個怪夢。（明吴承恩《西遊記》三十七回）

②剛才一句話説未了，老先生恰好來也。（明馮惟敏《不伏老》二折）

③剛剛討藥的這人，就是救那婆子的。（元關漢卿《竇娥冤》二折）

④剛剛兒的有了，他拿了去，你也活不成，我也活不成了。（清高鶚《紅樓夢》一一七回）

⑤三更三點月影兒虧，勞乏佳人眼皮兒垂，夢入南柯剛然睡。（清華廣生輯《白雪遺音·孟姜女·嶺兒調》）

⑥恰好李妃臨蓐，剛然分娩，一時血暈，人事不知。（清石玉昆《三俠五義》一回）

⑦我剛只出來，孩子説家裏叫我吃晌午飯哩；我剛只吃飯回來，你就去了。（清西周生《醒世姻緣傳》七十一回）

⑧剛只(子)昨日上了學，今日就妝病。（同上三十三回）

即刻、刻即、即行　表示時間極短，動作馬上發生，相當於"立即"、"立刻"。如：

①倘若媽媽失信不許，郎君持銀去，兒即刻自盡。（明馮夢龍《警世通言》卷三十二）

②我去回拜了一個客，即刻就來，你先回復老爺去罷。（清吴敬梓《儒林外史》四十九回）

③在本地者，立拿審訊；在鄰封者，刻即關提。（清黄六鴻《福惠全書·刑名》）

④俟新官一到，即行交代，勒兵前來聽調。（明施耐庵《水滸全傳》九十八回）

⑤後來安公子改爲學政，陛辭後即行赴任。（清文康《兒女英雄傳》四十回）

刻、刻下 指説話的時候，相當於“眼下”、“目前”。如：

①原判以監禁終身，刻竟保釋，殊不公允。（清張蔭桓《三州日記》）

②與汝突騎五千，精兵兩萬，就做先鋒，即便會同太真駙馬、李金吾，刻下便行。（明施耐庵《水滸全傳》八十六回）

③刻下爲與龐吉慶壽，他備得松景八盆，其中暗藏黄金千兩，以爲趨奉獻媚之資。（清石玉昆《三俠五義》四十回）

立定、立馬、立刻、立時、立時三刻 表示時間極短，動作馬上發生，相當於“立即”。如：

①倘有半句兒差錯，我這口刀，立定教你身上添三四百箇透明的窟窿。（明施耐庵《水滸全傳》二十六回）

②衆多軍將看見立馬斬了王文斌，都面面廝覷，俱各駭然。（同上八十八回）

③武松立馬誅方貌，留與奸臣做樣看。（同上九十三回）

④立刻取伎籍來，與他除了名字，判與從良。（明凌濛初《二刻拍案驚奇》卷十二）

⑤回稟都堂陳公公，立刻派人查驗。（清石玉昆《三俠五義》四十一回）

⑥立時准狀，僉牌來拿陳定到官。（明凌濛初《二刻拍案驚奇》卷二十）

⑦知縣一見，有了把握，立刻飭差去提和尚，立時三刻就要人。（清吴沃堯《二十年目睹之怪現狀》九十五回）

馬上 表示動作行爲在極短的時間内發生，相當於“立即”、“立刻”。如：

①〔張千云〕爺，有的就馬上説了罷。（元無名氏《陳州糶米》三折）

②命下之後，即便馬上差人賫文星馳付山西保定二巡撫處。（明唐順之《請遊兵疏》）

猛可、猛可的(地)、猛可裏、猛地裏、猛哥丁、猛然　表示動作突然發生。如：

①猛可思量起來，取討公文看了，才知道是哥哥。(明施耐庵《水滸全傳》三十六回)

②平白的送暖偷寒，猛可的搬唇遞舌。(元無名氏《南珍珠馬·情》曲)

③我恰猛可地向這廳堂中見，唬得我又待尋幔幕中藏。(元戴善夫《紫雲亭》四折)

④一霎時囀幾對黄鸝，猛可地叫數聲杜宇。(元高明《琵琶記》三齣)

⑤猛可裏倒唬了黛玉一跳。(清高鶚《紅樓夢》八十二回)

⑥他猛地裏急病死了，可着誰還我這錢？(元武漢臣《老生兒》二折)

⑦宋江、吴用聽了，猛然省起。(明施耐庵《水滸全傳》六十回)

⑧只怕乍聽的姐姐到了，唬一跳猛哥丁唬殺了，也是有的哩。(清西周生《醒世姻緣傳》九十四回)

目即、目下　表示説話的時候，相當於"目前、眼前"。如：

①目即人兵攻城發喊，取自大王敕旨。(《秦併六國平話》卷上)

②待小兒完姻過了，方及小女之事，目下斷然不能從命。(明馮夢龍《醒世恒言》卷八)

兩者又表示事情立即發生，相當於"立刻"、"馬上"。如：

①請君目即出門，休在這裏。(南宋無名氏《張協狀元》十四齣)

②你是甚人，來我宫中何干？若不實説，目下身亡。(元楊梓《豫讓吞炭》三折)

眼前、眼下　表示説話的時候，相當於"目前"、"現時"。如：

①世人只知眼前貴賤，那知去後的日長日短。（明馮夢龍《警世通言》卷十八）

②眼下可以拿出萬金來，以爲爐火藥物之資。（清吴敬梓《儒林外史》十五回）

恰、恰方、恰才(纔)、恰來、恰則　表示説話以前不久的時間，相當於“才”、“方才”。如：

①風流得遇鸞鳳配，恰比翼，便分飛。（元鍾嗣成《罵玉郎過感皇恩採茶歌·四别·恨别》曲）

②未語人前先腼腆，櫻桃紅綻，玉粳白露，半晌恰方言。（元王實甫《西廂記》一本一折）

③恰才撞到牛欄圈，待躲閃應難躲閃，被一人抱住劉知遠。（金無名氏《劉知遠諸宫調》二）

④恰才飲得三杯，只見女使錦兒慌慌急急，紅了臉……（明施耐庵《水滸全傳》七回）

⑤我恰才開發廚房裏飯錢，忽然想着一件可笑的事。（清吴沃堯《二十年目睹之怪現狀》四十五回）

⑥恰來師傅將書，言吾當有百日之災，却不信。（《七國春秋平話》卷下）

⑦恰則西伯侯惡謗陛下，我王聽之不言。（《武王伐紂平話》卷中）

⑧我恰則擡頭觀望，節使升廳，静悄悄有如聽講。[①]（元孟漢卿《魔合羅》三折）

却、却才、却則　表示説話以前不久的時間。相當於“方才”、“剛才”。如：

①我則爲空負了雨雲期，却離了滄波會。（元尚仲賢《柳毅傳書》楔子）

① 此據徐沁君校點《新校元刊雜劇三十種》本，臧晉叔《元曲選》本作“我則擡頭觀望”。

②落紅風裏不聞聲，歎東君漸成薄倖，却豔冶，又飄零。（元周文質《新水令·思憶》曲）

③他急攘攘却才來，我羞答答怎生覷。（元王實甫《西廂記》五本一折）

④却才拕了些包裹，提了短棒出去了。（明施耐庵《水滸全傳》三回）

⑤〔白〕小生却則酒肆之中飲了幾杯。（元王伯成《貶夜郎》一折）

尚然、尚兀、尚兀自、尚兀子、尚古自、尚故自　表示動作或情况持續到某個時候，相當於"還"、"仍"、"猶自"。如：

①天兵到此，尚然抗拒。（明施耐庵《水滸全傳》六十四回）

②今日裏受的酸風苦雨，倒在頽垣敗堵，尚兀待掀皮剜肉費躊躇。（明康海《中山狼》三折）

③他與兄弟十兩一錠銀子，尚兀自在包裹。（明施耐庵《水滸全傳》四十五回）

④這早晚，東方將亮了，還不梳妝完，尚兀子調嘴弄舌。（《清平山堂話本·快嘴李翠蓮記》）

⑤臣説着傷心感舊，尚古自眉鎖廟堂愁。（元孔文卿《東窗事犯》三折）

⑥歡郎見你去來，尚故自推哩。（元王實甫《西廂記》四本二折）

世　也寫作"勢"，表示事情完成或時間過去。如：

①賢不是九伯與風魔，世言了怎改抹？（金董解元《西廂記諸宫調》卷二）

②世有，便休，罷手，大恩人怎做敵頭？（元王實甫《西廂記》四本二折）

③世脱下皮囊，一任教黄鶯紫燕忙。（元無名氏《度翠柳》四折）

④那裏發付這殃人貨，勢到來如之奈何？（元無名氏《氣英布》一折）

"世"又表示直到最後，相當於"終"、"永"。如：

①是則是海藏龍宫曾共逐，世不曾似水如魚。（元尚仲賢《柳毅傳書》一折）

②這搭兒裏重完聚，一家兒世不分居。（元無名氏《合同文字》三折）

兀自、古自、故自、骨自 同"尚兀自"，表示動作或情況持續到某個時候，相當於"還"、"仍"、"猶自"。如：

①武松道："你不信時，只看我身上兀自有血迹。"（明施耐庵《水滸全傳》二十三回）

②范進正在廟門口站着，散着頭髮，滿臉污泥，鞋都跑掉了一隻，兀自拍着掌。（清吴敬梓《儒林外史》三回）

③瓢古自放在竈窩，驢古自映着樹科。（元馬致遠《黄粱夢》四折）

④你故自口强哩！若實説呵，饒你；若不實説呵，我直打死你這個賤人。（元王實甫《西廂記》四本二折）

⑤前番骨自有些鮭菜，這幾番只得些淡飯，教我怎的捱？（元高明《琵琶記》十九齣）

猶兀自、猶古自 同"尚兀自"。表示動作或情況持續到某個時候，相當於"還"、"仍"、"猶自"。如：

①迎門兒拜母親，猶兀自醉醺醺。（南宋無名氏《小屠孫》四齣）

②妹子呵，你好不知福，猶古自不滿意沙，我可怎生過呵是也。（元關漢卿《拜月亭》四折）

③猶古自身心不定，倚遍危樓，望不見長安帝京。（元喬吉《兩世姻緣》二折）

奄的、淹的、厭的、厭地 表示事情突然發生，相當於"忽然"、"驟然"。"淹"、"厭"爲"奄"的通假字。如：

①立東風一朵烏雲，奄的轉身，吸的便哂。（元張鳴善《普天樂・遇美》曲）

②支吾過白日離愁去，奄的早碧天暮。（元劉庭信《一枝花·秋景怨别》曲）

③我只怕淹的蠶饑，那裏管采的葉敗，攀的枝枯。（元石君寶《秋胡戲妻》三折）

④但見箇客人，厭的倒退。（元王實甫《西廂記》二本一折）

⑤忽的迎頭見咱，嬌小心兒裏怕，厭地回身攏鬢鴉。（元喬吉《新水令·閨麗》套曲）

已經、已然、業經　表示事情完成或時間過去。"已經"本作"已經過……"講，凝固成複音詞，只剩下"已"的意思。如：

①寶玉道："已經完了，怎麼又作揖?"（清曹雪芹《紅樓夢》六十二回）

②只是他昨晚已經同人説是他舅舅給的了，如何又説你給的？（同上六十一回）

③張老道："我已然爲你挨了十大板，如今再去，我這兩條腿不用長着咧。"（清石玉昆《三俠五義》五回）

④果見湘雲卧于山石僻處一個石凳子上，業經香夢沈酣。（清曹雪芹《紅樓夢》六十二回）

4. 情態副詞

近代新産生的情態副詞有"白白"、"必是"、"必定"、"連忙"、"一定"等。

白、白白、白白地(兒)　單音詞"白"唐代已用爲副詞，表示没有代價。李白《越女詞》："相看月未墮，白地斷肝腸。"近代普遍應用。如：

①智深睁起眼道："洒家又不白吃你的，管俺怎地!"（明施耐庵《水滸全傳》四回）

②料來想必定是些兒閑氣，白瘦得個清秀臉兒不戲。（金董解元《西廂記諸宫調》卷五）

③他白奪鐵鷂三千引，贏得青蚨十貫錢。（元石君寶《曲江池》二折）

④近來得了個細疾,白不得好。(明蘭陵笑笑生《金瓶梅》三回)

⑤既這麼着,可憐見的,白受他的氣。(清曹雪芹《紅樓夢》四十四回)

⑥王夫人道:"也没什麽話,白問問他這會子疼的怎麽樣?"(同上三十四回)

⑦你們白想想,那些人都是管什麽的,可是前言不答後語。(同上五十四回)

例①"白"是"没有代價"的意思,例②"白"是"徒然"、"枉自"的意思,例③"白"是"容易"、"輕易"的意思,例④"白"是"老是"、"總是"的意思,例⑤"白"是"憑空"、"無緣無故"的意思,例⑥"白"是"只是"的意思,例⑦"白"是"隨意"、"隨便地"的意思。

近代又出現了重言詞"白白地(兒)",意思與"白"相近。如:

①今日白白的吃他娘兒兩箇一場欺負。(元關漢卿《金綫池》三折)

②那蕭秀才因一時無心失誤上,白白送了一個狀元,世人做事,决不可不檢點。(明凌濛初《初刻拍案驚奇》卷二十)

③聞他兩年曾在廟上争跤,不曾有對手,白白地拿了若干利物。(明施耐庵《水滸全傳》七十三回)

④你手裏窄,我很知道,我何苦白白兒使你的。(清高鶚《紅樓夢》八十八回)

例①②"白白(的)"是"徒然"、"枉自"的意思,例③④"白白(地、兒)"是"無償地"、"無代價地"的意思。

倒、道 與"到"同。表示出現的情況或行爲同一般情理相反,相當於"反倒"、"反而"。"倒"已見於宋代,如《朱子語類》卷三十九:"如今人文理恁地細密,倒未必好,寧可是白直粗疏底人。"元明以後盛行,也寫作"道"。如:

①雨聲兒添淒慘,淚點兒助長吁,枕邊淚倒多如窗外雨。(元無名氏《紅繡鞋》曲)

②我等來的不是,倒壞了你山寨情分。(明施耐庵《水滸全傳》十九回)

③則你那觀名兒喚做清安,你道是蜂媒蝶使從來慣。(元關漢卿《望江亭》一折)

④你窮則窮,道與他門户輝光。(元李好古《張生煮海》三折)

顛倒、倒顛 表示出現的情況或行爲同一般情理相反,相當於“反倒”、“反而”。如:

①指望他玉堂金馬做朝臣,原來這秀才每當正軍,我想着儒人顛倒不如人。(石君寶《秋胡戲妻》一折)

②朱仝那人和宋江最好,他怎地顛倒要拿宋太公?(明施耐庵《水滸全傳》二十二回)

③我馱着不好,顛倒要他馱。(明吴承恩《西遊記》三十三回)

④我好意請你吃飯,你倒顛賴我大蟲。(明施耐庵《水滸全傳》四十九回)

好在 這個詞唐代就有了,是“安好”的意思。如白居易《代人贈王員外》:“好在王員外,平生記得不?”近代用爲情態副詞,表示具有某種有利的條件或情況。如:

①好在咱們帶着仵作呢,且相驗相驗就明白了。(清文康《兒女英雄傳》十一回)

②好在囊橐充盈,倒也無所顧戀。(清李寶嘉《官場現形記》四十一回)

一定 表示必然如此,確實無疑。如:

①可不那楊六郎一定饒了。(元無名氏《謝金吾》三折)

②兩妖道:“不裝,不裝!一定是個假的。”(明吴承恩《西遊記》三十四回)

准、一準、准定 表示必然如此,確實無疑。相當於“一定”。“准”已見於中古。

如唐劉得仁《悲老宫人》:“曾緣玉貌君王寵,准擬人看似舊時。”“一準”、“准定”是近代産生的。如:

①主公再勿多言,來早准行。(明羅貫中《三國演義》六十三回)

②大爺的田税房租,一年准有四十萬。(清李漁《奈何天·崖略》曲)

③我一準回去告訴趙姨奶奶,也省了他天天説嘴。(清高鶚《紅樓夢》八十四回)

④若不是倒了草廳,我准定被這廝們燒死了。(明施耐庵《水滸全傳》十回)

5. 否定副詞

近代漢語否定副詞常見的有“不”、“莫”、“别”、“没”、“没有”等,後三個是近代産生的。

别 這是近代北方話中新産生的一個否定副詞,主要表示禁止或勸阻。如:

①别近謗俺夫妻每甚的。(元關漢卿《哭存孝》一折)

②婦人在旁便道:“我説别要使他去。”(明蘭陵笑笑生《金瓶梅》十一回)

③你别走,我還有話和你説呢。(清曹雪芹《紅樓夢》二十一回)

④人生面不熟的,别忙,你老等我勸勸他。(清文康《兒女英雄傳》三回)

現代漢語裏,“别”是一個非常活躍的否定副詞。但在宋元話本、《水滸全傳》等作品裏並没有,清代小説《儒林外史》以及現代南方許多方言也不用“别”字,可見這個詞主要是元以後在北方方言的基礎上發展起來的。

没、没有 “没”在唐代開始用作“有”的否定。如張祜《偶題》:“惟恨世間無賀老,謫仙長在没人知。”周朴《塞上曲》詩:“一陣風來一陣砂,有人行處没人家。”到了宋元,“没有”開始連用,表示否定。如《京本通俗小説·拗相公》:“没有替换,却要四個人的夫錢。”明代“没”用來修飾動詞,有了副詞的用法。“没有”本是一個偏正詞組,連用既久,也用來修飾别的動詞,就凝固成爲一個複合的否定副詞。産生較晚，不見於元曲及《水滸全傳》《西遊記》等小説裏，似到清代才盛行起來。如：

①從没見酒席，也聞些氣兒來。（明蘭陵笑笑生《金瓶梅》四十六回）

②我且問你，没聽見爹今日往那去？（同上三十一回）

③秦中書道："客犯了事，我家人没有犯事，爲甚的不唱！"（清吴敬梓《儒林外史》五十回）

④白日裏不妨，就讓有歹人，他也没有大清白晝下手的。（清文康《兒女英雄傳》三回）

⑤要斟右邊，將左邊窟窿堵住，再没有斟不出來的。（清石玉昆《三俠五義》四十一回）

6. 語氣副詞

近代漢語裏以下一些語氣副詞是新産生的。

不成、終不成、終然、終不然、終不得、世不然、莫不成、莫成、莫不　它們都表示反詰語氣，相當於"難道"。"不成"産生于宋代。如方岳《立春前一日雪》詩："不成過臘全無雪，只隔明朝便是春。"《朱子語類》卷十八："有人嘗説，學問只用窮究一箇大處，則其他皆通。如某正不敢如此説，須是逐旋做將去。不成只用窮究一箇，其他更不用管，便都理會得？豈有此理。"元明普遍應用，其他形式是元明時産生的。如：

①不成我和你受用快樂，倒教家中老父吃苦！（明施耐庵《水滸全傳》四十二回）

②自小學成十八般武藝在身，終不成只這般休了？（同上十七回）

③常言坐吃山空，我夫妻兩口也要成家立業，終不然拋了這行衣食道路？（明馮夢龍輯《古今小説》卷一）

④你後面日子正長呢，終不然做針綫娘，了得你下半世？（明抱甕老人輯《今古奇觀》卷二十三）

⑤你説煩惱，終然我老孫不煩惱？（明吴承恩《西遊記》五十一回）

⑥那妖精坐放臀下,終不得你還要哩!(同上四十二回)

⑦潑妖魔,世不然告吾師煞可憐?你若是肯放心願,跟後趨前莫生狂顛,一性參禪,將你那害生靈的冤孽免。(元楊景賢《西遊記》十六齣)

⑧莫不成這些人意兒也没有了?(明吴承恩二十七回)

⑨八戒聞言道:"真個有這樣事?"小龍道:"莫成我哄你!"(同上三十回)

⑩莫不我儘今生寡鳳孤鸞運。(元石君寶《秋胡戲妻》一折)

"不成"也可以放在句子的末尾①。如:

①你那黑廝,怎地負荆?只這等饒了你不成?(明施耐庵《水滸全傳》七十三回)

②有本事吃了他,没本事擺佈他不成?(明吴承恩《西遊記》七十五回)

這樣,"不成"就由語氣副詞變成了語末助詞,前面又可以有語氣副詞"難道"、"終不然"與之相呼應。如:

①難道你母親也待謀害我不成?(明馮夢龍《醒世恒言》卷二十二)

②你老只會在炕頭兒上坐着混説,難道叫我打劫去不成?(清曹雪芹《紅樓夢》六回)

③憑他什麽主兒,難道還好强人所難不成。(清文康《兒女英雄傳》九回)

④終不然,我救他性命,有甚貽累不成!(明吴承恩《西遊記》八十回)

語末助詞"不成"在清曹雪芹《紅樓夢》裹還很普遍,現代北京話却只偶然應用了,似有逐漸消失的趨勢。

到敢、倒敢 表示揣測和不大肯定的語氣,擔當於"敢情"、"大概"、"也許"。如:

---

① 宋楊時《龜山語録》卷二:"君子作事,只循一個道理不成。"這裏的"不成"當是謂語。

①偶戲謂曰："外郎穿布衲，到敢裹着珍珠。"(元陶宗儀《輟耕録》卷五)

②若在家時，三言兩句，盤倒那先生，到敢有場好笑。(明施耐庵《水滸全傳》六十一回)

③何不教智深去那裏住持，倒敢管的下。(同上六回)

④西門慶道："倒敢是花胳膞陸小乙的妻子？"(同上二十四回)

"倒敢"又表示反詰語氣，相當於"難道"。如：

①這婆婆兒的福氣，倒敢大似我麽？(元關漢卿《五侯宴》三折)

大古、大故、大古裏、大古來、待古、待古裏 表示估量和推斷，相當於"敢情"、"大約"、"看來"。如：

①更問甚陛下，大古是知重俺帝王家。(元白樸《梧桐雨》三折)

②大古是煙花惹事，鶯燕成招，雲月知情。(明湯顯祖《牡丹亭》十六齣)

③這個老丈丈爲甚遭誅戮？這個穿紅袍的大故心毒。(元紀君祥《趙氏孤兒》四折)①

④〔帶云〕我這官職呵，〔唱〕大古裏是箱兒裏盛只。(元無名氏《凍蘇秦》二折)

⑤你向尊前席上逞妖嬈，粧圈套，大古裏色是殺人刀。(元楊景賢《劉行首》二折)

⑥大古來前生注定，誰許你今世貪饕？(元秦簡夫《東堂老》一折)

⑦您把詩中句細披閲，大古來有甚費周折，多喒是您勾魂帖。(元無名氏《馬陵道》四折)

⑧誰戀你官二品，車駟馬？待古有德行的富貴榮華。(元楊梓《豫讓吞炭》三折)

---

① 此據徐沁君校點《新校元刊雜劇三十種》本，臧晉叔《元曲選・趙氏孤兒》無此語。

⑨若將他辜負，待古裏不信神佛。（元貫雲石《鬥鵪鶉·佳偶》曲）

多敢、多管、多半，多定　表示估計和不太肯定的語氣。相當於“大概”、“很可能”。如：

①他那裏無語無言，只是長吁氣。多敢怕等閑間泄漏了天機。（元馬致遠《碧桃花》二折）

②多管也來請柴大官人入夥。（明施耐庵《水滸全傳》五十二回）

③密約不明渾夢境，佳期多半待來生，淒涼何況是孤燈。（明施紹莘《浣溪沙》詞）

④這早晚多定正在那裏。（明施耐庵《水滸全傳》二十四回）

反倒　表示跟上文意思相反或出乎意料之外，相當於“相反”。如：

①替朝廷幹事的，反倒受人彈論，公道安在？（元無名氏《鴛鴦被》楔子）

敢、敢莫、敢怕、敢則、敢則是、敢是、敢只是　表示估計和不太肯定的語氣。相當於“大概”、“也許”、“恐怕”。如：

①你母子二位，敢未打火？（明施耐庵《水滸全傳》二回）

②你敢聽錯了，敢不是我衙門裏，敢是周守備府裏。（明蘭陵笑笑生《金瓶梅》六十九回）

③三藏才看了簡帖，又遞與那院主道：“你師父敢莫也是妖精麽？”（明吴承恩《西遊記》十七回）

④他曾告誦我說：“不拘葫蘆淨瓶，把人裝在裏面，只消一時三刻，就化爲膿了。”敢莫化了我麽？（同上三十四回）

⑤戴宗道：“敢怕城中有人認得他？”（明施耐庵《水滸全傳》四十四回）

⑥不見太子做聲，敢怕悶死了，待我打開盒蓋看咱。（元無名氏《抱妝盒》

二折)

⑦擺列着金釵十二行,敢則夢上他巫山十二峰。(元王子一《誤入桃源》二折)

⑧咱兩個横槍躍馬且交半籌,敢則一陣裏抹了芒頭。(元無名氏《鎖魔鏡》三折)

⑨敢則是十年五載,四分五落,直這般踢騰了些舊窩巢。(元無名氏《爭報恩》一折)

⑩走了數日,來到這裏,遠遠的望見人馬浩大,敢是穹廬也。(元馬致遠《漢宫秋》二折)

⑪從來説做公人的捉賊放賊,敢是有弊在裏頭。(明凌濛初《二刻拍案驚奇》卷二十一回)

⑫怎的只見殺聲在弦中見,敢只是螳螂來捕蟬。(元高明《琵琶記》二十一齣)

⑬我今番猜着了,敢只是楚館秦樓有一個得意情人也。(同上二十九齣)

"敢"、"敢則是"、"敢只是"又表示肯定,相當於"必定"、"准定"。如:

①若得靈犀一點,敢醫可了病懨懨。(元王實甫《西廂記》三本楔子)

②您的管夢回酒醒誦詩篇,俺的敢燈昏人静誇征戰。(元關漢卿《拜月亭》四折)

③恁時節您看我敢青史内標名載。(元關漢卿《裴度還帶》一折)

④他那裏是羞我,敢則是羞你哩。(元無名氏《馬陵道》一折)

⑤雨如傾,敢則是風如扇。(元楊顯之《瀟湘雨》四折)

⑥俺那龍呵,可曾有半點兒雨雲期,敢只是一剗的雷霆怒。(元尚仲賢《柳毅傳書》一折)

還許、也許　表示揣測語氣,相當於"或許"。如:

①不叫翻,我們還許回太太去呢。(清曹雪芹《紅樓夢》七十四回)

②也許矮子今天就來,去不得,去不得!(清曾樸《孽海花》三十三回)

没的、没地、没地裹 表示反詰語氣。相當於"難道"①。如:

①想着咱二十年兒女夫婦,你没的不送我到郊外?(元岳伯川《鐵拐李》二折)

②送些微人事,没的他有折了本的?(清西周生《醒世姻緣傳》四回)

③休要胡説,没地不還你錢?(明施耐庵《水滸全傳》二十三回)

④看你怎地奈何我?没地裹倒把我發回陽穀縣去不成?(同上二十八回)

難道 表示反問語氣,最初見於宋代,如普濟《五燈會元》卷三《乳源和尚》:"難道衆中莫有道得者,出來試道看。"元明以後逐漸常用,直到現代。如:

①此位是惠安長老,仙釋不同教,是做不得徒弟的,難道你要度我麽?(元范子安《竹葉舟》一折)

②若是他不渰死,難道獨獨渰死了你?(元李好古《張生煮海》三折)

③他若也起身走了家去時,我却難道阻擋他?(明施耐庵《水滸全傳》二十四回)

④又想了想,説:"等我把門關上,難道他還叫開門進來不成?"(清文康《兒女英雄傳》四回)

⑤難道神道也隨着倒轉來不成?(清艾衲居士《豆棚閑話》十二則)

怕、怕敢、怕不、怕不的 表示估量和不太肯定的語氣,相當於"也許"、"恐怕"。也有表示反詰的(例⑤)。如:

①夫妻私相告語,怕生這男孩後每歲田禾倍熟,因命名唤做郭成寶。(《新

① "没的"不只一義。元曾瑞卿《留鞋記》三折:"我用手去他口邊摸着,早没的氣了。""没的"是"没有"的意思。元關漢卿《蝴蝶夢》三折:"我也没的分付你,你把你的頭來我抱一抱。""没的"是"没有什麽"的意思。清曹雪芹《紅樓夢》二十二回:"你在這裏,他們都不敢説笑,没的倒叫我悶。""没的"是"白白地"的意思。

編五代史平話・周史上》)

②那吃敲才怕不口裏嚼蛆,那廝待數黑論黄,惡紫奪朱。(元王實甫《西厢記》五本四折)

③他怕不也有二十五六歲,他對人自説二十一歲。(清吴敬梓《儒林外史》二十六回)

④娘不信,只掏他的袖子,怕不的還有柑子皮兒在袖子裏哩。(明蘭陵笑笑生《金瓶梅》七十三回)

⑤店小二來問道:"大哥是山東貨郎,來廟上趕趁,怕敢出房錢不起。"(明施耐庵《水滸全傳》七十四回)

偏偏、偏生、偏生的　表示事實與所希望的恰恰相反。如:

①不想這茌平縣的西北鄉偏偏出了一案。(清文康《兒女英雄傳》十一回)

②太后偏偏自要吞,倘有一些差失處,説不得,嚴刑立斬酈詞林。(清梁德繩《再生緣》二十一回)

③偏生一世裏不曾得個十分滿意的好夫人。(元武漢臣《金生閣》一折)

④自古道:"駿馬却馱癡漢走,美妻常伴拙夫眠。"月下老偏生要是這般配合。(明施耐庵《水滸全傳》二十四回)

⑤偏生的華忠又途中患病。(清文康《兒女英雄傳》四回)

索、索性　表示慷慨的語氣,相當於"乾脆"。"索性"産生于宋代,如《朱子語類》卷四十八:"微子去却易,比干則索性死。"近代通用。如:

①静巉巉無人救,眼睜睜活受苦,孩兒每索與他招伏。(元喬夢符《兩世姻緣》二折)

②早知死後無情義,索把生前恩愛勾。(明馮夢龍《警世通言》卷二)

③師傅……索性舍個大慈悲,將此騰雲之法,一發傳與我罷。(明吴承恩《西遊記》二回)

④索性剪草除根，替你一莊人除了後患。（同上四十八回）

一發 表示慷慨語氣，相當於“索性”、“乾脆”。如：

①你舍的宋引章，我一發嫁你。（元關漢卿《救風塵》三折）

②罷罷罷，一發借那把白金劍與我，也勒死了，好與我家老子做一塔兒埋葬。（元李壽卿《伍員吹簫》四折）

③我也不歸漢，也不歸楚，一發驪山内落草爲賊。（元無名氏《氣英布》二折）①

④我一發説他幾句，怕做什麼？（明無名氏《女姑姑》三折）

二、近代漢語介詞的發展

近代漢語裏的介詞，大多數是上古和中古保存下來的，顯示了漢語古今介詞的繼承關係。一部分介詞是新産生的；新産生的介詞大都由動詞轉化而來。下面只就近代新産生的一些介詞進行討論。

1. 表示時間的介詞

等 由動詞“等待”的意義虚化而來。表示到達某一時點。如：

①等雨水晴時節，可來取俺老小每也。（元無名氏《争報恩》楔子）

②等這位老人家走後，騰出地方兒來，我可得静一静兒了。（清文康《兒女英雄傳》三十三回）

③等晚上想着再叫人去拿罷。（清曹雪芹《紅樓夢》三回）

趕 由動詞“趁着”的意義虚化而來。用在時間詞前面表示某個時候，相當於“趁”。如：

① 此據徐沁君校點《新校元刊雜劇三十種》本，臧晉叔《元曲選・氣英布》無此語。

①孩兒,你不可久停久住,便索趕早出城,回三關去,小心在意者。(元無名氏《謝金吾》二折)

②我們且來敘了坐次,吃頓齋飯,趕早兒往西天走路。(明吴承恩《西遊記》十九回)

③今日趕娘不在家,要和你會會兒。(明蘭陵笑笑生《金瓶梅》二十二回)

④趕端陽前,我順路就販些紙劄香扇來賣。(清曹雪芹《紅樓夢》四十八回)

投到、投至、投得、投至到、投至得、投至的　宋元之際,時間介詞"投"、"至"、"到"連用或者後加結構助詞"得(的)",組成複合的介詞形式,表現時間的終點,相當於"到"、"等到"。它們主要出現在元曲裏,個别的已見於宋詞。如:

①投到俺兩個賞罷春呵,天色可也未晚哩。(元無名氏《符金錠》一折)

②投至今日得見孔目哥哥呵,似那撥雲見日,昏鏡重磨。(元孫仲章《勘頭巾》三折)

③投得花開,還報夜來風,惆悵春光留不住,又何似,莫相逢。(宋李之儀《江神子》詞)

④恨天涯空流落,投至到玉門關外,我則怕老了班超。(元馬致遠《薦福碑》二折)

⑤投至得十年五載,我這般松寬的有,也是我萬苦千辛積攢成。(元秦簡夫《東堂老》二折)

⑥你投至的掙成這個家業,非一日之故。(元無名氏《來生債》二折)

2. 處所介詞　有"打"、"打從"、"去"、"朝"、"朝着"、"照"、"照着"、"看着"等。

打、打從　介詞"打"始見於唐代,李德裕《代石雄與劉稹書》:"昨打暮宿寨收得文書云:陳許遊奕使賀意密報云:官軍二十五日齊進寨。"《洞山悟本禪師語録》:"有一人不打寒鶯嶺過,便到這裏。"宋代的用例,如:

①新柳樹,舊沙洲,去年溪打那邊流。(宋辛棄疾《鷓鴣天·戲題村舍》詞)

②步下新船試水初，打頭攬載適逢予。（宋楊萬里《閶門外登溪船》詩）

元明開始，“打”的用法全面發展，並產生了複音詞“打從”。主要表示動作行爲的處所起點，相當於“從”。如：

①偶然這一晚燒香中間，看見一隻犬打香卓根前過來。（元蕭德祥《殺狗勸夫》四折）

②那一個女子，是我打松林裏救命來的。（明吴承恩《西遊記》八十回）

③我不日會同你巡撫張爺，調領四路兵馬，打清河縣起身。（明蘭陵笑笑生《金瓶梅》九十九回）

④你打園裏來，可曾見你寶兄弟？（清曹雪芹《紅樓夢》三十二回）

⑤可憐見他靈車前唱挽歌，打從我門前過。（元無名氏《殿前歡》曲）

⑥我等弟兄七人，是濠州人，販棗子上東京去，路途打從這裏經過。（明施耐庵《水滸全傳》十六回）

⑦有個白大官打從京中出來的。（明凌濛初《二刻拍案驚奇》卷三）

⑧我打從學堂門口過，聽見念書的聲音好聽。（清吴敬梓《儒林外史》二十一回）

“打”、“打從”也表示時間的起點。如：

①此心散漫放肆，打一聳動時，便在這裏，能使得多少力！（《朱子語類》卷二十六）

②主兒打毛團子似的掇弄到這麼大，也不管主人跟前有人使，没人使。（清文康《兒女英雄傳》四十回）

③賈母有了年紀的人，打從寶玉病起，日夜不寧。（清高鶚《紅樓夢》九十八回）

④這吴八公子打從父親任上回來，廣有金銀。（清馮夢龍《醒世恒言》卷三）

朝、朝着　表示動作的方向。相當於"向"、"對着"。如：

①走入房中，倒在床上，面朝裏邊睡了。（明蘭陵笑笑生《金瓶梅》十二回）

②他在法雲街朝東的一個新門樓子裏面住。（清吴敬梓《儒林外史》二十三回）

③父親遵太爺的話，不敢前來，在家裏率領合家都朝上行了禮了。（清曹雪芹《紅樓夢》十一回）

④宋江便向杌子上朝着床邊坐了。（明施耐庵《水滸全傳》二十一回）

⑤只見鳳生朝着紙窗正在那裏呆想。（明凌濛初《二刻拍案驚奇》卷九）

照、照着　表示動作的方向，相當於"對"、"向"。如：

①行者認得他是妖精，更不理論，舉棒照頭便打。（明吴承恩《西遊記》二十七回）

②他掣出棍子，照那火燒的磚墻撲的一下，把那墻打得粉碎。（同上十六回）

③左手一拳，照着武松心窩裏打來。（明施耐庵《水滸全傳》二十六回）

④過了一個小石橋，照着那極窄的石磴走上去，又是一座大廟。（清吴敬梓《儒林外史》十四回）

又表示依據，相當於"按"、"依"。如：

①所有老爹爹在日給你的飯米衣服，我們照帳按月送過來與你。（明凌濛初《二刻拍案驚奇》卷十）

②要照這麼磨一道兒，到了淮安，不用説，騾子也幹了，咱們倆也賠了。（清文康《兒女英雄傳》四回）

③照這等講起來，先生也是個人，假如我如今不叫你"人"，叫你個"老物兒"，你答應不答應？（同上十八回）

看着 表示動作方向,相當於“對着”。如:

①李逵再輪起雙斧,便看着這扈成砍來。(明施耐庵《水滸全傳》五十回)

②放了一隻手,看着和尚臉上只一揚,打個大耳光。(《清平山堂話本·花燈蓮女成佛記》)

③只見他看着我鍋裏吹一口氣便走了去。(明羅貫中《三遂平妖傳》九回)

3. 表示工具、憑藉或依據的介詞 有“拿”、“使”、“據”、“靠”、“靠着”等。

拿 由動詞虚化爲介詞,表示工具、材料、方法,相當於“用”。大約産生於元代。如:

①我拿一塊磚頭打的那狗叫,必有人出來。(元孫仲章《勘頭巾》一折)

②八戒方才敢近,拿釘鈀望妖精胯子上亂築。(明吴承恩《西遊記》七十六回)

③乾女兒過來,拿琵琶且先唱個兒我聽。(明蘭陵笑笑生《金瓶梅》四十五回)

“拿”又用來把賓語提到動詞前面,表示處置。如:

①李逵拿殷天錫提起來,拳頭脚尖一發上。(明施耐庵《水滸全傳》五十二回)

②我們拿他往下一摜,摜做個肉陀子。(明吴承恩《西遊記》三十一回)

使 從動詞“使用”的意義虚化爲介詞,表示工具,相當於“用”。如:

①大聖見他不動,却使左手輪着鐵棒。(明吴承恩《西遊記》五十三回)

②這大聖使鐵棒架住,且戰且退。(同上五十五回)

靠、靠着 由動詞“依靠”的意義虚化而來,表示有所憑藉或根據。如:

①我哥哥爲人質樸，全靠嫂嫂做主看覷他。（明施耐庵《水滸全傳》二十四回）

②小人姓石名勇，原是大名府人氏，日常只靠放賭爲生。（同上三十五回）

③更無家業，止靠着打柴爲生。（明吴承恩《西遊記》八十五回）

4.表示對象關係的介詞　有“給”、“跟”、“合”等。

給　動詞“給”隋唐時已有“給予”義，如《吐魯番出土文書》第六册《唐貞觀十八年匠康始延等請給物牒》有“請給上件”、同書《家口給糧三月帳》有“給一升五合”的記載。虚化爲介詞，時間較晚，元代偶見一例。《武王伐紂平話》卷上：“左右蒙聖旨，將皇后屍首埋；給皇后腕上帶着瓊瑶寶釧，咸皆埋了。”却不見於《水滸全傳》、《西遊記》等作品。開頭也寫作“歸”、“饋”或“已”。如：

①您且在此閑耍幾時，却討個生活歸您做。（《五代史平話·周史》）

②您也不是個買劍人，咱這劍也不賣歸您。（同上）

③我如今與你一兩銀，將去饋李大做定錢。（《朴事通》）

④我害疥癢當不的，你的長指甲饋我掐一掐。（同上）

⑤快已他做道袍子。（清西周生《醒世姻緣傳》八回）

⑥你分九吊錢已我，我替你老人家念佛；你一個錢不分已我，這是本等。（同上三十四回）

到了清代中期，統一爲“給”，有多種用法。放在動詞後面，引進動作的間接賓語，相當於“與”。如：

①我説再没有不借與我的，誰想就不借給我哩。（清西周生《醒世姻緣傳》八十回）

②鳳姐兒笑道：“你們只管去，都交給我就是了。”（清曹雪芹《紅樓夢》三十八回）

③褚大娘子便遞給姑娘一個小金如意兒。（清文康《兒女英雄傳》二十七回）

這類“給”字結構也可以放在動詞前面。如：

①給三姑娘送荔枝去了，還没送來呢。（清曹雪芹《紅樓夢》三十七回）

②又出至外頭，命人盛兩盤子給趙姨娘送去。（同上三十八回）

③這是大老爺那院裏嫣紅姑娘放的，拿下來給他送過去罷。（同上七十回）

又引進服務的對象，相當於“爲”、“替”。如：

①不如咱們大家湊個熱鬧，又給他們接風，又可以做詩。（清曹雪芹《紅樓夢》四十九回）

②探春笑道：“横竪是給你放晦氣罷了。”（同上七十回）

③張姑娘問道：“你瞧，我給姐姐收拾的這屋子好不好？”（清文康《兒女英雄傳》三十二回）

又表示動作的方向，相當於“朝”、“向”、“對”。如：

①你女兒在這屋裏一場，臨去時也給姑娘們磕個頭。（清曹雪芹《紅樓夢》五十二回）

②這早晚才來，還不給你姐姐行禮去呢。（同上四十三回）

③那張進寶從廟裏回來，進門先給舅太太請了安。（清文康《兒女英雄傳》三回）

又用於處置的意思，相當於“把”。如：

①接了人家兩三吊錢，給人擱下，人家依嗎？（清文康《兒女英雄傳》四回）

②我們那個新來的噶章京，你有本事給他擱下！（同上三十四回）

③老爺待要不接，又怕給他掉在地下，惹出事來。（同上三十八回）

又用於被動的意思，相當於"讓"、"被"。如：

①你只好生收着罷，千萬别給他知道。（清曹雪芹《紅樓夢》二十一回）

②只聽得那人口裏抱怨道："白白給他打了一頓，却是没有傷，喊不得冤。"（清吴敬梓《儒林外史》十三回）

③就是天，也是給氣運使唤着，定數所關，天也無從爲力。（清文康《兒女英雄傳》三回）

又用於祈使的意思。如：

①進了房，寶釵便坐下，笑道："你還不給我跪下！我要審你呢！"（清曹雪芹《紅樓夢》四十二回）

②還不給我坐着呢！（同上五十七回）

跟 從動詞"跟隨"的意義虚化爲介詞，仍有"跟從"的意思。如：

①我家裏無銀子，你跟我莊上去取銀子還你。（元關漢卿《竇娥冤》一折）

②跟你老人家走了一路，又到獅子街房裏回來，該多少里地？（明蘭陵笑笑生《金瓶梅》二十四回）

③我們只在太太屋裏看屋子，不大跟太太姑娘出門。（清高鶚《紅樓夢》八十二回）

又用於引進共同行動的對象，相當於"同"。這種用法出現稍晚一些。如：

①他説我把他兒子做了觀音菩薩的童子，不得常見，跟我爲仇。（明吴承恩《西遊記》五十九回）

②先年晁源曾跟他受業。（清西周生《醒世姻緣傳》九十二回）

③親友們見我在家裏悶坐着，便有幾個鏢行的朋友請我跟他們走鏢。（清

文康《兒女英雄傳》十五回）

④難道我到了你們這不講禮的地方，也隨鄉入鄉，跟你們不講禮起來不成。（同上十七回）

和 介詞“和”中古表示包括或强調動作所關涉的事物，元明以後，這一用法逐漸消失，却有了新的用法。一是引進共同行動的人物，相當於“同”、“跟”。如：

①昨日是個七月七日節，我特地打將上等高酒來，待和你賞七月七則個。（《宣和遺事》）

②只得和丈夫一處對舞，便是燕燕花生滿路。（元關漢卿《調風月》四折）

③教他欺大滅小，和這個合氣，和那個合氣。（明蘭陵笑笑生《金瓶梅》二十九回）

二是引進比較的對象，相當於“跟”、“同”。如：

①出外時，也和你一般。（《老乞大》）

②他和你的身口一般。（明佚名《正統臨戎録》）

③這不是和那作小説的一般，故意裝點出來的麽？（清吴沃堯《二十年目睹之怪現狀》二十四回）

三是引進服務的對象，相當於“替”、“給”。如：

①你和他從頭裏傳消息，沿路上曾撞着誰？（元孟漢卿《魔合羅》四折）

②晚夕三位娘子擺設酒肴，和西門慶送行。（明蘭陵笑笑生《金瓶梅》五十五回）

③盼今朝得傍你蟾宫客，你和俺倍精神金階對策。（明湯顯祖《牡丹亭》三十九齣）

四是表示動作行爲的對象或方向，相當於“向”、“跟”。如：

①我不爲别的，要和婆婆討個江西針兒繡花。（元無名氏《桃花女》二折）

②平兒笑道：“好，白和我要了酒來，也不請我，還説着給我聽，氣我！”（清曹雪芹《紅樓夢》六十三回）

③他和我買書，想賴我的書價。（清吴沃堯《二十年目睹之怪現狀》二十二回）

合　中古“合”有“隨同”的意思。如李白《月夜江行寄崔員外宗之》：“月隨碧山轉，水合青天流。”“合”與“隨”互文，當是動詞。近代虚化爲介詞，可以引進共同動作的對象。相當於“和”、“跟”、“同”。如：

①你不用合我好一陣歹一陣的，要惱就撂開手。（清曹雪芹《紅樓夢》十七回）

②姐姐此時何必合他惹這閑氣？（清文康《兒女英雄傳》十回）

③見過了禮，就在那鋪土炕上合他分賓主坐下。（同上三十九回）

又用於引進比較異同的對象，如：

①二位凡事看我的分上將就他，不合他一般見識罷。（清西周生《醒世姻緣傳》三十四回）

②我看他見了你，合小鬼見了閻王的一般。（同上八十回）

③〔尤三姐〕説着將頭上一根玉簪拔下來，磕作兩段，説：“一句不真，就合這簪子一樣。”（清曹雪芹《紅樓夢》六十六回）

又可以表示動作所向，相當於“向”、“對”。如：

①吕祥道：“這還得合那頭老娘説聲，跟個女人才好。”（清西周生《醒世姻

緣傳》八十六回)

②賈珍道:"既然如此,你就帶了他去,合你老娘要出來,交給他。"(清曹雪芹《紅樓夢》六十四回)

③兩個丫鬟,這個合他點點頭兒,那個却又合他摇摇手兒。(清文康《兒女英雄傳》三十八回)

④老爺見不是前番來見過的那人,正待合他説明來歷,只見褚一官從裏面説笑着送出一起客來。(同上三十九回)

同、同着、同了 中古介詞"同",近代又用於引進動作行爲的對象,並産生複音形式"同着",相當於"向"。如:

①老吴婆子説,"好奶奶,這還待怎麽?同奶奶要多少才是够?可也要命搶架呀?"(清西周生《醒世姻緣傳》四十九回)

②你不放,咱同着官兒講,看誰是誰不是。(同上四十四回)

③〔素姐〕又望了狄希陳道:"小陳哥,一向我的不是,我也同着周相公拜你兩拜。"(同上九十八回)

與此同時,"同着"、"同了"近代也都用於引進共同行動的人物,如:

①再着上兩樣鞋襪,越發好看些,同着你大舅去拜請。(清西周生《醒世姻緣傳》八十五回)

②童奶奶自己走進房去,用强取了鑰匙,同着調羹開了鎖。(同上八十回)

③張雲見衆人不然,同了趙禄押了程謨到一個空闊所在解手。(同上五十一回)

④小的聽見女兒被他打死,同了妻去看,没見屍首。(同上八十二回)

5. 表示目的或原因的介詞

爲着、爲了 由介詞"爲"加助詞"着"、"了"構成,表示目的或原因。如:

①不争他見我爲着那人，耽着貧窘，揾着淚痕。（元石君寶《秋胡戲妻》一折）

②爲着别人，輸了自己。（元康進之《李逵負荆》四折）

③爲着故里，就留下這一段功果。（明馮夢龍《醒世恒言》卷三十八）

④宇文述爲了失機，削去官職。（清褚人穫《隋唐演義》四十六回）

⑤爲了自己，遠路跋涉而來。（清文康《兒女英雄傳》十二回）

此外，還有在被動句中引進行爲主動者的介詞"乞、吃（喫）、叫、着"等也都是近代産生或廣泛應用的，放到被動句裏討論，這裏從略。

第四節　近代漢語連詞的發展

連詞在近代漢語中顯得紛繁複雜。其中有許多是古代保存下來的，新産生的連詞也不少，還出現了一批連詞連用的新形式。

一、並列連詞

並　上古已是遞進連詞，宋以後又産生並列連詞的用法。連接兩個並列的名詞，或名詞性詞組。相當於"和"、"與"。如：

①遂將吏人並犯者訊。（《朱子語類》卷一〇六）

②〔魯智深〕作别了客店主人並鐵匠，行程上路。（明施耐庵《水滸全傳》五回）

③小弟每每見蔡太師書緘並他的文章，都是這樣圖書。（同上四十回）

④就着人唤出黄廷道並兩個小姐來。（元黄元吉《流星馬》四折）

⑤怎奈邢夫人信了兄弟並王仁的話，反疑心王夫人不是好意。（清高鶚《紅樓夢》一一八回）

合　連接兩個並列的名詞或名詞性詞組，相當於"和"[1]。如：

---

① 唐李白《月夜江行寄崔員外宗之》詩："月隨碧山轉，水合青天流。""合"與"隨"互文，有"隨同"義，還不是並列連詞。

①今日你合你太太都在我這邊吃了晚飯再過去罷。(清高鶚《紅樓夢》八十一回)

②我合他一塊兒去。(清文康《兒女英雄傳》四回)

③如今承我老東人合少東人安驥的託付,託我把這張彈弓送到九公你的寶莊。(同上十七回)

同、與同 連接兩個並列的名詞或名詞性詞組,相當於"和"。如:

①説罷,楊玉同孃都去了。(《清平山堂話本·楊温攔路虎傳》)

②只見蟠桃園土地、力士同齊天府二司仙吏,都在那裏把門。(明吴承恩《西遊記》五回)

③賈政同馮紫英又説了一遍給賈赦聽。(清高鶚《紅樓夢》九十二回)

④兩公子同蘧公孫都走出廳上。(清吴敬梓《儒林外史》十一回)

⑤牛玉圃同牛浦上了船,開到揚州。(同上二十二回)

⑥我同你呢,又不知是什麼緣法,很要好的。(清吴沃堯《二十年目睹之怪現狀》)

⑦且説宋江與同衆將,每日北京攻打城池不下。(明施耐庵《水滸全傳》六十四回)

⑧當夜宋江與同柴進,依前扮作閑凉官,引了戴宗、李逵、燕青,五個人徑從萬壽門來。(同上七十二回)

以及 古代表示時間、範圍的延伸,相當於"以至"、"以至於"。如《左傳·文公十六年》:"不能其大夫,至于君祖母以及國人,諸侯誰納我?"近代成爲並列連詞,連接並列的詞、詞組或句子形式。如:

①婚冠既畢,益令昆弟輩取六經子史以及稗官野乘,皆以耳授。(清周亮工《書影》卷三)

②到此時,王、唐、瞿、薛以及諸大家之文,歷科程墨,各省宗師考卷,肚裏

記得三千餘篇。(清吳敬梓《儒林外史》十一回)

一邊……一邊…… 連接兩個動詞、動詞性詞組或分句,表示兩個以上的動作同時進行。已見於宋代。如《朱子語類》卷十一:“今人却一邊去看文字,一邊去思量外事,只是枉費了工夫。”近代漢語常用。如:

①一邊廂哭,一邊廂怪他兒子。(元佚名《元朝秘史》卷二)

②你住在外面,一邊等我,一邊看人,方不誤事。(明凌濛初《二刻拍案驚奇》卷九)

③那兩個虞候那裏肯依,一邊收拾,一邊叫了兩匹馬,將行李馱在馬上,兩個虞候跟的先行去了。(清西周生《醒世姻緣傳》五回)

④兩下都把真心瞞起來,一邊假作癡聾,一邊假爲歡笑。(清文康《兒女英雄傳》二十二回)

一面……一面…… 連接兩個動詞或動詞性詞組,表示兩個以上的動作同時進行。如:

①只索一面報與親家知道,則説是個急病證死了,一面就在此花園中揀一塊田地將孩兒屍首埋葬了。(元無名氏《碧桃花》楔子)

②鄰佑人等,一面救火,一面救起楊太尉。(明施耐庵《水滸全傳》七十二回)

③一面京中自起身,一面打發金家人先回,報知擇日到家。(明凌濛初《二刻拍案驚奇》卷九)

④一面説,一面讓雨村同席坐了。(清曹雪芹《紅樓夢》二回)

⑤一面哭着,一面數落道:“我的孩子,你可心疼死大娘了!”(清文康《兒女英雄傳》二十回)

一壁(廂、裏)……一壁(廂、裏)…… 連接兩個動詞、詞組或分句,表示兩個動作或兩種情況同時發生，相當於“一面……一面……”。如：

①一壁廂磣可可停着老子，一壁廂眼睜睜送了孩兒。（元關漢卿《蝴蝶夢》一折）

②一壁廂冤家扯着，一壁廂惡婦搊撓。（元鄭廷玉《金鳳釵》二折）

③一壁廂投河奔井，一壁廂爛額焦頭。（元錢霖《般涉調・哨遍》曲）

④一壁叠成文案，一壁差人杖限緝捕凶身。（明施耐庵《水滸全傳》三回）

⑤在襄陽府市中心住，一壁開着乾茶鋪，一壁開着茶坊。（明馮夢龍《警世通言》卷三十七）

⑥那如意兒一壁哭着，一壁挽頭髮。（明蘭陵笑笑生《金瓶梅》七十二回）

⑦寶玉一壁走，一壁看那紙上寫着《桃花行》一篇。（清曹雪芹《紅樓夢》七十回）

⑧劉姥姥一壁裏走着，一壁裏笑説道。（同上六回）

一來……，二來……，三來……　連接兩個或幾個分句，表示列舉。如：

①奴家去則不妨，一來怕没福，二來要問村前李大婆，它肯時，奴便去。（南宋無名氏《張協狀元》四十五齣）

②一來慶賀功勞，二來犒賞孩兒。（元關漢卿《五侯宴》四折）

③龍香一來曉得姐姐的心事，二來見鳳生靦覥，心裏也有些喜歡，要在裏頭撮合。（明凌濛初《二刻拍案驚奇》卷九）

④這兩日，一來我心裏不自在，二來因些閑話没曾往那邊去。（明蘭陵笑笑生《金瓶梅》五十八回）

⑤我心裏可真難過。只是一來關着他的重回故鄉，二來又關着他的父母大事，三來更關着他的終身，我可没法兒留他。（清文康《兒女英雄傳》二十回）

一頭……一頭……　連接兩個動詞或動詞性詞組，意思與“一面……一面……”同。如：

①待我一頭開門，一頭念詩你聽咱。（元蕭德祥《殺狗勸夫》三折）

②顧大嫂一頭假啼哭，一頭喂飯。（明施耐庵《水滸全傳》六十九回）

③那漢一頭吃酒吃肉，一頭夾七夾八的説出幾句話來。（同上九十回）

④一頭説，一頭走去，把拴都拔下來。（明抱甕老人輯《今古奇觀》三十一回）

⑤〔李紈〕一頭走着，一頭落淚。（清高鶚《紅樓夢》九十七回）

一行……一行……　連接兩個動詞或動詞性詞組，表示兩種以上的情況同時發生。是從"行……行……"的用法發展來的。如：

①古人説知、行做兩個，亦是要人見個分曉，一行做知的功夫，一行做行的功夫。（明王守仁《傳習録》卷一）

②又見黛玉臉紅頭脹，一行啼哭，一行氣湊，一行是淚，一行是汗，不勝怯弱。（清曹雪芹《紅樓夢》二十九回）

③黛玉一行哭着，一行聽了這話説到自己心坎兒上來，可見寶玉連襲人不如，越發傷心大哭起來。（同上）

二、承接連詞

就　本是副詞，在複句的後一分句裏表示某一事實隨着前面的事實而出現，"就"也就有了承接連詞的用法。如：

①他在此久住，必知水勢，就騎着他做個船兒過去罷。（明吳承恩《西遊記》十五回）

②常觀見西門慶來，就先來告報。（明蘭陵笑笑生《金瓶梅》十一回）

③見喜過了，到第三朝就要接回。（明抱甕老人輯《今古奇觀》卷二十八）

④多謝大爺費心，體諒我，就從命不過去了。（清曹雪芹《紅樓夢》十六回）

又產生了"比是……就……"、"一……就……"連用的形式。如：

①比是你恁怕他，就不消剪他的來了。（明蘭陵笑笑生《金瓶梅》十二回）

②那猴子不禁跌，一跌就跌化了。（明吴承恩《西遊記》四十九回）

③往地下一鑽，就鑽了有二十餘里。（同上七十三回）

便乃 用在複句的後一分句裏，表示兩事有相承的關係。如：

①看程五娘許説五十貫酒錢，便乃向前道："小娘子，我與你拽過屍首來岸邊，你認看。"（《清平山堂話本·錯認屍》）

②顧大嫂……却自拿了兩把雙刀，在堂前踅，只聽風聲，便乃下手。（明施耐庵《水滸全傳》五十回）

③宋江再四挽留不住，便乃設一筵宴，令衆弟兄相別。（同上一一〇回）

④許五既歸，省視先塋已畢，便乃納還官誥，只推有病，不願爲官。（明馮夢龍《醒世恒言》卷二）

三、選擇連詞

用於肯定句中的選擇連詞，近代産生的有以下幾個：

把似(如)……争如(不如、何如)…… 表示在兩種情況或兩件事實中選取其一。已見於宋代，如邵雍《先幾吟》詞："把似衆中呈醜拙，争如静裏且談諧。"元明使用更廣泛一些。如：

①把似你受驚受怕將家私辦，争如我無辱無榮將道德學。（元楊景賢《劉行首》二折）

②愁人倦聽，杜鵑聲哀……把似唤將春去，争如攛頓取那人來。（元朱庭玉《襖神急·閨思》套曲）

③把如你先殺我，不如先殺你。（《七國春秋平話》卷中）

④把似他日在家守着，何如今日不去的是。（明凌濛初《二刻拍案驚奇》卷三十二）

比及……不如(若)…… 表示兩件事實選擇其一,重點在後一事實。相當於"與其"。如:

①比及你明日告我時,不如今日我先殺了你,可不好那!(元無名氏《馮玉蘭》二折)

②兀那小賤人,比及你受窮,不如嫁了李大户,也得個好日子。(元石君寶《秋胡戲妻》二折)

③比及今日尋個死處,不如日後等他拿得着時,却再理會。(明施耐庵《水滸全傳》十七回)

④比及都頭去牢城營裏受苦,不若就這裏把兩個公人做翻,且只在小人家裏過幾時。(同上二十八回)

比似、比是、比如 置於句首,表示兩件事實或兩種情況中選擇其一,重點在後一事實或情況。如:

①秀秀道:"比似只管等待。何不今夜我和你先做夫妻?不知你意下如何?(《京本通俗小説·碾玉觀音》)

②比似你做陰司下鬼囚,争似得他這天堂上陽壽?(元無名氏《桃花女》一折)

③比似我做了虧心臺館客,倒不如守義終身田舍郎。(元高明《琵琶記》三十六齣)

④比如常向心頭挂,争如移上雙肩搭。(元吕止庵《夜行船·詠金蓮》曲)

⑤比如包屍裹骨棺函裏爛,把似遇節迎寒您子母每穿,省可裏熬煎。(元岳伯川《鐵拐李》二折)

⑥呸,賊没算計的,比是搭月臺,不如買些磚瓦來,蓋上兩間厦子却不好?(明蘭陵笑笑生《金瓶梅》四十八回)

譬如、譬似 表示兩件事實中選擇其一,重點在後一事實,相當於"與其"。如:

①解元休心頭怒惡，譬如這裏鬧鑊鐸，把似書房裏睡取一覺。（金董解元《西廂記諸宫調》卷一）

②譬如風浪乘舟去，争似田園拂袖歸。（元馬致遠《口岸遍》曲）

③譬似去丹墀内穿靴着袍，怎如俺草庵中丫髻環縧。（元王仲元《粉蝶兒·道情》曲）

不是……就（便）是…… 表示二者必居其一。"不是……便是……"已見於宋代，如《象山語録》："不是懈怠，便是被異説壞了"。"不是……就是……"元以後才出現。如：

①盧俊義大驚，喝一聲説道："不是你，便是我！"（明施耐庵《水滸全傳》六十一回）

②不是東風壓了西風，就是西風壓了東風。（清高鶚《紅樓夢》八十二回）

或是……或是……、或者……或者…… 表示兩種情況中的一種。如：

①把春梅或是趕了，或是休了。（元楊文奎《兒女團圓》一折）

②或是馬上，或是步行，都有法則。（明施耐庵《水滸全傳》五十六回）

③或是駕了雲頭，或是下河負水，不消頓飯時，我就過去了。（明吴承恩《西遊記》四十三回）

④或者因一句話上，成就了一家兒夫婦；或者因一紙字中，拆散了一世的姻緣。（明凌濛初《初刻拍案驚奇》卷二十）

⑤或者淬殺師父，或者被妖吃了，我等不須苦求，早早的别尋道路如何？（明吴承恩《西遊記》四十九回）

以下幾個選擇連詞用於疑問句中：

還是……還是（只是、却是）…… 用在疑問句裏表示兩者任選其一。"還是"已見於中古，近代更爲普遍，並與"却是"、"只是"連用，前後呼應。如：

①你這小師父，還是自幼出家的？還是中年出家的？（明吴承恩《西遊記》九回）

②還是原轎子擡了走？還是下來同我們走？（清吴敬梓《儒林外史》四十一回）

③店小二走來，問道："客官，還是吃茶，還是吃點心？"（清無名氏《五美緣》三十六回）

④官人還是要待客，只是自消遣？（明施耐庵《水滸全傳》三十九回）

⑤却問他今番殺了大蟲，還是要去縣請功，只是要村裏討賞？（同上四十三回）

⑥吴先生，我等還是軟取，却是硬取？（同上十六回）

⑦還是初犯，却是二犯三犯？（明吴承恩《西遊記》九十七回）

可是、可是……也是(還是)……　表示兩者任選其一。如：

①你這魚是賣的，可是博的？（元李文蔚《燕青博魚》二折）

②那老子可是喜歡也是煩惱？（元康進之《李逵負荆》二折）

③寶玉因問："可是病了？還是輸了呢？"（清曹雪芹《紅樓夢》十九回）

却(是)、却……却……、却是……却是……　用在疑問句裏表示兩者任選其一，相當於"還是……還是……"，如：

①足下却要沽酒？却要買肉？（明施耐庵《水滸全傳》四十九回）

②你三個却是要吃板刀面？却是要吃餛飩？（同上三十七回）

③你要回去？却是同我在此過活？（明蘭陵笑笑生《金瓶梅》四十七回）

④武松翻過臉來道："你要死，却是要活？"（明施耐庵《水滸全傳》二十六回）

⑤既是小娘子要説親事，不知如今要入贅，却是嫁出去？（明羅貫中著、馮夢龍補《平妖傳》二十二回）

再不、再不然 表示在兩種情況中選擇其一,相當於"或者"。如:

①若四嫂怕見騎頭口,咱家裏放着轎車,再不,坐了擡的轎。(清西周生《醒世姻緣傳》十二回)

②果然如此,我們來生來世就變個驢、變個馬報答姑娘的好處;再不,我們就給你吃一輩子的長齋,都使得。(清文康《兒女英雄傳》七回)

③如今調署了老爺,這是上頭看承得老爺重,再不然,就是老爺京裏的有甚麼硬人情兒到了。(同上二回)

四、遞進連詞

遞進連詞有放在複句中後一分句的,有前後兩個分句配合使用的。

並且 用在複句的第二分句前面,表示遞進關係。如:

①寶玉説親,却也是年紀了,並且老太太常説起。(清高鶚《紅樓夢》八十四回)

②一應人來客往他都不見,並且吩咐他家等閑的人不許讓進門來。(清文康《兒女英雄傳》十四回)

更且、更兼、抑且、亦且、又且 用法與"而且"同,"更且"、"亦且"宋代就有了。如:

①亦是説的諸路鄉談,省的諸行百藝的市語,更且一身本事,無人比的。(明施耐庵《水滸全傳》六十一回)

②平昔只愛去三瓦兩舍,飄蓬浮蕩,學得一身風流俊俏,更兼品竹彈絲,無有不會。(同上二十一回)

③争奈灰容土貌,缺齒重頦,更兼着細眼單眉,人中短髭鬢稀稀。(元鍾嗣成《南吕·一枝花·自敘醜齋》套曲)

④父母見子年幼,抑且買賣其門如市,打發不開。(明馮夢龍輯《古今小

説》卷三十八）

⑤他却是個幫閑的破落户，没信行的人；亦且當初有過犯來，被斷配的人，舊性必不肯改。（明施耐庵《水滸全傳》二回）

⑥宋江見他説得本分，又且同姓。（同上三十九回）

沉且　由遞進連詞"況"和"且"組合而成。用於分句之間或句與句之間表示遞進關係。中古已有個别例子，近代才用得多起來。如：

①莫媽因是老兒年事已高，無心防他這件事，況且平時奉法惟謹，放心得下慣了。（明凌濛初《二刻拍案驚奇》卷十）

②這墻四面皆無下人的房子，況且那邊又緊靠着祠堂，焉得有人？（清曹雪芹《紅樓夢》七十五回）

③我知道，你那十個杯還小，況且你才説木頭的，這會子又拿了竹根的來，倒不好看。（清曹雪芹《紅樓夢》四十一回）

④紅鸞上來勸道："太太，天氣暖，别哭壞了身子，況且二姐姐才好些，不要引他傷心。"（清吟梅山人《蘭花夢傳奇》六十回）

不但……而且……、不但……還（也、又、更）……　連詞"不但"已見於中古，近代又與"而且"、"還"、"也"連用，表示遞進關係①。如：

①不但不爲新奇，而且更是可厭。（清曹雪芹《紅樓夢》三十回）

②家裏不但不能請先生，還得他身上添出許多嚼用來呢！（同上十回）

③不但我要娶他，喜得他也有心嫁我。（元關漢卿《金綫池》二折）

④當下不但鄰近村坊人，城中人也趕出來睃看。（明施耐庵《水滸全傳》一〇四回）

⑤若是再輸與他，不但低了聲名，又恐朝廷不敬重了。（明吴承恩《西遊

① "不但……也……"已見於宋代。如《朱子語類》卷二三："不但是行要無邪，思也要無邪。"

記》四十六回）

⑥不但武藝精熟，更有一種神奇的手段。（明施耐庵《水滸全傳》九十七回）

不但……連(就連)……、不但……就(是)…… 前一分句用"不但"，後一分句用"連"、"就連"、"就是"等。用"就連"、"就是"時，語氣更重一些。如：

①不但我没此事，就連平兒，我也可以下保的。（清曹雪芹《紅樓夢》七十四回）

②不但叔公發財，連我做侄孫的將來都有日子過。（清吴敬梓《儒林外史》二十三回）

③不但説没方子，就是聽也没有聽見過。（清曹雪芹《紅樓夢》八十回）

④這話要不虧安公子提補，不但這位姑娘不得知道，連説書的還漏一個大縫子呢。（清文康《兒女英雄傳》六回）

⑤果然如此，不但嬷嬷爹在跟前不中用，就褚一官來，也未必中用。（同上五回）

不惟……抑且(亦且、又且)…… 其中有的宋代已見，如葉紹翁《四朝聞見録》："上不惟喜狀元策，又且喜狀元詩與字。"元明以後常用。如：

①不惟玷辱了祖宗，亦且玷辱了哥哥。（明凌濛初《初刻拍案驚奇》卷六）

②此計不惟朝廷不知，抑且鬼神莫測。（明王世貞《鳴鳳記》二十四齣）

不只(不止)……則(連)…… 如：

①俺小姐不只是顏色上好，則這一首詩也强似秀才做的。（明劉兑《嬌紅記》）

②衆將上前看王英時，不止傷足，連頭面也磕破。（明施耐庵《水滸全傳》九十八回）

五、轉折連詞

中古以前的轉折連詞"然"、"然而"仍在近代書面語言裏存在。新産生的轉折連詞有以下一些：

但是　中古是"凡是"、"只要是"的意思。如《齊民要術·作酢法》："諸面餅，但是燒煿者，皆得投之。"宋代開始用作轉折連詞，表示某種保留，相當於現代漢語裏的"不過"。在明施耐庵《水滸全傳》、明蘭陵笑笑生《金瓶梅》等明代口語性很強的作品裏，"但是"也没有表示完全轉折的例子。也作"但只"、"但只是"。如：

①亦能於壁間寫字，但是墨較淡。（《朱子語類》卷三）

②聖人何事不理會，但是與人自不同。（同上卷十五）

③如此之類，今也只得恁地解，但是不甚親切。（同上卷七十三）

④今日天晚，我想着要去接他，但只是不認得積雷山路。（明吴承恩《西遊記》六十一回）

⑤且除了這幾個人，都不知道，這麽何等的乾净，但只以後千萬大家小心些就是了。（清曹雪芹《紅樓夢》六十一回）

到了清代，"但是"連接的兩個分句真正有了轉折的意思，相當於"然"、"然而"，有時和讓步連詞"雖然"連用，轉折的意思十分明顯。如：

①老爺是我廟裏的護法，再没不出力的，都照你説的怎麽好怎麽好。但是多了没有，我這裏只有二千銀子，就全拿了去。（清文康《兒女英雄傳》三回）

②得你來接過我們這個擔子去，我們豈不願意？但是這樁事的任大責重，你却比不得我同九公。（同上五回）

③他家雖然官員多，氣魄大，但是我老頭子説話，他也還信我一兩句。（清吴敬梓《儒林外史》四十七回）

不過　明以後由偏正詞組凝固爲連詞，用在後一分句表示某種保留，轉折的意思比較輕微。如：

①前兩回雖赢，不過是一猛之性。（明吴承恩《西遊記》五十三回）

②我何曾説要去，不過拿來預備着。（清曹雪芹《紅樓夢》八回）

③直到如今，他可"姐姐"没離了嘴，不過玩的時候叫一聲半聲名字。（同上六十三回）

④紫旒只管招呼朋友，却不見有聲，有聲却看得他十分清楚。不過心煩意悶，懶得招呼罷了。（清吴沃堯《近世社會齷齪史》一回）

倒……却（轉）……　"倒"和"却"本是副詞，兩者連用却有連詞的功用。如：

①他倒不曾咬着，却迸得我牙齦疼痛。（明吴承恩《西遊記》七十六回）

②我倒不曾吃他師父，他轉打殺我家先鋒，可恨可恨！（同上二十一回）

六、因果連詞

古代流傳下來的"因爲"、"故"、"所以""因此"、"因而"等繼續使用，又産生了若干新的因果連詞。

不争　用於前一分句表示原因，相當於"只因爲"。如：

①不争前日有司馬尚來説吾反趙王歸秦，得些功賞，吾不從伊，是致背奏大王，賜吾死罪。（《秦併六國平話》卷上）

②不争你握雨攜雲，常使我提心在口。（元王實甫《西廂記》四本二折）

③不争朱仝説出這件事來，有分教，大鬧高唐州，惹動梁山泊。（明施耐庵《水滸全傳》五十一回）

④不争被周忠説這兩句話，有分交，這婦人從前作過事，今朝没興一齊來。（明蘭陵笑笑生《金瓶梅》八十七回）

爲是　用在前一分句前表示原因，相當於"因爲"。如：

①爲是爺爺江湖上有名目，提起好漢大名，神鬼也怕，因此小人盜學爺爺名目，胡亂在此剪徑。（明施耐庵《水滸全傳》四十三回）

②爲是你不許我吃葷，偷了些吃，也吃你耍得我好了。（同上五十三回）

③爲是妾身有幾分姿色，故意叫妾賺人到門。（明凌濛初《初刻拍案驚奇》卷十六）

因爲、爲因　由"因"、"爲"兩個因果連詞複合而成，都已見於晚唐五代；用在後一分句表示申釋原因，也用在前一分句表示原因。如：

①勝劣之間，亦不相似，爲因感果不相似也。（《敦煌變文集·金剛般若波羅蜜經講經文》）

②果然今日拋我去，爲因西行見死屍。（同上《太子成道經講經文》）

③因爲着力，得免回。（《太平廣記》卷三〇四引《廣異記》）

到了近代，元明時期"因爲"、"爲因"仍然並出，主要用在前一分句句首表示原因。清代以後，"爲因"逐漸淘汰。

①爲因路阻，不能得去，數月前寫書來喚我同扶柩去。（元王實甫《西廂記》五本三折）

②爲因貪捉宋江，深入重地，致被擒捉。（明施耐庵《水滸全傳》五十五回）

③爲因不沾雨露之恩，思量無計奈何。（明馮夢龍《警世通言》卷十一）

④因爲二郎與那吒神在玉結連環寨飲酒，射破鎖魔寶鏡，走了兩洞妖魔。（元無名氏《鎖魔鏡》四折）

⑤因爲兄長是個大丈夫，真男子，有件事欲要相央。（明施耐庵《水滸全傳》二十八回）

故此、故爾　用在因果複句中的後一分句，表示結果，相當於"所以"[①]。如：

---

① 《南史·蔡廓傳》："上聞謂曰：'卿何敢故爾觸網？'"這裏的"故爾"是偏正詞組，"故意如此"的意思。

①奴家因不知他典與甚色樣人家,先去與爹娘説知,故此趁夜深了……找上門,到朱三老家住了一宵。(《古本通俗小説·錯斬崔寧》)

②妖精神通,與孫大聖無二,幽冥之神,能有多少法力,故此不能擒拿。(明吴承恩《西遊記》五十八回)

③夫人自幼好觀武事,居常令侍婢擊劍爲樂,故爾如此。(明羅貫中《三國演義》五十五回)

④治天下的又是一種人才,若是我輩所講所學,全是無用的,故爾各人都弄個謀生之道,混飯吃去。(清劉鶚《老殘遊記》七回)

因此上、因此、所以才 中古已有因果連詞"因此"。近代又産生"因此上",用在因果複句的後一分句,表示結果,相當於"因此"。如:

①居士不知,正爲不孝子揚州奴自成人已來,與他娶妻之後,他合着那夥狂朋怪友,飲酒非爲,日後必然敗我家業,因此上憂懣成病,豈是良醫調治得的?(元秦簡夫《東堂老》楔子)

②正迎着鄭屠那廝,被洒家三拳打死了,因此上在逃。(明施耐庵《水滸全傳》三回)

③如今被奸臣當道,讒佞專權,閉塞賢路,下情不能上達,因此上來尋這條門路。(同上八十一回)

④上天宫鬧玉皇,下人間保帝王,保得他國無災,庶民無恙,因此上感威靈歲歲燒香。(明楊訥《西遊記》二本七齣)

⑤晚生是從此路過,遇見我們這姓華的,因此才見着這位褚一爺。(清文康《兒女英雄傳》十五回)

⑥唐明皇之走,也明知安禄山是爲着楊貴妃而來,合唐家没甚不共戴天之仇,所以才不辭蜀道艱難,護着貴妃遠避。(同上《緣起首回》)

因爲(因、爲、只因、只爲)……所以(就、才、以此、故)…… "因"、"爲"和"所以"是古已有之的因果連詞,兩者連用却是宋以後才出現的。如:

①那廂因你欲爲人師，所以惹出這一窩獅子來也。（明吴承恩《西遊記》九十回）

②爲你這般有見識了，所以上泰亦赤兀惕兄弟每妒害你。（元佚名《元朝秘史》卷二）

③因十八年前，他將玉兔兒打了一掌，就思凡下界，投胎在你正宫腹内，生下身來。（明吴承恩《西遊記》九十五回）

④我們不是好意要出家的，皆因父母生身命犯華蓋，家裏養不住，才舍斷出了家。（同上八十回）

⑤因爲萬福萬壽盛滿了，所以倒凸出些來了。（清曹雪芹《紅樓夢》三十八回）

⑥因爲山勢秀麗，水繞峰環，以此唤做飲馬川。（明施耐庵《水滸全傳》四十四回）

⑦因爲愛花垂世境，故來天竺假嬋娟。（明吴承恩《西遊記》九十五回）

⑧只因你的本性元明，所以吃不得你。（同上十三回）

⑨只因你没收没管，暴横人間，欺天誑上，才受這五百年前之難。（同上十四回）

⑩只爲貴朝失道理，所以致得如此。（《三朝北盟會編·茅齋自敘》）

⑪只爲五黄六月，無人使唤，父母又年老，所以親身來送。（明吴承恩《西遊記》二十七回）

便是　本是判斷詞，近代用於句首，表示原因，相當於“因爲”、“只因爲”。如：

①大王上廳坐下，叫道：“丈人，我的夫人在那裏？”太公道：“便是怕羞，不敢出來。”（明施耐庵《水滸全傳》五回）

②盧俊義道：“便是我迷蹤失路，尋不着宿頭，你救我則個。”（同上六十一回）

③許宣道：“娘子如何在此？”白娘子道：“便是雨不得住，鞋兒都踏濕了，教青青回家，取傘和脚下，又見晚下來，望官人搭幾步則個。”（明馮夢龍《警世通

言》卷二十八)

七、假設連詞

上古和中古的假設連詞“假如”、“假若”、“假使”、“倘若”等，近代仍然普遍通用。下面一些假設連詞是近代新生的：

把似 宋代開始，已用爲假設連詞，元曲中繼續使用，相當於“假如”、“如果”。如：

①把似倩他書不到，好與同來。(宋辛棄疾《浪淘沙·送吴子似縣尉》詞)

②師傅也，把似你與我個完全屍首，怕做什麼呢?(元岳伯川《鐵拐李》三折)

③把似你使性子，休思量秀才，做多少好人家風範。(元王實甫《西廂記》三本二折)

④把似請他時便許做東床婿，到如今悔後應遲。(元鄭德輝《倩女離魂》三折)

不争 用在假設複句的前一分句前表示假設。如：

①不争你去了呵，可着誰人養活老漢?(元無名氏《盆兒鬼》楔子)

②不争不合成，一答裏路上難廝見。(元王實甫《西廂記》五本三折)

③不争都督如此，倘曹兵一至，如之奈何?(明羅貫中《三國演義》四十九回)

④不争没了這個人回去，教小可難見兄長宋公明之面。(明施耐庵《水滸全傳》五十三回)

常、長 用作假設連詞，相當於“倘”。如：

①我常贏了他便好；若是輸了呵，我便往衚衕陣裏走。(元無名氏《千里獨

行》二折）

②你常在這裏，拽折了弓，也罷了；上陣處拿將來的弓，你都拽折了，可不誤了我的大事？（元無名氏《飛刀對箭》二折）

③常存的青絲在，須有變錢時。（元秦簡夫《剪髮待賓》二折）

④今有惠帝正宫有孕，候十月滿足，長得是太子，爲後主；若是公主，教它文武扶立十王，爲未遲也。（《前漢書平話》卷下）

待、待要　"待"有"想要"、"打算"的意思，虚化爲連詞，用在前一分句前表示假設關係。已見於宋代文獻。如王明清《揮麈餘話》卷二："張太尉道：'待有不伏者，剿殺！'"近代又有複合詞"待要"，都相當於"如果"、"要是"。如：

①若留住在家中，倒惹得孩兒們不學好了；待不收留他，又撇不過柳大郎面皮。（明施耐庵《水滸全傳》二回）

②待要不收留他，師兄如此千萬囑付，不可推故；待要着他在這裏，倘若亂了清規，如何使得？（同上六回）

③待要去來，只道我村，況且夜深了，我只得權睡一睡。（同上二十一回）

④待不妝扮來，又怕母親疑惑。且只得隨分梳妝些兒。（明劉兑《嬌紅記》）

果若、果然　本是偏正詞組，"果真如此"的意思。《韓非子·内儲説下》："〔文公〕乃召其堂下而譙之，果然，乃誅之。"近代虚化爲假設連詞，表示假設的事實與所説、所料相符。如：

①果若有出師表文，嚇蠻書信，張生呵，則願你筆尖兒横掃了五千人。（元王實甫《西廂記》二本一折）

②果若能擒得他，是老孫之幸；若不能，那時再作區處。（明吴承恩《西遊記》五十一回）

③假若你肯不肯，回我一句實話兒；果然没心呵，我便告辭了回去也。（明

劉兑《嬌紅記》）

假饒、假是、假似 用在偏句表示假設，相當於“假如”、“如果”。如：

①假饒不得風雷信，千古無人識卧龍。（元鄭光祖《王粲登樓》三折）

②假饒那花主人要取一枝一朵來贈他，他連稱罪過，決然不要。（明馮夢龍《醒世恒言》卷四）

③他假是搬的走了，我這五個錢問誰討？（元無名氏《看錢奴》三折）

④假似那陳州百姓每不伏我呵，我可怎麽整治他？（元無名氏《陳州糶米》楔子）

⑤假似你説這般到官，倒也得些狀告是。（明吴承恩《西遊記》十四回）

怕 用在偏句前表示假設，相當於“假如”、“如果”。如：

①可憐我四海無家獨自箇，怕得工夫，肯略來看覷我麽？（金董解元《西廂記諸宫調》卷五）

②武安令郭威去看守曬穀，怕有飛禽來吃穀粟時，驅逐使去。（《新編五代史平話・周史上》）

③怕相公不信，可着人去取來看。（元無名氏《殺狗勸夫》四折）

④怕路上見他，告這小娘子則箇，怕勸得他爹爹，再去求得這經紀也好。（明馮夢龍《警世通言》卷三十七）

如果、如還、若果 用在偏句前表示假設，相當於“假如”。如：

①如果不利，截旗營前，以定勝敗驗之。（《前漢書平話》卷上）

②如果文章會做，我提拔他。（清吴敬梓《儒林外史》十六回）

③水仙山鬼，月妹花妖，如還得遇，不許干休。（元曾瑞《青杏子・騁懷》套曲）

④若果一家清白,他的犯刀鋒是出於天性;倘其全家耽淫,他的言行是圖個僥幸。(明來集之《鐵氏女花院全員》)

⑤若果有手段醫活這個皇帝,正是"救人一命,勝造七級浮圖"。(明吴承恩《西遊記》三十八回)

設若、使若　"設"、"使"、"若"上古已是假設連詞,並且形成了多個複合的假設連詞。"設若"、"使若"是近代產生的,相當於"假如"、"如果"。如:

①設若奶母馮氏告與太子,知我教天子壞了他母,以此是不便。(《武王伐紂平話》卷上)

②設若當時投水死,如何周室得榮昌?(同上卷中)

③使若用汝兵,即倒錦旗二面。(《前漢書平話》卷上)

倘然、倘或間　中古有假設連詞"倘或"、"倘若"、"倘使",近代增加"倘然"、"倘或間"兩個。如:

①倘或間打的孩兒頭疼額熱,誰與他父親報執?(元張國賓《合汗衫》三折)

②待書册中放呵,倘或間沾汙了非輕視。(元劉時中《一枝花·羅帕傳情》套曲)

③倘然當官告理,且不顧他聲名不妙,誰奈煩與他調唇弄舌。(明凌濛初《二刻拍案驚奇》卷四)

④你乃萍蹤浪迹,倘然去了不來,豈不誤了人家一輩子的大事?(清曹雪芹《紅樓夢》六十六回)

⑤他倘然要到我這屋裏看起道兒來,那可怎麽好呢?(清文康《兒女英雄傳》四回)

要、要是　表示假設關係,相當於"如果"、"假如"。如:

①你要依我時，可就變做這個道人。（明吴承恩《西遊記》十七回）

②没有什麽説的便罷；要有話，只管回二奶奶，和太太是一樣兒的。（清曹雪芹《紅樓夢》六回）

③要是這樣鬧，不如死了乾净。（同上二十回）

④要是别人得罪了我，倒還罷了。（同上七十三回）

八、條件連詞

中古産生的條件連詞“不管”、“不論”、“除非”、“除是”、“只要”等一直保留下來。近代又出現了一些新的條件連詞。

比及、比似　用在複句的前一分句，表示先提出前提，然後加以推論。相當於“既然”。如：

①比及你心兒裏畏懼老母親威嚴，小姐呵，你不合臨去也回頭兒望。（元王實甫《西廂記》一本二折）

②比及姐夫想他每兄弟呵，可着他回去了罷。（元無名氏《隔江鬥智》三折）

比較下句：“既然主公不肯放姐夫去，着他悄悄的走了罷。”

③比似你這般煩惱，休嫁他不得。（元康進之《李逵負荆》一折）

不以　用在條件複句前一分句，表示在任何條件下結果都一樣，相當於“不管”、“不論”。如：

①諸王公主駙馬，不以是何勢要人等，毋得攪擾沮壞。（《元典章・聖政一》）

②不以是何人等，無得于寺内安下，侵欺騷擾作踐。（《元代白話碑・一二四四年林縣寶嚴寺聖旨碑》）

③雖有牙符而無織成聖旨者，不以何人，並勿啓，違者處死。（《元史・刑法志一》）

但凡　用在前一分句表示必要和充足條件。相當於"凡是"、"只要是"。如：

①但凡客人來我店中吃了三碗的，便醉了，過不得前面的山岡去。（明施耐庵《水滸全傳》二十三回）

②但凡寬慰些，這病也不得一日重似一日了。（清曹雪芹《紅樓夢》三十二回）

③但凡朋友相知，都要請了到席。（清吴敬梓《儒林外史》三十回）

任憑　本是動詞，"聽任"、"聽憑"的意思。如明馮夢龍《醒世恒言》卷三十六："金銀任憑取去，但求饒命。"虛化爲條件連詞，表示條件或情況變化而結果不變。相當於"不管"、"不論"。如：

①我任憑怎麼没見過世面，也到不了這步田地——因送的東西少，就生氣傷心。（清曹雪芹《紅樓夢》六十七回）

②你放了我，任憑什麽東西，我都還你就是了。（清吴敬梓《儒林外史》五十一回）

既然、既是……就……　用在前一分句，表示前提，後一分句推論所得的結果，往往有"就"相呼應。如：

①既然師兄救了我，你休害他兩個性命。（明施耐庵《水滸全傳》九回）

②既是大官人去時，我也跟大官人去走一遭如何？（同上五十二回）

③既然不好和我説，你就對學究哥哥根前説波。（元康進之《李逵負荆》二折）

④既是如來有此明示，大聖就當早起。（明吴承恩《西遊記》五十二回）

遮莫、遮麽、折莫、折末、者麽、者莫　它們都是同一個詞的不同書面形式，用在條件分句前，表示在任何情況下結果都一樣。相當於"不論"、"無論"。如：

①妙觀道："遮莫是甚麽事，且説將來，奴依他便了。"（明凌濛初《二刻拍案驚奇》卷二）

②遮麽是誰，休倚氣力奪要者。（《元代白話碑·一二九八年靈壽祁林院聖旨碑》）

③折莫老的、小的、俏的、村的滿壇裏熱荒。（金董解元《西廂記諸宫調》卷一）

④折末道謎續麻合笙，折末道字説書打令，諸般樂藝都曾領。（元無名氏《粉蝶兒·閱世》曲）

⑤者麽你甚麽對象，不問你藏在何處，我這哥哥便得知道。（元無名氏《博望燒屯》四折）

⑥者莫你支筇雨後看，倚檻風前候，圖畫上樁樁兒盡有。（明康海《新水令·山中寫懷》套曲）

只除、則除　用在前一分句，表示必要條件或强調唯一的條件。相當於"只有"、"除非"。如：

①只除他自縊死了便罷。（明施耐庵《水滸全傳》七回）

②這般大魚，只除梁山泊裏便有，我這石碣湖中狹小，存不得這等大魚。（同上十五回）

③吾弟子放心，則除孫子不來，若見，便捉孫子。（《七國春秋平話》卷下）

④則除那裏，可以君子遊玩。（王實甫《西廂記》一本一折）

只除非、只除是、則除非、則除是　用在前一分句表示必要條件或强調唯一條件。相當於"只有、除非"。如：

①只除非得這三個人，方才完得這件事。（明施耐庵《水滸全傳》十五回）

②只除是保正自來取，便還他。（同上十四回）

③則除非去東南方巽地上一千里之外，方可免此大難。（同上六十一回）

④只除是會飛的,就過去了也。(明吴承恩《西遊記》八十回)

⑤則除是長安帝都公侯卿相中,有個能舉薦的蕭相國,識賢才的魏無知,討個出頭日子,方遂平生之願。(明馮夢龍輯《古今小説》卷五)

"只除非"、"只除是"用在後一分句,表示實現某種假設的必要條件。如:

①若要攻打青州時,只除非依我一言,指日可得。(明施耐庵《水滸全傳》五十七回)

②天子要救萬民,只除是太尉辦一點志誠心。(同上一回)

九、讓步連詞

中古漢語已有不少讓步連詞。"雖然"、"縱然"等一直保存下來。近代又產生了許多新的讓步連詞。

便做、便道、便做道、便則道、便道做、便好做　"便"在漢代已開始用作讓步連詞,即先承認某種事實,然後轉入自己的觀點。複音的讓步連詞"便做"產生于宋代,如秦觀《江城子》:"便做春江都是淚,流不盡,許多愁。"近代仍然應用。"便道"、"便做道"等是近代產生的。如:

①敢和我相持,便做有銅鑄就的天靈和那鐵背脊,鞭着處粉零麻碎。(元無名氏《小尉遲》二折)

②便做你輸了被擒,如何五百軍人没一個逃得回來報信?(明施耐庵《水滸全傳》三十四回)

③我有萬夫不當之勇,便道那廝們全夥都來,也待怎生!(同上五十七回)

④便做道佩蘇秦相印待何如,你則看淩煙閣那個是真英武?(元范康《竹葉舟》一折)

⑤便則道腸裏出來腸裏熱,怎生把俺來全不借。(元楊文奎《兒女團圓》三折)

⑥便道做是親，未必就該是他掌管家私。（明凌濛初《二刻拍案驚奇》卷三十八）

⑦便好做大限臨身，合着雙眼都不問，今日個這愁悶何時盡。（元王仲文《救孝子》二折）

便假饒、便假若 用在複句的前一個分句，表示讓步，相當於"即使"。如：

①便假饒天下雪，解不得我這腹熱。（金董解元《西廂記諸宫調》卷四）

②那相國夫人採看了張君瑞，便假若鐵石心腸應粉碎。（同上卷五）

更做、更做道、更做到、更則道 用在複句的前一分句表示讓步，相當於"即使"。如：

①姐姐便不可憐見不肖，更做于人情分薄，思量俺日前恩非小，今夕是他不錯。（金董解元《西廂記諸宫調》卷五）

②更做八字拙難和我命爭，怎生二十年一事無成？（元無名氏《粉蝶兒·閱世》曲）

③更做道向人處無過背説，是和非須辯别。（元白樸《墻頭馬上》三折）

④别離人更做到心腸硬，怎禁蒼梧落葉凋金井，銀燭秋光冷畫屏。（元無名氏《雲窗夢》三折）

⑤更則道你莊家每葫蘆提没見識，我既爲了張郎婦，又着我做李郎妻，那裏取這般道理！（元石君寶《秋胡戲妻》二折）

即、即便、即或、即令、即使 上古"即"已用作假設連詞，近代才用作讓步連詞。"即便"、"即或"、"即令"都産生於近代。"即使"早在三國時期已有作讓步連詞用的例子。《三國志·魏志·陳思王植傳》"文帝即位，誅丁儀、丁廙並其男口"裴松之注引魚豢《魏略》："丁掾，好士也，即使其兩目盲，尚當與女，何況但眇？"但中古文獻中，似是孤證，近代才用得多起來。相當於"雖然"、"即使"。如：

①瘦即瘦，比舊時越模樣兒好否？（金董解元《西廂記諸宫調》卷三）

②今爲三杯薄酒所賣，即便不出一言，吾等何所望也。（明瞿佑《剪燈新話·三山福地志》）

③即或有事，這也是命中造定，真個叫姐姐管我們一輩子不成。（清文康《兒女英雄傳》九回）

④即令心地不明，胸中有數百篇文字，口頭有十萬首詩書，亦足以驚世而駭俗。（明李贄《與友人書》之二）

⑤近代文章之病全在摹仿。即使逼肖古人，已非極詣，況遺其神理而得其皮毛者乎？（清顧炎武《日知録·文章摹仿之病》）

盡、儘、儘自、儘着　"盡"、"儘"宋代已用作讓步連詞。如秦觀《南鄉子》詞："盡道有些堪恨處，無情，任是無情也動人。"程顥《邵堯夫打乖吟》詩："儘相笑談親俗子，德容猶足畏鄉人。"元代又産生了複音詞"儘自"、"儘着"。都相當於"即使""縱然"。如：

①儘有那揮金霍玉、百計千方圖謀成就的，到底却捉個空。（明凌濛初《初刻拍案驚奇》卷三十四）

②笑元規塵涴清談，便儘自風流，用世何堪？（元盧摯《蟾宫曲·潯陽懷古》曲）

③儘自秦兵勢雄，趙兵也不弱。（《七國春秋平話》卷下）

④自從白侍郎別後，儘着老虔婆百般啜哄，我再不肯接客求食。（元馬致遠《青衫淚》二折）

⑤儘着狐狸縱横虎咆哮，這威風何須要。（清孔尚任《桃花扇·投轅》）

且做　宋元間用爲讓步連詞，相當於"即使"、"就算"。如：

①明朝且做莫思量，如何過得今宵去！（宋周紫芝《踏莎行》詞）

②夫人且做忘恩，小姐，你也説謊也呵！（元王實甫《西廂記》二本四折）

便是、就是、就算 中古"就"已是讓步連詞,複音的讓步連詞"就是"、"就算"不見於元曲和《水滸》,明以後才出現。往往和"也"連用。如:

①便是哥哥與兄弟同死同生,也須累及了花榮山寨不好。(明施耐庵《水滸全傳》三十二回)

②便是得些不義之財,他吃着穿着也是提心吊膽。(清文康《兒女英雄傳》二十一回)

③今日爲了父親,就是殺身也説不得,何惜其他。(明凌濛初《初刻拍案驚奇》卷二十)

④就是我説錯了,你到底也還坐坐兒,合别人説笑一會子啊。(清曹雪芹《紅樓夢》二十回)

⑤就算你比世人好,也不犯見一個打趣一個。(同上)

⑥就算你相與老爺,你到底不是個老爺。(清吴敬梓《儒林外史》二十二回)

是、然是 放在複句的前一分句,表示讓步。"然是"是由讓步連詞"然"、"是"緊縮而成,相當於"雖然"。如:

①主公是智超群,也不合勢威人。(元楊梓《豫讓吞炭》一折)

②然是姬昌重賢,而不可便去自投西伯侯。(《武王伐紂平話》卷中)

②然是如此,還請朱貴仍復掌管山東酒店,替回石勇侯健。(明施耐庵《水滸全傳》四十四回)

是則是 用在複句中的前一分句表示讓步關係,相當於"雖然"。如:

①是則是海藏龍宫曾共逐,世不曾似水如魚。(元尚仲賢《柳毅傳書》一折)

②朱仝道:"是則是你們兄弟好情意,只是忒毒些個。"(明施耐庵《水滸全

傳》五十一回）

③是則是去了你那一十八歲這個滿堂嬌，更做你家年紀老。（元康進之《李逵負荆》三折）

"是則是"用作讓步連詞，已見於宋人作品，如辛棄疾《洞仙歌·開南溪初成賦》詞："十里漲春波，一棹歸來，只做個五湖范蠡，是則是一般弄扁舟，争知道他家有個西子。"近代小説戲曲中用得更多一些。

遮末、折莫、折末、折没、折麽、者莫、者磨 中古已有讓步連詞"遮莫"，近代仍然應用。"遮"又寫作"折"或"者"，"莫"又寫作"麽"、"磨"或"末"、"没"，是同一個詞的不同書面形式，相當於"即使"、"就是"。如：

①遮莫没踪影的，也要尋出來。（明抱瓮老人輯《今古奇觀》卷三十六）

②小牌上有言在前，遮末是高手也要饒他一先，决不自家下起。（明凌濛初《二刻拍案驚奇》卷二）

③折莫將陶朱公貴像把黄金鑄，到底也載不的西子泛江湖。（元范康《竹葉舟》一折）

④折末胡廝纏到晨鍾撞，休想我一點狂心蕩。（元馬致遠《陳摶高卧》四折）

⑤折没他能跳塔，快掄鍘，今日在陰司下折罰。[①]（元岳伯川《鐵拐李》楔子）

⑥折麽他滿筵人列着先鋒將，小可如百萬軍刺顔良時那一場攘。（元關漢卿《單刀會》三折）

⑦者莫他燒地權爲炕，鑿壁借偷光……您孩兒心順處便是天堂。（元王實甫《破窑記》一折）

⑧者磨叫鼎鑊烹，鈇鉞誅，淩遲苦痛，休想俺這鐵心腸半星兒改動。（元楊梓《豫讓吞炭》四折）

---

① 此據徐沁君校點《新校元刊雜劇三十種》本，臧晉叔《元曲選》本無此語。

雖是、雖故、雖説、雖則是 用於複句中的前一分句表示讓步，相當於“雖然”。如：

①雖是我認得大哥，不曾錢財相交，如何問我借錢？（明施耐庵《水滸全傳》四十四回）

②我得到了你家，雖是吃了些茶飯，却也不曾白吃你的。（明吴承恩《西遊記》十八回）

③雖故是恁説，他孝服未滿哩。（明蘭陵笑笑生《金瓶梅》十六回）

④雖故還有些拋零一户不在册者，鄉民頑滑，若十分追徵緊了，等秤斛斗重，恐聲口致起公論。（同上七十八回）

⑤我雖説是施恩不望報，你也切莫受恩便忘報。（清文康《兒女英雄傳》二十六回）

⑥雖則是上天垂象，但朕並無儲君，有何不利之處？（清石玉昆《三俠五義》一回）

至如 連詞“至如”，古代表示另提一事。如《史記·遊俠列傳》：“韓子曰：‘儒以文亂法，而俠以武犯禁。’二者皆譏，而學士多稱於世云。至如以術取宰相卿大夫，輔翼其世、主，功名俱著於《春秋》，固無可言者。”近代又用爲讓步連詞，相當於“即使”、“就算”。如：

①至如男女婚嫁，不由父母，惟聽主户可否。（《元典章·刑部十九》）

②至如我有才如吕望，也則怕無福可便遇文王。（元高文秀《誶范叔》二折）

③至如小子十分不是，好處也想些兒。（元喬吉《小桃紅·别楚儀》曲）

總然、總饒 用在前一分句中表示讓步關係，相當於“即使”，後一分句中往往有“也”相呼應。“總”與“縱”同。如：

①總然你富才華，高名分，誰不愛翠袖紅裙。（元戴善夫《風光好》三折）

②總然親戚吃不了,剩與公婆慢慢噇。(《清平山堂話本·快嘴李翠蓮記》)

③總然妻子有些顏色,也無些甚麽意思。(明施耐庵《水滸全傳》四十五回)

④總饒鐵騎千層,萬馬怎當董一撞。(同上七十八回)

第五節　近代漢語助詞的發展

漢語時體助詞、結構助詞、音節助詞和語氣助詞,近代都有所發展。

一、近代時體助詞的發展

中古時期助詞"了"、"着"、"過"等,近代廣泛使用,同時産生了個别新的時體助詞。

子　時體助詞"子"是一個方言詞。朱德熙先生説:"動詞後假'子'是吴語的明顯的標誌。"[①]在近代漢語裏有兩種用法。一是相當於"了",表示動作完成。如:

①朝裏官多亂子法,阿姐郎多亂子心。(明馮夢龍《山歌·多》)

②郎在門前走子七八遭,姐在門前只捉手來摇(同上《走》)

③只見管家的三步那來兩步走,就如見子活佛一般,慌忙請了長老。(《金瓶梅詞話》五十七回)

④我岑十四,生靠教書,今年竟失子館。(明周履靖《錦箋記·争館》)

⑤鄒家先生是個餘姚人,有子好館,弗載(哉)。(同上)

二是相當於"着"。如:

①姐看子郎君針捫子手,郎看子嬌娘船也横。(明馮夢龍《山歌·看》)

① 朱德熙《漢語方言裏的兩種反復問句》,載《中國語文》,1985年,1期,18頁。

②尼姑生來頭皮光，拖子和尚夜夜忙。（明蘭陵笑笑生《金瓶梅詞話》五十七回）

③啊呀！急驚風撞子個慢郎中。（明無名氏《鳴鳳記·端陽遊賞》）

④逢子朋友也要哈酒，遇子娼妓也要使幾個銅錢。（明無名氏《精忠記·臨湖》）

⑤説我一天盡子玩，那裏認得！（清高鶚《紅樓夢》九十二回）

二、近代結構助詞的發展

主要討論“的”、“個”和“價”。

的 結構助詞“的”開始見於宋代。它兼有中古漢語“底”、“地”、“得”的各種用法。

1. 用在定語和中心語之間，表示領屬關係或修飾關係。相當於“底”①。如：

①老相公的交椅，侄兒如何敢坐？（元關漢卿《玉鏡臺》一折）

②我觀你的容顔，你異日必然拜相封侯也。（元李文蔚《圯橋進履》一折）

③白森森的皓齒，小顆顆的朱唇，黑鬒鬒的烏雲。（元王仲文《救孝子》二折）

④走不到半里多路，見一個敗落的山神廟。（明施耐庵《水滸全傳》二十三回）

⑤猛聽得角門兒呀的一聲，風過處花香細生。（元王實甫《西廂記》一本三折）

結構助詞“的”的廣泛應用，意味着定語範圍的擴大。動詞和動賓詞組一般不用作定語，加上“的”以後，變成“的”字結構，就完全可以作定語用了。如：

①先生莫説打的話，且與些泉水去也。（明吴承恩《西遊記》五十三回）

---

① 元代作品中，表示限制和領屬關係的定語和中心語之間，也可以用“的這”、“的個”表示。如：無名氏《昊天塔》一折：“也枉了俺半生無敵，十大的這邊功。”無名氏《凍蘇秦》三折：“他是個祗候人的所爲，可有那孟嘗君的這度量。”楊文奎《兒女團圓》三折：“自家是俞循禮家中的個院公。”關漢卿《魯齋郎》楔子：“他的個渾家生的風流，長的可喜。”

②才然這風,是那樹上吊的孩兒弄的。(同上四十回)

③半夜起的風,原要半夜裹住。(明抱甕老人輯《今古奇觀》卷二十七)

④若再鬧到頭裹丟了玉的様子,那可就費事了。(清高鶚《紅樓夢》一一五回)

⑤誰知他孝心一動,連跟的人都得了福了。(清曹雪芹《紅樓夢》三十七回)

以下定語是句子形式,結構助詞"的"更不能省略。如:

①你是孫行者請來的救兵麽?(明吴承恩《西遊記》四十二回)

②這寶貝原是我佛如來賜我往東土尋取經人的金、緊、禁三個箍兒。(同上)

③因見西門慶貼身使的小廝玳安兒,便問道:"大官人在那裹?"(明蘭陵笑笑生《金瓶梅》七回)

④香菱聽了,心下不信,料着是他們瞒哄自己的話。(清曹雪芹《紅樓夢》四十九回)

這樣,結構助詞"的"的普遍應用,也就大大豐富了近代漢語的定語結構。

2.用在名詞、代詞、動詞、形容詞或詞組後,構成"的"字結構,充當句子的主語、賓語、表語、謂語或補語,也可以充當招呼語或獨立成句,相當於"底"或"地",擴大了這些句子成分的應用範圍。如:

①今後得問的問,不得問的休胡説。(元王實甫《西廂記》一本二折)

②量酒的都驚得呆了,那裹肯近前?(明施耐庵《水滸全傳》二十六回)

③早是在我這裹,若在别處,性命也送了你的。(元關漢卿《魯齋郎》楔子)

④也不消一個更次,便是死的。(明施耐庵《水滸全傳》二十八回)

⑤羞人答答的,怎生去?(元王實甫《西廂記》四本楔子)

⑥你説不曾,可怎麽濕濕的?(元無名氏《鴛鴦被》二折)

⑦你說没麥稃，怎的賺得你肥膪膪的？（明蘭陵笑笑生《金瓶梅》五回）

⑧左右的，門首覷者！（元武漢臣《玉壺春》楔子）

⑨〔包待制云〕這個小的呢？〔正旦云〕是我第三的孩兒。（元關漢卿《蝴蝶夢》二折）

例①"得問的"、"不得問的"，例②"量酒的"是主語；例③"你的"是賓語；例④中的"死的"是表語；例⑤⑥"羞人答答的"、"濕濕的"是謂語；例⑦"肥膪膪的"是補語；例⑧"左右的"是招呼語；例⑨"這個小的呢"獨立成句。

3. 用在狀語和中心詞之間，相當於"地"。如：

①馬兒迍迍的行，車兒快快的隨。（元王實甫《西廂記》四本三折）

②令愛到我家，就做親女兒一般看承他，你只管放心的去。（元關漢卿《竇娥冤》楔子）

③有一個浣紗女脚踹着清波，手抱着頑石，撲鼕的身跳在江裏。（元李壽卿《伍員吹簫》三折）

④那婦人拭着淚眼，向前來深深的道了三個萬福。（明施耐庵《水滸全傳》三回）

⑤那老軍猛然驚覺，麻麻糊糊的睜開眼。（明吴承恩《西遊記》七十八回）

⑥吴二哥正爲要下文書，今日巴巴的央我來激煩你。（明蘭陵笑笑生《金瓶梅》三十一回）

4. 用在動詞後面或中心語和補語之間，表示可能或結果，相當於"得"。如：

①若與的泛濫，得的容易呵，天下人看的名爵輕了。（《元典章八・史部二》）

②那昭君情願請行，漢主舍不的，不肯放來。（元馬致遠《漢宫秋》二折）

③咱醉的要不的，倒是哥哥早早來家的便益些。（明蘭陵笑笑生《金瓶梅》一回）

④老爺把二爺打的動不得，難道姑娘就没聽見嗎？（清曹雪芹《紅樓夢》四十八回）

⑤大家看他那臉上一陣陣紅的竟比公子臉上紅的還紅，紫的竟比珍姑娘臉上紫的還紫。（清文康《兒女英雄傳》四十回）

5. 用在動詞後面，表示動作的持續，相當於"着"。如：

①我拼的連夜抄將過來，白土左側黑林子裏等着。（元賈仲名《對玉梳》三折）

②我情願丢了這般好生意，跟的你去。（元無名氏《貨郎旦》三折）

③那西門慶笑的出去了。（明蘭陵笑笑生《金瓶梅》二十二回）

6. 用在動詞後面，表示行爲已經實現或必然實現，相當於"了"。如：

①趙盾出的殿門，便尋他原乘的駟馬車。（元紀君祥《趙氏孤兒》楔子）

②量那曹兵到的那裏，衆將必然成功也。（元無名氏《博望燒屯》二折）

③那拳頭剛擦的一擦，便一個脚稍天哩。（元李壽卿《伍員吹簫》一折）

④可是作怪，你與我唤的他來。（明施耐庵《水滸全傳》三回）

7. 用在動詞後面，表示行爲到達某種程度，相當於"到"。如：

①等明日慢慢湊的三二十人，一齊好過岡子了。（明施耐庵《水滸全傳》二十三回）

②待的西門慶家來，婦人叫春梅遞茶與他吃。（明蘭陵笑笑生《金瓶梅》十二回）

8. 用在同位語中間，這是一種特殊的用法，明以後一般不再用了。如：

①李驤腐儒，離間咱的父子。（《五代史平話・周史上》）

②且説梁、唐、晉、漢、周的五代，共得五十六年，大都有十二代人君。（同上《周史下》）

③我這幾日告天地，願他的子母每早些兒歡會。（元石君寶《秋胡戲妻》二折）

“的”、“底”、“地”、“得”中古本不同音。“的”是《廣韻》錫韻端母（都曆切），“底”是薺韻端母（都禮切），“地”是至韻定母（徒四切），“得”是德韻端母（多側切）。近代入聲消失，濁音清化，它們變得音同或音近了，《中原音韻》都歸齊微韻端母，所以有條件用“的”代替“底”、“地”、“得”的用法。不過“底”和“地”元明並没有消失（尤其是“地”），用重言詞做狀語或補語時仍然廣泛地應用。如：

①〔丑云〕叔待，怎生黑洞洞地。（元孫仲章《勘頭巾》二折）

②正吃時，只聽得外面必必剥剥地爆響。（明施耐庵《水滸全傳》十回）

③眼睁睁地看着楊志後心窩上，只一箭射將來。（同上十三回）

④兩隻眼睁得圓彪彪地看着。（同上二十六回）

直到清代，“底”和“地”才完全爲“的”所代替。至於“得”，元明時期與“的”並用，始終没有喪失自己的語法特點，没有被“的”兼併。

個（箇） 結構助詞“個”，主要用在定語和中心詞之間表示領屬或修飾關係，相當於“的”。現代吴語、湘語中還有這種用法。如：

①怕怎的，但有風吹草動，拿我個帖送與周大人，點到奉行。（《金瓶梅詞話》十四回）

②剛才不是我説着，把這些東西就托他拿的去了。這等着咱家個人兒去却不好。（同上五十八回）

③須拿老爺個帖兒，下到縣裏才好。（同上八十八回）

④我好像裱褙店裏個蛀蟲吃子别人多少畫，新妝塑個天尊受子多少金。（明馮夢龍《山歌・冷》）

⑤我因爲今年是你師母個正壽，所以又弄了倆人。（清文康《兒女英雄傳》四十四回）

價（家、假、加、介）　結構助詞“價”（jie），主要用在狀語和中心語中間，也可以用在句末，相當於“地”。這種用法已見於宋代，如楊無咎《天下樂》：“雪後雨兒雨後雪，鎮日價長不歇。”元明以後普遍應用。如：

①水遠山高甚般價險，誰知見我先拋閃。（南宋無名氏《張協狀元》三十九齣）

②每日價情思睡昏昏。（元王實甫《西廂記》二本一折）

③一會價緊呵，似玉盤中萬顆珍珠落，一會價響呵，似玳筵前幾簇笙歌鬧。（元白樸《梧桐雨》四折）

④則見一陣價起的是秋風，一陣價下的是秋雨。（《五代史平話・梁史上》）

⑤説起槍棒武藝，如糖似蜜價愛。（明施耐庵《水滸全傳》四十九回）

又寫作“家（jie）”，如：

①〔正末云〕你一句家（一句一句地）問將來。（元無名氏《度翠柳》四折）

②現如今告狀的全不似古賢師，這般家閑雕刺。（元無名氏《殺狗勸夫》四折）

③李逵見了，也不謙讓，大把家撾來，只顧吃。（明施耐庵《水滸全傳》三十八回）

④你們成日家跟他上學，他到底念了些什麽書！（清曹雪芹《紅樓夢》九回）

也寫作“假（jie）”。如：

①幾年假，爲拐兒，是人都理會得我名兒。（元本高明《琵琶記》二十五齣）

②性起來，把獵户排頭兒一味假掤將去。（明施耐庵《水滸全傳》四十三

回，百回本“假”作“價”）

也寫作“加(jie)”，只見於元曲。如：

①一夜加兩隻業眼恁睜着，恨無眠。（元無名氏《小醋大·情》套曲）

②一會加上心來没是處，恨不得待跨鸞歸去。（元馬致遠《壽陽曲·洞庭秋月》曲）

也寫作“介(jie)”。如：

①每日介相唤相呼推放牛，繞着他這莊背後。（元無名氏《獨角牛》一折）

②次日大排筵宴在後堂，管待徐能一夥七人，大吹大擂介飲酒。（明馮夢龍《警世通言》卷十一）

“價”、“家”又可用在定語與中心語之間，相當於“的”。如：

①狀元娘子去許多價時，應是到京裏，兩口兒一對美。（南宋無名氏《張協狀元》三十八齣）

②郭威吃董璋争了這功，又隸屬他部下，思量與他廝争不出，嘔了一肚價怒氣。（《五代史平話·晉史》）

③口頭邊拔了七八根家狗毛毛，臉上拿了三四個家狗繩。（元無名氏《殺狗勸夫》三折）

④使十來兩家銀子捎了衣裳來，不給媳婦兒，給了別人。（清西周生《醒世姻緣傳》六十三回）

也似、似的、也似的① 用在名詞、動詞或詞組之後，形成“×也似”、“×似的”、

① 參看江藍生《助詞“似的”的語法意義及其來源》，載《中國語文》1992年，6期。

“×也似的”結構，充當狀語、定語或謂語，表示跟某種事物或情況相似。產生於元代。“似”音 shì，也寫作“是”。作狀語用的，如：

①你不將我人也似覷，倒着我謎也似猜。（元武漢臣《老生兒》一折）

②那女孩兒濃妝豔裹……插燭也似拜了六拜。（明施耐庵《水滸全傳》四回）

③那些通問的書柬，流水也似（一作“是”）往來。（《金瓶梅詞話》五十六回）

④只見那邊山坡上兩隻小鹿箭也似的跑來。（清曹雪芹《紅樓夢》二十六回）

作定語用的，如：

①正熟睡，盆傾也似雨降，覺來後不見牛驢。（金無名氏《劉知遠諸宫調》第二）

②便去腰裏掣出那兩口爛銀也似戒刀來。（明施耐庵《水滸全傳》三十一回）

③如今來了這個神仙似的妹妹也没有，可知這不是個好東西。（清曹雪芹《紅樓夢》三回）

④是一個“清如水，明如鏡”的好官，真是金山也似的人。（清文康《兒女英雄傳》十五回）

放在句末作謂語用的，如：

①〔旦兒云〕丕，那眼腦恰像個賊也似的。（元張國賓《合汗衫》一折）

②你這花子，兩耳朵似竹簽兒也似，愁聽不見。（明蘭陵笑笑生《金瓶梅》六十一回）

③搽的濃濃的臉兒，又一點小小嘴兒，鬼精靈兒似的。（同上三十七回）

④你們奶奶就是這樣急脚鬼似(一作"是")的。(清曹雪芹《紅樓夢》十一回)

三、近代音節助詞的發展

音節助詞也叫"襯字"、"襯詞",主要在句中起調節音節的作用,不表示任何語法意義,多見於詞曲中,很少在散文語言裏出現。下面是一些比較常見的例子:

不倈、不沙 用於句中。如:

①我才入門來你也不分一個皂白,你向我這凍臉上不倈你怎麽來左摑右摑。(元無名氏《漁樵記》二折)

②他去也不沙架海紫金梁,枉養着那邊庭上鐵衣郎。(元馬致遠《漢宫秋》三折)

的這、的那、得這 用於句中。如:

①止不過曲志在蓬窗下,守着霜毫的這硯臺。(元鄭德輝《王粲登樓》二折)

②這個白頭叟聽天的那差,婆婆也,你把那雞兒快宰,好酒頻釃。(元楊文奎《兒女團圓》二折)

③今日可便太平無事,全不想用人那用人得這之際。(元關漢卿《哭存孝》一折)

可兀的 用於句中或句首。如:

①則道是洞房花燭夜,可兀的金榜挂名時。(元楊顯之《瀟湘雨》二折)

②兒也,知他是甚風兒足律律吹你可兀的到家來。(元張國賓《薛仁貴》二折)

落可便、落可的、落可也 用於句中或句首。如:

①我説的言詞落可便有准,我報答你個救困苦得這個大恩人。(元李文蔚

《圯橋進履》楔子）

②則我這白氈帽半搶風，則我這破搭膊落可的權遮雨。（元李文蔚《燕青博魚》楔子）

③英雄猛將世上無敵，端的一個個貫甲披袍落可也的氣勢，耀武揚威，擂鼓篩鑼，吶喊摇旗。（明張鳳翼《紅拂記·扶餘換主》）

兀良 用於句首或句中。如：

①遥望見一點青山，兀良却又早不見了。（元馬致遠《黄粱夢》三折）

②怒轟轟惡向膽邊生，兀良只要你償還那令公爹爹命。（元無名氏《昊天塔》四折）

也波、也麽、也不、也兒 用於句中或句尾。如：

①莫不是前世燒香不到頭，今也波生招禍尤。（元關漢卿《竇娥冤》一折）

②這銀子呵，我與你做盤也波纏，速離了俺門。（元張國賓《合汗衫》一折）

③肩擔鐵斧來也麽，一個越添忿怒精神惡。（金董解元《西廂記諸宫調》卷二）

④老將軍你便休也不嗔，非是我情性狠。（元楊梓《敬德不服老》一折）

⑤你準備着亂竄東西，望風也兒走。（元無名氏《石榴園》三折）

也者也、也者麽 用於句首。如：

①盡老同眠，也者也强如雁底關河路兒遠。（元關漢卿《新水令》套曲）

②不在於你，也者麽他住在江南也那塞北？（元無名氏《劉弘嫁婢》二折）

四、近代語氣助詞的發展

近代漢語助詞的發展，主要表現在語氣助詞上面。上古漢語絶大多數語氣助詞近代只在文言文裏通行。從中古開始，口語逐漸形成了一個新的語氣助詞系統。下面我們分陳述、疑問、祈使、感歎等類分別討論近代語氣助詞的發展。有的語氣助詞不只一種用法，按其主要用法歸類。

1. 陳述語氣助詞

中古產生的陳述語氣助詞“了”近代仍然廣泛使用。近代新產生的陳述語氣助詞有“的”、“咧”、“囉(也囉)”、“罷了(罷咧)”、“便了”、“有”、“有來”、“着呢”等。

的 語氣助詞“的”用在陳述句末，表示判斷、肯定語氣。大約是從結構助詞變來的。如：

①我這頹證候，非是太醫所治的。(元王實甫《西廂記》三本四折)

②吾乃東土去西天取經的僧人。适才到此，不知地名，問你一聲的。(明吴承恩《西遊記》七十八回)

③我女兒是清清白白嫁到你家的。(明馮夢龍輯《古今小説》卷一)

④你看這老虎，難道是吃素的?(明蘭陵笑笑生《金瓶梅》一回)

⑤剛才是我淘氣，不叫開門的。(清曹雪芹《紅樓夢》三十回)

咧 句末語氣助詞，相當於“了”、“哩”、“啦”。出現比較晚。如：

①你瞧，“大水沖了龍王廟，一家人不認得一家人”咧。(清文康《兒女英雄傳》七回)

②要提起人家大師傅來，忒好咧，真别辜負了人家的心。(同上)

③老爺們叫你來爲開心的，你可哭開自己咧！那不得罪人嗎？快别哭咧！(清劉鶚《老殘遊記》十三回)

④雖説是同事，然而都是什麽藩台咧，首府咧，督署幕友咧。(清吴沃堯《二十年目睹之怪現狀》六回)

囉(羅)、也囉 句末語氣助詞。相當於“吧”、“啦”。如：

①是紅娘囉，待與先生相見咱。（金董解元《西廂記諸宮調》卷四）

②未見錢羅，呀，冬雪嚴霜降；得了鈔羅，應春風和氣生。（元石君寶《紫雲庭》一折）

③大抵是那少年女娘也囉。（同上卷五）

④〔正末云〕止不過無錢也囉。（元無名氏《漁樵記》二折）

⑤〔聽介〕兀的有人聲也囉。（明湯顯祖《牡丹亭》二十七齣）

罷了、罷咧、罷麽　用於陳述句末，一是表示“如此而已”。“罷咧”、“罷麽”，口語意味更重。如：

①月娘道：“你這行貨子，只好家裏嘴頭子罷了。”（明蘭陵笑笑生《金瓶梅》十四回）

②我也不過俗中又俗的一個俗人罷了。（清曹雪芹《紅樓夢》三十二回）

③賈母道：“什麽福，不過是老廢物罷咧。”（同上三十九回）

二是表肯定或同意。如：

①鳳官人還問我姐姐，你只打點迎親罷了。（明凌濛初《二刻拍案驚奇》卷九）

②你四人回去罷了，千萬替我謝聲。（明末董説《西遊補》五回）

③寶玉道：“很是，我已經知道了，不必等我罷了。”（清曹雪芹《紅樓夢》二十八回）

④我何曾説什麽，你不過要捏我的錯兒罷咧。（同上四十二回）

⑤那瘦子説：“想是了了事了罷咧。”（清文康《兒女英雄傳》六回）

⑥我也没法了，隨你看完了與他罷麽。（明蘭陵笑笑生《金瓶梅》十三回）

便了　通常在對話中用於陳述句末，表示肯定，相當於“就是了”。如：

①若有差遲，連着小官坐罪便了。（元無名氏《陳州糶米》楔子）

②申覆太師得知,着落濟州府追獲這夥强人便了。(明施耐庵《水滸全傳》十七回)

③媽媽道:“這番只是你使喚他便了。”(《清平山堂話本·快嘴李翠蓮記》)

④大暑熱的天,老太太有什麽吩咐,何必自己走來,只叫兒子進去吩咐便了。(清曹雪芹《紅樓夢》三十三回)

有、有來 這兩個語氣助詞主要用於元代案牘文書中,看來是受蒙古語影響而産生的特殊助詞,用於句末,表示陳述語氣,相當於“了”、“呢”。如:

①如今鹽多是官豪勢要之家買有。(《元典章·户部八》)

②這車裏有甚麽人?豁阿臣老婦人回説,載着羊毛有。(元佚名《元朝秘史》卷二)

③你當初在叠裏温孛答合地面生時,我與了你一個貂鼠裏兒袄有來。(同上)

④劄木合安答,人們都説他好喜新厭舊有來。(同上卷三)

着哩(裏)、着呢 用在形容詞和一部分動詞後面,從程度上表示誇張。最初作“裏”,後來寫作“里”,進一步作“哩”。如:

①他兩個同坐着哩,不知怎麽新人不死,是小姑娘死了。(元無名氏《桃花女》三折)

②這廝倒聰明着哩。(元關漢卿《謝天香》二折,古本“哩”作“裏”)

③俺哥哥,你還健着哩。(元李直夫《虎頭牌》二折)

④小姐,你嫁了我時,比别人不强多着哩。(元無名氏《舉案齊眉》三折)

⑤衆老道:“那妖大着哩!上拄天,下拄地,來時風,去時雨。”(明吴承恩《西遊記》六十七回)

清曹雪芹《紅樓夢》和清文康《兒女英雄傳》等書裏作“着呢”。如:

①薛姨媽道："姨太太不知，寶丫頭怪着呢！他從來不愛這些花兒粉兒的。"（清曹雪芹《紅樓夢》七回）

②你給我老老實實的玩一會子睡你的覺去，好多着呢！（同上十回）

③那説書説古的，菩薩降妖捉怪的多着呢。（清文康《兒女英雄傳》八回）

④敢則昨日提起來，人家比咱們知道的多着呢。（同上十九回）

⑤我也正在這算計着呢。（同上二十九回）

着的呢、着的哪 意思與"着呢"同，出現甚晚，大約反映了清代北京一帶方言。如：

①二師傅是個帶髮兒修行，好本事渾實着的哪。（清文康《兒女英雄傳》七回）

②這可是該的，底下伏着舅母的地方兒多着的呢。（同上四十回）

2. 疑問語氣助詞

中古產生的一些疑問語氣助詞有了新的用法，或者寫成了新的字形，真正新產生的很少，這是近代疑問語氣助詞發展的特點。

麼、嗎 中古"麼"主要用於没有疑問詞的是非問句，近代仍然如此。也寫作"末"。如：

①委實肯落髮做和尚麼？（明施耐庵《水滸全傳》四回）

②巨靈神厲聲高叫道："那潑猴！你認得我麼？"（明吴承恩《西遊記》四回）

③兀那賣酒的，有酒末？（元無名氏《黄花峪》一折）

有時也可以用在特指問句裹。如：

①你到城中，可曾問誰麼？（明吴承恩《西遊記》三十八回）

②唐僧道："徒弟啊，幾時才拿得妖精麼？"（同上二十一回）

近代“麽”又用於反詰句,表示反詰語氣。如:

①我知道麽? 問你自己就明白了。(清曹雪芹《紅樓夢》二十一回)

②襲人笑道:“你也知道着急麽? 你可知道我心裏是怎麽着?”(同上)

元明時期,“麽”又表示揣測或商量的語氣。句中有“怕”、“敢是”等語氣副詞。如:

①他不知是什麽人,則怕不中麽?(元武漢臣《生金閣》一折)

②在家裏住呵,則怕不方便麽。(元無名氏《劉弘嫁婢》一折)

③這文書説着俺一家兒,敢是你賣孩兒的文書麽?(元無名氏《貨郎旦》四折)

④你二位敢不是打獵户麽?(明施耐庵《水滸全傳》八十六回)

⑤行者道:“想是累苦了,見鬼麽?”(明吴承恩《西遊記》四十四回)

有時句中没有語氣副詞,究竟是表示詢問語氣還是揣測語氣,要根據上下文才能確定。如:

①那婦人道:“做一升米不少麽?”李逵道:“做三升米飯來吃。”(明施耐庵《水滸全傳》四十三回)

②戴宗道:“我吃一個,你吃三個,不少麽?”李逵道:“不濟事,一發做六個來,我都包辦。”(同上五十三回)

“做一升米不少麽?”“我吃一個,你吃三個,不少麽”,按照現代漢語來解釋,都是是非問句或反詰句。實際上它們都只是一種商榷的口氣。例①婦人認爲做一升米不會少,而是差不多了;例②戴宗認爲自己吃一個,讓李逵吃三個,應該够了。不過不能肯定,所以向對方徵求一下意見。“這一路不通車道罷?”(清文康《兒女英雄傳》十六回)是揣測問句,“這一路不通車道麽”是是非問句,這在現代漢語裏分别很清楚，明以前它們在形式上都用"麽"。所謂揣測本來也屬疑問的範圍。到了 18 世紀，揣測語氣改用"罷"來表現，"麽"的應用範圍相對地縮小了。

除此以外，近代漢語"麽"又用在肯定句中表示一種催促、提醒、應承或不滿的語氣。如：

①行者道："八戒，動手麽，寶貝在芭蕉樹下埋着哩。"（明吴承恩《西遊記》三十八回）

②〔行者〕喝道："呆子，你説麽！"（同上十九回）

③那小仙輪着鞭，望唐僧道："打你哩。"那柳樹也應道："打麽。"（同上二十五回）

④那女子道："你怎的連我也不認得了。我就是我麽。"（清文康《兒女英雄傳》七回）

⑤酒家道："你看麽，我是一片好心，反做惡意……"（明施耐庵《水滸全傳》二十三回）

⑥黛玉冷笑道："我就知道麽，别人不挑剩下的，也不給我呀！"（清曹雪芹《紅樓夢》七回）

"嗎"是由"麽"演變來的，到清代才出現，用於是非問句或反詰句。如：

①寶玉問他道："你不是叫什麽香嗎？"（清曹雪芹《紅樓夢》二十一回）

②你能够像他這苦心就好了，學什麽有個不成的嗎？（同上四十八回）

③你看，這還趕的過這岡子去嗎？（清文康《兒女英雄傳》五回）

④秃子説："你瞧，那不是架椿，可不了了事了嗎？"（同上六回）

但"嗎"一般不用於表示揣測和商量的問句，應用範圍比"麽"要小一些。

那、麽那　語氣助詞"那"也寫作"哪"，除繼續用於是非問句外，近代在出現頻率和用法上都有很大的發展。

(1)用於特指問句，相當於"呢"。如：

①婆婆,你爲甚麽煩惱啼哭那?(元關漢卿《竇娥冤》一折)

②常言道:"有情何怕隔年期",這有甚等不得那?(元李好古《張生煮海》一折)

③什麽叫調任哪?直算逃出命來了。(清文康《兒女英雄傳》四十回)

(2)用於選擇問句,或正反問句,有多種形式,相當於"呢"。如:

①問紅娘道:"韻那不韻,俏那不俏?"(金董解元《西廂記諸宫調》卷五)

②哥也,你是謊那可是真個?(元無名氏《凍蘇秦》三折)

③且看姐夫是你絶户,還是我絶户那?(元楊文奎《兒女團圓》二折)

④知他如今是死那活那?(元關漢卿《拜月亭》三折)

⑤卿呵,則你道波,寡人是怕也那不怕?(元白樸《梧桐雨》三折)

(3)用於揣測問句。句中大都有"莫"、"敢"等語氣副詞相呼應,可以譯作"罷"。如:

①至今還不回來,莫不是去做賊那?(元張國賓《合汗衫》四折)

②你看那山兒,俺在頭裏走,他可在後面;俺在後面走,他可在前面。敢怕我兩個逃走了那?(元康進之《李逵負荊》三折)

③〔正旦云〕只怕等着崔鶯鶯那?(元吴昌齡《張天師》二折)

(4)用於感歎句,表示感歎語氣,相當於"啊"或"呢"。如:

①可怎生得他回頭,我看他一看,可也好那!(元石君寶《秋胡戲妻》三折)

②〔宋江云〕你看黑牛這村沙樣勢那!(元康進之《李逵負荊》二折)

(5)用於呼叫。如:

①〔兒哭上科,云〕天那,兀的不是我媳婦兒!(元關漢卿《竇娥冤》三折)

②天哪！天哪！却往那裏找尋？（明吴承恩《西遊記》二十回）

③你瞧，人家這才叫修了來的哪！（清文康《兒女英雄傳》四十回）

“那”在元曲裏用得很多，明施耐庵《水滸全傳》、明蘭陵笑笑生《金瓶梅》裏没有出現。明代以後，它的語法功能分别被“罷”、“呢”、“啊”所代替了。“麽那”由語氣詞“麽”、“那”連用而成，表示疑問，主要出現在元曲裏。如：

①怎地害風麽那。我却知道你會操琴，只管這般賣弄怎地？（元本高明《琵琶記・伯諧彈琴訴怨》）

②〔同知見正末科云〕父親，這幾日怎生不見你來家吃茶？〔正末云〕我可是敢來麽那？（元無名氏《村樂堂》四折）

哩(里)　語氣助詞“哩”是中古漢語“里”的直接繼承。放在陳述句末尾，表示强調或誇張的語氣，元曲及明清小説裏常見。如：

①帶汝歸到吾鄉，真個好哩！（南宋無名氏《張協狀元》十四齣）

②那婆子，近前來，你媳婦要囑咐你話哩。（元關漢卿《竇娥冤》三折）

③可知打死人哩。（元關漢卿《蝴蝶夢》二折）

④老爺方才睡，你要偷我衣裳，也早些哩。（明施耐庵《水滸全傳》三十一回）

⑤正埋冤哩，只見一個人面東背西而來。（明馮夢龍輯《古今小説》卷十五）

⑥大聖在園内，因困倦，自家在亭子上睡哩。（明吴承恩《西遊記》五回）

⑦三娘、五娘，後邊吃螃蟹哩。（明蘭陵笑笑生《金瓶梅》三十五回）

“哩”用於疑問句，宋代有個别的例子。如《三朝北盟會編・紹興甲寅通和録》：“看如今怎奈何劉麟去哩？”元代以後廣泛應用起來。有以下四種情況：

(1)用於特指問句。如：

①兀那婆婆，誰喚你哩？（元關漢卿《竇娥冤》一折）

②書上可不知寫着甚麽哩？（元無名氏《博望燒屯》二折）

③你罵誰哩？誰惹你來？（明蘭陵笑笑生《金瓶梅》二十二回）

④這様怪物，不打死他，反留他在何處用哩？（明吴承恩《西遊記》十七回）

(2)用在名詞後，詢問處所或狀況。如：

①老爺，你的拐兒哩？（元楊梓《敬德不伏老》三折）

②〔呆子〕慌得一轂轆爬將起來道："我的馬哩？"（明吴承恩《西遊記》二十一回）

(3)用於選擇問句。如：

①〔嫂嫂〕嗜墳園到那未哩？（元無名氏《替殺妻》一折）

②不知是我分離，是你分離哩？（明吴承恩《西遊記》三十回）

(4)用於反詰問句。如：

①每日在山中打大蟲，怎這早晚還不回家來吃飯哩？（元張國賓《合汗衫》三折）

②如今世上人，那個頂着房走俚（各本作"哩"）？（明施耐庵《水滸全傳》二回）

③會那等喬劬勞，旋蒸熱賣兒的，誰這裏争你哩！（明蘭陵笑笑生《金瓶梅》七十五回）

④難道齊天大聖也是個棒槌臉哩？（明末董説《西遊補》十三回）

在上述四種句式中，"哩"主要用於特指問句和反詰問句，用於名詞後和選擇問句的只是少數。在不同作品裏，"哩"出現的情況也不平衡。《老乞大》和《朴事通》疑問句用“那”，肯定句用“哩”，兩者基本上分工明確。明施耐庵《水滸全傳》、明蘭陵笑笑生《金瓶梅》中的“哩”絶大多數用於肯定句，只有極少數用於疑問句。

呢　語氣詞“呢”元代開始出現，到清代北方話裏，應用極爲廣泛，完全取代了“那”和“哩”的用法，可以表示疑問語氣。

(1)用於特指問句。如：

①我有甚麽呢？（元無名氏《劉弘嫁婢》一折）

②況且你又有個病人，那裏方便呢？（清吴敬梓《儒林外史》十六回）

③寶玉央及道：“好姐姐，你怎麽瞧我的呢？”（清曹雪芹《紅樓夢》八回）

④一進門，見了公子就説道：“你瞧，這是怎麽説呢？”（清文康《兒女英雄傳》三回）

(2)用於選擇問句或正反問句。如：

①姑娘到底是和我拌嘴，是和二爺拌嘴呢？（清曹雪芹《紅樓夢》三十一回）

②寶玉笑道：“兩句話，説了你聽不聽呢？”（同上二十八回）

③還是古人的呢？還是現在人畫的？（清吴敬梓《儒林外史》六回）

④到底是要他呢，還是不要他呢？（清文康《兒女英雄傳》二十三回）

(3)用於反詰問句。如：

①再備四五桌果碟子，豈不又省事，又大家熱鬧呢？（清曹雪芹《紅樓夢》三十七回）

②果真是死了，豈有紅口白舌咒人死的呢？（清高鶚《紅樓夢》九十八回）

③安太太道：“很好麽，這他們又有什麽不敢説的呢？”（清文康《兒女英雄傳》二十九回）

④一隻手挎着個筐子，腦袋上扛着頂緯帽，怪門笑兒的，叫人家大爺臉上

怎麼拉得下來呢？（同上三十四回）

(4)用於名詞或名詞性詞組後，詢問處所或狀況。如：

①〔正旦云〕哥哥，那第三個孩兒呢？（元關漢卿《蝴蝶夢》三折）

②婆婆，俺那孩兒的呢？（元張國賓《合汗衫》三折）

③問道："擔子呢？"應道："攛在河裏。"（明馮夢龍《警世通言》卷三十七）

④你娘呢？你老婆呢？（明吴承恩《西遊記》二十四回）

(5)用於假設問句，有時"呵呢"連用。如：

①〔小軍云〕元帥，假似不放他過來，他打我呢？〔楊景云〕你也打他。〔小軍云〕假似罵我呢？〔楊景云〕你也罵他。（元無名氏《昊天塔》二折）

②〔正末云〕夫人，小娘子，假若有這玉帶呵呢？〔夫人云〕若有這玉帶呵，便是救了俺一家性命也。（元關漢卿《裴度還帶》三折）

③哥呵，假使一日不得將令呵呢？（元鄭德輝《三戰吕布》二折）

④假似你一服藥，着老人家喫將下去，醫殺了這右半邊呵呢！（元劉唐卿《降桑椹》二折）

"呢"又可以表示肯定語氣。

(1)用在陳述句末尾，表示誇張。如：

①寶玉笑道："除了《四書》，杜撰的也太多呢。"（清曹雪芹《紅樓夢》三回）

②鴛鴦道："阿彌陀佛，這才是現報呢！"（同上三十八回）

③你們上二十八顆紅柳樹，自然該從岔道口往南去才是呢。（清文康《兒女英雄傳》五回）

④此計也就毒的狠呢。（清石玉昆《三俠五義》四十三回）

(2)用在陳述句末尾,强調動作或情況正在繼續。如:

①鳳姐道:"我這裏陪客呢,晚上再來回。"(清曹雪芹《紅樓夢》六回)

②我們大姐兒也着了凉了,在那裏發熱呢。(同上四十二回)

③這輛車連牲口都好端端的在那裏呢。(清文康《兒女英雄傳》十回)

④没人聽曲兒,是新來的那位顧師爺一個人兒在屋裏彈琵琶呢。(同上十八回)

(3)用在句中表示停頓。如:

①要是白來逛逛呢,便罷;有什麽説的,只管告訴二奶奶。(清曹雪芹《紅樓夢》六回)

②黛玉忙笑接道:"可是呢,都是他一句話。他是那一門子的姥姥?"(同上四十二回)

③在别人呢,一句是貼不上的。(清高鶚《紅樓夢》八十三回)

"呢"字不見於宋元話本,元曲裏開始用於疑問句,數量不多。《水滸全傳》、《金瓶梅》裏没有出現"呢"字。《西遊記》、《儒林外史》絶大多數用"哩","呢"僅用於極少數疑問句。清代代表北方話系統的《紅樓夢》和《兒女英雄傳》肯定句和疑問句都用"呢"。

儘管"呢"在近代北方話系統裏逐步取代了"那"和"哩"的用法,但三者並不同源。"呢"是由上古漢語的"爾"變來的。楊樹達先生指出:語氣詞"爾","表决定之意,即今語'呢'字。"(《詞詮》)從先秦以至六朝,"爾"表示疑問語氣的例子也不少。如:

①遠國至矣,則中國曷爲獨言齊宋至爾?(《公羊傳・僖公二年》)

②知足下連不快,何爾?(《淳化閣帖》卷六王羲之書)

③懼蚊虻去,嚼我父母爾。(晉陶潛《搜神後記》卷二)

④石崇與潘岳同刑東市，崇曰："天下殺英雄，君復何爲爾？"(南朝梁殷芸《殷芸小説》卷八)

唐宋時期寫作"聻(nǐ)"、"你"，個别也寫作"尼"，主要出現在禪家語録裏。①如：

①峰曰："莫是當陽道麽？"士曰："背後底聻？"(《續藏經》卷一二〇《龐居士語録》卷上)

②前頭則有如是次第了也，然雖如此，不息衆疑，作摩生疑聻？(五代静、筠《祖堂集》卷五)

③云："此人意作摩生？"云："此人不落意？"云："不落意此人聻？"師云："高山頂上無與道者啖啄。"(同上卷八)

④只今起者便是心，心用明時更何你？不居方，無處覓，運用無蹤復無迹。(同上卷四)

⑤師問黄檗："笠子太小生。"黄檗云："雖然小，三千大千世界總在里許。"師云："王老師你？"黄檗無對。(同上卷十六)

⑥師云："將得馬大師真來否？"泉云："只這是。"師云："背後底你？"無對。(宋釋道原《景德傳燈録》卷七)

⑦師問："雲岩作什摩？"對曰："擔水。"師曰："那個尼？"對曰："在。"(五代静、筠《祖堂集》卷一)

到了近代，形式上統一爲"呢"，並在北方話系統中得到了廣泛的應用。

沙、唦　語氣助詞"沙"也寫作"唦"、"索"，宋代已經出現。如黄庭堅《歸田樂令》："意思裏，莫是賺人唦。"元明應用更多一些，可能是"是嗎"的合音。主要用法有三：

---

① 《説文》無"聻"字。《玉篇·耳部》："聻，指物貌。"《廣韻·止部》："聻，乃裏切，指物貌也。"《正字通·耳部》："梵書聻爲語助，音你。如《禪録》云：'何故聻？'云：'未見桃花時聻。'皆語餘聲。"

(1)用於句末，表示疑問、揣測語氣。大約相當於“吧”。如：

①張生聞語，連開門連問：“管是恁姐姐使來吵？”（金董解元《西廂記諸宮調》卷四）

②〔孤上云了〕是不沙？（元關漢卿《拜月亭》二折）

③真個醉也麼沙？真個醉也麼沙？笑指南峰，却道西樓，真個醉也麼沙？（元馬致遠《新水令·題西湖》曲）

(2)用於分句末，表示停頓，並引起下文。如：

①妹子呵，你好不知福，猶古自不滿意沙，我可怎生過呵是也？（元關漢卿《拜月亭》三折）

②我和他有甚恩情相顧戀，待不沙，又怕背了這恩人面。（元楊顯之《瀟湘雨》四折）

③官裏與諸侯會於鹿台，宣喚某沙，不知有甚公事？（元鄭德輝《周公攝政》楔子）

④既不吵，你怎生在長沙側畔將咱候？（元范子安《竹葉舟》三折）

(3)用於分句末，表示假設或條件。如：

①英布，他是漢家，咱是楚家，你不交書叫他去沙，他如何敢來？[1]（元刻無名氏《氣英布》一折）

②不争那廝化的俺一方人吃素沙，俺屠家却吃甚麼？[2]（元刻馬致遠《任風子》一折）

③也是你君恩留枕簟，天教雨露潤桑麻。既不沙，俺江山千萬里，直尋到

---

① 臧晉叔《元曲選》本此句無“沙”字。

② 臧晉叔《元曲選》本作“人家都吃了齋，着喒怎生做買賣？”

茅舍兩三家?(元馬致遠《漢宫秋》一折)

④既不索,可怎生短命死了顔回,却怎生延年老了盗跖?(元無名氏《劉弘嫁婢》二折)

3. 祈使語氣助詞

來、者、着、咱、只、則、則個 中古這幾個語氣助詞,近代仍然比較廣泛地應用,表示祈求、命令、提醒或表白等語氣。"則個"又作"只個"、"之個"、"子個"。用"來"的例子,如:

①你看佛殿上没人燒香呵,和小姐閑散心耍一回去來。(元王實甫《西廂記》一本楔子)

②今日功罪已明,老夫須回聖人的話來。(元張國賓《薛仁貴》一折)

③趁船的三個都是我家親眷,衣食父母,請他們歸去吃碗板刀面了來。(明施耐庵《水滸全傳》三十七回)

④王公道:"你到去首了我來。"(明馮夢龍《醒世恒言》卷三十四)

用"者"的例子,如:

①〔小末扶科,云〕阿爺,精細者!(元無名氏《貨郎旦》三折)

②小番,門首覷者!(元無名氏《小尉遲》一折)

③〔旦背云〕只願這生退了賊者。(元王實甫《西廂記》二本一折)

用"着"的例子,如:

①〔大旦哭科,云〕員外,精細着! 精細着!(元無名氏《神奴兒》一折)

②左右,門首覷着!(元關漢卿《謝天香》二折)

③這短命,等得我苦也,老娘先打兩個耳刮子着!(明施耐庵《水滸全傳》二十一回)

④西門慶道："也罷，我也不留你，你且家去説聲着。"（明蘭陵笑笑生《金瓶梅》五十五回）

⑤平兒急忙攔住道："姑娘且慢着！……如今只可想法兒，斷不可冒失的。"（清高鶚《紅樓夢》一一九回）

用"咱"的例子，如：

①〔龐涓做拜科，云〕哥哥可憐見，只饒過您兄弟咱！（元無名氏《馬陵道》四折）

②〔小末云〕是唱的好，你慢慢的唱咱！（元無名氏《貨郎旦》四折）

③媒婆，你遮我一遮，我試看咱。（元關漢卿《玉鏡臺》三折）

用"只"的例子，如：

①他那裏口口聲聲道是饒過只，我這裏尋思了一會，這公事豈容易？（元李直夫《虎頭牌》三折）

②聽的那一聲叫下手只，可不道一將難求，千軍易得？（元無名氏《謝金吾》三折）

③好説話將我孩兒放了只。（元無名氏《争報恩》四折）

用"則"的例子，如：

①原來是梅香，你起來，怎麽濕搗搗的？有些月色，我試看則。（元關漢卿《緋衣夢》二折）

②左右，唤御史臺官來，朕問取則。（元費唐臣《貶黄州》一折）

③來到朝外，只索進見駕則。（同上第四折）

④早來到也，咱見相公去則。（元無名氏《雲窗夢》四折）

用“則個”、“只個”、“之個”、“子個”的例子，如：

①只見那漢叫一聲：“阿舅，救我則個！”（明施耐庵《水滸全傳》十四回）

②武大道：“快去贖藥來救我則個。”（同上二十五回）

③妙觀開口道：“有件事要與嬷嬷商量則個。”（明凌濛初《二刻拍案驚奇》卷二）

④僱下一隻好船，專等老爺到時，一同開船只個。（元無名氏《馮玉蘭》一折）

⑤望先生指引只個。（《清平山堂話本·董永遇仙傳》）

⑥奴哥，託付你方便之個。（金董解元《西廂記諸宫調》卷二）

⑦門外拙妻，參拜兄嫂子個。（同上）

以上幾個語末助詞，所表達的語法意義相同，在元曲裏都用得相當普遍。明施耐庵《水滸全傳》、《平妖傳》裏“則個”用得相當多，“着”也有出現，“者”、“咱”、“則”一般已不用了。明吴承恩《西遊記》、清曹雪芹《紅樓夢》裏一般用“着”，其他都很少用了。

罷、波、啵、吧 語氣詞“罷”是從動詞“罷休”的意義虚化來的。中古“休”已虚化成語氣詞。到元代，“罷”也虚化成爲語氣詞。兩者表達的語法意義相近。明以後廣泛應用，逐漸代替了“者”、“着”、“咱”、“則個”的用法，分别表示祈求、命令、提議、表白等語氣。如：

①看荼荼面上，開了門罷。（元李直夫《虎頭牌》四折）

②你哥哥特來央你，背一背遠處去，等咱埋了他罷。（元無名氏《殺狗勸夫》三折）

③大姐，天色晚了也，你還家去罷！（元無名氏《翫江亭》三折）

④祖師道：“我也不罪你，但只是你去罷！”（明吴承恩《西遊記》二回）

⑤五姐，咱過那邊去罷。（明蘭陵笑笑生《金瓶梅》二十回）

⑥卜世仁道：“怎麽急的這樣，吃了飯再去罷。”（清曹雪芹《紅樓夢》二十四回）

⑦我怎生吃的過這刑法，我不如尋個自縊死罷。（元無名氏《殺狗勸夫》三折）

⑧我如今没錢，只是死了罷。（《清平山堂話本·快嘴李翠蓮記》）

例①②表示祈求，例③④表示命令，例⑤⑥表示提議，例⑦⑧表示表白。祈求和提議的語氣再緩和一點，就帶有商量的口氣。這樣"罷"就引申出表示疑問語氣的用法來。如：

①劉姥姥聽了，想了半日，説道："是個莊稼人罷？"（清曹雪芹《紅樓夢》四十回）

②這是那裏來的話？只怕不真罷。（清高鶚《紅樓夢》八十九回）

③你大概没什麽推辭罷？（清文康《兒女英雄傳》九回）

④你看着，明日上得路了罷？（同上三回）

這種句子帶有徵求意見的意思，如果把"罷"换成"麽"，就是提出詢問或者要求對方證實自己的看法，口氣完全不同了。

"波"與"罷"同義，元曲裏兩字並存。也寫作"啵"，當是一個詞的不同書寫形式。下面舉一些例子：

①你不要打他，你打我波。（元李行道《灰闌記》楔子）

②〔卜兒云〕媳婦兒，你看去波。（元石君寶《秋胡戲妻》二折）

③兀那老子，你近前來，我問你波。（元孟漢卿《魔合羅》四折）

④〔卜兒云〕羞人答答的，教我怎生説波。（元關漢卿《竇娥冤》一折）

⑤你休將嗜廝催逼，相攛掇，英布也今番去波。（元無名氏《氣英布》一折）

⑥好波，小官説則説，則怕他不肯。（元喬孟符《金錢記》二折）

⑦好波好波，我跟將姐姐去，那裏使唤老漢？（元無名氏《陳州糶米》三折）

⑧長街市上，有那等舍貧的財主波？救濟俺老兩口兒。（元張國賓《合汗衫》三折）

⑨白：孩兒也，你教我怎生説波？（元關漢卿《竇娥冤》一折）

⑩伺候你老，你老吩咐啵。（清文康《兒女英雄傳》四回）

⑪你那兒走哇？守着錢糧兒過啵，你又走罷。（同上七回）

例①②③“波”表示祈使，例④⑤“波”表示表白，例⑥⑦“波”表示答應；例⑧⑨“波”表示疑問，例⑩⑪“啵”表示請求。

此外，語氣詞“休”在近代依然應用，表示祈使、表白等語氣，相當於“罷”，只是範圍不及“罷”廣泛。如：

①這裏也不是人去處，我們走休。（《京本通俗小説·西山一窟鬼》）

②老賊，你死休！（元高明《琵琶記》十齣）

③老都管道：“既是有賊，我們去休。”（明施耐庵《水滸全傳》十六回）

④〔李逵〕叫道：“娘，我自背你去休。”（同上四十三回）

有意思的是，複合詞“罷休”也有虛化的趨向。如：

①我猜着你兩個多時不見，以定要早睡，收拾了罷休。（明施耐庵《水滸全傳》二十一回）

②都頭請息怒，我等自去罷休。（同上十九回）

③武松道：“去了罷休。”（同上三十一回）

④張屠道：“請看我面罷休！”（明羅貫中著、馮夢龍補《平妖傳》二十七回）

者波　語氣助詞“者波”用於句末表示商詢；普遍用於句中停頓處表示假設或讓步。多見於元曲。如：

①既要我改，我改做山兒者波？（元高文秀《黑旋風》一折）

②你兄弟老爺老娘家姓王，改做王重義者波？（同上）

③這般者波，怕不問時權做弟兄，問着後道做夫妻。（元關漢卿《拜月亭》

一折）

④假若是你的媳婦者波，我走將來挨挨搶，你恨不的一跳三千丈。（元無名氏《黄花峪》一折）

⑤小生不才殺者波，也是國家白衣卿相。（元吴昌齡《張天師》二折）

⑥他强殺者波則姓張，我便歹殺者波我姓劉，是劉家的子孫阿。（元武漢臣《老生兒》楔子）

例①②“者波”表示商詢，例③④表示假設，例⑤⑥表示讓步。

隨着漢語的發展，語氣詞“休”、“波（啵）”、“罷休”先後消失，只有“罷”應用日益廣泛。現代漢語寫成“吧”，與動詞“罷”加以區别，形式上有了新的統一。

4. 感歎語氣助詞

呵、阿、啊、嗄、哇　語氣助詞“呵”始見於宋代，如辛棄疾《玉蝴蝶·追别杜叔高》：“試聽呵，寒食近也，且住爲佳。”元代又寫作“阿”，明清開始寫作“啊”或“嗄”。

（1）用在句末，表示感歎、催促、辯解、疑問等語氣。如：

①想俺這等人好難呵！（元關漢卿《調風月》一折）

②好苦惱阿，好苦惱阿！我出去，我出去。（元無名氏《劉弘嫁婢》一折）

③好苦嗄！看這雪越下得大了。（明徐㽦《殺狗記·窑中受困》）

④該隨手拿出兩個來給你這妹妹去裁衣裳啊！（清曹雪芹《紅樓夢》三回）

⑤就是他死，也該叫我見見，説個明白，他死了也不抱怨我嗄！（清高鶚《紅樓夢》一〇四回）

⑥我不懂得你這繞口令兒啊！（清文康《兒女英雄傳》七回）

⑦快出去告訴你二爺去，是不是啊？（清曹雪芹《紅樓夢》六十七回）

⑧便開口道：“那裹是個東莊兒啊？”（清文康《兒女英雄傳》十四回）

⑨教我那價去見我娘舅嗄？（清韓邦慶《海上花列傳》一回）

⑩好哇，正是這話了。（清文康《兒女英雄傳》三回）

⑪人家大師傅叫我在這兒勸你，可没説准你出這個門兒，你那兒走哇？（同上七回）

⑫你們娘兒三個且别儘管哭哇！（同上四十四回）

(2)放在句中表示停頓或呼唤。如：

①秀才，你此回去呵，可不乾費了十載青燈！（元高明《琵琶記》四齣）

②既然是這般呵，誰着你嫁他來。（元關漢卿《救風塵》二折）

③比及你對夫人説呵，我將這簡帖兒，去夫人行出首去來。（元王實甫《西廂記》三本二折）

④母親呵，他是唐王駕下，差往西天見佛求經者。（明吴承恩《西遊記》十三回）

⑤好呆子啊，師父教你化齋，許你在此睡覺的？（同上二十八回）

例①②③"呵(啊)"在前一分句末尾，表示停頓；例④⑤"呵(啊)"在名詞後表示呼唤。

"呵"又跟"也"連用成"也呵"，仍然表示感歎語氣。如：

①學成滿腹文章，尚在湖海飄零，何日得遂大志也呵！（元王實甫《西廂記》一本一折）

②你也等我一等兒波，今日正是寒食，好個節令也呵！（元張國賓《薛仁貴》三折）

③我當初也曾和他作伴來，豈知有今日也呵！（元無名氏《百花亭》二折）

④這風雪越下的大了也，天阿，你也有那住的時節也呵！（元無名氏《漁樵記》二折）

呀 也寫作"啞"、"哟"。放在句末表示感歎、肯定、辯解、催促、疑問等語氣。如：

①慚愧啞，僧院已聞鴉。（金董解元《西廂記諸宫調》卷四）

②如今巳時已過，午時將來啞。（明吴承恩《西遊記》七十二回）

③三藏道:"正是呀,倘或他在那裏貪着吃齋,我們那裏會他?"(同上二十八回)

④你把咱們的繩杠也帶來,這得倆人擡呀!(清文康《兒女英雄傳》四回)

⑤你嬷嬷爹又没在跟前,誰給你吹呀!(同上八回)

⑥褚大娘子道:"喲,你怎麼這些話喲!"(同上十五回)

⑦我們不行喲,還得你老人家操心哪。(同上十五回)

也放在名詞後表示呼唤。如:

①徒弟呀,山路崎嶇,甚是難走。(明吴承恩《西遊記》二十八回)

②天呀! 孤拐都化了。(同上三十四回)

"呀"可能由古代漢語語末助詞"也"和"耶"變來。下列句中的語末助詞"也"和"耶"跟"呀"所表達的語氣大體上是一致的。如:

①只見數個小嘍囉,氣急敗壞,走到山寨裏叫道:"苦也,苦也!"(明施耐庵《水滸全傳》五回)

②地也,你不分好歹何爲地? 天也,你錯勘賢愚枉做天!(元關漢卿《竇娥冤》三折)

③八戒笑得打跌道:"哥耶,哥耶,你只曉得捉弄我,不曉得我也捉弄你捉弄。"(明吴承恩《西遊記》三十九回)

④如今空手,這裏面東西,怎麼得下去上來耶?(同上三十八回)

煞(嗏) 語氣助詞"煞""也寫作"嗏",相當於"啊"。如:

①我煞! 不待言,不近前。(元尚近賢《三奪槊》四折)

②我煞! 待嗔,我便惡相聞。(元關漢卿《調風月》一折)

③須不教一句兒訛,半字兒差,唱一本多愁多緒多情話,教您聽一遍風流

浪子煞。(元楊立齋《哨遍》套曲)

④據小的每瞧,大厮八着幾條坐木做陳蕃榻,謝尊官肯把荒場降,勞貴脚還將賤地來踏。(同上)

⑤相思債是前生負,償他還着後瞧。(金董解元《西廂記諸宫調》卷七)

也麽哥 也作“也麽沙”、“也麽天”、“也末哥”、“也波哥”,句末語氣詞,有的表示感歎語氣,有的只起調和音節的作用。主要出現在元明戲曲的“叨叨令”曲牌中。如:

①是必休誤了也麽哥!休誤了也麽哥!(元王實甫《西廂記》二本楔子)

②那行朝也麽哥,恰渾如也麽哥,恰渾如和番的昭君出塞圖。(元無名氏《貨郎旦》四折)

③真個醉也麽沙,真個醉也麽沙。笑指南峰,却道西樓,真個醉也麽沙。(元馬致遠《新水令·題西湖》套曲)

④我這裏自推自攧,到三十餘遍,暢好似苦痛也麽天。(元關漢卿《蝴蝶夢》三折)

⑤今日個瓊英爲父題詩孝,端的可便感天地也波哥!(元關漢卿《裴度還帶》三折)

⑥中流扣舷歌,快活也末哥!(元張可久《端正好·春遊》套曲)

⑦其實我便覷不上也波哥,其實我便覷不上也波哥。(元石君寶《秋胡戲妻》二折)

⑧兀的不喜歡殺也波哥,喜歡殺也波哥!(元劉唐卿《降桑椹》四折)

第六節 近代漢語句法的發展

從中古到近代,漢語句子成分和句法結構都有新的發展。這一節我們擇要討論八個方面的問題。

一、補語的發展

近代補語的發展可以從補語和賓語的位置、結果補語多樣化、程度補語的産生3個方面來討論。

1. 帶"得"的補語和賓語位置趨向統一

帶"得(的)"的可能補語或結果補語，至宋代已用得很普遍。當動詞帶有賓語和補語或否定詞"不"時，它們的位置並不統一，這種情況一直繼續到元明時期。

(1)"V 得(的)C O"式，如：

①你則這般撇的下我，可怎生便不上門來那。(元武漢臣《玉壺春》三折)

②大官人宅裏枉有許多，那裏討一個趕得上這娘子的？(明施耐庵《水滸全傳》二十四回)

(2)" V C 得(的)O"式，如：

①若是捉下得那人時，那時送還令妹到貴莊。(明施耐庵《水滸全傳》三十六回)

(3)"V O 得(的)C"式，如：

①今日個你嫂嫂還禮的遲。(元無名氏《神奴兒》一折)

②宋江連夜攻城得緊。(明施耐庵《水滸全傳》六十九回)

(4)"V 得(的)O C"式，如：

①那先生剛打的卦下，便叫道："怪哉怪哉？"(元無名氏《盆兒鬼》楔子)

②着他洗的脖子乾净，絶早州衙試劍來。(元岳伯川《鐵拐李》一折)

③他若擺佈得我要緊，只索逃走他處，再作道理。(明施耐庵《水滸全傳》

一〇三回）

(5)“V 不得”式，如：

①他道：“深深深，去不得！”（明吴承恩《西遊記》四十七回）

(6)“不 V 得”式，如：

①叫他呵，他又不聽得。（元佚名《元朝秘史》卷六）

(7)“V O 不得”式，如：

①假如你怨恨打魚不得，也去那裏撞籌，却不是好。（明施耐庵《水滸全傳》十五回）

(8)“V 不得 O”式，如：

①他心地窄狹，安不得人。（明施耐庵《水滸全傳》十五回）

(9)“不 V 得 O”式，如：

①我雖然不打得大魚，也省了若干科差。（明施耐庵《水滸全傳》十五回）

(10)“V 不得 C”式，如：

①你敢是昨夜不依我，今日連我也走不得住。（明施耐庵《水滸全傳》五十三回）

(11)“不V得C”式，如：

①我一時貪個鬆快，人鬧裏不看得仔細。（明凌濛初《二刻拍案驚奇》卷五）

(12)“V不得O C”式，如：

①若是宋江打不得祝家莊破，情願自死於此。（明施耐庵《水滸全傳》四十八回）

(13)“V不得C O”式，如：

①那呆子左掙右掙，掙不得脱手。（明吴承恩《西遊記》六十九回）

(14)“V得(的)O不C”式，如：

①又來了，你還吃的水不快活？（明施耐庵《水滸全傳》三十八回）
②兄弟，你也害得我不淺。（同上五十六回）

到了清代，補語、賓語位置逐漸統一了。發展的趨勢是動詞、“得”、補語三者關係日趨密切，較長的賓語往往被排擠出來。肯定式的賓語或放在補語後面成“V得(的)C O”式（賓語是單音詞時可以放在補語前面），或直接將賓語前置，或採用動詞複説方式，或用“把(將)”、“連”、“就是”把賓語提到動詞前面。如：

①弄得衣食不周，那裏還娶得起媳婦呢？（清曹雪芹《紅樓夢》六十四回）
②還是爹這節間酒吃的多了。（明蘭陵笑笑生《金瓶梅》七十九回）
③我十三妹這場孽可也造得不淺。（清文康《兒女英雄傳》八回）
④又説：“把酒燙得滚熱的拿來。”（同上三十八回）

⑤把個安公子問的諾諾連聲,不敢回答。(同上九回)

⑥你怎的連我也不認得了?(同上七回)

⑦别説一日二錢人參,就是二斤也吃得起。(清曹雪芹《紅樓夢》十一回)

⑧就是三萬兩,我此刻還拿的出來。(同上十五回)

⑨罷呀,你疼你妹子還疼得不够喂,還給他這東西。(清文康《兒女英雄傳》十回)

⑩我們這裏算命算得好,合婚合得對,自然他那裏算起來合起來也是一樣的了。(清吴沃堯《情變》四回)

例①賓語"媳婦"在補語後,例②③賓語"酒"、"這場孽"置於動詞前,例④⑤賓語"酒"、"安公子"用"把"提到動詞前,例⑥⑦⑧賓語"我"、"二斤"、"三萬兩"分别用"連"、"就是"提到動詞前,例⑨⑩復説動詞"疼"和"算",避免賓語在"得"後面出現。

2. 結果補語形式多樣化

元代以後結果補語也有新的發展,形式益發多樣化了。

(1)形容詞的重言形式大量用作帶"得(的)"的結果補語,這在中古是不多見的。如:

①我將這被熏得香香的,姐姐睡些兒。(元王實甫《西廂記》二本一折)

②着我自家宰了,退的乾乾浄浄的,煮在鍋裏。(元劉唐卿《降桑椹》一折)

③莫説哥哥不贏,我也輸得赤條條地。(明施耐庵《水滸全傳》十五回)

(2)代詞充當帶"得(的)"的結果補語。如:

①爹清减的恁樣的,每日飲饌也用些兒?(《金瓶梅詞話》七十九回)

②那要是林姑娘,不知又鬧的怎麽樣,哭的怎麽樣呢。(清曹雪芹《紅樓夢》三十二回)

③老太太因爲喜歡他,才慣的這麽樣。(同上三十八回)

④你好好兒的,這是怎麽了?哭的這麽着!(清文康《兒女英雄傳》四十回)

(3)各種謂詞性詞組充當帶"得(的)"的結果補語。這種格式中古已經産生,近代普遍應用。如:

①縣尉驚得跑馬走回去了。(明施耐庵《水滸全傳》三回)

②把老婆羞的站又站不住,立又立不住。(明蘭陵笑笑生《金瓶梅》二十三回)

③老太太見了,歡喜得無可無不可的。(清曹雪芹《紅樓夢》四十九回)

④這還罷了,趙姨娘氣的抱怨的了不得。(同上二十七回)

⑤這才殺得爽快,只不知屋裏這位少爺嚇得是死是活?(清文康《兒女英雄傳》六回)

(4)句子形式充當帶"得"的結果補語,這個句子形式的主語可以是前面的動詞的施動者或受動者;或屬於主語,或是前面主語的一部分。如:

①我偌大家私,無人承受,煩惱的我眼也昏了,耳也聾了。(元無名氏《合同文字》三折)

②打的蔣門神在地下叫饒。(明施耐庵《水滸全傳》二十九回)

③襲人羞得臉紫漲起來。(清曹雪芹《紅樓夢》三十一回)

④爲這點子小事弄的人家傾家敗産,也不算什麽能爲。(同上四十八回)

(5)動詞和結果補語之間加"個",這樣補語兼有賓語的性質。如:

①害相思的饞眼腦,見他時須看個十分飽。(元王實甫《西廂記》一本四折)

②林冲把蛇矛逼個住,兩口刀逼斜了。(明施耐庵《水滸全傳》四十八回)

③高廉軍馬神兵,被宋江、林冲殺個盡絶。(同上五十四回)

④想將起來,拍了桌子,又哭個不了。(明蘭陵笑笑生《金瓶梅》五十九回)

⑤湘雲只伏在寶釵懷裏,笑個不住。(清曹雪芹《紅樓夢》五十回)

(6)同形補語產生。前一單音詞表示動作,後一單音詞表示動作的結果。形式上與動詞重疊相同,但意義不同。這種動補結構没有得到廣泛的發展,只有少數例子。如:

①我開開這門,那子母兩個在那裏?(元鄭廷玉《後庭花》一折)

②太祖不聽,將樹枝折折,又抽出撞馬乳的木椎廝打。(元佚名《元朝秘史》卷四)

③所以雖有一國不及之力,終不免折折腰而死。(同上卷四)

④脚後又像是水一般,只管把兩脚縮縮了才睡。(明吕天成《繡榻野史》卷下)

3. 產生新的程度補語

形容詞謂語或某些動詞帶"得(的)"的程度補語,元代開始出現①,明清以後逐漸發展起來。充當這類補語的有"很、緊、甚、煞、厲害、多着呢、了不得、要不得"等等。

緊 本是形容詞,元以後用作形容詞補語,表示程度高,相當於"很",如:

①遇着一個打卦先生,叫做賈半仙,人都説他靈驗的緊。(元無名氏《盆兒鬼》楔子)

②大奶奶却是利害得緊。(明施耐庵《水滸全傳》一〇三回)

③他慕大娘標致得緊,日夜來拜求我。(明凌濛初《初刻拍案驚奇》卷六)

④況且脚下爛泥又滑得緊,不能舉步。(明馮夢龍《醒世恒言》卷三十八)

⑤這敬濟見那雨下得緊,説道:"好個不做美的天!"(明蘭陵笑笑生《金瓶梅》八十三回)

很(狠) 明代開始用作程度補語。如:

---

① 南宋曾原一《謁金門》:"等待春風晴得穩,琵琶重整頓。"這裏的"穩"是"穩定"的意思,不是程度副詞。

①他這等熱得很,你這糕粉自何而來?(明吴承恩《西遊記》五十九回)

②那三位看不得,形容醜得狠哩。(同上九十六回)

③正是無聊的很,賈兄來得正好。(清曹雪芹《紅樓夢》二十六回)

④討人嫌的很,得了玉的便宜似的,你也玉,我也玉。(同上二十七回)

⑤我雖是苦人,看見你夫妻兩人到這個田地,越發可憐的狠了。(清吴敬梓《儒林外史》三十八回)

甚、極、煞　用作帶“得(的)”的補語,是近代特有的。如:

①我血已自乾了,好生渴得甚。(元佚名《元朝秘史》卷四)

②不是我氣的極了,打了兩個嘴巴,他還不知道怎麽頂撞俺娘哩。(清西周生《醒世姻緣傳》二回)

③只是你大爺虛的極了,多服幾劑,保養保養。(同上)

④餓紋在口角頭,食神在天涯外,誰似俺公婆每穹得煞(一作窮得煞)。(元張國賓《汗衫記》三折)

厲害、異常　表示程度很高。如:

①往常也曾不快,將息便可,不似這一場,清減得十分厲害。(元王實甫《西廂記》五本一折)

②晁大舍刻薄得異常,晁老爺又不長厚。(清西周生《醒世姻緣傳》二十一回)

多着呢　表示大大超過,帶有誇張的意思,清代才出現。如:

①你給我老老實實的玩一會子睡你的覺去,好多着呢。(清曹雪芹《紅樓夢》十回)

②平兒笑道:“還没有咱們這一半大,樹木花草也少多着呢。”(同上五十六回)

了不得(的)、了不成 表示程度高，超過尋常[①]。如：

①這連日通辛苦的了不得。(明蘭陵笑笑生《金瓶梅》三十五回)

②這猴兒慣的了不得了，拿着我也取起笑兒來了。(清曹雪芹《紅樓夢》三十八回)

③我歡喜的了不的，誰知他們都愛上了。(同上二十七回)

④只因我們河南一帶一連三年旱澇不收，慌亂的了不得。(清文康《兒女英雄傳》七回)

⑤你爺爺若在時，見這個孩子，一定親的了不成。(清李綠園《歧路燈》)七十四回)

要不得(的) 表示程度深，超過尋常。如：

①八月風，臘月雪，凍的要不得。(元李壽卿《度柳翠》楔子)

②把手抵着肚子，似疼得要不得光景。(明凌濛初《拍案驚奇》卷三十一)

③咱醉的要不的，倒是哥早早來家的便益些。(明蘭陵笑笑生《金瓶梅》一回)

④他兩個還不動，把個李瓶兒急的要不的。(同上十三回)

⑤兩個月討回，足足二百兩，兑一兑還餘了三錢，把個陳正公歡喜的要不得。(清吳敬梓《儒林外史》五十二回)

二、"是"字句的發展

"是"字句中古應用已很廣泛，近代更有新的發展，主要表現在以下幾個方面：

1. 繫詞"是"重出的判斷句 如：

①老身是孟老相公宅上嬤嬤的便是。(元無名氏《舉案齊眉》三折)

---

① "了不得"已見於宋代。如王明清《玉照新志》卷三："朱曰：'風大了不得也'。"但不做形容詞帶"得"的程度補語。

②自家乃金朝一個小黄門是也。（元施惠《幽閨記·罔害皤良》）

③洒家不是别人，俺是延安府老種經略相公帳前軍官魯提轄的便是。（明施耐庵《水滸全傳》十七回）

④樂和道："小人便是孫提轄妻弟樂和的便是。"（同上四十九回）

⑤你道此人是誰？他乃陷空島五義士，姓白名玉堂，綽號錦毛鼠的便是。（清石玉昆《三俠五義》十三回）

句中繫詞"是"已在表語前出現，又在表語後重復出現，後一個"是"通常有副詞"便"加以修飾，成爲"A是B便是"的句式，它們是由"A是B"和"AB便是"兩種句式混合而成。其中的表語大都較長，句末"便是"，帶有强調的意思。這類句子在元曲、元明小説裏都有，大都用於自報姓名，而且出自文化水平較低，性格粗豪的人物之口，頗能表現出人物的性格特點。

2."是"在句末及其虚化

中古有兩種判斷句繫詞"是"處於句子末尾：一是表語已提到繫詞前面（例①②），一是表語省略（例③④）。這兩種句子近代同樣存在。如：

①小子賽盧醫的便是。（元關漢卿《竇娥冤》二折）

②洒家行不更名，坐不改姓，青面獸楊志的便是。（明施耐庵《水滸全傳》十七回）

③老者用手向南指道："這條羊腸路就是了。"（明吴承恩《西遊記》二十一回）

④女童道："東房後園大柏樹下埋的不是？"（明馮夢龍《醒世恒言》卷十五）

近代進一步發展，"是"的前面出現一個内容完整的句子形式，不僅成爲全句的重心，而且可以獨立存在。"是"置於句尾，逐漸失去句子成分的作用，性質上也起了變化。"是"前可以加副詞"不"、"便"、"就"，"是"後可以加語氣詞"了"。

（1）句末爲"是"。如：

①可不道，三人同行小的苦，他償命的是。（元關漢卿《蝴蝶夢》二折）

②這罪越添得重了，待走那裏去的是？（明施耐庵《水滸全傳》六十二回）

③没一個同來的人，一時間不知走那一家的是。（明凌濛初《二刻拍案驚奇》卷四）

④老孫火眼金睛，白日裏常看千里，吉凶曉得是。（明吴承恩《西遊記》四十七回）

⑤若拜到頂上，得多少頭磕是。（同上九十八回）

⑥公公白瞧他這一開臉，瞧着也還不算黑不是？（清文康《兒女英雄傳》四十回）

(2)句末爲“便是”。如：

①我離了他家門便是。（金董解元《西廂記諸宫調》卷三）

②老人道：“二仙山只離本縣四十五里便是。”（明施耐庵《水滸全傳》五十三回）

③張老兒道：“官頭，你老人家總要見諒，只索送你五錢銀子便是。”（明李春芳《大紅袍》十一回）

④牛布衣近日館於舍親卜宅，尊客過問，可至浮橋南首大街卜家米店便是。（清吴敬梓《儒林外史》二十二回）

(3)句末爲“就是”。如：

①大郎道：“這個却不知道，叫他出來就是。”（明凌濛初《二刻拍案驚奇》卷十）

②有飯只管添將來就是。（明吴承恩《西遊記》二十回）

③荒居在上集賢村第八家就是。（明馮夢龍《警世通言》卷一）

④我這裏有錢，叫他只管一萬八千的買去就是。（清曹雪芹《紅樓夢》四十七回）

(4)句末爲“便是了”或“就是了”。如：

①你還我一紙休書來,你自留他便是了。(明施耐庵《水滸全傳》二十四回)

②有了他令弟也是一般,只不要他令正出官就是了。(明蘭陵笑笑生《金瓶梅》三十四回)

③到明年我只問你要兩個就是了。(同上三十七回)

④你别管是誰的,横竪我領情就是了。(清曹雪芹《紅樓夢》三十二回)

⑤你們大家都叫我十三妹就是了。(清文康《兒女英雄傳》八回)

上述(1)類句中的"是"可用於肯定句,也可用於疑問句;(2)(3)(4)類句中的"便是"、"就是"、"便是了"、"就是了"只用於肯定句,强調肯定的語氣,它們實際上都已虚化成了語氣詞。

3. 表語與主語相同的"是"字句

這類"是"字句宋代開始出現,主要又有兩種情況:

(1)强調區别。如:

①自今以後,你是你,我是我,緑豆皮兒一一請退了。(明蘭陵笑笑生《金瓶梅》八十二回)

②他是他的,我送的是我送的。(清曹雪芹《紅樓夢》六十回)

③説是説,笑是笑,不可多吃了。(同上四十一回)

④明兒有了事,我也丁是丁卯是卯的,你也别抱怨。(同上四十三回)

⑤那穿紅的女子説:"你站住,别合我論姐兒們!我是我,他是他,你是你。"(清文康《兒女英雄傳》七回)

我們在《朱子語類》裏偶然可以看到這種句式,如"爲人自是爲人,讀書自是讀書"(卷十)。但是元明以後應用才多起來。"是"亦作"自",如明馮夢龍輯《古今小説》卷二:"從今你自你,我自我,休得來連累人。"

(2)表示讓步。如:

①寫是寫了,不免將着這二顆頭到梁山泊上宋江哥哥根前獻功去來。(元

高文秀《黑旋風》四折）

②妙是妙，他們豈肯輕放對？（明凌濛初《二刻拍案驚奇》卷二）

③雛是雛，倒飛了好些了。（清高鶚《紅樓夢》一〇八回）

④好是好，只是妹妹要受些屈了。（清石玉昆《三俠五義》一〇九回）

這是一種緊縮的讓步式，含有“雖然……但是……”的意思，“是”的前後是動詞或形容詞，後一分句表示轉折。這類“是”已失去了原有繫詞的意義，可以用其他的虚詞表示。

此外，“A是A”的句式還可以表示某些别的用法。如：

①左右是左右，將着這一軸美人圖，獻與單于王，着他按圖索要，不怕漢朝不與他。（元馬致遠《漢宫秋》二折）

②他倒是個好意，把些家常話兒都與我説了，我怎麽却這一下子就結果了他？也罷也罷，左右是左右！（明吴承恩《西遊記》七十四回）

③衣裳是衣裳，鞋襪是鞋襪，丫頭老婆一屋子，怎麽抱怨這些話？（清曹雪芹《紅樓夢》二十七回）

④説是説，笑是笑，不可多吃了，只吃這頭一杯罷。（同上四十一回）

例①②“左右是左右”含有“一不做，二不休”的意思，例③“衣裳是衣裳，鞋襪是鞋襪”表示衣裳鞋襪應有盡有，例④“説是説，笑是笑”表示只是隨口説的玩笑話，並非事實，不可當真。這是中古以前所没有的。

三、處置式和“把(拿、捉)”字句的發展

從中古到近代，漢語處置式都用“把(將)”字句來表達，近代漢語裏這種句式有繼承也有發展。與此同時，“拿”和“捉”也有用來表示處置的。

1.“將”和“把”的應用

“將”和“把”中古既可用於工具語，又可用於處置式。近代漢語仍然如此。

(1)“把”用於處置式，“將”用於工具語。如：

①〔那個人〕便將手把武松頭髮揪起來。（明施耐庵《水滸全傳》三十二回）

②且把唐僧將那鐵鏈鎖在後面。（明吴承恩《西遊記》九十一回）

(2)“將”用於處置式，“把”用於工具語。如：

①他和强人做一路，把蒙汗藥將俺們麻翻了。（明施耐庵《水滸全傳》十七回）

②把一條鐵索將盧員外鎖在房門背後。（同上六十二回）

(3)“將”和“把”都用於工具語。如：

①把言語調戲你，又將手摸着你胸脯。（明施耐庵《水滸全傳》四十六回）

②被那廝把蒙汗藥都麻翻了。又將索子捆縛衆人。（同上十七回）

(4)“將”和“把”都用於處置式。如：

①林冲把毡笠子戴上，將葫蘆裹冷酒都吃盡了。（明施耐庵《水滸全傳》十回）

②復回來把師父打一鐵棍，將兩個青氈包袱搶去。（明吴承恩《西遊記》五十七回）

跟中古不同的是，近代“把”的應用頻率比“將”大得多。以《水滸》爲例，“把”用於工具語的 270 餘次，用於處置式的 1070 次；“將”用於工具語的 40 餘次，不及“把”的 1/6，用於處置式的 220 餘次，不及“把”的 1/4。到了清曹雪芹《紅樓夢》裏，工具語一般用“拿”，處置式用“把”或“將”，兩者有了比較明顯的分工。

2. 處置式的謂語複雜化

近代處置式的謂語有兩點和中古一致，但和現代不同。一是謂語可以由一個單獨的動詞充當，不帶任何修飾成分和補足成分。如：

①試把你裙帶兒拴,紐門兒扣。(元王實甫《西廂記》四本二折)

②這潑皮强奪洒家的刀,又把俺打。(明施耐庵《水滸全傳》十二回)

③林冲娘子紅了臉道:“清平世界,是何道理,把良人調戲!”(同上七回)

④雪兒呵,偏則把白面書生奚落。(明湯顯祖《牡丹亭》二十二齣)

這類句子數量不多,因爲賓語提到了動詞前面,後面只有一個孤零零的動詞,不免頭重脚輕,音節上也不大和諧。現代漢語裏幾乎完全不用了。

二是否定的處置式中,否定詞可以放在“把”、“將”的後面。如:

①你將我這臂膊休挝住了者。(元高文秀《黑旋風》二折)

②林冲每日和智深吃酒,把這件事不記心了。(明施耐庵《水滸全傳》七回)

③把鑰匙不見了,走來俺屋裏尋。(明蘭陵笑笑生《金瓶梅》三十三回)

近代處置式發展的特點之一是出現了不少複雜的謂語結構。如:

①把宋江面南背北,將戴宗面北背南。(明施耐庵《水滸全傳》四十回)

②果然那些小妖一擁上前,把個長老繩纏索綁,縛在那定魂樁上。(明吴承恩《西遊記》二十八回)

③我們把馬匹都教人看守在這村裏。(明施耐庵《水滸全傳》十九回)

④然後叫王媽媽子來,把那淫婦教他領了去變賣嫁人。(明蘭陵笑笑生《金瓶梅》八十六回)

⑤宋江教戴宗傳令水軍頭領李俊等,將糧食船隻,須謹慎隄防,陸續運到軍前接濟。(明施耐庵《水滸全傳》一〇七回)

⑥没好的給你吃,别把這點子東西嚇的存在心裏。(清曹雪芹《紅樓夢》八回)

⑦這敬濟墳上覆墓回來,把他娘正房三間,中間供養靈位,那兩間收拾與馮金保住。(明蘭陵笑笑生《金瓶梅》九十二回)

⑧他在家裏，把這丈夫輕則抓、撏、嚷、罵，重便踢、打、拳捶。（清西周生《醒世姻緣傳》七回）

例①謂語"面南背北"、"面北背南"都是由兩個動賓詞組構成的聯合結構。例②謂語是連動式"纏"、"綁"、"縛"三個動詞，都指向"把"的賓語"長老"。例③謂語是兼語式，第二個動詞"看守"指向"把"的賓語"馬匹"。例④謂語是兩重兼語式套連動式，動詞"領"和"變賣"都指向"把"的賓語"淫婦"。例⑤謂語是連貫複句，第二分句的動詞"運"指向"將"的賓語"糧食船隻"。例⑥"這點子東西"是補語部分"存"的賓語，提到謂語動詞前面。例⑦⑧謂語是聯合複句，動詞"供養"和"收拾"、"住"分別指向"正房三間"的一部分，動詞"抓"、"撏"、"嚷"、"罵"、"踢"、"打"、"拳捶"都指向"把"的賓語"丈夫"。上述複雜的謂語形式，是中古處置式很少有的。此外，用疑問代詞做處置式的謂語，表示反问，從明代開始出現。如：

①你也不要管他，左右是我，隨他把我怎麼的罷。（明蘭陵笑笑生《金瓶梅》二十回）

②平兒笑道："多喝了，又把我怎麼樣？"（清曹雪芹《紅樓夢》三十九回）

③便硬着嘴道："他知道，便把我怎麼樣麽？"（清石玉昆《三俠五義》十二回）

3. "把（將）"的賓語複雜化

首先要談一談的是，在有主語的句子裏，"把（將）"及其賓語的位置通常放在主語後面，也有少數放在主語前面的。如：

①將一杯酒，你喝一口，我喝一口。（明吴承恩《西遊記》六十回）

②你依着我，把這禮兒你還拿回去。（明蘭陵笑笑生《金瓶梅》七十二回）

③把門你一把鎖鎖了，家當都交與你，好不好？（同上九十六回）

結構上，中古"把（將）"的賓語一般限於名詞和名詞性詞組，比較簡單。到了近代，"把（將）"的賓語大大複雜化了。可以由單句或複句充當。如：

①月娘先把喬家送帖來請説了。(明蘭陵笑笑生《金瓶梅》六十七回)

②那婦人驚得魂魄都没了,只得從實招説,將那時(一本作“日”)放簾子因打着西門慶起,並做衣裳入馬通姦,一一地説。(明施耐庵《水滸全傳》二十六回)

③一日,四月天氣,潘金蓮將自己袖的一方銀絲汗巾兒裹着一個紗香袋兒,裏面裝着一縷頭髮並些松柏兒,封的停當,要與敬濟。(明蘭陵笑笑生《金瓶梅》八十二回)

例①“喬家送帖來”是單句充當介詞“將”的賓語,例②③“那時放簾子……入馬通姦”、“自己袖的……並些松柏兒”都是複句充當介詞“將”的賓語。有時“把(將)”的賓語有這樣那樣的連帶成分。如:

①你和大老婆串同了,把我家寄放的八箱子金銀細軟玉帶寶石東西,都是當朝楊戩寄放應没官之物,都帶來嫁了漢子。(明蘭陵笑笑生《金瓶梅》九十二回)

②他到晚夕巡風,進入後廳,把他二爺東莊上收的子粒銀,一包五十兩,放在明間桌上,偷的去了。(同上一百回)

例①“都是當朝楊戩寄放應没官之物”,例②“一包五十兩,放在明間桌上”都是“把”的賓語的連帶成分,對賓語進行説明,跟後面的動詞不發生關係。

4. 出現没有動詞相呼應的處置式

這種没有動詞的處置式,可分兩類,一種是在對話中出現,帶有比較强烈的感情色彩,説話者没有把話説完就停止了,逐漸成爲一種固定的句式。如:

①我把那精驢賊醜生弟子孩兒!(元孟漢卿《魔合羅》二折)

②我把你這無知贓官!你認的我麽?(明無名氏《梁山七虎鬧銅台》頭折)

③我把你個大膽的潑猴,怎敢這等欺人!(明吴承恩《西遊記》三十五回)

④口内笑駡:“我把你這嚼舌根的小蹄子兒!”(清曹雪芹《紅樓夢》三十八回)

⑤黛玉聽了，翻身爬起來，按着寶玉笑道："我把你這個爛了嘴的！我就知道你是編派我呢。"（同上十九回）

另一種是"把（將）"的賓語較長，後面失去相應的動詞。如：

①毛太公教把他兩個使的鋼叉並一包贓物，扛擡了許多打碎的家火什物。（明施耐庵《水滸全傳》四十九回）

②寨後西北上，不知那裏將許多糧米，有百十輛車子。（同上七十回）

③玳安悉把在常時節家會茶散的早，邀應二爹和謝爹同到李家，他鴇子回説不在家，往五姨媽家做生日去了，不想落後爹浄手，到後邊來看見粉頭和一個蠻子吃酒不出來，爹就惱了。（明蘭陵笑笑生《金瓶梅詞話》二十一回）

嚴格説來，這類句子不够規範，所以在漢語發展中自然被淘汰了。

5. 處置式和被動式結合使用

這類句子把動作的發動者變成介詞"被（吃）"的賓語在句中出現，顯得比較特別。如：

①如今把俺們也吃他活埋了，弄的漢子烏眼雞一般。（明蘭陵笑笑生《金瓶梅》十一回）

②今早帥衆將與天王交戰，把七十二洞妖王與獨角鬼王盡被衆神捉了。（明吴承恩《西遊記》五回）

③如今這樣年紀正要替主人出力，何苦把精神氣力被婦人消耗了去。（《肉蒲團》十三回）

④馮媽媽道："還問甚麼好？把個見見成成做熟了飯的親事，吃人撥了鍋兒去了。"（明蘭陵笑笑生《金瓶梅》十八回）

6. 不表處置的"把（將）"字句

近代漢語産生了不少不表處置的"把（將）"字句。有的"把（將）"含有"使令"的

意思,動作其實是“把(將)”的賓語發出來的。如:

①將大小將校,依令如此而行。(明施耐庵《水滸全傳》六十回)

②把一個高贊就喜得手舞足蹈。(明馮夢龍《醒世恒言》卷七)

③把個西門慶歡喜的没入脚處。(明蘭陵笑笑生《金瓶梅》十一回)

④姐姐,你若這等,把你從前的一場好都没了。(同上二十回)

⑤跑到這裏來,偏又把鳳丫頭病了。(清曹雪芹《紅樓夢》七十九回)

有的謂語是形容詞,“把(將)”也有“使令”的意思,形容詞表示賓語所指事物的狀態。

①只得六十日,便把我孩兒都瘦了。(元高明《琵琶記》四齣)

②你申純孩兒可出繼與我爲嗣,庶不將這後代來寂寞了。(劉兑《嬌紅記》)

③須臾間,風狂火盛,把一座觀音院處處通紅。(明吴承恩《西遊記》十六回)

④婦人聽了此言,便把臉紅了。(明蘭陵笑笑生《金瓶梅》二十三回)

有的謂語是否定動詞“没”,“把(將)”的作用只是將賓語提前,既不表示處置,也不含使令的意思。如:

①不知何故,臣等一夜把頭髮都没了。(明吴承恩《西遊記》八十五回)

②若將此女歸了生員,把生員三夜衣不解帶之意全然没了。(明馮夢龍《醒世恒言》卷七)

③寶玉此刻把聽曲子的心都没了。(清曹雪芹《紅樓夢》三十六回)

有的“把(將)”句提到前面去的只是句中其他成分,賓語仍然留在動詞後面。如:

①府尹將我臉上刺下疊配州字樣。(明施耐庵《水滸全傳》十七回)

②宋江把袖子裏摸時,手内棗核三個,袖裹帕子包着天書。(同上四十二回)

③〔潘金蓮〕拿過鏡子來,從新把嘴唇抹了些胭脂。(明蘭陵笑笑生《金瓶梅》五十一回)

例①的"將"可作"往"講,例②③"把"可作"在"講。"將"和"把"實際上只是起一種處所介詞的作用。

7. 用"拿"、"捉"表示的處置式

用"拿"表示的處置式大約産生於明代,清代繼續使用,但不普遍。如:

①李逵拿殷天錫提起來,拳頭脚尖一發上。(明施耐庵《水滸全傳》五十二回)

②我們拿他往下一摜,摜做個肉糰子。(明吴承恩《西遊記》三十一回)

③隨鳳佔不免又拿他埋怨了一頓。(清李寶嘉《官場現形記》二十一回)

④許亮輸了四五百兩銀子給吴二浪子,都是現銀;吴二浪子直拿許亮當做個老土。(清劉鶚《老殘遊記》十九回)

用"捉"表示的處置已見於中古,近代似乎只在吴語方言區的作品裏出現,不常見。如:

①郎在門前走子七八遭,姐在門前只捉手來摇。(明馮夢龍《山歌·多》)

②我郎呀,爾若半夜來時,没要捉個後門敲,只好捉我場上雞來拔了毛,假做子黄鼠狼偷雞引得角角裏叫。(同上《半夜》)

③我捉你當子天上日頭一心只對子你,你没要陰晴無准弗照阿奴心。(同上《葵花》)

現代安徽安慶方言裏還保存着"捉"的這種用法。

四、被動句的發展

近代漢語被動句在中古漢語的基礎上有了進一步的發展，主要表現在以下幾個方面。

1.表示被動意義的舊介詞和新介詞並用

中古在被動句中引進施動者的介詞“喫”、“教(交)”、“與”、“着”近代仍然使用，“喫”又寫作“吃”、“乞”或“訖”，“教”也寫作“交”。與此同時，近代又産生了用“把”、“叫”和“給”引進施動者的被動句。

用“喫”、“吃”表示的被動句。如：

①一張紙又要一個錢買，則喫你破壞我這家私。(元鄭廷玉《忍字記》一折)

②若打不着，倒喫他笑。(明施耐庵《水滸全傳》五十八回)

③自家把火燒死了，妻子都喫殺了。(《皇明詔令》卷三)

④娶也不曾娶得，我倒吃他搶白了這一場。(元石君寶《秋胡戲妻》二折)

⑤我因爲你，吃郡王打死了，埋在後花園内。(《京本通俗小説·碾玉觀音》)

⑥黄信怕吃他三個拿了，壞了名聲。(明施耐庵《水滸全傳》三十四回)

⑦今日吃人暗算，弄出這等事來。(明蘭陵笑笑生《金瓶梅》十四回)

⑧錢青吃打慌了，但呼救命。(明抱甕老人輯《今古奇觀》卷二十七)

用“乞”、“訖”表示的被動句。如：

①只説武大郎自從武松説了去，整整的乞那婆娘罵了三四日。(明施耐庵《水滸全傳》六十四回)

②周氏不敢言語，乞這大娘罵了三四日。(《清平山堂話本·錯認屍》)

③想是調戲我的師傅，乞我師傅夾臉噗了八百八十八口啐氣。(明高濂《玉簪記》十四齣)

④武松乞他看不過，只低了頭，不理他。(《金瓶梅詞話》一回)[1]

⑤〔王君廓〕要反到達達地面裏去，訖那種田的百姓認得是他，拏將來殺了。(《皇明詔令》卷三)

用“教”、“交”表示的被動句。如：

①要賺祝家莊人，故意教孫立捉了，使他莊上人一發信他。(明施耐庵《水滸全傳》五十回)

②豈想他弓兵人數廣，教我跳入在浪波汀。(明無名氏《梁山七虎鬧銅臺》頭折)

③塗近十小名的人，爲交賊指着他的上頭，五十定鈔肚皮有了者。(《元典章·刑部四》)

用“與”表示的被動句。如：

①天子愚暗癡呆，與人穿着鼻，成個甚麽朝廷？(《五代史平話·唐史上》)

②依你説起來，我的孩兒應該與這殺才騙的？(明馮夢龍《醒世恒言》卷八)

③不要煩煩惱惱，與别人看破了，生出議論來。(明凌濛初《二刻拍案驚奇》卷九)

用“着”表示的被動句。如：

①我單爲你，着那廝打了這一頓。(元李文蔚《燕青博魚》三折)

②〔正末云〕兀那廝，俺嫂嫂呢？〔店小二云〕着人拐的去了。(元高文秀《黑旋風》二折)

---

① 《新刻繡像批評金瓶梅》(齊魯書社 1989 年版)“乞”並作“吃”。

③不是弓兵護從嚴,險些着他殺了我。(元無名氏《梁山七虎鬧銅臺》頭折)

④掏火於姑舅叔朱善兒東草屋東簷底行燒,着事主知覺救滅。(《元典章·刑部十二》)

與此同時,近代新産生了用"把"、"叫"、"給"表示的被動句。

把 表被動關係的"把"是從動詞"把與"的意思虚化來的,帶有一定的方言色彩。如:

①這明明是天賜我兩個横財,不取了他的,倒把别人取了去?(元蕭德祥《殺狗勸夫》二折)

②西門慶笑道:"咱恁長把人靠得着,却不更好了。"(明蘭陵笑笑生《金瓶梅》一回)

③你是男子漢大丈夫,把人罵了烏龜忘八,看你如何做人?(明無名氏《歡喜冤家》一回)

叫 表被動的"叫"出現較晚,明清作品裏才看到例子。如:

①我才倒茶,叫雪滑倒了。(清曹雪芹《紅樓夢》八回)

②這一分家私要不都叫他搬了娘家去,我也不是個人。(同上二十五回)

③明兒叫上屋裏聽見,可又是不好。(同上二十六回)

給 表被動關係的"給"是從動詞"給予"的意義虚化來的。時間更晚,《水滸全傳》、《西遊記》,甚至《紅樓夢》裏都還没有[①]。如:

①就是天也是給氣運使唤着,定數所關,天也無從爲力。(清文康《兒女英

---

① 古代"給"有"豐足"義。《説文·糸部》:"給,相足也。"又有"供給"義,《玉篇·糸部》:"給,供也。"音 jǐ。"給予"的"給"音 gěi,有的學者認爲是古代"饋"、"歸"的音借。

雄傳》三回）

②不料給當面抖摟亮了，也只得“三一三十一”合那兩個每人“六百六十六”的平分。（同上五回）

③倘給都老爺查着了，他不問三七二十一，當街就打。（清吴沃堯《二十年目睹之怪現狀》七十五回）

總的來看，上述“喫”、“吃”、“乞（訖）”、“教”、“叫”、“與”、“着”、“把”、“給”出現的頻率不高。在整個近代漢語的被動句中只是少數，被動句中佔主導地位的仍然是“被”字句。

2. 被動句的結構複雜化

“被”動句的動詞前面可以帶狀語，後面可以帶補語或賓語，這是中古就有了的。到了近代，“被”動句的關係語、謂語進一步複雜化了。

（1）關係語　所謂關係語是指被動句中代表行爲施動者的詞語。近代被動句的關係語可以帶有不同的連帶成分，對關係語進行説明，不與整句的謂語部分發生關係。如：

①山上舊有一個道院，近來新被兩個强人，一個姓王名江，一個姓董名海，這兩個都是緑林草賊，先把道士道童都殺了。（明施耐庵《水滸全傳》七十三回）

②王義因爲帶將一個女兒名唤玉嬌枝同行，却被本州賀太守，原是蔡太師門人，那廝爲官貪濫，非理害民，一日因來廟裏行香，不想正見了玉嬌枝有些顔色，累次着人來説，要娶他爲妾。（同上五十八回）

③西門慶家小老婆，今被這出走的小廝來旺兒，改名鄭旺，通姦，拐騙財物，在外居住。（明蘭陵笑笑生《金瓶梅》九十回）

例①“一個姓王名江……都是緑林草賊”是關係語“兩個强人”的連帶成分，例②“原是蔡太師門人……不想正見了玉嬌枝有些顔色”是關係語“本州賀太守”的連帶成分，例③“改名鄭旺”是關係語“小廝來旺兒”的連帶成分。因爲句中嵌入與動詞無關的連帶成分，整個被動句結構變得複雜而鬆散了。

(2)謂語　近代被動句的謂語可以有較爲複雜的狀語、補語或賓語，有的謂語由幾個詞組乃至複句形式構成，而且有着不同的結構關係。如：

①十二三個賭博的，一發齊上，要奪那銀子，被李逵指東打西，指南打北。(明施耐庵《水滸全傳》三十八回)

②那張都監方才伸得脚動，被武松當時一刀齊耳根連脖子砍着。(同上三十一回)

③我被那廝的陷坑捉了我到寨裏。(同上五十八回)

④苗天秀……被陳三手持利刀，一下刺中脖下，推在洪波蕩裏。(明蘭陵笑笑生《金瓶梅》四十七回)

⑤在先敝寺十分好個去處，田莊又廣，僧衆極多，只被廊下那幾個老和尚吃酒撒潑，將錢養女，長老禁約他們不得，又把長老排告了出去，因此把寺來都廢了。(明施耐庵《水滸全傳》六回)

⑥吴兵慌亂，不戰而走，被魏軍四下舉火，燒毁戰船、糧草、器具不計其數。(明羅貫中《三國演義》一〇三回)

⑦這個所在被我鬧得血濺長空，屍横遍地。(清文康《兒女英雄傳》九回)

例①謂語“指東打西、指南打北”是固定詞組；例②動詞前有狀語“當頭一刀，齊耳根連脖子”表示砍着的方式和處所；例③動詞後有複指賓語“我”和補語“到寨裏”；例④謂語包括兩個動作，後一動作指向主語，前一動作表示實現後一動作的工具；例⑤謂語包括幾個順序相同的動作，但只有最後一個動作“把寺來都廢了”指向主語；例⑥動詞後有隸屬賓語“戰船、糧草、器具不計其數”；例⑦動詞後有補語“血濺長空，屍横遍野”。

(3)被動式和處置式相結合

被動句的動詞後面可以帶有不同的賓語，用“將”或“把”將這類賓語提到動詞前面，於是形成了被動式和處置式的結合。這類句式產生於宋代。如：

①郭威待至二更後,被郭威將阿襄罕殺了。(《五代史平話》卷上)

②這廟裏只有三個道人,被喬道清等將他累月募化積下的飯來都吃盡了。(明施耐庵《水滸全傳》九十七回)

③老漢王林,被那兩個賊漢將我那女孩兒搶將去了。(元康進之《李逵負荊》三折)

④今被楊大郎這天殺的,把我貨物不知拐的往那裏去了。(明蘭陵笑笑生《金瓶梅》九十二回)

⑤我走到半路,被那巡更的歹弟子孩兒,把我攔住,道我是犯夜的。(元無名氏《鴛鴦被》二折)

⑥我師父分明是個好人,必然被怪把他變做虎精。(明吴承恩《西遊記》三十回)

⑦被武松把兩個都殺了,自首告到本縣。(明施耐庵《水滸全傳》三十二回)

⑧這句話竟被你兩個把我問倒了。(清文康《兒女英雄傳》三十三回)

例①②③提到動詞前面的是隸屬賓語;例④⑤⑥提到動詞前面的是複指賓語;例⑦⑧是反向被動賓語。

3. 反向被動句增加

這類句子的動作發自關係語,指向動詞賓語而不指向主語,它對主語只有間接的影響。如:

①曹英趕上,被彦超棄馬走入城去,兩下鳴金收軍。(《五代史平話·周史上》)

②〔小弟〕却才正發寒冷,在那廊下向火,被兄長跐了掀柄,吃了那一驚,驚出一身冷汗,覺得這病好了。(明施耐庵《水滸全傳》二十三回)

③我本是兜率宫守爐的道人,被老君怪我失守,降下此間,就做了火焰山土地也。(明吴承恩《西遊記》六十回)

④那長老昏暈在地,不能言語,被他(行者)把兩個青氈包袱提在手中,駕

觔斗雲，不知去向。（同上五十七回）

⑤金蓮不理他，被西門慶遶屋尋遍，從門背後採出鉞安來要打。（明蘭陵笑笑生《金瓶梅》二十六回）

例①“棄馬走入城去”的動作不指向主語“曹英”；例②“跐”的動作指向“掀柄”，不指向主語“小弟”；例③“怪我失守，降下此間”不指向主語“我”；例④“提”和“駕”的動作不指向主語“長老”；例⑤“尋”和“採出”的動作指向賓語“越安”，不指向主語“潘金蓮”。

4. 不表被動關係的“被”字句

這類句子並不表示被動關係，中古已經産生，近代應用更爲廣泛。如：

①兒呀，則被你愁殺我也。（元張國賓《合汗衫》二折）

②龍王云：“秀才，則被你險些兒熱殺我也。”（元李好古《張生煮海》四折）

③那一日吃你家媽媽趕逼我不過，只得忍了一口氣，走出你家門。（元關漢卿《金線池》一折）

④不想秀才遇着上仙，授他三件法寶。被他燒的海水滚沸，使某不堪其熱，只得央石佛寺法雲禪師爲媒，招請爲婿。（元李好古《張生煮海》四折）

⑤爲何不能全勝，却被呼延灼陣裏，都是連環馬，官軍馬帶馬甲，人披鐵鎧。（明施耐庵《水滸全傳》五十五回）

⑥朱仝道：“被原告人執定要小人如此招做故放，以此問得重了。”（同上五十一回）

⑦却被金兵入寇，二帝北遷，徐信共崔氏商議，此地安身不牢，收拾細軟家財，打做兩個包袱，夫妻各背了一個，隨着衆百姓曉夜奔走。（明馮夢龍《警世通言》卷十二）

⑧誰知他只看得一行，便氣的昏迷過去，幾乎被他死在衙門裏面。（清吴沃堯《二十年目睹之怪現狀》五十三回）

以上例①②“被”置於單句之首，表示對主語不利的事實，全句仍然是“主—動—賓”

的詞序。例③至⑦可以看作表示原因的連詞，引出意外或不利於説話者的事實。例⑧“被他”二字完全可以省去。

5.“被”或“吃”的進一步虚化

隨着被動句的發展，“被”或“吃”進一步虚化，不再表示對主語不幸或不如意的事實，而僅僅成爲表示被動關係的語法標誌。

第一，出現了一些表事物的被動主語。主語是無感覺的事物，無所謂幸與不幸。如：

①這桶酒吃那客人饒兩瓢吃了，少了你些酒。（明施耐庵《水滸全傳》十六回）

②街上藥材，被人搶了許多。（明蘭陵笑笑生《金瓶梅》十九回）

③才西門上起火，被一場大雨把火滅了。（明吴承恩《西遊記》七十回）

④手中的扇子落在地下，也半被落花埋了。（清曹雪芹《紅樓夢》六十二回）

第二，被動句並非表示對主語不如意的事實。如：

①我則怕鴛鴦不鎖黄金殿，則被你稱了心也麽哥，則被你稱了心也麽哥。（元喬孟符《金錢記》二折）

②晁宋二人笑道：“被你殺了四個猛虎，今日山寨裏又添的兩個活虎上山，正宜作慶。”（明施耐庵《水滸全傳》四十七回）

③那閻婆惜被那張三小意兒百依百隨，輕憐重惜。（同上二十一回）

④我只説來看看，吃他大爹再三央，陪伴他坐坐兒。（明蘭陵笑笑生《金瓶梅》二十六回）

現代漢語裏，上述被動結構有的發展，有的淘汰，形式上得到統一，漢語語法結構日趨完善了。

五、比較句的發展

近代漢語裏，比較句有了很大的發展，主要表現在以下四個方面：

1.“比”字句應用範圍擴大

“比”字句主要用於差比，古今如此。近代又可用于平比，或表甲、乙兩項某方面相同。如：

①看身上時，寒粟子比餶飿兒大小。（明施耐庵《水滸全傳》）一回）

②便依你説，比關王刀也打八十一斤的。（同上四回）

③西胡月支國獻猛獸一頭，形如五六十日新生的小狗，不過比狸貓般大。（明凌濛初《初刻拍案驚奇》卷三）

④他比那個没鼻子没眼兒？是鬼兒出來見不的？（明蘭陵笑笑生《金瓶梅》七十五回）

⑤媳婦兒也你心性兒淳，氣格兒温，比着那望夫石不差分寸。（元王仲文《救孝子》二折）

例④是用反問的形式表示肯定，意思是你和那個都一樣，有鼻子有眼兒。例⑤“比”字後帶助詞“着”，意思不殊。下面的例子着重表示甲、乙兩個比較項不同。不同的内容大都在句中有所説明，或者不言而喻。如：

①我家比你家，各有内外。（明施耐庵《水滸全傳》四十九回）

②這番比前不同，威風凛凛，殺氣森森。（明吴承恩《西遊記》四回）

③老孫比在前不同，爛板凳，高談闊論了。（同上十六回）

④此人爲兄報仇，誤打死這李外傳，也是個有義的烈漢，比故殺平人不同。（明蘭陵笑笑生《金瓶梅》十回）

⑤小哥兒萬金之軀，是個掌中珠，又比别的不同。（同上五十三回）

⑥自來到京師，比俺塞北全别了呵。（元黄元吉《流星馬》四折）

2."比"字句出現多種説明語結構

近代"比"字句的説明語可以是不同的詞或詞組,大都表示差比。如:

①這肉人的眼珠子上要着上這等一件東西,大概比揉進一個沙子去利害。(清文康《兒女英雄傳》六回)

②〔洞庭橘〕後來熟了,却也甜美,比福橘之價十分之一。(明凌濛初《初刻拍案驚奇》卷一)

③兀那漢子,你這會兒比頭裏那凍倒的時分,可是如何?(元張國賓《合汗衫》一折)

④周守備見了春梅,生的模樣兒比舊時越又紅又白。(明蘭陵笑笑生《金瓶梅》八十六回)

⑤這前堂後閣,比在前越越修整的全别了也。(元秦簡夫《東堂老》四折)

⑥他一個個頭圓頂天,足方履地,但比老孫肥胖長大些兒。(明吴承恩《西遊記》十七回)

⑦武松在外出落得長大,身材胖了,比昔時又會説話兒。(明蘭陵笑笑生《金瓶梅》八十六回)

⑧故夫比我年大三歲,我今年四十五歲。(明吴承恩《西遊記》二十三回)

例①説明語"利害"是形容詞,例②"十分之一"是分數,例③"如何"是疑問詞,例④"越又紅又白"是偏正詞組,例⑤"修整的全别了"是動補詞組,例⑥"肥胖長大些兒"是形補詞組,例⑦"會説話兒"是動賓詞組,例⑧"年大三歲"是主謂詞組。

以上是肯定式的"比"字句,否定式的"比"字句主要有兩種形式:

(1)"甲—不(非、難)比—乙"式　常用於差比,有正、反兩個方面。如:

①我若還嫁了你,我不比那宋引章,針指油面,刺繡鋪房,大裁小剪,都不曉得一些兒的。(元關漢卿《救風塵》三折)

②這兩個女子便都有些盜賊的意思,不比前邊這幾個報仇雪恥,救難解危,方是修仙正路。(明凌濛初《初刻拍案驚奇》卷四)

③如今的這榮寧兩府也都蕭索了,不比先時的光景。(清曹雪芹《紅樓夢》二回)

④二位教頭比試,非比其他。(明施耐庵《水滸全傳》九回)

⑤我與人家看牛哩,不比你這唱貨郎的生涯,這等下賤。(元無名氏《貨郎旦》三折)

⑥親兄弟難比别人,與我們争口氣也是好處。(明蘭陵笑笑生《金瓶梅》一回)

例①②③是正向相比,乙項勝於甲項;例④⑤⑥是反向相比,甲項勝於乙項。

(2)“甲—比不得(的)—乙”式　用於差比,也有正向、反向之分。如:

①我的面貌雖比不得潘安,也充得過。(明施耐庵《水滸全傳》二十四回)

②此物比不得那愚夫俗子,拿了可以當飯。(明吴承恩《西遊記》七十七回)

③那黄風大王,風最利害。他那風,比不得甚麽春秋風、松竹風、與那東西南北風。(同上二十一回)

④自古没舅不生,没舅不長,一個親娘舅,比不的别人。(明蘭陵笑笑生《金瓶梅》七十九回)

例①②是正向相比,乙項勝於甲項;例③④是反向相比,甲項勝於乙項。

3. 比較項具有多種關係

就説明語和甲乙兩項看,通常説明語是説明甲項的情況如何,如:

①我雖少腮,却比人多這個素袋。(明吴承恩《西遊記》二回)

②玉郎是個男子漢,一隻脚比女子的有三四隻大。(明馮夢龍《醒世恒言》卷八)

③定睛仔細看時,却是春梅,但比昔時出落得長大身材,面如滿月。(明蘭陵笑笑生《金瓶梅》八十六回)

有的説明語是説明乙項的情況如何。如：

①比不得當時有當家的老爹在此。(明蘭陵笑笑生《金瓶梅》七十九回)

②則他便是梁鴻,每日在長街市上題筆爲生的,怎比那兩個是官員財主,你嫁了他,也得受用哩。(元無名氏《舉案齊眉》一折)

③趙后有一妹,名曰合德,美貌絶倫,比趙后也要讓他三分。(清豔豔生《昭陽趣史》三回)

甲、乙兩個比較項出現的情況也不盡相同。有的是整體與整體相比。如：

①你雖然像人,却比人少腮。(明吴承恩《西遊記》二回)

②我問你,我比蔣太醫那廝誰强?(明蘭陵笑笑生《金瓶梅》十九回)

例①"你"和"人"相比,例②是"我"和"蔣太醫那廝"相比,甲、乙兩項都指人。

有的不是整體相比,如：

①你我都是趁來的露水,能有多大湯水兒,比他的脚指頭兒也比不的呢?(明蘭陵笑笑生《金瓶梅》七十六回)

②只要他發點好心,拔根毫毛比咱們的腰還壯呢。(清曹雪芹《紅樓夢》六回)

例①甲項"你我"與乙項"他的脚指頭",是整體與部分相比。例②甲項"毫毛"與乙項"咱們的腰"是部分與部分相比。

有的甲項承前省略,僅存乙項,如：

①春梅笑道:"比你家老頭子那大貨差些兒。"(明蘭陵笑笑生《金瓶梅》九十五回)

有的一項或兩項中只留某一部分,省去重復的部分。如：

①小姐,你嫁了我時,比别人不强多着哩。(元無名氏《舉案齊眉》三折)

②所以〔火居道士〕做那姦淫之事,比和尚十分便當。(明凌濛初《初刻拍案驚奇》卷十七)

③他的油比别人又好又賤,單單作成他。(明馮夢龍《醒世恒言》卷三)

④怨不得他福大,生日比别人都佔先。(清曹雪芹《紅樓夢》六十二回)

例①乙項當是句子形式“你嫁了别人”,只保留賓語部分。例②乙項當是“和尚做那姦淫之事”,只保留主語部分。例③乙項當是“别人的油”,只保留定語部分。例④相比的兩項當是“他的生日”和“别人的生日”,甲項只出現中心部分,乙項只出現定語部分。這類情况甚多,顯示了“比”字句内容的多樣化。

4. 新的差比句形式

近代漢語裏又用“煞强似”、“煞强如”、“索强似”、“索强如”、“須强如”表示差比,有“比……强”、“勝過”的意思。如:

①吟得句兒匀,念得字兒真,詠月新詩,煞强似織錦回文。(元王實甫《西廂記》二本一折)

②妹妹那等人物,怕本地尋不出好夫婿,煞强似遠嫁他方。(清天花才子《快心編三集》六回)

③今日箇東閣玳筵開,煞强如西廂和月等。(元王實甫《西廂記》二本二折)

④馬市一成,歲歲享無窮之利,煞强如搶掠的勾當。(明馮夢龍輯《古今小説》卷四十)

⑤看我這没是非一枕夢兒甜,索强似争名利千般意兒假。(明王久思《離亭宴帶歇拍煞·歸興》套曲)

⑥每日家掃地、焚香、念佛,索强如恁買柴、糴米、當家。(元鄭廷玉《忍字記》二折)

⑦嘗聞古賢書,狗彘食人食,公公婆婆須强如草根樹皮。(元高明《琵琶記·糟糠自厭》)

六、"連"字結構的發展

介詞"連"和"連"字句六朝已經産生。近代仍可單用,表示包括或强調所關涉的事物。如:

①連奴家至今不知這物事那裏來的。(明馮夢龍輯《古今小説》卷一)

②連洞府燒得精空。(明吴承恩《西遊記》八十六回)

③連那匙鑰在裩帶上解將下來。(明馮夢龍《醒世恒言》卷十七)

近代"連"又有連詞的用法,單用時連接名詞性詞語,有"包括"的意思。如:

①大王若再年載不來,我等連山洞盡屬他人矣。(明吴承恩《西遊記》二回)

②那條龍就趕不上,把他的白馬連鞍轡一口吞下肚去。(同上十五回)

③八衆僧人,連司賓的魏相公,共九位,坐了兩席。(清吴敬梓《儒林外史》四回)

這類"連"字又和"帶"連用爲"連……帶……"的格式。連接兩個名詞時,有"兩者同時包括在内"的意思。如:

①怕不就連皮帶筋撚成齏粉。(元紀君祥《趙氏孤兒》一折)

②被湯隆趕上,把鐵瓜錘照頂門一下,連盔帶頭打碎,死于馬下。(明施耐庵《水滸全傳》九十六回)

③連大姐帶你四個,每人都裁三件。(明蘭陵笑笑生《金瓶梅》四十一回)

連接兩個動詞時,表示兩個動作同時進行。如:

①因此將二人連説帶駡,教訓了一頓。(清曹雪芹《紅樓夢》二十九回)

②連數落帶發作的就哭鬧成一處。(清文康《兒女英雄傳》四十回)

從宋代開始,介詞“連”和副詞“也”、“都”等連用而成“連……也(還、都)……”的格式,叫做“連”字結構。

近代應用廣泛,結構多樣,句法功能也擴大了。

1. “連”字結構中的副詞

近代“連”字結構中與“連”配合使用的副詞不少,少數是宋以前原有的,多數是新出現的。如:

①〔東坡云〕連小官也不是了。(元吴昌齡《東坡夢》一折)

②你是府裏使老了的,難道連這個規矩都不懂了?(清曹雪芹《紅樓夢》六十一回)

③爺雖如此説,連他家還看不起我們,別人越發看不起我們了。(同上七十二回)

④這一夕話,實合了賈母、王夫人的心事,連王夫人也都聽住了。(同上三十九回)

⑤他自恃是邢夫人陪房,連王夫人尚另眼相看,何況別人?(同上七十四回)

⑥連官裏一應陳設盆景,亦是他家貢奉。(同上七十九回)

⑦這一百日内,連院門前皆不許到,只在房中頑笑。(同上七十九回)

⑧連寶玉只除王子滕家去了,餘者亦皆不去。(同上五十四回)

⑨不但有戲,連耍百戲並説書的男女先兒全有,都打點取樂頑耍。(同上四十三回)

⑩此刻連我一身一體俱是奶奶的,何得换一個名字反問我服不服?(同上八十回)

⑪據我看,連他姐姐並這些人總不及他。(同上四十九回)

以上“連”字結構中的副詞,“也”、“都”、“尚”已見於宋代,“也都”、“還”、“亦”、

“皆”、“亦皆”、“全”、“俱”、“總”等都只在近代“連”字結構中才出現。就出現頻率看,“也”、“都”、“還”最高,其餘都比較少見,有的偶然出現而已。

2.“連”的位置

“連”可以在主語前,也可以在前置賓語前,少數也可以在狀語前。

(1)“連”在主語前。如:

①今日不是老客人來,連我也不知自己是冤枉的。(明凌濛初《初刻拍案驚奇》卷十一)

②那時連劉公也慌張起來。(明馮夢龍《醒世恒言》卷十)

③大聖又叫道:“娘呵,連腰截骨都化了!”(明吴承恩《西遊記》三十四回)

④近日連香玉亦已見棄。(清曹雪芹《紅樓夢》九回)

⑤再過一二年,連我身子也是别人的了。(明馮夢龍《醒世恒言》卷十七)

⑥連地下踮的磚,皆是碧緑鑿花。(清曹雪芹《紅樓夢》四十一回)

⑦你們東府裏除了那兩個石頭獅子乾净,只怕連貓兒狗兒都不乾净。(同上六十六回)

⑧探春……將頭一扭,説道:“連你也糊塗了。”(同上四十二回)

例①②是主動句,例③④是被動句,例⑤⑥是判斷句,例⑦⑧是描寫句。

(2)“連”在前置賓語前。這類賓語絶大多數是名詞、代詞或詞組,少數是動詞。如:

①相國寺前一株柳樹,連根也拔將出來。(明施耐庵《水滸全傳》九回)

②他連銀子都收了,怎麽没准?(清曹雪芹《紅樓夢》六十九回)

③只怕他暗地裏攛將出來,却不又連我都害了?(明吴承恩《西遊記》十五回)

④你來瞧瞧,你的女兒連我也不服了。(清曹雪芹《紅樓夢》五十九回)

⑤只見幾間空屋,連傢夥什物一件也不見了。(明抱甕老人輯《今古奇觀》卷三十八)

⑥他被妖魔拘轄,連一個生身之母尚不得見,我一個和尚,欲見何由?(明吴承恩《西遊記》三十七回)

⑦回家,寶玉越加沉重,次日連起坐都不能了。(清高鶚《紅樓夢》九十八回)

⑧攪的我連覺也不得睡。(清石玉昆《三俠五義》一一八回)

⑨你道安老爺也是五十多歲生兒養女的人,難道連個奶孩子的也没見過不成。(清文康《兒女英雄傳》三十九回)

⑩就是玉格這麽大了,連出去逛個廟聽個戲都不會。(同上三十三回)

⑪漸漸的連雇驢車也不能了,没法,雖從大夫之後,也只得徒行起來了哇。(同上三十六回)

⑫不差甚麽連他自己出過花兒没出過花兒都樂忘了。(同上三十回)

例①②前置賓語是名詞,例③④是代詞,例⑤⑥是名詞性詞組,例⑦⑧是動詞,例⑨是"的"字結構,例⑩是連動詞組,例⑪是動賓詞組,例⑫是主謂詞組。上述"連"和前置賓語的位置都在主語後面,也有放在主語前面的。如:

①連老爺在家出外去的一應大小事,他都知道。(清曹雪芹《紅樓夢》三十九回)

②連老太太的東西你都有神通弄出來。(同上七十四回)

③連我們兩個所知所能的,你還不知不能呢,還去參禪呢。(同上二十二回)

④連他懷抱倆小孫子兒,一個叫增兒一個叫彦兒的,我也見過。(清文康《兒女英雄傳》三十二回)

"連"字結構的動詞後面還可以帶有别的賓語。如:

①連我母親處也未可使他知道。(明凌濛初《初刻拍案驚奇》卷三十四)

②回家來,連個影兒也摸不着他。(清曹雪芹《紅樓夢》四十六回)

③連邢姑娘我還怕你哥哥糟蹋了他。（同上五十七回）

④那怕連這房子給了人，我們就没干係了。（同上六十一回）

例①兼語提到前面；例②③動詞賓語提到前面，動詞後面有複指賓語"他"；例④動詞後有間接賓語"人"。

（3）"連"在狀語前，如：

①連這小娘子的媒禮在内，讓我十兩罷。（明馮夢龍《醒世恒言》卷一）

②連太太起，裏裏外外的都不乾浄。（清高鶚《紅樓夢》一一二回）

③上回連大老爺的生日我也没去。（清曹雪芹《紅樓夢》三十六回）

④萬一褚一官今日不來，連夜間都可以放心。（清文康《兒女英雄傳》四回）

⑤因思園中尚有這樣奇事，何況别處？因此連别處也不大輕走動了。（清曹雪芹《紅樓夢》七十二回）

⑥這話關係要緊，你不但不可回老爺、太太，連你父母、公婆以至你女婿跟前，都不許説着一字。（清文康《兒女英雄傳》二十二回）

例①②"連這小娘子的媒禮在内"、"連太太起"是範圍狀語，例③"連大老爺的生日"、例④"連夜間"是時間狀語，例⑤"連别處"、例⑥"連你父母、公婆以至你女婿跟前"是處所狀語。

（4）"連"和"也（還）"分别放在兩個分句裏。如：

①恐怕連老娘身子賣來，還湊不上一半哩。（明馮夢龍《醒世恒言》卷三十）

②連我知道他的性格，還時常衝撞了他。（清曹雪芹《紅樓夢》七十七回）

③連襲人使他，他也背地裏駡。（同上五十二回）

④連太太在家，我們還拿過，各人去送人，也是常事。（同上六十一回）

⑤連那個麻花兒聽見逛廟，也樂的跳跳鑽鑽。（清文康《兒女英雄傳》三十

八回）

上述兩個分句之間大都有讓步或因果的關係。

3. “連”字結構的句法功能

近代漢語“連”字結構作爲一個整體，可以充當句子成分，也可以作分句或獨立成句。

(1)作句子成分。如：

①不惟没了那些凶性，且是連那惡言惡語都盡數變得没了。（清西周生《醒世姻緣傳》一百回）

②這個月的月錢連老太太、太太屋裏還没放，是爲什麼？（清曹雪芹《紅樓夢》三十九回）

③你如何連這兩句俗語也不曉得？（同上十七回）

④這樣文字，連我看一兩遍也不能解。（清吴敬梓《儒林外史》三回）

⑤再使幾人去尋找，回來皆云連音響皆無。（清曹雪芹《紅樓夢》一回）

⑥我就不信連雞蛋都没有了。（同上六十一回）

⑦别説這個，有一年連草棍子都没了的日子還有呢。（同上六十一回）

⑧連影兒都没夢見的事，他心裏是從甚麽時候，怎麽一下子就會送到這上頭了？（清文康《兒女英雄傳》四十回）

⑨如今我手裏每月連日子都不錯給他們呢。（清曹雪芹《紅樓夢》三十六回）

⑩你病的七死八活，一夜連命也不顧給他做了出來。（同上六十二回）

⑪我一聽見這話，連夜喜歡的連覺也睡不成。（同上六十八回）

⑫安老爺看着太太忙得連袋煙也没工夫吃。（清文康《兒女英雄傳》一回）

例①②“連”字結構做主語，例③④做謂語，例⑤⑥做賓語，例⑦⑧做定語，例⑨⑩做狀語，例⑪⑫做補語。

(2)作分句。如：

①你也去，連你母親也去。（清曹雪芹《紅樓夢》二十九回）

②又恨不得提把板斧，劈開獄門，連衆犯也都放走。（明馮夢龍《醒世恒言》卷二十九）

③不但有戲，連耍百戲並説書的女先兒全有。（清曹雪芹《紅樓夢》四十三回）

④連挑水挑糞花子都叫得，何況我們。（同上五十二回）

⑤便是我日逐愁悶過日子，連那泰山的壽誕也都忘了。（明馮夢龍《醒世恒言》卷三十三）

⑥連沈公也不驚動他，怕走了消息。（明凌濛初《初刻拍案驚奇》卷三十一）

⑦若非他道出真情，連喒也陷於不義。（明馮夢龍《醒世恒言》卷三十）

⑧要去連我帶了去。（清曹雪芹《紅樓夢》五十七回）

⑨就連我這籃兒都要了，也值得幾何？（明馮夢龍《醒世恒言》卷十六）

⑩我雖不能爲力，難道連一句話也不肯説不成？（清文康《兒女英雄傳》三回）

例①是聯合複句；例②是連貫複句；例③是遞進複句，後一分句爲“連”字結構；例④也是遞進複句，前一分句爲“連”字結構；例⑤是因果複句，後一分句爲“連”字結構；例⑥也是因果分句，前一分句爲“連”字結構；例⑦是條件複句；例⑧是有假設關係的緊縮複句；例⑨⑩是讓步複句。

(3)獨立成句，如：

①連那牧童也是夢中。（明馮夢龍《醒世恒言》卷二十六）

②女巫道：“連我也那曉得緣故？”（明凌濛初《初刻拍案驚奇》卷五）

③衆人一頓罵道：“田主人，連你婆子都有主兒了！”（清吴敬梓《儒林外史》四回）

④登時連公子的臉都照得通紅的了。（清文康《兒女英雄傳》四十回）

⑤連昨日這個地方他們私自燒紙錢，寶玉還攔到頭裏。（清曹雪芹《紅樓夢》六十回）

⑥連那邊大老爺這麼利害，璉叔還和那小姨娘不乾净呢。（同上六十三回）

例①②③④是“連”字結構獨立作單句，例⑤⑥是“連”字結構作複句。

總的説來，“連”字結構萌芽于宋，元代還處在早期階段，經明到清，應用日益廣泛，功能也日益多樣，標誌着漢語語法的進一步發展。

七、選擇問句和正反問句的發展

1. 選擇問句

近代選擇問句有繼承也有新的發展。主要有以下五種情况：

(1)句中不用連詞，句末不用語氣助詞。如：

①小姐是車兒來？是馬兒來？（元鄭德輝《倩女離魂》二折）

②酒家，這饅頭是人肉的？是狗肉的？（明施耐庵《水滸全傳》二十七回）

③不要怕，等我看他，是雛兒妖精？是把勢妖精？（明吴承恩《西遊記》七十回）

這類選擇問句是中古用法的繼承，一直發展到現代。

(2)句中有連詞“却”、“却是”、“還是”，句末不用語氣助詞。如：

①足下却要沽酒，却要買肉？（明施耐庵《水滸全傳》四十九回）

②武松翻過臉來道：“你要死却是要活？”（同上二十六回）

③你三個却是要吃板刀面？却是要吃餛飩？（同上三十七回）

④我等還是軟取？却是硬取？（同上十六回）

⑤你要官休？還是要私休？（元李行道《灰闌記》一折）

⑥你這小師傅，還是自幼出家的，還是中年出家的？（明吴承恩《西遊記》九回）

中古選擇問句不用“却”、“却是”連接。而且近代後期逐漸消失。但“還是”一直保存下來。

(3)句末有語氣助詞“呢”、“呀”,句中不用連詞。如:

①姑娘到底是和我拌嘴呢?是和二爺拌嘴呢?(清曹雪芹《紅樓夢》三十一回)

②到底是水月庵,是饅頭庵呢?(清高鶚《紅樓夢》九十三回)

③我到底算姐姐聘的,算和尚聘的呀?(清文康《兒女英雄傳》二十六回)

④老爺是在上房裏,是在書房裏呢?(同上三十六回)

這類選擇問句是近代後期才出現的,一直保存到現代。

(4)句中有連詞,句末有語氣詞“那”、“呢”。如:

①且看姐夫,是你絶户,還是我絶户那?(元楊文奎《兒女團圓》二折)

②寶玉因問:“可是病了,還是輸了呢?”(清曹雪芹《紅樓夢》十九回)

③這會子還是立刻叫他呢?還是等着?(同上六十七回)

④妹妹還是住在這裏,還是天天來呢?(同上十三回)

⑤是獨姐姐你没看見呢?還是你也看見了不信呢?(清文康《兒女英雄傳》二十六回)

這類選擇問句近代才出現。也一直保存到現代。

(5)句中有語氣助詞“那”、“也那”、“也”、“也是”,句末不用語氣助詞。如:

①這言語是實那是虚?(《元典章·户部十》)

②師傅説這等言語,知他是睡裏也那夢裏?(元李文蔚《圯橋進履》二折)

③知他俺那狀元郎在那雲裏也那是霧裏?(元關漢卿《陳母教子》三折)

④姦夫在那裏,姓張姓李,姓趙姓王,可是長也短?瘦也胖?(元李文蔚《燕青博魚》三折)

⑤那老子可是喜歡也是煩惱?(元康進之《李逵負荆》二折)

⑥你見我府裏那個門子，却是多少年紀？或是黑瘦也白淨肥胖？長大也是矮小？有須的也是無須的？（明施耐庵《水滸全傳》四十回）

這類選擇問句同樣是近代產生的，近代後期逐漸消失，《紅樓夢》中已見不到了。

2. 正反問句

近代正反問句同樣有繼承有發展，主要有以下五種情況：

(1)“V(O)＋不＋V(O)”式，如：

①人間良夜靜復靜，天上美人來不來？（元王實甫《西廂記》四本一折）

②是不是我的仙鶴？若是我的呵，則不肯來。（元宫大用《七里灘》四折）

③這樁事，咱對他爹説好，不説好？（明蘭陵笑笑生《金瓶梅》二十五回）

④嬸子，你説我心焦不心焦？（清曹雪芹《紅樓夢》十回）

⑤他到底可是你的仇家不是你的仇家？（清文康《兒女英雄傳》十八回）

這類正反問句古已有之，而且歷久不衰，直到現代。

(2)“V(O)＋不(不敢、不曾、否、無、未、未曾、没、没有)”式，如：

①你那裏問小僧敢去也不敢？（元王實甫《西廂記》二本二折）

②大漢，你認的宋押司不？（明施耐庵《水滸全傳》二十二回）

③〔智深〕問道：“太公，你的女兒躲過了不曾？”（同上四回）

④小子胡猜，未知合先生意否？（同上十五回）

⑤今宵燈下彈三弄，可使遊魚出聽無？（元李好古《張生煮海》一折）

⑥孩兒，安排行李了未？（元高明《琵琶記》一折）

⑦你那五貫長錢，使了未曾？（元秦簡夫《剪髮待賓》一折）

⑧注子裏有酒没？便再篩兩盞和大官人吃。（明施耐庵《水滸全傳》二十四回）

⑨林之孝家的又問：“寶二爺睡下了没有？”（清曹雪芹《紅樓夢》六十二回）

這類反問句反項内容省去，只留否定詞語，句末用“不”、“否”、“未”、“無”是中古用法的繼承，其餘是近代新産生的。其中用“不”、“没有”的句式最有活力，一直延續到現代；用“否”的偶有殘存，其餘則已消失。

(3)“V(O)＋也不(也無、也未、也不曾、也没、也没有)”式，如：

①婆婆道：“孩兒，你却没事尋死做甚麽？你認得我也不？”(明馮夢龍輯《古今小説》卷三十五)

②宋押司下處不見一個婦人面，他曾有娘子也無？(明施耐庵《水滸全傳》二十一回)

③王婆問道：“了也未？“(同上二十五回)

④〔旦兒云〕老兒，你吃飯也不曾？(元無名氏《陳州糶米》三折)

⑤宋四公道：“二哥，幾時有道路也没？”(明馮夢龍輯《古今小説》卷三十六)

⑥我拿出去睡一夜，看有夢也没有？(明羅貫中著、馮夢龍補《平妖傳》二十三回)

這類正反問句也是省去反項内容，只留否定詞，跟(2)類不同的是否定詞“不”前面有語氣詞“也”。其中“也不”、“也未”、“也無”是中古用法的繼承；中古有的“以不”、“以否”、“已不”、“已否”近代不再出現；“也不”、“也不曾”、“也没”、“也没有”是近代出現的。清代以後這類句式全都逐漸消失了。

(4)“V(O)＋也不(那不、也那不、也那是不)＋V(O)”式，如：

①不知亢旱三年的説話准也不准？(元關漢卿《竇娥冤》三折)

②這婆子，知他是我姑姑也不是。(明馮夢龍輯《古今小説》卷三十五)

③你試尋思，怪那不怪？(金董解元《西廂記諸宮調》卷七)

④寡人是怕也那不怕？(元白樸《梧桐雨》三折)

⑤我這裏啓大師，用俺也那不用俺？(元王實甫《西廂記》二本二折)

⑥你乾請了皇家俸，你可是羞也那是不羞？(元鄭德輝《三戰吕布》二折)

這類句子中正反兩項的主要詞語都出現，否定“不”前面有“也”、“那”、“也那”、“也那是”等語氣助詞。其中“也不”式已見於中古，其他近代才出現，清代逐漸不用，現代完全消失了。

(5)句末有語氣助詞的正反問句，如：

①嫂嫂，嗜墳園到那未哩？（元無名氏《替殺妻》一折）

②寶玉笑道：“兩句話，說了你聽不聽呢？”（清曹雪芹《紅樓夢》二十八回）

③知道我有那造化没有呢？（清文康《兒女英雄傳》四十回）

④知道誰去誰不去呢？（同上）

這類正反問句，上古漢語即已存在，如《孟子·公孫丑下》：“子之執戟之士，一日而三失伍，則去之否乎？”《莊子·至樂》：“天下有至樂無有哉？有可以活身者無有哉？”中古漢語裏却十分罕見。近代語氣助詞“哩”、“呢”可用於正反問句句末，元明間用例也不多，明施耐庵《水滸全傳》、明蘭陵笑笑生《金瓶梅》裏完全没有，大約到清代以後才普遍起來。

此外近代正反問句的兩項也可以用連詞“與”連接，如元喬夢符《兩世姻緣》四折：“駙馬，他兩個說的是與不是？”只是例子極爲罕見。

八、幾種緊縮結構的發展

緊縮結構包含兩個謂語成分，有的屬於同一主語，有的不屬於同一主語。兩個謂語成分之間有種種不同的關係，大都有不同的虚詞連接，中間没有語音停頓。漢語緊縮結構古已有之，近代有新的發展。下面談談讓步式、複說式、遞進式、條件式、假設式幾種。

1. 讓步式

讓步式緊縮結構，通常由兩個部分組成，包括兩個相同的形容詞或動詞。這種句式上古和中古都有，用“則”或“即”連接。如：

①仁則仁矣，恐不免其身。（《莊子·漁父》）

②死即死矣，但孝先所言終無驗耳。（晉干寶《搜神記》卷三）

近代用"便"、"到"、"可"、"却"、"是"、"自"等連接，是新的發展。如：

①是便是了，中間還有些胡説。（明施耐庵《水滸全傳》四十回）
②好到好，只是奶奶在那裏，恐不穩便。（明馮夢龍《醒世恒言》卷十）
③這兩件東西，好可好，就只没銀子。（清高鶚《紅樓夢》九十二回）
④好却好，只是有些惶恐。（明施耐庵《水滸全傳》七十三回）
⑤妙是妙，他們豈肯輕放對？（明凌濛初《二刻拍案驚奇》卷二）
⑥我們醜自醜，却都有用。（明吴承恩《西遊記》二十回）
⑦我雖醜便醜，却倒有些手段。（同上六十七回）

以上讓步式緊縮結構由兩個相同的形容詞構成。

①我去便去，則怕撞着那姐夫。（元武漢臣《老生兒》二折）
②那婦人道："了便了了，只是我手脚軟了，安排不得。"（明施耐庵《水滸全傳》二十五回）
③燕順道："與却與你，且唤他出來，我有一句話説。"（同上三十五回）
④西天有便有個把妖精兒，只是這裏人膽小，把他放在心上。（明吴承恩《西遊記》七十四回）
⑤我給是給你，你要得了他的謝禮，可不許瞞着我。（清曹雪芹《紅樓夢》二十六回）
⑥補雖補了，到底不像。（同上五十二回）

以上讓步式緊縮結構由兩個相同的動詞構成。

2. 複説式

複説式緊縮結構是近代出現的，有兩個相同的動詞，中間用"也"連接。如：

①如今吃也吃了，待要怎麽？（明吴承恩《西遊記》二十五回）

②小的妻子，平日罵也不敢罵他一聲。（夢覺道人、西湖浪子《三刻拍案驚奇》卷九）

③似這等女子，張珙死也死得着了。（元王實甫《西廂記》五本二折）

④而今睡也睡得安穩了。（明凌濛初《初刻拍案驚奇》卷二）

⑤娶也不曾娶的，我倒吃他搶白了這一場。（元石君寶《秋胡戲妻》二折）

例①第二個動詞後帶助詞"了"，例②第二個動詞後帶有賓語，例③④第二個動詞後帶有補語，例⑤第二個動詞是否定式。這類句子的前一動詞含有"連"或"甚至於"的意思，也有在前面加上"連"字的。如：

①金氏此來原要向秦氏説秦鍾欺負他侄兒的事，聽見秦氏有病，連提也不敢提了。（清曹雪芹《紅樓夢》十回）

②一時大家樂的，就連大家笑也笑不及。（清文康《兒女英雄傳》三十五回）

③院子裏的家人一個個屏聲息氣，連咳嗽也不敢輕易咳嗽。（同上三十六回）

④他二人那一種臉上分明露的出來口裏轉倒説不出來的歡喜，就連描畫也描畫不成了。（同上）

3. 遞進式

上古以至中古，漢語遞進關係都用複句來表達。近代産生的一種遞進式緊縮結構，用"越……越……"連接兩個動詞或形容詞構成，中間一般不能停頓，兩個動詞或形容詞通常屬於同一主語。如：

①寡人越看越添傷感，怎生是好。（元白樸《梧桐雨》四折）

②〔黛玉〕越看越愛，不頓飯時，已看了好幾出了。（清曹雪芹《紅樓夢》二十三回）

③武松道："最好，越渾越好吃。"（明施耐庵《水滸全傳》二十七回）

④你越大越粗心了，那里弄得這冷水？（清曹雪芹《紅樓夢》五十四回）

⑤越是粗話越好。（同上五十回）

例①②"越……越……"連接兩個動詞，例③④連接兩個形容詞，例⑤連接前一個判斷謂語和一個形容詞。也有連接的兩個詞語不屬同一主語的。如：

①只見轎夫脚高步低，越走越黑。（明抱甕老人輯《今古奇觀》卷三十六）

②兄弟花開似棠棣，越到夕陽花越紅。（清袁枚《五月廿日還山留别蘇杭諸友》詩）

這種緊縮結構遞進式元代開始出現，明清普遍應用。

4. 條件式

條件式緊縮結構由兩部分組成，前一部分表示條件，大都是一個動詞謂語句；後一部分只有一個單獨的動詞或形容詞，用副詞"便"、"就"、"才"等修飾並起連接作用。不出現主語，一般也没有語音停頓。如：

①我若尋見那人時，直打碎這條狼牙棒便罷。（明施耐庵《水滸全傳》三十四回）

②你踢將這小廝便罷了，如何連俺們都駡將來。（明蘭陵笑笑生《金瓶梅》十二回）

③只是多拜老孫幾拜，我不檢舉你就罷了。（明吴承恩《西遊記》二十三回）

④鴛鴦道："什麽主意！我只不去就完了。"（清曹雪芹《紅樓夢》四十六回）

⑤你們是明白人，擔待他們是粗夯可憐的人就完了。（同上五十四回）

⑥你這個人，就該老爺每日合你寸步兒不離才好。（同上二十二回）

⑦送了命還不要緊，必定將祖父的功勳抹了才是。（同上七十九回）

這種句子的重心都在前面，和前面談過的"就是"、"就是了"相似，"便罷"、"便罷了"、"就罷了"等意思逐漸虛化了。

5. 假設式

假設式緊縮結構由兩個相同或不同的動詞構成,前一動詞表示假設,後一動詞表示結果,中間不停頓,可以用"便"、"就"連接,也可以不用連接。如:

①走便走,這麼扯扯拽拽的什麼?(元李文蔚《燕青博魚》三折)

②你去便去,等甚麼今日明日!(明施耐庵《水滸全傳》三回)

③隨他怎麼奈何我,文來文對,武來武對。(同上二十八回)

④要打便打,也不要兜拕。(同上)

⑤要死便死,吾志不可奪!(明凌濛初《拍案驚奇》卷四)

⑥你說有呢就有,没有就没有,起什麼誓呢?(清曹雪芹《紅樓夢》二十八回)

例①"走便走",例②"你去便去",例③"文來文對"、"武來武對",例④"要打便打",例⑤"要死便死",例⑥"有呢就有"、"没有就没有"都是假設式緊縮結構。

第七節 "五四"以後漢語語法的發展

"五四"以後,尤其是1949年中華人民共和國成立以後,我國社會發生了翻天覆地的變化,現代政治、經濟、科學、文化空前發展,社會交際空前頻繁,必須有一種非常豐富而嚴密的語言工具才能滿足社會交際需要。適應於這種需要,漢語語法在"五四"以後也就大大地發展,産生了不少新的語法規則,使得漢語語法空前地精密完善起來。這是漢語本身發展的自然過程,也在一定程度上接受了西洋語言的影響。某些西洋語言特有的語法形式被漢語借用過來,久之就變成了漢語自己的東西。當然吸收西洋語法必須受漢語内部發展規律的制約,完全違背漢語語法規律的東西是不能在漢語裏扎下根的。這一節裏我們就以下十一個方面進行一些討論:

一、代詞的性别

漢語代詞原來没有性的區别。第三人稱代詞無論陽性、陰性、中性都寫作“他”,有時也寫作“它”,並不表示性的區别。如:

①王婆笑道:“他是閻羅大王的妹子,五道將軍的女兒,問他怎的?”(明蘭陵笑笑生《金瓶梅》二回)

②不想小姐來窗外聽我一會,我也不知道它來。它説我没信行,因此與它燃香剪髮,設下誓願。(明劉兑《嬌紅記》)

③這個杯,没有這大量的,所以没人敢使他。(清曹雪芹《紅樓夢》四十一回)

“五四”以後,主要受英語第三人稱代詞 he、she、it 的影響,漢語書面語言裏第三人稱代詞也有了性的區别。陽性用“他”,陰性用“她”,中性用“它”或“牠”。此外英語第三人稱代詞無論陽性、陰性、中性都用 they,漢語却按單數推論,分别寫爲“他們”,“她們”,“它(牠)們”。如:

①她明白之後,大約很不高興罷。可是没有説。(魯迅《傷逝》)

②這聲音實在是過於大了,它不再是平常聽熟的嗡嗡的聲音,它急得和午夜的犬吠聲一樣,顯然的,它正在我們的頭上,而且是在近下來。(適夷《戰地的一日》)

③我們既知道牠是一部文學書,就應該用文學的眼光去批評牠。(顧頡剛《〈詩經〉在春秋戰國間的地位》)

④做婦女工作……只有認清了工作對象,才能進一步瞭解她們的要求和需要,才能替她們解決困難,爲她們服務。(劉少奇《對中央婦委同志的講話》)

⑤至於我的打貓,却只因爲它們嚷嚷,此外並無惡意。(魯迅《狗、貓、鼠》)

⑥什麼都是凉的,只有這些栗子是熱的,我捨不得吃,用牠們熱我的手。

(老舍《月牙兒》)

第三人稱代詞這種性的分别,是1912年由劉半農等少數學者提倡,後來逐漸推廣起來的,僅僅限於書面語言。有的學者希望口語裏也能分别:陽性用“他”,念tā;陰性用“伊”,念yī;中性用“它”,念tuō。一些作家的確有將陰性的第三人稱代詞寫作“伊”的。如:

①我的母親没有法,辦了八元的川資,説是由我的自便,然而伊哭了。(魯迅《〈吶喊〉自序》)

②女媧忽然醒來了,伊似乎是從夢中驚醒的,然而已經記不清做了什麼夢。(魯迅《故事新編·補天》)

③有一天,伊發現了新奇的事了。(葉聖陶《一生》)

但是這種嘗試没有得到社會的普遍承認。人們通常只在書面語言裏分别用“他”、“她”、“它”,口語裏不加區分。這表明漢語吸收外語語法成分必須以漢語内部發展規律爲依據,只憑人們的主觀願望是行不通的。

二、動詞時體的發展

漢語動詞的時體範疇開始産生於中古,到近代已基本上形成。“五四”以後受了西洋語言的影響,人們有意識地去應用它,發展它,就使這一語法範疇顯得更加明確。首先表現在時體助詞“着”的應用上。下面句子裏的“着”,不用也可以,用了更能清楚地表明動作的持續或進行。如:

①死的説“阿呀”,活的高興着。(魯迅《熱風·暴君的臣民》)

②電車是照樣的開行着,汽車、人力車也川流似的駛走着。(西諦《街血洗去後》)

③他其時正在研究着頭骨,後來有一篇論文在本校的雜誌上發表出來。(魯迅《藤野先生》)

④老通寶像一匹瘋狗似的咆哮着，火紅的眼睛一直盯住了阿多的身體。（茅盾《春蠶》）

有些句子裏，不同的時體助詞同時應用，更可以把動作發生的時體關係清楚地表現出來。這種句子在“五四”以前是没有的。如：

①然而一部分同志曾在這個偉大鬥争中跌下了或跌下過機會主義的泥坑。（毛澤東《共産黨人發刊詞》）

②對於一切曾經遭受過或者正在遭受着帝國主義壓迫的落後國家的人民，中國革命具有很大的吸引力。（劉少奇《馬克思列寧主義在中國的勝利》）

動詞“有”是表示一種存在，“五四”以前，它的後面是不能加時體助詞“着”的。“五四”以後，“有着”却不僅在書面語言裏廣泛應用，口語裏也常常可以聽到了。如：

①在一分鐘，或者幾秒鐘之間，大家都有着毁滅的可能。（適夷《戰地的一日》）

②我們有着陷身虎穴，寧肯淪爲販夫，而不願代敵人施行奴化教育的教員；我們也有着一面參加行伍，一面仍不忘以他們激烈的心情，在十分艱苦的環境裏奮筆疾書，把全身心獻給戰鬥的作家；我們還有着無數胼手胝足，在空前的窘境中默默地耕耘着的文化工作者。（柯靈《焦土上的新芽》）

這種“有着”通常不能在没有賓語的句子裏出現；而且賓語不能是一個單純的名詞。

三、助詞“的”、“地”、“底”的分工和統一

結構助詞“地”和“底”中古就有，到了近代，統一寫作“的”。“五四”以後，受西洋語言的影響，“的”、“地”、“底”在書面語言裏重新進行了分工。“的”用於描寫性的定語，“底”用於領屬性的定語，“地”用於狀語。在“五四”以後一段時期裏，有的

作家把這三個助詞的用法分别得很清楚。如：

①我們，四十八人，密密地静肅地站着，我們底姿勢是同樣地鎮定而莊嚴，直垂着兩手，微傴着頭；我們底感情是同樣地遥闊、愉快而興奮；恰似歌聲是一朵五綵的美麗的雲，用了"共産主義"的大紅色的帆篷，裝載着我們到了自由、平等的無貧富、無階級的樂園。（劉志清《一個偉大的印象》）

②他底妻坐在竈後，懷裏抱着她剛滿三周的男小孩——孩子還在啜着奶，她訥訥地低聲地問。（柔石《爲奴隸的母親》）

③岩下底蔭處和山溪底旁邊長滿了薇蕨和其他鳳尾草。紅、黄、藍、紫的小草花點綴在緑茵上頭。（許地山《春底林野》）

不過"的"、"底"、"地"的分工並没有得到大家一致承認。有的作家不用"底"字，有的兩字都用却又界綫不清。如：

①其實這座建築在沙上底樓臺，一方倒塌了，全座也就站立不住。（李鏡池《〈易傳〉探源》）

②《易傳》本身，本是經過戰國後期直到西漢末一個長時間而作成底，順着尊孔底潮流，儒家的拉攏、宣傳，逐漸混入孔子底著作範圍之内。（同上）

例①"建築在沙上底"、例②"尊孔底"都是修飾性定語，用"底"；"儒家的"是領屬性定語，却用了"的"。有的不論定語和狀語都只用"的"不用"底"也不用"地"。如：

①遠看着火車頭裏的煙烘烘的冒着，只見一條長龍似的穿林過樹的從南邊來了。（瞿秋白《餓鄉紀程》一）

②桌上的自暖壺澌澌的響着，沸沫細吟，偶破一室的岑寂。（同上《赤都心史》）

解放以後，書面語裏"底"不再用爲結構助詞。"的"用於定名結構，"地"用於狀動結構，兩者有了新的分工。

四、新興的介詞結構

"五四"以後産生了一些新的介詞,介詞結構的應用範圍擴大了。以"對於"和"關於"爲例,現代書面語和口語都用得非常廣泛。"對於"的作用是引出對象,如:

①中國人有一句老話,"不入虎穴,焉得虎子"。這句話對於人們的實踐是真理,對於認識論也是真理。(毛澤東《實踐論》)

②在説到鹽區生活之先,對於澈浦鎮是必須有一番交代。(阿英《鹽城生活》)

③戰争時候便去當軍醫,一面又促進了國人對於維新的信仰。(魯迅《〈吶喊〉自序》)

④這第三册《古史辨》……可以見出近年來的人們對於這二書的態度。(顧頡剛《古史辨》第三册"自序")

例①②"對於"及其賓語用作狀語;例③④用作定語,這種定語和中心詞之間要加結構助詞"的"。"關於"的作用是引進相關聯的事物。也可做狀語和定語。如:

①在"六大"那時候,關於要重視鄉村工作,在農村裏搞武裝割據的重要與可能等問題,毛澤東同志是認識到了的。(周恩來《關於黨的"六大"的研究》)

②打破那些關於臺階的過時的觀念,創造一些適合新形勢新任務的臺階,這才能大膽破格提拔。(鄧小平《党和國家領導制度的改革》)

總之"對於"和"關於"既有區别,又有聯繫。它們的出現,豐富了漢語介詞結構的表達内容。

五、連詞"和"與"如果"用法的擴大

連詞"和"在明清白話文裏通常只連接名詞和名詞性詞組,不連接動詞和形容

詞。“五四”以後,“和”的用法擴大了,可以連接動詞和形容詞謂語。如:

①通過實踐而發現真理,又通過實踐而證實真理和發展真理。(毛澤東《實踐論》)

②這種鬥争,一天比一天激烈,問題也就非常地繁複和嚴重。(毛澤東《井岡山的鬥争》)

③就是死後有知,他也不會記得自己是怎麽坐下的,和爲什麽坐下的。(老舍《駱駝祥子》)

也可以連接兩個助動詞或狀語。如:

④必須在生産發展的基礎上,逐步地和不斷地改善人民的生活狀況。(鄧小平《關於修改党的章程的報告》)

還有一點值得注意的是,在連接多項事物的時候,明清白話文通常是按事物的性質、等級分成幾類,“和”放在各類事物的中間,没有固定的位置。“五四”以後,少數作品裏也還有按這種方式進行連接的。如:

①我彷佛記得曾坐小船經過山陰道,兩岸邊的烏桕,新禾,野花,雞,狗,叢樹和枯樹,茅屋,塔,伽藍,農夫和村婦,村女,曬着的衣裳,和尚,蓑笠,天,雲,竹……都倒影在澄碧的小河中。(魯迅《好的故事》)

但是絶大多數例子是不管事物的多少,都把連詞“和”放在最後兩個名詞之間。這主要是受了西洋語言的影響。如:

②在這學堂裏,我才知道世上還有所謂格致、算學、地理、歷史、繪圖和體操。(魯迅《〈吶喊〉自序》)

③在中華民族的開化史上,有素稱發達的農業和手工業,有許多偉大的思

想家、科學家、發明家、政治家、軍事家、文學家和藝術家。(毛澤東《中國革命和中国共産黨》)

"如果"本是一個假設連詞,"五四"以後,尤其是全國解放以後,"如果……那末(那麽)……"的用法擴大,可以不表示假設關係,而是對比或對照前後兩件事實或兩種情況。這主要是受了俄語的影響,在俄語翻譯作品中往往可以見到。如:

①如果説,秦以前的一個時代是諸侯割據稱雄的封建國家,那末,自秦始皇統一中國以後,就建立了專制主義的中央集權的封建國家。(毛澤東《中國革命和中国共産黨》)

②如果説"九一八"的瀋陽事變好像晴天一霹靂,那麽"一二八"的上海血戰光景就是暴風雨罷。(茅盾《血戰後一周年》)

"如果"又可以和"……的話"連用。"……的話"本是一個偏正結構,但在這裏,"話"的意義已經虚化。"如果……的話……"已經成爲一個複合的連詞結構。如:

①如果有人真正想診治自己的毛病的話,我勸他把這副對子記下來。(毛澤東《改造我們的學習》)

②如果他們對於團結救國也是真實的話,那末他們就能够進一步得出這樣的結論,"抗日民族統一戰綫是能够成功的。"(毛澤東《實踐論》)

六、狀語範圍擴大

在明清白話文裏,除個别例外,名詞一般不用作狀語。"五四"以後,人們在翻譯中碰到外語中的副詞而漢語没有相應的詞語可以對譯時,就在名詞後面加上"地"或"上"而用作狀語。如:

①形式主義地吸收外國的東西,在中國過去是吃過大虧的。(毛澤東《新民主主義論》)

②商品這個東西,千百萬人,天天看它,用它,但是熟視無睹。只有馬克思科學地研究了它。(毛澤東《整頓黨的作風》)

③如果急於求成,形式上好像肅清了,而實質上仍然存在。(周恩來《在全國高等教育會上的講話》)

④現在精神上解放了,物質上再忍受一時的困難不算什麼。(周恩來《建設與團結》)

⑤文化大革命前的十七年,我們的文藝路綫基本上是正確的。(鄧小平《在中國文學藝術工作者第四次代表大會上的祝辭》)

這種例子非常多。"歷史地"、"具體地"、"一般地"、"理論上"、"事實上"、"原則上"等詞,口語裏也很活躍。這樣,漢語狀語應用的範圍就大大擴大了。

七、新興的共用法

所謂"共用"是指兩個或幾個地位相等的句子成分共同擁有另一個句法成分。這是漢語一種比較經濟的句法,古代漢語也有相似的情況。如:

①舉引弓之民,一國共攻而圍之。(司馬遷《報任安書》)

②或傳嵩有田在亳宋間,武人奪而有之。(韓愈《張中丞傳後序》)

③一旦豺狼改慮,捽而縛之,父子爲虜。(《宋史·胡銓傳》)

句中兩個動詞共一賓語,用"而"連接。不過往往前一動詞表示方式,而後一動詞表示結果,並非完全處在平等的地位。近代白話文這樣共用的形式也極爲少見。"五四"以後,受西洋語言的影響,真正的共用法才普遍應用起來,並且有多種形式。

1. 由兩個或幾個動詞共一個賓語。兩個動詞之間可以有並列、遞進、選擇等關係。如:

①〔對於知識分子〕應該放手地吸收,放手地任用和放手地提拔他們。(毛澤東《論政策》)

②運動戰的特點之一，是其流動性，不但許可而且要求野戰軍的大踏步的前進和後退。（毛澤東《論持久戰》）

③中國的社會主義現代化建設，也已得到並且必將進一步更廣泛地得到世界各國人民的關注和支援。（鄧小平《在全國科學大會開幕式上的講話》）

④葉劍英同志代表黨中央發表的國慶講話，不單是帶有總結文化大革命的意義，實際上總結了，或者説基本上總結了建國以來三十年的經驗教訓。（鄧小平《目前的形勢和任務》）

例①兩個動詞是並列關係；例②兩個動詞是遞進關係，用"不但……而且……"連接；例③也是遞進關係，兩個動詞相同，但有不同的狀語，重點落在兩個狀語身上；例④兩個動詞是選擇關係，用"或者"連接。

2. 兩個繫詞共一表語。這兩個繫詞前面或表語前面往往帶有不同的修飾語。如：

①然而馬克思主義看重理論，正是，也僅僅是，因爲它能够指導行動。（毛澤東《實踐論》）

②科學家是一小群甚至是極少的幾個人在一起工作的。（周恩來《建設與團結》）

3. 兩個或幾個助動詞共一个中心動詞。如：

①因此，他們就不願和不能徹底推翻帝國主義，更加不願和更加不能徹底推翻封建勢力。（毛澤東《新民主主義論》）

②她是來享受，她不能，不肯，也不願看别人的苦處。（老舍《駱駝祥子》）

4. 一個副詞一個助動詞共一個動詞。如：

①敵之缺點一時還没有也不能發展到足以減殺其强的因素之必要的程

度。（毛澤東《論持久戰》）

②事實證明，他們不但可以而且已經對我們的事業造成很大的危害。（鄧小平《堅持四項基本原則》）

③鬧鐘應當，而且果然，又在六點鍾響了。（老舍《幽默集·一天》）

八、新興的"把"字句

從中古到近代，"把"字句的應用已非常繁複。"五四"以後，又出現了新的"把"、"將"字句，它們用"作"、"進行"、"加以"等充當主要動詞，後面用一個名物化了的動詞，充當賓語。意義上主要動詞管不着"把"的賓語，真正能支配"把"的賓語的是主要動詞後面那個賓語。如：

①我們要分辨真正的敵友，不可不將中國社會各階級的經濟地位及其對於革命的態度，作一個大概的分析。（毛澤東《中國社會各階級的分析》）

②這决不是如某些人所想的，只將馬克思主義的著作加以熟讀、背誦和摘引，就可成功的。（劉少奇《論黨》）

③必須認真地對待歷史資料……把可以作爲法理依據的歷史資料同由於情況變化只有參考價值的歷史資料加以區别。（周恩來《關於中緬邊界問題的報告》）

一般"把"字句的賓語已經提到動詞前面，動詞後面總得有别的補語、賓語或助詞，現在句中的動詞名物化了，以賓語的身份出現，後面就不必再帶賓語、補語或助詞了。

九、文言語法成分的新應用

有些文言語法成分和語法結構，在近代白話作品裏已經很少用了。"五四"以後却在書面語言裏獲得了新的生命，政論文裏應用尤其如此。如：

給……以……　在這個廣大的領土之上，有廣大的肥田沃地，給我們以衣食之源。（毛澤東《中國革命和中国共産黨》）

爲……而……　總之我們要調動一切直接的和間接的力量,爲把我國建設成爲一個强大的社會主義國家而奮鬥。(毛澤東《論十大關係》)

以……爲……　我們的國家是工人階級領導的,以工農聯盟爲基礎的人民民主專政的國家。(毛澤東《關於正確處理人民内部矛盾的問題》)

之所以　他之所以偉大,在於他能够從迷信中覺悟出來,否定舊的東西;他之所以偉大,更在於他敢於承認舊的過去。(周恩來《學習毛澤東》)

之一　但是由於底子太薄,現在中國仍然是世界上很貧窮的國家之一。(鄧小平《堅持四項基本原則》)

這類文言語法成分已經成爲現代漢語語法的一個組成部分,在口語中也廣泛應用起來了。

十、新的詞序

"五四"以後,漢語句子成分或分句的詞序,都有所發展。一些在明清白話文中不用或極少用的詞序,"五四"以後普遍應用起來。漢語的句法子嚴密中顯得更靈活多樣,更能表達各種不同的感情色彩。單句中的新詞序比較明顯地表現在定語和狀語的位置上。定語、狀語在前,中心語在後,這是漢語一般的詞序。古代漢語有所謂後置定語,是指某些特定的偏正結構。"五四"以後,形容詞做定語,副詞做狀語,爲了修辭的需要,有時也都可以位於中心語後面,通常用逗號隔開。如:

①但偶然看到地面,却盤旋着一匹小小的動物,瘦弱的,半死的,滿身灰土的。(魯迅《傷逝》)

②在老通寶背後,也是一大片的桑林,矮矮的,静穆的。(茅盾《春蠶》)

③鷹在赤紅的天空之中盤旋,作出短促而悠遠的歌唱,嘹唳地,清脆地。(麗尼《鷹之歌》)

④店門大張着,顧客陸續進去,依然的。(西諦《街血洗去後》)

在主從複句裏,除因果句外,漢語通常是從句在前,主句在後。"五四"以後,受

西洋語言的影響,其他從句也都可以放在主句後面。如:

①我竟不料在這裏意外的遇見朋友了,——假如他現在還許我稱他爲朋友。(魯迅《在酒樓上》)

②但將來的運命,不也就可以推想而知麽?如果鄉下人還是這樣的鄉下人,老例還是這樣的老例。(魯迅《再論雷峰塔的倒掉》)

③我們何暇惱怒,只希望他對於無論什麽人都是這樣子,即使是他的上司或洋人。(葉紹鈞《與佩弦》)

④東西等等原無所知,倒也没有什麽,雖然傲慢總教人不大愉快。(葉紹鈞《怎麽能……》)

⑤風從海面斜掠過來,夾着微有鹹濕的氣味,並不壞,因爲一點也不乾燥。(王統照《青島素描》)

⑥這是我們特意給他選擇的,爲了要使詩人得以涵泳其靈感之故。(鍾敬文《日事一零——爲憶愛羅先珂君作》)

例①②是假設複句;例③④是讓步句,"即使"表示一種假設的讓步;例⑤是因果複句;例⑥是目的複句。因爲句中有特定的連詞連接,所以偏句位置在前或在後,和主句的關係都不受影響。

十一、句子的複雜化

隨着現代科學文化的發展,漢族人民思維的精密化和複雜化,現代漢語的句子結構也空前地嚴密化和複雜化了。有的是單句,但各個句子成分往往有不同的修飾語或者由複句構成,出現了不少複雜主語、複雜謂語、複雜定語和複雜狀語。有的是複句,幾個本身已經相當複雜的分句在一起構成多重複句,整個句子也就更加複雜了。舉兩個例子:

①所謂團結,就是團結跟自己意見分歧的,看不起自己的,不尊重自己的,跟自己鬧過彆扭的,跟自己作過鬥争的,自己在他面前吃過虧的那一部分人。

(毛澤東《增强黨的團結,繼承党的傳統》)

②重復地説,理論的認識所以和感性的認識不同,|是因爲感性的認識是
(因果)
屬於事物之片面的、現象的,外部聯繫的東西;||理論的認識則推進了一大步,
(並列)
||||到達了事物的全體的、本質的、内部聯繫的東西,|||||到達了暴露周圍世
(並列) (並列)
界的内在的矛盾,|||因而能在周圍世界的總體上,在周圍世界一切方面的内
(因果)
部聯繫上去把握周圍世界的發展。(毛澤東《實踐論》)

例①是一個複雜單句,主幹部分爲"團結是團結人","跟自己意見分歧的,看不起自己的,不尊重自己的,跟自己鬧過彆扭的,跟自己作過鬥争的,自己在他面前吃過虧的那一部分"是表語"人"的定語,包含了並列的六個結構不同的詞組,所以整個句子較長。例②是個五重複句,第一重是因果關係。原因分句又是一個並列分句;其中第二分句又是一個因果複句;這個因果複句的結果分句又是一個二層的並列複句。現代漢語裏這類長而複雜的句子,非常之多。因爲有相應的連詞連接,層次關係都很清楚。這標誌着漢語語法已發展到十分精密完善的程度,漢語不愧爲世界上最發達最完美的語言之一。

結　　論

第一節　漢語語音、詞滙、語法發展的特點和趨勢

在前面三編裏，我們已經看到了從上古到現代漢語語音、詞滙、語法在不同歷史時期發展的大體情况，現在再概括地談談這三方面總的發展特點和趨勢。

一、語音方面

漢語語音包括聲母、韻母和聲調。从上古"雅言"到現代普通話，它們在整個發展過程中顯示了以下一些特點。

1. 簡化是漢語聲母、韻母系統發展的主要趨勢。

在漢語語音發展中，同時存在着繁化和簡化兩種趨勢。繁化意味着語音分化，簡化意味着語音合併。兩者在不同時期和不同方面表現不完全一樣。總的趨勢是漢語聲母系統日益簡化。

聲母系統的發展，由上古 28 個聲母到中古 36 個聲母，主要表現爲分中有合。其中唇音、舌頭音、齒頭音和"匣"母一分爲二。齒頭音"莊"組與正齒音又合而爲一，"匣"母三等字與"餘"母合而爲"喻"母。

即：

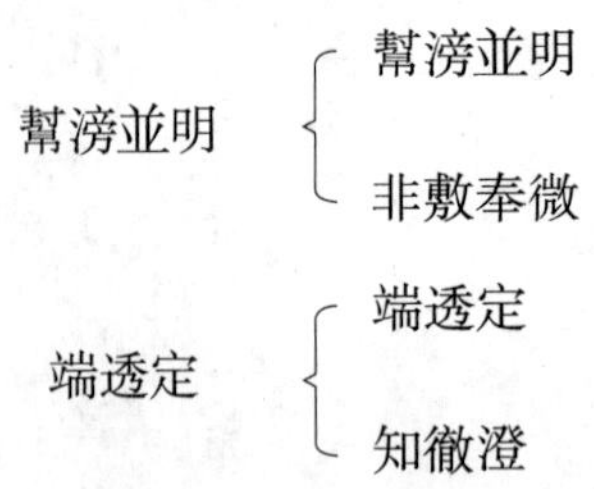

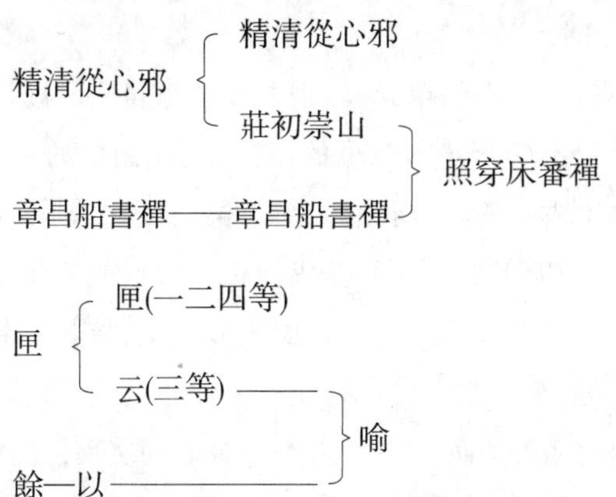

從中古 36 個聲母到《中原音韻》25 個聲母、現代普通話 22 個聲母，主要表現爲合中有分。濁音聲母消失；"知""章"兩組聲母合併；零聲母範圍擴大；"日"母一分爲二；tɕ、tɕʻ、ɕ 從見、精兩組聲母中派生出來。即：

並奉定從邪群匣——併入相應的清聲母

知徹澄照穿床審禪——合併爲 tʂ、tʂʻ、ʂ

影喻微疑——合併爲零聲母

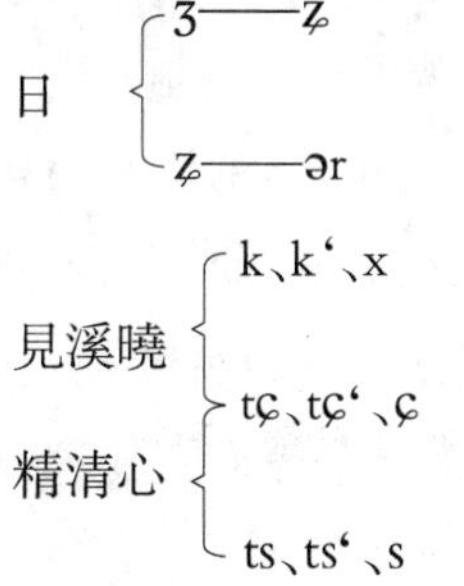

總的來説，上古到現代普通話，聲母系統明顯地簡化了。

韻母系統的發展，從上古到現代普通話，也有自己的特點。

一是韻母簡化。上古 30 個韻部，包括 212 個韻母。其中入聲元音分長短兩类，有 104 個韻母。中古《切韻》系統舉平以賅上去，加上入聲，共 95 個韻部，141 個韻母，其中入聲 50 個韻母。近代《中原音韻》19 個韻部，入聲消失，減少爲 46 個韻母。發展到現代普通話，陽聲韻尾[-m]消失，進一步減少爲 39 個韻母。

二是部分元音高化。魚歌兩部上古主要元音爲 a，發展到現代，魚部字大都變爲 u、y，歌部字大都變爲 o、uo、ə、ie。

三是單元音複音化。幽、宵、侯上古是單元音，中古以後都變成了複元音。

四是韻母分化和重新組合。由於介音和聲母的不同，同一韻部的字往往分化爲不同的韻母。如上古之部字中古一等入《廣韻》咍、灰、侯三韻，二等入皆韻，三等入之、脂、尤三韻。與此相反，不同韻部的字往往變成同音。如上古魚、歌兩部二等字中古都入麻韻，歌、支兩部三等字中古都入支韻，《廣韻》之、支、脂三韻字《中原音韻》大都入支思韻和齊微韻，等等。

聲調系統的發展變化主要有兩個方面。一是古今四聲名同實異。上古所謂四聲，指舒促兩類各分爲二，實際上没有去聲。中古平、上、去、入爲四聲。平、上、去爲舒聲，没有輔音韻尾；入聲爲促聲，有[-p]、[-t]、[-k]輔音韻尾。近代《中原音韻》和現代普通話以陰平、陽平、上聲、去聲爲四聲，没有入聲。二是輔音韻尾[-p]、[-t]、[-k]先后分兩次消失。第一次是上古到中古，長入[-p]、[-t]、[-k]韻尾消失，變爲去聲；第二次是中古到近代再到現代普通話，入聲[-p]、[-t]、[-k]韻尾完全消失，併入平、上、去三聲。

總起來看，平聲一分爲二，去聲由無到有，入聲由有到無，這就是漢語聲調發展的大致趨向。

2. 聲母或韻母的發展不平衡。有的變化大，有的變化小，有的没有變化。

聲母發展中，從上古到中古，見、溪、群、疑、影、曉、泥、來、邪、禪 10 母没有變化，日母範圍未變，音值由[ȵ]變成[ȵʑ]，其餘範圍有變化。從中古到現代普通話，明、來、泥三母没有變化；微母範圍未變，音值由[ɱ]三變成零聲母。其餘聲母範圍有的擴大，有的縮小，有的分化，都有變化。

韻母發展中各部都有變化，但不平衡。入聲完全消失，變化最大。陰聲韻變化也大。陽聲韻變化較小，其中蒸部、陽部的一、三等字，幾乎没有變化。

3. 聲、韻、調的演變有明顯的系統性。

它們總是成套地向着一個方向變，不是個別地亂變。中古唇音、舌頭音、齒頭音的分化，"莊"、"章"兩組聲母的合併，近代[tɕ]、[tɕʻ]、[ɕ]的產生，陽聲韻尾[-m]變[-n]，入聲韻尾[-p]、[-t]、[-k]消失，都是如此。也有個別例外。例如"濁上變去"是近代聲調發展規律之一，而"艇挺祖狠"等全濁上聲字仍讀上聲；中古以母字，近代都讀零聲母，而"鉛"(《廣韻·仙韻》與專切)普通話讀爲 qiān。這些例外的產生有這樣那樣的原因，並不影響語音變化的系統性。

4. 聲、韻、調的變化互相影響，互相制約。某一方面的變化往往會影響其他方面跟着發生變化。

(1)聲母和韻母互相影響。如近代知、照兩組聲母變成捲舌音[tʂ]、[tʂʻ]、[ʂ]，韻母[i]跟着變成[ʅ]，帶[i]、[y]介音的字跟着變成開口和合口。相反，[k]、[kʻ]、[x]与[ts]、[tsʻ]、[s]兩組聲母一部分變成[tɕ]、[tɕʻ]、[ɕ]，是受元音或介音[i]、[y]的影響；二等開口大部分見、溪、曉母字變成[tɕ]、[tɕʻ]、[ɕ](如"交、巧、孝")，也是由於出現[i]介音的結果。

(2)聲母、韻母影響聲調。近代聲調平分陰陽，入派三聲，濁上變去，都是因聲母不同而引起的。中古漢語中的去聲，主要是因上古長入[-p]、[-t]、[-k]韻尾消失而形成的。宋元北方話入聲[-p]、[-t]、[-k]韻尾消失，形成了近代漢語新的四聲系統。

此外，漢語語音的發展與詞滙、語法的發展關係也很密切。例如中古漢語雙音詞大量發展，解決了同音詞過多的困難；而雙音連讀，前一字的[-p]、[-t]、[-k]韻尾容易被略去，也就促進了入聲韻尾的消失。"子"、"兒"、"了"、"着"由實詞虛化爲詞尾和助詞，讀音隨之輕化，失去了明顯的聲調差别。

二、詞滙方面

現代漢語是世界上詞滙最豐富的語言之一。漢語詞滙四千年發展的歷史，顯示了以下五個方面的特點。

1. 基本詞滙有很大的穩定性。單音詞如"天、山、水、人、牛、馬、大、小"等在甲骨文時期就有了，複音詞"國家、朋友、扶持、推擠、恭敬、正直"等也都在先秦時期就出現了。它們一直活到現在，而且完全有理由繼續活下去。有些詞不單用了，作爲基本詞素仍然存在，而且大都有很强的構詞能力，如"言、語、民、木、石、目、身"等。這些詞所代表的事物古今没有大的變動，與人們生活密切相關，在語言交際中佔有重要的地位，又没有别的詞可以代替它們的作用，所以没有改變的必要。

2. 詞滙發展中，新陳代謝不斷發生。漢族社會每一政治、經濟、文化方面的變革,每一新事物的出現,都會産生相應的新詞去反映。例如上古儒家的興起,漢語裏“仁、義、忠、信、中庸”等詞隨之産生;唐代實行科舉考試,“舉人、進士、科場、科目”等詞隨之産生;近代科學技術發展,“輪船、火鏡、眼鏡、支票”等詞隨之産生;等等。每一時期的漢語詞滙,都包括該時期産生的新詞和以往各個時期流傳下來的舊詞。詞滙發展中,還有舊詞死亡的一面。古代許多事物後代没有了,反映這些事物的詞就會逐漸消亡。客觀事物没有消亡,但由於人們觀念和表達方式的變化也可能引起某些詞語的死亡。如古稱白色公羊爲“羒”,黑色公羊爲“羖”,閹割過的羊爲“羠”、爲“羯”,現代通過詞素的分析,用詞組的方式去指稱這些動物,“羒”“羖”“羠”“羯”等專名就消失了。兩個或幾個意義相同的詞,在流傳過程中經過自然選擇,優勝劣敗,往往有的保存下來,有的則被淘汰而逐漸消亡。如“捫”、“摸”都是用手輕輕接觸並慢慢地來回移動,“燒焚”、“焚燒”都是燒燬、燒掉,“賊忍”、“殘忍”都是兇暴狠毒,流傳的結果却是“摸”、“焚燒”、“殘忍”保存至今,而“捫”、“燒焚”、“賊忍”都消失了。在整個歷史發展中,新詞産生的數量多,舊詞死亡的數量少,所以漢語詞滙量越來越大,終於發展成爲世界上詞滙最豐富、表達最爲靈活的一種語言。

3. 詞的多義化和詞的分化兩者辯證統一地發展。社會的發展,新事物的産生,科學文化的進步,人際關係的變革,人的思想認識的變化,以及語言内部詞語之間的相互影響,詞在語句中的不同位置,都容易引起詞義的變化並使詞滙多義化。詞的多義化是漢語詞滙發展的重要手段之一。多義詞越豐富,能够表達的内容也就更廣泛。詞的多義化主要是通過詞義的引申來實現的;有輻射式的引申,有連鎖式的引申,也有多重綜合式的引申。本義和引申義之間,通常都有这样那样的联繫。隨着時間的推移,一個詞可以由不同的途径派生出許多意義,大量單義詞變成了多義詞。甲骨文只有少數多義詞,到了周秦,多義詞就顯得紛繁複雜。中古以後,複音詞也逐漸多義化了。但是,詞的多義化,以普通詞爲限,專有名稱和科學術語一般不能多義化。與此同時,多義化還要受社會性的制約。意義過分複雜,容易引起歧義而不利於交際。所以在漢語詞滙發展中,還存在着詞語分化的過程。一個詞根據意義不同分化成不同的詞,有的音同形異,如“禽”與“擒”,“獸”與“狩”;有的音異形同,如觀看的“觀”與樓觀的“觀”,種子的“種”與耕種的“種”;有的形音並異,如

“責”與“債”，“湯”與“燙”；有的形音並同，如動詞張開“張”與量詞“張”，名詞根莖的“根”與量詞“根”。這種分化，有助於加强詞義表達的明確性。

4. 詞滙複音化是漢語詞滙發展的主要方向。上古漢語已有相當數量的複音詞，漢魏以後複音詞大量增加。漢語語音節奏要求成雙作對，因此，以兩個單音詞作爲詞素或以一個單音詞素加一個附加成分構成雙音詞，成爲漢語新詞産生的主要方式。複合詞的構成有聯合、偏正、支配、表述、補充、名量等不同方式，它們大都經歷了由短語凝固成詞，即詞滙化的過程。其中，聯合式複合詞和偏正式複合詞最爲普遍。有的聯合式兩個詞素的意義互相限制，互相補充，可以使詞的意義明白而確定，有的意義更爲概括，如“領袖”、“切磋”、“斟酌”。偏正式以一個詞素爲中心，加上不同的修飾性詞素，可以表達不同的新的意義。古往今來，這兩類複合詞都最爲發達。漢語有數量極多的單音詞和靈活多樣的構詞方式，可以充分滿足新詞構成的任何需要。近代還産生了相當數量的三音節詞和多音節詞，可以表達内涵較爲複雜的概念，將來肯定還會有進一步的發展。與此同時，某些複音詞也可以單音化，“丁寧”（一種似鈴的軍中用器）又可單稱“鉦”，“駱駝”又可單稱“駝”，“先生”（老師）又可單稱“先”或“生”。

5. 適當吸收外來成分是豐富漢語詞滙的重要手段之一。漢語從來不是孤立的，上古漢語已從外族語言中吸收某些成分來補充自己。先秦兩漢有一些從西域借來的音譯詞，東漢開始出現了大批有關佛教的梵語借詞和自造新詞。近代更從西方語直接借來或從日語間接借來大批外來詞。特别是日本人利用漢字創造的新詞數量非常之多，容易被中國人接受，對豐富現代漢語詞滙産生了重大影響。借詞的方式可以是借音，音兼意譯或半音半意譯，但都要適應漢語構詞的規律。漢語以雙音爲主，借詞也往往譯成雙音，如“羅漢”（arhat）、“邏輯”（logic）、“卡車”（car）、“啤酒”（beer）。漢語更喜歡自創新詞來意譯外來的概念，許多音譯借詞後來被意譯詞所代替，如“米達”（meter）改稱“公尺”、“版克”（bank）改稱“銀行”，等等。

此外，漢語詞滙發展的特點還表現在同義詞和成語的特别豐富上。同義詞的構成多種多樣；成語以四字爲主，内部結構也多種多樣。它們的大量存在，標誌着漢語詞滙發展達到了非常成熟的程度。

三、語法方面

漢語不像印歐語言那樣富於形態變化,但漢語有豐富的虛詞,嚴格的詞序和多樣的句法結構。這些構成了漢語語法的基本特徵,也構成了漢語語法發展的基本特徵。

1. 虛詞的發展　虛詞是漢語最重要、最活躍的語法手段。漢語虛詞的發展有以下四個方面的特點:

(1)實詞虛化　實詞虛化即所謂語法化,是漢語虛詞產生的主要方式。漢語裏副詞、介詞、連詞、助詞大都是從實詞虛化來的。實詞虛化的條件,一是詞在句中所處的位置。詞在句中處於主要位置時,它是説話者注意的重點,不容易虛化。如果詞在句中處於次要位置,它就比較地容易虛化。例如"看"在句中做謂語是"看見",不容易虛化,只有放在别的動詞後面才會虛化爲表示嘗試的助詞。一是實詞本身的意義。虛詞的語法意義往往就是實詞的詞滙意義進一步抽象化的結果。例如助詞"了"、"着",介詞"被"、"把"是由"終了"、"附着"、"遭受"、"把持"的意義虛化來的。我們隱約還可以看到它們之間的聯繫。當然實詞虛化後往往又會派生出許多新的用法,和實詞意義的聯繫不那麽明顯了。例如"罷"虛化爲祈使語氣詞時還有"如此便罷"的意思,進一步用來表示揣測語氣,就看不出它與實詞的"罷"有什麽聯繫了。實詞虛化存在着同義競争的現象。在相同的條件下某些同義的實詞都有虛化的可能。但有的虛化後不斷發展,有的却被淘汰。例如"了"、"已"、"却"、"訖"放在别的動詞後面都曾虛化爲時體助詞,最後保留下來的却只有"了",其他只是曇花一現就消失了。

(2)虛詞轉化　這種轉化也往往和它在句中的位置分不開。有的是某些略帶實義的虛詞可以轉化爲另一類完全没有實義的純虛詞。如古代反復問句的否定部分通常省去主要動詞,否定詞處於句末,就會進一步虛化。"無"正是在這樣的情況變成了語氣詞,後來寫成"麽",現代寫成"嗎",很難看出它們是由否定副詞轉化來的了。有的是某一虛詞與另一虛詞本無關係,因爲在句中出現的位置相同,也就可以取代另一虛詞的用法並轉化爲另一類虛詞。例如上古語氣詞"也"可以位於主謂、謂位之間表示停頓語氣,與副詞"亦"的位置相同,六朝以後即逐漸轉化爲情態副詞,表示跟另一件事情相同或在並列複句中表示兩件事或多件事有相同之處。

(3)單音虚詞複音化　在發展中,虚詞也和實詞一樣,存在着複音化的趨勢。有的是單音虚詞連用爲複音虚詞,如“假”、“令”、“若”、“如”、“設”、“使”連用爲“假令”、“假若”、“假使”、“若如”、“設使”等;有的是單音虚詞重疊爲複音虚詞,如副詞“漸”與“漸漸”,都表示程度緩慢地增加,副詞“偏”與“偏偏”,都表示事實與主觀願望相反;有的是單音虚詞加附加成分構成複音虚詞,如“爲了”、“爲着”、“似乎”、“既然”;有的是詞組凝固爲複音虚詞,如“然而”、“雖然”、“因此”、“所以”等。

(4)虚詞應用規範化　在漢語發展中,虚詞日益豐富,這是主要的方面。但是語法關係有限,同義的虚詞無限增加也没有必要。於是虚詞應用中存在着自然規範的一面,一些虚詞得到發展,一些虚詞被淘汰。主要有兩種情況,一是新的虚詞淘汰舊的虚詞,或勢力强的虚詞淘汰勢力弱的虚詞。例如上古漢語的語氣詞到了近代,完全被中古以後産生的新語氣詞所代替;“休”和“罷”先後虚化成語氣詞,“罷”的勢力强,應用範圍廣,“休”即被淘汰。一是某些虚詞的用法得到調整,由分工不大明確到逐漸分工明確。如中古時期“了”既表示動作完成,也表示動作持續,“着”既表示動作持續或正在進行,也表示完成。到了近代,兩者分工比較明確,“了”不再表示持續,“着”不再表示完成。

2.句法的發展　幾千年中漢語句法的發展主要表現了以下幾個方面的特點:

(1)詞序固定化　漢語詞類缺乏形態變化,詞序成爲重要的語法手段之一。主語在謂語前,定語、狀語在中心語前,賓語、補語在動詞後,這是古今一致的詞序。但在甲骨刻辭裏並不那麽嚴格。周秦時代也有某些特點,如疑問代詞做賓語在動詞前,否定句的代詞賓語有的在動詞前,有的在動詞後。中古以後,代詞賓語一律移到動詞後面,漢語詞序進一步固定而統一。但是隨着虚詞的發展和形合法的普遍應用,詞序又顯示了一定的靈活性。以複句爲例,因果句、假設句、讓步句等,通常是從句在前,主句在後,有時也可以主句在前,從句在後。由於有一定的連詞表示分句之間的關係,完全不會引起誤解。這種句式在“五四”以後很是常見,顯示了漢語句法的高度成熟。

(2)句法手段多樣化　在漢語發展中,隨着虚詞和虚詞結構的發展,句法手段的日益豐富,任何複雜的意思都可用適當的句法手段來表達,表達同一意思還可以採用不同的句法手段以求不同的修辭效果。例如隨着“被”和“把”的虚化,産生了多種新的被動式和處置式;隨着“得”的虚化,産生了多種新的可能補語、結果補語和程度補語;隨着“比”的虚化,産生了多種新的比較句;等等。一種新的句法形式産生後,往往又會出現某些引申用法,使句法形式更加豐富。如繫詞“是”産生後,一方面改變了名詞謂語句的面貌,並引申出進行比喻、分析原因、强調語氣等新的用法;一方面“是”可以在句前、句中、句尾出現,形成了多種多樣的繫詞句式。

(3)句子結構嚴密化　主要表現在兩個方面:一是單句力求結構完整。上古漢語裏常常省略句子的某些成分,主語的省略尤爲常見。發展到現代,就書面語言而論,省略的現象大大減少了。尤其是政論文和科學論文,句子大都能够做到主謂分明,結構完整。這是漢語句法走向嚴密化的一個重要方面。二是複句逐漸由意合走向形合。發展到現代,形合法已佔絶對優勢。意合的複句裏,分句的關係缺乏一定的語法標誌,憑意義去理解,很容易發生歧義。採用形合法,不同的複句有不同的連詞連接,歧義的情形就不容易發生了。因此,從意合法到形合法,也是漢語語法日益嚴密化的重要表現。

(4)句子容量不斷擴大　一種表現是句子成分複雜化。一個句子可以出現多主語、多謂語、多定語、多狀語,而主語、謂語、定語、狀語本身又可以是各種相當複雜的詞組或句子形式。另一種表現是多重複句日益豐富。一個複句可以由幾個分句組成,分句本身又可以是複句,三層五層,甚至更多的層次,整個句子顯得十分複雜。從上古到中古到近代,句子容量擴大,句子結構複雜化的趨向日益顯著,到了現代,這類句子普遍發展到了最高的限度。

虚詞只有在一定的句法結構中才能發揮它的作用,離開句法結構,虚詞没有用武之地。而一定的句法關係,句子結構的嚴密化和句子成分的擴大,詞序之外必須借助於連詞、介詞和結構助詞的聯繫。多種多樣的句型,豐富的語氣色彩,大都要依靠語氣詞來表達。因此,虚詞和句法的發展是互相影響、互相制約的。與此同時,實詞虚化爲虚詞的發展提供了重要的源泉;虚詞的應用有助於實詞詞類的劃分;實詞充當句子成分,又只有在一定的句子結構中才能表達一個完整的意思。因此,虚詞、句法的發展和實詞也是分不開的。

第二節　漢語光輝的歷史和偉大的前程

漢語有着光輝燦爛的歷史。作爲漢族人民的交際工具,漢語對於漢族文化的創造、傳播和發展作出了巨大的貢獻。漢語和漢族的名稱是漢朝以後才有的。漢族的前身是華夏族,是5000年前中原地區以炎黄族爲主體,與其他部落、氏族、民族在歷史長河中不斷融合、發展的結果。漢語的某些基本特徵和要素可能在炎黄時期就開始具備,經歷多次融合、演變、充實、發展而逐漸完善。商代開始有了比較成熟的甲骨文字,至今已經3000多年。自此以後,漢族文化一脈相承,不斷發揚光大,成爲人類文化史上一大奇跡;没有漢語和漢字的記録、傳播,這是無法想象的。從古到今,漢語始終保持一個統一的書面語言,保存無比悠久而豐富的文化典籍,在世界上所有語言中可以説獨一無二,莫可倫比。不僅如此,歷史上漢語還對周邊一些民族的語言發生過深遠的影響,在漢族與東方其他民族的文化交流中作出了重大的貢獻。其中,主要有日語、朝鮮語和越南語。

一、漢語和日語①

中國和日本早在上古時期就有了交往。秦始皇曾派琅邪方士徐福率童男童女數千人入海求仙(《史記·秦始皇本紀》),傳説到達了日本。漢光武帝建武中元二年(公元57年),倭國遣使入貢,中日有了正式的外交關係。三國時代,日本已有人通曉漢語,能够解釋漢文。據日本史書《日本書紀》(公元720年)和《古事紀》(公元712年)記載,應神天皇十六年(公元285年,晉武帝太康六年)百濟王仁攜帶《論語》十卷、《千字文》一卷到達日本②。從此中日交往日益密切,漢字在日本廣泛流傳起來。日本人借用漢字來表達日語,有兩種方式:

(1)訓讀　借用漢字字形字義,讀音仍照日語,就是利用漢字來表達日語固有

---

①　參看王力先生《漢語詞滙史》第十章。

②　一些學者認爲,應神天皇十六年,當爲公元405年,即五世紀初。又相傳《千字文》爲南朝梁武帝(公元502—549)時周興嗣所作,不可能在晉時傳入日本。但《梁書》和《南史》都載王羲之寫《千字文》,可見《千字文》不止一種,寫作的時代也要早些。

的詞滙。如：

日 hi	月 tsuki	山 yama	川 kawa
貓 neko	犬 inu	彼 kale	君 kimi
書 kaku	木 boku	市場 shijo	場所 basho

(2)音讀　就是連漢字形、音、義一起借入。"音讀"中有的是六朝時從中國江南傳入的音,叫做"吴音";有的是隋唐時期從中國北方傳入的音,叫做"漢音"。漢語和日語屬不同的語系,爲了適應日語語音規律的需要,有的"音讀"跟漢字原來的讀音不同甚至相差很遠,但是兩者之間總有明顯的對應規律。漢語元音爲 au 或 iau 的,"吴音"、"漢音"一律讀爲 ō 或 iō:

例字	吴音	漢音	例字	吴音	漢音
豪	gō	kō	交	kiō	kō
毛	mō	bō	敲	kiō	kō
暴	bō	bō	孝	kiō	kō

漢語元音爲 a 的,"吴音"、"漢音"一律讀爲 ō。如:

例字	吴音	漢音	例字	吴音	漢音
旁	bō	hō	光	kō	kō
房	bō	hō	丈	jō	chō
常	jō	shō	狀	jō	sō

漢語收[-m]尾的,"吴音"、"漢音"一律收[-n]尾。如:

例字	吴音	漢音	例字	吴音	漢音
含	gon	han	品	hon	hin
男	nan	dan	今	kon	kin
甘	kon	kan	音	on	in

漢語收[-p]尾的,"吴音"、"漢音"韻尾一律消失。如:

例字	吴音	漢音	例字	吴音	漢音
甲	kio	ko	劫	go	kio
涉	dʑo	ɕo	法	bo	ho
獵	ɣo	ɣio	邑	o	iu

漢語收[-t]尾的，"吴音"變爲[-tɕi]，"漢音"變爲[-tsu]。如：

例字	吴音	漢音	例字	吴音	漢音
别	betɕi	betsu	吉	kitɕi	kitsu
出	ɕutɕi	ɕutsu	没	motɕi	botsu
達	tatɕi	tatsu	説	setɕi	setsu

漢語收[-k]尾的，"吴音"和"漢音"在元音 a、o、u 後面變爲 ku，在 i、e 後面變成 ki。這樣，漢語裏本是單音的字，日語變成了雙音。如：

例字	吴音	漢音	例字	吴音	漢音
白	biaku	haku	力	riki	rioku
國	koku	koku	敵	dɕaku	teki
足	soku	ɕoku	錫	ɕaku	seki

爲了書寫方便，日本人還根據漢字偏旁結構，創造了一些簡體字。如：

仏——佛　労——勞　転——轉

仮——假　囲——圍　気——氣

反——缺　浜——濱　殻——賣

伝——傳　価——價　囗——圓

公元 9 世紀日本人自創字母，叫做"假名"，有"片假名"和"平假名"兩種，都是借漢字的讀音和簡化漢字的筆劃而創造成的。"平假名"是 9 世紀中葉空海用單音節的草體漢字製成的。如：

い（"以"的草體）　や（"也"的草體）

か（"加"的草體）　け（"汁"的草體）

せ（"世"的草體）　ふ（"不"的草體）

"片假名"是吉備真備用楷體漢字的偏旁或簡寫漢字製成的。如：

ア（"阿"的偏旁）　イ（"伊"的偏旁）

ウ（"宇"的偏旁）　カ（"加"的簡寫）

ロ（"吕"的簡寫）　ヌ（"奴"的簡寫）

直到現在，日本書面語言仍然保持着假名與漢字並用的局面。1946 年日本政府根據"國語審議會"的建議，公佈了 1850 個當用漢字，在法令公文、報刊雜誌上廣泛使用。1973 年又公布增加 314 個漢字的音訓,並恢復了 106 個熟字訓。至於科技、文藝等專業部門和個人撰寫的文章中使用漢字,則不受限制。由於漢字傳入日本已有悠久的歷史,日本人習以爲常,不覺得是外來的東西了。

漢字有獨立的意思,大都代表一個單音的詞。日本以“音讀”的方式借用漢字,實際上就是借用漢語詞。古代中國文化比日本發達,中日交往頻繁,日語從漢語借去的詞非常多,有單音詞,也有複音詞,有一般詞,也有基本詞。

單音詞:百　千　萬　億　個　匹　頭　車

複音詞:皇帝　政府　元帥　風雨　農業　睡眠　休息　人事　書籍

在借用基本詞時,往往將有關的複音詞一起借去,成爲一個詞族。如:

國——國内、國外、國家、國人、國學、國庫、國策、國産、國情

人——人口、人民、人工、人力、人生、人心、人身、人選、人衆、人種

不少漢字詞已經成爲日語詞滙中的有機部分,具有很强的構詞能力。例如日本曾經模仿唐代科舉考試和國子監制度選拔、培養人才,日語中相應出現了一批複音詞,如“大學寮”(國子監)、“大學頭”(大學寮的長官)、“國學”(地方學校)、“明經道”(儒學科、教授儒家經典)、“算道”(數學科)、“文章道”(教習詩文、史籍)、“明法道”(教習法律)、“素讀”(用漢音誦讀儒家經典原文)、“講義”(以法定注釋解釋經文)、“歲試”(每年舉行的考試)、“舉人”(大學道考試合格的畢業生)、“貢人”(地方推薦的國學畢業生)。它們都是以單音漢字詞爲詞根構成的。

中國接觸近代西方文化,翻譯西學著作,比日本要早一些。直到 19 世紀 60 年代,日本主要還是通過中文翻譯瞭解西方。中國日本歐洲外來詞的走向是“歐——中——日”。日本明治維新(公元 1868—1911)以後,日本大量吸收西方資本主義文化,利用漢字構成新詞翻譯大量西方作品。中國落後了。19 世紀末 20 世紀初,中國大量翻譯日本著作,日本人利用漢字創造的新詞大批進入漢語,並爲中國人所接受。中國日本歐洲外來詞的走向變成了“歐——日——中”,日語反過來對漢語産生了巨大的影響。

二、漢語和朝鮮語

中朝兩國早在 3000 多年前就有了聯繫。秦漢以後,中朝關係日益密切,漢字

在朝鮮逐漸通行起來。西漢揚雄(公元前 53—公元 18 年)的名著《方言》中多次提到"朝鮮"。公元 1 世紀,朝鮮第一部史書《留記》就是用漢文寫的。現在還能够看到的有公元 414 年高句麗《廣開土王碑》,上面刻有 1800 多個漢字。不過 5 世紀以前,漢語大都只在上層統治集團通行。到了 7 世紀,出現了"吏讀",漢字與朝鮮語開始結合,在民間普遍通行起來。"吏讀"是用漢字詞按照朝鮮語法規則創造的一種書面語言,後來又發展成三種形式:

(1)吏札　這是官廳用的書面語。一般詞序依朝鮮語,成語和固定詞組保存漢語原有的結構,在使用漢字的基礎上夾用朝鮮語的語法成分。

(2)鄉札　用漢字的字形和字義記録朝鮮詞語,讀朝鮮語音,並用朝鮮語原有的詞序和語法成分,跟日語的"訓讀"有些類似。

(3)口訣　這是用來誦讀漢語"四書五經"之類的方式。寫漢字,用漢語的詞和詞序,加上一些朝鮮語原有的語法成分。

朝鮮語借用漢字,有的意義有所變化,或音、義都有變化,如"庫"(地方)、"藿"(海帶)、"串"(伸向海中的陸地)、"床"(saŋ,几案)、"分"(pun,僅僅)、"作"(tsis 官廳文書),等等。

此外,朝鮮人還用漢字偏旁筆劃創造了一些新字。如:

畓 tap(水田)　　機 pi(梯)　　沊 tɕi(窪地)

艍 ki(兵船)　　牂 jiaŋ(牛)　　迲 su(人名)

朝鮮語連形、音、義一起借去的漢字,實際上就是漢語借詞。它的數量約佔整個朝鮮語詞滙的 60%①,有單音詞和複音詞,包括各個詞類②。

名　詞	山 san	门 mun	瓜 kua	花 kua
	人民 inmin	道理 toli	中國 ksuŋkuk	
代　詞	我 ŋai	自己 tsaki	自身 tsasin	
數　詞	零 liaŋ	一 il	十 sip	百 pɛk
	千 ts‘ən	萬 man	億 ək	兆 tso

① 文世榮《朝鮮語詞典》收詞語 8500 餘條,其中漢字詞 5000 餘條,佔 60%. 朝鮮語學會編的《大辭典》收標準語詞語 140464 條,其中漢字詞 86362 條,佔 58%。

② 參看陳世藩《朝鮮語中的漢字詞》,載《中國語文》1964 年,5 期,392—406 頁。

動　詞	侵 ts'im	引 in	爲 yhata	對 tɛhata
	睡 tsata	浪費 naŋpi	勞動 notoŋ	
形容詞	暖 nan	香 hiaŋ	潤 iun	深 sim
	一致 ilts'i	偉大 ytɛhata		
副　詞	極 kɯkhi	速 sokhi	果然 kuaiən	亦是 iəksi

有時朝鮮語固有的詞和漢語借詞同義並存,但略有分工。如:

固有詞	漢字詞
ap(前,表地點)	tsan(前,表時間)
mamu(一般的樹木)	mok(五行中的"木",木棉)
pal(一般的脚)	tso(專指獸脚,蹄子)
panml(一般的針)	ts'im(專指針灸用的針)
ty(後,表地點)	hu(後,表時間)

有時朝鮮語利用漢字詞素自造新詞。如:

兩主 liaŋtsu(兩口子)

男妹 nammɛ(兄妹)

内外 nɛφ(夫妻)

妻男 ts'ənam(妻子的兄弟,舅子)

同生 toŋsan(弟弟、妹妹)

朝鮮語借用漢語的詞,可以追溯到上古時期,現代朝鮮語中的一些固有詞,其實就是上古時期的漢語借詞①。如稱異族的男人爲 nom,可能來源於上古漢語的"戎"。對外族蔑稱爲 toi,可能來源於上古漢族的"夷"。中古以及近代,漢語借詞大量增加。有關于封建政治、文化方面的,如"朝廷"、"聖旨"、"科舉"、"狀元郎";也有許多一般的詞,如"筆"、"墨"、"繡"、"姮娥"、"兄弟"、"師傅"、"讀書";等等。公元 1910 到 1945 年,日本軍國主義侵佔朝鮮半島,一批用漢字造成的日語詞借入朝鮮語,如"企業"、"映畫"(電影)、"原則"、"概念"等。二战後仍有不少漢語詞借入朝鮮語。如"毛主席"、"志願軍"、"團結"、"社會主義"等。

---

① 參看鄭仁甲《朝鮮固有詞中的"漢源詞"試探》,載《語言學論叢》第十輯,197—222 页。

三、漢語和越語①

越南在漢代以及隋唐時期兩次隸屬中國版圖，時間共達 500 年。漢語從秦漢時期開始傳入越南，叫做古漢越語。隋唐時期，漢語詞語大量借入越語，對越語的影響更大，應用更爲廣泛，叫漢越語。主要表現在兩方面：

(1)漢字在越南長期使用。越南語原來没有文字，漢代漢字傳入越南後，被確定爲越南的書面語言形式，從此以後，從官方文件、文人著述到民間寫春聯、貼對子，都用漢字，歷時 1000 餘年。

13 世紀，越南人創造了自己的文字——字喃，也還是根據漢字"六書"的原則並用漢字偏旁構成的。其中形聲字最多，如"𧹻"，從赤，覯聲，"紅"的意思；"𫟎"，從幸，枚聲，"幸福、幸運"的意思；"𨷑"，從開，美聲，"開門，打開"的意思。一部分是會意字，如"𡗶"，從天，從上，就是天上；"洊"，從水，從存，就是水淺不流；"𠏲"，從並，從多，就是"比較"或"相等"的意思。歸根結蒂，字喃其實就是越南化了的漢字。

(2)大量越南語詞滙來自漢語。在普遍使用漢字和字喃的同時，大量漢文典籍傳入越南，尤其近代《水滸傳》、《三國演義》、《西遊記》等中國小説在越南幾乎家喻户曉，無人不知。越南語從漢語借去的詞，佔整個越語詞滙的一半以上。有政治、經濟、文化等方面的實詞，如"中央"(trung^{1} yəng^{1})、"民主"(dôn‘ôn^{1} chu^{3})、"館"(quan^{3})、"合作社"(hap^{5} tac^{5} xa^{4})、"書院"(thz̄^{1} viên^{6})。有虚詞，如"常常"(trî’ang^{2} trî’ ang^{2})、"不"(bat^{5})、"或"(hoâc^{6})、"況乎"(huông^{5} hô^{2})。還有詞組和成語，如"發動群衆"(phat^{5} tông^{6} quân^{2} chung^{5})，"全心全意"(toan^{2} tam’ toan^{2} i^{5})、"總結工作"(tong^{3} ket^{5} công^{1} tac^{5})、"百戰百勝"(bac^{5} chiên^{5} bac^{5} thâng^{5})。越語從漢語裏借去的詞，有的具有很强的構詞能力。如用"士"可以構成"文士"(作家)、"畫士"(畫家)、"詩士"(詩人)、"樂士"(音樂家)；用"性"可以構成"青年性"、"女性"(婦女的性格)、"界性"(職業界的特性)；等等。有些基本的詞，越南原來已有，又從漢語借入，於是同一個詞有兩種不同的讀音，如數詞"一"(ṃôt^{6}，nhât^{5})②、"二"

① 參看王力先生《漢語詞滙史》第十二章。

② 前一個音是越語，後一個是漢越語，下同。

(hai^{1},nhi^{6})、“三”(ba^{1},tam^{1})、“四”(bôn^{5},ti^{5})、“五”(năm^{4},ngu^{4})、“六”(sau^{5},luc^{6})、“七”(bay^{3},thât^{5})、“八”(tam^{5},bat^{5})、“九”(chin^{5} ċɨ^{3})、“十”(mzəz^{2},thâp^{6}),等等。

綜上所述,我們可以看出,數千年來,漢語在中國同東方其他國家的文化交流中起了巨大的作用,作出了卓越的貢獻,這是值得漢族人民自豪的。

四、漢語和國内兄弟民族語言

就國内説,我國從上古開始就是一個多民族的統一的國家。在中國 960 萬平方公里的土地上居住着漢族和 55 個兄弟民族。漢族在各民族之間處於核心的、主導的位置。反映在語言上就是漢語充當了各民族間的共同交際工具,在先進文化的傳播上起着非常重要的作用。歷史上鮮卑、契丹、女真的貴族曾經統治過中國北方,蒙、滿貴族曾經統治過整個中國,但是這些民族的語言都没能代替漢語起核心的、主導的作用。在歷史的長河中,漢語一方面接受其他兄弟民族語言的影響,同時廣泛深入地影響着兄弟民族的語言。

首先各兄弟民族的語言早就從漢語裹吸收了大量借詞,有一般的詞,也有基本的詞。以滿語爲例,從漢語借用的詞佔整個詞滙的一半以上,如“將軍”(tʂaŋ tʂiŋ)、“總兵”(tʂoŋ piŋ)、“老爺”(loojə)、“夫人”(futʂin)、“笸籮”(p‘olo)、“瓦”(wasə)、“騾子”(losa)、“鸚哥”(iŋkəxə),等等。儘管清太宗皇太極和高宗弘曆(乾隆)曾經憑藉政治權力,力圖規範滿語,排除漢語借詞,都没有成功。到了嘉慶末年以後,滿語、滿文的通行範圍日漸狹窄,往往限於公文之中,口語一般都逐漸改用漢語了。

虚詞和語法是語言中最穩固也最難滲透的部分,可是許多兄弟民族語言這兩方面都受漢語的影響。關於虚詞,可以舉苗語爲例,其中借自漢語的就不少。如“很(heŋ^{3})、“還”(ha^{2})、“更”(keŋ^{8})、“因爲”(ʑen^{1} vei^{8})、“所以”(so^{3}ʑi^{3})、“雖然”(sue^{1}ʑaŋ^{2})、“如果”(ʑu^{2} ku^{3})、“嗎”(ma^{7})、“呢”(nia^{7}),等等。關於詞序,可以舉壯語和納西語爲例。壯語偏正式結構的固定詞序是修飾語在後,被修飾語在前,如paŋ^{2} diŋ^{1}(布紅,意即紅布)、vun^{2} dei^{1}(人好,意即好人)。在漢語影響之下,産生了修飾語在前,被修飾語在後的新詞序,如 hoŋ^{2} ki^{2}(紅旗)、jou^{6} siu^{5} ɕiŋ^{6} nen^{2}(優秀青年)。雲南納西族語言支配式結構的固定詞序是動詞在後,賓語在前,如la^{21} bə^{22} ndo^{55}(手掌拍,意即鼓掌)、k‘ɯ^{21} tʂ‘i^{55}(荒地開,意即開荒)。受漢語的影響,產生了動詞在前,賓語在後的新詞序,如 p‘o^{55} ts‘i^{21} mi^{22} si^{55}(破除迷信)、fa^{12} tsæ^{22} se^{22} ts‘æ^{22}(發展生產)。這類例子在其他兄弟民族的語言中都可以舉出許多。

1949 年中華人民共和國成立以後,在中國共產黨的領導下,漢族和各兄弟民族平等地生活在中華民族大家庭裏。一方面,各兄弟民族努力建設自己的新生活,發展自己的語言和文化;另一方面,漢語的核心作用更加顯著,對各民族語言的影響更加深入。漢語中的大批新詞語,如“共產黨”、“新中國”、“書記”、“同志”、“民主”、“文化”、“飛機”、“電視”、“合作”、“生產”、“學習”、“開會”、“改革”、“開放”等等,幾乎同時借入各兄弟民族語言而爲全中國人民所共曉。這對於促進中國各民族之間的思想文化交流,進一步增强各民族之間的團結友誼,無疑是很有好處的。如果說漢語過去已經爲漢族人民和國内各兄弟民族服務得很好,那么今後它肯定能爲漢族和國内各兄弟民族服務得更好。

隨着中華人民共和國日益繁榮昌盛,中國國際地位日益提高,中國和世界各國的交往日益頻繁,世界各國人民學習漢語的興趣日益增强,積極性日益高漲。全世界有兩千多所大學開設了漢語課程,有 3000 萬大學生在苦學中文。漢語也開始成爲世界强勢語言,而且必將成爲世界各民族之間的重要的交際工具,從而爲增進世界人民的友誼,促進世界文化的合作交流和發展做出更大的貢獻。

漢語的歷史是光輝的歷史,漢語的前程必將更加偉大。

修訂本後記

《簡明漢語史》的編寫目的是要比較全面、準确、系統地描述上古、中古、近代各個歷史階段漢語語音、詞滙、語法的基本面貌及其特點，勾勒三千年來漢語發展的清晰輪廓並總結其發展規律，爲我國社會主義文化建設和語文教育服務。本書1993年出版以後，不少高校文科用作漢語史專業研究生的教材或必讀參考書。1995年獲國家教委首届全國高校人文社會科學研究優秀成果二等獎。2006年，教育部又將本書修訂本確定爲“普通高等教育‘十一五’國家級規劃教材”。能爲國家社會科學研究做出一點成績，盡一份高校教師的責任，我感到十分榮幸和高興。

但漢語史研究涵蓋的内容太廣，須要討論的問題太多。本書有的地方語焉不詳，甚或没有涉及，文字上亦不無錯誤。爲了不貽誤讀者，很有必要進行一次全面的修訂。修訂工作從2003年開始，到2006年結束，歷時整整四年。全書章節大體依舊，只有漢語詞滙史部分增加了“五四以後漢語詞滙的發展”一節。而每一章節的内容則多有變動和補充，可以説全書已面貌一新。

令我感動的是，修訂過程中我得到好幾位同志的熱情支持和幫助。西南大學喻遂生教授仔細校讀了“從甲骨卜辭看商代語法”一節，並提出了十分中肯的修改意見。四川樂山師範學院中文系主任吉仕梅教授、四川大學文學與新聞學院顧滿林博士幫助打印並校訂“緒論”、“漢語語音史”、“漢語詞滙史”、“結論”等部分。女兒陳旭（副編審）負責打印“漢語語法史”部分。幾位年輕的同志給我寫信，指出書中存在的某些缺點錯誤。又高教出版社何毓玲編審曾任本書初版責任編輯，商務印書館謝仁友博士、葉軍博士先後任本書修訂本責任編輯。他們工作認真細緻，極爲出色，爲保证本書好的出版質量付出了辛勤的勞動。我在這裏向上述諸位一並表示誠摯的謝意。

本書修訂過程中雖經反復斟酌，多次易稿，限於我的學術水平，缺點錯誤仍所難免，誠懇地希望專家與廣大讀者批評指正，十分感謝。

向熹 2007 春節於成都